dictionnaire
des
verbes français

LES DICTIONNAIRES DE LA LANGUE FRANÇAISE

dictionnaire des verbes français

par
J. et J.-P. CAPUT

Préface de R.-L. Wagner

LIBRAIRIE LAROUSSE
17, rue du Montparnasse, 75006 Paris

ISBN 2-03-340313-0

Préface

Parmi les raisons qui expliquent la lenteur et l'irrégularité des progrès de la grammaire, l'une est sans doute que les grammairiens ne se sont jamais donné les instruments de travail très simples mais indispensables qui leur auraient permis de limiter et de nuancer les définitions. Depuis les Grecs ils ont construit des exemples, extrait des citations et opéré sur cette maigre matière, avec quelques notions, sans paraître accorder le moindre intérêt au principe des dénombrements complets. Le succès de leurs premières découvertes fut dû en grande partie aux caractères voyants de la morphologie des langues qui étaient les leurs. Mais une fois distinguées les espèces de mots et reconnues leurs affinités, une fois posées les règles élémentaires d'accord et de concordance, ils arrêtèrent là pour un temps l'analyse; curieux d'abord, de vérifier dans ces unités et leurs combinaisons une application plus ou moins rigoureuse des règles de la logique, ensuite de discerner à travers le jeu des catégories et des structures de phrase ces effets de sens révélateur des intentions secrètes d'un écrivain ou d'un locuteur. Sans doute se trouva-t-il toujours en marge des logiciens et des psychologues quelques grammairiens cherchant sur tel ou tel domaine de la langue à affiner une analyse qu'ils jugeaient à bon droit grossière et entreprenant pour cela d'innombrables lectures, opposant des textes d'époques différentes, essayant de saisir les raisons pour lesquelles, la structure d'un syntagme se modifiant, on était passé d'un type de construction à un autre. Mais si dans certains cas ces dépouillements, ces comparaisons sont nécessaires et se révèlent féconds, combien y en a-t-il d'autres où la manière de poser une question et la découverte de la solution d'un problème eussent été facilitées par la consultation préalable de « tables », analogues aux dictionnaires inverses, par exemple, dont lexicographes et morphologistes disposent maintenant!

Au cours d'un état donné, la langue se réalise au moyen de deux types d'énoncés et de deux modes de discours. Leur diversion ne coïncide pas naturellement avec celle qui sépare le discours oral du discours écrit. Mais il est de fait que là où existe une littérature, la langue écrite, pour maintes raisons, donne du système une tout autre image que ne le fait la parole dans les échanges communs dont elle est l'instrument. Même après que F. de Saussure eut fourni aux grammairiens un moyen de reprendre et de poursuivre les analyses amorcées par leurs devanciers ils travaillèrent de préférence sur l'écrit, négligeant le parlé alors qu'ils disposaient d'instruments aptes à le saisir comme à le fixer. Mais lui auraient-ils prêté autant d'attention qu'il le mérite, on admettra que l'analyse structurale aurait progressé plus vite si les tenants de cette méthode avaient eu davantage de repères et de références concernant le nombre, les caractères et le comportement des unités lexicales auxquelles ils ont affaire. Une hypothèse sur l'importance du fait qu'un substantif symbolise un animé ou un non-animé ne se passe pas d'un répertoire qui ferait ressortir pour un état de langue donné la frontière précise de ces deux sous-classes. Car cette frontière, évidemment, est variable. La construction directe des compléments déterminatifs en ancien français impose de considérer à part les substantifs qui symbolisent un animé personnel, individuel. Certaines constructions passives, en français moderne, impliquent au contraire que la frontière sinue assez capricieusement pour annexer à l'animé maints concepts de choses. L'hypothèse, ici, peut être faite à partir de quelques exemples, mais elle appelle nécessairement un répertoire élaboré, classé, qui aiderait à vérifier sa portée.

Dans un texte qu'on ne saurait trop relire (1), M. Jean Dubois montre le risque qu'encourent les grammairiens à se fier exclusivement aux textes, aux énoncés tant oraux qu'écrits. Sa note suggère à propos que, compte tenu des virtualités d'expression qu'implique la morphologie d'une langue, celles qui se réalisent effectivement dans le discours entre un locuteur et un autre, entre un écrivain et son lecteur se détachent d'un fond où demeurent latentes bien d'autres constructions théoriquement prévisibles mais incommodes ou impossibles hic et nunc. *La valeur de celles qu'on observe ne peut donc être pleinement saisie que si on les confronte d'abord à celles, tolérables à la limite, dont l'agrammaticalité suscite une gêne, puis à celles que nous refusons — que le système refuse par nous — les taxant d'agrammaticalité totale. Je ne défends pas, ce disant, l'aspect abrupt que les grammairiens générativistes et transformationnistes donnent à leurs enquêtes non plus que leur jargon. Mais force m'est bien de reconnaître qu'en introduisant dans la grammaire, en vue de mieux faire saisir son fonctionnement, tout ce qu'un système engendre mais est contraint de refuser, ces chercheurs renouvellent de fond en comble une discipline dont le moins qu'on puisse dire est qu'elle languissait à force de tourner en rond.*

Or précisément les ambitions de la grammaire générative requièrent, en même temps qu'une extrême prudence dans l'établissement des règles, des nuances que la grammaire traditionnelle n'était pas toujours en mesure de discerner. Et pour y satisfaire rien n'est plus opportun que de dresser ces « tables » dont je parlais. Elles fourniraient des réactifs. Avec elles on serait plus à l'aise pour savoir combien d'exceptions comporte en fran-

1. J. Dubois, « Structuralisme et linguistique » (*la Pensée*, n° 135, 1967, pp. 3-12).

çais moderne le principe, posé par M. J. Dubois (*1*), *que le syntagme* être + participe passé *évoque toujours l'accompli, avec quels verbes et dans quels cas ce syntagme s'oppose à ce qu'on lui substitue* se trouver + participe passé, *quels sont les verbes qui admettent un renversement passif au moyen de* se faire + infinitif (*2*).

De plus en plus, il devient clair que le comportement grammatical des syntagmes et la signification des termes qui en sont le centre entretiennent des relations étroites. Les progrès actuels de la grammaire vérifient l'intuition de quelques lexicographes anciens enclins à ne pas dissocier la morphologie et la syntaxe de la lexicologie (*3*). *Mais les vues raisonnables des Encyclopédistes ne furent pas suivies avec rigueur. La composition et la structure le plus souvent arbitraires des dictionnaires français modernes n'apportent pratiquement aucune aide efficace aux grammairiens. Ceux de ces ouvrages où, par exception, comme dans le* Dictionnaire du français contemporain, *les unités lexicales sont traitées d'après leur morphologie, ne poussent pas assez loin la description des emplois. Et cela se comprend car il est hors du pouvoir d'un lexicographe de composer une monographie à propos de chacun des termes qui entrent dans son ouvrage. Il n'en irait pas de même de listes alphabétiques où les mots seraient présentés et décrits espèce par espèce, classés, puis redistribués en sous-tables selon leur comportement et leurs affinités avec telle ou telle autre espèce. Quel lexicologue n'a pas eu à se battre avec le verbe* prendre? *Le meilleur article auquel ce mot a donné lieu, dans le* D. F. C., *manque néanmoins à donner toute satisfaction à l'usager, faute de règles qui permettent de limiter la transformation passive de* prendre *en dehors de l'emploi où* être pris (*avec pour sujet un nom de personne*) *signifie « être retenu » par quelqu'un ou quelque chose* (*4*).

---

1. Cf. Jean Dubois, *Grammaire structurale du français. Le verbe* (Larousse, Paris [1967], p. 105 et *passim*).

2. Cf. sur ces points, de Ebbe Spang-Hanssen, l'excellent article *Quelques périphrases passives du français,* inspiré justement de l'ouvrage de J. Dubois, in *Actes du 4ᵉ congrès des romanistes scandinaves* dédiés à Holger Sten (*Revue romane,* numéro spécial 1 [1967] pp. 139-147).

3. Cf. Bernard Quemada, *les Dictionnaires du français moderne 1539-1863 — Etude sur leur histoire, leurs types et leurs méthodes* (Paris, Didier [1968], 1 vol. 8°, 683 p.). Le débat entre Gattel et les tenants des théories très justes avancées là-dessus par les Encyclopédistes est évoqué pp. 509-510.

4. Ainsi, ce syntagme ayant pour sujet un nom de chose vaut pour *cette place est prise.* Ainsi encore en I, 8° *Prendre* est donné comme s'employant « dans un très grand nombre de locutions où il correspond souvent à un verbe simple ». Le complément en est toujours un nom de chose. Mais une grande différence sépare ces syntagmes selon qu'ils sont totalement rebelles à une transformation passive : *prendre l'air, prendre le large* (loc. lexicalisées), qu'ils y répugnent sans l'exclure (*prendre un bain*) ou qu'ils l'admettent (*prendre une photographie, prendre des mesures,* etc.).

Ce qui vient d'être dit explique l'intérêt et la sympathie que suscite en nous la tentative de M. J.-P. Caput. Non qu'elle réponde en tous points au programme esquissé plus haut; mais elle met quiconque disposera de ce répertoire en état de le traiter méthodiquement et d'en tirer des réponses, ce qui est déjà beaucoup. Et il faudrait pour cela — je le dis par conscience, sachant très bien que je ne serai pas suivi — que l'éditeur ménageât à sa gauche un espace assez large pour qu'on y pût marquer perpendiculairement et à la suite trois repères : la classe de l'agent, celle du patient et les particules préverbales (suivant la nomenclature de M. M. Gross), c'est-à-dire les pronoms de rappel entrant dans la dépendance du verbe.

Sur le fond, M. J.-P. Caput avait un choix préalable à faire : ou recueillir tous *les verbes enregistrés dans le* Grand Larousse encyclopédique, *ou bien se résoudre à n'en retenir qu'une partie. Pour des motifs raisonnables il s'en est tenu à la seconde solution. De ce point de vue, l'existence du* D. F. C. *lui offrait une bonne base, car à quelques manques ou excès près auxquels il est facile de remédier, cet ouvrage délimite assez bien le vocabulaire commun du français parlé aujourd'hui. Une liste complète, englobant la langue littéraire et les langues techniques sur une large diachronie, avait de quoi séduire; peut-être auteur et éditeur seront-ils conduits un jour ou l'autre à élargir leur projet. Mieux valait, pour l'instant, s'en tenir à un répertoire des verbes d'un usage courant. Il est à prévoir en effet ou bien qu'ils offrent un échantillonnage de toutes les particularités morphologiques et syntaxiques possibles, ou bien (ce qui ne serait pas moins instructif) qu'ils n'en présentent que les plus communes. En ce cas, c'est alors qu'il faudrait étendre la liste.*

Les ouvrages de ce genre ont un mérite que je tiens à signaler. Sous une allure modeste ils rendent les plus grands services aux étudiants étrangers que leur goût porte vers l'étude du français. Ce public, quoi qu'on en pense, ne se paye point de mots. Ce n'est pas en faisant de la littérature ou de la philosophie sur la langue qu'on l'attire. Palsgrave dut sa juste renommée à l'objectivité remarquable, à la commodité aussi de sa grammaire descriptive du français. Ce n'est point non plus en lui enseignant à parler ou à écrire comme le font des écrivains surannés qu'on lui rend service. Le premier français qu'un étranger doive apprendre est du degré usuel, courant. Il sera temps pour lui, ensuite, d'acquérir le sens de latitudes d'emploi archaïques. Ce livre-ci me paraît donc fait pour lui.

Il n'intéressera pas moins, je pense, ceux que la seule consultation d'un index incite à réfléchir. Presque tous les problèmes posés par l'espèce du verbe se trouvent ici présents en effet. Qu'il s'agisse de la nature de ces termes prédicatifs, de la possibilité qu'on a ou qu'on n'a pas de restreindre leur force transitive, de leurs prépositions complémentaires, de leur sémantisme variable et des constantes qui le conditionnent.

La lexicologie, la lexicographie en sont encore à leur début. Pour être pleinement instructif, un dictionnaire de langue correctement défini quant à ses limites (tel par exemple que se présente à quelques erreurs près le

D. F. C.) *devrait comporter désormais des listes annexes décomposant la matière dont l'ouvrage donne la synthèse : répertoire des verbes comme celui-ci, répertoire des formants (alphabétique pour les préfixes, inverse pour les suffixes), répertoire à plus d'une entrée des substantifs et des adjectifs.*

Bonne chance, donc, à celui-ci! Il répond trop à une vue que je défends depuis des années dans mon enseignement à l'Ecole des Hautes Etudes, pour que je ne lui adresse pas ce vœu.

R.-L. WAGNER

Directeur d'études à l'Ecole des Hautes Etudes.

AVANT-PROPOS

I. BUTS POURSUIVIS ; ORGANISATION DE L'OUVRAGE.

Le lecteur trouvera dans le *Dictionnaire des verbes* des renseignements sur les points suivants : conjugaison, constructions, prononciation, niveau de langue. Ces indications concernent l'essentiel des verbes mentionnés, sous quelque orthographe que ce soit, dans le *Dictionnaire du français contemporain.*

L'ouvrage est organisé de la manière suivante : en première partie (pp. 1-448), le lecteur trouvera, dans leur succession alphabétique, les verbes, assortis des renseignements qui permettent de les conjuguer et de les construire (absence ou présence de compléments, constructions de ces derniers) ; une seconde partie est constituée par les tableaux de conjugaison des verbes types (pp. 449-589).

II. COMMENT UTILISER L'OUVRAGE ?

1. Prononciation; niveau et type de langue d'un verbe.

Dans la première partie, chaque verbe est immédiatement suivi de la transcription phonétique de son infinitif. Celle-ci utilise les signes de l'alphabet phonétique international, dont la liste est donnée en page XVI. Nous avons pris pour base le *Dictionnaire de la prǫnonciation française* de L. Warnant (prononciation courante).

D'autre part, le niveau de langue auquel appartient un verbe est donné par un signe ou une abréviation dont le sens est expliqué à la table correspondante (p. XV). Cette indication précède le verbe (signe) ou bien suit la transcription phonétique (abréviation) lorsqu'elle porte sur l'ensemble du verbe ; sinon, elle se place, dans les mêmes conditions, devant ou derrière la construction qu'elle concerne.

2. Conjugaison.

Soit un verbe dont on cherche tout ou partie de la conjugaison. La marche à suivre est la suivante :

a) rechercher ce verbe dans la première partie, à sa place alphabétique;

b) lire les indications portées en première ligne, après la transcription phonétique; on y trouvera, dans l'ordre : le type du verbe (régulier, irrégulier...), le groupe du verbe, sa base et, en fin de ligne, le numéro du modèle;

c) se reporter, en seconde partie, à la conjugaison du verbe type qui porte le numéro correspondant et substituer, dans le tableau de conjugaison, la base du verbe cherché à celle du verbe type.

EXEMPLE : imparfait de l'indicatif de MARCHER (base : *march-;* modèle 3). Dans le tableau n° 3 (LAVER), remplacer LAV- par MARCH- *: je lavais* par *je marchais.*

Ces tableaux de conjugaison, conçus pour être facilement appris, peuvent se lire horizontalement et sont, de ce fait, découpés en quatre thèmes : **A** (formation sur l'indicatif présent), **B** (sur l'imparfait de l'indicatif), **C** (sur le passé défini de l'indicatif), **D** (sur l'infinitif).

3. Constructions.

Chaque verbe peut avoir, à la voix active, une ou plusieurs constructions indépendamment de son sens. Les constructions à la voix pronominale se répartissent suivant les mêmes cadres, n'étant le plus souvent que la transformation d'une construction active.

On doit envisager quatre possibilités :

a) construction absolue : le verbe n'est normalement suivi d'aucun complément qui lui soit nécessaire. Un adverbe ou une circonstance quelconque peuvent toutefois lui être adjoints.

EXEMPLE : *il parle* (tout le temps, à tout propos, en public...);

b) construction simple directe : un complément suit le verbe sans qu'une préposition s'intercale entre eux. De même pour l'attribut.

EXEMPLE : *prendre un livre;*

c) construction simple indirecte : un complément suit le verbe, mais est introduit par une préposition. De même pour l'attribut.

EXEMPLE : *parler à ses amis;*

d) construction multiple : le verbe est suivi de plusieurs compléments.

EXEMPLE : *donner un os à son chien.*

Dans chaque cas, il est donné le schéma de construction (dans lequel l'outil de construction est en caractères gras), puis un exemple d'application.

4. Accords de participes passés à la voix pronominale.

A la suite de chaque phrase d'exemple, ou de chaque construction pronominale, nous avons indiqué entre parenthèses la manière d'accorder le participe passé correspondant. Nous avons attaché la plus grande attention à ce point délicat, qui n'a jamais été traité systématiquement jusqu'ici de manière pratique.

Trois cas sont possibles :

a) accord = P.

Le participe passé s'accorde en genre et en nombre avec ce que représentent les deux pronoms de même personne.
EXEMPLE : *se laver* (accord = P). *Elles se sont lavées;*

b) accord = I.

Le participe passé reste invariable.

EXEMPLE : *se déplaire* (accord = I). *Elles se sont déplu;*

c) accord = OE.

Le participe passé s'accorde avec un objet direct autre que les pronoms, si cet objet précède le verbe.

EXEMPLE : *se disputer* + complément (accord = OE).
1. *J'ai confisqué les jouets qu'elles s'étaient disputés.*
2. *Ils se sont disputé la première place.*

BIBLIOGRAPHIE SOMMAIRE

Il est impossible d'indiquer ici tous les ouvrages utiles sur le verbe français : il serait aussi vain de chercher à mentionner tous ceux que nous avons pu consulter à un moment ou à un autre de notre travail. De plus, l'intérêt du lecteur restant notre préoccupation essentielle, nous avons cherché un compromis entre le souci de ne rien oublier d'important et celui de ne pas surcharger cette nomenclature.

I. Ouvrages généraux.

DE BOER (C.), *Syntaxe du français moderne* (Pays-Bas, Leyde, 1954).

BRUNOT (F.), *la Pensée et la langue* (Paris, Masson, 1936).

BRUNOT (F.) et BRUNEAU (Ch.), *Précis de grammaire historique de la langue française* (Paris, Masson, 1964).

CHEVALIER (J.-C.), BLANCHE-BENVENISTE (C.), ARRIVÉ (M.) et PEYTARD (J.), *Grammaire Larousse du français contemporain* (Paris, Larousse, 1964).

CHOMSKY (N.), *Syntactic structures* (Pays-Bas, Mouton, 1962).

DELOFFRE (F.), *la Phrase française* (Paris, SEDES, 1967).

DUBOIS (J.), *Grammaire structurale du français : I. Nom et pronom* (Paris, Larousse, 1965); *III. La phrase* (Paris, Larousse, 1969).

GOUGENHEIM (G.), *Système grammatical de la langue française* (Paris, d'Artrey, 1963).

GREVISSE (M.), *le Bon Usage* (Belgique, Duculot, 8ᵉ éd., 1964).

GROSS (M.) et LENTIN (A.), *Notions sur les grammaires formelles* (Paris, Gauthier-Villars, 1967).

HARRIS (Z. S.), *Methods in structural linguistics* (Etats-Unis, The University of Chicago Press, 1951).

LE BIDOIS (G. et R.), *Syntaxe du français contemporain* (2 vol., Paris, Picard, 1935-1938).

NYROP (Kr.), *Grammaire historique de la langue française* (Copenhague, Gydendal, 6 vol., 1913-1936).

POTTIER (B.), *Introduction à l'étude des structures grammaticales fondamentales* (Nancy, 3ᵉ éd., 1966).

RICHER (C.), *Grammaire française pour notre temps* (Paris, Desclée de Brouwer, 1965).

SANDFELD (Kr.), *Syntaxe du français contemporain* (3 vol., Paris, Champion; Genève, Droz, 1965).

STEINBERG (N.), *Grammaire française* (2 vol., U. R. S. S., Leningrad, 1962-1963).

TESNIÈRE (L.), *Eléments de syntaxe structurale* (Paris, Klincksieck, 1959).

THOMAS (A. V.), *Dictionnaire des difficultés de la langue française* (Paris, Larousse, 1956).

TOGEBY (K.), *Structure immanente de la langue française* (Paris, Larousse, 1965).

WAGNER (R. L.), *les Vocabulaires français* (1 vol. paru, Paris, Didier [coll. « Orientation »], 1967).

WAGNER (R. L.) et PINCHON (J.), *Grammaire du français classique et moderne* (Paris, Hachette, 2e éd., 1967).

WARTBURG (W. von) et ZUMTHOR (P.), *Précis de syntaxe du français contemporain* (Berne, Francke, 2e éd., 1958).

ZWANENBURG (W.), *Recherches sur la prosodie de la phrase française* (Pays-Bas, Leyde, 1965).

II. **Ouvrages et articles centrés sur le verbe.**

COHEN (M.), *le Subjonctif en français contemporain* (Paris, C. D. U., 1960).

CORNU (M.), *les Formes surcomposées en français* (Berne, Francke, 1953).

DUBOIS (J.), *Grammaire structurale du français : II. Le verbe* (Paris, Larousse, 1967).

GROSS (M.), *Grammaire transformationnelle du français* (Paris, Larousse, 1968).

GUILLAUME (G.), *Temps et verbe. Théorie des aspects, des modes et des temps* (Paris, Champion, 1929).

IMBS (P.), *le Subjonctif en français moderne* (Strasbourg, 1953); *l'Emploi des temps verbaux en français moderne* (Paris, Klincksieck, 1960).

LAGANE (R.), *les Verbes symétriques : économie morphosyntaxique et différenciation sémantique* (Paris, Didier, « Cahiers de Lexicologie », n° 10, 1967-I, pp. 21-30).

MARTINET (A.), *De l'économie des formes du verbe en français parlé* (Berne, Francke, 1958).

STEN (H.), *les Temps du verbe fini — indicatif — en français moderne* (Copenhague, Glydendal, 1952).

III. **Revues.**

Etudes de linguistique appliquée (Paris, Didier).

Le français moderne (Paris, d'Artrey).

Langages, Paris (Didier et Larousse). [Le numéro 3, septembre 1966, a été consacré à la *linguistique française; le verbe et la phrase;* la composition de la revue était confiée à A. J. Greimas et à J. Dubois.]

La Linguistique (Paris, P. U. F.).

On peut enfin trouver des articles intéressant le verbe et, plus généralement, la grammaire et la linguistique du français dans :

Le français dans le monde (Hachette-Larousse). [Cette revue est beaucoup plus accessible que les précédentes.]

TABLE DES SIGNES ET ABRÉVIATIONS

I. Signes

1. Verbe appartenant au premier groupe.

2. Verbe appartenant au deuxième groupe.

3. Verbe appartenant au troisième groupe.

/ Dans l'étude alphabétique des verbes (1re ligne) : isole l'auxiliaire ou les auxiliaires de conjugaison.

II. Abréviations

arg. terme ou emploi argotique.

avoir auxiliaire *avoir*.

Base partie du verbe ne changeant pas au cours de la conjugaison, ou dont seul l'élément ou les deux éléments entre crochets (particularité) peut varier.

C. construction.

compl. complément.

défectif verbe dont la conjugaison est incomplète.

être auxiliaire *être*.

fam. terme ou emploi familier.

I. le participe passé reste invariable à la forme pronominale.

indic. indicatif.

infin. infinitif.

irrégulier verbe irrégulier (indication ne concernant que les verbes des premier et deuxième groupes).

Modèle 3 numéro du verbe type conjugué sous ce numéro dans la 2e partie de l'ouvrage. Lorsque tous les thèmes ne sont pas représentés, se reporter pour ceux qui ne sont pas conjugués au(x) tableau(x) précédent(s).

OE le participe passé, à la forme pronominale, s'accorde avec un objet direct autre que le pronom caractéristique de cette forme, si cet objet précède le verbe ; sinon, il s'accorde avec les pronoms caractéristiques.

P à la forme pronominale, le participe passé s'accorde avec les pronoms caractéristiques de cette forme.

Particularité conjugaison régulière ; mais un élément, entre crochets dans la base, est susceptible de varier.

2 particularités conjugaison régulière ; mais deux éléments, entre crochets dans la base, sont susceptibles de varier.

pop. terme ou emploi populaire.

Régul. conjugaison entièrement régulière et sans particularité.

Subj. subjonctif.

unipersonnel verbe ou emploi unipersonnel (3e personne du singulier seulement).

V. verbe ; cette abréviation désigne, dans les constructions, le verbe même qui est étudié.

N. B. — Voir, en outre, p. XVI, le tableau des signes phonétiques utilisés.

LISTE DES SIGNES PHONÉTIQUES

I. Voyelles

VOYELLES ORALES

[i]	=	cire	[sir]	[ø]	=	**bœufs**	[bø]
[y]	=	sur	[syr]	[œ]	=	**bœuf**	[bœf]
[u]	=	sourd	[sur]	[a]	=	**ta**	[ta]
[e]	=	ces	[se]	[ɑ]	=	**tas**	[tɑ]
[ɛ]	=	c'est	[sɛ]	[o]	=	**saute**	[sot]
[ə]	=	ce	[sə]	[ɔ]	=	**sotte**	[sɔt]

VOYELLES NASALES

[ɛ̃]	=	br**in**	[brɛ̃]	[ɑ̃]	=	**banc**	[bɑ̃]
[œ̃]	=	br**un**	[brœ̃]	[ɔ̃][1]	=	**bon**	[bɔ̃]

II. Semi-consonnes

[j] = vieux [vjø] — [w] = **Louis** [lwi] — [ɥ] = **lui** [lɥi]

III. Consonnes

CONSONNES ORALES

[p]	=	**p**ont	[pɔ̃]	[s]	=	**s**el	[sɛl]
[b]	=	**b**on	[bɔ̃]	[z]	=	**z**èle	[zɛl]
[t]	=	**t**on	[tɔ̃]	[ʃ]	=	**ch**atte	[ʃat]
[d]	=	**d**on	[dɔ̃]	[ʒ]	=	**j**atte	[ʒat]
[k]	=	coup	[ku]	[l]	=	**l**ong	[lɔ̃]
[g]	=	goût	[gu]	[r]	=	**r**ond	[rɔ̃]
[f]	=	**f**in	[fɛ̃]				
[v]	=	**v**in	[vɛ̃]				

CONSONNES NASALES

[m]	=	**m**on	[mɔ̃]	[ɲ]	=	digne	[diɲ]
[n]	=	**n**on	[nɔ̃]	[ŋ]	=	pudding	[pudiŋ]

REMARQUE. Dans le français courant, le *h* dit « aspiré » n'est, en fait, qu'un obstacle aux liaisons tant vocaliques que consonantiques. Il n'y a donc aucune raison pour lui attribuer un signe particulier. Dans certaines conditions affectives ou dans une intention satirique, il peut être senti comme [h] voisin de son homologue anglais.

---

(1) En français, il semble que le [ɔ̃] soit plus proche de [o] que de [ɔ], comme il ressort des études faites sur ce point par le centre de Besançon sous la direction de M. Bernard Quemada. Toutefois, pour des raisons techniques, nous avons dû maintenir ici la transcription traditionnelle.

a

Modèle

abaisser [abese] Régul. I /**avoir**/ Base : ABAISS-. **3**

C. SIMPLE DIRECTE

V. + complément : *abaisser une perpendiculaire.*
Emploi pronominal : s'abaisser (accord = P);
s'abaisser + à + infin. : *s'abaisser* **à** *supplier quelqu'un.*

abandonner [abɑ̃dɔne] Régul. I /**avoir**/ Base : ABANDONN-. **3**

C. ABSOLUE : *il a abandonné.*

C. SIMPLE DIRECTE

V. + complément : *abandonner le combat; abandonner un ami.*
Emploi pronominal : s'abandonner (accord = P).

CONSTRUCTION MULTIPLE

V. + compl. — **à** + compl. : *abandonner quelqu'un* **à** *son sort.*
Emploi pronominal : s'abandonner **à** + complément : *s'abandonner* **à** *son chagrin* (accord = P).

abattre [abatr] III /**avoir**/ Base : ABAT-. **59**

C. SIMPLE DIRECTE

V. + complément : *abattre un arbre.*
Emploi pronominal : s'abattre (accord = P).

C. SIMPLE INDIRECTE

V. + lieu : *le bateau abat* **sur** *tribord.*

abdiquer [abdike] Régul. I /**avoir**/ Base : ABDIQU-. **3**

C. ABSOLUE : *le roi a abdiqué.*

C. SIMPLE DIRECTE

V. + complément : *abdiquer toute prétention.*

abêtir [abetir] Régul. II /**avoir**/ Base : ABÊT-. **26**

C. ABSOLUE : *plus il grandit, plus il abêtit.*

C. SIMPLE DIRECTE

V. + complément : *abêtir un enfant à force de crier.*
Emploi pronominal : s'abêtir (accord = P).

abîmer [abime] Régul. I /**avoir**/ Base : ABÎM-. **3**

C. SIMPLE DIRECTE

V. + complément : *abîmer un navire; abîmer ses vêtements.*
Emploi pronominal : s'abîmer (accord = P);
s'abîmer + complément : *s'abîmer les yeux* (accord = OE).

abolir [abɔlir] Régul. II /**avoir**/ Base : ABOL-. **26**

C. SIMPLE DIRECTE

V. + complément : *abolir la dictature.*
Emploi pronominal : s'abolir (accord = P).

abonder [abɔ̃de] Régul. I /**avoir**/ Base : ABOND-. **3**

C. ABSOLUE : *les fruits abondent, cette année.*

C. SIMPLE INDIRECTE

V. + **dans** + complément : *abonder **dans** le sens de quelqu'un.*
V. + **en** + complément : *abonder **en** renseignements.*

abonner [abɔne] Régul. I /**avoir**/ Base : ABONN-. **3**

CONSTRUCTION MULTIPLE

V. + compl. — **à** + compl. : *abonner son fils **à** un cabinet de lecture.*
Emploi pronominal : s'abonner (accord = P);
s'abonner **à** + complément : *s'abonner **à** un journal* (accord = P).

aborder [abɔrde] Régul. I /**avoir**/ Base : ABORD-. **3**

C. SIMPLE DIRECTE

V. + complément : *aborder quelqu'un.*
Emploi pronominal : s'aborder (accord = P).

C. SIMPLE INDIRECTE

V. + lieu : *aborder **au** premier quai.*
Emploi pronominal : s'aborder + lieu : *s'aborder **dans** la rue* (accord = P).

aboutir [abutir] Régul. II /**avoir**/ Base : ABOUT-. **26**

C. ABSOLUE : *cette revendication aboutira.*

C. SIMPLE DIRECTE

V. + complément : *aboutir une sculpture.*

C. SIMPLE INDIRECTE

V. + **à** + complément : *aboutir **à** un résultat.*

aboyer [abwaje] Particularité I /**avoir**/ Base : ABO[Y]-. **8**

C. ABSOLUE : *le chien aboie.*

abréger [abreʒe] Deux particularités I /**avoir**/ Base : ABR[ÉG]-. **23**

C. ABSOLUE : *je vous en prie, abrégez!*

C. SIMPLE DIRECTE

V. + complément : *abréger son récit.*
Emploi pronominal : s'abréger (accord = P).

abroger [abrɔʒe] Particularité I /**avoir**/ Base : ABRO[G]-. **12**

C. SIMPLE DIRECTE

V. + complément : *abroger une loi.*

abrutir [abrytir] Régul. II /**avoir**/ Base : ABRUT-. **26**

C. SIMPLE DIRECTE

V. + complément : *abrutir quelqu'un.*
Emploi pronominal (fam.) : s'abrutir (accord = P).

CONSTRUCTION MULTIPLE
V. + compl. — **de** + compl. : *abrutir un enfant* **de** *travail.*
Emploi pronominal : s'abrutir **de** + complément : *s'abrutir* **de** *chagrin* (accord = P).

absenter (s') [sapsɑ̃te] Régul. I /**être**/ Base : ABSENT- (s'). **5**
C. ABSOLUE : *il s'absente rarement* (accord = P).

absorber [apsɔrbe] Régul. I /**avoir**/ Base : ABSORB-. **3**
C. SIMPLE DIRECTE
V. + complément : *absorber la lumière.*
Emploi pronominal : s'absorber (accord = P) ;
s'absorber + lieu : *s'absorber dans la rêverie* (accord = P).

absoudre [apsudr] III /**avoir**/ Base : ABSO-. **73**
C. SIMPLE DIRECTE
V. + complément : *absoudre le coupable.*
Emploi pronominal : s'absoudre (accord = P).
CONSTRUCTION MULTIPLE
V. + compl. — **de** + compl. : *absoudre quelqu'un* **d'***un crime.*
Emploi pronominal : s'absoudre **de** + complément : *s'absoudre* **de** *ses fautes passées* (accord = P).

abstenir (s') [sapstənir] III /**être**/ Base : ABST- (s'). **36**
C. SIMPLE INDIRECTE
S'abstenir **de** + complément : *s'abstenir* **de** *café* (accord = P).
S'abstenir **de** + infin. : *s'abstenir* **de** *poser des questions* (accord = P).

abuser [abyze] Régul. I /**avoir**/ Base : ABUS-. **3**
C. SIMPLE DIRECTE
V. + complément : *abuser un naïf.*
Emploi pronominal : s'abuser (accord = P).
C. SIMPLE INDIRECTE
V. + **de** + complément : *abuser* **de** *l'alcool.*
Emploi pronominal : s'abuser **sur** + complément : *s'abuser* **sur** *ses capacités* (accord = P).

accabler [akɑble] Régul. I /**avoir**/ Base : ACCABL-. **3**
C. SIMPLE DIRECTE
V. + complément : *accabler le coupable.*
Emploi pronominal : s'accabler (accord = P).
CONSTRUCTION MULTIPLE
V. + compl. — **de** + compl. : *accabler son chien* **de** *coups.*
Emploi pronominal : s'accabler **de** + complément : *s'accabler* **de** *reproches* (accord = P).

accaparer [akapare] Régul. I /**avoir**/ Base : ACCAPAR-. **3**
C. SIMPLE DIRECTE
V. + complément : *accaparer le pouvoir.*

accéder [aksede] Particularité I /**avoir**/ Base : ACC[É]D-. **14**

C. SIMPLE INDIRECTE
V. + **à** + complément : *accéder **à** une demande.*
V. + lieu : *accéder au premier étage.*

accélérer [akselere] Particularité I /**avoir**/ Base : ACCÉL[É]R-. **14**
C. ABSOLUE : *accélérer pour doubler la voiture qui précède.*
C. SIMPLE DIRECTE
V. + complément : *accélérer la mise en place de la réforme.*
Emploi pronominal : s'accélérer (accord = P).

accepter [aksɛpte] Régul. I /**avoir**/ Base : ACCEPT-. **3**
C. ABSOLUE : *puisque vous insistez, j'accepte.*
C. SIMPLE DIRECTE
V. + complément : *accepter une besogne.*
Emploi pronominal : s'accepter (accord = P).
V. + **de** + infin. : *accepter **de** s'en aller.*
V. + **que** + subj. : *accepter **qu'**il parte.*
CONSTRUCTION MULTIPLE
V. + compl. — **pour** + attribut du compl. : *accepter une idée **pour** argent comptant.*

acclamer [aklame] Régul. I /**avoir**/ Base : ACCLAM-. **3**
C. SIMPLE DIRECTE
V. + complément : *acclamer l'Empereur.*
Emploi pronominal : s'acclamer (accord = P).
CONSTRUCTION MULTIPLE
V. + compl. — attribut du compl. : *acclamer Othon empereur.*

acclimater [aklimate] Régul. I /**avoir**/ Base : ACCLIMAT-. **3**
C. SIMPLE DIRECTE
V. + complément : *acclimater une plante.*
Emploi pronominal : s'acclimater (accord = P).

accommoder [akɔmɔde] Régul. I /**avoir**/ Base : ACCOMMOD-. **3**
C. SIMPLE DIRECTE
V. + complément : *accommoder la salade.*
Emploi pronominal : s'accommoder (accord = P).
CONSTRUCTION MULTIPLE
V. + compl. — **à** + compl. : *accommoder ses désirs **à** la réalité.*
Emploi pronominal : s'accommoder **à** + complément : *s'accommoder **aux** désirs d'autrui* (accord = P).
V. + compl. — **avec** + compl. : *accommoder ses actes **avec** ses paroles.*
Emploi pronominal : s'accommoder **avec** + complément : *s'accommoder **avec** n'importe quelle situation* (accord = P) ;
s'accommoder **de** + complément : *s'accommoder **d'**une vie médiocre* (accord = P).

accompagner [akɔ̃paɲe] Régul. I /**avoir**/ Base : ACCOMPAGN-. **3**
C. SIMPLE DIRECTE
V. + complément : *accompagner un ami.*

Emploi pronominal : s'accompagner (accord = P);
s'accompagner **de** + complément : *s'accompagner **d'**un geste d'impatience* (accord = P).

accomplir [akɔ̃plir] Régul. II /**avoir**/ Base : ACCOMPL-. **26**

C. SIMPLE DIRECTE

V. + complément : *accomplir son devoir.*
Emploi pronominal : s'accomplir (accord = P).

accorder [akɔrde] Régul. I /**avoir**/ Base : ACCORD-. **3**

C. SIMPLE DIRECTE

V. + complément : *accorder une faveur.*
Emploi pronominal : s'accorder (accord = P).
V. + **que** + indic. : *j'accorde **que** c'est stupide.*

CONSTRUCTION MULTIPLE

V. + compl. — **à** + compl. : *accorder une grâce **à** un solliciteur.*
Emploi pronominal : s'accorder + complément : *s'accorder un répit* (accord = OE);
s'accorder **à** + infin. : *s'accorder **à** reconnaître une erreur* (accord = P).
V. + compl. — **avec** + compl. : *accorder le verbe **avec** son sujet.*
Emploi pronominal : s'accorder **avec** + complément : *s'accorder **avec** tout le monde* (accord = P).
V. + compl. — **sur** + compl. : *accorder un circuit **sur** une fréquence.*

accoster [akɔste] Régul. I /**avoir**/ Base : ACCOST-. **3**

C. ABSOLUE : *le navire accoste.*

C. SIMPLE DIRECTE

V. + complément : *accoster quelqu'un.*
Emploi pronominal (fam.) : s'accoster **de** + complément : *s'accoster **d'**un drôle* (accord = P).

accoucher [akuʃe] Régul. I /**avoir** et **être**/ Base : ACCOUCH-. **3**

C. ABSOLUE (fam.) : *Allez, accouche!*

C. SIMPLE DIRECTE

V. + complément : *accoucher une parturiente.*

C. SIMPLE INDIRECTE

V. + **de** + complément : *accoucher **d'**un garçon de sept livres.*

accouder (s') [sakude] Régul. I /**être**/ Base : ACCOUD- (s'). **5**

C. SIMPLE INDIRECTE

S'accouder + lieu : *s'accouder **au** balcon* (accord = P).
Passif possible : être accoudé + lieu : *être accoudé **au** balcon.*

accourir [akurir] III /**avoir** et **être**/ Base : ACCOUR-. **33**

C. ABSOLUE : *le garçon accourut.*

accoutumer [akutyme] Régul. I /**avoir**/ Base : ACCOUTUM-. **3**

CONSTRUCTION MULTIPLE

V. + compl. — **à** + compl. *accoutumer un enfant **au** bruit.*
Emploi pronominal : s'accoutumer **à** + complément : *s'accoutumer **au** froid* (accord = P).

V. + compl. — **à** + infin. : *accoutumer quelqu'un **à** tout accepter.*
Emploi pronominal : s'accoutumer **à** + infin. : ***s'**accoutumer **à** ne rien espérer* (accord = P).

accréditer [akredite] Régul. I /**avoir**/ Base : ACCRÉDIT-. **3**

C. SIMPLE DIRECTE
V. + complément : *accréditer un ambassadeur.*
Emploi pronominal : s'accréditer (accord = P).

CONSTRUCTION MULTIPLE
V. + compl. — lieu propre ou figuré : *accréditer un bruit fâcheux **à** la cour.*
Emploi pronominal : s'accréditer + lieu propre ou figuré : ***s'**accréditer **auprès du** nouveau gouvernement* (accord = P).

accrocher [akrɔʃe] Régul. I /**avoir**/ Base : ACCROCH-. **3**

C. SIMPLE DIRECTE
V. + complément : *accrocher un tableau.*
Emploi pronominal : s'accrocher (accord = P).

CONSTRUCTION MULTIPLE
V. + compl. — lieu : *accrocher sa veste **au** portemanteau.*
Emploi pronominal : s'accrocher + lieu : ***s'**accrocher **au** vestiaire* (accord = P).

accroître [akrwatr] III /**avoir**/ Base : ACCR-. **64**

C. SIMPLE DIRECTE
V. + complément : *accroître son pouvoir.*
Emploi pronominal : s'accroître (accord = P).

accroupir (s') [sakrupir] Régul. II /**être**/ Base : ACCROUP- (s'). **26**

C. ABSOLUE : s'accroupir (accord = P).

accueillir [akœjir] III /**avoir**/ Base : ACCUEILL-. **29**

C. SIMPLE DIRECTE
V. + complément : *accueillir un visiteur.*
Emploi pronominal : s'accueillir (accord = P).

accumuler [akymyle] Régul. I /**avoir**/ Base : ACCUMUL-. **3**

C. SIMPLE DIRECTE
V. + complément : *accumuler les fautes.*
Emploi pronominal : s'accumuler (accord = P).

accuser [akyze] Régul. I /**avoir**/ Base : ACCUS-. **3**

C. SIMPLE DIRECTE
V. + complément : *accuser un suspect.*
Emploi pronominal : s'accuser (accord = P).

CONSTRUCTION MULTIPLE
V. + compl. — **de** + compl. : *accuser quelqu'un **de** vol.*
Emploi pronominal : s'accuser **de** + complément : ***s'**accuser **d'**un vol* (accord = P).
V. + compl. — **de** + infin. : *accuser quelqu'un **de** tricher.*
Emploi pronominal : s'accuser **de** + infin. : ***s'**accuser **d'**avoir triché* (accord = P).

Modèle

acharner [aʃarne] Régul. I /**avoir**/ Base : ACHARN-. 3

CONSTRUCTION MULTIPLE

V. + compl. — **contre** + compl. : *acharner les chiens **contre** le gibier.*

Emploi pronominal : s'acharner **contre** + complément : *s'acharner **contre** le gibier* (accord = P).

V. + compl. — **sur** + compl. : *acharner un faucon **sur** un lièvre.*

Emploi pronominal : s'acharner **sur** + complément : *s'acharner **sur** un lièvre* (accord = P); s'acharner **à** + complément : *s'acharner **au** jeu* (accord = P); s'acharner **à** + infin. : *s'acharner **à** poursuivre un but inaccessible* (accord = P).

acheminer [aʃ(ə)mine] Régul. I /**avoir**/ Base : ACHEMIN-. 3

C. SIMPLE DIRECTE

V. + complément : *acheminer des troupes.*

Emploi pronominal : s'acheminer + lieu : *s'acheminer **vers** un règlement définitif* (accord = P).

acheter [aʃ(ə)te] Particularité I /**avoir**/ Base : ACH[E]T-. 19

C. ABSOLUE : *même en temps de crise, il achète.*

C. SIMPLE DIRECTE

V. + complément : *acheter une voiture.*

Emploi pronominal : s'acheter : *tout **s'**achète* (accord = P).

CONSTRUCTION MULTIPLE

V. + compl. — **à** + compl. : *acheter un jouet **à** un enfant.*

Emploi pronominal : s'acheter + complément : *s'acheter un appartement* (accord = OE); s'acheter **à, chez** + complément : *s'acheter **à, chez** un commerçant compétent* (accord = P).

achever [aʃ(ə)ve] Particularité I /**avoir**/ Base : ACH[E]V-. 15

C. ABSOLUE : *laissez-moi le temps d'achever.*

C. SIMPLE DIRECTE

V. + complément : *achever son travail.*

Emploi pronominal : s'achever (accord = P).

acquérir [akerir] III /**avoir**/ Base : ACQU-. 35

C. SIMPLE DIRECTE

V. + complément : *acquérir une propriété.*

Emploi pronominal : s'acquérir (accord = P).

CONSTRUCTION MULTIPLE

V. + compl. — manière ou moyen : *acquérir une terre **à** vil prix.*

Emploi pronominal : s'acquérir + manière ou moyen : ***s'**acquérir **au prix d'**un marchandage* (accord = P).

V. + compl. — origine : *acquérir quelque chose **de** quelqu'un.*

Emploi pronominal : s'acquérir + origine : *s'acquérir **d'**un parent éloigné* (accord = P).

V. + compl. — **à** + compl. : *acquérir une sinécure **à** quelqu'un.*

Emploi pronominal : s'acquérir + complément : ***s'****acquérir un bahut ancien* (accord = OE) ;
s'acquérir **à** + complément : ***s'****acquérir* ***à*** *un brocanteur* (accord = P).

acquitter [akite] Régul. I /**avoir**/ Base : ACQUITT-. **3**

C. SIMPLE DIRECTE

V. + complément : *acquitter une dette.*
Emploi pronominal : s'acquitter (accord = P).

CONSTRUCTION MULTIPLE

V. + compl. — **de** + compl. : *acquitter quelqu'un* ***de*** *sa dette.*
Emploi pronominal : s'acquitter **de** + complément : ***s'****acquitter* ***de*** *ses fonctions* (accord = P).

adapter [adapte] Régul. I /**avoir**/ Base : ADAPT-. **3**

CONSTRUCTION MULTIPLE

V. + compl. — **à** + compl. : *adapter une pièce de théâtre* ***au*** *cinéma.*
Emploi pronominal : s'adapter (accord = P) ;
s'adapter **à** + complément : ***s'****adapter* ***à*** *un climat tropical* (accord = P).

additionner [adisjɔne] Régul. I /**avoir**/ Base : ADDITIONN-. **3**

C. SIMPLE DIRECTE

V. + complément : *additionner des nombres complexes.*
Emploi pronominal : s'additionner (accord = P).

CONSTRUCTION MULTIPLE

V. + **de** + compl. — compl. : *additionner* ***d'****eau un verre de vin.*
Emploi pronominal : s'additionner **de** + complément : ***s'****additionner* ***d'****eau de Javel* (accord = P).

adhérer [adere] Particularité I /**avoir**/ Base : ADH[É]R-. **14**

C. SIMPLE INDIRECTE

V. + **à** + complément : *adhérer* ***à*** *un syndicat.*

admettre [admɛtr] III /**avoir**/ Base : ADM-. **60**

C. SIMPLE DIRECTE

V. + complément : *admettre la contradiction.*
Emploi pronominal : s'admettre (accord = P).
V. + **que** + indic. : *j'admets* ***que*** *vous avez effectivement raison.*
V. + **que** + subj. : *admettre* ***qu'****il soit trop tard.*

CONSTRUCTION MULTIPLE

V. + compl. — **à** + compl. : *admettre un candidat* ***à*** *un concours.*
V. + compl. — **à** + infin. : *admettre un candidat* ***à*** *concourir.*
V. + compl. — **parmi** + compl. : *admettre un nouveau venu* ***parmi*** *ses relations.*

administrer [administre] Régul. I /**avoir**/ Base : ADMINISTR-. **3**

C. SIMPLE DIRECTE

V. + complément : *administrer les biens d'un mineur.*
Emploi pronominal : s'administrer (accord = P).

CONSTRUCTION MULTIPLE

V. + compl. — **à** + compl. : *administrer une correction **à** son chien.*
Emploi pronominal : s'administrer + complément : ***s'**administrer un remède* (accord = OE);
s'administrer **à** + complément : ***s'**administrer **à** un cardiaque seulement* (accord = P).

admirer [admire] Régul. I /**avoir**/ Base : ADMIR-. **3**

C. SIMPLE DIRECTE

V. + complément : *admirer le paysage.*
Emploi pronominal : s'admirer (accord = P).
V. + **que** + subj. : *admirer **que** l'on réussisse avec si peu de moyens.*

adopter [adɔpte] Régul. I /**avoir**/ Base : ADOPT-. **3**

C. SIMPLE DIRECTE

V. + complément : *adopter un enfant trouvé.*
Emploi pronominal : s'adopter (accord = P).

adorer [adɔre] Régul. I /**avoir**/ Base : ADOR-. **3**

C. SIMPLE DIRECTE

V. + complément : *elle adore son fils.*
Emploi pronominal : s'adorer (accord = P).
V. + infinitif : *il adore s'amuser.*

adosser (s') [sadose] Régul. I /**être**/ Base : ADOSS- (s'). **5**

C. SIMPLE INDIRECTE

V. + lieu : ***s'**adosser **contre** un mur* (accord = P).
Passif possible : être adossé + lieu : *être adossé **aux** fortifications.*

adoucir [adusir] Régul. II /**avoir**/ Base : ADOUC-. **26**

C. SIMPLE DIRECTE

V. + complément : *adoucir le sort de quelqu'un.*
Emploi pronominal : s'adoucir (accord = P).

adresser [adrɛse] Régul. I /**avoir**/ Base : ADRESS-. **3**

CONSTRUCTION MULTIPLE

V. + compl. — **à** + compl. : *adresser un solliciteur **à** un ami.*
Emploi pronominal : s'adresser + complément : ***s'**adresser des félicitations mutuelles* (accord = OE);
s'adresser **à** + complément : ***s'**adresser **au** maire* (accord = P).

aérer [aere] Particularité I /**avoir**/ Base : A[É]R-. **14**

C. ABSOLUE : *il faudra aérer.*

C. SIMPLE DIRECTE

V. + complément : *aérer l'appartement.*
Emploi pronominal : s'aérer (accord = P).

Modèle

affaiblir [afɛblir] Régul. II /**avoir**/ Base : AFFAIBL-. **26**

C. ABSOLUE : *une longue maladie affaiblit toujours.*

C. SIMPLE DIRECTE

V. + complément : *affaiblir un adversaire.*
Emploi pronominal : s'affaiblir (accord = P).

affamer [afame] Régul. I /**avoir**/ Base : AFFAM-. **3**

C. SIMPLE DIRECTE

V. + complément : *affamer un pays.*

affecter [afɛkte] Régul. I /**avoir**/ Base : AFFECT-. **3**

C. SIMPLE DIRECTE

V. + complément : *cette maladie affecte tel organe.*
V. + **de** + infin. : *affecter* **de** *rire.*
Emploi pronominal : s'affecter (accord = P);
s'affecter **de** + complément : ***s'affecter d'un*** *incident sans gravité* (accord = P).

CONSTRUCTION MULTIPLE

V. + compl. — **à** + compl. : *affecter un poste* ***à*** *un fonctionnaire.*
V. + compl. — **de** + compl. : *affecter un chiffre* ***d'un*** *coefficient.*
Emploi pronominal : s'affecter **de** + complément : ***s'affecter d'un*** *exposant* (accord = P).

affermir [afɛrmir] Régul. II /**avoir**/ Base : AFFERM-. **26**

C. SIMPLE DIRECTE

V. + complément : *affermir ses positions.*
Emploi pronominal : s'affermir (accord = P).

afficher [afiʃe] Régul. I /**avoir**/ Base : AFFICH-. **3**

C. SIMPLE DIRECTE

V. + complément : *afficher ses opinions.*
Emploi pronominal : s'afficher (accord = P);
s'afficher **avec** + complément : ***s'afficher avec*** *une jeune personne excentrique* (accord = P).

affilier [afilje] Régul. I /**avoir**/ Base : AFFILI-. **3**

CONSTRUCTION MULTIPLE

V. + compl. — **à** + compl. : *affilier quelqu'un* ***à*** *un parti.*
Emploi pronominal : s'affilier + complément : ***s'affilier*** *un nouvel adhérent* (accord = OE);
s'affilier **à** + complément : ***s'affilier à*** *un parti* (accord = P).

affirmer [afirme] Régul. I /**avoir**/ Base : AFFIRM-. **3**

C. SIMPLE DIRECTE

V. + complément : *affirmer son indépendance.*
Emploi pronominal : s'affirmer (accord = P).
V. + infinitif : *affirmer vouloir le succès.*
V. + **que** + indic. : *affirmer* ***que*** *rien ne réussira.*

affliger [afliʒe] Particularité I /**avoir**/ Base : AFFLI[G]-. **12**

C. SIMPLE DIRECTE
V. + complément : *affliger ses amis.*
Emploi pronominal : s'affliger (accord = P).
CONSTRUCTION MULTIPLE
V. + compl. — **de** + compl. : *affliger quelqu'un* ***d'un*** *ridicule.*
Emploi pronominal : s'affliger **de** + complément : ***s'affliger de*** *sa difformité* (accord = P).

affoler [afɔle] Régul. I /**avoir**/ Base : AFFOL-. **3**
C. SIMPLE DIRECTE
V. + complément : *affoler une population entière.*
Emploi pronominal : s'affoler (accord = P).

affranchir [afrɑ̃ʃir] Régul. II /**avoir**/ Base : AFFRANCH-. **26**
C. SIMPLE DIRECTE
V. + complément : *affranchir une lettre.*
Emploi pronominal : s'affranchir (accord = P).
CONSTRUCTION MULTIPLE
V. + compl. — **de** + compl. : *affranchir une marchandise* ***d'une*** *taxe.*
Emploi pronominal : s'affranchir **de** + complément : ***s'affranchir d'une*** *tyrannie* (accord = P).

affronter [afrɔ̃te] Régul. I /**avoir**/ Base : AFFRONT-. **3**
C. SIMPLE DIRECTE
V. + complément : *affronter un ennemi.*
Emploi pronominal : s'affronter (accord = P).

affûter [afyte] Régul. I /**avoir**/ Base : AFFÛT-. **3**
C. SIMPLE DIRECTE
V. + complément : *affûter un couperet.*
Emploi pronominal : s'affûter (accord = P).

agacer [agase] Particularité I /**avoir**/ Base : AGA[C]-. **10**
C. SIMPLE DIRECTE
V. + complément : *agacer un homme patient.*

agenouiller (s') [saʒ(ə)nuje] Régul. I /**être**/ Base : AGENOUILL- (S'). **5**
C. ABSOLUE : s'agenouiller (accord = P).
Passif possible : être agenouillé.

agglomérer [aglɔmere] Particularité I /**avoir**/ Base : AGGLOM[É]R-. **14**
C. SIMPLE DIRECTE
V. + complément : *agglomérer des sables.*
Emploi pronominal : s'agglomérer (accord = P).
CONSTRUCTION MULTIPLE
V. + compl. — **en** + compl. : *agglomérer des sables* ***en*** *dune.*
Emploi pronominal : s'agglomérer **en** + complément : ***s'agglomérer en*** *une ville* (accord = P).

aggraver [agrave] Régul. I /**avoir**/ Base : AGGRAV-. **3**
C. SIMPLE DIRECTE
V. + complément : *aggraver la situation.*
Emploi pronominal : s'aggraver (accord = P).

agir [aʒir] Régul. II /**avoir**/ Base : AG-. **26**

1° **Emploi personnel.**

C. ABSOLUE : *maintenant il faut agir; agissez vite.*

C. SIMPLE INDIRECTE

V. + **en** + attribut : *agir* ***en*** *fripon.*
V. + **auprès de** + complément : *agir* ***auprès d'****un homme influent.*
V. + **contre** + complément : *agir* ***contre*** *un projet.*
V. + **sur** + complément : *agir* ***sur*** *une blessure.*

2° **Emploi unipersonnel.**

Emploi pronominal : il s'agit **de** + complément : *il s'agit* ***de*** *votre situation* (accord = I);
il s'agit **de** + infin. : *il s'agit* ***de*** *travailler* (accord = I).

agiter [aʒite] Régul. I /**avoir**/ Base : AGIT-. **3**

C. SIMPLE DIRECTE

V. + complément : *agiter le flacon.*
Emploi pronominal : s'agiter (accord = P).

agonir [agɔnir] Particularité[1] II /**avoir**/ Base : AGON-. **26**

CONSTRUCTION MULTIPLE

V. + compl. — **de** + compl. : *agonir son adversaire* ***d'****injures.*
Emploi pronominal : s'agonir **de** + complément : ***s'agonir d'****invectives variées* (accord = P).

agoniser [agɔnize] Régul. I /**avoir**/ Base : AGONIS-. **3**

C. ABSOLUE : *il agonisa pendant trois jours.*

agrafer [agrafe] Régul. I /**avoir**/ Base : AGRAF-. **3**

C. SIMPLE DIRECTE

V. + complément : *agrafer sa robe.*
Emploi pronominal : s'agrafer (accord = P).

agrandir [agrɑ̃dir] Régul. II /**avoir**/ Base : AGRAND-. **26**

C. SIMPLE DIRECTE

V. + complément : *agrandir sa maison.*
Emploi pronominal : s'agrandir (accord = P).

agrémenter [agremɑ̃te] Régul. I /**avoir**/ Base : AGRÉMENT-. **3**

C. SIMPLE DIRECTE

V. + complément : *agrémenter le programme.*

CONSTRUCTION MULTIPLE

V. + compl. — **de** + compl. : *agrémenter un manteau* ***d'****un col de vison.*
Emploi pronominal : s'agrémenter **de** + complément : ***s'agrémenter de*** *nombreuses reproductions d'estampes* (accord = P).

---

1. Formes communes à *agonir* et *agoniser* : 1° thème du présent, l'indicatif (1re, 2e, 3e personne du pluriel), l'impératif (1re, 2e personne du pluriel), le subjonctif (en entier); 2° l'imparfait de l'indicatif; 3° le participe présent.
Les autres formes se conjuguent sur *salir* (26).

Modèle

aguerrir [agɛrir] Régul. II /**avoir**/ Base : AGUERR-. 26

C. SIMPLE DIRECTE

V. + complément : *aguerrir un enfant.*
Emploi pronominal : s'aguerrir (accord = P).

CONSTRUCTION MULTIPLE

V. + compl. — **à** + compl. : *aguerrir un enfant* ***au*** *froid.*
Emploi pronominal : s'aguerrir **à** + complément : ***s'****aguerrir* ***au*** *froid* (accord = P).
V. + compl. — **contre** + compl. : *aguerrir son âme* ***contre*** *le découragement.*
Emploi pronominal : s'aguerrir **contre** + complément : ***s'****aguerrir* ***contre*** *le découragement* (accord = P).

aider [ede] Régul. I /**avoir**/ Base : AID-. 3

C. SIMPLE DIRECTE

V. + complément : *aider les nécessiteux.*
Emploi pronominal : s'aider (accord = P).

CONSTRUCTION MULTIPLE

V. + compl. — **à** + infin. : *aider quelqu'un* ***à*** *soulever une charge.*
Emploi pronominal : s'aider **de** + complément : ***s'****aider* ***d'****une grammaire* (accord = P).

aigrir [egrir] Régul. II /**avoir**/ Base : AIGR-. 26

C. ABSOLUE : *le vin aigrit.*

C. SIMPLE DIRECTE

V. + complément : *aigrir la colère de quelqu'un.*
Emploi pronominal : s'aigrir (accord = P).

aiguiller [egɥije] Régul. I /**avoir**/ Base : AIGUILL-. 3

C. SIMPLE DIRECTE

V. + complément : *aiguiller un convoi.*

CONSTRUCTION MULTIPLE

V. + compl. — lieu propre ou figuré : *aiguiller un train* ***vers*** *Toulouse.*
Emploi pronominal : s'aiguiller + lieu propre ou figuré : ***s'****aiguiller* ***vers*** *les carrières de l'administration* (accord = P).

aiguillonner [egɥijɔne] Régul. I /**avoir**/ Base : AIGUILLONN-. 3

C. SIMPLE DIRECTE

V. + complément : *aiguillonner la jalousie de quelqu'un.*
Emploi pronominal : s'aiguillonner (accord = P).

aiguiser [egize] Régul. I /**avoir**/ Base : AIGUIS-. 3

C. SIMPLE DIRECTE

V. + complément : *aiguiser un poignard.*
Emploi pronominal : s'aiguiser (accord = P);
s'aiguiser + complément : ***s'****aiguiser l'appétit* (accord = OE).

aimer [eme] Régul. I /**avoir**/ Base : AIM-. 3

C. ABSOLUE : *il aime!*

C. SIMPLE DIRECTE

V. + complément : *aimer les haricots verts.*
Emploi pronominal : s'aimer (accord = P).
V. + infinitif : *aimer recommencer sans cesse.*
V. + **à** + infin. : *aimer **à** toujours recommencer.*
V. + **que** + subj. : *aimer **que** l'on vous laisse en repos.*

ajourner [aʒurne] Régul. I /**avoir**/ Base : AJOURN-. 3

C. SIMPLE DIRECTE

V. + complément : *ajourner la parution d'un ouvrage.*
Emploi pronominal : s'ajourner (accord = P).

ajouter [aʒute] Régul. I /**avoir**/ Base : AJOUT-. 3

C. SIMPLE DIRECTE

V. + complément : *ajouter des exemples.*
Emploi pronominal : s'ajouter (accord = P).
V. + **ce qui** + indic. : *ajouter **ce qui** manquait.*
V. + **que** + indic. : *ajouter **que** c'est inutile.*

C. SIMPLE INDIRECTE

V. + **à** + complément : *ajouter **aux** difficultés de quelqu'un.*

CONSTRUCTION MULTIPLE

V. + compl. — **à** + compl. : *ajouter des exemples **à** un dictionnaire.*
Emploi pronominal : s'ajouter + complément : ***s'****ajouter des titres* (accord = OE);
s'ajouter **à** + complément : ***s'****ajouter **au** reste* (accord = P).

ajuster [aʒyste] Régul. I /**avoir**/ Base : AJUST-. 3

C. SIMPLE DIRECTE

V. + complément : *ajuster sa cravate.*
Emploi pronominal : s'ajuster (accord = P).

CONSTRUCTION MULTIPLE

V. + compl. — **à** + compl. : *ajuster une robe **à** sa taille.*
Emploi pronominal : s'ajuster **à** + complément : ***s'****ajuster **aux** usages du pays où l'on réside* (accord = P).
V. + compl. — **avec** + compl. : *ajuster son point de vue **avec** celui de son interlocuteur.*
V. + compl. — **sur** + compl. : *ajuster un air **sur** des paroles.*

alarmer [alarme] Régul. I /**avoir**/ Base : ALARM-. 3

C. SIMPLE DIRECTE

V. + complément : *alarmer tout le monde.*
Emploi pronominal : s'alarmer (accord = P).

alcooliser [alkɔlize] Régul. I /**avoir**/ Base : ALCOOLIS-. 3

C. SIMPLE DIRECTE

V. + complément : *alcooliser une boisson.*
Emploi pronominal : s'alcooliser (accord = P).

alerter [alɛrte] Régul. I /**avoir**/ Base : ALERT-. 3

C. SIMPLE DIRECTE

V. + complément : *alerter la police.*

aliéner [aljene] Particularité I /**avoir**/ Base : ALI[É]N-. **14**

C. SIMPLE DIRECTE

V. + complément : *aliéner ses biens.*
Emploi pronominal : s'aliéner (accord = P);
s'aliéner + complément : *s'aliéner la sympathie de quelqu'un* (accord = OE).

aligner [aliɲe] Régul. I /**avoir**/ Base : ALIGN-. **3**

C. SIMPLE DIRECTE

V. + complément : *aligner des arbres.*
Emploi pronominal : s'aligner (accord = P).

CONSTRUCTION MULTIPLE

V. + compl. — **sur** + compl. : *aligner sa politique* ***sur*** *celle d'un autre pays.*
Emploi pronominal : s'aligner **sur** + complément : ***s'aligner sur*** *les positions d'un allié* (accord = P).

alimenter [alimɑ̃te] Régul. I /**avoir**/ Base : ALIMENT-. **3**

C. SIMPLE DIRECTE

V. + complément : *alimenter un malade.*
Emploi pronominal : s'alimenter (accord = P).

allaiter [alete] Régul. I /**avoir**/ Base : ALLAIT-. **3**

C. ABSOLUE : *elle n'allaite plus.*

C. SIMPLE DIRECTE

V. + complément : *allaiter des jumeaux.*

allécher [aleʃe] Particularité I /**avoir**/ Base : ALL[É]CH-. **14**

C. SIMPLE DIRECTE

V. + complément : *allécher un gourmet.*

alléger [aleʒe] Deux particularités I /**avoir**/ Base : ALL[ÉG]-. **23**

C. SIMPLE DIRECTE

V. + complément : *alléger un fardeau.*
Emploi pronominal : s'alléger (accord = P).

CONSTRUCTION MULTIPLE

V. + compl. — **de** + compl. : *alléger un voyageur* ***de*** *sa bourse* (fam.).
Emploi pronominal : s'alléger **de** + complément : ***s'alléger d'****une somme rondelette* (fam.).

alléguer [alege] Particularité I /**avoir**/ Base : ALL[É]GU-. **22**

C. SIMPLE DIRECTE

V. + complément : *alléguer un prétexte.*
Emploi pronominal : s'alléguer (accord = P).
V. + **que** + indic. : *alléguer* ***que*** *l'on était fatigué.*

aller [ale] Irrégulier I /**être**/ Bases multiples. **25**

1° Emploi personnel.

C. ABSOLUE : *il va, il vient; ça va* (fam.).

C. SIMPLE DIRECTE

V. + infinitif : *aller se promener.*

C. SIMPLE INDIRECTE

V. + gérondif : *aller en s'aggravant.*
Emploi pronominal : s'en aller (accord = P).
V. + circonstances : (lieu) *aller **chez** le boucher;* (manière) *aller **au** pas, aller **bien**;* (moyen) *aller **à** cheval,* etc.

2° Emploi unipersonnel.

CONSTRUCTION MULTIPLE

Il en va + adverbe de manière — **de** + complément : ***il en va** autrement **de** votre projet.*

allier [alje] Régul. I /**avoir**/ Base : ALLI-. **3**

C. SIMPLE DIRECTE

V. + complément : *allier deux qualités.*
Emploi pronominal : s'allier (accord = P).

CONSTRUCTION MULTIPLE

V. + compl. — **à** + compl. : *allier la force **à** la prudence.*
Emploi pronominal : s'allier **à** + complément : ***s'allier à** un pays puissant* (accord = P).
V. + compl. — **avec** + compl. : *allier le cuivre **avec** l'étain.*
Emploi pronominal : s'allier **avec** + complément : ***s'allier avec** quelqu'un* (accord = P).

allonger [alɔ̃ʒe] Particularité I /**avoir**/ Base : ALLON[G]-. **12**

C. ABSOLUE : *les jours allongent.*

C. SIMPLE DIRECTE

V. + complément : *allonger une robe.*
Emploi pronominal : s'allonger (accord = P).

CONSTRUCTION MULTIPLE (pop.)

V. + compl. — **à** + compl. : *allonger une taloche **à** un marmot.*
Emploi pronominal : s'allonger + complément : ***s'allonger** un deuxième coup de picrate* (accord = OE).

allouer [alwe] Régul. I /**avoir**/ Base : ALLOU-. **3**

CONSTRUCTION MULTIPLE

V. + compl. — **à** + compl. : *allouer une gratification **à** quelqu'un.*
Emploi pronominal : s'allouer + complément : ***s'allouer** une bonification* (accord = OE);
s'allouer **à** + complément : ***s'allouer à** tous les ayants droit* (accord = P).

allumer [alyme] Régul. I /**avoir**/ Base : ALLUM-. **3**

C. ABSOLUE : *à cinq heures, il faudra allumer.*

C. SIMPLE DIRECTE

V. + complément : *allumer la lampe.*
Emploi pronominal : s'allumer (accord = P).

alourdir [alurdir] Régul. II /**avoir**/ Base : ALOURD-. **26**

C. SIMPLE DIRECTE

V. + complément : *alourdir les charges de la communauté.*
Emploi pronominal : s'alourdir (accord = P).

alphabétiser [alfabetize] Régul. I /**avoir**/ Base : ALPHABÉTIS-. **3**
C. SIMPLE DIRECTE
V. + complément : *alphabétiser des pays en voie de développement.*

altérer [altere] Particularité I /**avoir**/ Base : ALT[É]R-. **14**
C. SIMPLE DIRECTE
V. + complément : *altérer le brillant d'une glace.*
Emploi pronominal : s'altérer (accord = P).

alterner [altɛrne] Régul. I /**avoir**/ Base : ALTERN-. **3**
C. ABSOLUE : *deux employés alternent.*
C. SIMPLE DIRECTE
V. + complément : *alterner les cultures.*
CONSTRUCTION MULTIPLE
V. + compl. — **avec** + compl. : *alterner le travail* ***avec*** *les loisirs.*

alunir [alynir] Régul. II /**avoir**/ Base : ALUN-. **26**
C. ABSOLUE : *les cosmonautes ont aluni.*

amaigrir [amegrir] Régul. II /**avoir**/ Base : AMAIGR-. **26**
C. ABSOLUE : *le régime amaigrit.*
C. SIMPLE DIRECTE
V. + complément : *amaigrir une pièce.*
Emploi pronominal : s'amaigrir (accord = P).

amarrer [amare] Régul. I /**avoir**/ Base : AMARR-. **3**
C. SIMPLE DIRECTE
V. + complément : *amarrer un yacht.*
Emploi pronominal : s'amarrer (accord = P).
CONSTRUCTION MULTIPLE
V. + compl. — **à** + compl. : *amarrer une barque* ***au*** *ponton.*
Emploi pronominal : s'amarrer **à** + complément : *s'amarrer* ***au*** *ponton* (accord = P).

amasser [amase] Régul. I /**avoir**/ Base : AMASS-. **3**
C. ABSOLUE : *il a plaisir à amasser.*
C. SIMPLE DIRECTE
V. + complément : *amasser de l'argent.*
Emploi pronominal : s'amasser (accord = P).

ambitionner [ɑ̃bisjɔne] Régul. I /**avoir**/ Base : AMBITIONN-. **3**
C. SIMPLE DIRECTE
V. + complément : *ambitionner un poste de premier plan.*
V. + **de** + infin. : *ambitionner* ***de*** *réussir brillamment.*

améliorer [ameljɔre] Régul. I /**avoir**/ Base : AMÉLIOR-. **3**
C. SIMPLE DIRECTE
V. + complément : *améliorer sa situation.*
Emploi pronominal : s'améliorer (accord = P).

aménager [amenaʒe] Particularité I /**avoir**/ Base : AMÉNA[G]-. **12**
C. SIMPLE DIRECTE
V. + complément : *aménager une cuisine.*
Emploi pronominal : s'aménager (accord = P).

Modèle

amener [am(ə)ne] Particularité I /**avoir**/ Base : AM[E]N-. **15**

C. SIMPLE DIRECTE

V. + complément : *amener des amis.*
Emploi pronominal (pop.) : s'amener (accord = P).

CONSTRUCTION MULTIPLE

V. + compl. — **à** + infin. : *amener quelqu'un **à** partager votre point de vue.*
V. + compl. — lieu propre ou figuré : *amener un ami **au** restaurant; amener l'adversaire **à** vos idées.*

amerrir [amɛrir] Régul. II /**avoir**/ Base : AMERR-. **26**

C. ABSOLUE : *l'hydravion amerrit.*

amidonner [amidɔne] Régul. I /**avoir**/ Base : AMIDONN-. **3**

C. SIMPLE DIRECTE

V. + complément : *amidonner un col de chemise.*
Emploi pronominal : s'amidonner (accord = P).

amincir [amɛ̃sir] Régul. II /**avoir**/ Base : AMINC-. **26**

C. ABSOLUE : *le noir amincit.*

C. SIMPLE DIRECTE

V. + complément : *amincir une planche.*
Emploi pronominal : s'amincir (accord = P).

amnistier [amnistje] Régul. I /**avoir**/ Base : AMNISTI-. **3**

C. SIMPLE DIRECTE

V. + complément : *amnistier un coupable.*
Emploi pronominal : s'amnistier **de** + complément : ***s'****amnistier* ***d'****un crime* (accord = P).

amoindrir [amwɛ̃drir] Régul. II /**avoir**/ Base : AMOINDR-. **26**

C. SIMPLE DIRECTE

V. + complément : *amoindrir les forces de quelqu'un.*
Emploi pronominal : s'amoindrir (accord = P).

amonceler [amɔ̃səle] Particularité I /**avoir**/ Base : AMONCE[L]-. **16**

C. SIMPLE DIRECTE

V. + complément : *amonceler des citations.*
Emploi pronominal : s'amonceler (accord = P).

amorcer [amɔrse] Particularité I /**avoir**/ Base : AMOR[C]-. **10**

C. ABSOLUE : *il n'a pas amorcé.*

C. SIMPLE DIRECTE

V. + complément : *amorcer un repli.*
Emploi pronominal : s'amorcer (accord = P).

amortir [amɔrtir] Régul. II /**avoir**/ Base : AMORT-. **26**

C. SIMPLE DIRECTE

V. + complément : *amortir une chute.*
Emploi pronominal : s'amortir (accord = P).

amplifier [ɑ̃plifje] Régul. I /**avoir**/ Base : AMPLIFI-. **3**

C. ABSOLUE : *vous amplifiez!*

C. SIMPLE DIRECTE
V. + complément : *amplifier les aigus.*
Emploi pronominal : s'amplifier (accord = P).

amputer [ɑ̃pyte] Régul. I /**avoir**/ Base : AMPUT-. **3**

C. SIMPLE DIRECTE
V. + complément : *amputer un membre.*

amuser [amyze] Régul. I /**avoir**/ Base : AMUS-. **3**

C. SIMPLE DIRECTE
V. + complément : *amuser des enfants.*
Emploi pronominal : s'amuser (accord = P);
s'amuser **à** + complément : *s'amuser* ***à*** *des sottises* (accord = P);
s'amuser **à** + infin. : *s'amuser* ***à*** *tirer des sonnettes* (accord = P);
s'amuser **aux dépens de** + complément : *s'amuser* ***aux dépens d'****un naïf* (accord = P).

analyser [analize] Régul. I /**avoir**/ Base : ANALYS-. **3**

C. SIMPLE DIRECTE
V. + complément : *analyser la situation.*
Emploi pronominal : s'analyser (accord = P).
V. + **ce qui** + indic. : *analyser* ***ce qui*** *fait obstacle.*

ancrer [ɑ̃kre] Régul. I /**avoir**/ Base : ANCR-. **3**

C. SIMPLE DIRECTE
V. + complément : *ancrer un hors-bord.*
Emploi pronominal : s'ancrer (accord = P).

anéantir [aneɑ̃tir] Régul. II /**avoir**/ Base : ANÉANT-. **26**

C. SIMPLE DIRECTE
V. + complément : *anéantir les espoirs de quelqu'un.*
Emploi pronominal : s'anéantir (accord = P).

anémier [anemje] Régul. I /**avoir**/ Base : ANÉMI-. **3**

C. SIMPLE DIRECTE
V. + complément : *anémier l'organisme.*
Emploi pronominal : s'anémier (accord = P).

anesthésier [anɛstezje] Régul. I /**avoir**/ Base : ANESTHÉSI-. **3**

C. SIMPLE DIRECTE
V. + complément : *anesthésier le patient.*

angoisser [ɑ̃gwase] Régul. I /**avoir**/ Base : ANGOISS-. **3**

C. SIMPLE DIRECTE
V. + complément : *angoisser sa famille.*

animer [anime] Régul. I /**avoir**/ Base : ANIM-. **3**

C. SIMPLE DIRECTE
V. + complément : *animer la discussion.*
Emploi pronominal : s'animer (accord = P).

CONSTRUCTION MULTIPLE
V. + compl. — **contre** + compl. : *animer la fureur de la victime* ***contre*** *le coupable.*

Modèle

ankyloser [ɑ̃kiloze] Régul. I /**avoir**/ Base : ANKYLOS-. **3**

C. SIMPLE DIRECTE

V. + complément : *ankyloser un bras.*
Emploi pronominal : s'ankyloser (accord = P).

annexer [anɛkse] Régul. I /**avoir**/ Base : ANNEX-. **3**

C. SIMPLE DIRECTE

V. + complément : *annexer une province.*
Emploi pronominal : s'annexer (accord = P).

CONSTRUCTION MULTIPLE

V. + compl. — **à** + compl. : *annexer une pièce **à** un dossier.*
Emploi pronominal : s'annexer + complément : ***s'annexer** une province* (accord = OE);
s'annexer **à** + complément : ***s'annexer à** un dossier* (accord = P).

annihiler [aniile] Régul. I /**avoir**/ Base : ANNIHIL-. **3**

C. SIMPLE DIRECTE

V. + complément : *annihiler une force antagoniste.*
Emploi pronominal : s'annihiler (accord = P).

annoncer [anɔ̃se] Particularité I /**avoir**/ Base : ANNON[c]-. **10**

C. SIMPLE DIRECTE

V. + complément : *annoncer une nouvelle.*
Emploi pronominal : s'annoncer (accord = P).
V. + **que** + indic. : *annoncer **que** tout est fini.*

CONSTRUCTION MULTIPLE

V. + compl. — **à** + compl. : *annoncer un malheur **à** quelqu'un.*
V. + **à** + compl. — **que** + indic. : *annoncer **à** l'auditoire **que** la séance est levée.*

annuler [anyle] Régul. I /**avoir**/ Base : ANNUL-. **3**

C. SIMPLE DIRECTE

V. + complément : *annuler un rendez-vous.*
Emploi pronominal : s'annuler (accord = P).

ânonner [ɑnɔne] Régul. I /**avoir**/ Base : ÂNONN-. **3**

C. ABSOLUE : *il ânonne au lieu de lire.*

C. SIMPLE DIRECTE

V. + complément : *ânonner une leçon.*

anticiper [ɑ̃tisipe] Régul. I /**avoir**/ Base : ANTICIP-. **3**

C. ABSOLUE : *vous anticipez!*

C. SIMPLE DIRECTE

V. + complément : *anticiper une réponse.*

C. SIMPLE INDIRECTE

V. + **sur** + complément : *anticiper **sur** le résultat.*

antidater [ɑ̃tidate] Régul. I /**avoir**/ Base : ANTIDAT-. **3**

C. SIMPLE DIRECTE

V. + complément : *antidater une lettre.*

apaiser [apeze] Régul. I /**avoir**/ Base : APAIS-. **3**

C. SIMPLE DIRECTE

V. + complément : *apaiser la fureur de quelqu'un.*
Emploi pronominal : s'apaiser (accord = P).

apercevoir [apɛrsəvwar] Particularité III /**avoir**/ Base : APER[C]-. **41**

C. SIMPLE DIRECTE

V. + complément : *apercevoir un avion.*
Emploi pronominal : s'apercevoir (accord = P).
V. + proposition infinitive : *apercevoir un morceau de verre briller au soleil.*
V. + **que** + indic. : *apercevoir* **que** *l'on est trompé.*
Emploi pronominal : s'apercevoir **de** + complément : ***s'****apercevoir* **de** *son erreur* (accord = P) ;
s'apercevoir **que** + indic. : ***s'****apercevoir* ***qu'****on s'est trompé* (accord = P).

apitoyer [apitwaje] Particularité I /**avoir**/ Base : APITO[Y]-. **8**

C. SIMPLE DIRECTE

V. + complément : *apitoyer un égoïste.*
Emploi pronominal : s'apitoyer (accord = P).

CONSTRUCTION MULTIPLE

V. + compl. — **sur** + compl. : *apitoyer un homme dur* **sur** *le sort des malheureux.*
Emploi pronominal : s'apitoyer **sur** + complément : *s'apitoyer* ***sur*** *son sort* (accord = P).

aplanir [aplanir] Régul. II /**avoir**/ Base : APLAN-. **26**

C. SIMPLE DIRECTE

V. + complément : *aplanir une difficulté.*
Emploi pronominal : s'aplanir (accord = P).

aplatir [aplatir] Régul. II /**avoir**/ Base : APLAT-. **26**

C. SIMPLE DIRECTE

V. + complément : *aplatir un pli.*
Emploi pronominal : s'aplatir (accord = P) ;
s'aplatir + complément : *s'aplatir les cheveux* (accord = OE).

aposter [apɔste] Régul. I /**avoir**/ Base : APOST-. **3**

CONSTRUCTION MULTIPLE

V. + compl. — lieu : *aposter un guetteur* ***au coin de*** *la rue.*

apostropher [apɔstrɔfe] Régul. I /**avoir**/ Base : APOSTROPH-. **3**

C. SIMPLE DIRECTE

V. + complément : *apostropher l'orateur.*
Emploi pronominal : s'apostropher (accord = P).

apparaître [aparɛtr] III /**avoir** (rare) et **être**/ Base : APPAR-. **61**

1° Emploi personnel.

C. ABSOLUE : *le soleil apparaît.*

C. SIMPLE DIRECTE

V. + attribut : *sa volonté apparaît inépuisable.*

C. SIMPLE INDIRECTE
V. + **comme** + attribut : *il apparaît* ***comme*** *l'employé idéal.*
CONSTRUCTION MULTIPLE
V. + **comme** + attribut — **à** + compl. : *cette démarche apparaît* ***comme*** *nécessaire* ***à*** *tous les associés.*

2° Emploi unipersonnel.
Il apparaît + sujet réel nominal : *il apparaît une difficulté.*
Il apparaît **à** + compl. — **que** + indic. : *il apparaît* ***à*** *tous* ***que*** *vous avez tort.*

apparenter [aparɑ̃te] Régul. I /**avoir**/ Base : APPARENT-. **3**
C. SIMPLE DIRECTE
V. + complément : *apparenter deux listes de candidats.*
Emploi pronominal : s'apparenter (accord = P).
CONSTRUCTION MULTIPLE
V. + compl. — **à** + compl. : *apparenter une personne* ***à*** *une famille.*
Emploi pronominal : s'apparenter **à** + complément : ***s'****apparenter* ***à*** *une famille riche* (accord = P).

apparier [aparje] Régul. I /**avoir**/ Base : APPARI-. **3**
C. SIMPLE DIRECTE
V. + complément : *apparier des gants.*
Emploi pronominal : s'apparier (accord = P).

appartenir [apartənir] III /**avoir**/ Base : APPART-. **36**

1° Emploi personnel.
C. SIMPLE INDIRECTE
V. + **à** + complément : *appartenir* ***à*** *son propriétaire.*
Emploi pronominal : s'appartenir (accord = I).

2° Emploi unipersonnel.
CONSTRUCTION MULTIPLE
Il appartient **à** + compl. — sujet réel = **de** + infin. : *il appartient* ***à*** *chacun* ***de*** *veiller à ses intérêts.*

appâter [apɑte] Régul. I /**avoir**/ Base : APPÂT-. **3**
C. SIMPLE DIRECTE
V. + complément : *appâter un canard.*

appauvrir [apovrir] Régul. II /**avoir**/ Base : APPAUVR-. **26**
C. SIMPLE DIRECTE
V. + complément : *appauvrir un texte.*
Emploi pronominal : s'appauvrir (accord = P).

appeler [ap(ə)le] Particularité I /**avoir**/ Base : APPE[L]-. **16**
C. ABSOLUE : *je crois que votre fils appelle.*
C. SIMPLE DIRECTE
V. + complément : *appeler sa mère.*
Emploi pronominal : s'appeler (accord = P).
C. SIMPLE INDIRECTE
V. + **à** + complément : *appeler* ***à*** *l'aide.*
V. + **de** + complément : *appeler* ***d'****un jugement.*

Construction multiple

V. + compl. — attribut du compl. : *appeler son fils Olivier.*
Emploi pronominal : s'appeler + attribut : ***s'****appeler Arsène* (accord = P) ;
s'appeler + infin. : *voilà qui* ***s'****appelle parler* (accord = P).
V. + compl. — **à** + compl. : *appeler son frère* ***au*** *secours d'un voisin.*
V. + compl. — **à** + infin. : *appeler un témoin* ***à*** *se présenter à la barre.*
V. + compl. — **en** + compl. : *appeler un parent* ***en*** *garantie.*
En appeler **à** + complément : ***en*** *appeler* ***à*** *l'auditoire.*
En appeler **de** + complément : ***en*** *appeler* ***d'****un jugement inique.*
V. + compl. — circonstances : (lieu) *appeler des jeunes gens* ***sous*** *les drapeaux ; appeler la malédiction du ciel* ***sur*** *ses ennemis ;* (moyen) *appeler quelqu'un* ***par*** *son nom,* etc.

appesantir [apəzɑ̃tir] Régul. II /**avoir**/ Base : APPESANT-. **26**

C. simple directe

V. + complément : *appesantir un vêtement.*

Construction multiple

V. + compl. — **sur** + compl. : *appesantir son autorité* ***sur*** *quelqu'un.*
Emploi pronominal : s'appesantir **sur** + complément : ***s'****appesantir* ***sur*** *un travail* (accord = P).

applaudir [aplodir] Régul. II /**avoir**/ Base : APPLAUD-. **26**

C. absolue : *j'ai applaudi.*

C. simple directe

V. + complément : *applaudir une action.*

C. simple indirecte

V. + **à** + complément : *applaudir* ***au*** *succès d'un ami.*
Emploi pronominal : s'applaudir **de** + complément : ***s'****applaudir* ***d'****une décision heureuse* (accord = P) ;
s'applaudir **de** + infin. : ***s'****applaudir* ***d'****être parti* (accord = P).

appliquer [aplike] Régul. I /**avoir**/ Base : APPLIQU-. **3**

C. simple directe

V. + complément : *appliquer une théorie.*
Emploi pronominal : s'appliquer (accord = P).

Construction multiple

V. + compl. — **à** + compl. : *appliquer un traitement nouveau* ***à*** *une maladie.*
Emploi pronominal : s'appliquer + complément : ***s'****appliquer un précepte* (accord = OE) ;
s'appliquer **ce qui** + indic. : ***s'****appliquer* ***ce qui*** *paraît adapté* (accord = I) ;
s'appliquer **à** + complément : ***s'****appliquer* ***à*** *une tâche ennuyeuse* (accord = P) ;
s'appliquer **à** + infin. : ***s'****appliquer* ***à*** *réussir* (accord = P).
V. + compl. — lieu : *appliquer un cachet* ***sur*** *une enveloppe.*

Emploi pronominal : s'appliquer + lieu : *s'appliquer* **sur** *une surface propre* (accord = P).

apporter [apɔrte] Régul. I /**avoir**/ Base : APPORT-. **3**

C. SIMPLE DIRECTE

V. + complément : *apporter des fleurs.*

CONSTRUCTION MULTIPLE

V. + compl. — lieu : *apporter des pierres* **d'***une carrière.*
V. + compl. — **à** + compl. : *apporter des nouvelles* **à** *un ami.*

apposer [apoze] Régul. I /**avoir**/ Base : APPOS-. **3**

C. SIMPLE DIRECTE

V. + complément : *apposer une affiche.*

CONSTRUCTION MULTIPLE

V. + compl. — lieu : *apposer sa signature* **au** *bas d'une lettre.*

apprécier [apresje] Régul. I /**avoir**/ Base : APPRÉCI-. **3**

C. SIMPLE DIRECTE

V. + complément : *apprécier la tranquillité.*
Emploi pronominal : s'apprécier (accord = P).

appréhender [apreɑ̃de] Régul. I /**avoir**/ Base : APPRÉHEND-. **3**

C. SIMPLE DIRECTE

V. + complément : *appréhender des reproches.*
V. + **de** + infin. : *appréhender* **de** *rentrer chez soi.*
V. + **que** + subj. : *appréhender* **qu'***il soit trop tard.*

apprendre [aprɑ̃dr] III /**avoir**/ Base : APPR-. **68**

C. SIMPLE DIRECTE

V. + complément : *apprendre une langue étrangère.*
Emploi pronominal : s'apprendre (accord = P).
V. + **que** + indic. : *apprendre* **que** *tout a réussi.*

C. SIMPLE INDIRECTE

V. + **à** + infin. : *apprendre* **à** *jouer du tambour.*

CONSTRUCTION MULTIPLE

V. + compl. — **à** + compl. : *apprendre le français* **à** *des enfants.*
Emploi pronominal : s'apprendre + complément : *s'apprendre mutuellement des poèmes* (accord = OE).
V. + **à** + compl. — **à** + infin. : *apprendre* **à** *un enfant* **à** *écrire.*

apprêter [aprete] Régul. I /**avoir**/ Base : APPRÊT-. **3**

C. SIMPLE DIRECTE

V. + complément : *apprêter le déjeuner.*
Emploi pronominal : s'apprêter (accord = P).
V. + **ce qui** + indic. : *apprêter* **ce qui** *est nécessaire.*

C. SIMPLE INDIRECTE

V. + **à** + infin. : *apprêter* **à** *sourire.*
Emploi pronominal : s'apprêter + complément : *s'apprêter un petit déjeuner copieux* (accord = OE);
s'apprêter **à** + complément : *s'apprêter* **à** *des ennuis graves* (accord = P);
s'apprêter **à** + infin. : *s'apprêter* **à** *fuir* (accord = P).

Modèle

apprivoiser [aprivwaze] Régul. I /**avoir**/ Base : APPRIVOIS-. **3**

C. SIMPLE DIRECTE

V. + complément : *apprivoiser un oiseau.*
Emploi pronominal : s'apprivoiser (accord = P);
s'apprivoiser **à** + complément : *s'apprivoiser **à** l'idée d'un échec* (accord = P);
s'apprivoiser **avec** + complément : *s'apprivoiser **avec** le risque* (accord = P).

approcher [aprɔʃe] Régul. I /**avoir**/ Base : APPROCH-. **3**

C. ABSOLUE : *je vais vous demander d'approcher.*

C. SIMPLE DIRECTE

V. + complément : *approcher une table.*
Emploi pronominal : s'approcher (accord = P).

C. SIMPLE INDIRECTE

V. + **de** + complément : *approcher **du** feu.*

CONSTRUCTION MULTIPLE

V. + compl. — **de** + compl. : *approcher sa chaise **de** la table.*
Emploi pronominal : s'approcher **de** + complément : *s'approcher **du** feu* (accord = P).

approfondir [aprɔfɔ̃dir] Régul. II /**avoir**/ Base : APPROFOND-. **26**

C. SIMPLE DIRECTE

V. + complément : *approfondir un fossé.*
Emploi pronominal : s'approfondir (accord = P).

approuver [apruve] Régul. I /**avoir**/ Base : APPROUV-. **3**

C. SIMPLE DIRECTE

V. + complément : *approuver une décision.*
Emploi pronominal : s'approuver (accord = P).
V. + **que** + subj. : *approuver **que** l'on vous fasse recommencer un travail.*

approvisionner [aprɔvizjɔne] Régul. I /**avoir**/ Base : APPROVISIONN-. **3**

C. SIMPLE DIRECTE

V. + complément : *approvisionner un pays.*
Emploi pronominal : s'approvisionner (accord = P).

CONSTRUCTION MULTIPLE

V. + compl. — **de** + compl. : *approvisionner les vieillards **de** denrées alimentaires.*
Emploi pronominal : s'approvisionner **de** + complément : *s'approvisionner **de** bois* (accord = P).

appuyer [apɥije] Particularité I /**avoir**/ Base : APPU[Y]-. **8**

C. ABSOLUE : *n'appuyez pas!*

C. SIMPLE DIRECTE

V. + complément : *appuyer une demande.*
Emploi pronominal : s'appuyer (accord = P).

C. SIMPLE INDIRECTE

V. + lieu propre ou figuré : *appuyer **sur** un pied-de-biche.*

CONSTRUCTION MULTIPLE

V. + compl. — lieu : *appuyer un outil* ***contre*** *un mur.*

Emploi pronominal : s'appuyer + complément (pop.) : ***s'****appuyer une corvée* (accord = OE); s'appuyer + lieu : ***s'****appuyer sur le bras d'un fauteuil* (accord = P).

arbitrer [arbitre] Régul. I /**avoir**/ Base : ARBITR-. **3**

C. ABSOLUE : *vous serez chargé d'arbitrer.*

C. SIMPLE DIRECTE

V. + complément : *arbitrer un différend.*

arborer [arbɔre] Régul. I /**avoir**/ Base : ARBOR-. **3**

C. SIMPLE DIRECTE

V. + complément : *arborer une décoration.*

archiver [arʃive] Régul. I /**avoir**/ Base : ARCHIV-. **3**

C. SIMPLE DIRECTE

V. + complément : *archiver des microfilms.*

Emploi pronominal : s'archiver (accord = P).

arguer [argɥe] Régul. I /**avoir**/ Base : ARGU-. **3**

C. SIMPLE INDIRECTE

V. + **de** + complément : *arguer* ***de*** *sa misère.*

V. + **sur** + complément : *arguer* ***sur*** *un fait.*

CONSTRUCTION MULTIPLE

V. + compl. — **de** + compl. : *arguer quelque chose* ***d'****un fait.*

V. + **de** + compl. — **que** + indic. : *arguer* ***d'****un fait* ***que*** *l'on est innocent.*

argumenter [argymɑ̃te] Régul. I /**avoir**/ Base : ARGUMENT-. **3**

C. ABSOLUE : *perdre son temps à argumenter.*

armer [arme] Régul. I /**avoir**/ Base : ARM-. **3**

C. SIMPLE DIRECTE

V. + complément : *armer un pays.*

Emploi pronominal : s'armer (accord = P).

CONSTRUCTION MULTIPLE

V. + compl. — attribut du compl. : *armer un jeune homme chevalier.*

V. + compl. — **contre** + compl. : *armer un pays* ***contre*** *l'envahisseur.*

Emploi pronominal : s'armer **contre** + complément : *s'armer* ***contre*** *la critique* (accord = P).

V. + compl. — **de** + compl. : *armer un béton* ***de*** *ferrailles.*

Emploi pronominal : s'armer **de** + complément : ***s'armer de*** *patience* (accord = P).

arpenter [arpɑ̃te] Régul. I /**avoir**/ Base : ARPENT-. **3**

C. SIMPLE DIRECTE

V. + complément : *arpenter un champ.*

Modèle

arracher [araʃe] Régul. I /**avoir**/ Base : ARRACH-. 3

C. SIMPLE DIRECTE

V. + complément : *arracher un clou.*
Emploi pronominal : s'arracher (accord = P).

CONSTRUCTION MULTIPLE

V. + compl. — **à** + compl. : *arracher quelqu'un* **à** *la retraite.*
Emploi pronominal : s'arracher + complément : *s'arracher les cheveux* (accord = OE);
s'arracher **à** + complément : *s'arracher* **à** *ses occupations* (accord = P).
V. + compl. — **de** + compl. : *arracher un ami* **des** *griffes d'un lion.*
Emploi pronominal : s'arracher **de** + complément : *s'arracher d'un séjour agréable* (accord = P).

arranger [arɑ̃ʒe] Particularité I /**avoir**/ Base : ARRAN[G]-. 12

C. SIMPLE DIRECTE

V. + complément : *arranger des cubes.*
Emploi pronominal : s'arranger (accord = P);
s'arranger **de** + complément : *s'arranger* **de** *circonstances imprévues* (accord = P).

arrêter [arete] Régul. I /**avoir**/ Base : ARRÊT-. 3

C. ABSOLUE : *arrêtez!*

C. SIMPLE DIRECTE

V. + complément : *arrêter un escroc.*
Emploi pronominal : s'arrêter (accord = P).
V. + **de** + infin. : *arrêter* **de** *gémir.*
Emploi pronominal : s'arrêter **de** + infin. : *s'arrêter* **de** *pleurer* (accord = P).
V. + **que** + indic. : *arrêter* **que** *chacun devra demander une autorisation préalable.*
Emploi pronominal : s'arrêter + circonstances (lieu, temps, etc.) : *s'arrêter dans un bois, quelques instants,* etc. (accord = P).

arriver [arive] Régul. I /**être**/ Base : ARRIV-. 6

1° Emploi personnel.

C. ABSOLUE : *l'avion arrive.*

C. SIMPLE INDIRECTE

V. + lieu : *arriver* **au** *port; arriver* **de** *Nice; arriver* **par** *le pôle.*
V. + **à** + complément : *arriver* **à** *la conclusion.*
V. + **à** + infin. : *arriver* **à** *obtenir ce qu'on voulait.*

CONSTRUCTION MULTIPLE

En arriver **à** + complément : ***en*** *arriver* **au** *fait essentiel.*
En arriver **à** + infin. : ***en*** *arriver* **à** *être dégoûté.*

2° Emploi unipersonnel.

C. SIMPLE DIRECTE

Il arrive + sujet réel nominal : *il est arrivé une visite.*
Il arrive + sujet réel = **de** + infin. : *il arrive* **de** *se tromper.*
Il arrive + sujet réel = **ce qui** + indic. : *il est arrivé* **ce qui** *ne s'était jamais produit.*

Il arrive + sujet réel = **que** + indic. : *il est arrivé **qu'**on lui a donné tort.*
Il arrive + sujet réel = **que** + subj. : *il arrive **que** l'on ne réussisse pas tout.*

CONSTRUCTION MULTIPLE

Il arrive + **à** + compl. — sujet réel nominal : *il est arrivé **à** mon frère une aventure extraordinaire.*
Il arrive + **à** + compl. — sujet réel = **de** + infin. : *il arrive **à** tout le monde **de** se tromper.*
Il arrive + **à** + compl. — sujet réel = **ce qui** + indic. : *il est arrivé **à** votre voisin **ce qu'**il craignait depuis longtemps.*
Il arrive + **à** + compl. — sujet réel = **que** + indic. : *il est arrivé **à** l'orateur **qu'**il a ennuyé son auditoire.*
Il arrive + **à** + compl. — sujet réel = **que** + subj. : *il arrive **à** Pierre **que** tout soit contre lui.*

arrondir [arɔ̃dir] Régul. II /**avoir**/ Base : ARROND-. **26**

C. SIMPLE DIRECTE

V. + complément : *arrondir sa fortune.*
Emploi pronominal : s'arrondir (accord = P).

arroser [aroze] Régul. I /**avoir**/ Base : ARROS-. **3**

C. SIMPLE DIRECTE

V. + complément : *arroser une région.*
Emploi pronominal : s'arroser (accord = P).

articuler [artikyle] Régul. I /**avoir**/ Base : ARTICUL-. **3**

C. ABSOLUE : *quand vous parlez, il faut articuler.*

C. SIMPLE DIRECTE

V. + complément : *articuler deux pièces.*
Emploi pronominal : s'articuler (accord = P).

CONSTRUCTION MULTIPLE

V. + compl. — **avec** + compl. : *articuler une bielle **avec** un piston.*
Emploi pronominal : s'articuler **avec** + complément : *s'articuler **avec** le piston* (accord = P).
V. + compl. — **sur** + compl. : *articuler une biellette **sur** une roue.*
Emploi pronominal : s'articuler **sur** + complément : *s'articuler **sur** la roue* (accord = P).

asphyxier [asfiksje] Régul. I /**avoir**/ Base : ASPHYXI-. **3**

C. SIMPLE DIRECTE

V. + complément : *asphyxier quelqu'un.*
Emploi pronominal : s'asphyxier (accord = P).

aspirer [aspire] Régul. I /**avoir**/ Base : ASPIR-. **3**

C. SIMPLE DIRECTE

V. + complément : *aspirer une bouffée d'air.*

C. SIMPLE INDIRECTE

V. + **à** + complément : *aspirer **au** confort.*
V. + **à** + infin. : *aspirer **à** pouvoir se reposer.*

assainir [asenir] Régul. II /**avoir**/ Base : ASSAIN-. **26**

C. SIMPLE DIRECTE

V. + complément : *assainir une région marécageuse.*

assaisonner [asɛzɔne] Régul. I /**avoir**/ Base : ASSAISONN-. **3**

C. SIMPLE DIRECTE

V. + complément : *assaisonner la salade.*

assassiner [asasine] Régul. I /**avoir**/ Base : ASSASSIN-. **3**

C. SIMPLE DIRECTE

V. + complément : *assassiner un innocent.*
Emploi pronominal : s'assassiner (accord = P).

assécher [aseʃe] Particularité I /**avoir**/ Base : ASS[É]CH-. **14**

C. ABSOLUE : *le marais assèche parfois.*

C. SIMPLE DIRECTE

V. + complément : *assécher un étang.*
Emploi pronominal : s'assécher (accord = P).

assembler [asɑ̃ble] Régul. I /**avoir**/ Base : ASSEMBL-. **3**

C. SIMPLE DIRECTE

V. + complément : *assembler des planches.*
Emploi pronominal : s'assembler (accord = P).

asseoir [aswar] III /**avoir**/ Base : ASS-. **45**

C. SIMPLE DIRECTE

V. + complément : *asseoir un malade.*
Emploi pronominal : s'asseoir (accord = P).

CONSTRUCTION MULTIPLE

V. + compl. — lieu : *asseoir une théorie **sur** des bases solides.*
Emploi pronominal : s'asseoir + lieu : *s'asseoir **sur** une chaise* (accord = P).

asservir [asɛrvir] Régul. II /**avoir**/ Base : ASSERV-. **26**

C. SIMPLE DIRECTE

V. + complément : *asservir une nation.*
Emploi pronominal : s'asservir (accord = P).

CONSTRUCTION MULTIPLE

V. + compl. — **à** + compl. : *asservir une population **à** un despote.*
Emploi pronominal : s'asservir + complément : *s'asservir tout un pays* (accord = OE);
s'asservir **à** + complément : *s'asservir **aux** lois du commun* (accord = P).

assigner [asiɲe] Régul. I /**avoir**/ Base : ASSIGN-. **3**

C. SIMPLE DIRECTE

V. + complément : *assigner un lot.*

CONSTRUCTION MULTIPLE

V. + compl. — **à** + compl. : *assigner une place **à** chaque objet.*

assimiler [asimile] Régul. I /**avoir**/ Base : ASSIMIL-. **3**

C. ABSOLUE : *il assimile vite.*

C. SIMPLE DIRECTE

V. + complément : *assimiler de nouvelles connaissances.*
Emploi pronominal : s'assimiler (accord = P).
V. + **ce qui** + indic. : *assimiler **ce qui** est nécessaire.*

CONSTRUCTION MULTIPLE

V. + compl. — **à** + compl. : *assimiler un cas* ***à*** *un autre.*
Emploi pronominal : s'assimiler + complément : ***s'****assimiler une nouvelle langue* (accord = OE);
s'assimiler **à** + complément : ***s'****assimiler* ***à*** *un fait déjà connu* (accord = P).

assister [asiste] Régul. I /**avoir**/ Base : ASSIST-. **3**

C. SIMPLE DIRECTE

V. + complément : *assister un malade.*

C. SIMPLE INDIRECTE

V. + **à** + complément : *assister* ***à*** *une réunion.*

associer [asɔsje] Régul. I /**avoir**/ Base : ASSOCI-. **3**

C. SIMPLE DIRECTE

V. + complément : *associer deux notions.*
Emploi pronominal : s'associer (accord = P).

CONSTRUCTION MULTIPLE

V. + compl. — **à** + compl. : *associer un mot* ***à*** *un autre.*
Emploi pronominal : s'associer + complément : ***s'****associer un collègue* (accord = OE);
s'associer **à** + complément : ***s'****associer* ***à*** *un ami* (accord = P).
V. + compl. — **et** + compl. : *associer la gloire* ***et*** *la richesse.*
Emploi pronominal : s'associer **avec** + complément : ***s'****associer* ***avec*** *une autre firme* (accord = P).

assombrir [asɔ̃brir] Régul. II /**avoir**/ Base : ASSOMBR-. **26**

C. SIMPLE DIRECTE

V. + complément : *assombrir le ciel.*
Emploi pronominal : s'assombrir (accord = P).

assommer [asɔme] Régul. I /**avoir**/ Base : ASSOMM-. **3**

C. SIMPLE DIRECTE

V. + complément : *assommer un bœuf.*
Emploi pronominal : s'assommer (accord = P).

assortir [asɔrtir] Régul. II /**avoir**/ Base : ASSORT-. **26**

C. SIMPLE DIRECTE

V. + complément : *assortir deux couleurs.*
Emploi pronominal : s'assortir (accord = P).

C. SIMPLE INDIRECTE

V. + **à** + complément : *assortir* ***à*** *une robe.*
V. + **avec** + complément : *assortir* ***avec*** *un manteau.*

CONSTRUCTION MULTIPLE

V. + compl. — **à** + compl. : *assortir des gants* ***à*** *un manteau.*
V. + compl. — **avec** + compl. : *assortir une doublure* ***avec*** *un lainage.*
V. + compl. — **et** + compl. : *assortir des gants* ***et*** *des chaussures.*
V. + compl. — **de** + compl. : *assortir une promesse* ***d'****une condition.*
Emploi pronominal : s'assortir **de** + complément : ***s'****assortir* ***d'****une restriction* (accord = P).

assouplir [asuplir] Régul. II /**avoir**/ Base : ASSOUPL-. **26**

C. SIMPLE DIRECTE

V. + complément : *assouplir un cuir.*
Emploi pronominal : s'assouplir (accord = P).

assourdir [asurdir] Régul. II /**avoir**/ Base : ASSOURD-. **26**

C. SIMPLE DIRECTE

V. + complément : *assourdir ses interlocuteurs.*
Emploi pronominal : s'assourdir (accord = P).

assujettir [asyʒɛtir] Régul. II /**avoir**/ Base : ASSUJETT-. **26**

C. SIMPLE DIRECTE

V. + complément : *assujettir un pays.*

CONSTRUCTION MULTIPLE

V. + compl. — **à** + compl. : *assujettir la nation **à** un nouvel impôt.*
Emploi pronominal : s'assujettir **à** + complément : ***s'assujettir à** une règle* (accord = P).
V. + compl. — **à** + infin. : *assujettir quelqu'un **à** changer ses projets.*
Emploi pronominal : s'assujettir à + infin. : ***s'assujettir à** recommencer tout* (accord = P).

assumer [asyme] Régul. I /**avoir**/ Base : ASSUM-. **3**

C. SIMPLE DIRECTE

V. + complément : *assumer une lourde responsabilité.*

assurer [asyre] Régul. I /**avoir**/ Base : ASSUR-. **3**

C. SIMPLE DIRECTE

V. + complément : *assurer sa prise.*
Emploi pronominal : s'assurer (accord = P).

CONSTRUCTION MULTIPLE

V. + compl. — **à** + compl. : *assurer une pension **à** un vieillard.*
V. + compl. — **contre** + compl. : *assurer sa villa **contre** l'incendie.*
V. + compl. — **de** + compl. : *assurer un supérieur **de** son parfait dévouement.*
Emploi pronominal : s'assurer **de** + complément : ***s'assurer du** bon fonctionnement d'un service* (accord = P).
V. + compl. — **que** + indic. : *assurer un client **que** sa commande a été honorée.*
Emploi pronominal : s'assurer **que** + indic. : ***s'assurer que** tout est en ordre* (accord = P).
V. + **à** + compl. — **que** + indic. : *assurer **à** quelqu'un **qu'**on l'a écouté.*
Emploi pronominal : s'assurer **si** + indic. : ***s'assurer si** tout le monde a compris* (accord = P).

astiquer [astike] Régul. I /**avoir**/ Base : ASTIQU-. **3**

C. SIMPLE DIRECTE

V. + complément : *astiquer un plat en argent.*
Emploi pronominal : s'astiquer (fam.) [accord = P]; s'astiquer + complément (pop.) : ***s'astiquer** les côtes* (accord = OE).

astreindre [astrɛ̃dr] III /**avoir**/ Base : ASTREI-. **71**

CONSTRUCTION MULTIPLE

V. + compl. — **à** + compl. : *astreindre un enfant **à** une discipline sévère.*

Emploi pronominal : s'astreindre **à** + complément : ***s'****astreindre* ***à*** *une discipline de fer* (accord = P).

V. + compl. — **à** + infin. : *astreindre un débiteur **à** payer ses dettes.*

Emploi pronominal : s'astreindre **à** + infin. : ***s'****astreindre* ***à*** *rester patient* (accord = P).

attacher [ataʃe] Régul. I /**avoir**/ Base : ATTACH-. **3**

C. ABSOLUE : *la sauce aura encore attaché.*

C. SIMPLE DIRECTE

V. + complément : *attacher un chien.*

Emploi pronominal : s'attacher (accord = P).

CONSTRUCTION MULTIPLE

V. + compl. — lieu propre ou figuré : *attacher un âne **à** un piquet.*

V. + compl. — **à** + compl. : *attacher une valeur symbolique **à** un objet.*

Emploi pronominal : s'attacher **à** + complément : ***s'****attacher* ***à*** *un animal* (accord = P).

V. + compl. — **à** + infin. : *attacher son attention **à** respecter les délais imposés.*

Emploi pronominal : s'attacher **à** + infin. : ***s'****attacher* ***à*** *rester calme* (accord = P).

attaquer [atake] Régul. I /**avoir**/ Base : ATTAQU-. **3**

C. ABSOLUE : *l'ennemi a attaqué.*

C. SIMPLE DIRECTE

V. + complément : *attaquer le mal.*

Emploi pronominal : s'attaquer (accord = P);
s'attaquer **à** + complément : ***s'****attaquer* ***à*** *une tâche surhumaine* (accord = P).

attarder [atarde] Régul. I /**avoir**/ Base : ATTARD-. **3**

C. SIMPLE DIRECTE

V. + complément : *attarder un voyageur.*

Emploi pronominal : s'attarder (accord = P);
s'attarder **à** + complément : ***s'****attarder* ***à*** *des détails* (accord = P);
s'attarder **à** + infin. : ***s'****attarder* ***à*** *regarder les vitrines* (accord = P).

atteindre [atɛ̃dr] III /**avoir**/ Base : ATTEI-. **71**

C. SIMPLE DIRECTE

V. + complément : *atteindre le sommet.*

Emploi pronominal : s'atteindre (accord = P).

C. SIMPLE INDIRECTE

V. + **à** + complément : *atteindre **à** une limite.*

atteler [at(ə)le] Particularité I /**avoir**/ Base : ATTE[L]-. **16**

C. ABSOLUE : *il va falloir atteler.*

C. SIMPLE DIRECTE
V. + complément : *atteler une voiture.*
CONSTRUCTION MULTIPLE
V. + compl. — **à** + compl. : *atteler un cheval* ***à*** *une charrette.*
Emploi pronominal : s'atteler **à** + complément : ***s'atteler à*** *un travail pénible* (accord = P) ;
s'atteler **avec** + complément : *pour plus de sécurité, il* ***s'****était attelé* ***avec*** *un ami compétent* (accord = P).

attendre [atɑ̃dr] III /**avoir**/ Base : ATTEND-. **65**
C. ABSOLUE : *il faut toujours attendre.*
C. SIMPLE DIRECTE
V. + complément : *attendre le moment favorable.*
V. + **de** + infin. : *attendre* ***d'****être guéri.*
V. + **que** + subj. : *attendre* ***que*** *tout le monde soit sorti.*
C. SIMPLE INDIRECTE
V. + **après** + complément : *attendre* ***après*** *une promotion.*
CONSTRUCTION MULTIPLE
V. + compl. — **de** + compl. : *attendre le succès* ***d'****un travail original.*
Emploi pronominal : s'attendre **à** + complément : ***s'****attendre* ***à*** *une visite* (accord = P) ;
s'attendre **à** + infin. : ***s'****attendre* ***à*** *voir entrer quelqu'un* (accord = P) ;
s'attendre **que** + indic. : ***s'****attendre* ***que*** *tout se passera bien* (accord = P) ;
s'attendre **que** + subj. : ***s'****attendre* ***qu'****il pleuve tout le jour* (accord = P) ;
s'attendre **à ce que** + subj. : ***s'****attendre* ***à ce que*** *la critique réagisse* (accord = P).

attendrir [atɑ̃drir] Régul. II /**avoir**/ Base : ATTENDR-. **26**
C. SIMPLE DIRECTE
V. + complément : *attendrir ses auditeurs.*
Emploi pronominal : s'attendrir (accord = P) ;
s'attendrir **sur** + complément : ***s'****attendrir* ***sur*** *son sort* (accord = P).

attenter [atɑ̃te] Régul. I /**avoir**/ Base : ATTENT-. **3**
C. SIMPLE INDIRECTE
V. + **à** + complément : *attenter* ***à*** *l'ordre public.*
V. + **contre** + complément : *attenter* ***contre*** *l'Etat.*

atténuer [atenɥe] Régul. I /**avoir**/ Base : ATTÉNU-. **3**
C. SIMPLE DIRECTE
V. + complément : *atténuer sa faute.*
Emploi pronominal : s'atténuer (accord = P).

atterrer [atɛre] Régul. I /**avoir**/ Base : ATTERR-. **3**
C. SIMPLE DIRECTE
V. + complément : *atterrer un homme peureux.*

atterrir [atɛrir] Régul. II /**avoir** et **être**/ Base : ATTERR-. **26**
C. ABSOLUE : *l'avion vient d'atterrir.*

attester [atɛste] Régul. I /**avoir**/ Base : ATTEST-. **3**
C. SIMPLE DIRECTE
V. + complément : *attester sa naïveté.*
V. + **que** + indic. : *attester **qu'**un accusé est innocent.*

attirer [atire] Régul. I /**avoir**/ Base : ATTIR-. **3**
C. SIMPLE DIRECTE
V. + complément : *attirer la foudre.*
Emploi pronominal : s'attirer (accord = P).
CONSTRUCTION MULTIPLE
V. + compl. — **à** + compl. : *attirer la bienveillance générale **à** quelqu'un.*
Emlpoi pronominal : s'attirer + complément : *s'attirer des ennuis* (accord = OE).
V. + compl. — **sur** + compl. : *attirer l'attention **sur** un point capital.*

attraper [atrape] Régul. I /**avoir**/ Base : ATTRAP-. **3**
C. SIMPLE DIRECTE
V. + complément : *attraper une balle.*
Emploi pronominal : s'attraper (accord = P).

attribuer [atribɥe] Régul. I /**avoir**/ Base : ATTRIBU-. **3**
CONSTRUCTION MULTIPLE
V. + compl. — **à** + compl. : *attribuer une récompense **à** un sauveteur courageux.*
Emploi pronominal : s'attribuer + complément : *s'attribuer la meilleure part* (accord = OE).

attrister [atriste] Régul. I /**avoir**/ Base : ATTRIST-. **3**
C. ABSOLUE : *le spectacle de la misère attriste.*
C. SIMPLE DIRECTE
V. + complément : *attrister ses parents.*
Emploi pronominal : s'attrister (accord = P).

augmenter [ɔgmɑ̃te] Régul. I /**avoir**/ Base : AUGMENT-. **3**
C. ABSOLUE : *tout augmente!*
C. SIMPLE DIRECTE
V. + complément : *augmenter les impôts indirects.*

augurer [ogyre] Régul. I /**avoir**/ Base : AUGUR-. **3**
C. SIMPLE DIRECTE
V. + complément : *augurer un malheur.*
V. + **ce qui** + indic. : *augurer **ce qui** se passera dans deux ans.*
V. + **que** + indic. : *augurer **que** tout ira mieux.*
CONSTRUCTION MULTIPLE
V. + **de** + compl. — compl. : *augurer **de** la situation présente l'avenir immédiat;*
V. + **de** + compl. — **ce qui** + indic. : *augurer **de** son attitude **ce qu'**il dira.*

V. + **de** + compl. — **que** + indic. : *augurer de son sourire **qu'il** dira oui.*

ausculter [ɔskylte] Régul. I /**avoir**/ Base : AUSCULT-. **3**

C. SIMPLE DIRECTE

V. + complément : *ausculter un patient.*
Emploi pronominal : s'ausculter (accord = P).

automatiser [ɔtɔmatize] Régul. I /**avoir**/ Base : AUTOMATIS-. **3**

C. SIMPLE DIRECTE

V. + complément : *automatiser une machine à reproduire.*
Emploi pronominal : s'automatiser (accord = P).

autoriser [ɔtɔrize] Régul. I /**avoir**/ Base : AUTORIS-. **3**

C. SIMPLE DIRECTE

V. + complément : *autoriser les sorties.*
Emploi pronominal : s'autoriser (accord = P).

CONSTRUCTION MULTIPLE

V. + compl. — **à** + infin. : *autoriser un fonctionnaire **à** passer ses vacances à l'étranger.*
Emploi pronominal : s'autoriser + complément : *s'autoriser quelques libertés* (accord = OE) ;
s'autoriser **de** + compl. — **pour** + infin. : *s'autoriser **de** l'exemple d'autrui **pour** agir de même* (accord = P).

avachir [avaʃir] Régul. II /**avoir**/ Base : AVACH-. **26**

C. SIMPLE DIRECTE

V. + complément : *avachir un siège.*
Emploi pronominal : s'avachir (accord = P).

avaler [avale] Régul. I /**avoir**/ Base : AVAL-. **3**

C. SIMPLE DIRECTE

V. + complément : *avaler une potion.*
Emploi pronominal : s'avaler (accord = P).

avancer [avɑ̃se] Particularité I /**avoir**/ Base : AVAN[C]-. **10**

C. ABSOLUE : *votre montre avance.*

C. SIMPLE DIRECTE

V. + complément : *avancer une voiture.*
Emploi pronominal : s'avancer (accord = P).

CONSTRUCTION MULTIPLE

V. + compl. — **à** + compl. : *avancer de l'argent **à** un ami en détresse.*

avantager [avɑ̃taʒe] Particularité I /**avoir**/ Base : AVANTA[G]-. **12**

C. SIMPLE DIRECTE

V. + complément : *avantager un héritier.*
Emploi pronominal : s'avantager (accord = P).

aventurer [avɑ̃tyre] Régul. I /**avoir**/ Base : AVENTUR-. **3**

CONSTRUCTION MULTIPLE

V. + compl. — lieu : *aventurer sa fortune **dans** des opérations douteuses.*

Emploi pronominal : s'aventurer — lieu : ***s'aventurer* dans** *des sables mouvants* (accord = P) ;
s'aventurer **à** + infin. : ***s'aventurer* à** *parler* (accord = P).

avertir [avɛrtir] Régul. II /**avoir**/ Base : AVERT-. **26**

C. SIMPLE DIRECTE

V. + complément : *avertir la police.*

CONSTRUCTION MULTIPLE

V. + compl. — **de** + compl. : *avertir quelqu'un* **d'***un danger;*
V. + compl. — **de** + infin. : *avertir quelqu'un* **de** *faire attention;*
V. + compl. — **que** + indic. : *avertir un automobiliste* **que** *la route est défoncée.*

aveugler [avœgle] Régul. I /**avoir**/ Base : AVEUGL-. **3**

C. ABSOLUE : *une lumière trop vive aveugle.*

C. SIMPLE DIRECTE

V. + complément : *aveugler une fenêtre.*
Emploi pronominal : s'aveugler (accord = P) ;
s'aveugler **sur** + complément : ***s'aveugler* sur** *ses défauts* (accord = P).

avilir [avilir] Régul. II /**avoir**/ Base : AVIL-. **26**

C. SIMPLE DIRECTE

V. + complément : *avilir son esprit.*
Emploi pronominal : s'avilir (accord = P).

aviser [avize] Régul. I /**avoir**/ Base : AVIS-. **3**

C. ABSOLUE : *il va falloir que j'avise.*

C. SIMPLE DIRECTE

V. + complément : *aviser ses supérieurs.*

C. SIMPLE INDIRECTE

V. + **à** + complément : *aviser* **au** *choix nécessaire.*
V. + **à ce qui** + indic. : *aviser* **à ce qui** *presse le plus.*

CONSTRUCTION MULTIPLE

V. + compl. — **de** + compl. : *aviser quelqu'un* **de** *son mariage.*
Emploi pronominal : s'aviser **de** + complément : ***s'aviser* d'***un fait nouveau* (accord = P).
V. + compl. — **de** + infin. : *aviser quelqu'un* **de** *faire le nécessaire.*
Emploi pronominal : s'aviser **de** + infin. : ***s'aviser* de** *changer de tactique* (accord = P).

aviver [avive] Régul. I /**avoir**/ Base : AVIV-. **3**

C. SIMPLE DIRECTE

V. + complément : *aviver une couleur.*
Emploi pronominal : s'aviver (accord = P).

avoir [avwar] III /**avoir**/ Bases multiples. **1**

1° Emploi personnel.

C. SIMPLE DIRECTE

V. + complément : *avoir une voiture.*

C. SIMPLE INDIRECTE

N'avoir qu'à + infin. : *il* **n'a qu'à** *travailler.*

CONSTRUCTION MULTIPLE

V. + compl. — attribut du compl. : *avoir la tête vide.*
V. + compl. — **comme** + attribut du compl. : *avoir une cabane* ***comme*** *logement.*
V. + compl. — **pour** + attribut du compl. : *avoir des reproches* ***pour*** *tous remerciements.*
V. + compl. — **en** + compl. : *avoir quelqu'un* ***en*** *grande estime.*

2° **Emploi unipersonnel** : il y a.

C. SIMPLE DIRECTE

Il y a + sujet réel nominal : *il y a encore du beurre.*
Il y a + sujet réel = **de quoi** + infin. : *il y a* ***de quoi*** *se vexer.*

C. SIMPLE INDIRECTE

Il **n'**y a **qu'à** + infin. : *il* ***n'****y a* ***qu'à*** *le laisser parler.*

CONSTRUCTION MULTIPLE

Il y a + sujet réel nominal — **à** + infin. : *il y a du travail* ***à*** *faire.*

avoisiner [avwazine] Régul. I /**avoir**/ Base : AVOISIN-. **3**

C. SIMPLE DIRECTE

V. + complément : *avoisiner le mépris.*

avorter [avɔrte] Régul. I /**avoir**/ Base : AVORT-. **3**

C. ABSOLUE : *le projet a avorté.*

avouer [avwe] Régul. I /**avoir**/ Base : AVOU-. **3**

C. ABSOLUE : *le coupable a avoué.*

C. SIMPLE DIRECTE

V. + complément : *avouer son erreur.*
Emploi pronominal : s'avouer (accord = P).
V. + **que** + indic. : *avouer* ***qu'****on s'est trompé.*

CONSTRUCTION MULTIPLE

V. + compl. — **pour** + attribut du compl. : *avouer une idée* ***pour*** *sienne.*
Emploi pronominal : s'avouer + attribut : *s'avouer battu* (accord = P).
V. + compl. — **à** + compl. : *avouer une faute* ***à*** *ses parents.*
V. + compl. — **de** + compl. : *avouer quelqu'un* ***de*** *toutes ses initiatives.*

b

Modèle

bachoter [baʃɔte] (fam.) Régul. I /**avoir**/ Base : BACHOT-. **3**

C. ABSOLUE : *au lieu de travailler intelligemment, il bachote.*

bâcler [bɑkle] Régul. I /**avoir**/ Base : BÂCL-. **3**

C. SIMPLE DIRECTE

V. + complément : *bâcler son travail.*
Emploi pronominal : **se** bâcler (accord = P).

badigeonner [badiʒɔne] Régul. I /**avoir**/ Base : BADIGEONN-. **3**

C. SIMPLE DIRECTE

V. + complément : *badigeonner un mur.*
Emploi pronominal : **se** badigeonner (accord = P);
se badigeonner + complément : ***se** badigeonner la gorge* (accord = OE).

badiner [badine] Régul. I /**avoir**/ Base : BADIN-. **3**

C. ABSOLUE : *il aime à badiner.*

C. SIMPLE INDIRECTE

V. + **avec** + complément : *badiner **avec** un objet dangereux.*

bafouer [bafwe] Régul. I /**avoir**/ Base : BAFOU-. **3**

C. SIMPLE DIRECTE

V. + complément : *bafouer un idéal.*

bafouiller [bafuje] Régul. I /**avoir**/ Base : BAFOUILL-. **3**

C. ABSOLUE : *il bafouille, tant il est ému.*

bâfrer [bɑfre] (pop.) Régul. I /**avoir**/ Base : BÂFR-. **3**

C. ABSOLUE : *ils se sont mis à bâfrer.*

C. SIMPLE DIRECTE

V. + complément : *bâfrer de la morue.*

bagarrer [bagare] (fam.) Régul. I /**avoir**/ Base : BAGARR-. **3**

C. SIMPLE INDIRECTE

V. + **contre** + compl. : *bagarrer **contre** tout le monde.*
V. + **pour** + compl. : *bagarrer **pour** une idée.*
Emploi pronominal : **se** bagarrer (accord = P);
se bagarrer **contre, pour** + complément : ***se** bagarrer **contre** tout le monde, **pour** un idéal* (accord = P).

Modèle

baguenauder [bagnode] Régul. I /**avoir**/ Base : BAGUENAUD-. **3**
C. ABSOLUE : *il aime baguenauder.*
Emploi pronominal (pop.) : **se** baguenauder (accord = P).

baguer [bage] Régul. I /**avoir**/ Base : BAGU-. **11**
C. SIMPLE DIRECTE
V. + complément : *baguer un pigeon.*

baigner [beɲe] Régul. I /**avoir**/ Base : BAIGN-. **3**
C. ABSOLUE : *les fruits baignent.*
C. SIMPLE DIRECTE
V. + complément : *baigner un enfant.*
Emploi pronominal : **se** baigner (accord = P).

bâiller [bɑje] Régul. I /**avoir**/ Base : BÂILL-. **3**
C. ABSOLUE : *quand on s'ennuie, on bâille.*

baiser [beze] Régul. I /**avoir**/ Base : BAIS-. **3**
C. SIMPLE DIRECTE
V. + complément : *baiser les mains de quelqu'un.*
Emploi pronominal : **se** baiser (accord = P).

baisser [bese] Régul. I /**avoir**/ Base : BAISS-. **3**
C. ABSOLUE : *le pauvre homme a bien baissé.*
C. SIMPLE DIRECTE
V. + complément : *baisser les yeux.*
Emploi pronominal : **se** baisser (accord = P).

balader [balade] (pop.) Régul. I /**avoir**/ Base : BALAD-. **3**
C. SIMPLE DIRECTE
V. + complément : *balader des copains.*
Emploi pronominal : **se** balader (accord = P).

balafrer [balafre] Régul. I /**avoir**/ Base : BALAFR-. **3**
C. SIMPLE DIRECTE
V. + complément : *balafrer le visage de quelqu'un.*
Emploi pronominal : **se** balafrer (accord = P).
se balafrer + compl. : ***se** balafrer la joue*
(accord = OE).

balancer [balɑ̃se] Particularité I /**avoir**/ Base : BALAN[C]-. **10**
C. SIMPLE DIRECTE
V. + complément : *balancer ses phrases.*
Emploi pronominal : **se** balancer (accord = P).

balayer [baleje] Particularité I /**avoir**/ Base : BALA[Y]-. **9**
C. ABSOLUE : *il a déjà balayé.*
C. SIMPLE DIRECTE
V. + complément : *balayer la cuisine.*
Emploi pronominal : **se** balayer (accord = P).

balbutier [balbysje] Régul. I /**avoir**/ Base : BALBUTI-. **3**
C. ABSOLUE : *l'émotion le fait balbutier.*
C. SIMPLE DIRECTE
V. + complément : *balbutier des excuses.*

Modèle

baliser [balize] Régul. I /**avoir**/ Base : BALIS-. **3**

C. SIMPLE DIRECTE

V. + complément : *baliser la piste.*

ballotter [balɔte] Régul. I /**avoir**/ Base : BALLOTT-. **3**

C. ABSOLUE : *ça ballotte.*

C. SIMPLE DIRECTE

V. + complément : *ballotter ses passagers.*

bander [bɑ̃de] Régul. I /**avoir**/ Base : BAND-. **3**

C. ABSOLUE (pop.).

C. SIMPLE DIRECTE

V. + complément : *bander un ressort.*
Emploi pronominal : **se** bander + complément : ***se** bander la jambe* (accord = OE).

bannir [banir] Régul. II /**avoir**/ Base : BANN-. **26**

C. SIMPLE DIRECTE

V. + complément : *bannir un opposant.*

baptiser [batize] Régul. I /**avoir**/ Base : BAPTIS-. **3**

C. SIMPLE DIRECTE

V. + complément : *baptiser un enfant nouveau-né.*

barber [barbe] (fam.) Régul. I /**avoir**/ Base : BARB-. **3**

C. SIMPLE DIRECTE

V. + complément : *il barbe tout le monde.*
Emploi pronominal : **se** barber (accord = P).

barboter [barbɔte] Régul. I /**avoir**/ Base : BARBOT-. **3**

C. ABSOLUE : *les canards barbotent.*

C. SIMPLE DIRECTE (pop.)

V. + complément : *barboter le sac de la vieille.*

barbouiller [barbuje] Régul. I /**avoir**/ Base : BARBOUILL-. **3**

V. + complément : *barbouiller le lavabo.*
Emploi pronominal : **se** barbouiller (accord = P).

barder [barde] Régul. I /**avoir**/ Base : BARD-. **3**

C. ABSOLUE (pop.) : *ça va barder!*

C. SIMPLE DIRECTE

V. + complément : *barder une pintade.*

barioler [barjɔle] Régul. I /**avoir**/ Base : BARIOL-. **3**

C. SIMPLE DIRECTE

V. + complément : *barioler une feuille de papier.*
Emploi pronominal : **se** barioler (accord = P).

barrer [bɑre] Régul. I /**avoir**/ Base : BARR-. **3**

C. ABSOLUE : *c'est à vous de barrer.*

C. SIMPLE DIRECTE

V. + complément : *barrer une route.*
Emploi pronominal (pop.) : **se** barrer (accord = P).

CONSTRUCTION MULTIPLE
V. + compl. — **à** + compl. : *barrer le chemin **à** un convoi.*

barricader [barikade] Régul. I /**avoir**/ Base : BARRICAD-. **3**

C. SIMPLE DIRECTE
V. + complément : *barricader une avenue.*
Emploi pronominal : **se** barricader (accord = P).

basculer [baskyle] Régul. I /**avoir**/ Base : BASCUL-. **3**

C. ABSOLUE : *le bloc a basculé.*

C. SIMPLE DIRECTE
V. + complément : *basculer un quartier de rocher.*

baser [bɑze] Régul. I /**avoir**/ Base : BAS-. **3**

CONSTRUCTION MULTIPLE
V. + compl. — **sur** + compl. : *baser une théorie **sur** un principe.*
Emploi pronominal : **se** baser **sur** + complément : ***se** baser **sur** un exemple précis* (accord = P).

batailler [batɑje] Régul. I /**avoir**/ Base : BATAILL-. **3**

C. ABSOLUE : *il faut toujours batailler.*

bâtir [bɑtir] Régul. II /**avoir**/ Base : BÂT-. **26**

1° Emploi personnel.

C. ABSOLUE : *il désire bâtir.*

C. SIMPLE DIRECTE
V. + complément : *bâtir une résidence.*
Emploi pronominal : **se** bâtir (accord = P);
se bâtir + complément : ***se** bâtir une maison* (accord = OE).

CONSTRUCTION MULTIPLE
V. + compl. — **à** + compl. : *bâtir une chapelle **à** saint Christophe.*

2° Emploi unipersonnel pronominal.
Il **se** bâtit + sujet réel nominal : *Il **se** bâtit des villes nouvelles* (accord = I).

battre [batr] III /**avoir**/ Base : BAT-. **59**

C. ABSOLUE : *c'est à vous de battre.*

C. SIMPLE DIRECTE
V. + complément : *battre un tapis.*
Emploi pronominal : **se** battre (accord = P).

CONSTRUCTION MULTIPLE
V. + compl. — **à** + compl. : *battre quelqu'un **à** la course.*
Emploi pronominal : **se** battre **avec** + complément : ***se** battre **avec** le premier venu* (accord = P);
se battre **contre** + complément : ***se** battre **contre** l'adversité* (accord = P).

bavarder [bavarde] Régul. I /**avoir**/ Base : BAVARD-. **3**

C. ABSOLUE : *pourquoi toujours bavarder?*

baver [bave̥] Régul. I /**avoir**/ Base : BAV-. **3**

C. ABSOLUE : *le chien bave.*

Modèle

bazarder [bazarde] (pop.) Régul. I /**avoir**/ Base : BAZARD-. **3**

C. SIMPLE DIRECTE

V. + complément : *bazarder un vieux divan.*

bêcher [beʃe] Régul. I /**avoir**/ Base : BÊCH-. **3**

C. ABSOLUE : *il va être temps de bêcher.*

C. SIMPLE DIRECTE

V. + complément : *bêcher une plate-bande.*

bécoter [bekɔte] (fam.) Régul. I /**avoir**/ Base : BÉCOT-. **3**

C. SIMPLE DIRECTE

V. + complément : *bécoter un enfant.*
Emploi pronominal : **se** bécoter (accord = P).

becqueter [bɛkəte] Particularité I /**avoir**/ Base : BECQUE[T]-. **18**

C. ABSOLUE (pop.) : *enfin, on va becqueter.*

C. SIMPLE DIRECTE

V. + complément : *becqueter la terre.*
Emploi pronominal (pop.) : **se** becqueter (accord = P).

bedonner [bədɔne] (fam.) Régul. I /**avoir**/ Base : BEDONN-. **3**

C. ABSOLUE : *la quarantaine le fait bedonner.*

béer [bee] Régul. I /**avoir**/ Base : BÉ-. **13**

C. ABSOLUE : *il était là à béer.*

bégayer [begeje] Particularité I /**avoir**/ Base : BÉGA[Y]-. **9**

C. ABSOLUE : *il bégaie constamment.*

C. SIMPLE DIRECTE

V. + complément : *bégayer un compliment.*

bêler [bele] Régul. I /**avoir**/ Base : BÊL-. **3**

C. ABSOLUE : *le mouton bêle.*

C. SIMPLE DIRECTE

V. + complément : *bêler un air à la mode.*

bénéficier [benefisje] Régul. I /**avoir**/ Base : BÉNÉFICI-. **3**

C. SIMPLE INDIRECTE

V. + **de** + complément : *bénéficier **d'**une chance extraordinaire.*

bénir [benir] Régul. [le part. passé *bénit* ne s'emploie que dans certaines expressions figées de sens religieux] II /**avoir**/ Base : BÉN-. **26**

C. SIMPLE DIRECTE

V. + complément : *bénir le ciel.*

bercer [bɛrse] Particularité I /**avoir**/ Base : BER[C]-. **10**

C. SIMPLE DIRECTE

V. + complément : *bercer un enfant.*
Emploi pronominal : **se** bercer (accord = P);
se bercer **de** + complément : ***se** bercer **d'**illusions* (accord = P).

berner [bɛrne] Régul. I /**avoir**/ Base : BERN-. **3**

C. SIMPLE DIRECTE

V. + complément : *berner un acheteur.*

Modèle

bêtifier [betifje] Régul. I /**avoir**/ Base : BÊTIFI-. **3**
C. ABSOLUE : *il est à son affaire lorsqu'il bêtifie.*

beugler [bøgle] Régul. I /**avoir**/ Base : BEUGL-. **3**
C. ABSOLUE : *quand aurez-vous fini de beugler?*
C. SIMPLE DIRECTE
V. + complément : *beugler une marche militaire.*

beurrer [bœre] Régul. I /**avoir**/ Base : BEURR-. **3**
C. SIMPLE DIRECTE
V. + complément : *beurrer une tartine.*

biaiser [bjeze] Régul. I /**avoir**/ Base : BIAIS-. **3**
C. ABSOLUE : *il ferait mieux de biaiser.*

bicher [biʃe] (arg.) Régul. I /**avoir**/ Base : BICH-. **3**
C. ABSOLUE : *il ne bichait pas tous les jours.*

bichonner [biʃɔne] Régul. I /**avoir**/ Base : BICHONN-. **3**
C. SIMPLE DIRECTE
V. + complément : *bichonner sa voiture.*
Emploi pronominal : ***se*** *bichonner* (accord = P).

bidonner (se) [səbidɔne] (pop.) Régul. I /**être**/ Base : BIDONN- (SE). **5**
C. ABSOLUE : **se** bidonner (accord = P).

biffer [bife] Régul. I /**avoir**/ Base : BIFF-. **3**
C. SIMPLE DIRECTE
V. + complément : *biffer une ligne de texte.*

bifurquer [bifyrke] Régul. I /**avoir**/ Base : BIFURQU-. **3**
C. ABSOLUE : *ici la route bifurque.*

bigorner [bigɔrne] Régul. I /**avoir**/ Base : BIGORN-. **3**
C. SIMPLE DIRECTE
V. + complément : *bigorner une peau; bigorner sa voiture* (pop.).
Emploi pronominal : **se** bigorner (accord = P).

biler (se) [səbile] Régul. I /**être**/ Base : BIL- (SE). **5**
C. ABSOLUE : **se** biler (accord = P).

biseauter [bizote] Régul. I /**avoir**/ Base : BISEAUT-. **3**
C. SIMPLE DIRECTE
V. + complément : *biseauter un miroir.*

bisquer [biske] (pop.) Régul. I /**avoir**/ Base : BISQU-. **3**
C. ABSOLUE : *il aime bien vous faire bisquer.*

bisser [bise] Régul. I /**avoir**/ Base : BISS-. **3**
C. ABSOLUE : *le public enthousiaste a bissé.*
C. SIMPLE DIRECTE
V. + complément : *bisser une cantatrice.*

bizuter [bizyte] (arg.) Régul. I /**avoir**/ Base : BIZUT-. **3**
C. SIMPLE DIRECTE
V. + complément : *bizuter les nouveaux.*

Modèle

blackbouler [blakbule] Régul. I /**avoir**/ Base : BLACKBOUL-. **3**

C. SIMPLE DIRECTE

V. + complément : *blackbouler un membre du club.*

blaguer [blage] Régul. I /**avoir**/ Base : BLAGU-. **11**

C. ABSOLUE : *il ne blague jamais.*

C. SIMPLE DIRECTE

V. + complément : *blaguer un collègue.*

blairer [blere] (pop.) Régul. I /**avoir**/ Base : BLAIR-. **3**

C. SIMPLE DIRECTE

V. + complément : *ne pas pouvoir blairer quelqu'un.*

blâmer [blɑme] Régul. I /**avoir**/ Base : BLÂM-. **3**

C. ABSOLUE : *si les autres font des compliments, lui se contente de blâmer.*

C. SIMPLE DIRECTE

V. + complément : *blâmer une attitude.*
Emploi pronominal : **se** blâmer (accord = P).

CONSTRUCTION MULTIPLE

V. + compl. — **de** + compl. : *blâmer un enfant* ***de*** *sa paresse.*
V. + compl. — **de** + infin. : *blâmer un désespéré* ***de*** *vouloir se suicider.*
V. + compl. — **pour** + compl. : *blâmer un maître* ***pour*** *son intransigeance.*

blanchir [blɑ̃ʃir] Régul. II /**avoir**/ Base : BLANCH-. **26**

C. ABSOLUE : *le linge blanchit.*

C. SIMPLE DIRECTE

V. + complément : *blanchir du linge.*
Emploi pronominal : **se** blanchir (accord = P).

blaser [blɑze] Régul. I /**avoir**/ Base : BLAS-. **3**

C. SIMPLE DIRECTE

V. + complément : *blaser le goût.*
Emploi pronominal : **se** blaser (accord = P).
se blaser **de** + complément : ***se*** *blaser* ***de*** *toutes les nourritures* (accord = P).
se blaser **sur** + complément : ***se*** *blaser* ***sur*** *toute chose* (accord = P).

blasphémer [blasfeme] Particularité I /**avoir**/ Base : BLASPH[É]M-. **14**

C. ABSOLUE : *la fureur le fait blasphémer.*

C. SIMPLE DIRECTE

V. + complément : *blasphémer la culture.*

C. SIMPLE INDIRECTE

V. + **contre** + complément : *blasphémer* ***contre*** *la Providence.*

blêmir [blemir] Régul. II /**avoir**/ Base : BLÊM-. **26**

C. ABSOLUE : *devant les reproches, il blêmit.*

C. SIMPLE DIRECTE

V. + complément : *blêmir le ciel.*

Modèle

blesser [blese] Régul. I /**avoir**/ Base : BLESS-. **3**

C. SIMPLE DIRECTE

V. + complément : *blesser un fruit.*
Emploi pronominal : se blesser (accord = P).
se blesser + complément : *se blesser la main* (accord = OE).

bleuir [bløir] Régul. II /**avoir**/ Base : BLEU-. **26**

C. ABSOLUE : *sa peau bleuit sous l'effet du froid.*

C. SIMPLE DIRECTE

V. + complément : *bleuir un acier.*

blinder [blɛ̃de] Régul. I /**avoir**/ Base : BLIND-. **3**

C. SIMPLE DIRECTE

V. + complément : *blinder un camion.*
Emploi pronominal (pop.) : se blinder (accord = P).

blondir [blɔ̃dir] Régul. II /**avoir**/ Base : BLOND-. **26**

C. ABSOLUE : *il ne blondira sans doute jamais.*

C. SIMPLE DIRECTE

Emploi pronominal : se blondir (accord = P);
se blondir + complément : *se blondir les cheveux* (accord = OE).

bloquer [blɔke] Régul. I /**avoir**/ Base : BLOQU-. **3**

C. SIMPLE DIRECTE

V. + complément : *bloquer une ville.*
Emploi pronominal : se bloquer (accord = P).

blottir (se) [səblɔtir] Régul. II /**être**/ Base : BLOTT- (SE). **26**

C. SIMPLE INDIRECTE

Se blottir — lieu : *se blottir* ***au*** *coin du feu* (accord = P).
Passif possible : être blotti + lieu : *être blotti* ***sous*** *l'escalier.*

blouser [bluze] Régul. I /**avoir**/ Base : BLOUS-. **3**

C. ABSOLUE : *faire blouser sa chemise.*

C. SIMPLE DIRECTE

V. + complément (fam.) : *blouser un acquéreur naïf.*

bluffer [blœfe] Régul. I /**avoir**/ Base : BLUFF-. **3**

C. ABSOLUE : *malheureusement, il ne bluffait pas.*

C. SIMPLE DIRECTE

V. + complément : *bluffer ses concurrents.*

boire [bwar] III /**avoir**/ Base : B-. **74**

C. ABSOLUE : *cet homme boit.*

C. SIMPLE DIRECTE

V. + complément : *boire une bouteille de cidre.*
Emploi pronominal : se boire (accord = P).

boiter [bwate] Régul. I /**avoir**/ Base : BOIT-. **3**

C. ABSOLUE : *depuis sa chute il boite toujours.*

boitiller [bwatije] Régul. I /**avoir**/ Base : BOITILL-. **3**
C. ABSOLUE : *son rhumatisme le fait boitiller.*

bombarder [bɔ̃barde] Régul. I /**avoir**/ Base : BOMBARD-. **3**
C. SIMPLE DIRECTE
V. + complément : *bombarder une base aérienne.*
CONSTRUCTION MULTIPLE
V. + compl. — attribut du compl. (fam.) : *bombarder quelqu'un directeur général.*

bomber [bɔ̃be] Régul. I /**avoir**/ Base : BOMB-. **3**
C. ABSOLUE : *la surface de la table bombe.*
C. SIMPLE DIRECTE
V. + complément : *bomber le torse.*
Emploi pronominal : **se** bomber (accord = P).

bondir [bɔ̃dir] Régul. II /**avoir**/ Base : BOND-. **26**
C. ABSOLUE : *le tigre bondit.*

bonifier [bɔnifje] Régul. I / **avoir**/ Base : BONIFI-. **3**
C. SIMPLE DIRECTE
V. + complément : *bonifier un produit.*
Emploi pronominal : **se** bonifier (accord = P).
CONSTRUCTION MULTIPLE
V. + compl. — **à** + compl. : *bonifier un intérêt de 6 pour 100* ***à*** *quelqu'un.*

border [bɔrde] Régul. I /**avoir**/ Base : BORD-. **3**
C. SIMPLE DIRECTE
V. + complément : *border un mouchoir.*
Emploi pronominal : ***se*** *border* (accord = P).

borner [bɔrne] Régul. I /**avoir**/ Base : BORN-. **3**
C. SIMPLE DIRECTE
V. + complément : *borner un champ.*
CONSTRUCTION MULTIPLE
V. + compl. — **à** + compl. : *borner ses ambitions* ***à*** *une carrière médiocre.*
Emploi pronominal : **se** borner **à** + complément : ***se*** *borner* ***à*** *une visite de courtoisie* (accord = P).
V. + compl. — **à** + infin. : *borner ses espoirs* ***à*** *être compris, sinon apprécié.*
Emploi pronominal : **se** borner **à** + infin. : ***se*** *borner* ***à*** *écouter les autres* (accord = P).

bosseler [bɔs(ə)le] Particularité I /**avoir**/ Base : BOSSE[L]-. **16**
C. SIMPLE DIRECTE
V. + complément : *bosseler une timbale en aluminium.*
Emploi pronominal : **se** bosseler (accord = P).

botter [bɔte] Régul. I /**avoir**/ Base : BOTT-. **3**
C. SIMPLE DIRECTE
V. + complément : *botter son maître.*
Emploi pronominal : **se** botter (accord = P).

Modèle

boucher [buʃe] Régul. I /**avoir**/ Base : BOUCH-. **3**

C. SIMPLE DIRECTE
V. + complément : *boucher un évier.*
Emploi pronominal : **se** boucher (accord = P) ;
se boucher + complément : ***se** boucher les oreilles* (accord = OE).

boucler [bukle] Régul. I /**avoir**/ Base : BOUCL-. **3**

C. ABSOLUE : *ses cheveux bouclent naturellement.*
C. SIMPLE DIRECTE
V. + complément : *boucler une valise.*
Emploi pronominal : **se** boucler (accord = P).

bouder [bude] Régul. I /**avoir**/ Base : BOUD-. **3**

C. ABSOLUE : *il est allé bouder.*
C. SIMPLE DIRECTE
V. + complément : *bouder une idée nouvelle.*
Emploi pronominal : **se** bouder (accord = P).
C. SIMPLE INDIRECTE
V. + **à** + complément : *bouder **à** la tâche.*
V. + **contre** + complément (fam.) : *bouder **contre** son ventre.*

bouffer [bufe] Régul. I /**avoir**/ Base : BOUFF-. **3**

C. ABSOLUE : *ce jabot bouffe bien.*
C. SIMPLE DIRECTE
V. + complément (pop.) : *bouffer des nouilles.*
Emploi pronominal (pop.) : **se** bouffer (accord = P).
se bouffer + complément : ***se** bouffer le nez* (accord = OE).

bouffir [bufir] Régul. II /**avoir**/ Base : BOUFF-. **26**

C. ABSOLUE : *il bouffit.*
C. SIMPLE DIRECTE
V. + complément : *bouffir le visage.*

bouger [buʒe] Particularité I /**avoir**/ Base : BOU[G]-. **12**

C. ABSOLUE : *la terre a bougé.*
C. SIMPLE DIRECTE
V. + complément (fam.) : *bouger sa chaise.*
Emploi pronominal (pop.) : **se** bouger (accord = P).

bougonner [bugɔne] (fam.) Régul. I /**avoir**/ Base : BOUGONN-. **3**

C. ABSOLUE : *il bougonne tout le temps.*
C. SIMPLE DIRECTE
V. + complément : *bougonner des excuses.*

bouillir [bujir] III /**avoir**/ Base : BOU-. **32**

C. ABSOLUE : *le lait va bouillir.*
C. SIMPLE DIRECTE
V. + complément : *bouillir de l'eau.*

bouillonner [bujɔne] Régul. I /**avoir**/ Base : BOUILLONN-. **3**

C. ABSOLUE : *le torrent bouillonne.*

C. SIMPLE DIRECTE
V. + complément : *bouillonner un plastron.*

bouleverser [bul(ə)vɛrse] Régul. I /**avoir**/ Base : BOULEVERS-. **3**
C. SIMPLE DIRECTE
V. + complément : *bouleverser tous ses projets.*
Emploi pronominal : **se** bouleverser (accord = P).

boulotter [bulɔte] (pop.) Régul. I /**avoir**/ Base : BOULOTT-. **3**
C. ABSOLUE : *on va boulotter bientôt?*
C. SIMPLE DIRECTE
V. + complément : *boulotter des carottes.*

bouquiner [bukine] Régul. I /**avoir**/ Base : BOUQUIN-. **3**
C. ABSOLUE : *il passe des heures à bouquiner.*
C. SIMPLE DIRECTE
V. + complément : *bouquiner des romans d'aventure.*

bourdonner [burdɔne] Régul. I /**avoir**/ Base : BOURDONN-. **3**
C. ABSOLUE : *l'abeille bourdonne.*
C. SIMPLE DIRECTE
V. + complément : *bourdonner une chanson.*

bourgeonner [burʒɔne] Régul. I /**avoir**/ Base : BOURGEONN-. **3**
C. ABSOLUE : *le pêcher bourgeonne.*

bourlinguer [burlɛ̃ge] Régul. I /**avoir**/ Base : BOURLINGU-. **11**
C. ABSOLUE : *pendant vingt ans, il a bourlingué.*
C. SIMPLE DIRECTE
V. + complément : *bourlinguer un navire.*

bourrer [bure] Régul. I /**avoir**/ Base : BOURR-. **3**
C. SIMPLE DIRECTE
V. + complément : *bourrer une mallette.*
Emploi pronominal : **se** bourrer (accord = P).
CONSTRUCTION MULTIPLE
V. + compl. — **de** + compl. : *bourrer ses poches* ***de*** *petits fours.*
Emploi pronominal : **se** bourrer **de** + complément : ***se*** *bourrer* ***de*** *petits gâteaux* (accord = P).

boursicoter [bursikɔte] Régul. I /**avoir**/ Base : BOURSICOT-. **3**
C. ABSOLUE : *il a écorné sa fortune en boursicotant.*

boursoufler [bursufle] Régul. I /**avoir**/ Base : BOURSOUFL-. **3**
C. SIMPLE DIRECTE
V. + complément : *boursoufler la peau.*
Emploi pronominal : **se** boursoufler (accord = P).

bousculer [buskyle] Régul. I /**avoir**/ Base : BOUSCUL-. **3**
C. SIMPLE DIRECTE
V. + complément : *bousculer un vieillard.*
Emploi pronominal : **se** bousculer (accord = P).

bousiller [buzije] Régul. I /**avoir**/ Base : BOUSILL-. **3**
C. SIMPLE DIRECTE (fam.)
V. + complément : *bousiller sa voiture.*

boutonner [butɔne] Régul. I /**avoir**/ Base : BOUTONN-. **3**
C. ABSOLUE : *son visage boutonne.*
C. SIMPLE DIRECTE
V. + complément : *boutonner son gilet.*
Emploi pronominal : **se** boutonner (accord = P).

boycotter [bɔjkɔte] Régul. I /**avoir**/ Base : BOYCOTT-. **3**
C. SIMPLE DIRECTE
V. + complément : *boycotter les produits étrangers.*

braconner [brakɔne] Régul. I /**avoir**/ Base : BRACONN-. **3**
C. ABSOLUE : *il est interdit de braconner.*

brader [brade] Régul. I /**avoir**/ Base : BRAD-. **3**
C. SIMPLE DIRECTE
V. + complément : *brader de la marchandise.*
Emploi pronominal : **se** brader (accord = P).

brailler [brɑje] Régul. I /**avoir**/ Base : BRAILL-. **3**
C. ABSOLUE : *quand aurez-vous fini de brailler?*
C. SIMPLE DIRECTE
V. + complément : *brailler des sottises.*

braire [brɛr] Particularité, défectif (usité seulement à l'infinitif et aux troisièmes personnes du présent de l'indicatif, du futur et du conditionnel) III /**avoir**/ Base : BRA[I]-. **38**
C. ABSOLUE : *l'âne brait.*
C. SIMPLE DIRECTE (fam.)
V. + complément : *braire des stupidités.*

brancher [brɑ̃ʃe] Régul. I /**avoir**/ Base : BRANCH-. **3**
C. ABSOLUE : *les palombes branchent.*
C. SIMPLE DIRECTE
V. + complément : *brancher une lampe.*
Emploi pronominal : **se** brancher (accord = P).

brandir [brɑ̃dir] Régul. II /**avoir**/ Base : BRAND-. **26**
C. SIMPLE DIRECTE
V. + complément : *brandir une menace.*

branler [brɑ̃le] Régul. I /**avoir**/ Base : BRANL-. **3**
C. ABSOLUE : *la table branle.*
C. SIMPLE DIRECTE
V. + complément : *branler la tête.*
Emploi pronominal (pop.) : s'en branler (accord = P).

braquer [brake] Régul. I /**avoir**/ Base : BRAQU-. **3**
C. ABSOLUE : *braquez, pour tourner!*
C. SIMPLE DIRECTE
V. + complément : *braquer les roues.*

CONSTRUCTION MULTIPLE

V. + compl. — **contre** + compl. : *braquer quelqu'un* ***contre*** *un projet.*

Emploi pronominal : **se** braquer **contre** + complément : ***se*** *braquer* ***contre*** *un projet* (accord = P).

brasser [brase] Régul. I /**avoir**/ Base : BRASS-. **3**

C. SIMPLE DIRECTE

V. + complément : *brasser de l'argent.*

braver [brave] Régul. I /**avoir**/ Base : BRAV-. **3**

C. SIMPLE DIRECTE

V. + complément : *braver la tempête.*

bredouiller [brəduje] Régul. I /**avoir**/ Base : BREDOUILL-. **3**

C. ABSOLUE : *il bredouille.*

C. SIMPLE DIRECTE

V. + complément : *bredouiller des paroles confuses.*

breveter [brəvte] Particularité I /**avoir**/ Base : BREV[E]T-. **19**

C. SIMPLE DIRECTE

V. + complément : *breveter un procédé technique.*

CONSTRUCTION MULTIPLE

V. + compl. — attribut du compl. : *breveter quelqu'un homme du monde.*

bricoler [brikɔle] Régul. I /**avoir**/ Base : BRICOL-. **3**

C. ABSOLUE : *le dimanche, il bricole.*

C. SIMPLE DIRECTE

V. + complément : *bricoler la carburation de sa voiture.*

brider [bride] Régul. I /**avoir**/ Base : BRID-. **3**

C. SIMPLE DIRECTE

V. + complément : *brider une plaie.*

bridger [bridʒe] Particularité I /**avoir**/ Base : BRID[G]-. **12**

C. ABSOLUE : *il ne sait pas bridger.*

briguer [brige] Régul. I /**avoir**/ Base : BRIGU-. **11**

C. ABSOLUE : *il n'arrête pas de briguer.*

C. SIMPLE DIRECTE

V. + complément : *briguer une place.*

briller [brije] Régul. I /**avoir**/ Base : BRILL-. **3**

C. ABSOLUE : *le soleil brille.*

brimer [brime] Régul. I /**avoir**/ Base : BRIM-. **3**

C. SIMPLE DIRECTE

V. + complément : *brimer un nouveau.*

briquer [brike] Régul. I /**avoir**/ Base : BRIQU-. **3**

C. SIMPLE DIRECTE

V. + complément : *briquer l'argenterie.*

briser [brize] Régul. I /**avoir**/ Base : BRIS-. 3
C. ABSOLUE : *la mer brise.*
C. SIMPLE DIRECTE
V. + complément : *briser un vase.*
Emploi pronominal : **se** briser (accord = P).

brocher [brɔʃe] Régul. I /**avoir**/ Base : BROCH-. 3
C. SIMPLE DIRECTE
V. + complément : *brocher une revue.*

broder [brɔde] Régul. I /**avoir**/ Base : BROD-. 3
C. ABSOLUE : *le soir, elle brode.*
C. SIMPLE DIRECTE
V. + complément : *broder des jours.*
Emploi pronominal : **se** broder (accord = P).

broncher [brɔ̃ʃe] Régul. I /**avoir**/ Base : BRONCH-. 3
C. ABSOLUE : *accueillir la nouvelle sans broncher.*

bronzer [brɔ̃ze] Régul. I /**avoir**/ Base : BRONZ-. 3
C. ABSOLUE : *il a bronzé.*
C. SIMPLE DIRECTE
V. + complément : *bronzer un canon.*
Emploi pronominal : **se** bronzer (accord = P).

brosser [brɔse] Régul. I /**avoir**/ Base : BROSS-. 3
C. SIMPLE DIRECTE
V. + complément : *brosser son chien.*
Emploi pronominal : **se** brosser (accord = P);
se brosser + complément : ***se*** *brosser les ongles* (accord = OE).

brouetter [bruete] Régul. I /**avoir**/ Base : BROUETT-. 3
C. SIMPLE DIRECTE
V. + complément : *brouetter de la terre.*

brouillasser [brujase] Régul., unipersonnel I /**avoir**/ Base : BROUILLASS-. 3
C. ABSOLUE : *ce matin, il brouillasse.*

brouiller [bruje] Régul. I /**avoir**/ Base : BROUILL-. 3
C. SIMPLE DIRECTE
V. + complément : *brouiller des œufs.*
Emploi pronominal : **se** brouiller (accord = P).
CONSTRUCTION MULTIPLE
V. + compl. — **avec** + compl. : *brouiller une personne* ***avec*** *tout le monde.*
Emploi pronominal : **se** brouiller **avec** + complément : ***se*** *brouiller* ***avec*** *tout le monde* (accord = P).

brouter [brute] Régul. I /**avoir**/ Base : BROUT-. 3
C. ABSOLUE : *les chèvres broutent.*
C. SIMPLE DIRECTE
V. + complément : *brouter de jeunes pousses.*

broyer [brwaje] Particularité I /**avoir**/ Base : BRO[Y]-. **8**
C. SIMPLE DIRECTE
V. + complément : *broyer de la pierre.*
Emploi pronominal : **se** broyer (accord = P).

bruiner [brɥine] Régul., unipersonnel I /**avoir**/ Base : BRUIN-. **3**
C. ABSOLUE : *il bruine.*

bruire [brɥir] Défectif (absence du thème C; indic. présent : *ils bruissent.* On trouve chez certains auteurs modernes une conjugaison entièrement refaite sur le 2e groupe) III /**avoir**/ Base : BRUI-. **37**
C. ABSOLUE : *les feuilles bruissent.*

bruiter [brɥite] Régul. I /**avoir**/ Base : BRUIT-. **3**
C. ABSOLUE : *il faut bruiter.*

brûler [bryle] Régul. I /**avoir**/ Base : BRÛL-. **3**
C. ABSOLUE : *le feu brûle.*
C. SIMPLE DIRECTE
V. + complément : *brûler du charbon.*
Emploi pronominal : **se** brûler (accord = P).
CONSTRUCTION MULTIPLE
V. + compl. — **à** + compl. : *brûler un cierge **à** saint Joseph.*
Emploi pronominal : **se** brûler + complément : ***se** brûler la main* (accord = OE).

brunir [brynir] Régul. II /**avoir**/ Base : BRUN-. **26**
C. ABSOLUE : *ses cheveux brunissent.*
C. SIMPLE DIRECTE
V. + complément : *brunir le teint.*
Emploi pronominal : **se** brunir (accord = P).

brusquer [bryske] Régul. I /**avoir**/ Base : BRUSQU-. **3**
C. SIMPLE DIRECTE
V. + complément : *brusquer une manœuvre.*

brutaliser [brytalize] Régul. I /**avoir**/ Base : BRUTALIS-. **3**
V. + complément : *brutaliser un mécanisme.*

bûcher [byʃe] Régul. I /**avoir**/ Base : BÛCH-. **3**
C. ABSOLUE (fam.) : *il passe ses nuits à bûcher.*
C. SIMPLE DIRECTE
V. + complément : *bûcher un fût de chêne.*
Emploi pronominal (pop.) : **se** bûcher (accord = P).

buter [byte] Régul. I /**avoir**/ Base : BUT-. **3**
C. ABSOLUE : *il bute à chaque pas.*
C. SIMPLE DIRECTE
V. + complément : *buter la façade.*
Emploi pronominal : **se** buter (accord = P).

butiner [bytine] Régul. I /**avoir**/ Base : BUTIN-. **3**
C. ABSOLUE : *l'abeille butine.*
C. SIMPLE DIRECTE
V. + complément : *butiner des fleurs de bruyère.*

C

Modèle

câbler [kɑble] Régul. I /**avoir**/ Base : CÂBL-. **3**

C. SIMPLE DIRECTE

V. + complément : *câbler un message.*

C. SIMPLE INDIRECTE

V. + **à** + complément : *câbler **à** quelqu'un.*

CONSTRUCTION MULTIPLE

V. + compl. — **à** + compl. : *câbler des ordres **à** un courtier en Bourse.*

cabrer [kɑbre] Régul. I /**avoir**/ Base : CABR-. **3**

C. SIMPLE DIRECTE

V. + complément : *cabrer son cheval.*
Emploi pronominal : **se** cabrer (accord = P).

CONSTRUCTION MULTIPLE

V. + compl. — **contre** + compl. : *cabrer quelqu'un **contre** un projet.*
Emploi pronominal : **se** cabrer **contre** + complément : ***se** cabrer **contre** un ordre absurde* (accord = P).
V. + compl. — **devant** + compl. : *cabrer son cheval **devant** un obstacle.*
Emploi pronominal : **se** cabrer **devant** + complément : ***se** cabrer **devant** une injure* (accord = P).

cacher [kaʃe] Régul. I /**avoir**/ Base : CACH-. **3**

C. SIMPLE DIRECTE

V. + complément : *cacher ses projets.*
Emploi pronominal : **se** cacher (accord = P).

CONSTRUCTION MULTIPLE

V. + compl. — **à** + compl. : *cacher ses intentions **à** quelqu'un.*
Emploi pronominal : **se** cacher **à** + complément : ***se** cacher **aux** yeux de tous* (accord = P) ;
se cacher **de** + complément : ***se** cacher **de** ses parents* (accord = P).

cacheter [kaʃ(ə)te] Particularité I /**avoir**/ Base : CACHE[T]-. **18**

C. SIMPLE DIRECTE

V. + complément : *cacheter une lettre.*
Emploi pronominal : **se** cacheter (accord = P).

cadrer [kɑdre] Régul. I /**avoir**/ Base : CADR-. **3**

C. SIMPLE DIRECTE

V. + complément : *cadrer l'objectif.*

C. SIMPLE INDIRECTE
V. + **avec** + complément : *cadrer* ***avec*** *les préoccupations de l'heure.*

cailler [kaje] Régul. I /**avoir**/ Base : CAILL-. **3**
1° **Emploi personnel.**
C. ABSOLUE : *le lait caille.*
C. SIMPLE DIRECTE
V. + complément : *cailler du lait.*
Emploi pronominal (fam.) : **se** cailler (accord = P).
2° **Emploi unipersonnel** (pop.).
C. ABSOLUE : *ça caille.*

cajoler [kaʒɔle] Régul. I /**avoir**/ Base : CAJOL-. **3**
C. SIMPLE DIRECTE
V. + complément : *cajoler une jeune fille.*

calculer [kalkyle] Régul. I /**avoir**/ Base : CALCUL-. **3**
C. ABSOLUE : *il ne sait pas calculer.*
C. SIMPLE DIRECTE
V. + complément : *calculer ses chances.*
Emploi pronominal : **se** calculer (accord = P).

caler [kale] Régul. I /**avoir**/ Base : CAL-. **3**
C. ABSOLUE : *le moteur a calé.*
C. SIMPLE DIRECTE
V. + complément : *caler une voile.*
Emploi pronominal : **se** caler (accord = P).

calfeutrer [kalføtre] Régul. I /**avoir**/ Base : CALFEUTR-. **3**
C. SIMPLE DIRECTE
V. + complément : *calfeutrer une fenêtre.*
Emploi pronominal : **se** calfeutrer (accord = P).

câliner [kɑline] Régul. I /**avoir**/ Base : CÂLIN-. **3**
C. SIMPLE DIRECTE
V. + complément : *câliner un enfant.*
Emploi pronominal : **se** câliner (accord = P).

calligraphier [kaligrafje] Régul. I /**avoir**/ Base : CALLIGRAPHI-. **3**
C. SIMPLE DIRECTE
V. + complément : *calligraphier une page.*

calmer [kalme] Régul. I /**avoir**/ Base : CALM-. **3**
C. SIMPLE DIRECTE
V. + complément : *calmer la fureur de quelqu'un.*
Emploi pronominal : **se** calmer (accord = P).

calomnier [kalɔmnje] Régul. I /**avoir**/ Base : CALOMNI-. **3**
C. ABSOLUE : *il ne saurait assez calomnier.*
C. SIMPLE DIRECTE
V. + complément : *calomnier un innocent.*
Emploi pronominal : **se** calomnier (accord = P).

Modèle

cambrioler [kɑ̃brijɔle] Régul. I /**avoir**/ Base : CAMBRIOL-. **3**

C. SIMPLE DIRECTE

V. + complément : *cambrioler une villa isolée.*

camoufler [kamufle] Régul. I /**avoir**/ Base : CAMOUFL-. **3**

C. SIMPLE DIRECTE

V. + complément : *camoufler un char.*
Emploi pronominal : **se** camoufler (accord = P).

camper [kɑ̃pe] Régul. I /**avoir**/ Base : CAMP-. **3**

C. ABSOLUE : *il est parti camper.*

C. SIMPLE DIRECTE

V. + complément : *camper une silhouette.*

CONSTRUCTION MULTIPLE

V. + **là** — complément : *camper **là** son interlocuteur.*

canaliser [kanalize] Régul. I /**avoir**/ Base : CANALIS-. **3**

C. SIMPLE DIRECTE

V. + complément : *canaliser une rivière.*
Emploi pronominal : **se** canaliser (accord = P).

cancaner [kɑ̃kane] Régul. I /**avoir**/ Base : CANCAN-. **3**

C. ABSOLUE : *elle perd des matinées à cancaner.*

canner [kane] Régul. I /**avoir**/ Base : CANN-. **3**

C. SIMPLE DIRECTE

V. + complément : *canner un siège.*

canonner [kanɔne] Régul. I /**avoir**/ Base : CANONN-. **3**

C. SIMPLE DIRECTE

V. + complément : *canonner un fort.*
Emploi pronominal : **se** canonner (accord = P).

cantonner [kɑ̃tɔne] Régul. I /**avoir**/ Base : CANTONN-. **3**

C. ABSOLUE : *les troupes vont cantonner.*

C. SIMPLE DIRECTE

V. + complément : *cantonner l'armée.*
Emploi pronominal : **se** cantonner (accord = P).

CONSTRUCTION MULTIPLE

V. + compl. — lieu : *cantonner un employé **dans** des tâches ingrates.*
Emploi pronominal : **se** cantonner + lieu : **se** *cantonner **dans** un domaine de recherches restreint* (accord = P).

caoutchouter [kautʃute] Régul. I /**avoir**/ Base : CAOUTCHOUT-. **3**

C. SIMPLE DIRECTE

V. + complément : *caoutchouter une étoffe.*

capitaliser [kapitalize] Régul. I /**avoir**/ Base : CAPITALIS-. **3**

C. ABSOLUE : *il ne cesse de capitaliser.*

C. SIMPLE DIRECTE

V. + complément : *capitaliser des valeurs.*
Emploi pronominal : **se** capitaliser (accord = P).

capitonner [kapitɔne] Régul. I /**avoir**/ Base : CAPITONN-. **3**
C. SIMPLE DIRECTE
V. + complément : *capitonner les murs.*
Emploi pronominal (fam.) : **se** capitonner (accord = P).

capituler [kapityle] Régul. I /**avoir**/ Base : CAPITUL-. **3**
C. ABSOLUE : *l'ennemi a capitulé.*

capoter [kapɔte] Régul. I /**avoir**/ Base : CAPOT-. **3**
C. ABSOLUE : *l'avion a capoté.*
C. SIMPLE DIRECTE
V. + complément : *capoter un landau.*

capsuler [kapsyle] Régul. I /**avoir**/ Base : CAPSUL-. **3**
C. SIMPLE DIRECTE
V. + complément : *capsuler une bouteille.*

capter [kapte] Régul. I /**avoir**/ Base : CAPT-. **3**
C. SIMPLE DIRECTE
V. + complément : *capter une émission radiophonique.*
Emploi pronominal : **se** capter (accord = P).

captiver [kaptive] Régul. I /**avoir**/ Base : CAPTIV-. **3**
C. SIMPLE DIRECTE
V. + complément : *captiver son auditoire.*
Emploi pronominal : **se** captiver (accord = P);
se captiver **à** + complément : ***se** captiver **à** la lecture* (accord = P).

capturer [kaptyre] Régul. I /**avoir**/ Base : CAPTUR-. **3**
C. SIMPLE DIRECTE
V. + complément : *capturer un éléphant.*
Emploi pronominal : **se** capturer (accord = P).

caractériser [karakterize] Régul. I /**avoir**/ Base : CARACTÉRIS-. **3**
C. SIMPLE DIRECTE
V. + complément : *caractériser un individu.*
Emploi pronominal : **se** caractériser (accord = P);
se caractériser **par** + complément : ***se** caractériser **par** sa stupidité* (accord = P).

caraméliser [karamelize] Régul. I /**avoir**/ Base : CARAMÉLIS-. **3**
C. ABSOLUE : *le sucre caramélise.*
C. SIMPLE DIRECTE
V. + complément : *caraméliser une sauce.*
Emploi pronominal : **se** caraméliser (accord = P).

carboniser [karbɔnize] Régul. I /**avoir**/ Base : CARBONIS-. **3**
C. SIMPLE DIRECTE
V. + complément : *carboniser le rôti.*
Emploi pronominal : **se** carboniser (accord = P).

caresser [karese] Régul. I /**avoir**/ Base : CARESS-. **3**

C. SIMPLE DIRECTE
V. + complément : *caresser un chien.*
Emploi pronominal : se caresser (accord = P).
CONSTRUCTION MULTIPLE
V. + compl. — **à** + compl. : *caresser la tête **à** un chat.*
Emploi pronominal : se caresser + complément : ***se** caresser le menton* (accord = P).

caricaturer [karikatyre] Régul. I /**avoir**/ Base : CARICATUR-. **3**
C. SIMPLE DIRECTE
V. + complément : *caricaturer un homme politique.*
Emploi pronominal : se caricaturer (accord = P).

carillonner [karijɔne] Régul. I /**avoir**/ Base : CARILLONN-. **3**
C. ABSOLUE : *on carillonne à toute volée.*
C. SIMPLE DIRECTE
V. + complément : *carillonner un événement important.*

carrosser [kɑrɔse] Régul. I /**avoir**/ Base : CARROSS-. **3**
C. SIMPLE DIRECTE
V. + complément : *carrosser une voiture de luxe.*

cascader [kaskade] Régul. I /**avoir**/ Base : CASCAD-. **3**
C. ABSOLUE : *un acrobate du volant cascade dans ce film.*

caser [kɑze] Régul. I /**avoir**/ Base : CAS-. **3**
C. SIMPLE DIRECTE
V. + complément : *caser ses enfants.*
Emploi pronominal : se caser (accord = P).

casser [kɑse] Régul. I /**avoir**/ Base : CASS-. **3**
C. ABSOLUE : *la porcelaine casse facilement.*
C. SIMPLE DIRECTE
V. + complément : *casser un carreau.*
Emploi pronominal : se casser (accord = P).
CONSTRUCTION MULTIPLE
V. + compl. — **à** + compl. : *casser les oreilles **à** tout le monde.*
Emploi pronominal : se casser + complément : ***se** casser une dent* (accord = OE);
se casser **à** + infin. (fam.) : ***se** casser **à** faire des choses inutiles* (accord = P).

castrer [kastre] Régul. I /**avoir**/ Base : CASTR-. **3**
C. SIMPLE DIRECTE
V. + complément : *castrer un matou.*

cataloguer [katalɔge] Régul. I /**avoir**/ Base : CATALOGU-. **11**
C. SIMPLE DIRECTE
V. + complément : *cataloguer immédiatement un visiteur.*

catapulter [katapylte] Régul. I /**avoir**/ Base : CATAPULT-. **3**
C. SIMPLE DIRECTE
V. + complément : *catapulter un avion.*
Emploi pronominal : se catapulter (accord = P).

catastropher [katastrɔfe] (fam.) Régul. I /**avoir**/ Base : CATASTROPH-. **3**

C. SIMPLE DIRECTE
V. + complément : *catastropher toute sa famille.*

1. causer [koze] Régul. I /**avoir**/ Base : CAUS-. **3**

C. SIMPLE DIRECTE
V. + complément : *causer un déplaisir.*

2. causer [koze] Régul. I /**avoir**/ Base : CAUS-. **3**

C. ABSOLUE : *il cause, il cause...*
CONSTRUCTION MULTIPLE
V. + compl. — **avec** + compl. : *causer chiffres* ***avec*** *un comptable.*
V. + **de** + compl. — **avec** + compl. : *causer* ***de*** *religion* ***avec*** *un bénédictin.*

cautériser [kɔterize] Régul. I /**avoir**/ Base : CAUTÉRIS-. **3**

C. SIMPLE DIRECTE
V. + complément : *cautériser une verrue.*

cautionner [kosjɔne] Régul. I /**avoir**/ Base : CAUTIONN-. **3**

C. SIMPLE DIRECTE
V. + complément : *cautionner une entreprise hasardeuse.*

caviarder [kavjarde] Régul. I /**avoir**/ Base : CAVIARD-. **3**

C. SIMPLE DIRECTE
V. + complément : *caviarder un article.*

céder [sede] Particularité I /**avoir**/ Base : C[É]D-. **14**

C. ABSOLUE : *il a dû céder.*
C. SIMPLE DIRECTE
V. + complément : *céder sa place.*
C. SIMPLE INDIRECTE
V. + **à** + complément : *céder* ***à*** *l'adversité.*
CONSTRUCTION MULTIPLE
Le céder **à** + complément : ***le*** *céder* ***à*** *tous ses concurrents.*
Le céder **à** + compl. — **en** + compl. : ***le*** *céder* ***à*** *ses devanciers* ***en*** *prudence.*
V. + compl. — **à** + compl. : *céder son appartement* ***à*** *son beau-frère.*

ceindre [sɛ̃dr] III /**avoir**/ Base : CEI-. **71**

C. SIMPLE DIRECTE
V. + complément : *ceindre l'écharpe.*
CONSTRUCTION MULTIPLE
V. + compl. — **à** + compl. : *ceindre l'épée* ***à*** *un jeune officier.*
V. + compl. — **de** + compl. : *ceindre un buste* ***de*** *l'écharpe tricolore.*
Emploi pronominal : **se** ceindre **de** + complément : ***se*** *ceindre* ***de*** *son épée* (accord = P).

Modèle

célébrer [selebre] Particularité I /**avoir**/ Base : CÉL[É]BR-. **14**

C. SIMPLE DIRECTE

V. + complément : *célébrer la messe.*
Emploi pronominal : **se** célébrer (accord = P).

censurer [sɑ̃syre] Régul. I /**avoir**/ Base : CENSUR-. **3**

C. SIMPLE DIRECTE

V. + complément : *censurer un film.*
Emploi pronominal : **se** censurer (accord = P).

centupler [sɑ̃typle] Régul. I /**avoir**/ Base : CENTUPL-. **3**

C. ABSOLUE : *leur nombre a centuplé.*

C. SIMPLE DIRECTE

V. + complément : *centupler les forces de quelqu'un.*

cercler [sɛrkle] Régul. I /**avoir**/ Base : CERCL-. **3**

C. SIMPLE DIRECTE

V. + complément : *cercler une caisse.*

cerner [sɛrne] Régul. I /**avoir**/ Base : CERN-. **3**

C. SIMPLE DIRECTE

V. + complément : *cerner les contours d'un objet.*

certifier [sɛrtifje] Régul. I /**avoir**/ Base : CERTIFI-. **3**

C. SIMPLE DIRECTE

V. + complément : *certifier un diplôme.*
V. + **que** + indic. : *certifier **que** quelqu'un est parti.*

CONSTRUCTION MULTIPLE

V. + compl. — attribut du compl. : *certifier une copie conforme à l'original.*
V. + compl. — **à** + compl. : *certifier un fait **à** un sceptique.*
V. + **à** + compl. — **que** + indic. : *certifier **à** son chef **que** le travail a été fait.*

cesser [sese] Régul. I /**avoir**/ Base : CESS-. **3**

C. ABSOLUE : *quand cessera-t-il?*

C. SIMPLE DIRECTE

V. + complément : *cesser ses activités.*
V. + **de** + infin. : *cesser **de** faire le pitre.*

chagriner [ʃagrine] Régul. I /**avoir**/ Base : CHAGRIN-. **3**

C. SIMPLE DIRECTE

V. + complément : *chagriner ses parents.*
Emploi pronominal : **se** chagriner (accord = P).

chahuter [ʃayte] Régul. I /**avoir**/ Base : CHAHUT-. **3**

C. ABSOLUE : *il aime chahuter.*

C. SIMPLE DIRECTE

V. + complément : *chahuter un professeur.*

chambarder [ʃɑ̃barde] (fam.) Régul. I /**avoir**/ Base : CHAMBARD-. **3**

C. SIMPLE DIRECTE

V. + complément : *chambarder la maison.*

Modèle

chambouler [ʃɑ̃bule] (fam.) Régul. I /**avoir**/ Base : CHAMBOUL-. **3**
C. SIMPLE DIRECTE
V. + complément : *chambouler un service.*

chambrer [ʃɑ̃bre] Régul. I /**avoir**/ Base : CHAMBR-. **3**
C. SIMPLE DIRECTE
V. + complément : *chambrer un vin rouge.*
Emploi pronominal : **se** chambrer (accord = P).

champagniser [ʃɑ̃paɲize] Régul. I /**avoir**/ Base : CHAMPAGNIS-. **3**
C. SIMPLE DIRECTE
V. + complément : *champagniser un vin rosé.*
Emploi pronominal : **se** champagniser (accord = P).

chanceler [ʃɑ̃s(ə)le] Particularité I /**avoir**/ Base : CHANCE[L]-. **16**
C. ABSOLUE : *il chancela.*

changer [ʃɑ̃ʒe] Particularité I /**avoir**/ Base : CHAN[G]-. **12**
C. ABSOLUE : *tout change.*
C. SIMPLE DIRECTE
V. + complément : *changer un billet de cent francs.*
Emploi pronominal : **se** changer (accord = P).
C. SIMPLE INDIRECTE
V. + **avec** + complément : *changer* ***avec*** *quelqu'un.*
V. + **de** + complément : *changer* ***de*** *chemin.*
CONSTRUCTION MULTIPLE
V. + compl. — **à** + compl. : *changer des devises* ***à*** *un étranger.*
Emploi pronominal : **se** changer + complément : ***se*** *changer les idées* (accord = OE).
V. + compl. — **contre** + compl. : *changer un objet* ***contre*** *un autre.*
V. + compl. — **de** + compl. : *changer un meuble* ***de*** *place.*
Emploi pronominal : **se** changer **de** + complément : ***se*** *changer* ***de*** *robe* (accord = P).
V. + compl. — **en** + compl. : *changer l'eau* ***en*** *vin.*
Emploi pronominal : **se** changer **en** + complément : ***se*** *changer* ***en*** *homme du monde* (accord = P).
V. + compl. — **pour** + compl. : *changer sa montre* ***pour*** *une miche de pain.*
V. + **de** + compl. — **avec** + compl. : *changer* ***de*** *place* ***avec*** *son voisin.*

chansonner [ʃɑ̃sɔne] Régul. I /**avoir**/ Base : CHANSONN-. **3**
C. SIMPLE DIRECTE
V. + complément : *chansonner le gouvernement.*

chanter [ʃɑ̃te] Régul. I /**avoir**/ Base : CHANT-. **3**
C. ABSOLUE : *il ne sait pas chanter.*
C. SIMPLE DIRECTE
V. + complément : *chanter une rengaine.*
Emploi pronominal : **se** chanter (accord = P).

chantonner [ʃɑ̃tɔne] Régul. I /**avoir**/ Base : CHANTONN-. **3**
C. ABSOLUE : *il n'arrêtait pas de chantonner.*

Modèle

chaparder [ʃaparde] (fam.) Régul. I /**avoir**/ Base : CHAPARD-. **3**

C. SIMPLE DIRECTE

V. + complément : *chaparder des pommes.*

chaperonner [ʃap(ə)rɔne] Régul. I /**avoir**/ Base : CHAPERONN-. **3**

C. SIMPLE DIRECTE

V. + complément : *chaperonner un groupe de jeunes filles.*

chapitrer [ʃapitre] Régul. I /**avoir**/ Base : CHAPITR-. **3**

C. SIMPLE DIRECTE

V. + complément : *chapitrer un enfant nonchalant.*

charbonner [ʃarbɔne] Régul. I /**avoir**/ Base : CHARBONN-. **3**

C. ABSOLUE : *la chandelle charbonne.*

C. SIMPLE DIRECTE

V. + complément : *charbonner ses mains.*
Emploi pronominal : **se** charbonner (accord = P).

charger [ʃarʒe] Particularité I /**avoir**/ Base : CHAR[G]-. **12**

C. SIMPLE DIRECTE

V. + complément : *charger un camion.*
Emploi pronominal : **se** charger (accord = P).

CONSTRUCTION MULTIPLE

V. + compl. — **de** + compl. : *charger une voiture* **de** *colis encombrants.*
Emploi pronominal : se charger **de** + complément : ***se*** *charger* ***de*** *toute la besogne* (accord = P).
V. + compl. — **de** + infin. : *charger un ami* **de** *faire les formalités.*
Emploi pronominal : se charger **de** + infin. : ***se*** *charger* ***de*** *faire le nécessaire* (accord = P).

charmer [ʃarme] Régul. I /**avoir**/ Base : CHARM-. **3**

C. SIMPLE DIRECTE

V. + complément : *charmer ses auditeurs.*

charrier [ʃarje] Régul. I /**avoir**/ Base : CHARRI-. **3**

C. ABSOLUE (pop.) : *tu charries!*

C. SIMPLE DIRECTE

V. + complément : *charrier des glaçons.*

chasser [ʃase] Régul. I /**avoir**/ Base : CHASS-. **3**

C. ABSOLUE : *il est parti chasser.*

C. SIMPLE DIRECTE

V. + complément : *chasser les grands fauves.*

C. SIMPLE INDIRECTE

V. + **à** + complément : *chasser* ***à*** *l'affût.*

CONSTRUCTION MULTIPLE

V. + compl. — **de** + compl. : *chasser un importun* **de** *son antichambre.*
V. + compl. — **hors de** + compl. : *chasser un lapin* **hors de** *son terrier.*

châtier [ʃɑtje] Régul. I /**avoir**/ Base : CHÂTI-. **3**
C. SIMPLE DIRECTE
V. + complément : *châtier un mauvais élève.*

chatouiller [ʃatuje] Régul. I /**avoir**/ Base : CHATOUILL-. **3**
C. SIMPLE DIRECTE
V. + complément : *chatouiller les narines.*
Emploi pronominal : **se** chatouiller (accord = P).

chatoyer [ʃatwaje] Particularité I /**avoir**/ Base : CHATO[Y]-. **8**
C. ABSOLUE : *cette couleur chatoie.*

châtrer [ʃɑtre] Régul. I /**avoir**/ Base : CHÂTR-. **3**
C. SIMPLE DIRECTE
V. + complément : *châtrer un chat.*

chauffer [ʃofe] Régul. I /**avoir**/ Base : CHAUFF-. **3**
C. ABSOLUE : *le soleil chauffe.*
C. SIMPLE DIRECTE
V. + complément : *chauffer une maison.*
Emploi pronominal : **se** chauffer (accord = P).
CONSTRUCTION MULTIPLE
V. + compl. — **à** + compl. : *chauffer son repas* ***à*** *un malade.*
Emploi pronominal : **se** chauffer + complément : ***se*** *chauffer les mains* (accord = OE).

chausser [ʃose] Régul. I /**avoir**/ Base : CHAUSS-. **3**
C. ABSOLUE : *ces sandales chaussent mal.*
C. SIMPLE DIRECTE
V. + complément : *chausser des pantoufles.*
Emploi pronominal : **se** chausser (accord = P).
CONSTRUCTION MULTIPLE
V. + compl. — **de** + compl. : *chausser une enfant* ***de*** *bottillons.*
Emploi pronominal : **se** chausser **de** + complément : ***se*** *chausser* ***d'****escarpins* (accord = P).

chavirer [ʃavire] Régul. I /**avoir**/ Base : CHAVIR-. **3**
C. ABSOLUE : *la barque chavira.*
C. SIMPLE DIRECTE
V. + complément : *chavirer ses passagers.*

cheminer [ʃ(ə)mine] Régul. I /**avoir**/ Base : CHEMIN-. **3**
C. ABSOLUE : *il cheminait tristement.*

chercher [ʃɛrʃe] Régul. I /**avoir**/ Base : CHERCH-. **3**
C. SIMPLE DIRECTE
V. + complément : *chercher ses lunettes.*
Emploi pronominal : **se** chercher (accord = P);
se chercher + complément : ***se*** *chercher des ennuis* (accord = OE).
C. SIMPLE INDIRECTE
V. + **à** + infin. : *chercher* ***à*** *se renseigner.*
V. + **à ce que** + subj. : *chercher* ***à ce que*** *tout soit parfait.*

chérir [ʃerir] Régul. II /**avoir**/ Base : CHÉR-. **26**

C. SIMPLE DIRECTE

V. + complément : *chérir sa femme.*
Emploi pronominal : **se** chérir (accord = P).

chevaucher [ʃ(ə)voʃe] Régul. I /**avoir**/ Base : CHEVAUCH-. **3**

C. ABSOLUE : *ces lignes chevauchent.*

C. SIMPLE DIRECTE

V. + complément : *chevaucher une ligne de démarcation.*
Emploi pronominal : **se** chevaucher (accord = P).

chicaner [ʃikane] Régul. I /**avoir**/ Base : CHICAN-. **3**

C. ABSOLUE : *sa grande joie, c'est de chicaner.*

C. SIMPLE DIRECTE

V. + complément : *chicaner un écrivain.*
Emploi pronominal (fam.) : **se** chicaner (accord = P).

C. SIMPLE INDIRECTE

V. + **sur** + complément : *chicaner* **sur** *la nourriture.*

CONSTRUCTION MULTIPLE

V. + compl. — **à** + compl. : *chicaner le succès* **à** *un acteur.*
V. + compl. — **sur** + compl. : *chicaner quelqu'un* **sur** *des détails.*
Emploi pronominal : **se** chicaner **sur** + complément : ***se*** *chicaner* ***sur*** *l'interprétation d'un sonnet* (accord = P).

chiffonner [ʃifɔne] Régul. I /**avoir**/ Base : CHIFFONN-. **3**

C. ABSOLUE : *les femmes chiffonnent volontiers.*

C. SIMPLE DIRECTE

V. + complément : *chiffonner sa robe.*
Emploi pronominal : **se** chiffonner (accord = P).

chiffrer [ʃifre] Régul. I /**avoir**/ Base : CHIFFR-. **3**

C. ABSOLUE : *le total chiffre.*

C. SIMPLE DIRECTE

V. + complément : *chiffrer un message.*
Emploi pronominal : **se** chiffrer (accord = P).

chinoiser [ʃinwaze] Régul. I /**avoir**/ Base : CHINOIS-. **3**

C. ABSOLUE (fam.) : *là, vous chinoisez.*

C. SIMPLE DIRECTE

V. + complément : *chinoiser son visage.*

chiper [ʃipe] (fam.) Régul. I /**avoir**/ Base : CHIP-. **3**

C. SIMPLE DIRECTE

V. + complément : *chiper un morceau de sucre.*

CONSTRUCTION MULTIPLE

V. + compl. — **à** + compl. : *chiper du rouge à lèvre* **à** *sa mère.*
Emploi pronominal : **se** chiper + complément : ***se*** *chiper ses petits amis* (accord = OE).

chipoter [ʃipɔte] Régul. I /**avoir**/ Base : CHIPOT-. **3**

C. ABSOLUE : *il ne faut pas chipoter.*

C. SIMPLE DIRECTE
V. + complément : *chipoter les termes d'un contrat.*
Emploi pronominal (fam.) : **se** chipoter (accord = P).
C. SIMPLE INDIRECTE
V. + **sur** + complément : *chipoter **sur** chaque bouchée.*

choisir [ʃwazir] Régul. II /**avoir**/ Base : CHOIS-. **26**
C. SIMPLE DIRECTE
V. + complément : *choisir ses amis.*
Emploi pronominal : **se** choisir (accord = P).
V. + **de** + infin. : *choisir **de** se taire.*
V. + **ce qui** + indic. : *choisir **ce qui** plaît.*
CONSTRUCTION MULTIPLE
V. + compl. — **comme** + attribut du compl. : *choisir un paysan de la région **comme** guide.*
V. + compl. — **pour** + attribut du compl. : *choisir quelqu'un **pour** époux.*
V. + **si** + indic. — **ou si** + indic. : *choisir **si** l'on travaille **ou si** l'on s'amuse.*

chômer [ʃome] Régul. I /**avoir**/ Base : CHÔM-. **3**
C. ABSOLUE : *vous ne chômez pas.*
C. SIMPLE DIRECTE
V. + complément : *chômer une fête.*
Emploi pronominal : **se** chômer (accord = P).

choquer [ʃɔke] Régul. I /**avoir**/ Base : CHOQU-. **3**
C. ABSOLUE : *cela choque.*
C. SIMPLE DIRECTE
V. + complément : *choquer les gens délicats.*
Emploi pronominal : **se** choquer (accord = P).

choyer [ʃwaje] Particularité I /**avoir**/ Base : CHO[Y]-. **8**
C. SIMPLE DIRECTE
V. + complément : *choyer ses fleurs.*
Emploi pronominal : **se** choyer (accord = P).

christianiser [kristjanize] Régul. I /**avoir**/ Base : CHRISTIANIS-. **3**
C. SIMPLE DIRECTE
V. + complément : *christianiser les Sarrasins.*

chronométrer [krɔnɔmetre] Particularité I /**avoir**/ Base : CHRONOM[É]TR-. **14**
C. SIMPLE DIRECTE
V. + complément : *chronométrer un coureur.*
Emploi pronominal : **se** chronométrer (accord = P).

chuchoter [ʃyʃɔte] Régul. I /**avoir**/ Base : CHUCHOT-. **3**
C. ABSOLUE : *on l'entend difficilement, car il chuchote.*
C. SIMPLE DIRECTE
V. + complément : *chuchoter un secret.*

cicatriser [sikatrize] Régul. I /**avoir**/ Base : CICATRIS-. **3**
C. ABSOLUE : *à la longue, sa blessure a cicatrisé.*

Modèle

C. SIMPLE DIRECTE
V. + complément : *cicatriser une plaie.*
Emploi pronominal : **se** cicatriser (accord = P).

cimenter [simɑ̃te] Régul. I /**avoir**/ Base : CIMENT-. **3**
C. SIMPLE DIRECTE
V. + complément : *cimenter un accord.*
Emploi pronominal : **se** cimenter (accord = P).

cintrer [sɛ̃tre] Régul. I /**avoir**/ Base : CINTR-. **3**
C. SIMPLE DIRECTE
V. + complément : *cintrer une baguette.*

circoncire [sirkɔ̃sir] III /**avoir**/ Base : CIRCONCI-. **88**
C. SIMPLE DIRECTE
V. + complément : *circoncire un enfant.*

circonscrire [sirkɔ̃skrir] III /**avoir**/ Base : CIRCONSCRI-. **90**
C. SIMPLE DIRECTE
V. + complément : *circonscrire un domaine.*
CONSTRUCTION MULTIPLE
V. + compl. — **à** + compl. : *circonscrire un cercle **à** un triangle.*

circonvenir [sirkɔ̃v(ə)nir] III /**avoir**/ Base : CIRCONV-. **36**
C. SIMPLE DIRECTE
V. + complément : *circonvenir un arbitre.*

circuler [sirkyle] Régul. I /**avoir**/ Base : CIRCUL-. **3**
C. ABSOLUE : *on ne pourra bientôt plus circuler.*

cirer [sire] Régul. I /**avoir**/ Base : CIR-. **3**
C. SIMPLE DIRECTE
V. + complément : *cirer ses bottes.*

cisailler [sizɑje] Régul. I /**avoir**/ Base : CISAILL-. **3**
C. SIMPLE DIRECTE
V. + complément : *cisailler une plaque de zinc.*

ciseler [siz(ə)le] Particularité I /**avoir**/ Base : CIS[E]L-. **17**
C. SIMPLE DIRECTE
V. + complément : *ciseler un profil.*

citer [site] Régul. I /**avoir**/ Base : CIT-. **3**
C. SIMPLE DIRECTE
V. + complément : *citer un auteur grec.*

civiliser [sivilize] Régul. I /**avoir**/ Base : CIVILIS-. **3**
C. SIMPLE DIRECTE
V. + complément : *civiliser des peuples primitifs.*
Emploi pronominal : **se** civiliser (accord = P).

claironner [klɛrɔne] Régul. I /**avoir**/ Base : CLAIRONN-. **3**
C. ABSOLUE : *il ne parle pas, il claironne.*

C. SIMPLE DIRECTE
V. + complément : *claironner un succès.*
Emploi pronominal : se claironner (accord = P).

clamer [klɑme] Régul. I /**avoir**/ Base : CLAM-. **3**
C. SIMPLE DIRECTE
V. + complément : *clamer sa joie.*

clapoter [klapɔte] Régul. I /**avoir**/ Base : CLAPOT-. **3**
C. ABSOLUE : *l'eau clapote.*

claquer [klake] Régul. I /**avoir**/ Base : CLAQU-. **3**
C. ABSOLUE : *ses talons claquent.*
C. SIMPLE DIRECTE
V. + complément : *claquer une porte.*
Emploi pronominal : se claquer (accord = P).
se claquer + complément : ***se** claquer un muscle* (accord = OE).

clarifier [klarifje] Régul. I /**avoir**/ Base : CLARIFI-. **3**
C. SIMPLE DIRECTE
V. + complément : *clarifier une situation.*
Emploi pronominal : se clarifier (accord = P).

classer [klɑse] Régul. I /**avoir**/ Base : CLASS-. **3**
C. SIMPLE DIRECTE
V. + complément : *classer des dossiers.*
Emploi pronominal : se classer (accord = P).
CONSTRUCTION MULTIPLE
V. + compl. — **comme** + attribut du compl. : *classer un mal **comme** incurable.*
Emploi pronominal : se classer + attribut : ***se** classer premier* (accord = P).

cligner [kliɲe] Régul. I /**avoir**/ Base : CLIGN-. **3**
C. ABSOLUE : *ses yeux clignent.*
C. SIMPLE DIRECTE
V. + complément : *cligner les yeux.*
C. SIMPLE INDIRECTE
V. + **de** + complément : *cligner **de** l'œil.*

clignoter [kliɲɔte] Régul. I /**avoir**/ Base : CLIGNOT-. **3**
C. ABSOLUE : *une lumière clignote.*

climatiser [klimatize] Régul. I /**avoir**/ Base : CLIMATIS-. **3**
C. SIMPLE DIRECTE
V. + complément : *climatiser une salle de spectacle.*

cliqueter [klik(ə)te] Particularité I /**avoir**/ Base : CLIQUE[T]-. **18**
C. ABSOLUE : *le moteur cliquette.*

clocher [klɔʃe] Régul. I /**avoir**/ Base : CLOCH-. **3**
C. ABSOLUE : *il y a quelque chose qui cloche.*

cloisonner [klwazɔne] Régul. I /**avoir**/ Base : CLOISONN-. **3**

C. SIMPLE DIRECTE

V. + complément : *cloisonner une salle.*

cloîtrer [klwatre] Régul. I /**avoir**/ Base : CLOÎTR-. **3**

C. SIMPLE DIRECTE

V. + complément : *cloîtrer une jeune fille.*
Emploi pronominal : **se** cloîtrer (accord = P).

clopiner [klɔpine] Régul. I /**avoir**/ Base : CLOPIN-. **3**

C. ABSOLUE : *depuis sa chute à ski, il clopine.*

cloquer [klɔke] Régul. I /**avoir**/ Base : CLOQU-. **3**

C. ABSOLUE : *sa peau cloque.*

clore [klɔr] Défectif III /**avoir**/ Base : CLO-. **94**

C. ABSOLUE : *il est temps de clore.*

C. SIMPLE DIRECTE

V. + complément : *clore une lettre.*
Emploi pronominal : **se** clore (accord = P).

CONSTRUCTION MULTIPLE

V. + compl. — **à** + compl. : *clore sa porte **à** un intrus.*

clôturer [klotyre] Régul. I /**avoir**/ Base : CLÔTUR-. **3**

C. ABSOLUE : *pour se protéger, on clôture.*

C. SIMPLE DIRECTE

V. + complément : *clôturer un terrain.*
Emploi pronominal : **se** clôturer (accord = P).

clouer [klue] Régul. I /**avoir**/ Base : CLOU-. **3**

C. SIMPLE DIRECTE

V. + complément : *clouer une caisse.*

CONSTRUCTION MULTIPLE

V. + compl. — **à** + compl. : *clouer le bec **à** quelqu'un.*

coaguler [kɔagyle] Régul. I /**avoir**/ Base : COAGUL-. **3**

C. ABSOLUE : *le sang coagule.*

C. SIMPLE DIRECTE

V. + complément : *coaguler du lait.*
Emploi pronominal : **se** coaguler (accord = P).

coaliser [kɔalize] Régul. I /**avoir**/ Base : COALIS-. **3**

C. SIMPLE DIRECTE

V. + complément : *coaliser tout un continent.*
Emploi pronominal : **se** coaliser (accord = P).

CONSTRUCTION MULTIPLE

V. + compl. — **contre** + compl. : *coaliser l'Europe **contre** un conquérant.*
Emploi pronominal : **se** coaliser **contre** + complément : ***se** coaliser **contre** l'envahisseur* (accord = P).

coasser [kɔase] Régul. I /**avoir**/ Base : COASS-. **3**

C. ABSOLUE : *la grenouille coasse.*

cocher [kɔʃe] Régul. I /**avoir**/ Base : COCH-. **3**
C. SIMPLE DIRECTE
V. + complément : *cocher une phrase utile.*

codifier [kɔdifje] Régul. I /**avoir**/ Base : CODIFI-. **3**
C. SIMPLE DIRECTE
V. + complément : *codifier les bons usages.*
Emploi pronominal : **se** codifier (accord = P).

coexister [kɔegziste] Régul. I /**avoir**/ Base : COEXIST-. **3**
C. ABSOLUE : *ils essaient de coexister.*

cogner [kɔɲe] Régul. I /**avoir**/ Base : COGN-. **3**
C. ABSOLUE : *comme il cogne!*
C. SIMPLE DIRECTE
V. + complément : *cogner un meuble.*
Emploi pronominal : **se** cogner (accord = P);
se cogner + complément : ***se** cogner la tête*
(accord = OE).

cohabiter [kɔabite] Régul. I /**avoir**/ Base : COHABIT-. **3**
C. ABSOLUE : *ils cohabitent.*
C. SIMPLE INDIRECTE
V. + **avec** + complément : *cohabiter **avec** des malotrus.*

coiffer [kwafe] Régul. I /**avoir**/ Base : COIFF-. **3**
C. SIMPLE DIRECTE
V. + complément : *coiffer un haut-de-forme.*
Emploi pronominal : **se** coiffer (accord = P).
CONSTRUCTION MULTIPLE
V. + compl. — **de** + compl. : *coiffer une personne influençable **d'**une idée.*
Emploi pronominal : **se** coiffer **de** + complément : ***se** coiffer **d'**une idée saugrenue* (accord = P).

coincer [kwɛ̃se] Particularité I /**avoir**/ Base : COIN[C]-. **10**
C. SIMPLE DIRECTE
V. + complément : *coincer une serrure.*
Emploi pronominal : **se** coincer (accord = P).

coïncider [kɔɛ̃side] Régul. I /**avoir**/ Base : COÏNCID-. **3**
C. ABSOLUE : *les heures coïncident.*
C. SIMPLE INDIRECTE
V. + **avec** + complément : *coïncider **avec** un autre fait.*

collaborer [kɔl(l)abɔre] Régul. I /**avoir**/ Base : COLLABO-. **3**
C. ABSOLUE : *ces deux artistes collaborent.*
C. SIMPLE INDIRECTE
V. + **à** + complément : *collaborer **à** une œuvre grandiose.*

1. collationner [kɔllasjɔne] Régul. I /**avoir**/ Base : COLLATIONN-. **3**
C. SIMPLE DIRECTE
V. + complément : *collationner des manuscrits.*

CONSTRUCTION MULTIPLE
V. + compl. — **avec** + compl. : *collationner le texte original* ***avec*** *une copie.*

2. collationner [kɔlɑsjɔne] Régul. I /**avoir**/ Base : COLLATIONN-. **3**
C. ABSOLUE : *à quatre heures, ils collationnent.*

collecter [kɔl(l)ɛkte] Régul. I /**avoir**/ Base : COLLECT-. **3**
C. SIMPLE DIRECTE
V. + complément : *collecter des fonds.*
Emploi pronominal : **se** collecter (accord = P).

collectionner [kɔl(l)ɛksjɔne] Régul. I /**avoir**/ Base : COLLECTIONN-. **3**
C. SIMPLE DIRECTE
V. + complément : *collectionner des cartes postales.*
Emploi pronominal : **se** collectionner (accord = P).

collectiviser [kɔl(l)ɛktivize] Régul. I /**avoir**/ Base : COLLECTIVIS-. **3**
C. SIMPLE DIRECTE
V. + complément : *collectiviser les moyens de production.*

coller [kɔle] Régul. I /**avoir**/ Base : COLL-. **3**
1° Emploi personnel.
C. ABSOLUE : *les timbres collent.*
C. SIMPLE DIRECTE
V. + complément : *coller une affiche.*
Emploi pronominal : **se** coller (accord = P).
C. SIMPLE INDIRECTE (fam.)
V. + **à** + compl. : *coller* ***à*** *une difficulté.*
CONSTRUCTION MULTIPLE
V. + compl. — **à** + compl. (fam.) : *coller une contravention* ***à*** *un automobiliste.*
Emploi pronominal (fam.) : **se** coller **à** + complément : ***se*** *coller* ***à*** *la besogne* (accord = P).
V. + compl. — lieu : *coller un avis* ***sur*** *un kiosque.*
2° Emploi unipersonnel (pop.).
C. ABSOLUE : *ça colle!*

colleter [kɔl(ə)te] Particularité I /**avoir**/ Base : COLLE[T]-. **18**
C. ABSOLUE : *un braconnier collette.*
C. SIMPLE DIRECTE
V. + complément : *colleter un adversaire.*
Emploi pronominal : **se** colleter (accord = P);
se colleter **avec** + complément : ***se*** *colleter* ***avec*** *les difficultés* (accord = P).

colmater [kɔlmate] Régul. I /**avoir**/ Base : COLMAT-. **3**
C. SIMPLE DIRECTE
V. + complément : *colmater une brèche.*
Emploi pronominal : **se** colmater (accord = P).

Modèle

coloniser [kɔlɔnize] Régul. I /**avoir**/ Base : COLONIS-. **3**

C. SIMPLE DIRECTE

V. + complément : *coloniser une terre vierge.*
Emploi pronominal : **se** coloniser (accord = P).

colorer [kɔlɔre] Régul. I /**avoir**/ Base : COLOR-. **3**

C. SIMPLE DIRECTE

V. + complément : *colorer de l'eau.*
Emploi pronominal : **se** colorer (accord = P);
se colorer **de** + complément : ***se*** *colorer* ***de*** *bleu* (accord = P).

colorier [kɔlɔrje] Régul. I /**avoir**/ Base : COLORI-. **3**

C. ABSOLUE : *les enfants colorient.*

C. SIMPLE DIRECTE

V. + complément : *colorier un album.*
Emploi pronominal : **se** colorier (accord = P).

colporter [kɔlpɔrte] Régul. I /**avoir**/ Base : COLPORT-. **3**

C. SIMPLE DIRECTE

V. + complément : *colporter des propos malveillants.*
Emploi pronominal : **se** colporter (accord = P).

coltiner [kɔltine] (fam.) Régul. I /**avoir**/ Base : COLTIN-. **3**

C. SIMPLE DIRECTE

V. + complément : *coltiner des paquets.*
Emploi pronominal : **se** coltiner + complément : ***se*** *coltiner une lourde tâche* (accord = OE).

combattre [kɔ̃batr] III /**avoir**/ Base : COMBAT-. **59**

C. ABSOLUE : *ils combattent.*

C. SIMPLE DIRECTE

V. + complément : *combattre les épidémies.*
Emploi pronominal : **se** combattre (accord = P).

C. SIMPLE INDIRECTE

V. + **avec** + complément : *combattre* ***avec*** *ses alliés.*
V. + **contre** + complément : *combattre* ***contre*** *un ennemi commun.*
V. + **de** + complément : *combattre* ***de*** *courtoisie.*
V. + **pour** + complément : *combattre* ***pour*** *son indépendance.*
V. + **pour** + infin. : *combattre* ***pour*** *libérer son pays.*

combiner [kɔ̃bine] Régul. I /**avoir**/ Base : COMBIN-. **3**

C. SIMPLE DIRECTE

V. + complément : *combiner deux théories.*
Emploi pronominal : **se** combiner (accord = P).

CONSTRUCTION MULTIPLE

V. + compl. — **à** + compl. : *combiner l'hydrogène* ***à*** *l'oxygène.*
Emploi pronominal : **se** combiner **à** + complément : ***se*** *combiner* ***à*** *l'amitié* (accord = P).
V. + compl. — **avec** + compl. : *combiner une chose* ***avec*** *une autre.*

Emploi pronominal : se combiner **avec** + complément : *se combiner* ***avec*** *l'oxygène* (accord = P).

combler [kɔ̃ble] Régul. I /**avoir**/ Base : COMBL-. **3**

C. SIMPLE DIRECTE

V. + complément : *combler un vide.*
Emploi pronominal : se combler (accord = P).

CONSTRUCTION MULTIPLE

V. + **de** + compl. — compl. : *combler* ***de*** *terre un puits.*

commander [kɔmɑ̃de] Régul. I /**avoir**/ Base : COMMAND-. **3**

C. ABSOLUE : *il veut toujours commander.*

C. SIMPLE DIRECTE

V. + complément : *commander des troupes.*
Emploi pronominal : se commander (accord = P).

C. SIMPLE INDIRECTE

V. + **à** + complément : *commander* ***à*** *un groupe d'enfants.*

CONSTRUCTION MULTIPLE

V. + compl. — **à** + compl. : *commander un café* ***au*** *garçon.*
V. + **de** + infin. — **à** + compl. : *commander* ***de*** *venir* ***à*** *l'élève du fond.*
V. + **à** + compl. — **que** + subj. : *commander* ***à*** *l'huissier* ***que*** *personne ne vienne vous déranger.*

commémorer [kɔmemɔre] Régul. I /**avoir**/ Base : COMMÉMOR-. **3**

C. SIMPLE DIRECTE

V. + complément : *commémorer un anniversaire.*
Emploi pronominal : se commémorer (accord = P).

commencer [kɔmɑ̃se] Particularité I /**avoir**/ Base : COMMEN[C]-. **10**

1° Emploi personnel.

C. ABSOLUE : *la nuit commence.*

C. SIMPLE DIRECTE

V. + complément : *commencer un livre.*
Emploi pronominal : se commencer (accord = P).

C. SIMPLE INDIRECTE

V. + **à** + infin. : *commencer* ***à*** *s'ennuyer.*
V. + **par** + complément : *commencer* ***par*** *les préliminaires.*
V. + **par** + infin. : *commencer* ***par*** *réfléchir.*

2° Emploi unipersonnel.

Il commence + sujet réel = **à** + infin. : *il commence* ***à*** *pleuvoir.*

commenter [kɔmɑ̃te] Régul. I /**avoir**/ Base : COMMENT-. **3**

C. SIMPLE DIRECTE

V. + complément : *commenter un auteur classique.*

commercialiser [kɔmɛrsjalize] Régul. I /**avoir**/ Base : COMMERCIALIS-. **3**

C. SIMPLE DIRECTE

V. + complément : *commercialiser un produit nouveau.*
Emploi pronominal : se commercialiser (accord = P).

commérer [kɔmere] Particularité I /**avoir**/ Base : COMM[É]R-. **14**
C. ABSOLUE : *elles commèrent.*

commettre [kɔmɛtr] III /**avoir**/ Base : COMM-. **60**
1° **Emploi personnel.**
C. SIMPLE DIRECTE
V. + complément : *commettre un crime.*
Emploi pronominal : **se** commettre (accord = P).
CONSTRUCTION MULTIPLE
V. + compl. — **à** + compl. : *commettre un homme de confiance **à** un poste clé.*
V. + compl. — **au soin de** + compl. : *commettre un dépôt de valeur **au soin d'**un ami sûr.*
V. + compl. — **pour** + infin. : *commettre un scrutateur **pour** vérifier les listes.*
Emploi pronominal : **se** commettre **avec** + complément : ***se** commettre **avec** des individus louches* (accord = P).
2° **Emploi unipersonnel pronominal.**
Il **se** commet + sujet réel nominal : *il **se** commet bien des erreurs* (accord = I).

commotionner [kɔmosjɔne] Régul. I /**avoir**/ Base : COMMOTIONN-. **3**
C. SIMPLE DIRECTE
V. + complément : *commotionner un malade.*

communier [kɔmynje] Régul. I /**avoir**/ Base : COMMUNI-. **3**
C. ABSOLUE : *ils vont communier.*
C. SIMPLE DIRECTE
V. + complément : *communier une petite fille.*
C. SIMPLE INDIRECTE
V. + **dans** + compl. : *communier **dans** un idéal humain.*

communiquer [kɔmynike] Régul. I /**avoir**/ Base : COMMUNIQU-. **3**
C. ABSOLUE : *on va pouvoir communiquer.*
C. SIMPLE DIRECTE
V. + complément : *communiquer une fausse nouvelle.*
Emploi pronominal : **se** communiquer (accord = P).
C. SIMPLE INDIRECTE
V. + **avec** + complément : *communiquer **avec** le salon.*
CONSTRUCTION MULTIPLE
V. + compl. — **à** + compl. : *communiquer un ordre **à** un courtier.*
Emploi pronominal : **se** communiquer + complément : ***se** communiquer un renseignement* (accord = OE) ; **se** communiquer **à** + complément : *le feu **s'**est communiqué **à** ses vêtements* (accord = P).

comparaître [kɔ̃parɛtr] III /**avoir**/ Base : COMPAR-. **61**
C. ABSOLUE : *il est cité à comparaître.*

Modèle

comparer [kɔ̃pare] Régul. I /**avoir**/ Base : COMPAR-. 3

C. SIMPLE DIRECTE

V. + complément : *comparer deux possibilités.*
Emploi pronominal : se comparer (accord = P).

CONSTRUCTION MULTIPLE

V. + compl. — **à** + compl. : *comparer un texte **à** un autre.*
Emploi pronominal : se comparer **à** + complément : ***se** comparer **aux** autres* (accord = P).
V. + compl. — **avec** + compl. : *comparer un système **avec** un autre.*
Emploi pronominal : se comparer **avec** + complément : ***se** comparer **avec** un pays plus riche* (accord = P).
V. + compl. — **et** + compl. : *comparer l'anglais **et** l'allemand.*

compatir [kɔ̃patir] Régul. II /**avoir**/ Base : COMPAT-. 26

C. SIMPLE INDIRECTE

V. + **à** + complément : *compatir **aux** misères d'autrui.*
V. + **avec** + complément : *compatir **avec** un malheureux.*

compenser [kɔ̃pɑ̃se] Régul. I /**avoir**/ Base : COMPENS-. 3

C. ABSOLUE : *cela compensera.*

C. SIMPLE DIRECTE

V. + complément : *compenser un échec.*
Emploi pronominal : se compenser (accord = P).

CONSTRUCTION MULTIPLE

V. + compl. — **par** + compl. : *compenser un investissement **par** un accroissement des ventes.*
Emploi pronominal : se compenser **par** + complément : ***se** compenser **par** une augmentation sensible* (accord = P).

compiler [kɔ̃pile] Régul. I /**avoir**/ Base : COMPIL-. 3

C. ABSOLUE : *il préfère compiler.*

C. SIMPLE DIRECTE

V. + complément : *compiler des grammaires.*

complaire [kɔ̃plɛr] III /**avoir**/ Base : COMPL-. 77

C. SIMPLE INDIRECTE

V. + **à** + complément : *complaire **à** son chef de service.*
Emploi pronominal : se complaire **à** + infin. : ***se** complaire **à** censurer chacun* (accord = P).

compléter [kɔ̃plete] Particularité I /**avoir**/ Base : COMPL[É]T-. 14

C. SIMPLE DIRECTE

V. + complément : *compléter ses informations.*
Emploi pronominal : se compléter (accord = P).

complimenter [kɔ̃plimɑ̃te] Régul. I /**avoir**/ Base : COMPLIMENT-. 3

C. ABSOLUE : *savoir complimenter.*

C. SIMPLE DIRECTE

V. + complément : *complimenter une jeune maman.*
Emploi pronominal : se complimenter (accord = P).

compliquer [kɔ̃plike] Régul. I /**avoir**/ Base : COMPLIQU-. **3**

C. SIMPLE DIRECTE

V. + complément : *compliquer les problèmes simples.*
Emploi pronominal : **se** compliquer (accord = P).

CONSTRUCTION MULTIPLE

V. + compl. — **à** + compl. : *compliquer la vie **à** son entourage.*
Emploi pronominal : **se** compliquer + complément : ***se** compliquer la tâche* (accord = OE).

comploter [kɔ̃plɔte] Régul. I /**avoir**/ Base : COMPLOT-. **3**

C. ABSOLUE : *ils ne cessent de comploter.*

C. SIMPLE DIRECTE

V. + complément : *comploter la mort du prince.*
V. + **de** + infin. : *comploter **de** renverser la République.*

C. SIMPLE INDIRECTE

V. + **contre** + complément : *comploter **contre** le régime.*

comporter [kɔ̃pɔrte] Régul. I /**avoir**/ Base : COMPORT-. **3**

C. SIMPLE DIRECTE

V. + complément : *comporter des difficultés.*
Emploi pronominal : **se** comporter (accord = P);
se comporter **comme** + attribut : ***se** comporter **comme** un goujat* (accord = P);
se comporter **en** + attribut : ***se** comporter **en** homme d'affaires* (accord = P).

composer [kɔ̃poze] Régul. I /**avoir**/ Base : COMPOS-. **3**

C. ABSOLUE : *ce peintre sait composer.*

C. SIMPLE DIRECTE

V. + complément : *composer un plat.*
Emploi pronominal : **se** composer (accord = P);
se composer + complément : ***se** composer un visage de circonstance* (accord = OE).

C. SIMPLE INDIRECTE

V. + **avec** + complément : *composer **avec** les circonstances.*
Emploi pronominal : **se** composer **de** + complément : ***se** composer **d'**éléments hétérogènes* (accord = P).

comprendre [kɔ̃prɑ̃dr] III /**avoir**/ Base : COMPR-. **68**

C. ABSOLUE : *il a compris.*

C. SIMPLE DIRECTE

V. + complément : *comprendre son interlocuteur.*
Emploi pronominal : **se** comprendre (accord = P).
V. + discours indirect : *comprendre **pourquoi** cela ne marche pas.*
V. + **que** + indic. : *comprendre **qu'**il est un peu tard.*
V. + **que** + subj. : *comprendre **que** tout doive rentrer dans l'ordre.*

comprimer [kɔ̃prime] Régul. I /**avoir**/ Base : COMPRIM-. **3**

C. SIMPLE DIRECTE

V. + complément : *comprimer ses entrailles.*
Emploi pronominal : **se** comprimer (accord = P).

Modèle

compromettre [kɔ̃prɔmɛtr] III /**avoir**/ Base : COMPROM-. **60**

C. ABSOLUE : *il a su compromettre.*

C. SIMPLE DIRECTE

V. + complément : *compromettre ses chances.*
Emploi pronominal : **se** compromettre (accord = P).

compter [kɔ̃te] Régul. I /**avoir**/ Base : COMPT-. **3**

C. ABSOLUE : *il a appris à compter.*

C. SIMPLE DIRECTE

V. + complément : *compter ses ducats.*
Emploi pronominal : **se** compter (accord = P).
V. + infinitif : *compter faire des économies.*
V. + **que** + indic. : *compter* ***que*** *cela se vendra bien.*

C. SIMPLE INDIRECTE

V. + **avec** + complément : *compter* ***avec*** *l'adversité.*
V. + **parmi** + complément : *compter* ***parmi*** *les amis du ministre.*
V. + **sur** + complément : *compter* ***sur*** *le succès.*

CONSTRUCTION MULTIPLE

V. + compl. — **à** + compl. : *compter cinquante francs* ***à*** *un employé.*
V. + compl. — **parmi** + compl. : *compter un duc* ***parmi*** *ses relations.*
Emploi pronominal : **se** compter **parmi** + complément : ***se*** *compter* ***parmi*** *les honnêtes gens* (accord = P).
V. + compl. — **pour** + attribut du compl. : *compter des tièdes* ***pour*** *ses partisans.*
Emploi pronominal : **se** compter + attribut : ***se*** *compter le dernier à céder* (accord = P).

concéder [kɔ̃sede] Particularité I /**avoir**/ Base : CONC[É]D-. **14**

C. SIMPLE DIRECTE

V. + complément : *concéder un permis de recherche.*
V. + **que** + indic. : *concéder* ***que*** *tout n'est pas parfait.*

CONSTRUCTION MULTIPLE

V. + compl. — **à** + compl. : *concéder un avantage* ***à*** *un adversaire.*

concentrer [kɔ̃sɑ̃tre] Régul. I /**avoir**/ Base : CONCENTR-. **3**

C. SIMPLE DIRECTE

V. + complément : *concentrer son attention.*
Emploi pronominal : **se** concentrer (accord = P).

CONSTRUCTION MULTIPLE

V. + compl. — **sur** + compl. : *concentrer ses efforts* ***sur*** *le but à atteindre.*
Emploi pronominal : **se** concentrer **sur** + complément : ***se*** *concentrer* ***sur*** *un problème ardu* (accord = P).

concerner [kɔ̃sɛrne] Régul. I /**avoir**/ Base : CONCERN-. **3**

C. SIMPLE DIRECTE

V. + complément : *concerner la nation entière.*

concerter [kɔ̃sɛrte] Régul. I /**avoir**/ Base : CONCERT-. **3**

C. SIMPLE DIRECTE

V. + complément : *concerter un projet.*
Emploi pronominal : **se** concerter (accord = P).

concevoir [kɔ̃s(ə)vwar] Particularité III /**avoir**/ Base : CON[C]-. **41**

C. SIMPLE DIRECTE

V. + complément : *concevoir une épopée.*
Emploi pronominal : **se** concevoir (accord = P).
V. + discours indirect : *concevoir* ***comment*** *on a pu se tromper.*
V. + **que** + indic. : *concevoir bien* ***que*** *tout n'est pas parfait.*
V. + **que** + subj. : *concevoir* ***que*** *d'autres soient optimistes.*

CONSTRUCTION MULTIPLE

V. + compl. — **pour** + compl. : *concevoir du mépris* ***pour*** *un malotru.*

concilier [kɔ̃silje] Régul. I /**avoir**/ Base : CONCILI-. **3**

C. SIMPLE DIRECTE

V. + complément : *concilier des opinions opposées.*
Emploi pronominal : **se** concilier (accord = P);
se concilier + complément : ***se*** *concilier l'attention du public* (accord = OE).

conclure [kɔ̃klyr] III /**avoir**/ Base : CONCLU-. **92**

C. ABSOLUE : *il faut conclure.*

C. SIMPLE DIRECTE

V. + complément : *conclure une discussion.*
Emploi pronominal : **se** conclure (accord = P).
V. + **que** + indic. : *conclure* ***que*** *rien n'est fini.*

C. SIMPLE INDIRECTE

V. + **à** + complément : *conclure* ***à*** *un désaccord fondamental.*

concorder [kɔ̃kɔrde] Régul. I /**avoir**/ Base : CONCORD-. **3**

C. ABSOLUE : *tout concorde.*

C. SIMPLE INDIRECTE

V. + **avec** + complément : *concorder* ***avec*** *la réalité.*
V. + **avec ce qui** + indic. : *concorder* ***avec ce qui*** *a été dit auparavant.*

concourir [kɔ̃kurir] III /**avoir**/ Base : CONCOUR-. **33**

C. SIMPLE INDIRECTE

V. + **à** + complément : *concourir* ***à*** *la réussite de la soirée.*
V. + **à** + infin. : *concourir* ***à*** *faire œuvre utile.*
V. + **pour** + complément : *concourir* ***pour*** *un titre mondial.*

concrétiser [kɔ̃kretize] Régul. I /**avoir**/ Base : CONCRÉTIS-. **3**

C. SIMPLE DIRECTE

V. + complément : *concrétiser ses espoirs.*
Emploi pronominal : **se** concrétiser (accord = P).

concurrencer [kɔ̃kyrɑ̃se] Particularité I /**avoir**/ Base : CONCURREN[C]-. **10**

C. SIMPLE DIRECTE
V. + complément : *concurrencer un produit meilleur marché.*
Emploi pronominal : **se** concurrencer (accord = P).

condamner [kɔ̃dɑne] Régul. I /**avoir**/ Base : CONDAMN-. **3**

C. SIMPLE DIRECTE
V. + complément : *condamner le prévenu.*
Emploi pronominal : **se** condamner (accord = P).

CONSTRUCTION MULTIPLE
V. + compl. — **à** + compl. : *condamner un voleur* ***à*** *la prison.*
Emploi pronominal : **se** condamner **à** + complément : ***se*** *condamner* ***au*** *repos forcé* (accord = P).
V. + compl. — **à** + infin. : *condamner le responsable* ***à*** *dédommager la victime.*
Emploi pronominal : **se** condamner **à** + infin. : ***se*** *condamner* ***à*** *réparer ses sottises* (accord = P).

condenser [kɔ̃dɑ̃se] Régul. I /**avoir**/ Base : CONDENS-. **3**

C. SIMPLE DIRECTE
V. + complément : *condenser un texte classique.*
Emploi pronominal : **se** condenser (accord = P).

condescendre [kɔ̃desɑ̃dr] III /**avoir**/ Base : CONDESCEND-. **65**

C. SIMPLE INDIRECTE
V. + **à** + complément : *condescendre* ***à*** *la pitié.*
V. + **à** + infin. : *condescendre* ***à*** *se déplacer.*

conditionner [kɔ̃disjɔne] Régul. I /**avoir**/ Base : CONDITIONN-. **3**

C. SIMPLE DIRECTE
V. + complément : *conditionner l'action de quelqu'un.*

conduire [kɔ̃dɥir] III /**avoir**/ Base : CONDUI-. **82**

C. ABSOLUE : *il a appris à conduire.*

C. SIMPLE DIRECTE
V. + complément : *conduire un véhicule.*
Emploi pronominal : **se** conduire (accord = P).

CONSTRUCTION MULTIPLE
V. + compl. — lieu propre ou figuré : *conduire un ami* ***à*** *la gare.*
V. + compl. — **à** + compl. : *conduire une œuvre* ***à*** *sa perfection.*
V. + compl. — **à** + infin. : *conduire un pénitent* ***à*** *faire un retour sur lui-même.*
Emploi pronominal : **se** conduire + manière : ***se*** *conduire* ***comme*** *un gamin;* ***se*** *conduire* ***en*** *traître* (accord = P).

confectionner [kɔ̃fɛksjɔne] Régul. I /**avoir**/ Base : CONFECTIONN-. **3**

C. SIMPLE DIRECTE
V. + complément : *confectionner des manteaux de pluie.*

conférer [kɔ̃fere] Particularité I /**avoir**/ Base : CONFÉR-. **14**

C. ABSOLUE : *ils confèrent.*

C. SIMPLE DIRECTE
V. + complément : *conférer deux manuscrits.*

CONSTRUCTION MULTIPLE

V. + compl. — **à** + compl. : *conférer un grade **à** un étudiant.*
Emploi pronominal : **se** conférer **à** + complément : ***se** conférer **à** un étranger* (accord = P).
V. + compl. — **avec** + compl. : *conférer un texte **avec** un autre.*

confesser [kɔ̃fese] Régul. I /**avoir**/ Base : CONFESS-. **3**

C. ABSOLUE : *il confesse le vendredi.*

C. SIMPLE DIRECTE

V. + complément : *confesser un prisonnier.*
Emploi pronominal : **se** confesser (accord = P).
V. + **que** + indic. : *confesser **que** l'on s'est trompé.*

CONSTRUCTION MULTIPLE

V. + compl. — **à** + compl. : *confesser sa faute **à** un avocat.*
Emploi pronominal : **se** confesser **à** + complément : ***se** confesser **à** un chartreux* (accord = P).
V. + compl. — **de** + compl. : *confesser un enfant **de** sa maladresse.*
Emploi pronominal : **se** confesser **de** + complément : ***se** confesser **d'**un péché* (accord = P).
V. + **à** + compl. — **que** + indic. : *confesser **à** l'aumônier **que** l'on a menti.*

confier [kɔ̃fje] Régul. I /**avoir**/ Base : CONFI-. **3**

C. SIMPLE DIRECTE

V. + complément : *confier un secret.*
Emploi pronominal : **se** confier (accord = P).

CONSTRUCTION MULTIPLE

V. + compl. — **à** + compl. : *confier la clef du coffre **à** son homme d'affaires.*
Emploi pronominal : **se** confier + complément : *ils **se** confient leurs mésaventures* (accord = OE);
se confier **à** + complément : ***se** confier **à** sa femme* (accord = P).
V. + **à** + compl. — **que** + indic. : *confier **à** son avocat **que** l'on est en tort.*
Emploi pronominal : **se** confier **que** + indic. : ***se** confier **que** l'on a les mêmes doutes* (accord = I).
V. + **à** + compl. — **ce qui** + indic. : *confier **à** un conseiller **ce qui** vous embarrasse.*
Emploi pronominal : **se** confier **ce qui** + indic. : *ils **se** sont confié **ce qu'**ils savaient de l'affaire* (accord = I);
se confier **en** + complément : ***se** confier **en** un homme providentiel* (accord = P).

confiner [kɔ̃fine] Régul. I /**avoir**/ Base : CONFIN-. **3**

C. SIMPLE DIRECTE

V. + complément : *confiner un malade contagieux.*
Emploi pronominal : **se** confiner (accord = P).

C. SIMPLE INDIRECTE

V. + **à** + complément : *confiner **à** l'impudence.*
V. + **avec** + complément : *confiner **avec** un pays voisin.*

CONSTRUCTION MULTIPLE

V. + compl. — lieu : *confiner un prisonnier dans sa cellule.*
Emploi pronominal : **se** confiner + lieu : ***se*** *confiner* **dans** *sa chambre* (accord = P).

confire [kɔ̃fir] III /**avoir**/ Base : CONFI-. **84**

C. SIMPLE DIRECTE

V. + complément : *confire des fruits.*
Emploi pronominal : **se** confire (accord = P).

CONSTRUCTION MULTIPLE

V. + compl. — lieu propre ou figuré : *confire des cornichons* **dans** *du vinaigre.*
Emploi pronominal : **se** confire + lieu : ***se*** *confire* **dans** *l'huile* (accord = P).

confirmer [kɔ̃firme] Régul. I /**avoir**/ Base : CONFIRM-. **3**

1° Emploi personnel.

C. SIMPLE DIRECTE

V. + complément : *confirmer sa réponse.*
Emploi pronominal : **se** confirmer (accord = P).
V. + **ce qui** + indic. : *confirmer* **ce qui** *fait difficulté.*
V. + **que** + indic. : *confirmer* **que** *l'on est d'accord.*

CONSTRUCTION MULTIPLE

V. + compl. — **dans** + compl. : *confirmer un homme* **dans** *sa résolution.*
Emploi pronominal : **se** confirmer **dans** + complément : ***se*** *confirmer* **dans** *sa décision* (accord = P).

2° Emploi unipersonnel pronominal.

Il **se** confirme + sujet réel = **que** + indic. : *il* ***se*** *confirme* **que** *l'entreprise sera difficile* (accord = I).

confisquer [kɔ̃fiske] Régul. I /**avoir**/ Base : CONFISQU-. **3**

C. SIMPLE DIRECTE

V. + complément : *confisquer un jouet.*
Emploi pronominal : **se** confisquer (accord = P).

CONSTRUCTION MULTIPLE

V. + compl. — **à** + compl. : *confisquer un jouet dangereux* **à** *un enfant.*

confondre [kɔ̃fɔ̃dr] III /**avoir**/ Base : CONFOND-. **65**

C. SIMPLE DIRECTE

V. + complément : *confondre deux personnes.*
Emploi pronominal : **se** confondre (accord = P).

CONSTRUCTION MULTIPLE

V. + compl. — **avec** + compl. : *confondre ses regrets* **avec** *ceux de tous les autres.*
V. + compl. — **et** + compl. : *confondre un postulat* **et** *un axiome.*
Emploi pronominal : **se** confondre **en** + complément : ***se*** *confondre* **en** *excuses* (accord = P).

Modèle

conformer [kɔ̃fɔrme] Régul. I /**avoir**/ Base : CONFORM-. **3**

CONSTRUCTION MULTIPLE

V. + compl. — **à** + compl. : *conformer son attitude* ***aux*** *circonstances.*

Emploi pronominal : **se** conformer **à** + complément : ***se*** *conformer* ***aux*** *usages en vigueur* (accord = P).

confronter [kɔ̃frɔ̃te] Régul. I /**avoir**/ Base : CONFRONT-. **3**

C. SIMPLE DIRECTE

V. + complément : *confronter deux théories.*

Emploi pronominal : **se** confronter (accord = P).

CONSTRUCTION MULTIPLE

V. + compl. — **avec** + compl. : *confronter une religion* ***avec*** *une autre.*

Emploi pronominal : **se** confronter **avec** + complément : ***se*** *confronter* ***avec*** *la thèse opposée* (accord = P).

congédier [kɔ̃ʒedje] Régul. I /**avoir**/ Base : CONGÉDI-. **3**

C. SIMPLE DIRECTE

V. + complément : *congédier un solliciteur.*

congeler [kɔ̃ʒ(ə)le] Particularité I /**avoir**/ Base : CONG[E]L-. **17**

C. SIMPLE DIRECTE

V. + complément : *congeler du saumon.*

Emploi pronominal : **se** congeler (accord = P).

congestionner [kɔ̃ʒɛstjɔne] Régul. I /**avoir**/ Base : CONGESTIONN-. **3**

C. SIMPLE DIRECTE

V. + complément : *congestionner le visage.*

Emploi pronominal : **se** congestionner (accord = P).

congratuler [kɔ̃gratyle] Régul. I /**avoir**/ Base : CONGRATUL-. **3**

C. SIMPLE DIRECTE

V. + complément : *congratuler les parents du marié.*

Emploi pronominal : **se** congratuler (accord = P).

conjecturer [kɔ̃ʒɛktyre] Régul. I /**avoir**/ Base : CONJECTUR-. **3**

C. SIMPLE DIRECTE

V. + complément : *conjecturer l'avenir.*

conjuguer [kɔ̃ʒyge] Régul. I /**avoir**/ Base : CONJUGU-. **11**

C. SIMPLE DIRECTE

V. + complément : *conjuguer un verbe.*

Emploi pronominal : **se** conjuguer (accord = P);
se conjuguer **avec** + complément : ***se*** *conjuguer* ***avec*** *l'auxiliaire être* (accord = P).

conjurer [kɔ̃ʒyre] Régul. I /**avoir**/ Base : CONJUR-. **3**

C. SIMPLE DIRECTE

V. + complément : *conjurer le sort.*

Emploi pronominal : **se** conjurer (accord = P).

C. SIMPLE INDIRECTE

V. + **contre** + complément : *conjurer* ***contre*** *le roi.*

CONSTRUCTION MULTIPLE

V. + compl. — **de** + infin. : *conjurer son père* ***d'****être indulgent.*

connaître [kɔnɛtr] III /**avoir**/ Base : CONN-. **61**

C. SIMPLE DIRECTE

V. + complément : *connaître la géographie.*
Emploi pronominal : **se** connaître (accord = P).

C. SIMPLE INDIRECTE

V. + **de** + complément : *connaître* ***d'****une cause.*

CONSTRUCTION MULTIPLE

V. + compl. — **pour** + attribut du compl. : *connaître quelqu'un* ***pour*** *un ennemi.*
V. + compl. — **en tant que** + attribut du compl. : *connaître un collègue* ***en tant que*** *père de famille.*
V. + compl. — **à** + compl. : *connaître quelque chose* ***à*** *la politique.*
V. + compl. — **de** + compl. : *connaître un mot* ***de*** *son synonyme.*
V. + compl. — **et** + compl. : *connaître le bien* ***et*** *le mal.*
Emploi pronominal : **s'y** connaître (accord = P) ;
se connaître **en** + complément : ***se*** *connaître* ***en*** *numismatique* (accord = P).

conquérir [kɔ̃kerir] III /**avoir**/ Base : CONQU-. **35**

C. SIMPLE DIRECTE

V. + complément : *conquérir une médaille d'or.*
Emploi pronominal : **se** conquérir (accord = P).

CONSTRUCTION MULTIPLE

V. + compl. — **à** + compl. : *conquérir un nouveau marché* ***à*** *une entreprise.*
Emploi pronominal : **se** conquérir + complément : ***se*** *conquérir un domaine* (accord = OE).
V. + compl. — **sur** + compl. : *conquérir un avantage* ***sur*** *l'adversaire.*

consacrer [kɔ̃sakre] Régul. I /**avoir**/ Base : CONSACR-. **3**

C. SIMPLE DIRECTE

V. + complément : *consacrer une église.*

CONSTRUCTION MULTIPLE

V. + compl. — **à** + compl. : *consacrer ses efforts* ***à*** *une œuvre.*
Emploi pronominal : **se** consacrer **à** + complément : ***se*** *consacrer* ***aux*** *belles-lettres* (accord = P).
V. + compl. — **par** + compl. : *consacrer des errements* ***par*** *un décret.*

conseiller [kɔ̃seje] Régul. I /**avoir**/ Base : CONSEILL-. **3**

C. SIMPLE DIRECTE

V. + complément : *conseiller un ami en difficulté.*
Emploi pronominal : **se** conseiller (accord = P).

CONSTRUCTION MULTIPLE

V. + compl. — **à** + compl. : *conseiller une cure* ***à*** *un malade.*
V. + **à** + compl. — **de** + infin. : *conseiller* ***à*** *un nerveux* ***de*** *se soigner.*

consentir [kɔ̃sɑ̃tir] III /**avoir**/ Base : CONSEN-. **32**

C. ABSOLUE : *qui ne dit mot consent.*

C. SIMPLE DIRECTE

V. + complément : *consentir une baisse.*

V. + **que** + subj. : *consentir **qu'il** vienne.*

C. SIMPLE INDIRECTE

V. + **à** + compl. : *consentir **à** un projet.*

V. + **à** + infin. : *consentir **à** se retirer.*

V. + **à ce que** + subj. : *consentir **à ce que** votre tour de parole soit passé.*

conserver [kɔ̃sɛrve] Régul. I /**avoir**/ Base : CONSERV-. **3**

C. SIMPLE DIRECTE

V. + complément : *conserver des haricots verts.*

Emploi pronominal : **se** conserver (accord = P).

CONSTRUCTION MULTIPLE

V. + compl. — attribut du compl. : *conserver ses forces intactes.*

Emploi pronominal : **se** conserver + attribut : ***se** conserver frais* (accord = P).

V. + compl. — manière : *conserver sa voiture **en** parfait état.*

Emploi pronominal : **se** conserver — manière : ***se** conserver **en** excellente forme physique* (accord = P).

considérer [kɔ̃sidere] Particularité I /**avoir**/ Base : CONSID[É]R-. **14**

C. SIMPLE DIRECTE

V. + complément : *considérer ses collaborateurs.*

V. + **que** + indic. : *considérer **que** tout finira bientôt.*

CONSTRUCTION MULTIPLE

V. + compl. — **comme** + attribut du compl. : *considérer quelqu'un **comme** son ennemi personnel.*

Emploi pronominal : **se** considérer **comme** + attribut : ***se** considérer **comme** un génie* (accord = P).

consigner [kɔ̃siɲe] Régul. I /**avoir**/ Base : CONSIGN-. **3**

C. SIMPLE DIRECTE

V. + complément : *consigner un soldat.*

CONSTRUCTION MULTIPLE

V. + **à** + compl. — **de** + infin. : *consigner **à** l'huissier **de** ne pas laisser entrer.*

consister [kɔ̃siste] Régul. I /**avoir**/ Base : CONSIST-. **3**

C. SIMPLE INDIRECTE

V. + **à** + infin. : *consister **à** ne rien laisser au hasard.*

V. + **dans** + complément : *consister **dans** une préparation minutieuse.*

V. + **en** + complément : *consister **en** deux mouvements séparés par une pause.*

consoler [kɔ̃sɔle] Régul. I /**avoir**/ Base : CONSOL-. **3**

C. ABSOLUE : *cela console.*

C. SIMPLE DIRECTE

V. + complément : *consoler une veuve.*

Emploi pronominal : **se** consoler (accord = P).

CONSTRUCTION MULTIPLE
V. + compl. — **de** + compl. : *consoler un enfant **de** la perte de son petit chat.*
Emploi pronominal : **se** consoler **de** + complément : ***se** consoler **de** la bêtise humaine* (accord = P).

consolider [kɔ̃sɔlide] Régul. I /**avoir**/ Base : CONSOLID-. **3**
C. SIMPLE DIRECTE
V. + complément : *consolider des bénéfices.*
Emploi pronominal : **se** consolider (accord = P).

consommer [kɔ̃sɔme] Régul. I /**avoir**/ Base : CONSOMM-. **3**
C. SIMPLE DIRECTE
V. + complément : *consommer des plats préparés.*
Emploi pronominal : **se** consommer (accord = P).

conspirer [kɔ̃spire] Régul. I /**avoir**/ Base : CONSPIR-. **3**
C. SIMPLE DIRECTE
V. + complément : *conspirer un changement de régime.*
C. SIMPLE INDIRECTE
V. + **contre** + complément : *conspirer **contre** la République.*

constater [kɔ̃state] Régul. I /**avoir**/ Base : CONSTAT-. **3**
C. SIMPLE DIRECTE
V. + complément : *constater un vol.*
Emploi pronominal : **se** constater (accord = P).
V. + **que** + indic. : *constater **que** la vie est chère.*

consteller [kɔ̃stɛle] Régul. I /**avoir**/ Base : CONSTELL-. **3**
C. SIMPLE DIRECTE
V. + complément : *consteller son veston.*
CONSTRUCTION MULTIPLE
V. + compl. — **de** + compl. : *consteller un tapis **de** trous de cigarette.*
Emploi pronominal : **se** consteller **de** + complément : ***se** consteller **de** taches* (accord = P).

consterner [kɔ̃stɛrne] Régul. I /**avoir**/ Base : CONSTERN-. **3**
C. SIMPLE DIRECTE
V. + complément : *consterner l'assistance.*

constituer [kɔ̃stitɥe] Régul. I /**avoir**/ Base : CONSTITU-. **3**
C. SIMPLE DIRECTE
V. + complément : *constituer l'essentiel.*
Emploi pronominal : **se** constituer (accord = P).
CONSTRUCTION MULTIPLE
V. + compl. — attribut du compl. : *constituer son neveu héritier.*
Emploi pronominal : **se** constituer + attribut : ***se** constituer partie civile* (accord = P).
V. + compl. — **en** + attribut du compl. : *constituer une entreprise familiale **en** société.*
Emploi pronominal : **se** constituer **en** + complément : ***se** constituer **en** syndicat* (accord = P).

V. + compl. — **à** + compl. : *constituer une dot **à** une cousine.*
Emploi pronominal : **se** constituer + complément : ***se** constituer une dot* (accord = OE).

construire [kɔ̃strɥir] III /**avoir**/ Base : CONSTRUI-. **82**

C. SIMPLE DIRECTE
V. + complément : *construire un pavillon.*
Emploi pronominal : **se** construire (accord = P).

CONSTRUCTION MULTIPLE
V. + compl. — **à** + compl. : *construire une petite maison **à** ses parents.*
Emploi pronominal : **se** construire + complément : ***se** construire un pavillon* (accord = OE).

consulter [kɔ̃sylte] Régul. I /**avoir**/ Base : CONSULT-. **3**

C. ABSOLUE : *le docteur ne consulte pas.*

C. SIMPLE DIRECTE
V. + complément : *consulter un avocat.*
Emploi pronominal : **se** consulter (accord = P).

C. SIMPLE INDIRECTE
V. + **avec** + complément : *consulter **avec** ses collaborateurs immédiats.*

consumer [kɔ̃syme] Régul. I /**avoir**/ Base : CONSUM-. **3**

C. SIMPLE DIRECTE
V. + complément : *consumer ses efforts.*
Emploi pronominal : **se** consumer (accord = P);
se consumer **de** + complément : ***se** consumer **d'**ennui* (accord = P);
se consumer **en** + complément : ***se** consumer **en** vaines paroles* (accord = P).

contacter [kɔ̃takte] Régul. I /**avoir**/ Base : CONTACT-. **3**

C. SIMPLE DIRECTE
V. + complément : *contacter le chef des ventes.*

contaminer [kɔ̃tamine] Régul. I /**avoir**/ Base : CONTAMIN-. **3**

C. SIMPLE DIRECTE
V. + complément : *contaminer des aliments.*

contempler [kɔ̃tɑ̃ple] Régul. I /**avoir**/ Base : CONTEMPL-. **3**

C. SIMPLE DIRECTE
V. + complément : *contempler l'océan.*
Emploi pronominal : **se** contempler (accord = P).

contenir [kɔ̃t(ə)nir] III /**avoir**/ Base : CONT-. **36**

C. SIMPLE DIRECTE
V. + complément : *contenir deux litres.*
Emploi pronominal : **se** contenir (accord = P).

contenter [kɔ̃tɑ̃te] Régul. I /**avoir**/ Base : CONTENT-. **3**

C. SIMPLE DIRECTE
V. + complément : *contenter ses chefs.*

Emploi pronominal : se contenter (accord = P);
se contenter **de** + complément : ***se** contenter **de** sa part* (accord = P);
se contenter **de** + infin. : ***se** contenter **de** vivre au jour le jour* (accord = P);
se contenter **de ce qui** + indic. : ***se** contenter **de ce qui** vous échoit* (accord = P).

conter [kɔ̃te] Régul. I /**avoir**/ Base : CONT-. **3**

C. ABSOLUE : *il sait si bien conter.*

C. SIMPLE DIRECTE

V. + complément : *conter une bonne histoire.*
V. + **que** + indic. : *il a conté **qu'**un jour il avait vu...*

CONSTRUCTION MULTIPLE

V. + compl. — **à** + compl. : *conter des sornettes **à** quelqu'un.*
Emploi pronominal : se conter + complément : *ils **se** sont conté leurs malheurs* (accord = OE).
V. + **à** + compl. — **que** + indic. : *conter **à** ses amis **qu'**un jour on a vu...*

contester [kɔ̃tɛste] Régul. I /**avoir**/ Base : CONTEST-. **3**

C. ABSOLUE : *en fait, ils contestent.*

C. SIMPLE DIRECTE

V. + complément : *contester un total.*
Emploi pronominal : se contester (accord = P).
V. + **ce qui** + indic. : *contester **ce que** l'on veut vous arracher.*
V. + **que** + subj. : *contester **que** l'on ait dit cela.*

CONSTRUCTION MULTIPLE

V. + compl. — **à** + compl. : *contester une bande de terrain **à** ses voisins.*
V. + **à** + compl. — **ce qui** + indic. : *contester **à** un contradicteur **ce qu'**il vous accuse d'avoir dit.*

contingenter [kɔ̃tɛ̃ʒɑ̃te] Régul. I /**avoir**/ Base : CONTINGENT-. **3**

C. SIMPLE DIRECTE

V. + complément : *contingenter les importations.*

continuer [kɔ̃tinɥe] Régul. I /**avoir**/ Base : CONTINU-. **3**

C. ABSOLUE : *et il continue.*

C. SIMPLE DIRECTE

V. + complément : *continuer ses études.*
Emploi pronominal : se continuer (accord = P).

C. SIMPLE INDIRECTE

V. + **à** + infin. : *continuer **à** trahir.*

CONSTRUCTION MULTIPLE

V. + compl. — **à** + compl. : *continuer une pension **à** quelqu'un.*
V. + compl. — **dans** + compl. : *continuer un employé **dans** ses fonctions.*

contourner [kɔ̃turne] Régul. I /**avoir**/ Base : CONTOURN-. **3**

C. SIMPLE DIRECTE

V. + complément : *contourner un monument.*
Emploi pronominal : se contourner (accord = P).

Modèle

1. contracter [kɔ̃trakte] Régul. I /**avoir**/ Base : CONTRACT-. 3

C. SIMPLE DIRECTE

V. + complément : *contracter une maladie.*
Emploi pronominal : **se** contracter (accord = P).

CONSTRUCTION MULTIPLE

V. + compl. — **avec** + compl. : *contracter une police d'assurance* ***avec*** *une compagnie privée.*
V. + compl. — **auprès de** + compl. : *contracter une police d'assurance* ***auprès d'****une compagnie étrangère.*
V. + compl. — **envers** + compl. : *contracter une dette* ***envers*** *quelqu'un.*

2. contracter [kɔ̃trakte] Régul. I /**avoir**/ Base : CONTRACT-. 3

C. SIMPLE DIRECTE

V. + complément : *contracter un muscle.*
Emploi pronominal : **se** contracter (accord = P).

CONSTRUCTION MULTIPLE

V. + compl. — **en** + compl. : *contracter deux syllabes* ***en*** *une seule.*

contraindre [kɔ̃trɛ̃dr] III /**avoir**/ Base : CONTRAI-. 71

C. SIMPLE DIRECTE

V. + complément : *contraindre la liberté de quelqu'un.*
Emploi pronominal : **se** contraindre (accord = P).

CONSTRUCTION MULTIPLE

V. + compl. — **à** + compl. : *contraindre un pays* ***à*** *la capitulation.*
Emploi pronominal : **se** contraindre **à** + complément : **se** *contraindre* ***à*** *l'inaction* (accord = P).
V. + compl. — **à** + infin. : *contraindre un débiteur* ***à*** *s'exécuter.*
Emploi pronominal : **se** contraindre **à** + infin. : ***se*** *contraindre* ***à*** *ne pas répondre* (accord = P).

contrarier [kɔ̃trarje] Régul. I /**avoir**/ Base : CONTRARI-. 3

C. SIMPLE DIRECTE

V. + complément : *contrarier ses penchants.*
Emploi pronominal : **se** contrarier (accord = P).

contraster [kɔ̃traste] Régul. I /**avoir**/ Base : CONTRAST-. 3

C. ABSOLUE : *ces couleurs contrastent.*

C. SIMPLE DIRECTE

V. + complément : *contraster des teintes.*

C. SIMPLE INDIRECTE

V. + **avec** + complément : *contraster* ***avec*** *son passé.*

contre-attaquer [kɔ̃tratake] Régul. I /**avoir**/ Base : CONTRE-ATTAQU-. 3

C. ABSOLUE : *ils contre-attaquent.*

C. SIMPLE DIRECTE

V. + complément : *contre-attaquer un fort.*

contrebalancer [kɔ̃trəbalɑ̃se] Particularité I /**avoir**/ Base : CONTREBALAN[C]-. 10

C. SIMPLE DIRECTE
V. + complément : *contrebalancer un inconvénient.*
Emploi pronominal : se contrebalancer (accord = P).

contrecarrer [kɔ̃trəkɑre] Régul. I /**avoir**/ Base : CONTRECARR-. **3**
C. SIMPLE DIRECTE
V. + complément : *contrecarrer les projets de quelqu'un.*

contredire [kɔ̃trədir] III /**avoir**/ Base : CONTREDI-. **84**
C. SIMPLE DIRECTE
V. + complément : *contredire tout le monde.*
Emploi pronominal : se contredire (accord = P).

contrefaire [kɔ̃trəfɛr] III /**avoir**/ Base : CONTREF-. **76**
C. SIMPLE DIRECTE
V. + complément : *contrefaire le sot.*
Emploi pronominal : se contrefaire (accord = P).

contrer [kɔ̃tre] Régul. I /**avoir**/ Base : CONTR-. **3**
C. ABSOLUE : *je contre.*
C. SIMPLE DIRECTE
V. + complément : *contrer un adversaire.*
Emploi pronominal : se contrer (accord = P).

contresigner [kɔ̃trəsiɲe] Régul. I /**avoir**/ Base : CONTRESIGN-. **3**
C. SIMPLE DIRECTE
V. + complément : *contresigner un document.*
Emploi pronominal : se contresigner (accord = P).

contrevenir [kɔ̃trəv(ə)nir] III /**avoir**/ Base : CONTREV-. **36**
C. SIMPLE INDIRECTE
V. + **à** + complément : *contrevenir* **à** *une loi.*

contribuer [kɔ̃tribɥe] Régul. I /**avoir**/ Base : CONTRIBU-. **3**
C. SIMPLE INDIRECTE
V. + **à** + complément : *contribuer* **à** *l'entretien d'un immeuble.*

contrôler [kɔ̃trole] Régul. I /**avoir**/ Base : CONTRÔL-. **3**
C. SIMPLE DIRECTE
V. + complément : *contrôler la fabrication.*
Emploi pronominal : se contrôler (accord = P).

controverser [kɔ̃trɔvɛrse] Régul. I /**avoir**/ Base : CONTROVERS-. **3**
C. ABSOLUE : *ils aiment controverser.*
C. SIMPLE DIRECTE
V. + complément : *controverser une version des faits.*
Emploi pronominal : se controverser (accord = P).

contusionner [kɔ̃tyzjɔne] Régul. I /**avoir**/ Base : CONTUSIONN-. **3**
C. SIMPLE DIRECTE
V. + complément : *contusionner un piéton.*
Emploi pronominal : se contusionner (accord = P).

convaincre [kɔ̃vɛ̃kr] III /**avoir**/ Base : CONVAIN-. **81**

C. SIMPLE DIRECTE

V. + complément : *convaincre son chef de service.*
Emploi pronominal : **se** convaincre (accord = P).

CONSTRUCTION MULTIPLE

V. + compl. — **de** + compl. : *convaincre un prévenu* **de** *vol avec effraction.*
Emploi pronominal : **se** convaincre **de** + complément : ***se*** *convaincre* **de** *la justesse d'une critique* (accord = P).
V. + compl. — **de** + infin. : *convaincre un officier* **d'***avoir conspiré.*
Emploi pronominal : **se** convaincre **de** + infin. : ***se*** *convaincre* ***d'****avoir commis une erreur* (accord = P).

convenir [kɔ̃v(ə)nir] III /**avoir** et **être**/ Base : CONV-. **36**

1° Auxiliaire *avoir*

a) **Emploi personnel.**

C. ABSOLUE : *ils ont convenu.*

C. SIMPLE INDIRECTE

V. + **à** + compl. : *convenir* ***à*** *son âge.*
Emploi pronominal : **se** convenir (accord = I).

b) **Emploi unipersonnel.**

C. SIMPLE DIRECTE

Il convient + sujet réel = **de** + infin. : *il convient* **d'***avoir terminé en deux jours.*
Il convient + sujet réel = **que** + subj. : *il convient* **que** *tout soit fait à temps.*

CONSTRUCTION MULTIPLE

Il convient **à** + compl. — sujet réel = **de** + infin. : *il ne convient pas* ***à*** *un auteur* **de** *faire un travail de calibrage.*

2° Auxiliaire *être*

C. ABSOLUE : *c'est convenu.*

C. SIMPLE INDIRECTE

V. + **à** + complément : *convenir* ***à*** *son teint.*
V. + **avec** + complément : *convenir* ***avec*** *son interlocuteur.*
V. + **de** + infin. : *convenir* **de** *s'être trompé.*
V. + **que** + indic. : *convenir* **que** *l'on était dans son tort.*
V. + **que** + subj. : *convenir* **que** *l'on soit en difficulté.*

converger [kɔ̃vɛrʒe] Particularité I /**avoir**/ Base : CONVER[G]-. **12**

C. ABSOLUE : *ces lignes convergent.*

C. SIMPLE INDIRECTE

V. + lieu : *converger* ***en*** *un point.*

converser [kɔ̃vɛrse] Régul. I /**avoir**/ Base : CONVERS-. **3**

C. ABSOLUE : *ils ont conversé.*

C. SIMPLE INDIRECTE

V. + **avec** + complément : *converser* ***avec*** *un étranger.*

convertir [kɔ̃vɛrtir] Régul. II /**avoir**/ Base : CONVERT-. **26**

C. SIMPLE DIRECTE

V. + complément : *convertir une monnaie.*
Emploi pronominal : **se** convertir (accord = P).

CONSTRUCTION MULTIPLE

V. + compl. — **à** + compl. : *convertir un musulman* ***au*** *christianisme.*
Emploi pronominal : **se** convertir **à** + complément : ***se*** *convertir* ***au*** *bouddhisme* (accord = P).
V. + compl. — **en** + compl. : *convertir des dollars* ***en*** *or.*
Emploi pronominal : **se** convertir **en** + complément : ***se*** *convertir* ***en*** *francs* (accord = P).

convier [kɔ̃vje] Régul. I /**avoir**/ Base : CONVI-. **3**

CONSTRUCTION MULTIPLE

V. + compl. — **à** + compl. : *convier un ambassadeur* ***à*** *un dîner d'apparat.*
V. + compl. — **à** + infin. : *convier des inconnus* ***à*** *déjeuner.*

convoiter [kɔ̃vwate] Régul. I /**avoir**/ Base : CONVOIT-. **3**

C. SIMPLE DIRECTE

V. + complément : *convoiter le bien d'autrui.*
Emploi pronominal : **se** convoiter (accord = P).

convoquer [kɔ̃vɔke] Régul. I /**avoir**/ Base : CONVOQU-. **3**

C. SIMPLE DIRECTE

V. + complément : *convoquer le Parlement.*

convulser [kɔ̃vylse] Régul. I /**avoir**/ Base : CONVULS-. **3**

C. SIMPLE DIRECTE

V. + complément : *convulser ses traits.*
Emploi pronominal : **se** convulser (accord = P).

coopérer [kɔɔpere] Particularité I /**avoir**/ Base : COOP[É]R-. **14**

C. SIMPLE INDIRECTE

V. + **à** + complément : *coopérer* ***à*** *une œuvre grandiose.*

coordonner [kɔɔrdɔne] Régul. I /**avoir**/ Base : COORDONN-. **3**

C. SIMPLE DIRECTE

V. + complément : *coordonner deux manœuvres.*
Emploi pronominal : **se** coordonner (accord = P).

CONSTRUCTION MULTIPLE

V. + compl. — **à** + compl. : *coordonner son action* ***à*** *celle de ses alliés.*
V. + compl. — **avec** + compl. : *coordonner un mouvement* ***avec*** *un autre.*

copier [kɔpje] Régul. I /**avoir**/ Base : COPI-. **3**

C. ABSOLUE : *ils ont copié.*

C. SIMPLE DIRECTE

V. + complément : *copier un texte.*
Emploi pronominal : **se** copier (accord = P).

corner [kɔrne] Régul. I /**avoir**/ Base : CORN-. **3**
C. ABSOLUE : *le bateau corne.*
C. SIMPLE DIRECTE
V. + complément : *corner une page.*
Emploi pronominal : **se** corner (accord = P).

correspondre [kɔrɛspɔ̃dr] III /**avoir**/ Base : CORRESPOND-. **65**
C. ABSOLUE : *nos enfants correspondent.*
C. SIMPLE INDIRECTE
V. + **à** + complément : *correspondre **à** ses besoins.*
Emploi pronominal : **se** correspondre (accord = I).
V. + **avec** + complément : *correspondre **avec** une maison de commerce allemande.*

corriger [kɔriʒe] Particularité I /**avoir**/ Base : CORRI[G]-. **12**
C. SIMPLE DIRECTE
V. + complément : *corriger des copies.*
Emploi pronominal : **se** corriger (accord = P).
CONSTRUCTION MULTIPLE
V. + compl. — **de** + compl. : *corriger un enfant **de** ses mauvaises habitudes.*
Emploi pronominal : **se** corriger **de** + complément : ***se** corriger **de** sa paresse* (accord = P).

corroborer [kɔrɔbɔre] Régul. I /**avoir**/ Base : CORROBOR-. **3**
C. SIMPLE DIRECTE
V. + complément : *corroborer l'opinion d'autrui.*
Emploi pronominal : **se** corroborer (accord = P).

corrompre [kɔrɔ̃pr] III /**avoir**/ Base : CORROMP-. **66**
C. ABSOLUE : *cela corrompt.*
C. SIMPLE DIRECTE
V. + complément : *corrompre un fruit.*
Emploi pronominal : **se** corrompre (accord = P).

corser [kɔrse] Régul. I /**avoir**/ Base : CORS-. **3**
C. SIMPLE DIRECTE
V. + complément : *corser un vin.*
Emploi pronominal : **se** corser (accord = P).

costumer [kɔstyme] Régul. I /**avoir**/ Base : COSTUM-. **3**
C. SIMPLE DIRECTE
V. + complément : *costumer un enfant.*
Emploi pronominal : **se** costumer (accord = P).
CONSTRUCTION MULTIPLE
V. + compl. — **en** + compl. : *costumer une petite fille **en** marquise.*
Emploi pronominal : **se** costumer **en** + complément : ***se** costumer **en** mousquetaire* (accord = P).

coter [kɔte] Régul. I /**avoir**/ Base : COT-. **3**
C. SIMPLE DIRECTE
V. + complément : *coter un titre.*
Emploi pronominal : **se** coter (accord = P).

cotiser [kɔtize] Régul. I /**avoir**/ Base : COTIS-. **3**

C. ABSOLUE : *il cotisera jusqu'à la retraite.*

CONSTRUCTION MULTIPLE

V. + compl. — **à** + compl. : *cotiser ses collègues **à** dix francs par personne.*

Emploi pronominal : **se cotiser** (accord = P);
se cotiser à + complément : *se cotiser **à** vingt francs* (accord = P).

côtoyer [kotwaje] Particularité I /**avoir**/ Base : CÔTO[Y]-. **8**

C. SIMPLE DIRECTE

V. + complément : *côtoyer des gens de tous les milieux.*

Emploi pronominal : **se côtoyer** (accord = P).

coucher [kuʃe] Régul. I /**avoir**/ Base : COUCH-. **3**

C. ABSOLUE : *offrir à coucher.*

C. SIMPLE DIRECTE

V. + compl. : *coucher des gens de passage.*

Emploi pronominal : **se coucher** (accord = P).

couder [kude] Régul. I /**avoir**/ Base : COUD-. **3**

C. SIMPLE DIRECTE

V. + complément : *couder un tuyau.*

Emploi pronominal : **se couder** (accord = P).

coudoyer [kudwaje] Particularité I /**avoir**/ Base : COUDO[Y]-. **8**

C. SIMPLE DIRECTE

V. + complément : *coudoyer un ministre.*

Emploi pronominal : **se coudoyer** (accord = P).

coudre [kudr] III /**avoir**/ Base : COU-. **69**

C. ABSOLUE : *elle passe ses soirées à coudre.*

C. SIMPLE DIRECTE

V. + complément : *coudre une doublure.*

Emploi pronominal : **se coudre** (accord = P).

CONSTRUCTION MULTIPLE

V. + compl. — **à** + compl. : *coudre un galon **à** une patte.*

couler [kule] Régul. I /**avoir**/ Base : COUL-. **3**

C. ABSOLUE : *l'eau coule.*

C. SIMPLE DIRECTE

V. + complément : *couler un croiseur.*

Emploi pronominal : **se couler** (accord = P);
se la couler douce (fam.) [accord = OE].

coulisser [kulise] Régul. I /**avoir**/ Base : COULISS-. **3**

C. ABSOLUE : *le cordon coulisse mal.*

C. SIMPLE DIRECTE

V. + complément : *coulisser un rideau.*

couper [kupe] Régul. I /**avoir**/ Base : COUP-. **3**

C. ABSOLUE : *voilà un couteau qui coupe.*

C. SIMPLE DIRECTE
V. + complément : *couper le gâteau.*
Emploi pronominal : **se** couper (accord = P).
C. SIMPLE INDIRECTE
V. + **à** + complément (fam.) : *couper* ***au*** *service militaire.*
CONSTRUCTION MULTIPLE
V. + compl. — **à** + compl. : *couper une tartine* ***à*** *un enfant.*
Emploi pronominal : **se** couper + complément : ***se*** *couper le doigt* (accord = OE).
V. + compl. — **de** + compl. : *couper l'armée* ***de*** *ses bases.*
Emploi pronominal : **se** couper **de** + complément : ***se*** *couper* ***de*** *la société des hommes* (accord = P).

coupler [kuple] Régul. I /**avoir**/ Base : COUPL-. **3**
C. SIMPLE DIRECTE
V. + complément : *coupler deux rouages.*

courber [kurbe] Régul. I /**avoir**/ Base : COURB-. **3**
C. SIMPLE DIRECTE
V. + complément : *courber le dos.*
Emploi pronominal : **se** courber (accord = P).
C. SIMPLE INDIRECTE
V. + **sous** + complément : *courber* ***sous*** *le poids des soucis.*
Emploi pronominal : **se** courber **sous** + complément : ***se*** *courber* ***sous*** *le faix de la tyrannie* (accord = P).

courir [kurir] III /**avoir**/ Base : COUR-. **33**
C. ABSOLUE : *les autruches courent.*
C. SIMPLE DIRECTE
V. + complément : *courir un gros risque.*
V. + infinitif : *courir acheter le journal.*
C. SIMPLE INDIRECTE
V. + **à** + lieu propre ou figuré : *courir* ***au*** *jardin.*
V. + **après** + complément : *courir* ***après*** *les menus rôles.*
V. + **sur** + complément : *courir* ***sur*** *l'ennemi.*

couronner [kurɔne] Régul. I /**avoir**/ Base : COURONN-. **3**
C. SIMPLE DIRECTE
V. + complément : *couronner le vainqueur.*
Emploi pronominal : **se** couronner (accord = P).
CONSTRUCTION MULTIPLE
V. + compl. — attribut du compl. : *couronner quelqu'un empereur.*
Emploi pronominal : **se** couronner + attribut : ***se*** *couronner roi* (accord = P).
V. + compl. — **de** + compl. : *couronner la mariée* ***d'****un diadème.*
Emploi pronominal : **se** couronner **de** + complément : ***se*** *couronner* ***de*** *fleurs* (accord = P).

courroucer [kuruse] Particularité I /**avoir**/ Base : COURROU[C]-. **10**
C. SIMPLE DIRECTE
V. + complément : *courroucer son maître.*

Emploi pronominal : **se** courroucer (accord = P);
se courroucer **contre** + complément : ***se*** *courroucer* ***contre*** *un intrus* (accord = P).

court-circuiter [kursirkɥite] Régul. I /**avoir**/ Base : COURT-CIRCUIT-. **3**

C. SIMPLE DIRECTE
V. + complément : *court-circuiter un intermédiaire.*

courtiser [kurtise] Régul. I /**avoir**/ Base : COURTIS-. **3**

C. SIMPLE DIRECTE
V. + complément : *courtiser une riche héritière.*

cousiner [kuzine] Régul. I /**avoir**/ Base : COUSIN-. **3**

C. ABSOLUE : *à la campagne on cousine plus qu'en ville.*
C. SIMPLE INDIRECTE
V. + **avec** + complément : *cousiner* ***avec*** *quelqu'un.*

coûter [kute] Régul. I /**avoir**/ Base : COÛT-. **3**

1° **Emploi personnel.**
C. ABSOLUE : *cela coûte; cela coûte cher.*
C. SIMPLE DIRECTE
V. + indication de prix : *coûter 50 francs* (p. passé : invariable).
V. + complément : *coûter des efforts surhumains.*
C. SIMPLE INDIRECTE
V. + **à** + complément : *coûter* ***à*** *la société.*
CONSTRUCTION MULTIPLE
En coûter **à** + compl. — compl. : ***en*** *coûter* ***à*** *quelqu'un dix ans de sa vie.*
En coûter **à** + compl. — **de** + infin. : ***en*** *coûter* ***à*** *un paresseux* ***de*** *travailler.*

2° **Emploi unipersonnel.**
Il coûte **à** + compl. — sujet réel = **de** + infin. : *il coûte* ***à*** *un infirme* ***de*** *marcher.*

couver [kuve] Régul. I /**avoir**/ Base : COUV-. **3**

1° **Emploi personnel.**
C. ABSOLUE : *les oiseaux couvent.*
C. SIMPLE DIRECTE
V. + complément : *couver un œuf de cane.*

2° **Emploi unipersonnel pronominal.**
Il **se** couve + sujet réel : *il* ***se*** *couve un mauvais coup* (accord = I).

couvrir [kuvrir] III /**avoir**/ Base : COUV-. **31**

C. ABSOLUE : *un récif couvre.*
C. SIMPLE DIRECTE
V. + complément : *couvrir les murs.*
Emploi pronominal : **se** couvrir (accord = P)
CONSTRUCTION MULTIPLE
V. + compl. — **de** + compl. : *couvrir le tapis* ***de*** *taches.*

Emploi pronominal : se couvrir **de** + complément : ***se*** *couvrir* ***de*** *boutons* (accord = P);
se couvrir + complément : ***se*** *couvrir le visage* (accord = OE);
se couvrir + compl. — **de** + compl. : ***se*** *couvrir le visage* **de** *fard* (accord = OE).

cracher [kraʃe] Régul. I /**avoir**/ Base : CRACH-. **3**

C. ABSOLUE : *défense de cracher.*

C. SIMPLE DIRECTE

V. + complément : *cracher sa haine.*

C. SIMPLE INDIRECTE

V. + **sur** + complément (fam.) : *cracher* ***sur*** *une possibilité offerte.*

CONSTRUCTION MULTIPLE

V. + compl. — **à** + compl. : *cracher des injures* ***à*** *quelqu'un.*
Emploi pronominal : se cracher + complément : ***se*** *cracher des injures* (accord = OE).

craindre [krɛ̃dr] III /**avoir**/ Base : CRAI-. **71**

C. ABSOLUE : *il ne cesse de craindre.*

C. SIMPLE DIRECTE

V. + complément : *craindre un orage.*
Emploi pronominal : se craindre (accord = P).
V. + **de** + infin. : *craindre* ***de*** *se tromper.*
V. + **que** + subj. : *craindre* ***que*** *l'on soit grondé.*

C. SIMPLE INDIRECTE

V. + **pour** + complément : *craindre* ***pour*** *sa situation.*

CONSTRUCTION MULTIPLE

V. + compl. — **de** + compl. : *craindre une avanie* ***de*** *quelqu'un.*

cramer [krame] Régul. I /**avoir**/ Base : CRAM-. **3**

C. ABSOLUE (pop.) : *ça crame!*

C. SIMPLE DIRECTE

V. + complément : *cramer une soierie.*

cramponner [krɑ̃pɔne] Régul. I /**avoir**/ Base : CRAMPONN-. **3**

C. SIMPLE DIRECTE

V. + complément : *cramponner un arbuste.*
Emploi pronominal : se cramponner (accord = P).

crâner [krɑne] Régul. I /**avoir**/ Base : CRÂN-. **3**

C. ABSOLUE : *il a tort, mais il crâne.*

craqueler [krak(ə)le] Particularité I /**avoir**/ Base : CRAQUE[L]-. **16**

C. SIMPLE DIRECTE

V. + complément : *craqueler un vernis.*
Emploi pronominal : se craqueler (accord = P).

craquer [krake] Régul. I /**avoir**/ Base : CRAQU-. **3**

C. ABSOLUE : *le plancher craque.*

C. SIMPLE DIRECTE

V. + complément : *craquer une allumette.*

cravacher [kravaʃe] Régul. I /**avoir**/ Base : CRAVACH-. 3
C. ABSOLUE : *le jockey cravache.*
C. SIMPLE DIRECTE
V. + complément : *cravacher un pur-sang.*

cravater [kravate] Régul. I /**avoir**/ Base : CRAVAT-. 3
C. ABSOLUE : *ce foulard cravate bien.*
C. SIMPLE DIRECTE
V. + complément : *cravater un chapeau.*
Emploi pronominal : **se** cravater (accord = P).

crayonner [krɛjɔne] Régul. I /**avoir**/ Base : CRAYONN-. 3
C. ABSOLUE : *il ne dessine pas, il crayonne.*
C. SIMPLE DIRECTE
V. + complément : *crayonner un portrait.*

créditer [kredite] Régul. I /**avoir**/ Base : CRÉDIT-. 3
C. SIMPLE DIRECTE
V. + complément : *créditer un compte.*
CONSTRUCTION MULTIPLE
V. + compl. — **de** + compl. : *créditer quelqu'un* **de** *5 000 francs.*

créer [kree] Régul. I /**avoir**/ Base : CRÉ-. 13
C. ABSOLUE : *il se plaît à créer.*
C. SIMPLE DIRECTE
V. + complément : *créer un modèle nouveau.*
Emploi pronominal : **se** créer (accord = P).
CONSTRUCTION MULTIPLE
V. + compl. — **à** + compl. : *créer des difficultés* **à** *quelqu'un.*
Emploi pronominal : **se** créer + complément : ***se** créer des soucis* (accord = OE).

crêper [krepe] Régul. I /**avoir**/ Base : CRÊP-. 3
C. SIMPLE DIRECTE
V. + complément : *crêper ses cheveux.*
Emploi pronominal : **se** crêper (fam.) [accord = P];
se crêper + complément : ***se** crêper les cheveux* (accord = OE).

crépir [krepir] Régul. II /**avoir**/ Base : CRÉP-. 26
C. SIMPLE DIRECTE
V. + complément : *crépir une façade.*
Emploi pronominal : **se** crépir (accord = P).

crépiter [krepite] Régul. I /**avoir**/ Base : CRÉPIT-. 3
C. ABSOLUE : *le feu crépite.*

creuser [krøze] Régul. I /**avoir**/ Base : CREUS-. 3
C. ABSOLUE : *il ne sait pas creuser.*
C. SIMPLE DIRECTE
V. + complément : *creuser un puits.*
Emploi pronominal : **se** creuser (accord = P);
se creuser + complément : ***se** creuser la tête* (accord = OE).

Modèle

crevasser [krəvase] Régul. I /**avoir**/ Base : CREVASS-. **3**

C. SIMPLE DIRECTE

V. + complément : *crevasser la vase.*
Emploi pronominal : **se** crevasser (accord = P).

crever [krəve] Particularité I /**avoir**/ Base : CR[E]V-. **15**

C. ABSOLUE : *une bulle crève.*

C. SIMPLE DIRECTE

V. + complément : *crever un ballon.*
Emploi pronominal : **se** crever (accord = P).

CONSTRUCTION MULTIPLE

V. + compl. — **à** + compl. : *crever un œil* ***à*** *quelqu'un.*
Emploi pronominal : **se** crever + complément : ***se*** *crever l'œil* (accord = OE);
se crever **à** + complément (fam.) : ***se*** *crever* ***à*** *la tâche* (accord = P);
se crever **à** + infin. (fam.) : ***se*** *crever* ***à*** *travailler pour des prunes* (accord = P).

criailler [kriɑje] Régul. I /**avoir**/ Base : CRIAILL-. **3**

C. ABSOLUE : *jamais il ne cesse de criailler.*

cribler [krible] Régul. I /**avoir**/ Base : CRIBL-. **3**

C. SIMPLE DIRECTE

V. + complément : *cribler du terreau.*

CONSTRUCTION MULTIPLE

V. + compl. — **de** + compl. : *cribler un ministre* ***de*** *pamphlets.*
Emploi pronominal : **se** cribler **de** + complément : ***se*** *cribler* ***de*** *dettes* (accord = P).

crier [krije] Régul. I /**avoir**/ Base : CRI-. **3**

C. ABSOLUE : *mais cessez donc de crier!*

C. SIMPLE DIRECTE

V. + complément : *crier un ordre.*
V. + **que** + indic. : *crier* ***que*** *c'est faux.*
V. + **que** + subj. : *crier* ***que*** *l'on fasse vite.*

C. SIMPLE INDIRECTE

V. + **à** + complément : *crier* ***à*** *l'assassin.*
V. + **après** + complément : *crier* ***après*** *un employé.*
V. + **contre** + complément : *crier* ***contre*** *la vie chère.*
V. + **vers** + complément : *crier* ***vers*** *le Seigneur.*

CONSTRUCTION MULTIPLE

V. + **à** + compl. — compl. : *crier* ***à*** *l'orateur des injures excessives.*
V. + **à** + compl. — **de** + infin. : *crier* ***à*** *un enfant* ***de*** *cesser tout bruit.*

crisper [krispe] Régul. I /**avoir**/ Base : CRISP-. **3**

C. SIMPLE DIRECTE

V. + complément : *crisper du papier d'étain.*
Emploi pronominal : **se** crisper (accord = P).

CONSTRUCTION MULTIPLE

V. + compl. — lieu : *crisper les doigts* ***sur*** *la poignée.*
Emploi pronominal : **se** crisper + lieu : ***se*** *crisper* ***sur*** *le volant* (accord = P).

crisser [krise] Régul. I /**avoir**/ Base : CRISS-. **3**

C. ABSOLUE : *les pneus crissent.*

critiquer [kritike] Régul. I /**avoir**/ Base : CRITIQU-. **3**

C. ABSOLUE : *il critique sans cesse.*

C. SIMPLE DIRECTE

V. + complément : *critiquer l'attitude d'autrui.*
Emploi pronominal : **se** critiquer (accord = P).

croasser [krɔase] Régul. I /**avoir**/ Base : CROASS-. **3**

C. ABSOLUE : *le corbeau croasse.*

crocheter [krɔʃ(ə)te] Particularité I /**avoir**/ Base : CROCH[E]T-. **19**

C. SIMPLE DIRECTE

V. + complément : *crocheter une serrure.*
Emploi pronominal (pop.) : **se** crocheter (accord = P).

croire [krwar] III /**avoir**/ Base : CR-. **75**

C. ABSOLUE : *il n'est pas athée, il croit.*

C. SIMPLE DIRECTE

V. + complément : *croire son interlocuteur.*
V. + infinitif : *croire bien faire.*
V. + **que** + indic. : *croire* ***que*** *l'on a raison.*

C. SIMPLE INDIRECTE

V. + **à** + complément : *croire* ***aux*** *sorcières.*
V. + **en** + complément : *croire* ***en*** *Dieu.*

CONSTRUCTION MULTIPLE

V. + compl. — attribut du compl. : *croire son adversaire capable de malhonnêteté.*
Emploi pronominal : **se** croire + attribut : ***se*** *croire utile* (accord = P).
En croire + complément : ***en*** *croire ses yeux.*
Emploi pronominal : **s'en** croire (accord = P).

croiser [krwaze] Régul. I /**avoir**/ Base : CROIS-. **3**

C. ABSOLUE : *en face de Brest, un navire croisait.*

C. SIMPLE DIRECTE

V. + complément : *croiser une Rolls-Royce sur la route d'Orléans.*
Emploi pronominal : **se** croiser (accord = P) ;
se croiser + complément : ***se*** *croiser les bras* (accord = OE).

croître [krwɑtr] III /**avoir** et **être**/ Base : CR-. **63**

C. ABSOLUE : *mon chagrin croît.*

croquer [krɔke] Régul. I /**avoir**/ Base : CROQU-. **3**

C. ABSOLUE : *la noisette croque sous la dent.*

C. SIMPLE DIRECTE

V. + complément : *croquer des poules.*
Emploi pronominal : **se** croquer (accord = P).

crouler [krule] Régul. I /**avoir**/ Base : CROUL-. **3**
C. ABSOLUE : *le tas va crouler.*
C. SIMPLE DIRECTE
V. + complément : *crouler un arbre.*

croupir [krupir] Régul. II /**avoir**/ Base : CROUP-. **26**
C. ABSOLUE : *ignoré, il croupit.*

croûter [krute] Régul. I /**avoir**/ Base : CROÛT-. **3**
C. ABSOLUE : *le sel croûte.*
C. SIMPLE DIRECTE (pop.)
V. + complément : *croûter du sauciflard.*

crucifier [krysifje] Régul. I /**avoir**/ Base : CRUCIFI-. **3**
C. ABSOLUE : *cette épreuve crucifie.*
C. SIMPLE DIRECTE
V. + complément : *crucifier un malade.*

cuber [kybe] Régul. I /**avoir**/ Base : CUB-. **3**
C. ABSOLUE : *des frais pareils, cela cube.*
C. SIMPLE DIRECTE
V. + complément : *cuber un nombre.*

cueillir [kœjir] III /**avoir**/ Base : CUEILL-. **29**
C. SIMPLE DIRECTE
V. + complément : *cueillir une rose.*
Emploi pronominal : **se** cueillir (accord = P).

cuirasser [kɥirase] Régul. I /**avoir**/ Base : CUIRASS-. **3**
C. SIMPLE DIRECTE
V. + complément : *cuirasser un croiseur.*
Emploi pronominal : **se** cuirasser (accord = P);
se cuirasser **contre** + complément : ***se*** *cuirasser* ***contre*** *les critiques* (accord = P).

cuire [kɥir] III /**avoir**/ Base : CUI-. **82**
C. ABSOLUE : *le poulet cuit.*
C. SIMPLE DIRECTE
V. + complément : *cuire un émail.*
Emploi pronominal : **se** cuire (accord = P);
se cuire + complément (fam.) : ***se*** *cuire une escalope* (accord = OE).

cuisiner [kɥizine] Régul. I /**avoir**/ Base : CUISIN-. **3**
C. ABSOLUE : *ne passer qu'une heure par jour à cuisiner.*
C. SIMPLE DIRECTE
V. + complément (fam.) : *cuisiner un suspect.*

culbuter [kylbyte] Régul. I /**avoir**/ Base : CULBUT-. **3**
C. ABSOLUE : *tout a culbuté.*
C. SIMPLE DIRECTE
V. + complément : *culbuter un tabouret.*

culminer [kylmine] Régul. I /**avoir**/ Base : CULMIN-. **3**
C. ABSOLUE : *sa gloire culmine.*
C. SIMPLE INDIRECTE
V. + **à** + complément : *les Alpes culminent **à** presque 5 000 mètres.*

cultiver [kyltive] Régul. I /**avoir**/ Base : CULTIV-. **3**
C. SIMPLE DIRECTE
V. + complément : *cultiver son jardin.*
Emploi pronominal : se cultiver (accord = P).

cumuler [kymyle] Régul. I /**avoir**/ Base : CUMUL-. **3**
C. ABSOLUE : *il cumule.*
C. SIMPLE DIRECTE
V. + complément : *cumuler deux fonctions.*
CONSTRUCTION MULTIPLE
V. + compl. — **avec** + compl. : *cumuler la fonction de professeur **avec** celle de directeur de groupe.*

curer [kyre] Régul. I /**avoir**/ Base : CUR-. **3**
C. ABSOLUE : *un oiseau de proie cure.*
C. SIMPLE DIRECTE
V. + complément : *curer un fossé.*

cuver [kyve] Régul. I /**avoir**/ Base : CUV-. **3**
C. ABSOLUE : *le vin cuve.*
C. SIMPLE DIRECTE
V. + complément : *cuver sa fureur.*

d

Modèle

dactylographier [daktilɔgrafje] Régul. I /**avoir**/ Base : DACTYLOGRAPHI-. **3**

C. SIMPLE DIRECTE

V. + complément : *dactylographier un tableau.*
Emploi pronominal : **se** dactylographier (accord = P).

damner [dɑne] Régul. I /**avoir**/ Base : DAMN-. **3**

C. SIMPLE DIRECTE

V. + complément : *damner son âme.*
Emploi pronominal : **se** damner (accord = P).

danser [dɑ̃se] Régul. I /**avoir**/ Base : DANS-. **3**

C. ABSOLUE : *elle danse.*

C. SIMPLE DIRECTE

V. + complément : *danser le charleston.*
Emploi pronominal : **se** danser (accord = P).

darder [darde] Régul. I /**avoir**/ Base : DARD-. **3**

C. ABSOLUE : *le soleil dardait.*

C. SIMPLE DIRECTE

V. + complément : *le soleil darde ses rayons.*

CONSTRUCTION MULTIPLE

V. + compl. — **sur** + compl. : *darder un regard méprisant* ***sur*** *quelqu'un.*

dater [date] Régul. I /**avoir**/ Base : DAT-. **3**

C. ABSOLUE : *ce chapeau date.*

C. SIMPLE DIRECTE

V. + complément : *dater un document.*
Emploi pronominal : **se** dater (accord = P).

C. SIMPLE INDIRECTE

V. + **de** + temps : *cette édition date* ***du*** *XVIe siècle.*

déambuler [deɑ̃byle] Régul. I /**avoir**/ Base : DÉAMBUL-. **3**

C. ABSOLUE : *il déambule.*

C. SIMPLE INDIRECTE

V. + lieu : *déambuler* **le long des** *quais de la Seine.*

déballer [debale] Régul. I /**avoir**/ Base : DÉBALL-. **3**
C. ABSOLUE : *le camelot déballe.*
C. SIMPLE DIRECTE
V. + complément : *déballer ses marchandises.*
Emploi pronominal : **se** déballer (accord = P).

débander [debɑ̃de] Régul. I /**avoir**/ Base : DÉBAND-. **3**
C. SIMPLE DIRECTE
V. + complément : *débander une plaie.*
Emploi pronominal : **se** débander (accord = P).
CONSTRUCTION MULTIPLE
V. + compl. — **à** + compl. : *débander le bras* ***au*** *blessé.*
Emploi pronominal : **se** débander + complément : ***se*** *débander le bras* (accord = OE).

débaptiser [debatize] Régul. I /**avoir**/ Base : DÉBAPTIS-. **3**
C. SIMPLE DIRECTE
V. + complément : *débaptiser une rue.*

débarbouiller [debarbuje] Régul. I /**avoir**/ Base : DÉBARBOUILL-. **3**
C. SIMPLE DIRECTE
V. + complément : *débarbouiller un enfant.*
Emploi pronominal : **se** débarbouiller (accord = P) ;
se débarbouiller + complément : ***se*** *débarbouiller le visage* (accord = OE).

débarquer [debarke] Régul. I /**avoir**/ Base : DÉBARQU-. **3**
C. ABSOLUE : *il débarque.*
C. SIMPLE DIRECTE
V. + complément : *débarquer des tonneaux de vin.*
Emploi pronominal : **se** débarquer (accord = P).
C. SIMPLE INDIRECTE
V. + lieu : *débarquer* ***à*** *Toulon.*
CONSTRUCTION MULTIPLE
V. + compl. — **de** + compl. : *débarquer des tonneaux* ***d'****un camion.*

débarrasser [debarase] Régul. I /**avoir**/ Base : DÉBARRASS-. **3**
C. ABSOLUE : *ça débarrasse* (fam.).
C. SIMPLE DIRECTE
V. + complément : *débarrasser la table.*
Emploi pronominal : **se** débarrasser (accord = P).
CONSTRUCTION MULTIPLE
V. + compl. — **de** + compl. : *débarrasser son bureau* ***du*** *courrier en souffrance.*
Emploi pronominal : **se** débarrasser **de** + complément : ***se*** *débarrasser* ***d'****un vieux bahut* (accord = P).

débattre [debatr] III /**avoir**/ Base : DÉBAT-. **59**
C. ABSOLUE : *on a longtemps débattu.*
C. SIMPLE DIRECTE
V. + complément : *débattre une affaire.*
Emploi pronominal : **se** débattre (accord = P).

CONSTRUCTION MULTIPLE
V. + compl. — **avec** + compl. : *débattre un prix* ***avec*** *un commerçant.*
V. + compl. — **entre** + compl. : *débattre un problème* ***entre*** *experts.*

débaucher [deboʃe] Régul. I /**avoir**/ Base : DÉBAUCH-. **3**
C. ABSOLUE : *voilà encore une usine qui débauche.*
C. SIMPLE DIRECTE
V. + complément : *débaucher un ouvrier.*
Emploi pronominal : **se** débaucher (accord = P).

débiliter [debilite] Régul. I /**avoir**/ Base : DÉBILIT-. **3**
C. ABSOLUE : *cette atmosphère débilite.*
C. SIMPLE DIRECTE
V. + complément : *débiliter un hépatique.*
Emploi pronominal : **se** débiliter (accord = P).
CONSTRUCTION MULTIPLE
V. + compl. — **à** + compl. : *débiliter le foie* ***à*** *quelqu'un.*

débiter [debite] Régul. I /**avoir**/ Base : DÉBIT-. **3**
C. SIMPLE DIRECTE
V. + complément : *débiter un sapin.*
Emploi pronominal : **se** débiter (accord = P).
CONSTRUCTION MULTIPLE
V. + compl. — **de** + compl. : *débiter un compte* ***de*** *cent francs.*

déblatérer [deblatere] Particularité I /**avoir**/ Base : DÉBLAT[É]R-. **14**
C. SIMPLE DIRECTE
V. + complément : *déblatérer des injures.*
C. SIMPLE INDIRECTE
V. + **contre** + complément : *déblatérer* ***contre*** *le gouvernement.*

déblayer [debleje] Particularité I /**avoir**/ Base : DÉBLA[Y]-. **9**
C. ABSOLUE : *nous allons devoir déblayer.*
C. SIMPLE DIRECTE
V. + complément : *déblayer le terrain.*
Emploi pronominal : **se** déblayer (accord = P).

débloquer [deblɔke] Régul. I /**avoir**/ Base : DÉBLOQU-. **3**
C. ABSOLUE (pop.) : *il débloque!*
C. SIMPLE DIRECTE
V. + complément : *débloquer un livret.*
Emploi pronominal : **se** débloquer (accord = P).

déboiser [debwaze] Régul. I /**avoir**/ Base : DÉBOIS-. **3**
C. SIMPLE DIRECTE
V. + complément : *déboiser un terrain à bâtir.*
Emploi pronominal : **se** déboiser (accord = P).

déboîter [debwate] Régul. I /**avoir**/ Base : DÉBOÎT-. **3**
C. ABSOLUE : *il a déboîté sans prévenir.*

C. SIMPLE DIRECTE
V. + complément : *déboîter une montre.*
Emploi pronominal : **se** déboîter (accord = P).

CONSTRUCTION MULTIPLE
V. + compl. — **à** + compl. : *déboîter l'épaule **à** son adversaire.*
Emploi pronominal : **se** déboîter + complément : ***se** déboîter le genou* (accord = OE).

déborder [debɔrde] Régul. I /**avoir** et **être**/ Base : DÉBORD-. **3**

C. ABSOLUE : *la Seine a débordé* (ou *est débordée*).

C. SIMPLE DIRECTE
V. + complément : *déborder l'ennemi.*

C. SIMPLE INDIRECTE
V. + **de** + complément : *déborder **de** sa tâche.*
V. + lieu : *déborder **sur** les berges.*

déboucher [debuʃe] Régul. I /**avoir**/ Base : DÉBOUCH-. **3**

C. SIMPLE DIRECTE
V. + complément : *déboucher l'évier.*
Emploi pronominal : **se** déboucher (accord = P).
se déboucher + complément : ***se** déboucher le nez* (accord = OE).

C. SIMPLE INDIRECTE
V. + lieu : *déboucher sur une grande avenue.*

débouler [debule] Régul. I /**avoir**/ Base : DÉBOUL-. **3**

C. ABSOLUE (pop.) : *et les cousins qui déboulent!*

C. SIMPLE DIRECTE
V. + complément : *débouler les escaliers.*

C. SIMPLE INDIRECTE
V. + lieu : *débouler **du** terrier.*

déboulonner [debulɔne] Régul. I /**avoir**/ Base : DÉBOULONN-. **3**

C. SIMPLE DIRECTE
V. + complément : *déboulonner une statue.*
Emploi pronominal : **se** déboulonner (accord = P).

débourrer [debure] Régul. I /**avoir**/ Base : DÉBOURR-. **3**

C. ABSOLUE : *les bourgeons débourrent.*

C. SIMPLE DIRECTE
V. + complément : *débourrer sa pipe.*

débourser [deburse] Régul. I /**avoir**/ Base : DÉBOURS-. **3**

C. SIMPLE DIRECTE
V. + complément : *débourser une somme importante.*
Emploi pronominal : **se** débourser (accord = P).

déboutonner [debutɔne] Régul. I /**avoir**/ Base : DÉBOUTONN-. **3**

C. SIMPLE DIRECTE
V. + complément : *déboutonner un vêtement.*
Emploi pronominal : **se** déboutonner (accord = P).

Modèle

débrancher [debrɑ̃ʃe] Régul. I /**avoir**/ Base : DÉBRANCH-. **3**

C. SIMPLE DIRECTE

V. + complément : *débrancher une prise de courant.*
Emploi pronominal : **se** débrancher (accord = P).

débrayer [debreje] Particularité I /**avoir**/ Base : DÉBRA[Y]-. **9**

C. ABSOLUE : *les ouvriers ont débrayé.*

C. SIMPLE DIRECTE

V. + complément : *débrayer une machine.*

débrider [debride] Régul. I /**avoir**/ Base : DÉBRID-. **3**

C. ABSOLUE : *travailler sans débrider.*

C. SIMPLE DIRECTE

V. + complément : *débrider une plaie.*
Emploi pronominal : **se** débrider (accord = P).

débrouiller [debruje] Régul. I /**avoir**/ Base : DÉBROUILL-. **3**

C. SIMPLE DIRECTE

V. + complément : *débrouiller un écheveau.*
Emploi pronominal : **se** débrouiller (accord = P).

débroussailler [debrusɑje] Régul. I /**avoir**/ Base : DÉBROUSSAILL-. **3**

C. SIMPLE DIRECTE

V. + complément : *débroussailler l'orée du bois.*

débuter [debyte] Régul. I /**avoir**/ Base : DÉBUT-. **3**

C. ABSOLUE : *ne soyez pas sévère, il débute.*

C. SIMPLE DIRECTE

V. + complément : *débuter un étudiant.*

décacheter [dekaʃ(ə)te] Particularité I /**avoir**/ Base : DÉCACHE[T]-. **18**

C. SIMPLE DIRECTE

V. + complément : *décacheter une lettre.*
Emploi pronominal : **se** décacheter (accord = P).

décaler [dekale] Régul. I /**avoir**/ Base : DÉCAL-. **3**

C. SIMPLE DIRECTE

V. + complément : *décaler une armoire.*

décalquer [dekalke] Régul. I /**avoir**/ Base : DÉCALQU-. **3**

C. SIMPLE DIRECTE

V. + complément : *décalquer un croquis.*
Emploi pronominal : **se** décalquer (accord = P).

décamper [dekɑ̃pe] Régul. I /**avoir**/ Base : DÉCAMP-. **3**

C. ABSOLUE : *décampez en vitesse!*

décanter [dekɑ̃te] Régul. I /**avoir**/ Base : DÉCANT-. **3**

C. ABSOLUE : *le vin décante.*

C. SIMPLE DIRECTE

V. + complément : *décanter une liqueur.*
Emploi pronominal : **se** décanter (accord = P).

Modèle

décaper [dekape] Régul. I /**avoir**/ Base : DÉCAP-. **3**
C. ABSOLUE : *le navire décape.*
C. SIMPLE DIRECTE
V. + complément : *décaper une surface.*

décapiter [dekapite] Régul. I /**avoir**/ Base : DÉCAPIT-. **3**
C. SIMPLE DIRECTE
V. + complément : *décapiter un ormeau.*

décapsuler [dekapsyle] Régul. I /**avoir**/ Base : DÉCAPSUL-. **3**
C. SIMPLE DIRECTE
V. + complément : *décapsuler une bouteille de bière.*

décéder [desede] Particularité I /**être**/ Base : DÉC[É]D-. **14**
C. ABSOLUE : *il est décédé.*

déceler [des(ə)le] Particularité I /**avoir**/ Base : DÉC[E]L-. **17**
C. SIMPLE DIRECTE
V. + complément : *déceler une fissure.*
Emploi pronominal : **se** déceler (accord = P).

décélérer [deselere] Particularité I /**avoir**/ Base : DÉCÉL[É]R-. **14**
C. ABSOLUE : *le cycliste décélère.*

décentraliser [desɑ̃tralize] Régul. I /**avoir**/ Base : DÉCENTRALIS-. **3**
C. SIMPLE DIRECTE
V. + complément : *décentraliser la région parisienne.*

décerner [desɛrne] Régul. I /**avoir**/ Base : DÉCERN-. **3**
C. SIMPLE DIRECTE
V. + complément : *décerner un mandat.*
CONSTRUCTION MULTIPLE
V. + compl. — **à** + compl. : *décerner des félicitations* ***à*** *un lauréat.*
Emploi pronominal : **se** décerner + complément : ***se*** *décerner des louanges* (accord = OE).
V. + compl. — **contre** + compl. : *décerner un mandat d'arrêt* ***contre*** *quelqu'un.*

décevoir [des(ə)vwar] Particularité III /**avoir**/ Base : DÉ[C]-. **41**
C. ABSOLUE : *quand on le connaît mieux, il déçoit.*
C. SIMPLE DIRECTE
V. + complément : *décevoir toutes les espérances.*

déchaîner [deʃene] Régul. I /**avoir**/ Base : DÉCHAÎN-. **3**
C. SIMPLE DIRECTE
V. + complément : *déchaîner les foules.*
Emploi pronominal : **se** déchaîner (accord = P).

déchanter [deʃɑ̃te] Régul. I /**avoir**/ Base : DÉCHANT-. **3**
C. ABSOLUE : *j'ai dû déchanter.*

décharger [deʃarʒe] Particularité I /**avoir**/ Base : DÉCHAR[G]-. **12**
C. ABSOLUE : *les livreurs déchargent.*

C. SIMPLE DIRECTE
V. + complément : *décharger un bateau.*
Emploi pronominal : **se** décharger (accord = P).

CONSTRUCTION MULTIPLE
V. + compl. — **de** + compl. : *décharger un bûcheron* **de** *son fardeau.*
Emploi pronominal : **se** décharger **de** + complément : ***se** décharger* **de** *toute responsabilité* (accord = P) ;
se décharger **sur** + compl. — **de** + compl. : ***se** décharger* **sur** *les autres* **de** *tout le travail* (accord = P).

déchausser [deʃose] Régul. I /**avoir**/ Base : DÉCHAUSS-. **3**
C. SIMPLE DIRECTE
V. + complément : *déchausser une dent.*
Emploi pronominal : **se** déchausser (accord = P).

déchiffrer [deʃifre] Régul. I /**avoir**/ Base : DÉCHIFFR-. **3**
C. ABSOLUE : *il ne lit pas, il déchiffre.*
C. SIMPLE DIRECTE
V. + complément : *déchiffrer un grimoire.*
Emploi pronominal : **se** déchiffrer (accord = P).

déchiqueter [deʃik(ə)te] Particularité I /**avoir**/ Base : DÉCHIQUE[T]-. **18**
C. SIMPLE DIRECTE
V. + complément : *déchiqueter sa proie.*
Emploi pronominal : **se** déchiqueter (accord = P).

déchirer [deʃire] Régul. I /**avoir**/ Base : DÉCHIR-. **3**
C. SIMPLE DIRECTE
V. + complément : *déchirer un contrat.*
Emploi pronominal : **se** déchirer (accord = P).

déchoir [deʃwar] Défectif III /**avoir** et **être**/ Base : DÉCH-. **57**
C. ABSOLUE : *il déchoit.*
C. SIMPLE INDIRECTE
V. + **de** + complément : *il est déchu* **de** *ses droits.*

décider [deside] Régul. I /**avoir**/ Base : DÉCID-. **3**
C. ABSOLUE : *c'est lui qui décide.*
C. SIMPLE DIRECTE
V. + complément : *décider une question.*
Emploi pronominal : **se** décider (accord = P).
V. + **de** + infin. : *décider* **de** *se reposer.*
V. + **que** + indic. : *décider* **qu'***il a tort.*
V. + **que** + subj. : *décider* **que** *l'on fasse le nécessaire.*
C. SIMPLE INDIRECTE
V. + **de** + complément : *décider* **d'***un point de droit.*
V. + **sur** + complément : *décider* **sur** *la valeur d'une œuvre.*
CONSTRUCTION MULTIPLE
V. + compl. — **à** + infin. : *décider un timide* **à** *en finir.*

Emploi pronominal : se décider **à** + infin. : ***se** décider **à** y aller* (accord = P);
se décider **pour** + complément : ***se** décider **pour** les conservateurs* (accord = P).

décimer [desime] Régul. I /**avoir**/ Base : DÉCIM-. **3**

C. SIMPLE DIRECTE
V. + complément : *décimer toute une population.*

déclamer [deklɑme] Régul. I /**avoir**/ Base : DÉCLAM-. **3**

C. ABSOLUE : *il passe son temps à déclamer.*
C. SIMPLE DIRECTE
V. + complément : *déclamer des vers.*
Emploi pronominal : se déclamer (accord = P).
C. SIMPLE INDIRECTE
V. + **contre** + complément : *déclamer **contre** la tyrannie.*

déclarer [deklare] Régul. I /**avoir**/ Base : DÉCLAR-. **3**

C. SIMPLE DIRECTE
V. + complément : *déclarer les éléments de son train de vie.*
Emploi pronominal : se déclarer (accord = P).
V. + **que** + indic. : *déclarer **que** c'est inique.*
CONSTRUCTION MULTIPLE
V. + compl. — attribut du compl. : *déclarer Napoléon empereur.*
Emploi pronominal : se déclarer + attribut : ***se** déclarer offensé* (accord = P).
V. + compl. — **à** + compl. : *déclarer sa passion **à** une jeune veuve.*
Emploi pronominal : se déclarer + complément : ***se** déclarer la guerre* (accord = OE);
se déclarer **à** + complément : ***se** déclarer **à** quelqu'un* (accord = P);
se déclarer **contre** + complément : ***se** déclarer **contre** tout changement* (accord = P).

déclasser [deklɑse] Régul. I /**avoir**/ Base : DÉCLASS-. **3**

C. SIMPLE DIRECTE
V. + complément : *déclasser un matériel déjà ancien.*
Emploi pronominal : se déclasser (accord = P).

déclencher [deklɑ̃ʃe] Régul. I /**avoir**/ Base : DÉCLENCH-. **3**

C. SIMPLE DIRECTE
V. + complément : *déclencher la sonnette d'alarme.*
Emploi pronominal : se déclencher (accord = P).

décliner [dekline] Régul. I /**avoir**/ Base : DÉCLIN-. **3**

C. ABSOLUE : *hélas! il décline.*
C. SIMPLE DIRECTE
V. + complément : *décliner un adjectif.*
Emploi pronominal : se décliner (accord = P).

décocher [dekɔʃe] Régul. I /**avoir**/ Base : DÉCOCH-. **3**

C. SIMPLE DIRECTE
V. + complément : *décocher une épigramme.*

CONSTRUCTION MULTIPLE
V. + compl. — **à** + compl. : *décocher une flèche **à** un adversaire.*

décoder [dekɔde] Régul. I /**avoir**/ Base : DÉCOD-. **3**
C. ABSOLUE : *il faudra décoder.*
C. SIMPLE DIRECTE
V. + complément : *décoder l'algol.*
Emploi pronominal : **se** décoder (accord = P).

décoiffer [dekwafe] Régul. I /**avoir**/ Base : DÉCOIFF-. **3**
C. SIMPLE DIRECTE
V. + complément : *décoiffer une bouteille.*
Emploi pronominal : **se** décoiffer (accord = P);
se décoiffer **de** + complément : ***se** décoiffer **d'**une théorie absurde* (accord = P).

décoincer [dekwɛ̃se] Particularité I /**avoir**/ Base : DÉCOIN[C]-. **10**
C. SIMPLE DIRECTE
V. + complément : *décoincer un mécanisme récalcitrant.*
Emploi pronominal : **se** décoincer (accord = P).

décolérer [dekɔlere] Particularité I /**avoir**/ Base : DÉCOL[É]R-. **14**
C. ABSOLUE : *je ne décolère pas.*

décoller [dekɔle] Régul. I /**avoir**/ Base : DÉCOLL-. **3**
C. ABSOLUE : *l'avion décolla.*
C. SIMPLE DIRECTE
V. + complément : *décoller un timbre.*
Emploi pronominal : **se** décoller (accord = P).

décoloniser [dekɔlɔnize] Régul. I /**avoir**/ Base : DÉCOLONIS-. **3**
C. SIMPLE DIRECTE
V. + complément : *décoloniser un ancien protectorat.*

décolorer [dekɔlɔre] Régul. I /**avoir**/ Base : DÉCOLOR-. **3**
C. SIMPLE DIRECTE
V. + complément : *décolorer du tissu.*
Emploi pronominal : **se** décolorer (accord = P);
se décolorer + complément : ***se** décolorer les cheveux* (accord = OE).

décommander [dekɔmɑ̃de] Régul. I /**avoir**/ Base : DÉCOMMAND-. **3**
C. SIMPLE DIRECTE
V. + complément : *décommander un repas de fiançailles.*
Emploi pronominal : **se** décommander (accord = P).

décomposer [dekɔ̃poze] Régul. I /**avoir**/ Base : DÉCOMPOS-. **3**
C. SIMPLE DIRECTE
V. + complément : *décomposer la lumière.*
Emploi pronominal : **se** décomposer (accord = P).
CONSTRUCTION MULTIPLE
V. + compl. — **en** + compl. : *décomposer une phrase **en** propositions.*
Emploi pronominal : **se** décomposer **en** + complément : ***se** décomposer **en** ses éléments* (accord = P).

Modèle

décompter [dekɔ̃te] Régul. I /**avoir**/ Base : DÉCOMPT-. 3

C. ABSOLUE : *il va falloir décompter.*

C. SIMPLE DIRECTE

V. + complément : *décompter une somme.*

C. SIMPLE INDIRECTE : **en** décompter.

CONSTRUCTION MULTIPLE

V. + compl. — **à** + compl. : *décompter une somme **à** un client.*
V. + compl. — **de** + compl. : *décompter les frais **du** bénéfice brut.*

déconcerter [dekɔ̃sɛrte] Régul. I /**avoir**/ Base : DÉCONCERT-. 3

C. SIMPLE DIRECTE

V. + complément : *déconcerter un étranger.*
Emploi pronominal : **se** déconcerter (accord = P).

déconseiller [dekɔ̃seje] Régul. I /**avoir**/ Base : DÉCONSEILL-. 3

CONSTRUCTION MULTIPLE

V. + compl. — **à** + compl. : *déconseiller un sport violent **à** un cardiaque.*
V. + **à** + compl. — **de** + infin. : *déconseiller **à** un candidat **de** se présenter aux élections.*

déconsidérer [dekɔ̃sidere] Particularité I /**avoir**/ Base : DÉCONSID[É]R-. 14

C. SIMPLE DIRECTE

V. + complément : *déconsidérer un homme de bien.*
Emploi pronominal : **se** déconsidérer (accord = P).

décontenancer [dekɔ̃t(ə)nɑ̃se] Particularité I /**avoir**/ Base : DÉCONTENAN[C]-. 10

C. SIMPLE DIRECTE

V. + complément : *décontenancer son ennemi.*
Emploi pronominal : **se** décontenancer (accord = P).

décontracter [dekɔ̃trakte] Régul. I /**avoir**/ Base : DÉCONTRACT-. 3

C. SIMPLE DIRECTE

V. + complément : *décontracter le bras.*
Emploi pronominal : **se** décontracter (accord = P).

décorer [dekɔre] Régul. I /**avoir**/ Base : DÉCOR-. 3

C. SIMPLE DIRECTE

V. + complément : *décorer une salle.*
Emploi pronominal : **se** décorer (accord = P).

CONSTRUCTION MULTIPLE

V. + compl. — **de** + compl. : *décorer un gâteau **de** bougies.*
Emploi pronominal : **se** décorer **de** + complément : ***se** décorer **de** feuillages* (accord = P).

décortiquer [dekɔrtike] Régul. I /**avoir**/ Base : DÉCORTIQU-. 3

C. SIMPLE DIRECTE

V. + complément : *décortiquer une crevette.*
Emploi pronominal : **se** décortiquer (accord = P).

découcher [dekuʃe] Régul. I /**avoir**/ Base : DÉCOUCH-. **3**
C. ABSOLUE : *il découche souvent.*
C. SIMPLE INDIRECTE
V. + **de** + lieu : *découcher* **de** *chez soi.*

découdre [dekudr] III /**avoir**/ Base : DÉCOU-. **69**
C. SIMPLE DIRECTE
V. + complément : *découdre un ourlet.*
C. SIMPLE INDIRECTE : ***en*** *découdre* (fam.).

découper [dekupe] Régul. I /**avoir**/ Base : DÉCOUP-. **3**
C. ABSOLUE : *découper avec art.*
C. SIMPLE DIRECTE
V. + complément : *découper un gâteau.*
Emploi pronominal : **se** découper (accord = P).
CONSTRUCTION MULTIPLE
V. + compl. — **en** + compl. : *découper un gâteau* ***en*** *quatre.*
Emploi pronominal : **se** découper **en** + complément : ***se*** *découper* ***en*** *quartiers* (accord = P).
V. + compl. — **entre** + compl. : *découper un gâteau* ***entre*** *quatre personnes.*

décourager [dekuraʒe] Particularité I /**avoir**/ Base : DÉCOURA[G]-. **12**
C. SIMPLE DIRECTE
V. + complément : *décourager les meilleures volontés.*
Emploi pronominal : **se** décourager (accord = P).
CONSTRUCTION MULTIPLE
V. + compl. — **de** + compl. : *décourager un ami* ***d'****une expérience aussi dangereuse.*
V. + compl. — **de** + infin. : *décourager quelqu'un* ***d'****écrire.*
Emploi pronominal : **se** décourager **de** + infin. : ***se*** *décourager* ***de*** *demander son dû.*

découvrir [dekuvrir] III /**avoir**/ Base : DÉCOUV-. **31**
C. ABSOLUE : *l'océan découvre.*
C. SIMPLE DIRECTE
V. + complément : *découvrir le coupable.*
Emploi pronominal : **se** découvrir (accord = P).
CONSTRUCTION MULTIPLE
V. + compl. — **à** + compl. : *découvrir ses projets* ***à*** *un ami.*
Emploi pronominal : **se** découvrir + complément : ***se*** *découvrir une vocation* (accord = OE).

décrasser [dekrase] Régul. I /**avoir**/ Base : DÉCRASS-. **3**
C. SIMPLE DIRECTE
V. + complément : *décrasser une voiture.*
Emploi pronominal : **se** décrasser (accord = P) ;
se décrasser + complément : ***se*** *décrasser les ongles* (accord = OE).

décréter [dekrete] Particularité I /**avoir**/ Base : DÉCR[É]T-. **14**
C. SIMPLE DIRECTE
V. + complément : *décréter l'état de siège.*
Emploi pronominal : **se** décréter (accord = P).

V. + **de** + infin. : *décréter* **de** *tout annuler.*
V. + **que** + indic. : *décréter* **qu'***il partira quand même.*
V. + **que** + subj. : *décréter* **qu'***il en soit ainsi.*

décrire [dekrir] III /**avoir**/ Base : DÉCRI-. **90**
C. ABSOLUE : *faites agir vos personnages au lieu de décrire.*
C. SIMPLE DIRECTE
V. + complément : *décrire une courbe.*
Emploi pronominal : **se** décrire (accord = P).

décrocher [dekrɔʃe] Régul. I /**avoir**/ Base : DÉCROCH-. **3**
C. ABSOLUE : *l'avion décroche.*
C. SIMPLE DIRECTE
V. + complément : *décrocher un tableau.*
Emploi pronominal : **se** décrocher (accord = P).

décroître [dekrwɑtr] III /**avoir**/ Base : DÉCR-. **64**
C. ABSOLUE : *la Seine a décru.*

décupler [dekyple] Régul. I /**avoir**/ Base : DÉCUPL-. **3**
C. ABSOLUE : *sa fortune a décuplé.*
C. SIMPLE DIRECTE
V. + complément : *la colère a décuplé ses forces.*

dédaigner [dedeɲe] Régul. I /**avoir**/ Base : DÉDAIGN-. **3**
C. SIMPLE DIRECTE
V. + complément : *dédaigner un adversaire.*
Emploi pronominal : **se** dédaigner (accord = P).
V. + **de** + infin. : *dédaigner* **de** *répondre.*

dédicacer [dedikase] Particularité I /**avoir**/ Base : DÉDICA[C]-. **10**
C. SIMPLE DIRECTE
V. + complément : *dédicacer un livre.*
Emploi pronominal : **se** dédicacer (accord = P).
CONSTRUCTION MULTIPLE
V. + compl. — **à** + compl. : *dédicacer un livre* **à** *un ami.*
Emploi pronominal : **se** dédicacer + complément : ***se*** *dédicacer mutuellement des plaquettes de vers* (accord = OE).

dédier [dedje] Régul. I /**avoir**/ Base : DÉDI-. **3**
CONSTRUCTION MULTIPLE
V. + compl. — **à** + compl. : *dédier une chanson* **à** *une admiratrice.*

dédire [dedir] III /**avoir**/ Base : DÉDI-. **84**
C. SIMPLE DIRECTE
V. + complément : *dédire son chef.*
Emploi pronominal : **se** dédire (accord = P) ;
se dédire **de** + complément : ***se*** *dédire* **d'***une promesse* (accord = P).

dédommager [dedɔmaʒe] Particularité I /**avoir**/ Base : DÉDOMMA[G]-. **12**
C. SIMPLE DIRECTE
V. + complément : *dédommager une victime.*
Emploi pronominal : **se** dédommager (accord = P).

CONSTRUCTION MULTIPLE
V. + compl. — **de** + compl. : *dédommager un sinistré* ***des*** *pertes subies.*
Emploi pronominal : **se** dédommager **de** + complément : ***se*** *dédommager* ***des*** *pertes subies* (accord = P).

dédoubler [deduble] Régul. I /**avoir**/ Base : DÉDOUBL-. **3**
C. SIMPLE DIRECTE
V. + complément : *dédoubler une classe.*
Emploi pronominal : **se** dédoubler (accord = P).

déduire [dedɥir] III /**avoir**/ Base : DÉDUI-. **82**
C. SIMPLE DIRECTE
V. + complément : *déduire des frais de voyage.*
Emploi pronominal : **se** déduire (accord = P).
V. + **que** + indic. : *déduire* ***qu'****il réussira.*
CONSTRUCTION MULTIPLE
V. + compl. — **de** + compl. : *déduire une pénalisation* ***du*** *total des points.*
Emploi pronominal : **se** déduire **de** + complément : *sa réussite* ***se*** *déduit* ***de*** *sa persévérance* (accord = P).

défaire [defɛr] III /**avoir**/ Base : DÉF-. **76**
C. SIMPLE DIRECTE
V. + complément : *défaire ses valises.*
Emploi pronominal : **se** défaire (accord = P).
CONSTRUCTION MULTIPLE
V. + compl. — **de** + compl. : *défaire quelqu'un* ***d'****un importun.*
Emploi pronominal : **se** défaire **de** + complément : ***se*** *défaire* ***d'****un préjugé* (accord = P).

défalquer [defalke] Régul. I /**avoir**/ Base : DÉFALQU-. **3**
C. SIMPLE DIRECTE
V. + complément : *défalquer un avoir.*
Emploi pronominal : **se** défalquer (accord = P).
CONSTRUCTION MULTIPLE
V. + compl. — **de** + compl. : *défalquer un acompte* ***du*** *total.*
Emploi pronominal : **se** défalquer **de** + complément : ***se*** *défalquer* ***des*** *bénéfices* (accord = P).

défausser [defose] Régul. I /**avoir**/ Base : DÉFAUSS-. **3**
C. SIMPLE DIRECTE
V. + complément : *défausser un tisonnier.*

défavoriser [defavɔrize] Régul. I /**avoir**/ Base : DÉFAVORIS-. **3**
C. SIMPLE DIRECTE
V. + complément : *défavoriser un candidat.*

défendre [defɑ̃dr] III /**avoir**/ Base : DÉFEND-. **65**
C. ABSOLUE : *c'est à lui à défendre.*
C. SIMPLE DIRECTE
V. + complément : *défendre une ville.*
Emploi pronominal : **se** défendre (accord = P).

V. + **de** + infin. : *défendre* **de** *fumer.*
V. + **que** + subj. : *défendre* **qu'***on sorte.*

CONSTRUCTION MULTIPLE

V. + compl. — **à** + compl. : *défendre le sucre* **à** *un diabétique.*
V. + compl. — **contre** + compl. : *défendre les dunes* **contre** *la mer.*
Emploi pronominal : **se** défendre **contre** + complément : ***se** défendre* **contre** *les attaques de ses ennemis* (accord = P).
V. + compl. — **de** + compl. : *défendre une serre* **du** *froid extérieur.*
Emploi pronominal : **se** défendre **de** + complément : ***se** défendre* ***d'****un sentiment de lassitude* (accord = P).
V. + **à** + compl. — **de** + infin. : *défendre* **à** *un malade* **de** *sortir.*
Emploi pronominal : **se** défendre **de** + infin. : ***se** défendre* ***d'****avoir été malveillant* (accord = P).

déferler [defɛrle] Régul. I /**avoir**/ Base : DÉFERL-. **3**

C. ABSOLUE : *une invasion déferle.*

C. SIMPLE DIRECTE

V. + complément : *déferler les voiles.*

déficeler [defis(ə)le] Particularité I /**avoir**/ Base : DÉFICE[L]-. **16**

C. SIMPLE DIRECTE

V. + complément : *déficeler un colis.*
Emploi pronominal : **se** déficeler (accord = P).

défigurer [defigyre] Régul. I /**avoir**/ Base : DÉFIGUR-. **3**

C. SIMPLE DIRECTE

V. + complément : *un accident a défiguré cette artiste.*
Emploi pronominal : **se** défigurer (accord = P).

défiler [defile] Régul. I /**avoir**/ Base : DÉFIL-. **3**

C. ABSOLUE : *tous les régiments ont défilé.*

C. SIMPLE DIRECTE

V. + complément : *défiler un bracelet de perles.*
Emploi pronominal : **se** défiler (accord = P).

définir [definir] Régul. II /**avoir**/ Base : DÉFIN-. **26**

C. SIMPLE DIRECTE

V. + complément : *définir le sens d'un mot.*
Emploi pronominal : **se** définir (accord = P).
V. + **que** + indic. : *définir* **que** *le comité de direction sera élu à la majorité.*

défleurir [deflœrir] Régul. II /**avoir**/ Base : DÉFLEUR-. **26**

C. ABSOLUE : *le rosier défleurit.*

C. SIMPLE DIRECTE

V. + complément : *défleurir les arbres fruitiers.*
Emploi pronominal : **se** défleurir (accord = P).

défoncer [defɔ̃se] Particularité I /**avoir**/ Base : DÉFON[C]-. **10**

C. SIMPLE DIRECTE

V. + complément : *défoncer une porte.*
Emploi pronominal : **se** défoncer (accord = P).

Modèle

déformer [defɔrme] Régul. I /**avoir**/ Base : DÉFORM-. **3**

C. SIMPLE DIRECTE

V. + complément : *déformer sa pensée.*
Emploi pronominal : **se** déformer (accord = P).

défouler [defule] Régul. I /**avoir**/ Base : DÉFOUL-. **3**

C. SIMPLE DIRECTE

V. + complément : *défouler ses instincts.*
Emploi pronominal : **se** défouler (accord = P).

défraîchir [defreʃir] Régul. II /**avoir**/ Base : DÉFRAÎCH-. **26**

C. SIMPLE DIRECTE

V. + complément : *défraîchir les rideaux.*
Emploi pronominal : **se** défraîchir (accord = P).

défricher [defriʃe] Régul. I /**avoir**/ Base : DÉFRICH-. **3**

C. SIMPLE DIRECTE

V. + complément : *défricher une clairière.*
Emploi pronominal : **se** défricher (accord = P).

défriser [defrize] Régul. I /**avoir**/ Base : DÉFRIS-. **3**

C. SIMPLE DIRECTE

V. + complément : *défriser les cheveux.*
Emploi pronominal : **se** défriser (accord = P).

défroisser [defrwase] Régul. I /**avoir**/ Base : DÉFROISS-. **3**

C. SIMPLE DIRECTE

V. + complément : *défroisser une lettre.*
Emploi pronominal : **se** défroisser (accord = P).

dégager [degaʒe] Particularité I /**avoir**/ Base : DÉGA[G]-. **12**

1° Emploi personnel.

C. ABSOLUE (pop.) : *Allez, dégage!*

C. SIMPLE DIRECTE

V. + complément : *dégager une route.*
Emploi pronominal : **se** dégager (accord = P).

CONSTRUCTION MULTIPLE

V. + compl. — **de** + compl. : *dégager un bureau* **des** *papiers qui l'encombrent.*
Emploi pronominal : **se** dégager **de** + complément : ***se*** *dégager* ***de*** *ses obligations* (accord = P).

2° Emploi unipersonnel pronominal.

CONSTRUCTION MULTIPLE

Il **se** dégage **de** + compl. — sujet réel nominal : *il* ***se*** *dégage* ***de*** *ce sous-bois une odeur d'humidité* (accord = I).
Il **se** dégage **de** + compl. — sujet réel = **que** + indic. : *il* ***se*** *dégage* ***de*** *cet exposé* ***que*** *le problème est très complexe* (accord = I).

dégarnir [degarnir] Régul. II /**avoir**/ Base : DÉGARN-. **26**

C. SIMPLE DIRECTE

V. + complément : *dégarnir le buffet.*
Emploi pronominal : **se** dégarnir (accord = P).

Modèle

dégeler [deʒ(ə)le] Particularité I /**avoir**/ Base : DÉG[E]L-. **17**

1° **Emploi personnel.**

C. ABSOLUE : *la pièce d'eau dégèle.*

C. SIMPLE DIRECTE

V. + complément : *dégeler l'atmosphère.*
Emploi pronominal : **se** dégeler (accord = P).

2° **Emploi unipersonnel.**

C. ABSOLUE : *il dégèle.*

dégénérer [deʒenere] Particularité I /**avoir**/ Base : DÉGÉN[É]R-. **14**

C. ABSOLUE : *tout dégénère.*

C. SIMPLE INDIRECTE

V. + **en** + complément : *dégénérer* ***en*** *tapage nocturne.*

dégivrer [deʒivre] Régul. I /**avoir**/ Base : DÉGIVR-. **3**

C. SIMPLE DIRECTE

V. + complément : *dégivrer le réfrigérateur.*
Emploi pronominal : **se** dégivrer (accord = P).

déglutir [deglytir] Régul. II /**avoir**/ Base : DÉGLUT-. **26**

C. SIMPLE DIRECTE

V. + complément : *déglutir le bol alimentaire.*

dégonfler [degɔ̃fle] Régul. I /**avoir**/ Base : DÉGONFL-. **3**

C. ABSOLUE : *sa bosse dégonfle.*

C. SIMPLE DIRECTE

V. + complément : *dégonfler un pneu.*
Emploi pronominal : **se** dégonfler (accord = P).

dégorger [degɔrʒe] Particularité I /**avoir**/ Base : DÉGOR[G]-. **12**

C. ABSOLUE : *la morue dégorge.*

C. SIMPLE DIRECTE

V. + complément : *dégorger un lavabo.*
Emploi pronominal : **se** dégorger (accord = P).

dégouliner [deguline] Régul. I /**avoir**/ Base : DÉGOULIN-. **3**

C. ABSOLUE : *l'eau dégouline.*

C. SIMPLE INDIRECTE

V. + **de** + lieu : *dégouliner* ***des*** *vitres.*

dégourdir [degurdir] Régul. II /**avoir**/ Base : DÉGOURD-. **26**

C. SIMPLE DIRECTE

V. + complément : *dégourdir un jeune nigaud.*
Emploi pronominal : **se** dégourdir (accord = P) ;
se dégourdir + complément : ***se*** *dégourdir les jambes* (accord = OE).

dégoûter [degute] Régul. I /**avoir**/ Base : DÉGOÛT-. **3**

C. SIMPLE DIRECTE

V. + complément : *dégoûter les palais délicats.*
Emploi pronominal : **se** dégoûter (accord = P).

CONSTRUCTION MULTIPLE

V. + compl. — **de** + compl. : *dégoûter un enfant* **des** *études.*
Emploi pronominal : se dégoûter **de** + complément : ***se*** *dégoûter* ***de*** *la société des hommes* (accord = P).
V. + compl. — **de** + infin. : *dégoûter les automobilistes* **de** *circuler.*
Emploi pronominal : se dégoûter **de** + infin. : ***se*** *dégoûter* ***de*** *voyager par la route* (accord = P).

dégoutter [degute] Régul. I /**avoir**/ Base : DÉGOUTT-. **3**

C. SIMPLE DIRECTE

V. + complément : *dégoutter l'ennui.*

C. SIMPLE INDIRECTE

V. + **de** + complément : *dégoutter* ***du*** *toit.*

dégrader [degrade] Régul. I /**avoir**/ Base : DÉGRAD-. **3**

C. SIMPLE DIRECTE

V. + complément : *dégrader un officier.*
Emploi pronominal : se dégrader (accord = P).

dégrafer [degrafe] Régul. I /**avoir**/ Base : DÉGRAF-. **3**

C. SIMPLE DIRECTE

V. + complément : *dégrafer une pèlerine.*
Emploi pronominal : se dégrafer (accord = P).

dégraisser [degrese] Régul. I /**avoir**/ Base : DÉGRAISS-. **3**

C. SIMPLE DIRECTE

V. + complément : *dégraisser une dinde.*

dégringoler [degrɛ̃gɔle] Régul. I /**avoir** et **être**/ Base : DÉGRINGOL-. **3**

C. ABSOLUE : *il a encore dégringolé.*

C. SIMPLE DIRECTE

V. + complément : *dégringoler une échelle.*

C. SIMPLE INDIRECTE

V. + **de** + lieu : *dégringoler* ***du*** *sixième étage.*

dégrossir [degrosir] Régul. II /**avoir**/ Base : DÉGROSS-. **26**

C. SIMPLE DIRECTE

V. + complément : *dégrossir un bloc d'onyx.*
Emploi pronominal : se dégrossir (accord = P).

déguiser [degize] Régul. I /**avoir**/ Base : DÉGUIS-. **3**

C. SIMPLE DIRECTE

V. + complément : *déguiser ses erreurs.*
Emploi pronominal : se déguiser (accord = P).

CONSTRUCTION MULTIPLE

V. + compl. — **en** + compl. : *déguiser une petite fille* ***en*** *Cendrillon.*
Emploi pronominal : se déguiser **en** + complément : ***se*** *déguiser* ***en*** *loup-garou* (accord = P).

déguster [degyste] Régul. I /**avoir**/ Base : DÉGUST-. **3**

C. ABSOLUE (pop.) : *il va déguster!*

C. SIMPLE DIRECTE
V. + complément : *déguster un steak au poivre.*
Emploi pronominal : **se** déguster (accord = P).

déifier [deifje] Régul. I /**avoir**/ Base : DÉIFI-. **3**
C. SIMPLE DIRECTE
V. + complément : *déifier le travail.*

déjeuner [deʒœne] Régul. I /**avoir**/ Base : DÉJEUN-. **3**
C. ABSOLUE : *il n'aime pas être dérangé quand il déjeune.*

déjouer [deʒwe] Régul. I /**avoir**/ Base : DÉJOU-. **3**
C. SIMPLE DIRECTE
V. + complément : *déjouer un complot.*

délabrer [delɑbre] Régul. I /**avoir**/ Base : DÉLABR-. **3**
C. SIMPLE DIRECTE
V. + complément : *délabrer une santé déjà fragile.*
Emploi pronominal : **se** délabrer (accord = P) ;
se délabrer + complément : ***se** délabrer l'estomac* (accord = OE).

délacer [delase] Particularité I /**avoir**/ Base : DÉLA[C]-. **10**
C. SIMPLE DIRECTE
V. + complément : *délacer des bottillons.*
Emploi pronominal : **se** délacer (accord = P).

délaisser [delese] Régul. I /**avoir**/ Base : DÉLAISS-. **3**
C. SIMPLE DIRECTE
V. + complément : *délaisser les études.*
Emploi pronominal : **se** délaisser (accord = P).

délasser [delɑse] Régul. I /**avoir**/ Base : DÉLASS-. **3**
C. ABSOLUE : *la chaise longue délasse.*
C. SIMPLE DIRECTE
V. + complément : *délasser l'esprit.*
Emploi pronominal : **se** délasser (accord = P).
CONSTRUCTION MULTIPLE
V. + compl. — **de** + compl. : *délasser un enfant **de** son travail scolaire.*
Emploi pronominal : **se** délasser **de** + complément : ***se** délasser **des** fatigues du voyage* (accord = P).

délayer [deleje] Particularité I /**avoir**/ Base : DÉLA[Y]-. **9**
C. SIMPLE DIRECTE
V. + complément : *délayer une sauce.*
Emploi pronominal : **se** délayer (accord = P).

délecter (se) [s(ə)delɛkte] Régul. I /**être**/ Base : DÉLECT- (SE). **5**
C. ABSOLUE : **se** délecter (accord = P).
C. SIMPLE INDIRECTE
Se délecter **à** + complément : ***se** délecter **à** l'audition d'une symphonie* (accord = P).
Se délecter **à** + infin. : ***se** délecter **à** lire un chef-d'œuvre d'humour* (accord = P).

déléguer [delege] Particularité I /**avoir**/ Base : DÉL[É]GU-. **22**

C. SIMPLE DIRECTE

V. + complément : *déléguer un représentant.*

CONSTRUCTION MULTIPLE

V. + compl. — **à** + compl. : *déléguer ses pouvoirs **à** quelqu'un.*

délester [delɛste] Régul. I /**avoir**/ Base : DÉLEST-. **3**

C. SIMPLE DIRECTE

V. + complément : *délester un sous-marin.*
Emploi pronominal : **se** délester (accord = P).

CONSTRUCTION MULTIPLE

V. + compl. — **de** + compl. : *délester quelqu'un **de** sa bourse.*
Emploi pronominal : **se** délester **de** + complément : ***se** délester **d'**une somme rondelette* (accord = P).

délibérer [delibere] Particularité I /**avoir**/ Base : DÉLIB[É]R-. **14**

1° Emploi personnel.

C. ABSOLUE : *ils ont longuement délibéré.*

C. SIMPLE DIRECTE

V. + **de** + infin. : *délibérer **de** refuser une offre de fusion.*

C. SIMPLE INDIRECTE

V. + **avec** + complément : *délibérer **avec** les représentants du personnel.*
V. + **sur** + complément : *délibérer **sur** une modification des statuts.*

CONSTRUCTION MULTIPLE

V. + **de** + compl. — **avec** + compl. : *délibérer **du** mode de scrutin **avec** le bureau.*

2° Emploi unipersonnel passif.

Il a été délibéré **que** + indic. ou conditionnel : *il a été délibéré **que** le scrutin se ferait à un tour.*

délier [delje] Régul. I /**avoir**/ Base : DÉLI-. **3**

C. SIMPLE DIRECTE

V. + complément : *délier une gerbe de blé.*
Emploi pronominal : **se** délier (accord = P).

CONSTRUCTION MULTIPLE

V. + compl. — **de** + compl. : *délier quelqu'un **de** sa promesse.*
Emploi pronominal : **se** délier **de** + complément : ***se** délier **d'**un contrat* (accord = P).

délimiter [delimite] Régul. I /**avoir**/ Base : DÉLIMIT-. **3**

C. SIMPLE DIRECTE

V. + complément : *délimiter une zone à urbaniser.*
Emploi pronominal : **se** délimiter (accord = P).

délivrer [delivre] Régul. I /**avoir**/ Base : DÉLIVR-. **3**

C. ABSOLUE : *cette jument a bien délivré.*

C. SIMPLE DIRECTE

V. + complément : *délivrer un passeport.*
Emploi pronominal : **se** délivrer (accord = P).

CONSTRUCTION MULTIPLE
V. + compl. — **à** + compl. : *délivrer une carte de travail* ***à*** *un étranger.*
Emploi pronominal : **se** délivrer **à** + complément : ***se*** *délivrer* ***à*** *un élève studieux* (accord = P).
V. + compl. — **de** + compl. : *délivrer ses enfants* ***de*** *tout souci financier.*
Emploi pronominal : **se** délivrer **de** + complément : ***se*** *délivrer* ***de*** *ses soucis* (accord = P).

déloger [delɔʒe] Particularité I /**avoir**/ Base : DÉLO[G]-. **12**
C. ABSOLUE : *il vous fera déloger rapidement.*
C. SIMPLE DIRECTE
V. + complément : *déloger un locataire indésirable.*
CONSTRUCTION MULTIPLE
V. + compl. — **de** + lieu : *déloger les enfants* ***du*** *grenier.*

démailloter [demajɔte] Régul. I /**avoir**/ Base : DÉMAILLOT-. **3**
C. SIMPLE DIRECTE
V. + complément : *démailloter un nouveau-né.*
Emploi pronominal : **se** démailloter (accord = P).

demander [d(ə)mɑ̃de] Régul. I /**avoir**/ Base : DEMAND-. **3**
C. SIMPLE DIRECTE
V. + complément : *demander un renseignement.*
Emploi pronominal : **se** demander (accord = P).
V. + discours indirect : *demander pourquoi on a échoué.*
V. + **que** + subj. : *il a demandé* ***que*** *vous le rappeliez.*
C. SIMPLE INDIRECTE
V. + **après** + complément : *demander* ***après*** *un ami.*
V. + **à** + infin. : *demander* ***à*** *parler.*
V. + **à ce que** + subj. : *demander* ***à ce que*** *vous partiez.*
CONSTRUCTION MULTIPLE
V. + **de** + compl. — compl. : *demander* ***de*** *la nation une soumission complète.*
V. + compl. — à + compl. : *demander une mission* ***à*** *un chef de service.*
Emploi pronominal : se demander + complément : ***se*** *demander mutuellement des garanties* (accord = OE).
V. + **à** + compl. — **de** + infin. : *demander* ***à*** *un voisin* ***de*** *faire moins de bruit.*
V. + **à** + compl. — discours indirect : *demander* ***à*** *quelqu'un* ***si*** *sa santé est meilleure.*
Emploi pronominal : se demander + discours indirect : ***se*** *demander* ***comment*** *c'est arrivé* (accord = I).
V. + **à** + compl. — **à** + infin. : *demander* ***à*** *être mis en congé* ***au*** *Ministère.*

démanteler [demɑ̃t(ə)le] Particularité I /**avoir**/ Base : DÉMANT[E]L-. **17**
C. SIMPLE DIRECTE
V. + complément : *démanteler un château.*

démaquiller [demakije] Régul. I /**avoir**/ Base : DÉMAQUILL-. **3**
C. SIMPLE DIRECTE
V. + complément : *démaquiller le visage.*
Emploi pronominal : **se** démaquiller (accord = P).

démarrer [demare] Régul. I /**avoir**/ Base : DÉMARR-. **3**
C. ABSOLUE : *il a mal démarré.*
C. SIMPLE DIRECTE
V. + complément : *démarrer une affaire.*
C. SIMPLE INDIRECTE
V. + **de** + complément : *il ne démarre pas* **de** *cette idée-là.*

démasquer [demaske] Régul. I /**avoir**/ Base : DÉMASQU-. **3**
C. SIMPLE DIRECTE
V. + complément : *démasquer le coupable.*
Emploi pronominal : **se** démasquer (accord = P).

démêler [demele] Régul. I /**avoir**/ Base : DÉMÊL-. **3**
C. SIMPLE DIRECTE
V. + complément : *démêler de la laine.*
Emploi pronominal : **se** démêler (accord = P).
C. SIMPLE INDIRECTE
Emploi pronominal : **se** démêler **de** + complément : ***se*** *démêler* ***d'****une intrigue* (accord = P).
CONSTRUCTION MULTIPLE
V. + compl. — **de** + compl. : *démêler le vrai* **du** *faux.*

démembrer [demɑ̃bre] Régul. I /**avoir**/ Base : DÉMEMBR-. **3**
C. SIMPLE DIRECTE
V. + complément : *démembrer une propriété.*

déménager [demenaʒe] Particularité I /**avoir**/ Base : DÉMÉNA[G]-. **12**
1° **Auxiliaire *avoir*** ou ***être*** (fam.).
C. ABSOLUE : *il commence à déménager.*
2° **Auxiliaire *avoir.***
C. SIMPLE DIRECTE
V. + complément : *déménager un appartement.*
Emploi pronominal : **se** déménager (accord = P).

démener (se) [s(ə)dem(ə)ne] Particularité I /**être**/ Base : DÉM[E]N- (SE). **15**
C. ABSOLUE : **se** démener (accord = P).

démentir [demɑ̃tir] III /**avoir**/ Base : DÉMEN-. **32**
C. SIMPLE DIRECTE
V. + complément : *démentir un témoin.*
Emploi pronominal : **se** démentir (accord = P).

démériter [demerite] Régul. I /**avoir**/ Base : DÉMÉRIT-. **3**
C. ABSOLUE : *il a démérité.*
C. SIMPLE INDIRECTE
V. + **auprès de** + complément : *démériter* **auprès de** *ses chefs.*
V. + **de** + complément : *démériter* **de** *ses amis.*

Modèle

démettre [demɛtr] III /**avoir**/ Base : DÉM-. **60**

C. SIMPLE DIRECTE

V. + complément : *démettre une cheville.*
Emploi pronominal : **se** démettre (accord = P).

CONSTRUCTION MULTIPLE

V. + compl. — **de** + compl. : *démettre un recteur* **de** *ses fonctions.*
Emploi pronominal : **se** démettre **de** + complément : **se** *démettre* **de** *ses fonctions* (accord = P);
se démettre + complément : **se** *démettre le coude* (accord = OE).

demeurer [d(ə)mœre] Régul. I /**avoir** et **être**/ Base : DEMEUR-. **3**

C. ABSOLUE : *quand tout est perdu, l'espoir demeure.*

C. SIMPLE DIRECTE

V. + attribut : *demeurer ébahi.*
V. + lieu : *demeurer rue de la Boétie.*

C. SIMPLE INDIRECTE

V. + lieu : *demeurer* **à** *Londres.*

CONSTRUCTION MULTIPLE

V. + attribut — **à** + compl. : *demeurer étranger* **à** *la vie moderne.*
V. + temps — **à** + compl. : *il est demeuré* **pendant** *trois ans* **aux** *Etats-Unis.*

démilitariser [demilitarize] Régul. I /**avoir**/ Base : DÉMILITARIS-. **3**

C. SIMPLE DIRECTE

V. + complément : *démilitariser une région.*

démissionner [demisjɔne] Régul. I /**avoir**/ Base : DÉMISSIONN-. **3**

C. ABSOLUE : *il a été obligé de démissionner.*

C. SIMPLE DIRECTE

V. + complément : *démissionner un haut fonctionnaire.*

démobiliser [demɔbilize] Régul. I /**avoir**/ Base : DÉMOBILIS-. **3**

C. SIMPLE DIRECTE

V. + complément : *démobiliser le contingent.*

démocratiser [demɔkratize] Régul. I /**avoir**/ Base : DÉMOCRATIS-. **3**

C. SIMPLE DIRECTE

V. + complément : *démocratiser l'enseignement supérieur.*
Emploi pronominal : **se** démocratiser (accord = P).

démoder [demɔde] Régul. I /**avoir**/ Base : DÉMOD-. **3**

C. SIMPLE DIRECTE

V. + complément (rare).
Emploi pronominal : **se** démoder (accord = P).

démolir [demɔlir] Régul. II /**avoir**/ Base : DÉMOL-. **26**

C. SIMPLE DIRECTE

V. + complément : *démolir une citadelle.*

démonter [demɔ̃te] Régul. I /**avoir**/ Base : DÉMONT-. **3**

C. SIMPLE DIRECTE

V. + complément : *démonter le mécanisme.*
Emploi pronominal : **se** démonter (accord = P).

démontrer [demɔ̃tre] Régul. I /**avoir**/ Base : DÉMONTR-. **3**

C. SIMPLE DIRECTE

V. + complément : *démontrer sa compétence.*
Emploi pronominal : **se** démontrer (accord = P).

CONSTRUCTION MULTIPLE

V. + compl. — **à** + compl. : *démontrer un théorème* ***aux*** *élèves.*

démoraliser [demɔralize] Régul. I /**avoir**/ Base : DÉMORALIS-. **3**

C. ABSOLUE : *les échecs démoralisent souvent.*

C. SIMPLE DIRECTE

V. + complément : *démoraliser l'ennemi.*
Emploi pronominal : **se** démoraliser (accord = P).

démordre [demɔrdr] III /**avoir**/ Base : DÉMORD-. **65**

C. SIMPLE INDIRECTE

V. + **de** + complément : *il ne veut pas démordre* **de** *cette idée.*

démultiplier [demyltiplije] Régul. I /**avoir**/ Base : DÉMULTIPLI-. **3**

C. ABSOLUE : *ce pignon démultiplie.*

C. SIMPLE DIRECTE

V. + complément : *démultiplier la vitesse.*

démunir [demynir] Régul. II /**avoir**/ Base : DÉMUN-. **26**

C. SIMPLE DIRECTE

V. + complément : *démunir une forteresse.*
Emploi pronominal : **se** démunir (accord = P).

CONSTRUCTION MULTIPLE

V. + compl. — **de** + compl. : *démunir quelqu'un* **des** *instruments qui lui sont nécessaires.*
Emploi pronominal : **se** démunir **de** + complément : ***se*** *démunir* **de** *tous ses biens* (accord = P).

démystifier [demistifje] Régul. I /**avoir**/ Base : DÉMYSTIFI-. **3**

C. SIMPLE DIRECTE

V. + complément : *démystifier une personne crédule.*

dénaturer [denatyre] Régul. I /**avoir**/ Base : DÉNATUR-. **3**

C. SIMPLE DIRECTE

V. + complément : *dénaturer les événements.*
Emploi pronominal : **se** dénaturer (accord = P).

dénicher [deniʃe] Régul. I /**avoir**/ Base : DÉNICH-. **3**

C. ABSOLUE (fam.) : *il déniche souvent.*

C. SIMPLE DIRECTE

V. + complément : *dénicher des oiseaux.*
Emploi pronominal : **se** dénicher (accord = P).

CONSTRUCTION MULTIPLE

V. + compl. — **de** + compl. (fam.) : *dénicher un bouvreuil* **de** *son nid.*

Modèle

dénier [denje] Régul. I /**avoir**/ Base : DENI-. **3**

C. SIMPLE DIRECTE

V. + complément : *dénier une dette.*

CONSTRUCTION MULTIPLE

V. + compl. — **à** + compl. : *dénier toute responsabilité* **à** *un enfant.*

dénigrer [denigre] Régul. I /**avoir**/ Base : DÉNIGR-. **3**

C. SIMPLE DIRECTE

V. + complément : *dénigrer ses amis.*
Emploi pronominal : **se dénigrer** (accord = P).

dénombrer [denɔ̃bre] Régul. I /**avoir**/ Base : DÉNOMBR-. **3**

C. SIMPLE DIRECTE

V. + complément : *dénombrer un bataillon.*
Emploi pronominal : **se dénombrer** (accord = P).

dénommer [denɔme] Régul. I /**avoir**/ Base : DÉNOMM-. **3**

C. SIMPLE DIRECTE

V. + complément : *dénommer un nouveau minerai.*
Emploi pronominal : **se dénommer** (accord = P);
se dénommer + attribut : *se dénommer Lafleur Jules* (accord = P).

dénoncer [denɔ̃se] Particularité I /**avoir**/ Base : DÉNON[C]-. **10**

C. SIMPLE DIRECTE

V. + complément : *dénoncer le coupable.*
Emploi pronominal : **se dénoncer** (accord = P).

CONSTRUCTION MULTIPLE

V. + compl. — **à** + compl. : *dénoncer l'instigateur du chahut* **aux** *autorités.*
Emploi pronominal : **se dénoncer à** + complément : *se dénoncer* **à** *la police* (accord = P).

dénoter [denɔte] Régul. I /**avoir**/ Base : DÉNOT-. **3**

C. SIMPLE DIRECTE

V. + complément : *dénoter un certain esprit d'initiative.*

dénouer [denwe] Régul. I /**avoir**/ Base : DÉNOU-. **3**

C. SIMPLE DIRECTE

V. + complément : *dénouer une intrigue.*
Emploi pronominal : **se dénouer** (accord = P).

dénuer [denɥe] Régul. I /**avoir**/ Base : DÉNU-. **3**

C. SIMPLE DIRECTE

V. + complément : *dénuer un commerçant.*

CONSTRUCTION MULTIPLE

V. + compl. — **de** + compl. : *dénuer le commerçant* **de** *tous ses biens.*
Emploi pronominal : **se dénuer de** + complément : *se dénuer* **de** *ses richesses* (accord = P).

Modèle

dépanner [depane] Régul. I /**avoir**/ Base : DÉPANN-. **3**

C. SIMPLE DIRECTE

V. + complément : *dépanner une voiture de sport.*
Emploi pronominal : se dépanner (accord = P).

dépareiller [depareje] Régul. I /**avoir**/ Base : DÉPAREILL-. **3**

C. SIMPLE DIRECTE

V. + complément : *dépareiller un service à thé.*

départager [departaʒe] Particularité I /**avoir**/ Base : DÉPARTA[G]-. **12**

C. SIMPLE DIRECTE

V. + complément : *départager deux champions.*
Emploi pronominal : se départager (accord = P).

départir [departir] III /**avoir**/ Base : DÉPAR-. **32**

C. SIMPLE DIRECTE

V. + complément : *départir des faveurs.*
Emploi pronominal : se départir **de** + complément : ***se** départir **de** son calme coutumier* (accord = P).

dépasser [depɑse] Régul. I /**avoir**/ Base : DÉPASS-. **3**

C. SIMPLE DIRECTE

V. + complément : *dépasser ses espoirs.*
Emploi pronominal : se dépasser (accord = P).

dépaver [depave] Régul. I /**avoir**/ Base : DÉPAV-. **3**

C. SIMPLE DIRECTE

V. + complément : *dépaver les rues.*
Emploi pronominal : se dépaver (accord = P).

dépayser [depeize] Régul. I /**avoir**/ Base : DÉPAYS-. **3**

C. SIMPLE DIRECTE

V. + complément : *dépayser un auditoire.*
Emploi pronominal : se dépayser (accord = P).

dépêcher [depeʃe] Régul. I /**avoir**/ Base : DÉPÊCH-. **3**

C. SIMPLE DIRECTE

V. + complément : *dépêcher un courrier.*
Emploi pronominal : se dépêcher (accord = P).

CONSTRUCTION MULTIPLE

V. + compl. — lieu : *dépêcher un observateur **à** un congrès.*
Emploi pronominal : se dépêcher **de** + infin. : ***se** dépêcher **d'**en finir* (accord = P).

dépeindre [depɛ̃dr] III /**avoir**/ Base : DÉPEI-. **71**

C. SIMPLE DIRECTE

V. + complément : *dépeindre un caractère.*
Emploi pronominal : se dépeindre (accord = P).

CONSTRUCTION MULTIPLE

V. + compl. — attribut du compl. : *dépeindre quelqu'un tel qu'il est.*
Emploi pronominal : se dépeindre + attribut : ***se** dépeindre tel qu'on est.*

V. + compl. — **comme** + attribut du compl. : *dépeindre son adversaire* ***comme*** *un individu dépourvu de scrupule.*
Emploi pronominal : **se** dépeindre **comme** + attribut : ***se*** *dépeindre* ***comme*** *un misérable* (accord = P).

dépendre [depɑ̃dr] III /**avoir**/ Base : DÉPEND-. **65**

1° **Emploi personnel.**

C. SIMPLE DIRECTE
V. + complément : *dépendre un lustre.*

C. SIMPLE INDIRECTE
V. + **de** + complément : *dépendre* ***du*** *temps.*

2° **Emploi unipersonnel.**

C. ABSOLUE : *cela dépend.*

CONSTRUCTION MULTIPLE
Il dépend **de** + compl. — sujet réel = **de** + infin. : *il ne dépend que* ***de*** *moi* ***de*** *vous faire réussir.*
Il dépend **de** + compl. — sujet réel = **que** + subj. : *il dépend* ***de*** *vous* ***que*** *tout finisse bien.*

dépenser [depɑ̃se] Régul. I /**avoir**/ Base : DÉPENS-. **3**

C. ABSOLUE : *il dépense sans compter.*

C. SIMPLE DIRECTE
V. + complément : *dépenser sa fortune.*
Emploi pronominal : **se** dépenser (accord = P).

dépérir [deperir] Régul. II /**avoir**/ Base : DÉPÉR-. **26**

C. ABSOLUE : *il dépérit de jour en jour.*

dépersonnaliser [depɛrsɔnalize] Régul. I /**avoir**/ Base : DÉPERSONNALIS-. **3**

C. SIMPLE DIRECTE
V. + complément : *dépersonnaliser un adolescent.*
Emploi pronominal : **se** dépersonnaliser (accord = P).

dépêtrer [depetre] Régul. I /**avoir**/ Base : DÉPÊTR-. **3**

C. SIMPLE DIRECTE
V. + complément : *dépêtrer un âne.*
Emploi pronominal : **se** dépêtrer (accord = P).

CONSTRUCTION MULTIPLE
V. + compl. — **de** + compl. : *dépêtrer un ami* ***d'une*** *mauvaise affaire.*
Emploi pronominal : **se** dépêtrer **de** + complément : ***se*** *dépêtrer* ***d'un*** *importun* (accord = P).

dépeupler [depœple] Régul. I /**avoir**/ Base : DÉPEUPL-. **3**

C. SIMPLE DIRECTE
V. + complément : *dépeupler un pays.*
Emploi pronominal : **se** dépeupler (accord = P).

dépister [depiste] Régul. I /**avoir**/ Base : DÉPIST-. **3**

C. SIMPLE DIRECTE
V. + complément : *dépister le gibier.*

déplacer [deplase] Particularité I /**avoir**/ Base : DÉPLA[C]-. **10**
C. SIMPLE DIRECTE
V. + complément : *déplacer un fonctionnaire.*
Emploi pronominal : **se** déplacer (accord = P).

déplaire [deplɛr] III /**avoir**/ Base : DÉPL-. **77**
1° Emploi personnel.
C. ABSOLUE : *il déplaît.*
C. SIMPLE INDIRECTE
V. + **à** + complément : *déplaire **à** sa belle-mère.*
Emploi pronominal : **se** déplaire (accord = I).
2° Emploi unipersonnel.
CONSTRUCTION MULTIPLE
Il déplaît **à** + compl. — sujet réel = **de** + infin. : *il **lui** déplaît **de** sortir aujourd'hui.*

déplâtrer [deplɑtre] Régul. I /**avoir**/ Base : DÉPLÂTR-. **3**
C. SIMPLE DIRECTE
V. + complément : *déplâtrer la cheville.*

déplier [deplije] Régul. I /**avoir**/ Base : DÉPLI-. **3**
C. SIMPLE DIRECTE
V. + complément : *déplier le journal.*
Emploi pronominal : **se** déplier (accord = P).

déplisser [deplise] Régul. I /**avoir**/ Base : DÉPLISS-. **3**
C. SIMPLE DIRECTE
V. + complément : *déplisser une jupe.*
Emploi pronominal : **se** déplisser (accord = P).

déplomber [deplɔ̃be] Régul. I /**avoir**/ Base : DÉPLOMB-. **3**
C. SIMPLE DIRECTE
V. + complément : *déplomber le compteur.*

déplorer [deplɔre] Régul. I /**avoir**/ Base : DÉPLOR-. **3**
C. SIMPLE DIRECTE
V. + complément : *déplorer cet incident.*
V. + **de** + infin. : *déplorer **d'**avoir de tels soucis.*
V. + **que** + subj. : *déplorer **que** vous les obligiez à recommencer.*

déployer [deplwaje] Particularité I /**avoir**/ Base : DÉPLO[Y]-. **8**
C. SIMPLE DIRECTE
V. + complément : *déployer une telle force.*
Emploi pronominal : **se** déployer (accord = P).

déplumer [deplyme] Régul. I /**avoir**/ Base : DÉPLUM-. **3**
C. SIMPLE DIRECTE
V. + complément : *déplumer un poulet.*
Emploi pronominal (fam.) : **se** déplumer (accord = P).

dépolir [depɔlir] Régul. II /**avoir**/ Base : DÉPOL-. **26**
C. SIMPLE DIRECTE
V. + complément : *dépolir un métal.*
Emploi pronominal : **se** dépolir (accord = P).

Modèle

déporter [depɔrte] Régul. I /**avoir**/ Base : DÉPORT-. **3**

C. SIMPLE DIRECTE

V. + complément : *déporter un prisonnier.*
Emploi pronominal : **se** déporter (accord = P).

déposer [depoze] Régul. I /**avoir**/ Base : DÉPOS-. **3**

C. ABSOLUE : *ce vin dépose.*

C. SIMPLE DIRECTE

V. + complément : *déposer une plainte.*
Emploi pronominal : **se** déposer (accord = P).
V. + **que** + indic. : *déposer* **que** *l'accusé est innocent.*

C. SIMPLE INDIRECTE

V. + **contre** + complément : *déposer* **contre** *quelqu'un.*
V. + **en faveur de** + complément : *déposer* **en faveur de** *quelqu'un.*

CONSTRUCTION MULTIPLE

V. + compl. — lieu : *déposer ses valises* **à** *la consigne.*

déposséder [depɔsede] Particularité I /**avoir**/ Base : DÉPOSS[É]D-. **14**

C. SIMPLE DIRECTE

V. + complément : *déposséder ses héritiers.*

CONSTRUCTION MULTIPLE

V. + compl. — **de** + compl. : *déposséder quelqu'un* **de** *ses biens.*

dépouiller [depuje] Régul. I /**avoir**/ Base : DÉPOUILL-. **3**

C. SIMPLE DIRECTE

V. + complément : *dépouiller les arbres.*
Emploi pronominal : **se** dépouiller (accord = P).

CONSTRUCTION MULTIPLE

V. + compl. — **de** + compl. : *dépouiller quelqu'un* **de** *sa fortune.*
Emploi pronominal : **se** dépouiller **de** + complément : ***se*** *dépouiller* **de** *ses feuilles* (accord = P).

dépraver [deprave] Régul. I /**avoir**/ Base : DÉPRAV-. **3**

C. SIMPLE DIRECTE

V. + complément : *dépraver les mœurs.*
Emploi pronominal : **se** dépraver (accord = P).

déprécier [depresje] Régul. I /**avoir**/ Base : DÉPRÉCI-. **3**

C. SIMPLE DIRECTE

V. + complément : *déprécier l'or.*
Emploi pronominal : **se** déprécier (accord = P).

déprimer [deprime] Régul. I /**avoir**/ Base : DÉPRIM-. **3**

C. SIMPLE DIRECTE

V. + complément : *déprimer un malade.*
Emploi pronominal : **se** déprimer (accord = P).

députer [depyte] Régul. I /**avoir**/ Base : DÉPUT-. **3**

C. SIMPLE DIRECTE

V. + complément : *députer un délégué.*

CONSTRUCTION MULTIPLE

V. + compl. — **à** + compl. : *députer son assistant* **à** *une conférence.*

Modèle

déraciner [derasine] Régul. I /**avoir**/ Base : DÉRACIN-. **3**

C. SIMPLE DIRECTE

V. + complément : *déraciner un chêne.*
Emploi pronominal : se déraciner (accord = P).

dérailler [derɑje] Régul. I /**avoir**/ Base : DÉRAILL-. **3**

C. ABSOLUE : *le train n° 6 a déraillé.*

déraisonner [derɛzɔne] Régul. I /**avoir**/ Base : DÉRAISONN-. **3**

C. ABSOLUE : *il commence à déraisonner.*

déranger [derɑ̃ʒe] Particularité I /**avoir**/ Base : DÉRAN[G]-. **12**

C. SIMPLE DIRECTE

V. + complément : *déranger des documents.*
Emploi pronominal : se déranger (accord = P).

déraper [derape] Régul. I /**avoir**/ Base : DÉRAP-. **3**

C. ABSOLUE : *il dérapa.*

dérégler [deregle] Particularité I /**avoir**/ Base : DÉR[É]GL-. **14**

C. SIMPLE DIRECTE

V. + complément : *dérégler une horloge.*
Emploi pronominal : se dérégler (accord = P).

dérider [deride] Régul. I /**avoir**/ Base : DÉRID-. **3**

C. SIMPLE DIRECTE

V. + complément : *dérider un homme triste.*
Emploi pronominal : se dérider (accord = P).

dériver [derive] Régul. I /**avoir**/ Base : DÉRIV-. **3**

C. ABSOLUE : *le radeau dérive.*

C. SIMPLE DIRECTE

V. + complément : *dériver une lame de couteau.*

C. SIMPLE INDIRECTE

V. + **de** + complément : *dériver **d'**un verbe.*

CONSTRUCTION MULTIPLE

V. + compl. — **de** + compl. : *dériver un mot **du** grec.*

dérober [derɔbe] Régul. I /**avoir**/ Base : DÉROB-. **3**

C. SIMPLE DIRECTE

V. + complément : *dérober un pain.*
Emploi pronominal : se dérober (accord = P).

CONSTRUCTION MULTIPLE

V. + compl. — **à** + compl. : *dérober son sac **à** une passante.*
Emploi pronominal : se dérober **à** + complément : *se dérober **à** ses obligations* (accord = P).

déroger [derɔʒe] Régul. I /**avoir**/ Base : DÉRO[G]-. **12**

C. ABSOLUE : *il accepte de déroger.*

C. SIMPLE INDIRECTE

V. + **à** + complément : *déroger **à** ses principes.*

dérouiller [deruje] Régul. I /**avoir**/ Base : DÉROUILL-. **3**

C. ABSOLUE (pop.) : *j'espère qu'il va dérouiller!*

C. SIMPLE DIRECTE

V. + complément : *dérouiller un membre ankylosé.*
Emploi pronominal : **se** dérouiller (accord = P).

dérouler [derule] Régul. I /**avoir**/ Base : DÉROUL-. **3**

C. SIMPLE DIRECTE

V. + complément : *dérouler un parchemin.*
Emploi pronominal : **se** dérouler (accord = P).

dérouter [derute] Régul. I /**avoir**/ Base : DÉROUT-. **3**

C. SIMPLE DIRECTE

V. + complément : *dérouter un pétrolier.*
Emploi pronominal : **se** dérouter (accord = P).

désabuser [dezabyze] Régul. I /**avoir**/ Base : DÉSABUS-. **3**

C. SIMPLE DIRECTE

V. + complément : *désabuser un naïf.*
Emploi pronominal : **se** désabuser (accord = P).

CONSTRUCTION MULTIPLE

V. + compl. — **de** + compl. : *désabuser un fanatique* **de** *son erreur.*
Emploi pronominal : **se** désabuser **de** + complément : ***se** désabuser* **de** *tout* (accord = P).

désaccoutumer [dezakutyme] Régul. I /**avoir**/ Base : DÉSACCOUTUM-. **3**

C. SIMPLE DIRECTE

V. + complément : *désaccoutumer un toxicomane.*
Emploi pronominal : **se** désaccoutumer (accord = P).

CONSTRUCTION MULTIPLE

V. + compl. — **de** + compl. : *désaccoutumer un fumeur* **du** *tabac.*
Emploi pronominal : **se** désaccoutumer **de** + complément : ***se** désaccoutumer* **du** *tabac* (accord = P).
V. + compl. — **de** + infin. : *désaccoutumer un enfant* **de** *mentir.*
Emploi pronominal : **se** désaccoutumer **de** + infin. : ***se** désaccoutumer* **de** *flâner* (accord = P).

désacraliser [desakralize] Régul. I /**avoir**/ Base : DÉSACRALIS-. **3**

C. SIMPLE DIRECTE

V. + complément : *désacraliser une pratique.*
Emploi pronominal : **se** désacraliser (accord = P).

désadapter [dezadapte] Régul. I /**avoir**/ Base : DÉSADAPT-. **3**

C. SIMPLE DIRECTE

V. + complément : *désadapter un être.*

CONSTRUCTION MULTIPLE

V. + compl. — **de** + compl. : *désadapter quelqu'un* **de** *son milieu.*
Emploi pronominal : **se** désadapter **de** + complément : ***se** désadapter* **d'***un climat* (accord = P).

désaffecter [dezafɛkte] Régul. I /**avoir**/ Base : DÉSAFFECT-. **3**
C. SIMPLE DIRECTE
V. + complément : *désaffecter un bâtiment.*

désagréger [dezagreʒe] Deux particularités I /**avoir**/ Base : DÉSAGR[ÉG]-. **23**
C. SIMPLE DIRECTE
V. + complément : *désagréger du calcaire.*
Emploi pronominal : **se** désagréger (accord = P).

désaltérer [dezaltere] Particularité I /**avoir**/ Base : DÉSALT[É]R-. **14**
C. SIMPLE DIRECTE
V. + complément : *désaltérer son chien.*
Emploi pronominal : **se** désaltérer (accord = P).

désamorcer [dezamɔrse] Particularité I /**avoir**/ Base : DÉSAMOR[C]-. **10**
C. SIMPLE DIRECTE
V. + complément : *désamorcer une bombe.*

désappointer [dezapwɛ̃te] Régul. I /**avoir**/ Base : DÉSAPPOINT-. **3**
C. SIMPLE DIRECTE
V. + complément : *désappointer quelqu'un.*

désapprendre [dezaprɑ̃dr] III /**avoir**/ Base : DÉSAPPR-. **68**
C. ABSOLUE : *on finit par désapprendre.*
C. SIMPLE DIRECTE
V. + complément : *désapprendre sa langue maternelle.*
Emploi pronominal : **se** désapprendre (accord = P).

désapprouver [dezapruve] Régul. I /**avoir**/ Base : DÉSAPPROUV-. **3**
C. SIMPLE DIRECTE
V. + complément : *désapprouver des procédés douteux.*
V. + **que** + subj. : *désapprouver* **que** *l'on soit capable de légèreté.*

désarçonner [dezarsɔne] Régul. I /**avoir**/ Base : DÉSARÇONN-. **3**
C. SIMPLE DIRECTE
V. + complément : *désarçonner l'amazone.*

désargenter [dezarʒɑ̃te] Régul. I /**avoir**/ Base : DÉSARGENT-. **3**
C. SIMPLE DIRECTE
V. + complément : *désargenter un plateau à hors-d'œuvre.*
Emploi pronominal : **se** désargenter (accord = P).

désarmer [dezarme] Régul. I /**avoir**/ Base : DÉSARM-. **3**
C. ABSOLUE : *on a décidé de désarmer.*
C. SIMPLE DIRECTE
V. + complément : *désarmer un cargo.*
Emploi pronominal : **se** désarmer (accord = P).

désarticuler [dezartikyle] Régul. I /**avoir**/ Base : DÉSARTICUL-. **3**
C. SIMPLE DIRECTE
V. + complément : *désarticuler une épaule de veau.*
Emploi pronominal : **se** désarticuler (accord = P).

Modèle

désassortir [dezasɔrtir] Régul. II /**avoir**/ Base : DÉSASSORT-. **26**

C. SIMPLE DIRECTE

V. + complément : *désassortir une parure.*

désavantager [dezavɑ̃taʒe] Particularité I /**avoir**/ Base : DÉSAVANTA[G]-. **12**

C. SIMPLE DIRECTE

V. + complément : *désavantager un candidat.*
Emploi pronominal : **se** désavantager (accord = P).

désavouer [dezavwe] Régul. I /**avoir**/ Base : DÉSAVOU-. **3**

C. SIMPLE DIRECTE

V. + complément : *désavouer son porte-parole.*
Emploi pronominal : **se** désavouer (accord = P).

CONSTRUCTION MULTIPLE

V. + compl. — **pour** + attribut du compl. : *désavouer quelqu'un **pour** son représentant.*

desceller [desɛle] Régul. I /**avoir**/ Base : DESCELL-. **3**

C. SIMPLE DIRECTE

V. + complément : *desceller les gonds d'une porte.*
Emploi pronominal : **se** desceller (accord = P).

descendre [desɑ̃dr] III /**avoir et être**/ Base : DESCEND-. **65**

C. ABSOLUE : *je descends tout de suite.*

C. SIMPLE DIRECTE

V. + complément : *descendre la poubelle.*

C. SIMPLE INDIRECTE

V. + lieu : *descendre **de** la terrasse; descendre **à** la cave...*

désembourgeoiser [dezɑ̃burʒwaze] Régul. I /**avoir**/ Base : DÉSEMBOURGEOIS-. **3**

C. SIMPLE DIRECTE

V. + complément : *désembourgeoiser la société.*
Emploi pronominal : **se** désembourgeoiser (accord = P).

désemparer [dezɑ̃pare] Régul. I /**avoir**/ Base : DÉSEMPAR-. **3**

C. ABSOLUE : *sans désemparer.*

C. SIMPLE DIRECTE

V. + complément : *désemparer un bac.*

désemplir [dezɑ̃plir] Régul. II /**avoir**/ Base : DÉSEMPL-. **26**

C. ABSOLUE : *le salon ne désemplit pas.*

C. SIMPLE DIRECTE

V. + complément : *désemplir un flacon.*
Emploi pronominal : **se** désemplir (accord = P).

désenchanter [dezɑ̃ʃɑ̃te] Régul. I /**avoir**/ Base : DÉSENCHANT-. **3**

C. SIMPLE DIRECTE

V. + complément : *désenchanter une âme d'enfant.*

Modèle

désenfler [dezɑ̃fle] Régul. I /**avoir** et **être**/ Base : DÉSENFL-. **3**
C. ABSOLUE : *l'abcès désenfle.*
C. SIMPLE DIRECTE
V. + complément : *désenfler les jambes d'un hydropique.*

désengorger [dezɑ̃gɔrʒe] Particularité I /**avoir**/ Base : DÉSENGOR[G]-. **12**
C. SIMPLE DIRECTE
V. + complément : *désengorger l'évier.*

désennuyer [dezɑ̃nɥije] Particularité I /**avoir**/ Base : DÉSENNU[Y]-. **8**
C. ABSOLUE : *cela désennuie.*
C. SIMPLE DIRECTE
V. + complément : *désennuyer un malade.*
Emploi pronominal : se désennuyer **de** + complément : ***se** désennuyer **de** l'inaction* (accord = P);
se désennuyer + gérondif : ***se** désennuyer en jouant au piquet* (accord = P).

déserter [dezɛrte] Régul. I /**avoir**/ Base : DÉSERT-. **3**
C. ABSOLUE : *il a déserté aussitôt.*
C. SIMPLE DIRECTE
V. + complément : *déserter Paris.*
C. SIMPLE INDIRECTE
V. + **de** + lieu : *déserter **de** la ville.*
V. + **à** + complément : *déserter **à** la campagne.*

désespérer [dezɛspere] Particularité I /**avoir**/ Base : DÉSESP[É]R-. **14**
C. ABSOLUE : *je désespère.*
C. SIMPLE DIRECTE
V. + complément : *désespérer ses maîtres.*
Emploi pronominal : se désespérer (accord = P).
V. + **de** + infin. : *désespérer **d'**y arriver jamais.*
V. + **que** + subj. : *désespérer **que** l'on puisse s'en aller.*
C. SIMPLE INDIRECTE
V. + **de** + complément : *désespérer **de** la clémence du ciel.*

déshabiller [dezabije] Régul. I /**avoir**/ Base : DÉSHABILL-. **3**
C. SIMPLE DIRECTE
V. + complément : *déshabiller sa poupée.*
Emploi pronominal : se déshabiller (accord = P).

déshabituer [dezabitɥe] Régul. I /**avoir**/ Base : DÉSHABITU-. **3**
CONSTRUCTION MULTIPLE
V. + compl. — **de** + compl. : *déshabituer un alcoolique **du** vin.*
Emploi pronominal : se déshabituer **de** + complément : ***se** déshabituer **du** tabac* (accord = P).
V. + compl. — **de** + infin. : *déshabituer un alcoolique **de** boire.*
Emploi pronominal : se déshabituer **de** + infin. : ***se** déshabituer **de** paresser* (accord = P).

désherber [dezɛrbe] Régul. I /**avoir**/ Base : DÉSHERB-. **3**
C. SIMPLE DIRECTE
V. + complément : *désherber un carré de doucette.*

Modèle

déshériter [dezerite] Régul. I /**avoir**/ Base : DÉSHÉRIT-. **3**

C. SIMPLE DIRECTE

V. + complément : *déshériter un collatéral.*

déshonorer [dezɔnɔre] Régul. I /**avoir**/ Base : DÉSHONOR-. **3**

C. ABSOLUE : *Voler déshonore.*

C. SIMPLE DIRECTE

V. + complément : *déshonorer sa famille.*
Emploi pronominal : **se** déshonorer (accord = P).

déshumaniser [dezymanize] Régul. I /**avoir**/ Base : DÉSHUMANIS-. **3**

C. SIMPLE DIRECTE

V. + complément : *déshumaniser les conditions de vie.*

déshydrater [dezidrate] Régul. I /**avoir**/ Base : DÉSHYDRAT-. **3**

C. SIMPLE DIRECTE

V. + complément : *déshydrater du fourrage.*
Emploi pronominal : **se** déshydrater (accord = P).

désigner [deziɲe] Régul. I /**avoir**/ Base : DÉSIGN-. **3**

C. SIMPLE DIRECTE

V. + complément : *désigner un responsable.*
Emploi pronominal : **se** désigner (accord = P).

CONSTRUCTION MULTIPLE

V. + compl. — **comme** + attribut du compl. : *désigner son beau-frère* ***comme*** *son successeur.*
Emploi pronominal : **se** désigner **comme** + attribut : ***se*** *désigner* ***comme*** *responsable* (accord = P).
V. + compl. — **pour** + attribut du compl. : *désigner un collègue* ***pour*** *son représentant.*
Emploi pronominal : **se** désigner **pour** + attribut : ***se*** *désigner* ***pour*** *scrutateur* (accord = P).

désillusionner [dezillyzjɔne] Régul. I /**avoir**/ Base : DÉSILLUSIONN-. **3**

C. SIMPLE DIRECTE

V. + complément : *désillusionner un homme de bonne volonté.*

désinfecter [dezɛ̃fɛkte] Régul. I /**avoir**/ Base : DÉSINFECT-. **3**

C. SIMPLE DIRECTE

V. + complément : *désinfecter une étable.*

désintégrer [dezɛ̃tegre] Particularité I /**avoir**/ Base : DÉSINT[É]GR-. **14**

C. SIMPLE DIRECTE

V. + complément : *désintégrer l'atome.*
Emploi pronominal : **se** désintégrer (accord = P).

désintéresser [dezɛ̃terese] Régul. I /**avoir**/ Base : DÉSINTÉRESS-. **3**

C. SIMPLE DIRECTE

V. + complément : *désintéresser un créancier.*
Emploi pronominal : **se** désintéresser **de** + complément : ***se*** *désintéresser* **du** *résultat* (accord = P).

Modèle

désintoxiquer [dezɛ̃tɔksike] Régul. I /**avoir**/ Base : DÉSINTOXIQU-. **3**

C. SIMPLE DIRECTE

V. + complément : *désintoxiquer un opiomane.*
Emploi pronominal : **se** désintoxiquer (accord = P).

désirer [dezire] Régul. I /**avoir**/ Base : DÉSIR-. **3**

C. ABSOLUE : *laisser à désirer.*

C. SIMPLE DIRECTE

V. + complément : *désirer le succès.*
V. + infinitif : *désirer être entendu.*
V. + **que** + subj. : *désirer* ***que*** *tout soit en ordre.*

CONSTRUCTION MULTIPLE

V. + compl. — **de** + compl. : *désirer une faveur* ***de*** *quelqu'un.*

désister (se) [s(ə)deziste] Régul. I /**être**/ Base : DÉSIST- (SE). **5**

C. SIMPLE INDIRECTE

Se désister **de** + complément : ***se*** *désister* ***de*** *ses fonctions* (accord = P);
Se désister **en faveur de** + complément : ***se*** *désister* ***en faveur de*** *son second* (accord = P).

désobéir [dezɔbeir] Régul. II /**avoir**/ Base : DÉSOBÉ-. **26**

C. ABSOLUE : *il désobéit.*

C. SIMPLE INDIRECTE

V. + **à** + complément : *désobéir* ***à*** *ses parents.*

désobliger [dezɔbliʒe] Particularité I /**avoir**/ Base : DÉSOBLI[G]-. **12**

C. SIMPLE DIRECTE

V. + complément : *désobliger un homme courtois.*

désodoriser [dezɔdɔrize] Régul. I /**avoir**/ Base : DÉSODORIS-. **3**

C. SIMPLE DIRECTE

V. + complément : *désodoriser le cellier.*

désoler [dezɔle] Régul. I /**avoir**/ Base : DÉSOL-. **3**

C. SIMPLE DIRECTE

V. + complément : *désoler ses hôtes.*
Emploi pronominal : **se** désoler (accord = P).

désolidariser [desɔlidarize] Régul. I /**avoir**/ Base : DÉSOLIDARIS-. **3**

C. SIMPLE DIRECTE

V. + complément : *désolidariser les membres d'un parti.*
Emploi pronominal : **se** désolidariser (accord = P).

CONSTRUCTION MULTIPLE

V. + compl. — **de** + compl. : *désolidariser les actionnaires* ***du*** *conseil d'administration.*
Emploi pronominal : **se** désolidariser **de** + complément : ***se*** *désolidariser* ***de*** *ses pairs* (accord = P);
se désolidariser **d'avec** + complément : ***se*** *désolidariser* ***d'avec*** *ses confrères* (accord = P).

Modèle

désorganiser [dezɔrganize] Régul. I /**avoir**/ Base : DÉSORGANIS-. **3**
C. SIMPLE DIRECTE
V. + complément : *désorganiser une réunion.*
Emploi pronominal : se désorganiser (accord = P).

désorienter [dezɔrjɑ̃te] Régul. I /**avoir**/ Base : DÉSORIENT-. **3**
C. SIMPLE DIRECTE
V. + complément : *désorienter une boussole.*

désosser [dezɔse] Régul. I /**avoir**/ Base : DÉSOSS-. **3**
C. SIMPLE DIRECTE
V. + complément : *désosser une dinde.*
Emploi pronominal : se désosser (accord = P).

dessaisir [desezir] Régul. II /**avoir**/ Base : DESSAIS-. **26**
C. SIMPLE DIRECTE
V. + complément : *dessaisir le tribunal d'instance.*
CONSTRUCTION MULTIPLE
V. + compl. — **de** + compl. : *dessaisir le tribunal* **de** *cette affaire.*
Emploi pronominal : se dessaisir **de** + complément : ***se*** *dessaisir* ***de*** *sa bibliothèque* (accord = P).

dessaler [desale] Régul. I /**avoir**/ Base : DESSAL-. **3**
C. ABSOLUE : *laisser les anchois dessaler.*
C. SIMPLE DIRECTE
V. + complément : *dessaler un filet de morue.*
Emploi pronominal : se dessaler (accord = P).

dessécher [deseʃe] Particularité I /**avoir**/ Base : DESS[É]CH-. **14**
C. ABSOLUE : *faire dessécher des abricots.*
C. SIMPLE DIRECTE
V. + complément : *dessécher des prunes.*
Emploi pronominal : se dessécher (accord = P).

desserrer [desɛre] Régul. I /**avoir**/ Base : DESSERR-. **3**
C. SIMPLE DIRECTE
V. + complément : *desserrer un écrou.*
Emploi pronominal : se desserrer (accord = P).

desservir [desɛrvir] III /**avoir**/ Base : DESSER-. **32**
C. SIMPLE DIRECTE
V. + complément : *desservir un candidat; desservir la table.*
Emploi pronominal : se desservir (accord = P).

dessiner [desine] Régul. I /**avoir**/ Base : DESSIN-. **3**
C. ABSOLUE : *il dessine bien.*
C. SIMPLE DIRECTE
V. + complément : *dessiner une nature morte.*
Emploi pronominal : se dessiner (accord = P).

dessouder [desude] Régul. I /**avoir**/ Base : DESSOUD-. **3**
C. SIMPLE DIRECTE
V. + complément : *dessouder une anse.*

destiner [dɛstine] Régul. I /**avoir**/ Base : DESTIN-. **3**

CONSTRUCTION MULTIPLE

V. + compl. — **à** + compl. : *destiner son fils **à** la magistrature.*
Emploi pronominal : **se** destiner **à** + complément : ***se** destiner **à** la Carrière* (accord = P).

destituer [dɛstitɥe] Régul. I /**avoir**/ Base : DESTITU-. **3**

C. SIMPLE DIRECTE

V. + complément : *destituer un fonctionnaire.*

CONSTRUCTION MULTIPLE

V. + compl. — **de** + compl. : *destituer un chargé d'affaires **de** ses fonctions.*

désunir [dezynir] Régul. II /**avoir**/ Base : DÉSUN-. **26**

C. ABSOLUE : *cela désunit.*

C. SIMPLE DIRECTE

V. + complément : *désunir deux frères.*
Emploi pronominal : **se** désunir (accord = P).

détacher [detaʃe] Régul. I /**avoir**/ Base : DÉTACH-. **3**

C. SIMPLE DIRECTE

V. + complément : *détacher un chèque.*
Emploi pronominal : **se** détacher (accord = P).

CONSTRUCTION MULTIPLE

V. + compl. — **de** + compl. : *détacher un coupon **d'**un titre.*
Emploi pronominal : **se** détacher **de** + complément : ***se** détacher **des** biens de ce monde* (accord = P).

détailler [detaje] Régul. I /**avoir**/ Base : DÉTAILL-. **3**

C. SIMPLE DIRECTE

V. + complément : *détailler les passantes.*
Emploi pronominal : **se** détailler (accord = P).

détaler [detale] Régul. I /**avoir**/ Base : DÉTAL-. **3**

C. ABSOLUE : *le lièvre détale.*

détartrer [detartre] Régul. I /**avoir**/ Base : DÉTARTR-. **3**

C. SIMPLE DIRECTE

V. + complément : *détartrer le radiateur.*

détaxer [detakse] Régul. I /**avoir**/ Base : DÉTAX-. **3**

C. SIMPLE DIRECTE

V. + complément : *détaxer les produits agricoles.*

détecter [detɛkte] Régul. I /**avoir**/ Base : DÉTECT-. **3**

C. SIMPLE DIRECTE

V. + complément : *détecter des talents rares.*
Emploi pronominal : **se** détecter (accord = P).

déteindre [detɛ̃dr] III /**avoir**/ Base : DÉTEI-. **71**

C. ABSOLUE : *le rouge déteint.*

C. SIMPLE DIRECTE

V. + complément : *déteindre une étoffe.*

C. SIMPLE INDIRECTE
V. + **sur** + complément : *déteindre **sur** le blanc.*

dételer [det(ə)le] Particularité I /**avoir**/ Base : DÉTE[L]-. **16**
C. ABSOLUE : *j'ai envie de dételer.*
C. SIMPLE DIRECTE
V. + complément : *dételer des bœufs.*

détendre [detɑ̃dr] III /**avoir**/ Base : DÉTEND-. **65**
C. SIMPLE DIRECTE
V. + complément : *détendre un ressort.*
Emploi pronominal : **se** détendre (accord = P).

détenir [det(ə)nir] III /**avoir**/ Base : DÉT-. **36**
C. SIMPLE DIRECTE
V. + complément : *détenir l'hégémonie.*

détériorer [deterjɔre] Régul. I /**avoir**/ Base : DÉTÉRIOR-. **3**
C. SIMPLE DIRECTE
V. + complément : *détériorer son patrimoine.*
Emploi pronominal : **se** détériorer (accord = P).

déterminer [detɛrmine] Régul. I /**avoir**/ Base : DÉTERMIN-. **3**
V. + complément : *déterminer la nature d'une erreur.*
Emploi pronominal : **se** déterminer (accord = P).
CONSTRUCTION MULTIPLE
V. + compl. — **à** + infin. : *déterminer un paresseux **à** travailler.*
Emploi pronominal : **se** déterminer **à** + infin. : ***se** déterminer **à** se retirer* (accord = P).

déterrer [detɛre] Régul. I /**avoir**/ Base : DÉTERR-. **3**
C. SIMPLE DIRECTE
V. + complément : *déterrer un trésor.*
Emploi pronominal : **se** déterrer (accord = P).

détester [detɛste] Régul. I /**avoir**/ Base : DÉTEST-. **3**
C. SIMPLE DIRECTE
V. + complément : *détester les gêneurs.*
Emploi pronominal : **se** détester (accord = P).
V. + infinitif : *détester être dérangé.*
V. + **de** + infin. : *détester **de** se presser.*
V. + **que** + subj. : *détester **que** l'on vienne vous importuner.*

détoner [detɔne] Régul. I /**avoir**/ Base : DÉTON-. **3**
C. ABSOLUE : *un pétard qui détone.*

détonner [detɔne] Régul. I /**avoir**/ Base : DÉTONN-. **3**
C. ABSOLUE : *votre attitude détonne.*

détordre [detɔrdr] III /**avoir**/ Base : DÉTORD-. **65**
C. SIMPLE DIRECTE
V. + complément : *détordre une cordelette.*

détourner [deturne] Régul. I /**avoir**/ Base : DÉTOURN-. **3**

C. SIMPLE DIRECTE

V. + complément : *détourner l'orage.*
Emploi pronominal : se détourner (accord = P).

CONSTRUCTION MULTIPLE

V. + compl. — **de** + compl. : *détourner quelqu'un* ***d'****une idée dangereuse.*
Emploi pronominal : se détourner **de** + complément : ***se*** *détourner* ***de*** *toute société* (accord = P).
V. + compl. — **de** + infin. : *détourner quelqu'un* ***de*** *commettre une faute.*
V. + compl. — **sur** + compl. : *détourner l'attention* ***sur*** *son voisin.*

détraquer [detrake] Régul. I /**avoir**/ Base : DÉTRAQU-. **3**

C. SIMPLE DIRECTE

V. + complément : *détraquer sa montre.*
Emploi pronominal : se détraquer (accord = P).

détremper [detrɑ̃pe] Régul. I /**avoir**/ Base : DÉTREMP-. **3**

C. ABSOLUE : *la pluie détrempe.*

C. SIMPLE DIRECTE

V. + complément : *détremper des couleurs.*
Emploi pronominal : se détremper (accord = P).

détromper [detrɔ̃pe] Régul. I /**avoir**/ Base : DÉTROMP-. **3**

C. SIMPLE DIRECTE

V. + complément : *détromper un ami naïf.*
Emploi pronominal : se détromper (accord = P).

détrôner [detrone] Régul. I /**avoir**/ Base : DÉTRÔN-. **3**

C. SIMPLE DIRECTE

V. + complément : *détrôner un roi.*

détruire [detrɥir] III /**avoir**/ Base : DÉTRUI-. **82**

C. ABSOLUE : *il est facile de détruire.*

C. SIMPLE DIRECTE

V. + complément : *détruire les moustiques.*
Emploi pronominal : se détruire (accord = P).

dévaler [devale] Régul. I /**avoir**/ Base : DÉVAL-. **3**

C. ABSOLUE : *la tanche dévale.*

C. SIMPLE DIRECTE

V. + complément : *dévaler l'escalier.*

C. SIMPLE INDIRECTE

V. + lieu : *dévaler* ***à*** *la cave.*

CONSTRUCTION MULTIPLE

V. + compl. — **à** + compl. : *dévaler du bois* ***au*** *bûcher.*

dévaliser [devalize] Régul. I /**avoir**/ Base : DÉVALIS-. **3**

C. SIMPLE DIRECTE

V. + complément : *dévaliser les touristes.*

Modèle

dévaloriser [devalɔrize] Régul. I /**avoir**/ Base : DÉVALORIS-. **3**

C. SIMPLE DIRECTE

V. + complément : *dévaloriser un mythe.*
Emploi pronominal : se dévaloriser (accord = P).

dévaluer [devalɥe] Régul. I /**avoir**/ Base : DÉVALU-. **3**

C. SIMPLE DIRECTE

V. + complément : *dévaluer le franc.*
Emploi pronominal : se dévaluer (accord = P).

devancer [d(ə)vɑ̃se] Particularité I /**avoir**/ Base : DEVAN[C]-. **10**

C. SIMPLE DIRECTE

V. + complément : *devancer l'appel.*

dévaster [devaste] Régul. I /**avoir**/ Base : DÉVAST-. **3**

C. SIMPLE DIRECTE

V. + complément : *dévaster un pays.*

développer [dev(ə)lɔpe] Régul. I /**avoir**/ Base : DÉVELOPP-. **3**

C. SIMPLE DIRECTE

V. + complément : *développer son point de vue.*
Emploi pronominal : se développer (accord = P).

devenir [dəv(ə)nir] III /**être**/ Base : DEV-. **36**

C. SIMPLE DIRECTE

V. + attribut : *devenir ingénieur; devenir stupide.*

déverrouiller [devɛruje] Régul. I /**avoir**/ Base : DÉVERROUILL-. **3**

C. SIMPLE DIRECTE

V. + complément : *déverrouiller une porte.*

déverser [devɛrse] Régul. I /**avoir**/ Base : DÉVERS-. **3**

C. ABSOLUE : *le mur déverse.*

C. SIMPLE DIRECTE

V. + complément : *déverser des trombes d'eau.*
Emploi pronominal : se déverser (accord = P).

CONSTRUCTION MULTIPLE

V. + compl. — lieu : *déverser de l'eau* ***dans*** *l'égout.*
Emploi pronominal : se déverser + lieu : ***se*** *déverser* ***dans*** *un émissaire* (accord = P).

dévêtir [devetir] III /**avoir**/ Base : DÉVÊT-. **67**

C. SIMPLE DIRECTE

V. + complément : *dévêtir un enfant.*
Emploi pronominal : se dévêtir (accord = P);
se dévêtir **de** + complément : ***se*** *dévêtir* ***d'****un héritage* (accord = P).

dévider [devide] Régul. I /**avoir**/ Base : DÉVID-. **3**

C. SIMPLE DIRECTE

V. + complément : *dévider un écheveau.*
Emploi pronominal : se dévider (accord = P).

dévier [devje] Régul. I /**avoir**/ Base : DÉVI-. **3**
C. ABSOLUE : *il dévie.*
C. SIMPLE DIRECTE
V. + complément : *dévier un coup.*
C. SIMPLE INDIRECTE
V. + **de** + complément : *dévier* **de** *sa ligne.*

deviner [d(ə)vine] Régul. I /**avoir**/ Base : DEVIN-. **3**
C. ABSOLUE : *devine?*
C. SIMPLE DIRECTE
V. + complément : *deviner la nouvelle.*
Emploi pronominal : **se** deviner (accord = P).
V. + discours indirect : *devinez* **qui** *est là,* **comment** *il est venu.*
V. + **que** + indic. : *deviner* **que** *l'on aura une surprise.*

dévisager [devizaʒe] Particularité I /**avoir**/ Base : DÉVISA[G]-. **12**
C. SIMPLE DIRECTE
V. + complément : *dévisager son vis-à-vis.*
Emploi pronominal : **se** dévisager (accord = P).

deviser [d(ə)vize] Régul. I /**avoir**/ Base : DEVIS-. **3**
C. ABSOLUE : *ils devisent.*
C. SIMPLE INDIRECTE
V. + **de** + complément : *deviser* **de** *la situation internationale.*

dévisser [devise] Régul. I /**avoir**/ Base : DÉVISS-. **3**
C. ABSOLUE (fam.) : *il dévisse.*
C. SIMPLE DIRECTE
V. + complément : *dévisser une serrure.*
Emploi pronominal : **se** dévisser (accord = P).

dévitaliser [devitalize] Régul. I /**avoir**/ Base : DÉVITALIS-. **3**
C. SIMPLE DIRECTE
V. + complément : *dévitaliser une dent.*

dévoiler [devwale] Régul. I /**avoir**/ Base : DÉVOIL-. **3**
C. SIMPLE DIRECTE
V. + complément : *dévoiler ses batteries.*
Emploi pronominal : **se** dévoiler (accord = P).

devoir [d(ə)vwar] III /**avoir**/ Base : D-. **40**
C. SIMPLE DIRECTE
V. + complément : *devoir de l'argent.*
V. + infinitif : *devoir partir.*
CONSTRUCTION MULTIPLE
V. + compl. — **à** + compl. : *devoir la vie* **à** *un passant.*
Emploi pronominal : **se** devoir + complément : ***se*** *devoir une assistance mutuelle* (accord = OE); **se** devoir **à** + complément : ***se*** *devoir* **à** *la patrie* (accord = P).
V. + **à** + compl. — **de** + infin. : *devoir* **à** *quelqu'un* **d'***avoir trouvé une situation.*
Emploi pronominal : **se** devoir **de** + infin. : ***se*** *devoir* **de** *répondre* (accord = P).

dévorer [devɔre] Régul. I /**avoir**/ Base : DÉVOR-. **3**
C. ABSOLUE : *il ne mange pas, il dévore.*
C. SIMPLE DIRECTE
V. + complément : *dévorer une pastèque.*
Emploi pronominal : se dévorer (accord = P).

dévouer [devwe] Régul. I /**avoir**/ Base : DÉVOU-. **3**
CONSTRUCTION MULTIPLE
V. + compl. — **à** + compl. : *dévouer ses efforts **à** une cause.*
Emploi pronominal : se dévouer (accord = P);
se dévouer **à** + complément : ***se** dévouer **au** bonheur des autres* (accord = P).

diagnostiquer [djagnɔstike] Régul. I /**avoir**/ Base : DIAGNOSTIQU-. **3**
C. SIMPLE DIRECTE
V. + complément : *diagnostiquer la varicelle.*

dialoguer [djalɔge] Régul. I /**avoir**/ Base : DIALOGU-. **11**
C. ABSOLUE : *ils dialoguent.*
C. SIMPLE DIRECTE
V. + complément : *dialoguer un livret d'opérette.*

dicter [dikte] Régul. I /**avoir**/ Base : DICT-. **3**
C. SIMPLE DIRECTE
V. + complément : *dicter du courrier.*
Emploi pronominal : se dicter (accord = P).
CONSTRUCTION MULTIPLE
V. + compl. — **à** + compl. : *dicter du courrier **à** une secrétaire.*

diffamer [difame] Régul. I /**avoir**/ Base : DIFFAM-. **3**
C. SIMPLE DIRECTE
V. + complément : *diffamer quelqu'un.*
Emploi pronominal : se diffamer (accord = P).

différencier [diferɑ̃sje] Régul. I /**avoir**/ Base : DIFFÉRENCI-. **3**
C. SIMPLE DIRECTE
V. + complément : *différencier deux teintes.*
Emploi pronominal : se différencier (accord = P).

différer [difere] Particularité I /**avoir**/ Base : DIFF[É]R-. **14**
C. SIMPLE DIRECTE
V. + complément : *différer une décision.*
C. SIMPLE INDIRECTE
V. + **de** + complément : *différer **de** tout le reste.*
V. + **en** + complément : *différer **en** un point.*
V. + **par** + complément : *différer **par** deux aspects essentiels.*
V. + **sur** + complément : *différer **sur** tous les plans.*
V. + **en ce qui** + indic. : *différer **en ce que** l'on est..., et **que** l'autre est...*

diffuser [difyze] Régul. I /**avoir**/ Base : DIFFUS-. **3**
C. SIMPLE DIRECTE
V. + complément : *diffuser un communiqué.*
Emploi pronominal : se diffuser (accord = P).

digérer [diʒere] Particularité I /**avoir**/ Base : DIG[É]R-. **14**
C. ABSOLUE : *il va digérer.*
C. SIMPLE DIRECTE
V. + complément : *digérer un civet de lièvre.*
Emploi pronominal : **se** digérer (accord = P).

dilapider [dilapide] Régul. I /**avoir**/ Base : DILAPID-. **3**
C. SIMPLE DIRECTE
V. + complément : *dilapider sa fortune.*
Emploi pronominal : **se** dilapider (accord = P).

dilater [dilate] Régul. I /**avoir**/ Base : DILAT-. **3**
C. SIMPLE DIRECTE
V. + complément : *dilater un anneau.*
Emploi pronominal : **se** dilater (accord = P).

diluer [dilɥe] Régul. I /**avoir**/ Base : DILU-. **3**
C. SIMPLE DIRECTE
V. + complément : *diluer une solution.*
Emploi pronominal : **se** diluer (accord = P).
CONSTRUCTION MULTIPLE
V. + compl. — **avec** + compl. : *diluer un concentré* ***avec*** *de l'eau.*
Emploi pronominal : **se** diluer **avec** + complément : ***se*** *diluer* ***avec*** *de l'huile* (accord = P).

diminuer [diminɥe] Régul. I /**avoir** et **être**/ Base : DIMINU-. **3**
C. ABSOLUE : *les jours diminuent.*
C. SIMPLE DIRECTE
V. + complément : *diminuer la passion de quelqu'un.*
Emploi pronominal : **se** diminuer (accord = P).

dîner [dine] Régul. I /**avoir**/ Base : DÎN-. **3**
C. ABSOLUE : *il est en train de dîner.*
C. SIMPLE INDIRECTE
V. + **avec** + complément : *dîner* ***avec*** *un journaliste.*
V. + **de** + complément : *dîner* ***d'****un canard laqué.*

dire [dir] III /**avoir**/ Base : DI-. **85**
C. ABSOLUE : *il a l'art de bien dire.*
C. SIMPLE DIRECTE
V. + complément : *dire un poème.*
Emploi pronominal : **se** dire : 1. *Cette phrase* ***s'****est dite, autrefois* (accord = P);
2. *Elles* ***se*** *sont dit : « allons-y! »* (accord = I).
V. + infinitif : *il dit être parti la veille.*
V. + **de** + infin. : *dire* ***de*** *faire attention.*
V. + discours indirect : *il dit* ***pourquoi*** *il est revenu.*
V. + **que** + indic. : *il dit* ***qu'****il n'était pas là.*
V. + **que** + subj. : *dire* ***que*** *tout le monde sorte.*
CONSTRUCTION MULTIPLE
En dire **de** + adj. qual. ou équivalent : ***en*** *dire* ***de*** *belles.*
V. + compl. — **à** + compl. : *dire des injures* ***à*** *un importun.*

Emploi pronominal : se dire + complément : ***se** dire ses vérités* (accord = OE);
se dire à + complément : ***se** dire **à** des gens discrets* (accord = P).
V. + à + compl. — discours indirect : *dire **à** un ami pourquoi on l'a attendu.*
Emploi pronominal : se dire + discours indirect : ***se** dire **pourquoi** on n'a jamais pu se revoir* (accord = I).
V. + compl. — **de** + compl. : *dire du mal **des** absents.*
Emploi pronominal : se dire + attribut : ***se** dire content de vivre* (accord = P).

diriger [diriʒe] Particularité I /**avoir**/ Base : DIRI[G]-. **12**

C. ABSOLUE : *c'est lui qui dirige.*

C. SIMPLE DIRECTE

V. + complément : *diriger les opérations.*
Emploi pronominal : se diriger (accord = P).

CONSTRUCTION MULTIPLE

V. + compl. — lieu : *diriger des marchandises **vers** les halles.*
Emploi pronominal : se diriger + lieu : ***se** diriger **vers** la sortie* (accord = P).

discerner [disɛrne] Régul. I /**avoir**/ Base : DISCERN-. **3**

C. SIMPLE DIRECTE

V. + complément : *discerner les nuances.*
Emploi pronominal : se discerner (accord = P).

CONSTRUCTION MULTIPLE

V. + compl. — **de** + compl. : *discerner le vrai **du** faux.*

discipliner [disipline] Régul. I /**avoir**/ Base : DISCIPLIN-. **3**

C. SIMPLE DIRECTE

V. + complément : *discipliner son imagination.*
Emploi pronominal : se discipliner (accord = P).

discourir [diskurir] III /**avoir**/ Base : DISCOUR-. **33**

C. ABSOLUE : *il discourt sans cesse.*

C. SIMPLE INDIRECTE

V. + **de** + complément : *discourir **d'**esthétique.*
V. + **sur** + complément : *discourir **sur** les cours des planètes.*

discréditer [diskredite] Régul. I /**avoir**/ Base : DISCRÉDIT-. **3**

C. SIMPLE DIRECTE

V. + complément : *discréditer sa raison sociale.*
Emploi pronominal : se discréditer (accord = P).

discriminer [diskrimine] Régul. I /**avoir**/ Base : DISCRIMIN-. **3**

C. SIMPLE DIRECTE

V. + complément : *discriminer des artistes.*

disculper [diskylpe] Régul. I /**avoir**/ Base : DISCULP-. **3**

C. SIMPLE DIRECTE

V. + complément : *disculper son fils.*
Emploi pronominal : se disculper (accord = P).

CONSTRUCTION MULTIPLE
V. + compl. — **de** + compl. : *disculper un prévenu* ***de*** *l'accusation qui l'accable.*
Emploi pronominal : se disculper **de** + complément : ***se*** *disculper* ***d'****un grief* (accord = P).

discuter [diskyte] Régul. I /**avoir**/ Base : DISCUT-. **3**
C. ABSOLUE : *ils discutent sans cesse.*
C. SIMPLE DIRECTE
V. + complément : *discuter un ordre.*
Emploi pronominal : se discuter (accord = P).
C. SIMPLE INDIRECTE
V. + **de** + complément : *discuter* ***de*** *choses et* ***d'****autres.*
CONSTRUCTION MULTIPLE
V. + compl. — **avec** + compl. : *discuter philosophie* ***avec*** *son jardinier.*
V. + **sur** + compl. — **avec** + compl. : *discuter* ***sur*** *de graves sujets* ***avec*** *des amis.*

disgracier [disgrɑsje] Régul. I /**avoir**/ Base : DISGRACI-. **3**
C. SIMPLE DIRECTE
V. + complément : *disgracier un ministre.*

disjoindre [disʒwɛ̃dr] III /**avoir**/ Base : DISJOI-. **71**
C. SIMPLE DIRECTE
V. + complément : *disjoindre des lames de parquet.*
Emploi pronominal : se disjoindre (accord = P).

disloquer [dislɔke] Régul. I /**avoir**/ Base : DISLOQU-. **3**
C. SIMPLE DIRECTE
V. + complément : *disloquer un radeau.*
Emploi pronominal : se disloquer (accord = P).

disparaître [disparɛtr] III /**avoir** et **être**/ Base : DISPAR-. **61**
C. ABSOLUE : *il disparut.*

dispenser [dispɑ̃se] Régul. I /**avoir**/ Base : DISPENS-. **3**
C. SIMPLE DIRECTE
V. + complément : *dispenser des indulgences.*
Emploi pronominal : se dispenser (accord = P).
C. SIMPLE INDIRECTE
V. + **de** + complément : *dispenser* ***de*** *l'abstinence le vendredi.*
CONSTRUCTION MULTIPLE
V. + compl. — **à** + compl. : *dispenser un enseignement* ***à*** *des étudiants.*
Emploi pronominal : se dispenser **à** + complément : ***se*** *dispenser* ***aux*** *seuls spécialistes* (accord = P).
V. + compl. — **de** + compl. : *dispenser un enfant* ***de*** *la messe.*
Emploi pronominal : se dispenser **de** + complément : ***se*** *dispenser* ***des*** *visites d'usage* (accord = P).
V. + compl. — **de** + infin. : *dispenser quelqu'un* ***de*** *répondre.*
Emploi pronominal : se dispenser **de** + infin. : ***se*** *dispenser* ***de*** *travailler* (accord = P).

disperser [dispɛrse] Régul. I /**avoir**/ Base : DISPERS-. 3

C. SIMPLE DIRECTE

V. + complément : *disperser des feuillets.*
Emploi pronominal : **se** disperser (accord = P).

disposer [dispoze] Régul. I /**avoir**/ Base : DISPOS-. 3

C. ABSOLUE : *vous pouvez disposer.*

C. SIMPLE DIRECTE

V. + complément : *disposer des sièges.*
Emploi pronominal : **se** disposer (accord = P).
V. + **que** + indic. : *disposer* **que** *tout sera fini pour 22 heures.*

C. SIMPLE INDIRECTE

V. + **de** + complément : *disposer* **de** *la vie de quelqu'un.*

CONSTRUCTION MULTIPLE

V. + compl. — **à** + compl. : *disposer un subordonné* **à** *l'obéissance.*
V. + compl. — **à** + infin. : *disposer un ami* **à** *vous suivre.*
Emploi pronominal : **se** disposer **à** + infin. : **se** *disposer* **à** *fuir* (accord = P).
V. + **de** + compl. — **en faveur de** + compl. : *disposer* **de** *ses biens* **en faveur de** *la gouvernante.*

disputer [dispyte] Régul. I /**avoir**/ Base : DISPUT-. 3

C. ABSOLUE : *ils aiment à disputer.*

C. SIMPLE DIRECTE

V. + complément : *disputer un point de droit.*
Emploi pronominal : **se** disputer (accord = P).
V. + **si** + indic. : *disputer* **si** *l'optimisme est raisonnable.*

C. SIMPLE INDIRECTE

V. + **de** + complément : *disputer* **d'***un grave problème.*
V. + **sur** + complément : *disputer* **sur** *le sexe des anges.*

CONSTRUCTION MULTIPLE

V. + compl. — **à** + compl. : *disputer son siège* **à** *un député sortant.*
Emploi pronominal : **se** disputer + complément : **se** *disputer la première place* (accord = OE).
V. + **de** + compl. — **avec** + compl. : *disputer* **de** *religion* **avec** *un jésuite.*
Emploi pronominal : **se** disputer **avec** + complément : **se** *disputer* **avec** *sa femme* (accord = P).
V. + **de** + compl. — **entre** + compl. : *disputer* **de** *fiscalité* **entre** *techniciens.*

disqualifier [diskalifje] Régul. I /**avoir**/ Base : DISQUALIFI-. 3

C. SIMPLE DIRECTE

V. + complément : *disqualifier un candidat.*
Emploi pronominal : **se** disqualifier (accord = P).

disséminer [disemine] Régul. I /**avoir**/ Base : DISSÉMIN-. 3

C. SIMPLE DIRECTE

V. + complément : *disséminer des graines.*
Emploi pronominal : **se** disséminer (accord = P).

disséquer [diseke] Particularité I /**avoir**/ Base : DISS[É]QU-. **14**
C. SIMPLE DIRECTE
V. + complément : *disséquer un coléoptère.*
Emploi pronominal : **se** disséquer (accord = P).

disserter [disɛrte] Régul. I /**avoir**/ Base : DISSERT-. **3**
C. ABSOLUE : *il aime disserter.*
C. SIMPLE DIRECTE
V. + complément : *disserter philosophie.*
C. SIMPLE INDIRECTE
V. + **de** + complément : *disserter* ***d'****éloquence.*
V. + **sur** + complément : *disserter* ***sur*** *la littérature grecque.*

dissimuler [disimyle] Régul. I /**avoir**/ Base : DISSIMUL-. **3**
C. ABSOLUE : *il dissimule sans cesse.*
C. SIMPLE DIRECTE
V. + complément : *dissimuler ses économies.*
Emploi pronominal : **se** dissimuler (accord = P).
V. + **ce qui** + indic. : *dissimuler* ***ce qui*** *divise les experts.*
V. + **que** + indic. : *dissimuler* ***que*** *les choses sont complexes.*
CONSTRUCTION MULTIPLE
V. + compl. — **à** + compl. : *dissimuler un mensonge* ***à*** *ses parents.*
Emploi pronominal : **se** dissimuler + complément : ***se*** *dissimuler ses erreurs* (accord = OE).
V. + **à** + compl. — **que** + indic. : *dissimuler* ***à*** *un malade* ***que*** *son état est critique.*
Emploi pronominal : **se** dissimuler **que** + ind. : ***se*** *dissimuler* ***que*** *la vie est dure* (accord = I).
V. + compl. — **derrière** + compl. : *dissimuler un motif bas* ***derrière*** *une grande idée.*
V. + compl. — **sous** + compl. : *dissimuler une méchanceté* ***sous*** *le manteau de l'objectivité.*

dissiper [disipe] Régul. I /**avoir**/ Base : DISSIP-. **3**
C. SIMPLE DIRECTE
V. + complément : *dissiper les nuages.*
Emploi pronominal : **se** dissiper (accord = P).
CONSTRUCTION MULTIPLE
V. + compl. — **en** + compl. : *dissiper de l'argent* ***en*** *fumée.*
V. + compl. — gérondif : *dissiper ses économies* ***en*** *jouant.*

dissocier [disɔsje] Régul. I /**avoir**/ Base : DISSOCI-. **3**
C. SIMPLE DIRECTE
V. + complément : *dissocier deux facteurs.*
Emploi pronominal : **se** dissocier (accord = P).

dissoudre [disudr] III /**avoir**/ Base : DISSO-. **72**
C. SIMPLE DIRECTE
V. + complément : *dissoudre du sucre.*
Emploi pronominal : **se** dissoudre (accord = P).

dissuader [disɥade] Régul. I /**avoir**/ Base : DISSUAD-. **3**
C. SIMPLE DIRECTE
V. + complément : *dissuader un solliciteur.*
Emploi pronominal : se dissuader (accord = P).
CONSTRUCTION MULTIPLE
V. + compl. — **de** + infin. : *dissuader un jeune homme* ***d'****entrer dans l'administration.*
Emploi pronominal : se dissuader **de** + infin. : ***se*** *dissuader* ***de*** *récriminer constamment* (accord = P).

distancer [distɑ̃se] Particularité I /**avoir**/ Base : DISTAN[C]-. **10**
C. SIMPLE DIRECTE
V. + complément : *distancer ses concurrents.*

distendre [distɑ̃dr] III /**avoir**/ Base : DISTEND-. **65**
C. SIMPLE DIRECTE
V. + complément : *distendre un ressort.*
Emploi pronominal : se distendre (accord = P).

distiller [distile] Régul. I /**avoir**/ Base : DISTILL-. **3**
C. ABSOLUE : *le vigneron distille.*
C. SIMPLE DIRECTE
V. + complément : *distiller du marc de raisin.*
Emploi pronominal : se distiller (accord = P).

distinguer [distɛ̃ge] Régul. I /**avoir**/ Base : DISTINGU-. **11**
C. ABSOLUE : *il faut distinguer.*
C. SIMPLE DIRECTE
V. + complément : *distinguer les lointains.*
Emploi pronominal : se distinguer (accord = P).
CONSTRUCTION MULTIPLE
V. + compl. — **de** + compl. : *distinguer la réalité* ***des*** *apparences.*
Emploi pronominal : se distinguer **de** + complément : ***se*** *distinguer* ***de*** *ses voisins* (accord = P).
V. + compl. — **d'avec** + compl. : *distinguer une prétention* ***d'avec*** *les possibilités.*
Emploi pronominal : se distinguer **d'avec** + complément : ***se*** *distinguer* ***d'avec*** *ses collègues* (accord = P).

distraire [distrɛr] Particularité III /**avoir**/ Base : DISTRA[I]-. **38**
C. SIMPLE DIRECTE
V. + complément : *distraire un malade.*
Emploi pronominal : se distraire (accord = P).
CONSTRUCTION MULTIPLE
V. + compl. — **de** + compl. : *distraire un désespéré* ***de*** *sa situation.*
Emploi pronominal : se distraire **de** + complément : ***se*** *distraire* ***de*** *ses soucis* (accord = P).

distribuer [distribɥe] Régul. I /**avoir**/ Base : DISTRIBU-. **3**
C. SIMPLE DIRECTE
V. + complément : *distribuer des vivres.*
Emploi pronominal : se distribuer (accord = P).

CONSTRUCTION MULTIPLE
V. + compl. — **à** + compl. : *distribuer des secours* ***à*** *des nécessiteux.*
Emploi pronominal : se distribuer + complément : ***se*** *distribuer des récompenses* (accord = OE).
V. + compl. — lieu : *distribuer des livres* ***dans*** *des rayonnages.*

divaguer [divage] Régul. I /**avoir**/ Base : DIVAGU-. **11**
C. ABSOLUE : *il divague.*

diverger [divɛrʒe] Particularité I /**avoir**/ Base : DIVER[G]-. **12**
C. ABSOLUE : *nos chemins divergent.*
C. SIMPLE INDIRECTE
V. + **de** + complément : *diverger* ***de*** *la ligne du parti.*

diversifier [divɛrsifje] Régul. I /**avoir**/ Base : DIVERSIFI-. **3**
C. SIMPLE DIRECTE
V. + complément : *diversifier des critères.*
Emploi pronominal : **se** diversifier (accord = P).

divertir [divɛrtir] Régul. II /**avoir**/ Base : DIVERT-. **26**
C. ABSOLUE : *cela divertit.*
C. SIMPLE DIRECTE
V. + complément : *divertir un homme morose.*
Emploi pronominal : **se** divertir (accord = P).
CONSTRUCTION MULTIPLE
V. + compl. — **de** + compl. : *divertir un homme isolé* ***de*** *sa solitude.*
Emploi pronominal : **se** divertir **à** + complément : ***se*** *divertir* ***à*** *bridger* (accord = P);
se divertir + gérondif : ***se*** *divertir* ***en*** *jouant* (accord = P);

diviniser [divinize] Régul. I /**avoir**/ Base : DIVINIS-. **3**
C. SIMPLE DIRECTE
V. + complément : *diviniser les singes.*

diviser [divize] Régul. I /**avoir**/ Base : DIVIS-. **3**
C. SIMPLE DIRECTE
V. + complément : *diviser une famille.*
Emploi pronominal : **se** diviser (accord = P).
CONSTRUCTION MULTIPLE
V. + compl. — **et** + compl. : *diviser le ciel* ***et*** *la terre.*
V. + compl. — **de** + compl. : *diviser un groupe* ***de*** *son ensemble.*
V. + compl. — **d'avec** + compl. : *diviser un homme* ***d'avec*** *ses pairs.*
V. + compl. — **en** + compl. : *diviser une masse* ***en*** *ses différents constituants.*
Emploi pronominal : se diviser **en** + complément : ***se*** *diviser* ***en*** *plusieurs embranchements* (accord = P).
V. + compl. — **entre** + compl. : *diviser une propriété* ***entre*** *les trois héritiers.*
Emploi pronominal : **se** diviser + complément : ***se*** *diviser les tâches* (accord = OE).
V. + compl. — **par** + compl. : *diviser un héritage* ***par*** *parts.*

Modèle

divorcer [divɔrse] Particularité I /**avoir**/ Base : DIVOR[C]-. **10**

C. ABSOLUE : *il divorce.*

C. SIMPLE INDIRECTE

V. + **avec** + complément : *divorcer* ***avec*** *sa femme.*
V. + **d'avec** + complément : *divorcer* ***d'avec*** *son mari.*

divulguer [divylge] Régul. I /**avoir**/ Base : DIVULGU-. **11**

C. SIMPLE DIRECTE

V. + complément : *divulguer un secret.*
Emploi pronominal : **se** divulguer (accord = P).
V. + **que** + indic. : *divulguer* ***qu'****un accord secret lie les deux pays.*

documenter [dɔkymɑ̃te] Régul. I /**avoir**/ Base : DOCUMENT-. **3**

C. SIMPLE DIRECTE

V. + complément : *documenter quelqu'un.*
Emploi pronominal : **se** documenter (accord = P).

CONSTRUCTION MULTIPLE

V. + compl. — **sur** + compl. : *documenter son service* ***sur*** *un nouveau matériel.*
Emploi pronominal : **se** documenter **sur** + complément : ***se*** *documenter* ***sur*** *les machines à laver* (accord = P).

dodeliner [dɔd(ə)line] Régul. I /**avoir**/ Base : DODELIN-. **3**

C. SIMPLE INDIRECTE

V. + **de** + complément : *dodeliner* ***de*** *la tête.*

domestiquer [dɔmɛstike] Régul. I /**avoir**/ Base : DOMESTIQU-. **3**

C. SIMPLE DIRECTE

V. + complément : *domestiquer un renard.*
Emploi pronominal : **se** domestiquer (accord = P).

domicilier [dɔmisilje] Régul. I /**avoir**/ Base : DOMICILI-. **3**

C. SIMPLE DIRECTE

V. + complément : *domicilier une traite.*
Emploi pronominal : **se** domicilier (accord = P).

CONSTRUCTION MULTIPLE

V. + compl. — lieu : *domicilier un effet de commerce* ***à*** *telle banque.*
Emploi pronominal : **se** domicilier + lieu : ***se*** *domicilier* ***à*** *une banque d'affaires* (accord = P).

dominer [dɔmine] Régul. I /**avoir**/ Base : DOMIN-. **3**

C. ABSOLUE : *le château domine.*

C. SIMPLE DIRECTE

V. + complément : *dominer la situation.*
Emploi pronominal : **se** dominer (accord = P).

dompter [dɔ̃te] Régul. I /**avoir**/ Base : DOMPT-. **3**

C. SIMPLE DIRECTE

V. + complément : *dompter des fauves.*
Emploi pronominal : **se** dompter (accord = P).

donner [dɔne] Régul. I /**avoir**/ Base : DONN-. **3**
C. ABSOLUE : *il sait donner.*
C. SIMPLE DIRECTE
V. + complément : *donner un os.*
Emploi pronominal : **se** donner (accord = P).
CONSTRUCTION MULTIPLE
V. + compl. — **en** + attribut du compl. : *donner un bien* ***en*** *garantie.*
Emploi pronominal : **se** donner **en** + attribut : ***se*** *donner* ***en*** *otage* (accord = P).
V. + compl. — **pour** + attribut du compl. : *donner un résultat* ***pour*** *sûr.*
Emploi pronominal : **se** donner **pour** + attribut : ***se*** *donner* ***pour*** *prophète* (accord = P).
V. + compl. — **à** + compl. : *donner un gâteau* ***à*** *son chien.*
Emploi pronominal : **se** donner + complément : ***se*** *donner un but* (accord = OE).
se donner **à** + complément : ***se*** *donner* ***à*** *une cause* (accord = P).
V. + **à** + compl. — **de** + infin. : *donner* ***à*** *un apprenti* ***de*** *faire ses preuves.*
Emploi pronominal : **se** donner + compl. — **pour** + attribut du compl. : ***se*** *donner une mission* ***pour*** *tâche* (accord = OE);
se donner **pour** + compl. — **de** + infin. : ***se*** *donner* ***pour*** *objectif* ***de*** *réussir* (accord = I).

doper [dɔpe] Régul. I /**avoir**/ Base : DOP-. **3**
C. SIMPLE DIRECTE
V. + complément : *doper un cheval.*
Emploi pronominal : **se** doper (accord = P).

dorer [dɔre] Régul. I /**avoir**/ Base : DOR-. **3**
C. SIMPLE DIRECTE
V. + complément : *dorer un cadre.*
Emploi pronominal : **se** dorer (accord = P).

dorloter [dɔrlɔte] Régul. I /**avoir**/ Base : DORLOT-. **3**
C. SIMPLE DIRECTE
V. + complément : *dorloter ses soucis.*
Emploi pronominal : **se** dorloter (accord = P).

dormir [dɔrmir] III /**avoir**/ Base : DOR-. **32**
C. ABSOLUE : *il dort.*
C. SIMPLE DIRECTE
V. + complément : *dormir son dernier sommeil.*

doser [doze] Régul. I /**avoir**/ Base : DOS-. **3**
C. SIMPLE DIRECTE
V. + complément : *doser ses efforts.*
Emploi pronominal : **se** doser (accord = P).
CONSTRUCTION MULTIPLE
V. + compl. — **et** + compl. : *doser le sucre* ***et*** *la farine.*

doter [dɔte] Régul. I /**avoir**/ Base : DOT-. **3**

C. SIMPLE DIRECTE

V. + complément : *doter sa fille.*

CONSTRUCTION MULTIPLE

V. + compl. — **de** + compl. : *doter une entreprise* ***d'****un ordinateur.*
Emploi pronominal : **se** doter **de** + complément : ***se*** *doter* ***des*** *moyens nécessaires* (accord = P).
V. + compl. — **en** + compl. : *doter un pays* ***en*** *armement lourd.*

doubler [duble] Régul. I /**avoir**/ Base : DOUBL-. **3**

C. ABSOLUE : *il s'apprête à doubler.*

C. SIMPLE DIRECTE

V. + complément : *doubler une voiture désespérément lente.*
Emploi pronominal : **se** doubler (accord = P).

doucher [duʃe] Régul. I /**avoir**/ Base : DOUCH-. **3**

C. SIMPLE DIRECTE

V. + complément : *doucher l'enthousiasme de quelqu'un.*
Emploi pronominal : **se** doucher (accord = P).

douter [dute] Régul. I /**avoir**/ Base : DOUT-. **3**

C. ABSOLUE : *Pyrrhon doutait.*

C. SIMPLE DIRECTE

V. + **de** + infin. : *douter* ***d'****y parvenir jamais.*
V. + **que** + subj. : *douter* ***que*** *ce soit vrai.*

C. SIMPLE INDIRECTE

V. + **de** + complément : *douter* ***de*** *ses talents.*
V. + **de ce qui** + indic. : *douter* ***de ce qui*** *a été décidé.*

CONSTRUCTION MULTIPLE

Emploi pronominal : **se** douter **de** + complément : ***se*** *douter* ***de*** *l'issue des événements* (accord = P);
se douter **que** + indic. : ***se*** *douter* ***que*** *tout ira bien* (accord = P).

draguer [drage] Régul. I /**avoir**/ Base : DRAGU-. **11**

C. ABSOLUE (fam.) : *les jeunes gens sont partis draguer.*

C. SIMPLE DIRECTE

V. + complément : *draguer une rivière.*
Emploi pronominal : **se** draguer (accord = P).

drainer [drene] Régul. I /**avoir**/ Base : DRAIN-. **3**

C. SIMPLE DIRECTE

V. + complément : *drainer une région.*

dramatiser [dramatize] Régul. I /**avoir**/ Base : DRAMATIS-. **3**

C. SIMPLE DIRECTE

V. + complément : *dramatiser la situation.*

draper [drape] Régul. I /**avoir**/ Base : DRAP-. **3**

C. SIMPLE DIRECTE

V. + complément : *draper un nu.*
Emploi pronominal : **se** draper (accord = P).

dresser [drese] Régul. I /**avoir**/ Base : DRESS-. **3**

C. SIMPLE DIRECTE

V. + complément : *dresser un chien.*
Emploi pronominal : se dresser (accord = P).

CONSTRUCTION MULTIPLE

V. + compl. — **à** + compl. : *dresser un chien* **à** *la chasse.*
V. + compl. — **contre** + compl. : *dresser un fils* **contre** *son père.*
Emploi pronominal : se dresser **contre** + complément : *se dresser* **contre** *la tyrannie* (accord = P).

dribbler [drible] Régul. I /**avoir**/ Base : DRIBBL-. **3**

C. ABSOLUE : *le basketteur dribble.*

C. SIMPLE DIRECTE

V. + complément : *dribbler une balle.*

droguer [drɔge] Régul. I /**avoir**/ Base : DROGU-. **11**

C. ABSOLUE : *certains remèdes droguent.*

C. SIMPLE DIRECTE

V. + complément : *droguer un malade.*
Emploi pronominal : se droguer (accord = P).

duper [dype] Régul. I /**avoir**/ Base : DUP-. **3**

C. SIMPLE DIRECTE

V. + complément : *duper un non-initié.*
Emploi pronominal : se duper (accord = P).

durcir [dyrsir] Régul. II /**avoir**/ Base : DURC-. **26**

C. SIMPLE DIRECTE

V. + complément : *durcir sa position.*
Emploi pronominal : se durcir (accord = P).

durer [dyre] Régul. I /**avoir**/ Base : DUR-. **3**

C. ABSOLUE : *cela dure.*

C. SIMPLE DIRECTE

V. + temps : *durer une éternité.*

C. SIMPLE INDIRECTE

V. + temps : *durer* **pendant** *des jours.*

CONSTRUCTION MULTIPLE

V. + temps — **à** + compl. : *le temps dure une éternité* **à** *un voyageur qui attend.*

dynamiter [dinamite] Régul. I /**avoir**/ Base : DYNAMIT-. **3**

C. SIMPLE DIRECTE

V. + complément : *dynamiter une veine de quartz.*

e

Modèle

ébahir [ebair] Régul. II /**avoir**/ Base : ÉBAH-. **26**

C. SIMPLE DIRECTE

V. + complément : *ébahir les badauds.*
Emploi pronominal : **s'ébahir** (accord = P).

CONSTRUCTION MULTIPLE

V. + compl. — **de** + compl. : *ébahir ses auditeurs* **de** *sa virtuosité.*
Emploi pronominal : s'ébahir **de** + complément : ***s'ébahir d'un*** *spectacle peu commun* (accord = P).

ébattre (s') [sebatr] III /**être**/ Base : ÉBAT- (s'). **59**

C. ABSOLUE : s'ébattre (accord = P).

ébaucher [eboʃe] Régul. I /**avoir**/ Base : ÉBAUCH-. **3**

C. SIMPLE DIRECTE

V. + complément : *ébaucher une intrigue.*
Emploi pronominal : s'ébaucher (accord = P).

éblouir [ebluir] Régul. II /**avoir**/ Base : ÉBLOU-. **26**

C. ABSOLUE : *le soleil éblouit.*

C. SIMPLE DIRECTE

V. + complément : *éblouir la personne aimée.*
Emploi pronominal : s'éblouir (accord = P).

CONSTRUCTION MULTIPLE

V. + compl. — **de** + compl. : *éblouir le jury* **de** *ses connaissances.*
Emploi pronominal : s'éblouir **de** + complément : ***s'éblouir de*** *promesses fallacieuses* (accord = P).

éborgner [ebɔrɲe] Régul. I /**avoir**/ Base : ÉBORGN-. **3**

C. SIMPLE DIRECTE

V. + complément : *éborgner un passant.*
Emploi pronominal : s'éborgner (accord = P).

ébouillanter [ebujɑ̃te] Régul. I /**avoir**/ Base : ÉBOUILLANT-. **3**

C. SIMPLE DIRECTE

V. + complément : *ébouillanter des carottes.*
Emploi pronominal : s'ébouillanter (accord = P).

ébouler [ebule] Régul. I /**avoir**/ Base : ÉBOUL-. **3**

C. ABSOLUE : *le mur éboule.*

C. SIMPLE DIRECTE

V. + complément : *ébouler un tas de cailloux.*
Emploi pronominal : s'ébouler (accord = P).

ébouriffer [eburife] Régul. I /**avoir**/ Base : ÉBOURIFF-. **3**
C. SIMPLE DIRECTE
V. + complément : *ébouriffer la tête.*
Emploi pronominal : s'ébouriffer (accord = P);
s'ébouriffer + complément : *s'ébouriffer les plumes* (accord = OE).

ébranler [ebrɑ̃le] Régul. I /**avoir**/ Base : ÉBRANL-. **3**
C. SIMPLE DIRECTE
V. + complément : *ébranler le sol.*
Emploi pronominal : s'ébranler (accord = P).

ébruiter [ebrɥite] Régul. I /**avoir**/ Base : ÉBRUIT-. **3**
C. SIMPLE DIRECTE
V. + complément : *ébruiter un secret.*
Emploi pronominal : s'ébruiter (accord = P).

écailler [ekɑje] Régul. I /**avoir**/ Base : ÉCAILL-. **3**
C. SIMPLE DIRECTE
V. + complément : *écailler un poisson.*
Emploi pronominal : s'écailler (accord = P).

écarquiller [ekarkije] Régul. I /**avoir**/ Base : ÉCARQUILL-. **3**
C. SIMPLE DIRECTE
V. + complément : *écarquiller les yeux.*
Emploi pronominal : s'écarquiller (accord = P);
s'écarquiller + complément : *s'écarquiller les yeux* (accord = OE).

écarteler [ekartəle] Particularité I /**avoir**/ Base : ÉCART[E]L-. **17**
C. SIMPLE DIRECTE
V. + complément : *écarteler quelqu'un.*
CONSTRUCTION MULTIPLE
V. + compl. — **entre** + compl. : *écarteler quelqu'un* **entre** *plusieurs possibilités.*
V. + compl. — **entre** + compl. — **et** + compl. : *écarteler quelqu'un* **entre** *le profit* **et** *la gloire.*

écarter [ekarte] Régul. I /**avoir**/ Base : ÉCART-. **3**
C. ABSOLUE : *un fusil qui écarte.*
C. SIMPLE DIRECTE
V. + complément : *écarter les journalistes.*
Emploi pronominal : s'écarter (accord = P).
CONSTRUCTION MULTIPLE
V. + compl. — **de** + compl. : *écarter les visiteurs* **d'***un laboratoire.*
Emploi pronominal : s'écarter **de** + complément : *s'écarter* **d'***une zone dangereuse* (accord = P).

échafauder [eʃafode] Régul. I /**avoir**/ Base : ÉCHAFAUD-. **3**
C. ABSOLUE : *pour ravaler, il faudra échafauder.*
C. SIMPLE DIRECTE
V. + complément : *échafauder une hypothèse.*
Emploi pronominal : s'échafauder (accord = P).

échancrer [eʃɑ̃kre] Régul. I /**avoir**/ Base : ÉCHANCR-. **3**

C. SIMPLE DIRECTE

V. + complément : *échancrer une robe.*

échanger [eʃɑ̃ʒe] Particularité I /**avoir**/ Base : ÉCHAN[G]-. **12**

C. SIMPLE DIRECTE

V. + complément : *échanger des serments.*
Emploi pronominal : s'échanger (accord = P).

CONSTRUCTION MULTIPLE

V. + compl. — **contre** + compl. : *échanger des œufs* **contre** *du beurre.*
Emploi pronominal : s'échanger **contre** + complément : ***s'****échanger* **contre** *de l'or* (accord = P).

échantillonner [eʃɑ̃tijɔne] Régul. I /**avoir**/ Base : ÉCHANTILLONN-. **3**

C. SIMPLE DIRECTE

V. + complément : *échantillonner des pièces de drap.*

échapper [eʃape] Régul. I /**avoir et être**/ Base : ÉCHAPP-. **3**

1° Emploi personnel.

C. SIMPLE INDIRECTE

V. + **à** + complément : *échapper* **à** *un danger.*
V. + **de** + complément : *échapper* **du** *désert.*
Emploi pronominal : s'échapper (accord = P);
s'échapper **de** + complément : ***s'****échapper* ***d'****un enfer* (accord = P).

2° Emploi unipersonnel.

CONSTRUCTION MULTIPLE

Il échappe **à** + compl. — sujet réel nominal : *il échappe* **à** *la majorité des gens des erreurs.*
Il échappe **à** + compl. — sujet réel = **de** + infin. : *il est échappé* **à** *Dupont* **de** *dire ce secret.*
Il échappe **à** + compl. — sujet réel = **ce qui** + indic. : *il est échappé* **à** *Pierre* **ce qu'***on voulait lui faire dire.*
Il échappe **à** + compl. — sujet réel = **que** + indic. : *il est échappé* **à** *ce pauvre homme* **que** *personne ne l'écoutait.*

échauder [eʃode] Régul. I /**avoir**/ Base : ÉCHAUD-. **3**

C. SIMPLE DIRECTE

V. + complément : *échauder un pigeon.*
Emploi pronominal : s'échauder (accord = P).

échauffer [eʃofe] Régul. I /**avoir**/ Base : ÉCHAUFF-. **3**

C. SIMPLE DIRECTE

V. + complément : *échauffer l'imagination.*
Emploi pronominal : s'échauffer (accord = P).

échelonner [eʃ(ə)lɔne] Régul. I /**avoir**/ Base : ÉCHELONN-. **3**

C. SIMPLE DIRECTE

V. + complément : *échelonner des versements.*
Emploi pronominal : s'échelonner (accord = P).

échoir [eʃwar] Défectif III /**être**/ Base : ÉCH-. **56**

1° **Emploi personnel.**

C. ABSOLUE : *le terme est échu.*

C. SIMPLE DIRECTE

V. + temps : *échoir le premier mars.*

C. SIMPLE INDIRECTE

V. + **à** + complément : *échoir* ***à*** *un héritier.*
V. + temps : *échoir* ***au*** *quinze août.*

CONSTRUCTION MULTIPLE

V. + **à** + compl. — **en** + attribut : *échoir* ***à*** *quelqu'un* ***en*** *héritage.*

2° **Emploi unipersonnel.**

CONSTRUCTION MULTIPLE

Il échoit + sujet réel nominal — **à** + compl. : *il échoit une propriété* ***à*** *mon frère.*

échouer [eʃwe] Régul. I /**avoir**/ Base : ÉCHOU-. **3**

C. ABSOLUE : *une fois de plus, il aura échoué.*

C. SIMPLE DIRECTE

V. + complément : *échouer son canot.*
Emploi pronominal : s'échouer (accord = P).

C. SIMPLE DIRECTE

V. + **à** + infin. : *échouer* ***à*** *battre le record du tour.*

CONSTRUCTION MULTIPLE

V. + compl. — lieu : *échouer son embarcation* ***sur*** *un banc de sable.*
Emploi pronominal : s'échouer + lieu : ***s'****échouer* ***sur*** *un récif* (accord = P).

éclabousser [eklabuse] Régul. I /**avoir**/ Base : ÉCLABOUSS-. **3**

C. ABSOLUE : *un scandale éclabousse toujours.*

C. SIMPLE DIRECTE

V. + complément : *éclabousser les passants.*
Emploi pronominal : s'éclabousser (accord = P).

éclaircir [eklɛrsir] Régul. II /**avoir**/ Base : ÉCLAIRC-. **26**

C. SIMPLE DIRECTE

V. + complément : *éclaircir des plants de laitue.*
Emploi pronominal : s'éclaircir (accord = P).

CONSTRUCTION MULTIPLE

V. + compl. — **sur** + compl. : *éclaircir quelqu'un* ***sur*** *sa conduite.*
Emploi pronominal : s'éclaircir + complément : ***s'****éclaircir la voix* (accord = OE).

éclater [eklate] Régul. I /**avoir**/ Base : ÉCLAT-. **3**

C. ABSOLUE : *le scandale a éclaté.*

C. SIMPLE DIRECTE

V. + complément : *éclater des pieds de tomates.*

C. SIMPLE INDIRECTE

V. + **de** + infin. : *éclater* ***de*** *rire.*

Modèle

éclipser [eklipse] Régul. I /**avoir**/ Base : ÉCLIPS-. 3

C. SIMPLE DIRECTE

V. + complément : *éclipser ses concurrents.*
Emploi pronominal : s'éclipser (accord = P).

éclore [eklɔr] Défectif III /**être**/ Base : ÉCLO-. 96

C. ABSOLUE : *la rose est éclose.*

écœurer [ekœre] Régul. I /**avoir**/ Base : ÉCŒUR-. 3

C. SIMPLE DIRECTE

V. + complément : *écœurer une âme délicate.*
Emploi pronominal : s'écœurer (accord = P).

éconduire [ekɔ̃dɥir] III /**avoir**/ Base : ÉCONDUI-. 82

C. SIMPLE DIRECTE

V. + complément : *éconduire un soupirant.*

économiser [ekɔnɔmize] Régul. I /**avoir**/ Base : ÉCONOMIS-. 3

C. ABSOLUE : *il ne saura jamais économiser.*

C. SIMPLE DIRECTE

V. + complément : *économiser ses efforts.*
Emploi pronominal : s'économiser (accord = P).

écoper [ekɔpe] Régul. I /**avoir**/ Base : ÉCOP-. 3

C. ABSOLUE (fam.) : *il a écopé.*

C. SIMPLE DIRECTE

V. + complément : *écoper une barque.*

C. SIMPLE INDIRECTE

V. + **de** + complément (fam.) : *écoper* ***d'****une contravention.*

écorcher [ekɔrʃe] Régul. I /**avoir**/ Base : ÉCORCH-. 3

C. SIMPLE DIRECTE

V. + complément : *écorcher un bœuf.*
Emploi pronominal : s'écorcher (accord = P).

CONSTRUCTION MULTIPLE

V. + compl. — **à** + compl. : *écorcher la main* ***à*** *quelqu'un.*
Emploi pronominal : s'écorcher + complément : ***s'****écorcher la main* (accord = OE).

écorner [ekɔrne] Régul. I /**avoir**/ Base : ÉCORN-. 3

C. SIMPLE DIRECTE

V. + complément : *écorner son capital.*

écosser [ekɔse] Régul. I /**avoir**/ Base : ÉCOSS-. 3

C. SIMPLE DIRECTE

V. + complément : *écosser les petits pois.*
Emploi pronominal : s'écosser (accord = P).

écouler [ekule] Régul. I /**avoir**/ Base : ÉCOUL-. 3

C. SIMPLE DIRECTE

V. + complément : *écouler des marchandises.*
Emploi pronominal : s'écouler (accord = P).

écourter [ekurte] Régul. I /**avoir**/ Base : ÉCOURT-. **3**
C. SIMPLE DIRECTE
V. + complément : *écourter son séjour.*

écouter [ekute] Régul. I /**avoir**/ Base : ÉCOUT-. **3**
C. ABSOLUE : *il se tait et écoute.*
C. SIMPLE DIRECTE
V. + complément : *écouter une émission.*
Emploi pronominal : s'écouter (accord = P).
V. + proposition infinitive : *écouter les oiseaux chanter.*
Emploi pronominal : s'écouter + infin. : ***s'****écouter parler.*

écrabouiller [ekrabuje] (fam.) Régul. I /**avoir**/ Base : ÉCRABOUILL-. **3**
C. SIMPLE DIRECTE
V. + complément : *écrabouiller un œuf.*
Emploi pronominal : s'écrabouiller (accord = P) ;
s'écrabouiller + complément : ***s'****écrabouiller un orteil* (accord = OE).

écraser [ekrɑze] Régul. I /**avoir**/ Base : ÉCRAS-. **3**
C. ABSOLUE (pop.) : *il écrase.*
C. SIMPLE DIRECTE
V. + complément : *écraser du grain.*
Emploi pronominal : s'écraser (accord = P) ;
s'écraser + complément : ***s'****écraser le pied* (accord = OE).

écrémer [ekreme] Particularité I /**avoir**/ Base : ÉCR[É]M-. **14**
C. SIMPLE DIRECTE
V. + complément : *écrémer le lait.*
Emploi pronominal : s'écrémer (accord = P).

écrêter [ekrete] Régul. I /**avoir**/ Base : ÉCRÊT-. **3**
C. ABSOLUE : *le canon écrête.*
C. SIMPLE DIRECTE
V. + complément : *écrêter une route.*

écrier (s') [sekrije] Régul. I /**être**/ Base : ÉCRI- (s'). **5**
C. ABSOLUE : s'écrier (accord = P).
C. SIMPLE DIRECTE
S'écrier **que** + indic. : ***s'****écrier* ***que*** *c'est scandaleux* (accord = P).

écrire [ekrir] III /**avoir**/ Base : ÉCRI-. **90**
C. ABSOLUE : *il n'écrit plus.*
C. SIMPLE DIRECTE
V. + complément : *écrire un pamphlet.*
Emploi pronominal : s'écrire (accord = P).
V. + **que** + indic. : *écrire* ***que*** *tout va bien.*
V. + **que** + subj. (idée d'ordre) : *écrire* ***qu'****on vous fasse envoyer des marchandises.*
C. SIMPLE INDIRECTE
V. + **à** + complément : *écrire* ***à*** *sa vieille tante.*
Emploi pronominal : s'écrire (accord = I).

CONSTRUCTION MULTIPLE

V. + compl. — **à** + compl. : *écrire des injures* ***à*** *quelqu'un.*
Emploi pronominal : s'écrire + complément : ***s'écrire*** *des lettres d'amour* (accord = OE) ;
s'écrire **à** + complément : ***s'écrire à*** *quelqu'un de confiance* (accord = P).
V. + **à** + compl. — **que** + indic. : *écrire* ***à*** *son père* ***qu'****on a besoin d'argent.*
V. + **à** + compl. — **de** + infin. (idée d'ordre) : *écrire* ***à*** *son frère* ***d'****aller faire une visite.*
V. + **à** + compl. — **que** + subj. (idée d'ordre) : *écrire* ***à*** *son régisseur* ***que*** *les fermiers veuillent bien envoyer des œufs.*

écrouler (s') [sekrule] Régul. I /**être**/ Base : ÉCROUL- (s'). **5**

C. ABSOLUE : s'écrouler (accord = P).

C. SIMPLE DIRECTE

S'écrouler + attribut : ***s'écrouler*** *mort* (accord = P).

écumer [ekyme] Régul. I /**avoir**/ Base : ÉCUM-. **3**

C. ABSOLUE : *la mer écume.*

C. SIMPLE DIRECTE

V. + complément : *écumer le pot-au-feu.*

édicter [edikte] Régul. I /**avoir**/ Base : ÉDICT-. **3**

C. SIMPLE DIRECTE

V. + complément : *édicter un règlement.*
Emploi pronominal : s'édicter (accord = P).

édifier [edifje] Régul. I /**avoir**/ Base : ÉDIFI-. **3**

C. ABSOLUE : *au lieu de détruire, édifiez plutôt.*

C. SIMPLE DIRECTE

V. + complément : *édifier une cité nouvelle.*
Emploi pronominal : s'édifier (accord = P).

éditer [edite] Régul. I /**avoir**/ Base : ÉDIT-. **3**

C. SIMPLE DIRECTE

V. + complément : *éditer des dictionnaires.*

édulcorer [edylkɔre] Régul. I /**avoir**/ Base : ÉDULCO-. **3**

C. SIMPLE DIRECTE

V. + complément : *édulcorer une expression.*
Emploi pronominal : s'édulcorer (accord = P).

éduquer [edyke] Régul. I /**avoir**/ Base : ÉDUQU-. **3**

C. SIMPLE DIRECTE

V. + complément : *éduquer un jeune homme.*
Emploi pronominal : s'éduquer (accord = P).

effacer [efase] Particularité I /**avoir**/ Base : EFFA[C]-. **10**

C. ABSOLUE : *la gomme permet d'effacer.*

C. SIMPLE DIRECTE

V. + complément : *effacer une faute.*
Emploi pronominal : s'effacer (accord = P).

effarer [efare] Régul. I /**avoir**/ Base : EFFAR-. **3**
C. SIMPLE DIRECTE
V. + complément : *effarer les spectateurs.*
Emploi pronominal : s'effarer (accord = P).

effaroucher [efaruʃe] Régul. I /**avoir**/ Base : EFFAROUCH-. **3**
C. SIMPLE DIRECTE
V. + complément : *effaroucher une biche.*
Emploi pronominal : s'effaroucher (accord = P).

effectuer [efɛktɥe] Régul. I /**avoir**/ Base : EFFECTU-. **3**
C. SIMPLE DIRECTE
V. + complément : *effectuer une opération.*
Emploi pronominal : s'effectuer (accord = P).

efféminer [efemine] Régul. I /**avoir**/ Base : EFFÉMIN-. **3**
C. SIMPLE DIRECTE
V. + complément : *efféminer la mode masculine.*
Emploi pronominal : s'efféminer (accord = P).

effeuiller [efœje] Régul. I /**avoir**/ Base : EFFEUILL-. **3**
C. SIMPLE DIRECTE
V. + complément : *effeuiller une marguerite.*
Emploi pronominal : s'effeuiller (accord = P).

effiler [efile] Régul. I /**avoir**/ Base : EFFIL-. **3**
C. SIMPLE DIRECTE
V. + complément : *effiler un carré de soie.*
Emploi pronominal : s'effiler (accord = P).

effilocher [efilɔʃe] Régul. I /**avoir**/ Base : EFFILOCH-. **3**
C. SIMPLE DIRECTE
V. + complément : *effilocher des chiffons.*
Emploi pronominal : s'effilocher (accord = P).

effleurer [eflœre] Régul. I /**avoir**/ Base : EFFLEUR-. **3**
C. SIMPLE DIRECTE
V. + complément : *effleurer les cheveux de quelqu'un.*
Emploi pronominal : s'effleurer (accord = P).

effondrer [efɔ̃dre] Régul. I /**avoir**/ Base : EFFONDR-. **3**
C. SIMPLE DIRECTE
V. + complément : *effondrer un tiroir.*
Emploi pronominal : s'effondrer (accord = P).

efforcer (s') [sefɔrse] Particularité I /**être**/ Base : EFFOR[C]- (s'). **10**
C. SIMPLE INDIRECTE
S'efforcer **à** + complément : ***s'efforcer à** une tâche délicate* (accord = P).
S'efforcer **de** + infin. : ***s'efforcer de** rester courtois* (accord = P).
S'efforcer **pour** + infin. : ***s'efforcer pour** sourire* (accord = P).
S'efforcer **vers** + complément : ***s'efforcer vers** un but peu accessible* (accord = P).

Modèle

effrayer [efreje] Particularité I /**avoir**/ Base : EFFRA[Y]-. **9**

C. SIMPLE DIRECTE

V. + complément : *effrayer une souris.*
Emploi pronominal : s'effrayer (accord = P).

effriter [efrite] Régul. I /**avoir**/ Base : EFFRIT-. **3**

C. SIMPLE DIRECTE

V. + complément : *effriter une biscotte.*
Emploi pronominal : s'effriter (accord = P).

égaler [egale] Régul. I /**avoir**/ Base : ÉGAL-. **3**

C. SIMPLE DIRECTE

V. + complément : *égaler un record.*

CONSTRUCTION MULTIPLE

V. + compl. — **à** + compl. : *égaler une performance* ***au*** *record absolu.*
Emploi pronominal : s'égaler **à** + complément : *s'égaler* ***à*** *un champion* (accord = P).

égaliser [egalize] Régul. I /**avoir**/ Base : ÉGALIS-. **3**

C. ABSOLUE : *l'adversaire a égalisé.*

C. SIMPLE DIRECTE

V. + complément : *égaliser un terrain.*
Emploi pronominal : s'égaliser (accord = P).

égarer [egare] Régul. I /**avoir**/ Base : ÉGAR-. **3**

C. SIMPLE DIRECTE

V. + complément : *égarer ses clefs.*
Emploi pronominal : s'égarer (accord = P).

égayer [egeje] Particularité I /**avoir**/ Base : ÉGA[Y]-. **9**

C. SIMPLE DIRECTE

V. + complément : *égayer ses invités.*
Emploi pronominal : s'égayer (accord = P).

égorger [egɔrʒe] Particularité I /**avoir**/ Base : ÉGOR[G]-. **12**

C. SIMPLE DIRECTE

V. + complément : *égorger un poulet.*
Emploi pronominal : s'égorger (accord = P).

égoutter [egute] Régul. I /**avoir**/ Base : ÉGOUTT-. **3**

C. SIMPLE DIRECTE

V. + complément : *égoutter des verres.*
Emploi pronominal : s'égoutter (accord = P).

égratigner [egratiɲe] Régul. I /**avoir**/ Base : ÉGRATIGN-. **3**

C. SIMPLE DIRECTE

V. + complément : *égratigner le vernis d'une table.*
Emploi pronominal : s'égratigner (accord = P);
s'égratigner + complément : *s'égratigner le visage* (accord = OE).

éjecter [eʒɛkte] Régul. I /**avoir**/ Base : ÉJECT-. **3**
C. SIMPLE DIRECTE
V. + complément : *éjecter le pilote.*
Emploi pronominal : s'éjecter (accord = P).

élaborer [elabɔre] Régul. I /**avoir**/ Base : ÉLABOR-. **3**
C. SIMPLE DIRECTE
V. + complément : *élaborer une théorie.*
Emploi pronominal : s'élaborer (accord = P).

élaguer [elage] Régul. I /**avoir**/ Base : ÉLAGU-. **11**
C. ABSOLUE : *il faudra élaguer.*
C. SIMPLE DIRECTE
V. + complément : *élaguer un marronnier.*

élancer [elɑ̃se] Particularité I /**avoir**/ Base : ÉLAN[C]-. **10**
C. ABSOLUE : *un panaris élance.*
Emploi pronominal : s'élancer (accord = P).

élargir [elarʒir] Régul. II /**avoir**/ Base : ÉLARG-. **26**
C. ABSOLUE (fam.) : *comme il a élargi!*
C. SIMPLE DIRECTE
V. + complément : *élargir un prisonnier.*
Emploi pronominal : s'élargir (accord = P).

électrifier [elɛktrifje] Régul. I /**avoir**/ Base : ÉLECTRIFI-. **3**
C. SIMPLE DIRECTE
V. + complément : *électrifier une ligne de chemin de fer.*

électriser [elɛktrize] Régul. I /**avoir**/ Base : ÉLECTRIS-. **3**
C. SIMPLE DIRECTE
V. + complément : *électriser la laine.*
Emploi pronominal : s'électriser (accord = P).

électrocuter [elɛktrɔkyte] Régul. I /**avoir**/ Base : ÉLECTROCUT-. **3**
C. SIMPLE DIRECTE
V. + complément : *électrocuter un condamné.*
Emploi pronominal : s'électrocuter (accord = P).

élever [el(ə)ve] Particularité I /**avoir**/ Base : ÉL[E]V-. **15**
C. SIMPLE DIRECTE
V. + complément : *élever des lapins.*
Emploi pronominal : s'élever (accord = P).
CONSTRUCTION MULTIPLE
V. + compl. — **à** + compl. : *élever une statue* ***à*** *un homme célèbre.*
V. + compl. — lieu propre ou figuré : *élever un enfant* ***en*** *pension.*
Emploi pronominal : s'élever + lieu : ***s'élever à*** *un sommet* (accord = P);
s'élever **contre** + complément : ***s'élever contre*** *la tyrannie* (accord = P).

éliminer [elimine] Régul. I /**avoir**/ Base : ÉLIMIN-. **3**
C. ABSOLUE : *il élimine mal.*

C. SIMPLE DIRECTE
V. + complément : *éliminer des toxines.*
Emploi pronominal : s'éliminer (accord = P).
CONSTRUCTION MULTIPLE
V. + compl. — **de** + compl. : *éliminer un intrus* ***d'une*** *réunion.*

élire [elir] III /**avoir**/ Base : ÉL-. **89**
C. SIMPLE DIRECTE
V. + complément : *élire le président de la République.*
CONSTRUCTION MULTIPLE
V. + compl. — attribut du compl. : *élire M. Dupont député.*

éloigner [elwaɲe] Régul. I /**avoir**/ Base : ÉLOIGN-. **3**
C. SIMPLE DIRECTE
V. + complément : *éloigner les indiscrets.*
Emploi pronominal : s'éloigner (accord = P).
CONSTRUCTION MULTIPLE
V. + compl. — **de** + compl. : *éloigner un danger* **de** *quelqu'un.*
Emploi pronominal : s'éloigner **de** + complément : ***s'éloigner des*** *côtes* (accord = P).

élucider [elyside] Régul. I /**avoir**/ Base : ÉLUCID-. **3**
C. SIMPLE DIRECTE
V. + complément : *élucider un mystère.*
Emploi pronominal : s'élucider (accord = P).

éluder [elyde] Régul. I /**avoir**/ Base : ÉLUD-. **3**
C. ABSOLUE : *quand on l'interroge, il élude.*
C. SIMPLE DIRECTE
V. + complément : *éluder une difficulté.*
Emploi pronominal : s'éluder (accord = P).

émailler [emaje] Régul. I /**avoir**/ Base : ÉMAILL-. **3**
C. SIMPLE DIRECTE
V. + complément : *émailler un plat.*
Emploi pronominal : s'émailler (accord = P).
CONSTRUCTION MULTIPLE
V. + compl. — **de** + compl. : *émailler un texte* **de** *fautes.*
Emploi pronominal : s'émailler **de** + complément : ***s'émailler de*** *citations* (accord = P).

émanciper [emɑ̃sipe] Régul. I /**avoir**/ Base : ÉMANCIP-. **3**
C. SIMPLE DIRECTE
V. + complément : *émanciper un enfant mineur.*
Emploi pronominal : s'émanciper (accord = P).
CONSTRUCTION MULTIPLE
V. + compl. — **de** + compl. : *émanciper un jeune homme* **de** *la tutelle de ses parents.*
Emploi pronominal : s'émanciper **de** + complément : ***s'émanciper d'une*** *tutelle* (accord = P).

émaner [emane] Régul. I /**avoir**/ Base : ÉMAN-. **3**
C. SIMPLE INDIRECTE
V. + **de** + complément : *émaner* **des** *autorités académiques.*

émarger [emarʒe] Particularité I /**avoir**/ Base : ÉMAR[G]-. **12**
C. ABSOLUE : *avant de partir, vous émargerez.*
C. SIMPLE DIRECTE
V. + complément : *émarger un registre.*
C. SIMPLE INDIRECTE
V. + **à** + complément : *émarger **au** budget.*

emballer [ɑ̃bale] Régul. I /**avoir**/ Base : EMBALL-. **3**
C. SIMPLE DIRECTE
V. + complément : *emballer une boîte de chocolats.*
Emploi pronominal : s'emballer (accord = P).

embarquer [ɑ̃barke] Régul. I /**avoir**/ Base : EMBARQU-. **3**
C. ABSOLUE : *la goélette embarque.*
C. SIMPLE DIRECTE
V. + complément : *embarquer du fret.*
Emploi pronominal : s'embarquer (accord = P).

embarrasser [ɑ̃barase] Régul. I /**avoir**/ Base : EMBARRASS-. **3**
C. SIMPLE DIRECTE
V. + complément : *embarrasser un contradicteur.*
Emploi pronominal : s'embarrasser (accord = P).
CONSTRUCTION MULTIPLE
V. + compl. — **dans** + compl. : *embarrasser un cheval **dans** ses traits.*
Emploi pronominal : s'embarrasser **dans** + complément : *s'embarrasser **dans** ses explications* (accord = P).
V. + compl. — **de** + compl. : *embarrasser un timide **de** remarques ironiques.*
Emploi pronominal : s'embarrasser **de** + complément : *ne pas s'embarrasser **de** scrupule* (accord = P).

embaucher [ɑ̃boʃe] Régul. I /**avoir**/ EMBAUCH-. **3**
C. ABSOLUE : *cette usine embauche.*
C. SIMPLE DIRECTE
V. + complément : *embaucher des emballeurs.*
Emploi pronominal : s'embaucher (accord = P).

embaumer [ɑ̃bome] Régul. I /**avoir**/ Base : EMBAUM-. **3**
C. ABSOLUE : *ces fleurs embaument.*
C. SIMPLE DIRECTE
V. + complément : *embaumer un pharaon.*

embellir [ɑ̃bɛlir] Régul. II /**avoir** et **être**/ Base : EMBELL-. **26**
C. ABSOLUE : *elle embellit tous les jours.*
C. SIMPLE DIRECTE
V. + complément : *embellir son jardin.*
Emploi pronominal : s'embellir (accord = P).

emberlificoter [ɑ̃bɛrlifikɔte] (fam.) Régul. I /**avoir**/ Base : EMBERLIFICOT-. **3**

C. SIMPLE DIRECTE
V. + complément : *emberlificoter quelqu'un.*
Emploi pronominal : s'emberlificoter (accord = P).

embobiner [ɑ̃bɔbine] Régul. I /**avoir**/ Base : EMBOBIN-. **3**
C. SIMPLE DIRECTE
V. + complément : *embobiner un câble.*
Emploi pronominal : s'embobiner (accord = P).

emboîter [ɑ̃bwate] Régul. I /**avoir**/ Base : EMBOÎT-. **3**
C. SIMPLE DIRECTE
V. + complément : *emboîter des casseroles.*
Emploi pronominal : s'emboîter (accord = P).
CONSTRUCTION MULTIPLE
V. + compl. — **dans** + compl. : *emboîter un objet* ***dans*** *un autre.*
Emploi pronominal : s'emboîter **dans** + complément : *s'emboîter* ***dans*** *une forme* (accord = P).

emboucher [ɑ̃buʃe] Régul. I /**avoir**/ Base : EMBOUCH-. **3**
C. SIMPLE DIRECTE
V. + complément : *emboucher la trompette épique.*
Emploi pronominal : s'emboucher (accord = P).

embourber [ɑ̃burbe] Régul. I /**avoir**/ Base : EMBOURB-. **3**
C. SIMPLE DIRECTE
V. + complément : *embourber une voiture.*
Emploi pronominal : s'embourber (accord = P).

embourgeoiser [ɑ̃burʒwaze] (fam.) Régul. I /**avoir**/ Base : EMBOURGEOIS-. **3**
C. SIMPLE DIRECTE
V. + complément : *embourgeoiser son mari.*
Emploi pronominal : s'embourgeoiser (accord = P).

embouteiller [ɑ̃buteje] Régul. I /**avoir**/ Base : EMBOUTEILL-. **3**
C. SIMPLE DIRECTE
V. + complément : *embouteiller une route.*
Emploi pronominal : s'embouteiller (accord = P).

emboutir [ɑ̃butir] Régul. II /**avoir**/ Base : EMBOUT-. **26**
C. SIMPLE DIRECTE
V. + complément : *emboutir une pièce de tôlerie.*
Emploi pronominal : s'emboutir (accord = P).

embrancher [ɑ̃brɑ̃ʃe] Régul. I /**avoir**/ Base : EMBRANCH-. **3**
C. SIMPLE DIRECTE
V. + complément : *embrancher une voie.*
Emploi pronominal : s'embrancher (accord = P).
CONSTRUCTION MULTIPLE
V. + compl. — **sur** + compl. : *embrancher une voie de garage* ***sur*** *une voie secondaire.*
Emploi pronominal : s'embrancher **sur** + complément : *s'embrancher* ***sur*** *une voie principale* (accord = P).

embraser [ɑ̃brɑze] Régul. I /**avoir**/ Base : EMBRAS-. **3**

C. SIMPLE DIRECTE
V. + complément : *embraser un monument.*
Emploi pronominal : s'embraser (accord = P).

embrasser [ɑ̃brase] Régul. I /**avoir**/ Base : EMBRASS-. **3**

C. SIMPLE DIRECTE
V. + complément : *embrasser le vainqueur.*
Emploi pronominal : s'embrasser (accord = P).

embrayer [ɑ̃breje] Particularité I /**avoir**/ Base : EMBRA[Y]-. **9**

C. ABSOLUE : *n'emballez pas le moteur, embrayez!*
C. SIMPLE DIRECTE
V. + complément : *embrayer une machine.*

embrigader [ɑ̃brigade] Régul. I /**avoir**/ Base : EMBRIGAD-. **3**

C. SIMPLE DIRECTE
V. + complément : *embrigader des partisans.*
Emploi pronominal : s'embrigader (accord = P).

embringuer [ɑ̃brɛ̃ge] (fam.) Régul. I /**avoir**/ Base : EMBRINGU-. **11**

CONSTRUCTION MULTIPLE
V. + compl. — **dans** + compl. : *embringuer un oncle* ***dans*** *une histoire impossible.*
Emploi pronominal : s'embringuer **dans** + complément : ***s'em-bringuer dans*** *une affaire baroque* (accord = P).

embrocher [ɑ̃brɔʃe] Régul. I /**avoir**/ Base : EMBROCH-. **3**

C. SIMPLE DIRECTE
V. + complément : *embrocher un poulet.*
Emploi pronominal : s'embrocher (accord = P).

embrouiller [ɑ̃bruje] Régul. I /**avoir**/ Base : EMBROUILL-. **3**

C. SIMPLE DIRECTE
V. + complément : *embrouiller un écheveau.*
Emploi pronominal : s'embrouiller (accord = P).

embuer [ɑ̃bɥe] Régul. I /**avoir**/ Base : EMBU-. **3**

C. SIMPLE DIRECTE
V. + complément : *embuer une vitre.*
Emploi pronominal : s'embuer (accord = P).

embusquer [ɑ̃byske] Régul. I /**avoir**/ Base : EMBUSQU-. **3**

C. SIMPLE DIRECTE
V. + complément : *embusquer un guetteur.*
Emploi pronominal : s'embusquer (accord = P).

émerger [emɛrʒe] Particularité I /**avoir**/ Base : ÉMER[G]-. **12**

C. ABSOLUE : *courage! il émerge.*
C. SIMPLE INDIRECTE
V. + lieu : *émerger* ***à*** *la surface.*

Modèle

émerveiller [emɛrveje] Régul. I /**avoir**/ Base : ÉMERVEILL-. **3**
C. SIMPLE DIRECTE
V. + complément : *émerveiller un enfant.*
Emploi pronominal : s'émerveiller (accord = P).

émettre [emɛtr] III /**avoir**/ Base : ÉM-. **60**
C. SIMPLE DIRECTE
V. + complément : *émettre des signaux.*
C. SIMPLE INDIRECTE
V. + lieu : *émettre* **sur** *toute la France.*

émietter [emjete] Régul. I /**avoir**/ Base : ÉMIETT-. **3**
C. SIMPLE DIRECTE
V. + complément : *émietter du pain de mie.*
Emploi pronominal : s'émietter (accord = P).

émigrer [emigre] Régul. I /**avoir**/ Base : ÉMIGR-. **3**
C. ABSOLUE : *je pense émigrer.*
C. SIMPLE INDIRECTE
V. + lieu : *émigrer* **aux** *Etats-Unis.*

emmagasiner [ɑ̃magazine] Régul. I /**avoir**/ Base : EMMAGASIN-. **3**
C. SIMPLE DIRECTE
V. + complément : *emmagasiner des connaissances inutiles.*
Emploi pronominal : s'emmagasiner (accord = P).

emmailloter [ɑ̃majɔte] Régul. I /**avoir**/ Base : EMMAILLOT-. **3**
C. SIMPLE DIRECTE
V. + complément : *emmailloter un nourrisson.*
Emploi pronominal : s'emmailloter (accord = P).

emmancher [ɑ̃mɑ̃ʃe] Régul. I /**avoir**/ Base : EMMANCH-. **3**
C. SIMPLE DIRECTE
V. + complément : *emmancher une pioche.*
Emploi pronominal : s'emmancher (accord = P).

emmêler [ɑ̃mele] Régul. I /**avoir**/ Base : EMMÊL-. **3**
C. SIMPLE DIRECTE
V. + complément : *emmêler des fils.*
Emploi pronominal : s'emmêler (accord = P);
s'emmêler + complément : *s'emmêler les cheveux* (accord = OE).

emménager [ɑ̃menaʒe] Particularité I /**avoir**/ Base : EMMÉNA[G]-. **12**
C. ABSOLUE : *ils emménagent demain.*
C. SIMPLE DIRECTE
V. + complément : *emménager des amis.*

emmener [ɑ̃m(ə)ne] Particularité I /**avoir**/ Base : EMM[E]N-. **15**
C. SIMPLE DIRECTE
V. + complément : *emmener son chien.*
CONSTRUCTION MULTIPLE
V. + complément — lieu : *emmener sa vieille tante* **au** *cinéma.*

emmitoufler [ɑ̃mitufle] Régul. I /**avoir**/ Base : EMMITOUFL-. **3**
C. SIMPLE DIRECTE
V. + complément : *emmitoufler un malade.*
Emploi pronominal : s'emmitoufler (accord = P).

emmurer [ɑ̃myre] Régul. I /**avoir**/ Base : EMMUR-. **3**
C. SIMPLE DIRECTE
V. + complément : *emmurer quelqu'un.*
Emploi pronominal : s'emmurer (accord = P).

émonder [emɔ̃de] Régul. I /**avoir**/ Base : ÉMOND-. **3**
C. SIMPLE DIRECTE
V. + complément : *émonder un pin.*

émotionner [emosjɔne] (fam.) Régul. I /**avoir**/ Base : ÉMOTIONN-. **3**
C. SIMPLE DIRECTE
V. + complément : *émotionner tout le quartier.*
Emploi pronominal : s'émotionner (accord = P).

émousser [emuse] Régul. I /**avoir**/ Base : ÉMOUSS-. **3**
C. SIMPLE DIRECTE
V. + complément : *émousser le tranchant d'un couteau.*
Emploi pronominal : s'émousser (accord = P).

émoustiller [emustije] Régul. I /**avoir**/ Base : ÉMOUSTILL-. **3**
C. ABSOLUE : *les reproches émoustillent, parfois.*
C. SIMPLE DIRECTE
V. + complément : *émoustiller un employé peu actif.*
Emploi pronominal : s'émoustiller (accord = P).

émouvoir [emuvwar] III /**avoir**/ Base : ÉM-. **42**
C. ABSOLUE : *ce spectacle émeut.*
C. SIMPLE DIRECTE
V. + complément : *émouvoir les spectateurs.*
Emploi pronominal : s'émouvoir (accord = P).
CONSTRUCTION MULTIPLE
V. + compl. — **de** + compl. : *émouvoir son vieux père* **de** *pitié.*
Emploi pronominal : s'émouvoir **de** + complément : ***s'émouvoir de** pitié* (accord = P);
s'émouvoir **à** + complément : ***s'émouvoir à** l'annonce d'une catastrophe* (accord = P).

empailler [ɑ̃pɑje] Régul. I /**avoir**/ Base : EMPAILL-. **3**
C. SIMPLE DIRECTE
V. + complément : *empailler un animal.*

empaler [ɑ̃pale] Régul. I /**avoir**/ Base : EMPAL-. **3**
C. SIMPLE DIRECTE
V. + complément : *empaler un vizir.*
Emploi pronominal : s'empaler (accord = P).

empanacher [ɑ̃panaʃe] Régul. I /**avoir**/ Base : EMPANACH-. **3**
C. SIMPLE DIRECTE
V. + complément : *empanacher son casque.*
Emploi pronominal : s'empanacher (accord = P).

empaqueter [ɑ̃pak(ə)te] Particularité I /**avoir**/ Base : EMPAQUE[T]-. **18**

C. SIMPLE DIRECTE

V. + complément : *empaqueter des cadeaux.*
Emploi pronominal : s'empaqueter (accord = P).

emparer (s') [sɑ̃pare] Régul. I /**être**/ Base : EMPAR- (s'). **5**

C. SIMPLE INDIRECTE

S'emparer **de** + complément : ***s'emparer de** la recette d'un cinéma* (accord = P).

empâter [ɑ̃pɑte] Régul. I /**avoir**/ Base : EMPÂT-. **3**

C. ABSOLUE : *trop manger empâte.*

C. SIMPLE DIRECTE

V. + complément : *empâter les traits.*
Emploi pronominal : s'empâter (accord = P).

empêcher [ɑ̃peʃe] Régul. I /**avoir**/ Base : EMPÊCH-. **3**

1° **Emploi personnel.**

C. SIMPLE DIRECTE

V. + complément : *empêcher un vol.*
V. + **de** + infin. : *empêcher **de** danser.*
V. + **que** + subj. : *empêcher **que** l'on soit malveillant.*

CONSTRUCTION MULTIPLE

V. + compl. — **de** + infin. : *empêcher un voleur **de** s'enfuir.*
Emploi pronominal : s'empêcher **de** + infin. : ***s'empêcher de** dire ce que l'on pense* (accord = P).

2° **Emploi unipersonnel.**

Il n'empêche **que** + indic. : *il n'empêche **que** vous vous êtes trompé.*

empeser [ɑ̃pəze] Particularité I /**avoir**/ Base : EMP[E]S-. **15**

C. SIMPLE DIRECTE

V. + complément : *empeser un chemisier.*
Emploi pronominal : s'empeser (accord = P).

empester [ɑ̃pɛste] Régul. I /**avoir**/ Base : EMPEST-. **3**

C. ABSOLUE : *cela empeste ici.*

C. SIMPLE DIRECTE

V. + complément : *empester le quartier.*

empêtrer [ɑ̃petre] Régul. I /**avoir**/ Base : EMPÊTR-. **3**

C. SIMPLE DIRECTE

V. + complément : *empêtrer son adversaire.*
Emploi pronominal : s'empêtrer (accord = P).

CONSTRUCTION MULTIPLE

V. + compl. — **dans** + compl. : *empêtrer un lion **dans** un filet.*
Emploi pronominal : s'empêtrer **dans** + complément : ***s'empêtrer dans** ses explications* (accord = P).
V. + compl. — **de** + compl. : *empêtrer un chef de service **d'un** employé sans valeur.*
Emploi pronominal : s'empêtrer **de** + complément : ***s'empêtrer d'un** incapable* (accord = P).

empierrer [ɑ̃pjɛre] Régul. I /**avoir**/ Base : EMPIERR-. **3**
C. SIMPLE DIRECTE
V. + complément : *empierrer un chemin vicinal.*

empiéter [ɑ̃pjete] Particularité I /**avoir**/ Base : EMPI[É]T-. **14**
C. SIMPLE INDIRECTE
V. + **de** + complément : *empiéter* **de** *quelques mètres.*
V. + **sur** + complément : *empiéter* **sur** *son voisin.*
CONSTRUCTION MULTIPLE
V. + **de** + compl. — **sur** + compl. : *empiéter* **de** *deux mètres* **sur** *la propriété voisine.*

empiffrer [ɑ̃pifre] (fam.) Régul. I /**avoir**/ Base : EMPIFFR-. **3**
C. SIMPLE DIRECTE
V. + complément : *empiffrer un enfant.*
Emploi pronominal : s'empiffrer (accord = P).
CONSTRUCTION MULTIPLE
V. + compl. — **de** + compl. : *empiffrer son fils* **de** *marrons glacés.*
Emploi pronominal : s'empiffrer **de** + complément : ***s'empiffrer* de** *petits fours* (accord = P).

empiler [ɑ̃pile] Régul. I /**avoir**/ Base : EMPIL-. **3**
C. SIMPLE DIRECTE
V. + complément : *empiler des boîtes vides.*
Emploi pronominal : s'empiler (accord = P).

empirer [ɑ̃pire] Régul. I /**avoir** et **être**/ Base : EMPIR-. **3**
C. ABSOLUE : *cela empire.*
C. SIMPLE DIRECTE (auxiliaire *avoir* seulement).
V. + complément : *empirer les maux de quelqu'un.*

emplir [ɑ̃plir] Régul. II /**avoir**/ Base : EMPL-. **26**
C. ABSOLUE : *le bateau emplit.*
C. SIMPLE DIRECTE
V. + complément : *emplir ses poches.*
Emploi pronominal : s'emplir (accord = P).
CONSTRUCTION MULTIPLE
V. + compl. — **de** + compl. : *emplir une pièce* **de** *livres.*
Emploi pronominal : s'emplir **de** + complément : ***s'emplir* de** *bois* (accord = P).

employer [ɑ̃plwaje] Particularité I /**avoir**/ Base : EMPLO[Y]-. **8**
C. SIMPLE DIRECTE
V. + complément : *employer un gardien de nuit.*
Emploi pronominal : s'employer (accord = P).
CONSTRUCTION MULTIPLE
V. + compl. — **comme** + attribut du compl. : *employer un retraité* **comme** *garde-chasse.*
Emploi pronominal : s'employer **comme** + attribut : ***s'employer* comme** *porteur* (accord = P).
V. + compl. — **à** + compl. : *employer une jeune fille* **à** *la réception.*

Emploi pronominal : s'employer **à** + complément : ***s'employer à** l'emballage* (accord = P).
V. + compl. — **à** + infin. : *employer quelqu'un **à** porter des colis.*
Emploi pronominal : s'employer **à** + infin. : ***s'employer à** porter des colis* (accord = P).
V. + compl. — **pour** + compl. : *employer son pouvoir **pour** un ami.*
Emploi pronominal : s'employer **pour** + complément : ***s'employer pour** un solliciteur* (accord = P).

empocher [ɑ̃pɔʃe] Régul. I /**avoir**/ Base : EMPOCH-. **3**
C. SIMPLE DIRECTE
V. + complément : *empocher toute la somme.*

empoigner [ɑ̃pwaɲe] Régul. I /**avoir**/ Base : EMPOIGN-. **3**
C. SIMPLE DIRECTE
V. + complément : *empoigner une pelle.*
Emploi pronominal : s'empoigner (accord = P).

empoisonner [ɑ̃pwazɔne] Régul. I /**avoir**/ Base : EMPOISONN-. **3**
C. ABSOLUE : *ce produit empoisonne.*
C. SIMPLE DIRECTE
V. + complément : *empoisonner quelqu'un.*
Emploi pronominal : s'empoisonner (accord = P); s'empoisonner + complément : ***s'empoisonner** la bouche* (accord = OE).

emporter [ɑ̃pɔrte] Régul. I /**avoir**/ Base : EMPORT-. **3**
C. SIMPLE DIRECTE
V. + complément : *emporter des bagages.*
CONSTRUCTION MULTIPLE
L'emporter **sur** + complément : *l'emporter **sur** ses concurrents.*
Emploi pronominal : s'emporter **contre** + complément : ***s'emporter contre** la stupidité* (accord = P).

empourprer [ɑ̃purpre] Régul. I /**avoir**/ Base : EMPOURPR-. **3**
C. SIMPLE DIRECTE
V. + complément : *empourprer le ciel.*
Emploi pronominal : s'empourprer (accord = P).

empreindre [ɑ̃prɛ̃dr] III /**avoir**/ Base : EMPREI-. **71**
C. SIMPLE DIRECTE
V. + complément : *empreindre une médaille.*
CONSTRUCTION MULTIPLE
V. + compl. — **de** + compl. : *empreindre un poème **de** sentiments humanitaires.*
Emploi pronominal : s'empreindre **de** + complément : ***s'empreindre de** mélancolie* (accord = P).

empresser (s') [sɑ̃prese] Régul. I /**être**/ Base : EMPRESS- (s'). **5**
C. SIMPLE INDIRECTE
S'empresser **à** + infin. : ***s'empresser à** suivre un conseil* (accord = P).

S'empresser **de** + infin. : *s'empresser **de** finir son travail* (accord = P).
S'empresser + indication du bénéficiaire : *s'empresser **pour** un ami; en faveur de quelqu'un* (accord = P).
S'empresser **pour** + infin. : *s'empresser **pour** soigner un malade* (accord = P).

emprisonner [ɑ̃prizɔne] Régul. I /**avoir**/ Base : EMPRISONN-. **3**

C. SIMPLE DIRECTE
V. + complément : *emprisonner un malfaiteur.*
Emploi pronominal : s'emprisonner (accord = P).

CONSTRUCTION MULTIPLE
V. + compl. — lieu : *emprisonner un voleur **à** la Santé.*
Emploi pronominal : s'emprisonner + lieu : *s'emprisonner **dans** son point de vue* (accord = P).

emprunter [ɑ̃prœ̃te] Régul. I /**avoir**/ Base : EMPRUNT-. **3**

C. ABSOLUE : *au lieu d'économiser, il emprunte.*

C. SIMPLE DIRECTE
V. + complément : *emprunter des vêtements.*
Emploi pronominal : s'emprunter (accord = P).

C. SIMPLE INDIRECTE
V. + **à** + complément : *emprunter **à** un usurier.*

CONSTRUCTION MULTIPLE
V. + compl. — **à** + compl. : *emprunter un million **à** la banque.*
Emploi pronominal : s'emprunter + complément : *s'emprunter de l'argent* (accord = OE).

émulsionner [emylsjɔne] Régul. I /**avoir**/ Base : ÉMULSIONN-. **3**

C. SIMPLE DIRECTE
V. + complément : *émulsionner une peinture.*

encadrer [ɑ̃kɑdre] Régul. I /**avoir**/ Base : ENCADR-. **3**

C. SIMPLE DIRECTE
V. + complément : *encadrer une nature morte.*
Emploi pronominal : s'encadrer (accord = P).

encaisser [ɑ̃kese] Régul. I /**avoir**/ Base : ENCAISS-. **3**

C. ABSOLUE : *il encaisse mal.*

C. SIMPLE DIRECTE
V. + complément : *encaisser des livres.*
Emploi pronominal : s'encaisser (accord = P).

encastrer [ɑ̃kastre] Régul. I /**avoir**/ Base : ENCASTR-. **3**

CONSTRUCTION MULTIPLE
V. + compl. — lieu : *encastrer un coffre **dans** un mur.*
Emploi pronominal : s'encastrer + lieu : *s'encastrer **dans** un mur* (accord = P).

encaustiquer [ɑ̃kɔstike] Régul. I /**avoir**/ Base : ENCAUSTIQU-. **3**

C. SIMPLE DIRECTE
V. + complément : *encaustiquer les meubles.*

Modèle

encenser [ɑ̃sɑ̃se] Régul. I /**avoir**/ Base : ENCENS-. **3**

C. ABSOLUE : *ce cheval encense.*

C. SIMPLE DIRECTE

V. + complément : *encenser les puissances.*
Emploi pronominal : s'encenser (accord = P).

encercler [ɑ̃sɛrkle] Régul. I /**avoir**/ Base : ENCERCL-. **3**

C. SIMPLE DIRECTE

V. + complément : *encercler un camp.*

enchaîner [ɑ̃ʃene] Régul. I /**avoir**/ Base : ENCHAÎN-. **3**

C. ABSOLUE : *on enchaîne!*

C. SIMPLE DIRECTE

V. + complément : *enchaîner un fauve.*
Emploi pronominal : s'enchaîner (accord = P).

CONSTRUCTION MULTIPLE

V. + compl. — **à** + compl. : *enchaîner un dogue **à** un poteau.*
Emploi pronominal : s'enchaîner **à** + complément : ***s'**enchaîner **à** un projet douteux* (accord = P).

enchanter [ɑ̃ʃɑ̃te] Régul. I /**avoir**/ Base : ENCHANT-. **3**

C. SIMPLE DIRECTE

V. + complément : *enchanter les yeux.*
Emploi pronominal : s'enchanter **de** + complément : ***s'**enchanter **d'**un spectacle* (accord = P); s'enchanter **de** + infin. : ***s'**enchanter **de** voir une féerie* (accord = P).

enchâsser [ɑ̃ʃɑse] Régul. I /**avoir**/ Base : ENCHÂSS-. **3**

C. SIMPLE DIRECTE

V. + complément : *enchâsser des pierreries.*
Emploi pronominal : s'enchâsser (accord = P).

CONSTRUCTION MULTIPLE

V. + compl. — **dans** + compl. : *enchâsser des rubis **dans** une icône.*
Emploi pronominal : s'enchâsser **dans** + complément : ***s'**enchâsser **dans** de l'or* (accord = P).
V. + compl. — **de** + compl. : *enchâsser un coffre **de** pierreries.*
Emploi pronominal : s'enchâsser **de** + complément : ***s'**enchâsser **d'**émeraudes* (accord = P).

enchérir [ɑ̃ʃerir] Régul. II /**avoir**/ Base : ENCHÉR-. **26**

C. ABSOLUE : *tout enchérit.*

C. SIMPLE INDIRECTE

V. + **sur** + complément : *enchérir **sur** une offre.*

enchevêtrer [ɑ̃ʃ(ə)vetre] Régul. I /**avoir**/ Base : ENCHEVÊTR-. **3**

C. SIMPLE DIRECTE

V. + complément : *enchevêtrer des liens.*
Emploi pronominal : s'enchevêtrer (accord = P).

enclaver [ɑ̃klave] Régul. I /**avoir**/ Base : ENCLAV-. **3**

C. SIMPLE DIRECTE

V. + complément : *enclaver une province.*

CONSTRUCTION MULTIPLE

V. + compl. — **dans** + compl. : *enclaver un bois* ***dans*** *sa propriété.*
Emploi pronominal : s'enclaver **dans** + complément : ***s'****enclaver* ***dans*** *un patrimoine* (accord = P).

enclencher [ɑ̃klɑ̃ʃe] Régul. I /**avoir**/ Base : ENCLENCH-. **3**

C. SIMPLE DIRECTE

V. + complément : *enclencher un mécanisme.*
Emploi pronominal : s'enclencher (accord = P).

CONSTRUCTION MULTIPLE

V. + compl. — **et** + compl. : *enclencher un patin* ***et*** *un signal.*

enclore [ɑ̃klɔr] Défectif III /**avoir**/ Base : ENCLO-. **94**

C. SIMPLE DIRECTE

V. + complément : *enclore sa propriété.*
Emploi pronominal : s'enclore (accord = P).

CONSTRUCTION MULTIPLE

V. + compl. — **dans** + compl. : *enclore une maison* ***dans*** *une forêt.*
Emploi pronominal : s'enclore **dans** + complément : ***s'****enclore* ***dans*** *un parc* (accord = P).
V. + compl. — **de** + compl. : *enclore un champ* ***de*** *fils de fer barbelés.*
Emploi pronominal : s'enclore **de** + complément : ***s'****enclore* ***de*** *murs* (accord = P).

encombrer [ɑ̃kɔ̃bre] Régul. I /**avoir**/ Base : ENCOMBR-. **3**

C. ABSOLUE : *tous ces bibelots encombrent.*

C. SIMPLE DIRECTE

V. + complément : *encombrer les rues.*
Emploi pronominal : s'encombrer (accord = P).

CONSTRUCTION MULTIPLE

V. + compl. — **de** + compl. : *encombrer le vestibule* ***de*** *bagages.*
Emploi pronominal : s'encombrer **de** + complément : ***s'****encombrer* ***de*** *colis* (accord = P).

encourager [ɑ̃kuraʒe] Particularité I /**avoir**/ Base : ENCOURA[G]-. **12**

C. SIMPLE DIRECTE

V. + complément : *encourager un débutant.*
Emploi pronominal : s'encourager (accord = P).

CONSTRUCTION MULTIPLE

V. + compl. — **à** + compl. : *encourager quelqu'un* ***au*** *travail.*
V. + compl. — **à** + infin. : *encourager un patriote* ***à*** *résister.*
Emploi pronominal : s'encourager **à** + infin. : ***s'****encourager* ***à*** *mieux faire* (accord = P).
V. + compl. — **dans** + compl. : *encourager un élève* ***dans*** *ses efforts.*

Modèle

encourir [ɑ̃kurir] III /**avoir**/ Base : ENCOUR-. **33**

C. SIMPLE DIRECTE

V. + complément : *encourir des reproches.*

encrasser [ɑ̃krase] Régul. I /**avoir**/ Base : ENCRASS-. **3**

C. SIMPLE DIRECTE

V. + complément : *encrasser son moteur.*
Emploi pronominal : s'encrasser (accord = P).

encrer [ɑ̃kre] Régul. I /**avoir**/ Base : ENCR-. **3**

C. SIMPLE DIRECTE

V. + complément : *encrer un tampon.*
Emploi pronominal : s'encrer (accord = P).

encroûter [ɑ̃krute] Régul. I /**avoir**/ Base : ENCROÛT-. **3**

C. SIMPLE DIRECTE

V. + complément : *encroûter une chaudière.*
Emploi pronominal : s'encroûter (accord = P); s'encroûter + complément : *s'encroûter les mains* (accord = OE).

endetter [ɑ̃dete] Régul. I /**avoir**/ Base : ENDETT-. **3**

C. SIMPLE DIRECTE

V. + complément : *endetter son entreprise.*
Emploi pronominal : s'endetter (accord = P).

endeuiller [ɑ̃dœje] Régul. I /**avoir**/ Base : ENDEUILL-. **3**

C. SIMPLE DIRECTE

V. + complément : *endeuiller une famille.*
Emploi pronominal : s'endeuiller (accord = P).

endiguer [ɑ̃dige] Régul. I /**avoir**/ Base : ENDIGU-. **11**

C. SIMPLE DIRECTE

V. + complément : *endiguer un flot de protestations.*
Emploi pronominal : s'endiguer (accord = P).

endoctriner [ɑ̃dɔktrine] Régul. I /**avoir**/ Base : ENDOCTRIN-. **3**

C. SIMPLE DIRECTE

V. + complément : *endoctriner la jeunesse.*

endommager [ɑ̃dɔmaʒe] Particularité I /**avoir**/ Base : ENDOMMA[G]-. **12**

C. SIMPLE DIRECTE

V. + complément : *endommager son véhicule.*
Emploi pronominal : s'endommager (accord = P).

endormir [ɑ̃dɔrmir] III /**avoir**/ Base : ENDOR-. **32**

C. ABSOLUE : *il faudra endormir.*

C. SIMPLE DIRECTE

V. + complément : *endormir un patient.*
Emploi pronominal : s'endormir (accord = P).

endosser [ɑ̃dose] Régul. I /**avoir**/ Base : ENDOSS-. **3**

C. SIMPLE DIRECTE

V. + complément : *endosser un chèque.*

CONSTRUCTION MULTIPLE
V. + compl. — **à** + compl. : *endosser un chèque* ***à*** *l'ordre de M. Dupont.*

enduire [ɑ̃dɥir] III /**avoir**/ Base : ENDUI-. **82**
C. ABSOLUE : *cet oiseau n'enduit pas bien.*
C. SIMPLE DIRECTE
V. + complément : *enduire une surface.*
Emploi pronominal : s'enduire (accord = P).
CONSTRUCTION MULTIPLE
V. + compl. — **de** + compl. : *enduire une affiche* ***de*** *colle.*
Emploi pronominal : s'enduire **de** + complément : ***s'enduire de*** *graisse* (accord = P) ;
s'enduire + compl. — **de** + compl. : ***s'en****duire les mains* ***de*** *graisse* (accord = OE).

endurcir [ɑ̃dyrsir] Régul. II /**avoir**/ Base : ENDURC-. **26**
C. ABSOLUE : *les épreuves endurcissent.*
C. SIMPLE DIRECTE
V. + complément : *endurcir un enfant.*
Emploi pronominal : s'endurcir (accord = P).
CONSTRUCTION MULTIPLE
V. + compl. — **à** + compl. : *endurcir un explorateur* ***au*** *froid.*
Emploi pronominal : s'endurcir **à** + complément : ***s'endurcir au*** *froid* (accord = P).

endurer [ɑ̃dyre] Régul. I /**avoir**/ Base : ENDUR-. **3**
C. SIMPLE DIRECTE
V. + complément : *endurer le mépris.*
V. + **de** + infin. : *endurer* ***d'****être ennuyé par tous.*
V. + **que** + subj. : *endurer* ***que*** *l'on vous plaigne.*

énerver [enɛrve] Régul. I /**avoir**/ Base : ÉNERV-. **3**
C. SIMPLE DIRECTE
V. + complément : *énerver les conducteurs.*
Emploi pronominal : s'énerver (accord = P).

enfanter [ɑ̃fɑ̃te] Régul. I /**avoir**/ Base : ENFANT-. **3**
C. ABSOLUE : *elle a enfanté.*
C. SIMPLE DIRECTE
V. + complément : *enfanter un garçon.*

enfermer [ɑ̃fɛrme] Régul. I /**avoir**/ Base : ENFERM-. **3**
C. SIMPLE DIRECTE
V. + complément : *enfermer un animal méchant.*
Emploi pronominal : s'enfermer (accord = P).
CONSTRUCTION MULTIPLE
V. + compl. — lieu : *enfermer des lettres* ***dans*** *un tiroir.*
Emploi pronominal : s'enfermer + lieu : ***s'enfermer dans*** *son bureau* (accord = P).

enfiévrer [ɑ̃fjevre] Particularité I /**avoir**/ Base : ENFI[É]VR-. **14**

C. SIMPLE DIRECTE

V. + complément : *enfiévrer la Bourse.*
Emploi pronominal : s'enfiévrer (accord = P).

enfiler [ɑ̃file] Régul. I /**avoir**/ Base : ENFIL-. **3**

C. SIMPLE DIRECTE

V. + complément : *enfiler une aiguille.*
Emploi pronominal : s'enfiler (accord = P); s'enfiler + complément (pop.) : ***s'****enfiler un de ces gueuletons!* (accord = OE).

enflammer [ɑ̃flame] Régul. I /**avoir**/ Base : ENFLAMM-. **3**

C. SIMPLE DIRECTE

V. + complément : *enflammer du papier.*
Emploi pronominal : s'enflammer (accord = P); s'enflammer **de** + complément : ***s'****enflammer* ***d'****amour* (accord = P).

enfler [ɑ̃fle] Régul. I /**avoir**/ Base : ENFL-. **3**

C. ABSOLUE : *sa joue enfle.*

C. SIMPLE DIRECTE

V. + complément : *enfler son orgueil.*
Emploi pronominal : s'enfler (accord = P).

CONSTRUCTION MULTIPLE

V. + compl. — **de** + compl. : *enfler quelqu'un* ***d'****orgueil.*
Emploi pronominal : s'enfler **de** + complément : ***s'****enfler* ***d'****orgueil* (accord = P).

enfoncer [ɑ̃fɔ̃se] Particularité I /**avoir**/ Base : ENFON[C]-. **10**

C. ABSOLUE : *ici on enfonce.*

C. SIMPLE DIRECTE

V. + complément : *enfoncer un clou.*
Emploi pronominal : s'enfoncer (accord = P).

CONSTRUCTION MULTIPLE

V. + compl. — lieu propre ou figuré : *enfoncer un coin* ***dans*** *un tronc d'arbre.*
Emploi pronominal : s'enfoncer + lieu propre ou figuré : ***s'****enfoncer* ***dans*** *la forêt* (accord = P); s'enfoncer + compl. — lieu : ***s'****enfoncer une écharde* ***dans*** *l'index* (accord = OE).

enfouir [ɑ̃fwir] Régul. II /**avoir**/ Base : ENFOU-. **26**

C. SIMPLE DIRECTE

V. + complément : *enfouir son trésor.*
Emploi pronominal : s'enfouir (accord = P).

CONSTRUCTION MULTIPLE

V. + compl. — lieu : *enfouir un message* ***au*** *pied d'un arbre.*
Emploi pronominal : s'enfouir + lieu : ***s'****enfouir* ***dans*** *les bois* (accord = P).

enfourcher [ɑ̃furʃe] Régul. I /**avoir**/ Base : ENFOURCH-. **3**

C. SIMPLE DIRECTE

V. + complément : *enfourcher une branche d'arbre.*

enfourner [ɑ̃furne] Régul. I /**avoir**/ Base : ENFOURN-. **3**
C. ABSOLUE : *enfourner à four doux.*
C. SIMPLE DIRECTE
V. + complément : *enfourner un poulet.*
Emploi pronominal (fam.) : s'enfourner + lieu : ***s'****enfourner* ***dans*** *le métro* (accord = P).

enfuir (s') [sɑ̃fɥir] Particularité III /**être**/ Base : ENFU[I]- (s'). **37**
C. ABSOLUE : s'enfuir (accord = P).

enfumer [ɑ̃fyme] Régul. I /**avoir**/ Base : ENFUM-. **3**
C. SIMPLE DIRECTE
V. + complément : *enfumer un terrier.*
Emploi pronominal : s'enfumer (accord = P).

engager [ɑ̃gaʒe] Particularité I /**avoir**/ Base : ENGA[G]-. **12**
C. ABSOLUE : *l'avant-centre engage.*
C. SIMPLE DIRECTE
V. + complément : *engager un manœuvre.*
Emploi pronominal : s'engager (accord = P).
CONSTRUCTION MULTIPLE
V. + compl. — **comme** + attribut du compl. : *engager un retraité* ***comme*** *contractuel.*
Emploi pronominal : s'engager **comme** + complément : ***s'****engager* ***comme*** *planton* (accord = P).
V. + compl. — lieu : *engager sa voiture* ***sur*** *un chemin de sable.*
Emploi pronominal : s'engager + lieu : ***s'****engager* ***dans*** *un sentier forestier* (accord = P).
V. + compl. — **à** + compl. : *engager un ami* ***au*** *repos.*
Emploi pronominal : s'engager **à** + complément : ***s'****engager* ***à*** *une femme* (accord = P).
V. + compl. — **à** + infin. : *engager un timide* ***à*** *prendre de l'assurance.*
Emploi pronominal : s'engager **à** + infin. : ***s'****engager* ***à*** *courir* (accord = P).

engendrer [ɑ̃ʒɑ̃dre] Régul. I /**avoir**/ Base : ENGENDR-. **3**
C. SIMPLE DIRECTE
V. + complément : *engendrer des troubles.*
Emploi pronominal : s'engendrer (accord = P).

englober [ɑ̃glɔbe] Régul. I /**avoir**/ Base : ENGLOB-. **3**
C. SIMPLE DIRECTE
V. + complément : *englober tous les détails.*
CONSTRUCTION MULTIPLE
V. + compl. — **dans** + compl. : *englober un achat* ***dans*** *les frais généraux.*
V. + compl. — **en** + compl. : *englober un reproche* ***en*** *une accusation générale.*

engloutir [ɑ̃glutir] Régul. II /**avoir**/ Base : ENGLOUT-. **26**
C. ABSOLUE : *comme il engloutit!*

C. SIMPLE DIRECTE
V. + complément : *engloutir une fortune.*
Emploi pronominal : s'engloutir (accord = P).

engorger [ɑ̃gɔrʒe] Particularité I /**avoir**/ Base : ENGOR[G]-. **12**
C. SIMPLE DIRECTE
V. + complément : *engorger un lavabo.*
Emploi pronominal : s'engorger (accord = P).

engouer [ɑ̃gwe] Régul. I /**avoir**/ Base : ENGOU-. **3**
C. SIMPLE DIRECTE
V. + complément : *engouer l'estomac.*
Emploi pronominal : s'engouer (accord = P);
s'engouer **de** + complément : *s'engouer* ***d'****une robe* (accord = P).

engouffrer [ɑ̃gufre] Régul. I /**avoir**/ Base : ENGOUFFR-. **3**
C. ABSOLUE (fam.) : *comme il engouffre!*
C. SIMPLE DIRECTE
V. + complément : *engouffrer des sommes fabuleuses.*
Emploi pronominal : s'engouffrer (accord = P).

engourdir [ɑ̃gurdir] Régul. II /**avoir**/ Base : ENGOURD-. **26**
C. SIMPLE DIRECTE
V. + complément : *engourdir l'esprit.*
Emploi pronominal : s'engourdir (accord = P).

engraisser [ɑ̃grese] Régul. I /**avoir et être**/ Base : ENGRAISS-. **3**
C. ABSOLUE : *il a encore engraissé.*
C. SIMPLE DIRECTE (auxiliaire *avoir* seulement)
V. + complément : *engraisser un porc.*
Emploi pronominal : s'engraisser (accord = P).

engranger [ɑ̃grɑ̃ʒe] Particularité I /**avoir**/ Base : ENGRAN[G]-. **12**
C. SIMPLE DIRECTE
V. + complément : *engranger du fourrage.*

enhardir [ɑ̃ardir] Régul. II /**avoir**/ Base : ENHARD-. **26**
C. SIMPLE DIRECTE
V. + complément : *enhardir un enfant timide.*
Emploi pronominal : s'enhardir (accord = P).
CONSTRUCTION MULTIPLE
V. + compl. — **à** + infin. : *enhardir un solliciteur* ***à*** *demander une audience.*
Emploi pronominal : s'enhardir **à** + infin. : *s'enhardir* ***à*** *réclamer* (accord = P).

enivrer [ɑ̃nivre] Régul. I /**avoir**/ Base : ENIVR-. **3**
C. ABSOLUE : *le vin enivre.*
C. SIMPLE DIRECTE
V. + complément : *enivrer ses invités.*
Emploi pronominal : s'enivrer (accord = P).

Modèle

enjamber [ɑ̃ʒɑ̃be] Régul. I /**avoir**/ Base : ENJAMB-. **3**

C. SIMPLE DIRECTE

V. + complément : *enjamber un ruisseau.*

C. SIMPLE INDIRECTE

V. + **sur** + complément : *enjamber* ***sur*** *une rivière.*

enjoindre [ɑ̃ʒwɛ̃dr] III /**avoir**/ Base : ENJOI-. **71**

C. SIMPLE DIRECTE

V. + complément : *enjoindre un ordre.*

CONSTRUCTION MULTIPLE

V. + compl. — **à** + compl. : *enjoindre une obligation* ***à*** *quelqu'un.*
V. + **à** + compl. — **de** + infin. : *enjoindre* ***à*** *quelqu'un* ***de*** *respecter les lois.*

enjoliver [ɑ̃ʒɔlive] Régul. I /**avoir**/ Base : ENJOLIV-. **3**

C. SIMPLE DIRECTE

V. + complément : *enjoliver son récit.*
Emploi pronominal : s'enjoliver (accord = P).

enlacer [ɑ̃lase] Particularité I /**avoir**/ Base : ENLA[C]-. **10**

C. SIMPLE DIRECTE

V. + complément : *enlacer un tuteur.*
Emploi pronominal : s'enlacer (accord = P);
s'enlacer **à** + complément : *s'enlacer* ***à*** *un baobab* (accord = P).

enlaidir [ɑ̃ledir] Régul. II /**avoir**/ Base : ENLAID-. **26**

C. ABSOLUE : *elle enlaidit.*

C. SIMPLE DIRECTE

V. + complément : *enlaidir un appartement de caractère.*
Emploi pronominal : s'enlaidir (accord = P).

enlever [ɑ̃l(ə)ve] Particularité I /**avoir**/ Base : ENL[E]V-. **15**

C. ABSOLUE : *enlevez!*

C. SIMPLE DIRECTE

V. + complément : *enlever sa veste.*
Emploi pronominal : s'enlever (accord = P).
V. + **ce qui** + indic. : *enlever* ***ce qui*** *gêne.*

CONSTRUCTION MULTIPLE

V. + compl. — **à** + compl. : *enlever son tuteur* ***à*** *une plante.*
V. + **à** + compl. — **ce qui** + indic. : *enlever* ***à*** *un malade* ***ce qui*** *le fait suffoquer.*

enliser [ɑ̃lize] Régul. I /**avoir**/ Base : ENLIS-. **3**

C. SIMPLE DIRECTE

V. + complément : *enliser sa voiture.*
Emploi pronominal : s'enliser (accord = P).

CONSTRUCTION MULTIPLE

V. + compl. — lieu : *enliser un camion* ***dans*** *une fondrière.*
Emploi pronominal : s'enliser + lieu propre ou figuré : *s'enliser* ***dans*** *un marais* (accord = P).

Modèle

enluminer [ɑ̃lymine] Régul. I /**avoir**/ Base : ENLUMIN-. **3**

C. SIMPLE DIRECTE

V. + complément : *enluminer un manuscrit.*
Emploi pronominal : s'enluminer (accord = P).

enneiger [ɑ̃neʒe] Particularité I /**avoir**/ Base : ENNEI[G]-. **12**

C. SIMPLE DIRECTE

V. + complément : *enneiger une pente.*

ennoblir [ɑ̃nɔblir] Régul. II /**avoir**/ Base : ENNOBL-. **26**

C. SIMPLE DIRECTE

V. + complément : *ennoblir un idéal.*
Emploi pronominal : s'ennoblir (accord = P).

ennuyer [ɑ̃nɥije] Particularité I /**avoir**/ Base : ENNU[Y]-. **8**

1° Emploi personnel.

C. SIMPLE DIRECTE

V. + complément : *ennuyer son auditoire.*
Emploi pronominal : s'ennuyer (accord = P).

CONSTRUCTION MULTIPLE

V. + compl. — **avec** + compl. : *ennuyer ses enfants* ***avec*** *des sermons.*
V. + compl. — **de** + compl. : *ennuyer son entourage* ***de*** *ses déceptions.*
Emploi pronominal : s'ennuyer **de** + complément : ***s'ennuyer d'un*** *ami absent* (accord = P);
s'ennuyer **de** + infin. : ***s'ennuyer de*** *voir l'hiver arriver* (accord = P);
s'ennuyer **à** + infin. : ***s'ennuyer à*** *faire un travail de routine* (accord = P).

2° Emploi unipersonnel.

CONSTRUCTION MULTIPLE

Il ennuie + compl. — sujet réel = **de** + infin. : *il m'ennuie* ***d'****entendre toujours les mêmes choses.*
Cela ennuie + compl. — sujet réel = **que** + subj. : *cela ennuie sa femme* ***qu'****il fasse de la compétition.*

énoncer [enɔ̃se] Particularité I /**avoir**/ Base : ÉNON[C]-. **10**

C. SIMPLE DIRECTE

V. + complément : *énoncer une contre-vérité.*
Emploi pronominal : s'énoncer (accord = P).

enorgueillir [ɑ̃nɔrgœjir] Régul. II /**avoir**/ Base : ENORGUEILL-. **26**

C. SIMPLE DIRECTE

V. + complément : *enorgueillir un lauréat.*
Emploi pronominal : s'enorgueillir (accord = P);
s'enorgueillir **de** + complément : ***s'enorgueillir de*** *ses enfants* (accord = P).

enquérir (s') [sɑ̃kerir] III /**être**/ Base : ENQU- (s'). **35**

C. SIMPLE DIRECTE

S'enquérir **de** + complément : ***s'enquérir de*** *la santé d'un cousin* (accord = P).
S'enquérir **si** + indic. : ***s'enquérir si*** *tout a été dit* (accord = P).

enquêter [ɑ̃kete] Régul. I /**avoir**/ Base : ENQUÊT-. **3**
C. ABSOLUE : *les journalistes enquêtent.*
C. SIMPLE INDIRECTE
V. + **sur** + complément : *enquêter* ***sur*** *les loisirs.*

enraciner [ɑ̃rasine] Régul. I /**avoir**/ Base : ENRACIN-. **3**
C. SIMPLE DIRECTE
V. + complément : *enraciner un peuplier.*
Emploi pronominal : s'enraciner (accord = P).
CONSTRUCTION MULTIPLE
V. + compl. — lieu propre ou figuré : *enraciner une habitude* ***chez*** *quelqu'un.*
Emploi pronominal : s'enraciner + lieu propre ou figuré : ***s'****enraciner* ***chez*** *un hôte complaisant* (accord = P).

enrager [ɑ̃raʒe] Particularité I /**avoir**/ Base : ENRA[G]-. **12**
C. ABSOLUE : *j'enrage.*
C. SIMPLE DIRECTE
V. + complément : *enrager quelqu'un.*
C. SIMPLE INDIRECTE
V. + **de** + complément : *enrager* ***de*** *ses échecs.*
V. + **de** + infin. : *enrager* ***de*** *ne pouvoir parler.*
Emploi pronominal : s'enrager **à** + infin. : ***s'****enrager* ***à*** *vivre au-dessus de ses moyens* (accord = P) ; s'enrager **de** + infin. : ***s'****enrager* ***de*** *ne pouvoir encore rien faire* (accord = P).

enrayer [ɑ̃reje] Particularité I /**avoir**/ Base : ENRA[Y]-. **9**
C. SIMPLE DIRECTE
V. + complément : *enrayer un pistolet.*
Emploi pronominal : s'enrayer (accord = P).

enrégimenter [ɑ̃reʒimɑ̃te] Régul. I /**avoir**/ Base : ENRÉGIMENT-. **3**
C. SIMPLE DIRECTE
V. + complément : *enrégimenter la jeunesse.*
Emploi pronominal : s'enrégimenter (accord = P).

enregistrer [ɑ̃r(ə)ʒistre] Régul. I /**avoir**/ Base : ENREGISTR-. **3**
C. ABSOLUE : *j'enregistre.*
C. SIMPLE DIRECTE
V. + complément : *enregistrer une naissance.*
Emploi pronominal : s'enregistrer (accord = P).

enrhumer [ɑ̃ryme] Régul. I /**avoir**/ Base : ENRHUM-. **3**
C. SIMPLE DIRECTE
V. + complément : *enrhumer un enfant fragile.*
Emploi pronominal : s'enrhumer (accord = P).

enrichir [ɑ̃riʃir] Régul. II /**avoir**/ Base : ENRICH-. **26**
C. ABSOLUE : *cette recherche enrichit.*
C. SIMPLE DIRECTE
V. + complément : *enrichir les classes défavorisées.*
Emploi pronominal : s'enrichir (accord = P).

CONSTRUCTION MULTIPLE
V. + compl. — **de** + compl. : *enrichir un texte **d'**annotations.*
Emploi pronominal : s'enrichir **de** + complément : ***s'**enrichir **des** remarques de la critique* (accord = P).

enrober [ɑ̃rɔbe] Régul. I /**avoir**/ Base : ENROB-. **3**
C. SIMPLE DIRECTE
V. + complément : *enrober des cailloux.*
CONSTRUCTION MULTIPLE
V. + compl. — **de** + compl. : *enrober une poutre **de** béton.*

enrôler [ɑ̃role] Régul. I /**avoir**/ Base : ENRÔL-. **3**
C. SIMPLE DIRECTE
V. + complément : *enrôler de jeunes recrues.*
Emploi pronominal : s'enrôler (accord = P).
CONSTRUCTION MULTIPLE
V. + compl. — lieu : *enrôler un mousse **sur** un bateau.*
Emploi pronominal : s'enrôler + lieu : ***s'**enrôler **dans** l'aviation* (accord = P).

enrouer [ɑ̃rwe] Régul. I /**avoir**/ Base : ENROU-. **3**
C. SIMPLE DIRECTE
V. + complément : *enrouer un chanteur.*
Emploi pronominal : s'enrouer (accord = P).

enrouler [ɑ̃rule] Régul. I /**avoir**/ Base : ENROUL-. **3**
C. SIMPLE DIRECTE
V. + complément : *enrouler un cordage.*
Emploi pronominal : s'enrouler (accord = P).
CONSTRUCTION MULTIPLE
V. + compl. — lieu : *enrouler un cordage **sur** une bitte.*
Emploi pronominal : s'enrouler + lieu : ***s'**enrouler **sur** soi-même* (accord = P).

ensabler [ɑ̃sɑble] Régul. I /**avoir**/ Base : ENSABL-. **3**
C. SIMPLE DIRECTE
V. + complément : *ensabler un bateau.*
Emploi pronominal : s'ensabler (accord = P).

ensacher [ɑ̃saʃe] Régul. I /**avoir**/ Base : ENSACH-. **3**
C. ABSOLUE : *cette machine ensache.*
C. SIMPLE DIRECTE
V. + complément : *ensacher des bonbons.*

ensanglanter [ɑ̃sɑ̃glɑ̃te] Régul. I /**avoir**/ Base : ENSANGLANT-. **3**
C. SIMPLE DIRECTE
V. + complément : *ensanglanter une manifestation.*
Emploi pronominal : s'ensanglanter (accord = P) ; s'ensanglanter + complément : ***s'**ensanglanter les mains* (accord = OE).

enseigner [ɑ̃seɲe] Régul. I /**avoir**/ Base : ENSEIGN-. **3**
C. ABSOLUE : *il enseigne.*

C. SIMPLE DIRECTE
V. + complément : *enseigner la géographie.*
Emploi pronominal : s'enseigner (accord = P).
V. + **que** + indic. : *enseigner* ***que*** *la Terre est ronde.*
CONSTRUCTION MULTIPLE
V. + compl. — **à** + compl. : *enseigner le grec* ***à*** *des élèves.*
V. + **à** + compl. — **à** + infin. : *enseigner* ***à*** *un enfant* ***à*** *travailler méthodiquement.*
V. + **à** + compl. — **que** + indic. : *enseigner* ***à*** *son auditoire* ***qu'****il est difficile de gouverner.*

ensemencer [ɑ̃s(ə)mɑ̃se] Particularité I /**avoir**/ Base : ENSEMEN[C]-. **10**
C. SIMPLE DIRECTE
V. + complément : *ensemencer une plate-bande.*
Emploi pronominal : s'ensemencer (accord = P).

enserrer [ɑ̃sɛre] Régul. I /**avoir**/ Base : ENSERR-. **3**
C. SIMPLE DIRECTE
V. + complément : *enserrer une ville.*

ensevelir [ɑ̃səv(ə)lir] Régul. II /**avoir**/ Base : ENSEVEL-. **26**
C. SIMPLE DIRECTE
V. + complément : *ensevelir son chagrin.*
Emploi pronominal : s'ensevelir (accord = P).
CONSTRUCTION MULTIPLE
V. + compl. — lieu : *ensevelir sa misanthropie* ***dans*** *un désert.*
Emploi pronominal : s'ensevelir + lieu : ***s'****ensevelir* ***à*** *la campagne* (accord = P).

ensoleiller [ɑ̃sɔleje] Régul. I /**avoir**/ Base : ENSOLEILL-. **3**
C. SIMPLE DIRECTE
V. + complément : *ensoleiller un appartement.*
Emploi pronominal : s'ensoleiller (accord = P).

ensorceler [ɑ̃sɔrsəle] Particularité I /**avoir**/ Base : ENSORCE[L]-. **16**
C. SIMPLE DIRECTE
V. + complément : *ensorceler un objet.*

entacher [ɑ̃taʃe] Régul. I /**avoir**/ Base : ENTACH-. **3**
C. SIMPLE DIRECTE
V. + complément : *entacher l'honneur de quelqu'un.*
CONSTRUCTION MULTIPLE
V. + compl. — **de** + compl. : *entacher le résultat* ***d'****une erreur énorme.*
Emploi pronominal : s'entacher **de** + complément : ***s'****entacher* ***d'****inexactitudes flagrantes* (accord = P).

entailler [ɑ̃tɑje] Régul. I /**avoir**/ Base : ENTAILL-. **3**
C. SIMPLE DIRECTE
V. + complément : *entailler un prunier.*
Emploi pronominal : s'entailler (accord = P);
s'entailler + complément : ***s'****entailler le pouce* (accord = OE).

Modèle

entamer [ɑ̃tame] Régul. I /**avoir**/ Base : ENTAM-. 3

C. ABSOLUE : *donc, on entame.*

C. SIMPLE DIRECTE

V. + complément : *entamer la conversation.*
Emploi pronominal : s'entamer (accord = P);
s'entamer + complément : ***s'****entamer le pied*
(accord = OE).

entasser [ɑ̃tase] Régul. I /**avoir**/ Base : ENTASS-. 3

C. ABSOLUE : *l'avare entasse.*

C. SIMPLE DIRECTE

V. + complément : *entasser de l'or.*
Emploi pronominal : s'entasser (accord = P).

CONSTRUCTION MULTIPLE

V. + compl. — **sur** + compl. : *entasser succès* ***sur*** *succès.*

entendre [ɑ̃tɑ̃dr] III /**avoir**/ Base : ENTEND-. 65

C. ABSOLUE : *heureusement, il entend.*

C. SIMPLE DIRECTE

V. + complément : *entendre les oiseaux.*
Emploi pronominal : s'entendre (accord = P).
V. + infinitif : *entendre frapper.*
V. + **que** + indic. : *entendre* ***que*** *tout le monde est arrivé.*
V. + **que** + subj. : *entendre* ***que*** *tout soit bien fait.*
V. + proposition infinitive : *entendre un parquet craquer.*

C. SIMPLE INDIRECTE

V. + **à** + complément : *entendre* ***à*** *un accord.*

CONSTRUCTION MULTIPLE

V. + compl. — **à** + compl. : *entendre quelque chose* ***à*** *la musique.*
V. + compl. — manière : *entendre un accord* ***sous*** *forme limitée.*
Emploi pronominal : s'entendre **avec** + complément : ***s'****entendre* ***avec*** *ses collaborateurs* (accord = P);
s'entendre **en** + complément : ***s'****entendre* ***en*** *affaires* (accord = P).

entériner [ɑ̃terine] Régul. I /**avoir**/ Base : ENTÉRIN-. 3

C. SIMPLE DIRECTE

V. + complément : *entériner une décision.*

enterrer [ɑ̃tɛre] Régul. I /**avoir**/ Base : ENTERR-. 3

C. SIMPLE DIRECTE

V. + complément : *enterrer un parent.*
Emploi pronominal : s'enterrer (accord = P).

entêter [ɑ̃tete] Régul. I /**avoir**/ Base : ENTÊT-. 3

C. ABSOLUE : *le vin entête.*

C. SIMPLE DIRECTE

V. + complément : *entêter des pointes.*
Emploi pronominal : s'entêter (accord = P).

CONSTRUCTION MULTIPLE

V. + compl. — **de** + compl. : *entêter son directeur* ***d'****un projet d'expansion.*

Emploi pronominal : s'entêter **à** + infin. : ***s'entêter à travailler*** *en dépit de tout* (accord = P);
s'entêter **de** + complément : ***s'entêter d'une*** *jeune personne* (accord = P).

enthousiasmer [ɑ̃tuzjasme] Régul. I /**avoir**/ Base : ENTHOUSIASM-. **3**

C. SIMPLE DIRECTE

V. + complément : *enthousiasmer les foules.*

Emploi pronominal : s'enthousiasmer (accord = P);
s'enthousiasmer **pour** + complément : ***s'enthousiasmer pour*** *une proposition* (accord = P).

enticher [ɑ̃tiʃe] Régul. I /**avoir**/ Base : ENTICH-. **3**

CONSTRUCTION MULTIPLE

V. + compl. — **de** + compl. : *enticher un cousin* ***d'une*** *ambition peu réalisable.*

Emploi pronominal : s'enticher **de** + complément : ***s'enticher d'une*** *modiste* (accord = P).

entôler [ɑ̃tole] (pop.) Régul. I /**avoir**/ Base : ENTÔL-. **3**

C. SIMPLE DIRECTE

V. + complément : *entôler ses copains.*

entonner [ɑ̃tɔne] Régul. I /**avoir**/ Base : ENTONN-. **3**

C. ABSOLUE : *comme il entonne!*

C. SIMPLE DIRECTE

V. + complément : *entonner du pineau.*

Emploi pronominal : s'entonner (accord = P).

entortiller [ɑ̃tɔrtije] Régul. I /**avoir**/ Base : ENTORTILL-. **3**

C. SIMPLE DIRECTE

V. + complément : *entortiller des fils.*

Emploi pronominal : s'entortiller (accord = P).

CONSTRUCTION MULTIPLE

V. + complément — lieu : *entortiller une gaze* ***autour*** *de son doigt.*

entourer [ɑ̃ture] Régul. I /**avoir**/ Base : ENTOUR-. **3**

C. SIMPLE DIRECTE

V. + complément : *entourer une orpheline.*

Emploi pronominal : s'entourer (accord = P).

CONSTRUCTION MULTIPLE

V. + compl. — **de** + compl. : *entourer une propriété* ***d'une*** *grille.*

Emploi pronominal : s'entourer **de** + complément : ***s'entourer du*** *plus grand secret* (accord = P);
s'entourer + complément : ***s'entourer*** *le cou* (accord = OE);
s'entourer + compl. — **de** + compl. : ***s'entourer*** *la cheville* ***d'un*** *bandage* (accord = OE).

entraider (s') [sɑ̃trede] Régul. I /**être**/ Base : ENTRAID- (s'). **5**

C. ABSOLUE : s'entraider (accord = P).

entraîner [ɑ̃trene] Régul. I /**avoir**/ Base : ENTRAÎN-. **3**

C. SIMPLE DIRECTE

V. + complément : *entraîner des inconvénients.*
Emploi pronominal : s'entraîner (accord = P).

CONSTRUCTION MULTIPLE

V. + compl. — lieu propre ou figuré : *entraîner un coureur **sur** le circuit lui-même.*
Emploi pronominal : s'entraîner + lieu propre ou figuré : *s'entraîner **à** Montlhéry* (accord = P);
s'entraîner + **à** + complément : *s'entraîner **au** patinage* (accord = P).

entr'apercevoir [ɑ̃trapɛrsəvwar] Particularité III /**avoir**/ Base : ENTR'APER[C]-. **41**

C. SIMPLE DIRECTE

V. + complément : *entr'apercevoir quelqu'un.*
Emploi pronominal : s'entr'apercevoir (accord = P).

entraver [ɑ̃trave] Régul. I /**avoir**/ Base : ENTRAV-. **3**

C. SIMPLE DIRECTE

V. + complément : *entraver la réalisation d'un projet.*
Emploi pronominal : s'entraver (accord = P);
s'entraver + complément : *s'entraver la cheville* (accord = OE).

entrebâiller [ɑ̃trəbɑje] Régul. I /**avoir**/ Base : ENTREBAÎLL-. **3**

C. SIMPLE DIRECTE

V. + complément : *entrebâiller une fenêtre.*
Emploi pronominal : s'entrebâiller (accord = P).

entrechoquer [ɑ̃trəʃɔke] Régul. I /**avoir**/ Base : ENTRECHOQU-. **3**

C. SIMPLE DIRECTE

V. + complément : *entrechoquer des verres.*
Emploi pronominal : s'entrechoquer (accord = P).

entrecouper [ɑ̃trəkupe] Régul. I /**avoir**/ Base : ENTRECOUP-. **3**

C. SIMPLE DIRECTE

V. + complément : *entrecouper son récit.*

CONSTRUCTION MULTIPLE

V. + compl. — **de** + compl. : *entrecouper ses paroles **de** sanglots.*
Emploi pronominal : s'entrecouper **de** + complément : *s'entrecouper **de** rires* (accord = P).

entrecroiser [ɑ̃trəkrwɑze] Régul. I /**avoir**/ Base : ENTRECROIS-. **3**

C. SIMPLE DIRECTE

V. + complément : *entrecroiser deux lattes.*
Emploi pronominal : s'entrecroiser (accord = P).

entrelacer [ɑ̃trəlase] Particularité I /**avoir**/ Base : ENTRELA[C]-. **10**

C. SIMPLE DIRECTE

V. + complément : *entrelacer des tiges de glycine.*
Emploi pronominal : s'entrelacer (accord = P).

entrelarder [ɑ̃trəlarde] Régul. I /**avoir**/ Base : ENTRELARD-. **3**
C. SIMPLE DIRECTE
V. + complément : *entrelarder un rôti.*
CONSTRUCTION MULTIPLE
V. + **de** + compl. — compl. : *entrelarder **d'**amandes un gâteau.*

entremêler [ɑ̃trəmele] Régul. I /**avoir**/ Base : ENTREMÊL-. **3**
C. SIMPLE DIRECTE
V. + complément : *entremêler ses larmes.*
Emploi pronominal : s'entremêler (accord = P).
CONSTRUCTION MULTIPLE
V. + compl. — **à** + compl. : *entremêler le souci de bien faire **à** celui de rester disponible.*
V. + compl. — **de** + compl. : *entremêler des louanges **de** critiques.*
V. + compl. — **et** + compl. : *entremêler des fleurs **et** des feuillages.*
V. + compl. — **parmi** + compl. : *entremêler des traits comiques **parmi** des considérations sérieuses.*

entremettre (s') [sɑ̃trəmɛtr] III /**être**/ Base : ENTREM- (S'). **60**
C. ABSOLUE : s'entremettre (accord = P).
C. SIMPLE INDIRECTE
S'entremettre + lieu : *s'entremettre **dans** une querelle* (accord = P).

entreposer [ɑ̃trəpoze] Régul. I /**avoir**/ Base : ENTREPOS-. **3**
C. SIMPLE DIRECTE
V. + complément : *entreposer des bananes.*
Emploi pronominal : s'entreposer (accord = P).
CONSTRUCTION MULTIPLE
V. + compl. — lieu : *entreposer des marchandises **dans** un hangar.*

entreprendre [ɑ̃trəprɑ̃dr] III /**avoir**/ Base : ENTREPR-. **68**
C. ABSOLUE : *il aime entreprendre.*
C. SIMPLE DIRECTE
V. + complément : *entreprendre une tâche immense.*
Emploi pronominal : s'entreprendre (accord = P).
V. + **de** + infin. : *entreprendre **de** faire une expédition polaire.*
C. SIMPLE INDIRECTE
V. + **sur** + complément : *entreprendre **sur** la liberté d'entreprise.*

entrer [ɑ̃tre] Régul. I /**avoir** et **être**/ Base : ENTR-. **3**
1° **Auxiliaire *avoir*.**
C. SIMPLE DIRECTE
V. + complément : *entrer la voiture.*
CONSTRUCTION MULTIPLE
V. + compl. — lieu : *entrer du charbon **à** la cave.*
2° **Auxiliaire *être*.**
C. ABSOLUE : *il entre.*
C. SIMPLE INDIRECTE
V. + lieu : *entrer **au** garage.*

entretenir [ɑ̃trət(ə)nir] III /**avoir**/ Base : ENTRET-. **36**

C. SIMPLE DIRECTE

V. + complément : *entretenir un fourneau.*
Emploi pronominal : s'entretenir (accord = P).

CONSTRUCTION MULTIPLE

V. + compl. — **avec** + compl. : *entretenir de bonnes relations* ***avec*** *d'anciens voisins.*
Emploi pronominal : s'entretenir **avec** + complément : ***s'entretenir avec*** *le directeur des courses* (accord = P).
V. + compl. — **de** + compl. : *entretenir son avocat* **de** *son affaire.*
Emploi pronominal : s'entretenir **de** + complément : ***s'entretenir des*** *difficultés de l'heure* (accord = P).

entrevoir [ɑ̃trəvwar] III /**avoir**/ Base : ENTREV-. **52**

C. SIMPLE DIRECTE

V. + complément : *entrevoir une solution.*
Emploi pronominal : s'entrevoir (accord = P).

entrouvrir [ɑ̃truvrir] III /**avoir**/ Base : ENTROUV-. **31**

C. SIMPLE DIRECTE

V. + complément : *entrouvrir la fenêtre.*
Emploi pronominal : s'entrouvrir (accord = P).

énumérer [enymere] Particularité I /**avoir**/ Base : ÉNUM[É]R-. **14**

C. SIMPLE DIRECTE

V. + complément : *énumérer les nombres de 1 à 100.*

envahir [ɑ̃vair] Régul. II /**avoir**/ Base : ENVAH-. **26**

C. SIMPLE DIRECTE

V. + complément : *envahir la vie de quelqu'un.*

envaser [ɑ̃vɑze] Régul. I /**avoir**/ Base : ENVAS-. **3**

C. SIMPLE DIRECTE

V. + complément : *envaser un estuaire.*
Emploi pronominal : s'envaser (accord = P).

envelopper [ɑ̃v(ə)lɔpe] Régul. I /**avoir**/ Base : ENVELOPP-. **3**

C. SIMPLE DIRECTE

V. + complément : *envelopper un paquet.*
Emploi pronominal : s'envelopper (accord = P).

CONSTRUCTION MULTIPLE

V. + compl. — lieu : *envelopper ses actionnaires* ***dans*** *sa ruine.*
Emploi pronominal : s'envelopper **dans** + complément : ***s'envelopper dans*** *une couverture* (accord = P).
V. + compl. — **de** + compl. : *envelopper un convalescent* ***d'une*** *couverture.*
Emploi pronominal : s'envelopper **de** + complément : ***s'envelopper d'une*** *pèlerine* (accord = P);
s'envelopper + complément : ***s'envelopper*** *la poitrine* (accord = OE).

envenimer [ɑ̃v(ə)nime] Régul. I /**avoir**/ Base : ENVENIM-. **3**
C. SIMPLE DIRECTE
V. + complément : *envenimer une plaie.*
Emploi pronominal : s'envenimer (accord = P).
CONSTRUCTION MULTIPLE
V. + compl. — **de** + compl. *envenimer une querelle* ***de*** *propos malveillants.*

envier [ɑ̃vje] Régul. I /**avoir**/ Base : ENVI-. **3**
C. ABSOLUE : *les ratés envient.*
C. SIMPLE DIRECTE
V. + complément : *envier la réussite de quelqu'un.*
Emploi pronominal : s'envier (accord = P).
CONSTRUCTION MULTIPLE
V. + compl. — **à** + compl. : *envier sa situation* ***à*** *quelqu'un.*
V. + compl. — **de** + infin. : *envier les gens fortunés* ***de*** *partir au loin.*

environner [ɑ̃virɔne] Régul. I /**avoir**/ Base : ENVIRONN-. **3**
C. SIMPLE DIRECTE
V. + complément : *environner l'ennemi.*
CONSTRUCTION MULTIPLE
V. + compl. — **de** + compl. : *environner sa maison* ***de*** *pins.*
Emploi pronominal : s'environner **de** + complément : ***s'****environner* ***de*** *collaborateurs compétents* (accord = P).

envisager [ɑ̃vizaʒe] Particularité I /**avoir**/ Base : ENVISA[G]-. **12**
C. SIMPLE DIRECTE
V. + complément : *envisager la situation.*
Emploi pronominal : s'envisager (accord = P).
V. + **de** + infin. : *envisager* ***de*** *s'expatrier.*
CONSTRUCTION MULTIPLE
V. + compl. — **comme** + attribut du compl. : *envisager une solution* ***comme*** *la meilleure.*

envoler (s') [sɑ̃vɔle] Régul. I /**être**/ Base : ENVOL- (S'). **5**
C. ABSOLUE : s'envoler (accord = P).

envoûter [ɑ̃vute] Régul. I /**avoir**/ Base : ENVOÛT-. **3**
C. SIMPLE DIRECTE
V. + complément : *envoûter son auditoire.*

envoyer [ɑ̃vwaje] Irrégulier I /**avoir**/ Base : ENV-. **24**
C. ABSOLUE : *envoyez!*
C. SIMPLE DIRECTE
V. + complément : *envoyer un paquet.*
Emploi pronominal : s'envoyer (accord = P).
CONSTRUCTION MULTIPLE
V. + compl. — lieu propre ou figuré : *envoyer une lettre* ***en*** *province.*
V. + compl. — **à** + compl. : *envoyer une lettre* ***à*** *son ambassadeur.*

Emploi pronominal : s'envoyer + complément : *s'envoyer des lettres* (accord = OE).

épaissir [epesir] Régul. II /**avoir**/ Base : ÉPAISS-. **26**

C. ABSOLUE : *il épaissit de jour en jour.*

C. SIMPLE DIRECTE

V. + complément : *épaissir une sauce.*
Emploi pronominal : s'épaissir (accord = P).

épancher [epɑ̃ʃe] Régul. I /**avoir**/ Base : ÉPANCH-. **3**

C. SIMPLE DIRECTE

V. + complément : *épancher son désespoir.*
Emploi pronominal : s'épancher (accord = P).

épandre [epɑ̃dr] III /**avoir**/ Base : ÉPAND-. **65**

C. SIMPLE DIRECTE

V. + complément : *épandre de l'eau.*
Emploi pronominal : s'épandre (accord = P).

CONSTRUCTION MULTIPLE

V. + compl. — lieu : *épandre de l'huile* **sur** *la piste.*
Emploi pronominal : s'épandre + lieu : *s'épandre* **dans** *la campagne* (accord = P).

épanouir [epanwir] Régul. II /**avoir**/ Base : ÉPANOUI-. **26**

C. SIMPLE DIRECTE

V. + complément : *épanouir sa corolle.*
Emploi pronominal : s'épanouir (accord = P).

épargner [eparɲe] Régul. I /**avoir**/ Base : ÉPARGN-. **3**

C. ABSOLUE : *prudemment, il épargne.*

C. SIMPLE DIRECTE

V. + complément : *épargner ses forces.*
Emploi pronominal : s'épargner (accord = P).

CONSTRUCTION MULTIPLE

V. + compl. — **à** + compl. : *épargner un effort* **à** *quelqu'un.*
Emploi pronominal : s'épargner + complément : *s'épargner un effort* (accord = OE).

éparpiller [eparpije] Régul. I /**avoir**/ Base : ÉPARPILL-. **3**

C. SIMPLE DIRECTE

V. + complément : *éparpiller des documents.*
Emploi pronominal : s'éparpiller (accord = P).

CONSTRUCTION MULTIPLE

V. + compl. — lieu : *éparpiller le contenu d'un tiroir* **sur** *le plancher.*

épater [epate] Régul. I /**avoir**/ Base : ÉPAT-. **3**

C. SIMPLE DIRECTE

V. + complément : *épater ses voisins.*
Emploi pronominal : s'épater (accord = P);
s'épater **de** + infin. : *s'épater* **d'***avoir été compris* (accord = P).

Modèle

épauler [epole] Régul. I /**avoir**/ Base : ÉPAUL-. **3**
C. ABSOLUE : *j'épaule et je tire.*
C. SIMPLE DIRECTE
V. + complément : *épauler son fusil.*
Emploi pronominal : s'épauler (accord = P).

épeler [ep(ə)le] Particularité I /**avoir**/ Base : ÉPE[L]-. **16**
C. ABSOLUE : *les enfants épellent.*
C. SIMPLE DIRECTE
V. + complément : *épeler ses lettres.*
Emploi pronominal : s'épeler (accord = P).

épicer [epise] Particularité I /**avoir**/ Base : ÉPI[C]-. **10**
C. ABSOLUE : *vous épicez trop.*
C. SIMPLE DIRECTE
V. + complément : *épicer une vinaigrette.*
Emploi pronominal : s'épicer (accord = P).

épier [epje] Régul. I /**avoir**/ Base : ÉPI-. **3**
C. ABSOLUE : *le guetteur épie.*
C. SIMPLE DIRECTE
V. + complément : *épier les va-et-vient des voisins.*
Emploi pronominal : s'épier (accord = P).

épiler [epile] Régul. I /**avoir**/ Base : ÉPIL-. **3**
C. SIMPLE DIRECTE
V. + complément : *épiler ses sourcils.*
Emploi pronominal : s'épiler (accord = P);
s'épiler + complément : ***s'****épiler les jambes* (accord = P).

épiloguer [epilɔge] Régul. I /**avoir**/ Base : ÉPILOGU-. **11**
C. ABSOLUE : *n'épiloguons pas.*
C. SIMPLE INDIRECTE
V. + **sur** + complément : *épiloguer* ***sur*** *un accident.*

épingler [epɛ̃gle] Régul. I /**avoir**/ Base : ÉPINGL-. **3**
C. SIMPLE DIRECTE
V. + complément : *épingler une décoration.*
CONSTRUCTION MULTIPLE
V. + compl. — lieu : *épingler une image* ***au*** *mur.*

éplucher [eplyʃe] Régul. I /**avoir**/ Base : ÉPLUCH-. **3**
C. SIMPLE DIRECTE
V. + complément : *éplucher des salsifis.*
Emploi pronominal : s'éplucher (accord = P).

épointer [epwɛ̃te] Régul. I /**avoir**/ Base : ÉPOINT-. **3**
C. SIMPLE DIRECTE
V. + complément : *épointer une pointe à tracer.*
Emploi pronominal : s'épointer (accord = P).

Modèle

éponger [epɔ̃ʒe] Particularité I /**avoir**/ Base : ÉPON[G]-. **12**

C. ABSOLUE : *elle va éponger.*

C. SIMPLE DIRECTE

V. + complément : *éponger un déficit.*
Emploi pronominal : s'éponger (accord = P) ;
s'éponger + complément : *s'éponger le front* (accord = OE).

épouser [epuze] Régul. I /**avoir**/ Base : ÉPOUS-. **3**

C. ABSOLUE : *il ne souhaite qu'épouser.*

C. SIMPLE DIRECTE

V. + complément : *épouser une jeune fille pauvre.*
Emploi pronominal : s'épouser (accord = P).

épousseter [epuste] Particularité I /**avoir**/ Base : ÉPOUSSE[T]-. **18**

C. SIMPLE DIRECTE

V. + complément : *épousseter des meubles.*
Emploi pronominal : s'épousseter (accord = P) ;
s'épousseter + complément : *s'épousseter les mains* (accord = OE).

épouvanter [epuvɑ̃te] Régul. I /**avoir**/ Base : ÉPOUVANT-. **3**

C. SIMPLE DIRECTE

V. + complément : *épouvanter une jeune fille timide.*
Emploi pronominal : s'épouvanter (accord = P).

éprendre (s') [seprɑ̃dr] III /**être**/ Base : ÉPR- (S'). **68**

C. ABSOLUE : s'éprendre (accord = P).

C. SIMPLE INDIRECTE

S'éprendre **de** + complément : *s'éprendre* **du** *premier chien coiffé* (accord = P) ;
S'éprendre **pour** + complément : *s'éprendre* **pour** *sa bonne* (accord = P).

éprouver [epruve] Régul. I /**avoir**/ Base : ÉPROUV-. **3**

C. ABSOLUE : *cela éprouve.*

C. SIMPLE DIRECTE

V. + complément : *éprouver une déception.*
Emploi pronominal : s'éprouver (accord = P).
V. + **que** + indic. : *éprouver* **que** *la vie est décevante.*
V. + discours indirect : *éprouver* **pourquoi** *on est inadapté.*

CONSTRUCTION MULTIPLE

V. + compl. — **pour** + compl. : *éprouver de la sympathie* **pour** *quelqu'un.*

épucer [epyse] Particularité I /**avoir**/ Base : ÉPU[C]-. **10**

C. SIMPLE DIRECTE

V. + complément : *épucer son chien.*
Emploi pronominal : s'épucer (accord = P).

épuiser [epɥize] Régul. I /**avoir**/ Base : ÉPUIS-. **3**

C. SIMPLE DIRECTE

V. + complément : *épuiser ses forces.*

Emploi pronominal : s'épuiser (accord = P);
s'épuiser **à** + complément : ***s'épuiser à** la tâche.*
s'épuiser **à** + infin. : ***s'épuiser à** marcher.*
s'épuiser **en** + complément : ***s'épuiser en** vains efforts.*

épurer [epyre] Régul. I /**avoir**/ Base : ÉPUR-. **3**

C. SIMPLE DIRECTE
V. + complément : *épurer un ministère.*
Emploi pronominal : s'épurer (accord = P).

équarrir [ekarir] Régul. II /**avoir**/ Base : ÉQUARR-. **26**

C. SIMPLE DIRECTE
V. + complément : *équarrir un tronc d'arbre.*

équilibrer [ekilibre] Régul. I /**avoir**/ Base : ÉQUILIBR-. **3**

C. SIMPLE DIRECTE
V. + complément : *équilibrer un vilebrequin.*
Emploi pronominal : s'équilibrer (accord = P).

équiper [ekipe] Régul. I /**avoir**/ Base : ÉQUIP-. **3**

C. SIMPLE DIRECTE
V. + complément : *équiper un navire.*
Emploi pronominal : s'équiper (accord = P).

CONSTRUCTION MULTIPLE
V. + compl. — **de** + compl. : *équiper un explorateur **du** matériel le plus moderne.*
Emploi pronominal : s'équiper **de** + complément : ***s'équiper d'un** scaphandre* (accord = P).

équivaloir [ekivalwar] III /**avoir**/ Base : ÉQUIVA-. **49**

C. SIMPLE INDIRECTE
V. + **à** + complément : *équivaloir **à** un échec.*
Emploi pronominal (fam.) : s'équivaloir (accord = P).

érafler [erɑfle] Régul. I /**avoir**/ Base : ÉRAFL-. **3**

C. SIMPLE DIRECTE
V. + complément : *érafler son aile.*
Emploi pronominal : s'érafler (accord = P);
s'érafler + complément : ***s'érafler** les mains* (accord = OE).

érailler [erɑje] Régul. I /**avoir**/ Base : ÉRAILL-. **3**

C. SIMPLE DIRECTE
V. + complément : *érailler une étoffe.*
Emploi pronominal : s'érailler (accord = P);
s'érailler + complément : ***s'érailler** la voix* (accord = OE).

éreinter [erɛ̃te] Régul. I /**avoir**/ Base : ÉREINT-. **3**

C. SIMPLE DIRECTE
V. + complément : *éreinter un romancier.*

Emploi pronominal : s'éreinter (accord = P) ;
s'éreinter **à** + infin. (fam.) : *s'éreinter **à** faire un travail inutile* (accord = P).

ergoter [ɛrgɔte] Régul. I /**avoir**/ Base : ERGOT-. **3**
C. ABSOLUE : *il passe son temps à ergoter.*

ériger [eriʒe] Particularité I /**avoir**/Base : ÉRI[G]-. **12**
C. SIMPLE DIRECTE
V. + complément : *ériger un monument.*
Emploi pronominal : s'ériger (accord = P).
CONSTRUCTION MULTIPLE
V. + compl. — **à** + compl. : *ériger une statue **à** quelqu'un.*
V. + compl. — **en** + attribut du compl. : *ériger l'altruisme **en** principe d'action.*
Emploi pronominal : s'ériger **en** + attribut : *s'ériger **en** juge* (accord = P).

éroder [erɔde] Régul. I /**avoir**/ Base : ÉROD-. **3**
C. SIMPLE DIRECTE
V. + complément : *éroder une pièce.*
Emploi pronominal : s'éroder (accord = P).

errer [ɛre] Régul. I /**avoir**/ Base : ERR-. **3**
C. ABSOLUE : *le pauvre homme erre.*
C. SIMPLE INDIRECTE
V. + lieu : *errer **dans** la campagne.*

escalader [ɛskalade] Régul. I /**avoir**/ Base : ESCALAD-. **3**
C. SIMPLE DIRECTE
V. + complément : *escalader un mur.*
Emploi pronominal : s'escalader (accord = P).

escamoter [ɛskamɔte] Régul. I /**avoir**/ Base : ESCAMOT-. **3**
C. ABSOLUE : *il escamote toujours.*
C. SIMPLE DIRECTE
V. + complément : *escamoter un lapin.*
Emploi pronominal : s'escamoter (accord = P).
CONSTRUCTION MULTIPLE
V. + compl. — **à** + compl. : *escamoter sa montre **à** un spectateur de bonne volonté.*

esclaffer (s') [sɛsklafe] Régul. I /**être**/ Base : ESCLAFF- (S'). **5**
C. ABSOLUE : s'esclaffer (accord = P).
C. SIMPLE INDIRECTE
S'esclaffer **de** + infin. : *s'esclaffer **de** rien* (accord = P).

escompter [ɛskɔ̃te] Régul. I /**avoir**/ Base : ESCOMPT-. **3**
C. SIMPLE DIRECTE
V. + complément : *escompter un effet de commerce.*
Emploi pronominal : s'escompter (accord = P).

escorter [ɛskɔrte] Régul. I /**avoir**/ Base : ESCORT-. **3**
C. SIMPLE DIRECTE
V. + complément : *escorter un bâtiment.*

escrimer [ɛskrime] Régul. I /**avoir**/ Base : ESCRIM-. **3**
C. ABSOLUE : *ils escriment.*
Emploi pronominal : s'escrimer (accord = P) ;
s'escrimer **à** + infin. : ***s'****escrimer* ***à*** *trouver un système* (accord = P).

escroquer [ɛskrɔke] Régul. I /**avoir**/ Base : ESCROQU-. **3**
C. SIMPLE DIRECTE
V. + complément : *escroquer un naïf.*
Emploi pronominal : s'escroquer (accord = P).
CONSTRUCTION MULTIPLE
V. + compl. — **à** + compl. : *escroquer de l'argent* ***à*** *quelqu'un.*

espacer [ɛspase] Particularité I /**avoir**/ Base : ESPA[C]-. **10**
C. SIMPLE DIRECTE
V. + complément : *espacer ses visites.*
Emploi pronominal : s'espacer (accord = P).

espérer [ɛspere] Particularité I /**avoir**/ Base : ESP[É]R-. **14**
C. ABSOLUE : *j'espère.*
C. SIMPLE DIRECTE
V. + complément : *espérer des compliments.*
V. + infin. : *espérer réussir.*
V. + **que** + indic. : *espérer* ***qu'****il fera beau.*
C. SIMPLE INDIRECTE
V. + **en** + complément : *espérer* ***en*** *Dieu.*
CONSTRUCTION MULTIPLE
V. + compl. — **de** + compl. : *espérer une aide* ***de*** *tous ses collaborateurs.*

espionner [ɛspjɔne] Régul. I /**avoir**/ Base : ESPIONN-. **3**
C. ABSOLUE : *la concierge espionne.*
C. SIMPLE DIRECTE
V. + complément : *espionner les faits et gestes du voisin.*
Emploi pronominal : s'espionner (accord = P).

esquinter [ɛskɛ̃te] (fam.) Régul. I /**avoir**/ Base : ESQUINT-. **3**
C. SIMPLE DIRECTE
V. + complément : *esquinter un concurrent.*
Emploi pronominal : s'esquinter (accord = P);
s'esquinter + complément : ***s'****esquinter l'estomac* (accord = P).

esquisser [ɛskise] Régul. I /**avoir**/ Base : ESQUISS-. **3**
C. SIMPLE DIRECTE
V. + complément : *esquisser un pas de danse.*
Emploi pronominal : s'esquisser (accord = P).

esquiver [ɛskive] Régul. I /**avoir**/ Base : ESQUIV-. **3**
C. ABSOLUE : *il esquive.*
C. SIMPLE DIRECTE
V. + complément : *esquiver un coup.*
Emploi pronominal : s'esquiver (accord = P).

essaimer [eseme] Régul. I /**avoir**/ Base : ESSAIM-. **3**

C. ABSOLUE : *les abeilles essaiment.*

C. SIMPLE DIRECTE

V. + complément : *essaimer des cendres.*

essayer [eseje] Particularité I /**avoir**/ Base : ESSA[Y]-. **9**

C. ABSOLUE : *essaye toujours.*

C. SIMPLE DIRECTE

V. + complément : *essayer un pardessus.*
Emploi pronominal : s'essayer (accord = P).
V. + **de** + infin. : *essayer* ***de*** *courir.*
V. + **si** + indic. : *essayer* ***si*** *ça marche.*

C. SIMPLE INDIRECTE

V. + **de** + complément : *essayer* ***de*** *la haute littérature.*

CONSTRUCTION MULTIPLE

V. + compl. — **à** + compl. : *essayer un costume* ***à*** *son fils.*
Emploi pronominal : s'essayer **à** + complément : ***s'essayer à*** *une nouvelle tâche* (accord = P) ;
s'essayer **à** + infin. : ***s'essayer à*** *marcher sans béquilles.*
V. + compl. — **sur** + compl. : *essayer son discours* ***sur*** *sa famille.*
Emploi pronominal : s'essayer **sur** + complément : ***s'essayer sur*** *un tracteur* (accord = P) ;
s'essayer **dans** + complément : ***s'essayer dans*** *un genre nouveau* (accord = P).

essorer [esɔre] Régul. I /**avoir**/ Base : ESSOR-. **3**

C. SIMPLE DIRECTE

V. + complément : *essorer des lainages.*
Emploi pronominal : s'essorer (accord = P).

essouffler [esufle] Régul. I /**avoir**/ Base : ESSOUFFL-. **3**

C. SIMPLE DIRECTE

V. + complément : *essouffler son cheval.*
Emploi pronominal : s'essouffler (accord = P).

essuyer [esɥije] Particularité I /**avoir**/ Base : ESSU[Y]-. **8**

C. SIMPLE DIRECTE

V. + complément : *essuyer des verres.*
Emploi pronominal : s'essuyer (accord = P) ;
s'essuyer + complément : ***s'essuyer*** *les yeux* (accord = OE).

estimer [ɛstime] Régul. I /**avoir**/ Base : ESTIM-. **3**

C. SIMPLE DIRECTE

V. + complément : *estimer un collaborateur.*
Emploi pronominal : s'estimer (accord = P).
V. + infinitif : *estimer avoir raison.*
V. + **que** + indic. : *estimer* ***que*** *l'heure est grave.*

CONSTRUCTION MULTIPLE

V. + compl. — attribut du compl. : *estimer un candidat digne d'être reçu.*

Emploi pronominal : s'estimer + attribut : *s'estimer heureux* (accord = P).

estomaquer [ɛstɔmake] (fam.) Régul. I /**avoir**/ Base : ESTOMAQU-. **3**

C. SIMPLE DIRECTE

V. + complément : *estomaquer son interlocuteur.*
Emploi pronominal : s'estomaquer (accord = P).

estomper [ɛstɔ̃pe] Régul. I /**avoir**/ Base : ESTOMP-. **3**

C. SIMPLE DIRECTE

V. + complément : *estomper une couleur.*
Emploi pronominal : s'estomper (accord = P).

estropier [ɛstrɔpje] Régul. I /**avoir**/ Base : ESTROPI-. **3**

C. SIMPLE DIRECTE

V. + complément : *estropier un camarade.*
Emploi pronominal : s'estropier (accord = P).

établir [etablir] Régul. II /**avoir**/ Base : ÉTABL-. **26**

1° Emploi personnel.

C. SIMPLE DIRECTE

V. + complément : *établir un texte.*
Emploi pronominal : s'établir (accord = P).
V. + **que** + indic. : *établir* ***que*** *les faits sont exacts.*

CONSTRUCTION MULTIPLE

V. + compl. — attribut du compl. : *établir son fils médecin.*
Emploi pronominal : s'établir + attribut : *s'établir notaire* (accord = P).
V. + compl. — lieu : *établir son bureau* ***au*** *premier étage.*
Emploi pronominal : s'établir + lieu : *s'établir* ***dans*** *une sous-préfecture* (accord = P).

2° Emploi unipersonnel pronominal.

Il s'établit + sujet réel nominal : *il s'établit un climat défavorable entre eux* (accord = P).

étager [etaʒe] Particularité I /**avoir**/ Base : ÉTA[G]-. **12**

C. SIMPLE DIRECTE

V. + complément : *étager les cultures.*
Emploi pronominal : s'étager (accord = P).

CONSTRUCTION MULTIPLE

V. + compl. — lieu : *étager des constructions* ***sur*** *un versant de montagne.*
Emploi pronominal : s'étager + lieu : *s'étager* ***sur*** *l'adret* (accord = P).

étaler [etale] Régul. I /**avoir**/ Base : ÉTAL-. **3**

C. SIMPLE DIRECTE

V. + complément : *étaler les congés.*
Emploi pronominal : s'étaler (accord = P).

CONSTRUCTION MULTIPLE

V. + compl. — lieu : *étaler de la peinture* ***sur*** *un mur.*
Emploi pronominal : s'étaler + lieu : *s'étaler* ***en*** *plein milieu de la place* (accord = P).

étalonner [etalɔne] Régul. I /**avoir**/ Base : ÉTALONN-. **3**

C. SIMPLE DIRECTE

V. + complément : *étalonner un compteur.*
Emploi pronominal : s'étalonner (accord = P).

étamer [etame] Régul. I /**avoir**/ Base : ÉTAM-. **3**

C. SIMPLE DIRECTE

V. + complément : *étamer une cuillère.*
Emploi pronominal : s'étamer (accord = P).

étancher [etɑ̃ʃe] Régul. I /**avoir**/ Base : ÉTANCH-. **3**

C. SIMPLE DIRECTE

V. + complément : *étancher sa soif.*

étatiser [etatize] Régul. I /**avoir**/ Base : ÉTAT-. **3**

C. SIMPLE DIRECTE

V. + complément : *étatiser une industrie.*

étayer [eteje] Particularité I /**avoir**/ Base : ÉTA[Y]-. **9**

C. SIMPLE DIRECTE

V. + complément : *étayer ses prétentions.*
Emploi pronominal : s'étayer (accord = P).

CONSTRUCTION MULTIPLE

V. + compl. — lieu propre ou figuré : *étayer ses prétentions* ***sur*** *des preuves irréfutables.*
Emploi pronominal : s'étayer + lieu propre ou figuré : ***s'****étayer* ***sur*** *une argumentation solide* (accord = P).

éteindre [etɛ̃dr] III /**avoir**/ Base : ÉTEI-. **71**

C. ABSOLUE : *va éteindre.*

C. SIMPLE DIRECTE

V. + complément : *éteindre le feu.*
Emploi pronominal : s'éteindre (accord = P).

étendre [etɑ̃dr] III /**avoir**/ Base : ÉTEND-. **65**

C. SIMPLE DIRECTE

V. + complément : *étendre ses jambes.*
Emploi pronominal : s'étendre (accord = P).

CONSTRUCTION MULTIPLE

V. + compl. — lieu : *étendre de la peinture* ***sur*** *une surface.*
Emploi pronominal : s'étendre **à** + complément : ***s'****étendre* ***aux*** *retraits de permis de conduire* (accord = P) ;
s'étendre **jusqu'à** + complément : ***s'****étendre* ***jusqu'à*** *la mer* (accord = P) ;
s'étendre **sur** + complément : ***s'****étendre* ***sur*** *dix ans* (accord = P).

éterniser [etɛrnize] Régul. I /**avoir**/ Base : ÉTERNIS-. **3**

C. SIMPLE DIRECTE

V. + complément : *éterniser une discussion.*
Emploi pronominal : s'éterniser (accord = P).

éternuer [etɛrnɥe] Régul. I /**avoir**/ Base : ÉTERNU-. **3**

C. ABSOLUE : *le malade éternue.*

étêter [etete] Régul. I /**avoir**/ Base : ÉTÊT-. **3**
C. SIMPLE DIRECTE
V. + complément : *étêter un ormeau.*

étinceler [etɛ̃s(ə)le] Particularité I /**avoir**/ Base : ÉTINCE[L]-. **16**
C. ABSOLUE : *ces chromes étincellent.*
C. SIMPLE INDIRECTE
V. + **de** + complément : *étinceler* **de** *tous ses feux.*

étioler [etjɔle] Régul. I /**avoir**/ Base : ÉTIOL-. **3**
C. SIMPLE DIRECTE
V. + complément : *étioler une plante verte.*
Emploi pronominal : s'étioler (accord = P).

étiqueter [etik(ə)te] Particularité I /**avoir**/ Base : ÉTIQUE[T]-. **18**
C. SIMPLE DIRECTE
V. + complément : *étiqueter une marchandise.*
Emploi pronominal : s'étiqueter (accord = P).
CONSTRUCTION MULTIPLE
V. + compl. — **comme** + attribut du compl. : *étiqueter quelqu'un* ***comme*** *malotru.*

étirer [etire] Régul. I /**avoir**/ Base : ÉTIR-. **3**
C. SIMPLE DIRECTE
V. + complément : *étirer ses jambes.*
Emploi pronominal : s'étirer (accord = P).

étoffer [etɔfe] Régul. I /**avoir**/ Base : ÉTOFF-. **3**
C. SIMPLE DIRECTE
V. + complément : *étoffer un exposé.*
Emploi pronominal : s'étoffer (accord = P).

étoiler [etwale] Régul. I /**avoir**/ Base : ÉTOIL-. **3**
C. SIMPLE DIRECTE
V. + complément : *étoiler le ciel.*
Emploi pronominal : s'étoiler (accord = P).
CONSTRUCTION MULTIPLE
V. + compl. — **de** + compl. : *étoiler une voûte* **de** *taches dorées.*

étonner [etɔne] Régul. I /**avoir**/ Base : ÉTONN-. **3**
1° Emploi personnel.
C. ABSOLUE : *cela étonne.*
C. SIMPLE DIRECTE
V. + complément : *étonner les néophytes.*
Emploi pronominal : s'étonner (accord = P).
CONSTRUCTION MULTIPLE
V. + compl. — **de, par** + compl. : *étonner les voisins* **de, par** *son luxe.*
Emploi pronominal : s'étonner **de** + complément : ***s'****étonner* **de** *sa réussite* (accord = P);
s'étonner **de** + infin. : ***s'****étonner* **d'***être fatigué* (accord = P);
s'étonner **si** + indic. (accord = P);

s'étonner **de ce que** + indic. : ***s'étonner de ce que*** *tout le monde a applaudi* (accord = P);
s'étonner **de ce que** + subj. : ***s'étonner de ce que*** *personne ne vous contredise* (accord = P);
s'étonner **que** + subj. : ***s'étonner que*** *l'on ne vous réponde rien* (accord = P).

2° Emploi unipersonnel.

CONSTRUCTION MULTIPLE

V. + compl. (pronom personnel) — sujet réel = **que** + subj. : *il m'étonne* ***que*** *personne n'ait élevé des objections.*

étouffer [etufe] Régul. I /**avoir**/ Base : ÉTOUFF-. **3**

C. SIMPLE DIRECTE

V. + complément : *étouffer le feu.*
Emploi pronominal : s'étouffer (accord = P).

étourdir [eturdir] Régul. II /**avoir**/ Base : ÉTOURD-. **26**

C. SIMPLE DIRECTE

V. + complément : *étourdir ses auditeurs.*
Emploi pronominal : s'étourdir (accord = P).

étrangler [etrɑ̃gle] Régul. I /**avoir**/ Base : ÉTRANGL-. **3**

C. SIMPLE DIRECTE

V. + complément : *étrangler une rue.*
Emploi pronominal : s'étrangler (accord = P).

être [ɛtr] III /**avoir**/ Bases multiples. **2**

1° Emploi personnel.

C. ABSOLUE : *même si cela vous étonne, cela est.*

C. SIMPLE DIRECTE

V. + attribut : *être ingénieur.*

C. SIMPLE INDIRECTE

V. + circonstances : *être* ***à*** *Paris* (lieu propre ou figuré); *être* ***sans*** *valeur* (manière); *être* ***en*** *mai* (temps).
V. + **à** + complément : *être* ***à*** *mon frère.*
V. + **à** + infin. : *être* ***à*** *faire tout de suite.*
V. + **de** + complément : *être* ***de*** *garde.*
V. + **de** + lieu : *être* ***de*** *la région.*
V. + **pour** + complément : *être* ***pour*** *la liberté.*
V. + **pour** + infin. : *être* ***pour*** *réussir brillamment.*

CONSTRUCTION MULTIPLE

V. + attribut — **pour** + compl. : *être un frère* ***pour*** *lui.*
Être homme **à** + infin. : *être homme* ***à*** *se révolter.*
En être + lieu propre ou figuré : ***en*** *être à la capitulation.*
En être **à** + infin. : ***en*** *être* ***à*** *ne savoir que faire.*
En être **pour** + complément : ***en*** *être* ***pour*** *ses frais.*
Être **pour** + compl. — **dans** + compl. : *être* ***pour*** *un solliciteur* ***dans*** *les meilleures dispositions.*

2° Emploi unipersonnel.
A. Il est.
a) *Il est.*
C. SIMPLE DIRECTE
Il est + sujet réel nominal : *il est un château en Bavière.*
Il est + temps : *il est huit heures.*
CONSTRUCTION MULTIPLE
Il est **de** + compl. — sujet réel nominal : *il est **de** cette affaire un seul spécialiste compétent.*
Il est **de** + compl. — sujet réel = **de** + infin. : *il est **de** votre ressort **d'**intervenir.*
Il est **de** + compl. — **comme de** + compl. : *il est **de** cette affaire **comme de** la vôtre.*
b) *Il n'est que.*
C. SIMPLE DIRECTE
Il n'est que **de** + infin. : *il n'est que **d'**essayer.*
Il n'est que + sujet réel nominal : *il n'est qu'un expert de cette question.*
CONSTRUCTION MULTIPLE
Il n'est + sujet réel nominal — **que de** + origine : « *il n'est bon bec **que de** Paris* ».
c) *Toujours est-il.*
Toujours est-il **que** + indic. : *toujours est-il **qu'**il a dit non.*
B. C'est.
C. SIMPLE DIRECTE
C'est + substantif ou équivalent : *c'est un génie.*
C'est + adjectif : *c'est idiot.*
CONSTRUCTION MULTIPLE
C'est + adjectif — **à** + infin. seul : *c'est utile **à** faire.*
C'est + adjectif — **de** + infin. complété : *c'est utile **de** le signaler.*
C'est **à** + compl. — **à** + infin. : *c'est **à** Dupont **à** débrouiller cette intrigue.*
C'est **à** + compl. — **de** + infin. : *c'est **à** vous **de** parler.*

étreindre [etrɛ̃dr] III /**avoir**/ Base : ÉTREI-. **71**
C. SIMPLE DIRECTE
V. + complément : *étreindre le cœur.*
Emploi pronominal : s'étreindre (accord = P).

étrenner [etrɛne] Régul. I /**avoir**/ Base : ÉTRENN-. **3**
C. SIMPLE DIRECTE
V. + complément : *étrenner un chapeau neuf.*

étriller [etrije] Régul. I /**avoir**/ Base : ÉTRILL-. **3**
C. SIMPLE DIRECTE
V. + complément : *étriller un chien.*

étudier [etydje] Régul. I /**avoir**/ Base : ÉTUDI-. **3**
C. ABSOLUE : *il étudie.*
C. SIMPLE DIRECTE
V. + complément : *étudier l'art étrusque.*

Emploi pronominal : s'étudier (accord = P);
s'étudier **à** + infin. : ***s'étudier à** paraître ce que l'on n'est pas* (accord = P).

évacuer [evakɥe] Régul. I /**avoir**/ Base : ÉVACU-. **3**

C. ABSOLUE : *on évacue.*

C. SIMPLE DIRECTE

V. + complément : *évacuer un stade.*
Emploi pronominal : s'évacuer (accord = P).

évader (s') [sevade] Régul. I /**être**/ Base : ÉVAD- (s'). **5**

C. ABSOLUE : s'évader (accord = P).

C. SIMPLE INDIRECTE

S'évader + lieu : ***s'évader d'**un camp* (accord = P).

évaluer [evalɥe] Régul. I /**avoir**/ Base : ÉVALU-. **3**

C. SIMPLE DIRECTE

V. + complément : *évaluer ses revenus.*
Emploi pronominal : s'évaluer (accord = P).

évangéliser [evɑ̃ʒelize] Régul. I /**avoir**/ Base : ÉVANGÉLIS-. **3**

C. SIMPLE DIRECTE

V. + complément : *évangéliser une communauté.*

évanouir (s') [sevanwir] Régul. II /**être**/ Base : ÉVANOU- (s'). **26**

C. ABSOLUE : s'évanouir (accord = P).

évaporer [evapɔre] Régul. I /**avoir**/ Base : ÉVAPOR-. **3**

C. SIMPLE DIRECTE

V. + complément : *évaporer un liquide.*
Emploi pronominal : s'évaporer (accord = P).

évaser [evɑze] Régul. I /**avoir**/ Base : ÉVAS-. **3**

C. SIMPLE DIRECTE

V. + complément : *évaser le col d'un récipient.*
Emploi pronominal : s'évaser (accord = P).

éveiller [eveje] Régul. I /**avoir**/ Base : ÉVEILL-. **3**

C. SIMPLE DIRECTE

V. + complément : *éveiller un dormeur.*
Emploi pronominal : s'éveiller (accord = P).

CONSTRUCTION MULTIPLE

V. + compl. — **à** + compl. : *éveiller un enfant **aux** sciences naturelles.*
Emploi pronominal : s'éveiller **à** + complément : ***s'éveiller à** la culture* (accord = P).

éventer [evɑ̃te] Régul. I /**avoir**/ Base : ÉVENT-. **3**

C. ABSOLUE : *les chiens éventent.*

C. SIMPLE DIRECTE

V. + complément : *éventer une ruse.*
Emploi pronominal : s'éventer (accord = P).

Modèle

éventrer [evɑ̃tre] Régul. I /**avoir**/ Base : ÉVENTR-. 3

C. SIMPLE DIRECTE

V. + complément : *éventrer un matelas.*
Emploi pronominal : s'éventrer (accord = P).

évertuer (s') [sevɛrtɥe] Régul. I /**être**/ Base : ÉVERTU- (s'). 5

C. SIMPLE INDIRECTE

S'évertuer **à** + infin. : ***s'****évertuer* ***à*** *tenter l'impossible* (accord = P).
S'évertuer **contre** + complément : ***s'****évertuer* ***contre*** *le mauvais sort* (accord = P).

évider [evide] Régul. I /**avoir**/ Base : ÉVID-. 3

C. SIMPLE DIRECTE

V. + complément : *évider une pomme.*

évincer [evɛ̃se] Particularité I /**avoir**/ Base : ÉVIN[C]-. 10

C. SIMPLE DIRECTE

V. + complément : *évincer un concurrent.*

CONSTRUCTION MULTIPLE

V. + compl. — **de** + compl. : *évincer une entreprise* ***d'****un marché.*

éviter [evite] Régul. I /**avoir**/ Base : ÉVIT-. 3

C. SIMPLE DIRECTE

V. + complément : *éviter les risques.*
Emploi pronominal : s'éviter (accord = P).
V. + **de** + infin. : *éviter* ***de*** *tomber dans un piège.*
V. + **que** + subj. : *éviter* ***que*** *l'on ne soit trompé.*

C. SIMPLE INDIRECTE

V. + **à** + complément : *éviter* ***au*** *vent.*

CONSTRUCTION MULTIPLE

V. + compl. — **à** + compl. : *éviter une déconvenance* ***à*** *quelqu'un.*
Emploi pronominal : s'éviter + complément : ***s'****éviter des ennuis* (accord = OE).

évoluer [evɔlɥe] Régul. I /**avoir**/ Base : ÉVOLU-. 3

C. ABSOLUE : *tout évolue.*

évoquer [evɔke] Régul. I /**avoir**/ Base : ÉVOQU-. 3

C. SIMPLE DIRECTE

V. + complément : *évoquer une période révolue.*
Emploi pronominal : s'évoquer (accord = P).

exacerber [egzasɛrbe] Régul. I /**avoir**/ Base : EXACERB-. 3

C. SIMPLE DIRECTE

V. + complément : *exacerber la douleur de quelqu'un.*
Emploi pronominal : s'exacerber (accord = P).

exagérer [ɛgzaʒere] Particularité I /**avoir**/ Base : EXAG[É]R-. 14

C. ABSOLUE : *tu exagères!*

C. SIMPLE DIRECTE

V. + complément : *exagérer sa colère.*
Emploi pronominal : s'exagérer (accord = P).

CONSTRUCTION MULTIPLE

V. + compl. — **à** + compl. : *exagérer la gravité de la situation* ***au*** *conseil d'administration.*
Emploi pronominal : s'exagérer + complément : ***s'****exagérer les difficultés* (accord = OE).

exalter [ɛgzalte] Régul. I /**avoir**/ Base : EXALT-. **3**

C. SIMPLE DIRECTE

V. + complément : *exalter le patriotisme.*
Emploi pronominal : s'exalter (accord = P).

examiner [ɛgzamine] Régul. I /**avoir**/ Base : EXAMIN-. **3**

C. ABSOLUE : *il examine.*

C. SIMPLE DIRECTE

V. + complément : *examiner la situation.*
Emploi pronominal : s'examiner (accord = P).

exaspérer [ɛgzaspere] Particularité I /**avoir**/ Base : EXASP[É]R-. **14**

C. SIMPLE DIRECTE

V. + complément : *exaspérer son interlocuteur.*
Emploi pronominal : s'exaspérer (accord = P).

exaucer [ɛgzose] Particularité I /**avoir**/ Base : EXAU[C]-. **10**

C. SIMPLE DIRECTE

V. + complément : *exaucer un vœu.*

excéder [ɛksede] Particularité I /**avoir**/ Base : EXC[É]D-. **14**

C. SIMPLE DIRECTE

V. + complément : *excéder les compétences de quelqu'un.*
V. + **ce qui** + indic. : *excéder* **ce qui** *vous est fixé.*

CONSTRUCTION MULTIPLE

V. + compl. — **de** + compl. : *excéder le total* **de** *cinquante francs.*

exceller [ɛksɛle] Régul. I /**avoir**/ Base : EXCELL-. **3**

C. ABSOLUE : *il excelle vraiment.*

C. SIMPLE INDIRECTE

V. + **à** + complément : *exceller* ***au*** *bridge.*
V. + **à** + infin. : *exceller* ***à*** *discuter les problèmes délicats.*
V. + **dans** + complément : *exceller* ***dans*** *sa spécialité.*
V. + **en** + complément : *exceller* ***en*** *affaires.*

excepter [ɛksɛpte] Régul. I /**avoir**/ Base : EXCEPT-. **3**

C. SIMPLE DIRECTE

V. + complément : *excepter les adolescents.*

CONSTRUCTION MULTIPLE

V. + compl. — **de** + compl. : *excepter un condamné* ***d'****une amnistie.*
Emploi pronominal : s'excepter **de** + complément : ***s'****excepter* ***du*** *lot* (accord = P).

exciter [ɛksite] Régul. I /**avoir**/ Base : EXCIT-. **3**

C. SIMPLE DIRECTE

V. + complément : *exciter un taureau.*
Emploi pronominal : s'exciter (accord = P).

CONSTRUCTION MULTIPLE

V. + compl. — **à** + compl. : *exciter les faibles* ***à*** *la résistance.*

V. + compl. — **à** + infin. : *exciter un homme patient* ***à*** *se mettre en colère.*
V. + compl. — **contre** + compl. : *exciter les foules* ***contre*** *un pouvoir qui les opprime.*

exclamer (s') [sɛksklame] Régul. I /**être**/ Base : EXCLAM- (S'). **5**
C. ABSOLUE : s'exclamer (accord = P).
C. SIMPLE INDIRECTE
S'exclamer **de** + complément : ***s'****exclamer* ***de*** *surprise* (accord = P).

exclure [ɛksklyr] III /**avoir**/ Base : EXCLU-. **92**
C. SIMPLE DIRECTE
V. + complément : *exclure un élève.*
Emploi pronominal : s'exclure (accord = P).
V. + **ce qui** + indic. : *exclure* ***ce qui*** *reste secondaire.*
CONSTRUCTION MULTIPLE
V. + compl. — **de** + compl. : *exclure un militant* ***de*** *son parti.*
Emploi pronominal : s'exclure **de** + complément : ***s'****exclure* ***de*** *la règle générale* (accord = P).
V. + **de** + compl. — **ce qui** + indic. : *exclure* ***de*** *l'analyse des faits* ***ce qui*** *n'est pas significatif.*

excommunier [ɛkskɔmynje] Régul. I /**avoir**/ Base : EXCOMMUNI-. **3**
C. SIMPLE DIRECTE
V. + complément : *excommunier l'empereur.*
Emploi pronominal : s'excommunier (accord = P).

excursionner [ɛkskyrsjɔne] Régul. I /**avoir**/ Base : EXCURSIONN-. **3**
C. ABSOLU : *ils sont partis excursionner.*
C. SIMPLE INDIRECTE
V. + compl. — lieu : *excursionner* ***dans*** *les Alpes.*

excuser [ɛkskyze] Régul. I /**avoir**/ Base : EXCUS-. **3**
C. SIMPLE DIRECTE
V. + complément : *excuser un retard.*
Emploi pronominal : s'excuser (accord = P).
CONSTRUCTION MULTIPLE
V. + compl. — **auprès de** + compl. : *excuser son fils* ***auprès de*** *l'administration du lycée.*
Emploi pronominal : s'excuser **auprès de** + complément : ***s'****excuser* ***auprès de*** *son directeur* (accord = P).
V. + compl. — **de** + compl. : *excuser un employé* ***de*** *son retard.*
Emploi pronominal : s'excuser **de** + complément : ***s'****excuser* ***de*** *sa maladresse* (accord = P).
V. + compl. — **de** + infin. : *excuser un enfant* ***d'****arriver en retard.*
Emploi pronominal : s'excuser **de** + infin. : ***s'****excuser* ***d'****être agressif* (accord = P) ;
s'excuser **sur** + complément : ***s'****excuser* ***sur*** *un fait* (accord = P) ;
s'excuser **sur ce que** + indic. : ***s'****excuser* ***sur ce que*** *l'on ne connaissait pas le règlement* (accord = P).

exécrer [ɛgzekre] Particularité I /**avoir**/ Base : EX[É]CR-. **14**

C. SIMPLE DIRECTE

V. + compl. : *exécrer le mensonge.*
Emploi pronominal : s'exécrer (accord = P).

exécuter [ɛgzekyte] Régul. I /**avoir**/ Base : EXÉCUT-. **3**

C. ABSOLUE : *ne discutez pas, exécutez.*

C. SIMPLE DIRECTE

V. + complément : *exécuter un ordre.*
Emploi pronominal : s'exécuter (accord = P).
V. + **ce qui** + indic. : *exécuter* **ce qui** *est demandé.*

exempter [ɛgzɑ̃te] Régul. I /**avoir**/ Base : EXEMPT-. **3**

CONSTRUCTION MULTIPLE

V. + compl. — **de** + compl. : *exempter les vieillards* **de** *l'impôt sur le revenu.*
Emploi pronominal : s'exempter **de** + complément : ***s'****exempter* **d'***une obligation* (accord = P); s'exempter **de** + infin. : ***s'****exempter* **de** *faire une visite* (accord = P).

exercer [ɛgzɛrse] Particularité I /**avoir**/ Base : EXER[C]-. **10**

C. ABSOLUE : *maintenant, il a fini ses études, il exerce.*

C. SIMPLE DIRECTE

V. + complément : *exercer une profession.*
Emploi pronominal : s'exercer (accord = P).

CONSTRUCTION MULTIPLE

V. + compl. — **à** + compl. : *exercer un coq* **au** *combat.*
Emploi pronominal : s'exercer **à** + complément : ***s'****exercer* **à** *la luge* (accord = P).
V. + compl. — **à** + infin. : *exercer sa sagacité* **à** *résoudre des énigmes.*
Emploi pronominal : s'exercer **à** + infin. : ***s'****exercer* **à** *rouler lentement* (accord = P).
V. + compl. — **sur** + compl. : *exercer son pouvoir* **sur** *les faibles.*
Emploi pronominal : s'exercer **sur** + complément : ***s'****exercer* **sur** *les hommes mûrs* (accord = P); s'exercer **contre** + complément : ***s'****exercer* **contre** *un mur* (accord = P).

exhaler [ɛgzale] Régul. I /**avoir**/ Base : EXHAL-. **3**

C. SIMPLE DIRECTE

V. + complément : *exhaler une odeur suave.*
Emploi pronominal : s'exhaler (accord = P); s'exhaler **de** + complément : ***s'****exhaler* **de** *la mousse* (accord = P).

exhausser [ɛgzose] Régul. I /**avoir**/ Base : EXHAUSS-. **3**

C. SIMPLE DIRECTE

V. + complément : *exhausser un bâtiment.*
Emploi pronominal : s'exhausser (accord = P).

exhiber [ɛgzibe] Régul. I /**avoir**/ Base : EXHIB-. **3**

C. SIMPLE DIRECTE

V. + complément : *exhiber un manteau neuf.*
Emploi pronominal : s'exhiber (accord = P).

CONSTRUCTION MULTIPLE

V. + compl. — **à** + compl. : *exhiber ses connaissances* ***à*** *des adolescents.*

exhorter [ɛgzɔrte] Régul. I /**avoir**/ Base : EXHORT-. **3**

C. SIMPLE DIRECTE

V. + complément : *exhorter le corps électoral.*
Emploi pronominal : s'exhorter (accord = P).

CONSTRUCTION MULTIPLE

V. + compl. — **à** + compl. : *exhorter les contribuables* ***à*** *un effort nouveau.*
Emploi pronominal : s'exhorter **à** + complément : ***s'exhorter à*** *la patience* (accord = P).
V. + compl. — **à** + infin. : *exhorter les juges* ***à*** *être indulgents.*
Emploi pronominal : s'exhorter **à** + infin. : ***s'exhorter à*** *rester calme* (accord = P).

exhumer [ɛgzyme] Régul. I /**avoir**/ Base : EXHUM-. **3**

C. SIMPLE DIRECTE

V. + complément : *exhumer une ville morte.*

exiger [ɛgziʒe] Particularité I /**avoir**/ Base : EXI[G]-. **12**

C. ABSOLUE : *j'exige.*

C. SIMPLE DIRECTE

V. + complément : *exiger des excuses.*
Emploi pronominal : s'exiger (accord = P).
V. + **de** + infin. : *exiger* ***d'****être payé.*
V. + **que** + subj. : *exiger* ***que*** *l'on soit poli avec vous.*

CONSTRUCTION MULTIPLE

V. + compl. — **de** + compl. : *exiger un acompte* ***d'****un acquéreur.*
V. + **de** + compl. — **que** + subj. : *exiger* ***de*** *son interlocuteur* ***qu'****il vous écoute attentivement.*

exiler [ɛgzile] Régul. I /**avoir**/ Base : EXIL-. **3**

C. SIMPLE DIRECTE

V. + complément : *exiler l'opposition.*
Emploi pronominal : s'exiler (accord = P).

CONSTRUCTION MULTIPLE

V. + complément — lieu : *exiler un enfant* ***dans*** *sa chambre.*

exister [ɛgziste] Régul. I /**avoir**/ Base : EXIST-. **3**

C. ABSOLUE : *cela existe.*

exonérer [ɛgzɔnere] Particularité I /**avoir**/ Base : EXON[É]R-. **14**

C. SIMPLE DIRECTE

V. + complément : *exonérer une société.*

CONSTRUCTION MULTIPLE

V. + compl. — **de** + compl. : *exonérer un contribuable* ***d'****un impôt.*

Emploi pronominal : s'exonérer **de** + complément : *s'exonérer d'une dette* (accord = P).

exorciser [ɛgzɔrsize] Régul. I /**avoir**/ Base : EXORCIS-. **3**

C. SIMPLE DIRECTE

V. + complément : *exorciser un maléfice.*
Emploi pronominal : s'exorciser (accord = P).

expatrier [ɛkspatrie] Régul. I /**avoir**/ Base : EXPATRI-. **3**

C. SIMPLE DIRECTE

V. + complément : *expatrier des capitaux.*
Emploi pronominal : s'expatrier (accord = P).

expédier [ɛkspedje] Régul. I /**avoir**/ Base : EXPÉDI-. **3**

C. SIMPLE DIRECTE

V. + complément : *expédier un courrier.*
Emploi pronominal : s'expédier (accord = P).

CONSTRUCTION MULTIPLE

V. + compl. — **à** + compl. : *expédier un paquet **à** son destinataire.*
V. + compl. — lieu : *expédier des marchandises **à** l'étranger.*

expérimenter [ɛksperimɑ̃te] Régul. I /**avoir**/ Base : EXPÉRIMENT-. **3**

C. ABSOLUE : *avant de vendre, il faut expérimenter.*

C. SIMPLE DIRECTE

V. + complément : *expérimenter une technique nouvelle.*
Emploi pronominal : s'expérimenter (accord = P).

expertiser [ɛkspɛrtize] Régul. I /**avoir**/ Base : EXPERTIS-. **3**

C. SIMPLE DIRECTE

V. + complément : *expertiser un tableau.*
Emploi pronominal : s'expertiser (accord = P).

expier [ɛkspje] Régul. I /**avoir**/ Base : EXPI-. **3**

C. SIMPLE DIRECTE

V. + complément : *expier un péché.*
Emploi pronominal : s'expier (accord = P).

expirer [ɛkspire] Régul. I /**avoir**/ Base : EXPIR-. **3**

C. ABSOLUE : *il expire.*

C. SIMPLE DIRECTE

V. + complément : *expirer de l'air.*

expliciter [ɛksplisite] Régul. I /**avoir**/ Base : EXPLICIT-. **3**

C. SIMPLE DIRECTE

V. + complément : *expliciter la pensée d'un auteur.*
Emploi pronominal : s'expliciter (accord = P).

expliquer [ɛksplike] Régul. I /**avoir**/ Base : EXPLIQU-. **3**

C. SIMPLE DIRECTE

V. + complément : *expliquer un texte.*
Emploi pronominal : s'expliquer (accord = P).
V. + discours indirect : *expliquer **pourquoi** on a agi ainsi.*
V. + **que** + indic. : *expliquer **que** la vie n'est pas simple.*

CONSTRUCTION MULTIPLE

V. + à + compl. — compl. : *expliquer **à** un nouvel ouvrier le fonctionnement d'une machine.*

Emploi pronominal : s'expliquer + complément : ***s'expliquer** son retard* (accord = OE) ; s'expliquer **à** + complément : ***s'expliquer à** son père* (accord = P).

V. + à + compl. — discours indirect : *expliquer **à** son patron pourquoi on a décidé de le quitter.*

Emploi pronominal : s'expliquer + discours indirect : ***s'expliquer pourquoi** un produit ne se vend pas* (accord = P).

V. + à + compl. — **que** + indic. : *expliquer **à** un ami **qu'**on ne peut lui prêter la somme demandée.*

Emploi pronominal : s'expliquer **avec** + complément : ***s'expliquer avec** le gendarme* (accord = P) ; s'expliquer **par** + complément : ***s'expliquer par** des causes fortuites* (accord = P).

exploiter [ɛksplwate] Régul. I /**avoir**/ Base : EXPLOIT-. **3**

C. SIMPLE DIRECTE

V. + complément : *exploiter la situation.*

Emploi pronominal : s'exploiter (accord = P).

explorer [ɛksplɔre] Régul. I /**avoir**/ Base : EXPLOR-. **3**

C. SIMPLE DIRECTE

V. + complément : *explorer une forêt.*

Emploi pronominal : s'explorer (accord = P).

exploser [ɛksploze] Régul. I /**avoir**/ Base : EXPLOS-. **3**

C. ABSOLUE : *la bombe explose.*

exporter [ɛkspɔrte] Régul. I /**avoir**/ Base : EXPORT-. **3**

C. ABSOLUE : *nous exportons peu.*

C. SIMPLE DIRECTE

V. + complément : *exporter des matières premières.*

Emploi pronominal : s'exporter (accord = P).

exposer [ɛkspoze] Régul. I /**avoir**/ Base : EXPOS-. **3**

C. SIMPLE DIRECTE

V. + complément : *exposer son point de vue.*

Emploi pronominal : s'exposer (accord = P).

CONSTRUCTION MULTIPLE

V. + compl. — **à** + compl. : *exposer une façade **à** l'est.*

Emploi pronominal : s'exposer **à** + complément : ***s'exposer à** des mésaventures* (accord = P).

exprimer [ɛksprime] Régul. I /**avoir**/ Base : EXPRIM-. **3**

C. ABSOLUE : *il trahit quand il exprime.*

C. SIMPLE DIRECTE

V. + complément : *exprimer ses idées.*

Emploi pronominal : s'exprimer (accord = P).

Modèle

exproprier [ɛksprɔprije] Régul. I /**avoir**/ Base : EXPROPRI-. **3**
C. SIMPLE DIRECTE
V. + complément : *exproprier un terrain.*

expulser [ɛkspylse] Régul. I /**avoir**/ Base : EXPULS-. **3**
C. SIMPLE DIRECTE
V. + complément : *expulser des locataires.*
CONSTRUCTION MULTIPLE
V. + compl. — **de** + compl. : *expulser des campeurs **d'**une propriété privée.*

expurger [ɛkspyrʒe] Particularité I /**avoir**/ Base : EXPUR[G]-. **12**
C. SIMPLE DIRECTE
V. + complément : *expurger un texte.*

extasier (s') [sɛkstɑzje] Régul. I /**être**/ Base : EXTASI- (S'). **5**
C. ABSOLUE : s'extasier (accord = P).

exténuer [ɛkstenɥe] Régul. I /**avoir**/ Base : EXTÉNU-. **3**
C. SIMPLE DIRECTE
V. + complément : *exténuer ses forces.*
Emploi pronominal : s'exténuer (accord = P).

extérioriser [ɛksterjɔrize] Régul. I /**avoir**/ Base : EXTÉRIORIS-. **3**
C. SIMPLE DIRECTE
V. + complément : *extérioriser ses sentiments.*
Emploi pronominal : s'extérioriser (accord = P).

exterminer [ɛkstɛrmine] Régul. I /**avoir**/ Base : EXTERMIN-. **3**
C. SIMPLE DIRECTE
V. + complément : *exterminer les puces.*
Emploi pronominal : s'exterminer (accord = P); s'exterminer **à** + infin. (pop.) : ***s'****exterminer* ***à*** *joindre les deux bouts* (accord = P).

extirper [ɛkstirpe] Régul. I /**avoir**/ Base : EXTIRP-. **3**
C. SIMPLE DIRECTE
V. + complément : *extirper une écharde.*
Emploi pronominal : s'extirper **de** + lieu : ***s'****extirper* ***de*** *son fauteuil* (accord = P).

extorquer [ɛkstɔrke] Régul. I /**avoir**/ Base : EXTORQU-. **3**
C. SIMPLE DIRECTE
V. + complément : *extorquer une augmentation.*
CONSTRUCTION MULTIPLE
V. + compl. — **à** + compl. : *extorquer de l'argent* ***à*** *ses parents.*

extraire [ɛkstrɛr] Défectif, particularité III /**avoir**/ Base : EXTRAI-. **38**
C. SIMPLE DIRECTE
V. + complément : *extraire de la houille.*
Emploi pronominal : s'extraire (accord = P).
CONSTRUCTION MULTIPLE
V. + compl. — **de** + compl. : *extraire le marbre* ***d'****une carrière.*

Emploi pronominal : s'extraire **de** + complément : ***s'****extraire* ***d'****une carrière* (accord = P);
s'extraire + compl. — **de** + compl. : ***s'****ex-traire une épine* ***de*** *la main* (accord = OE).

extrapoler [ɛkstrapɔle] Régul. I /**avoir**/ Base : EXTRAPOL-. **3**

C. ABSOLUE : *vous extrapolez.*

exulter [ɛgzylte] Régul. I /**avoir**/ Base : EXULT-. **3**

C. ABSOLUE : *à cette nouvelle, il exulta.*

C. SIMPLE INDIRECTE

V. + **de** + complément : *exulter* ***de*** *joie.*

V. + **de** + infin. : *exulter* ***d'****apprendre un succès.*

f

Modèle

fabriquer [fabrike] Régul. I /**avoir**/ Base : FABRIQU-. 3

C. SIMPLE DIRECTE

V. + complément : *fabriquer des ordinateurs.*
Emploi pronominal : **se** fabriquer (accord = P) ;
se fabriquer + complément : ***se** fabriquer un bateau* (accord = OE).

fâcher [fɑʃe] Régul. I /**avoir**/ Base : FÂCH-. 3

1° Emploi personnel.

C. SIMPLE DIRECTE

V. + complément : *fâcher ses parents.*
Emploi pronominal : **se** fâcher (accord = P).

2° Emploi unipersonnel.

CONSTRUCTION MULTIPLE

Il fâche + compl. — sujet réel = **de** + infin. : *il fâche cet entrepreneur **de** devoir reprendre les fondations.*
Il fâche + compl. — sujet réel = **que** + subj. : *il fâche mon père **que** je ne fasse rien.*

faciliter [fasilite] Régul. I /**avoir**/ Base : FACILIT-. 3

C. SIMPLE DIRECTE

V. + complément : *faciliter un entretien.*
Emploi pronominal : **se** faciliter (accord = P).

CONSTRUCTION MULTIPLE

V. + compl. — **à** + compl. : *faciliter le travail **à** un employé.*
Emploi pronominal : **se** faciliter + complément : ***se** faciliter la tâche* (accord = OE).

façonner [fasɔne] Régul. I /**avoir**/ Base : FAÇONN-. 3

C. SIMPLE DIRECTE

V. + complément : *façonner un personnage.*
Emploi pronominal : **se** façonner (accord = P).

CONSTRUCTION MULTIPLE

V. + compl. — **en** + compl. : *façonner une boule de pâte **en** un lion accroupi.*
Emploi pronominal : **se** façonner **à** + complément : ***se** façonner **à** l'image d'un personnage idéal* (accord = P).

Modèle

facturer [faktyre] Régul. I /**avoir**/ Base : FACTUR-. **3**

C. SIMPLE DIRECTE

V. + complément : *facturer une commande.*
Emploi pronominal : **se** facturer (accord = P).

CONSTRUCTION MULTIPLE

V. + compl. — **à** + compl. : *facturer cinquante exemplaires* ***à*** *un libraire.*

faiblir [feblir] Régul. II /**avoir**/ Base : FAIBL-. **26**

C. ABSOLUE : *son esprit faiblit.*

faillir [fajir] III[1] /**avoir**/ Base : FAILL-. **26**

C. ABSOLUE : *il a failli.*

C. SIMPLE DIRECTE

V. + infin. : *il a failli gagner.*

C. SIMPLE INDIRECTE

V. + à + complément : *faillir* ***à*** *la tâche.*
V. + à + infin. : *faillir* ***à*** *se faire comprendre.*

faire [fɛr] III /**avoir**/ Base : F-. **76**

1° Emploi personnel.

C. ABSOLUE : *mieux vaut faire que dire.*

C. SIMPLE DIRECTE

V. + attribut : *faire jeune.*
V. + complément : *faire son travail.*
Emploi pronominal : **se** faire (accord = P).
V. + infin. : *faire couper ses arbres.*
V. + proposition infinitive : *faire travailler les autres.*
Ne faire **que** + infin. : ***ne*** *faire* ***que*** *récriminer.*
V. + **ce qui** + indic. : *faire* ***ce qui*** *lui plaît.*
V. + **que** + indic. : *faire* ***que*** *tout lui réussit.*
V. + **que** + subj. : *faire* ***que*** *l'on soit furieux à chacune de ses décisions.*

CONSTRUCTION MULTIPLE

V. + compl. — attribut du compl. : *faire quelqu'un ambassadeur.*
Emploi pronominal : **se** faire + attribut : ***se*** *faire moine* (accord = P).
V. + compl. — **à** + compl. : *faire un dessin* ***à*** *un enfant.*
Emploi pronominal : **se** faire + complément : ***se*** *faire des soucis* (accord = OE) ;
se faire **à** + complément : ***se*** *faire* ***à*** *une situation absurde* (accord = P).
V. + compl. — **de** + compl. : *faire un objet d'art* ***d'****une vieille table.*
V. + compl. — **pour** + compl. : *faire quelque chose* ***pour*** *ses enfants.*
V. + **à** + compl. — compl. — prix : *faire* ***à*** *un acheteur cette lampe dix francs.*

---

1. Ce verbe, normalement du 3e groupe, se conjuguerait : *je faux, tu faux, il faut, nous faillons; je faillais, nous faillions;* ***je faillis;*** *je faudrai; je faudrais; que je faille;* ***que je faillisse;*** *faillant;* ***failli.*** Sur les formes en caractères gras, prises pour des présents, l'usage a reconstruit une conjugaison du 2e groupe.

Emploi pronominal : se faire + infinitif : ***se** faire conter quelque histoire* (accord = I);
s'**en** faire (accord = I);
s'**en** faire **pour** + complément : ***s'en** faire **pour** les autres* (accord = I).

V. + proposition infinitive dont le sujet par rapport à *faire* est traité :
a) en complément direct du verbe régissant : *je les ai fait venir;*
b) en complément indirect du verbe régissant :
— la préposition **à** : *j'ai fait étudier le piano **à** mon fils;*
— la préposition **par** : *j'ai fait examiner ce document **par** un expert.*

2° Emploi unipersonnel.

C. SIMPLE DIRECTE

Il fait + substantif ou adjectif = locution verbale : *il fait froid.*
Emploi pronominal : il se fait + substantif : *il **se** fait nuit* (accord = I);
il se fait + adverbe : *il **se** fait tard* (accord = I);
il **se** fait **que** + indic. : *il **se** fait **que** vous êtes arrivé à temps* (accord = I).

CONSTRUCTION MULTIPLE

Il fait + adj. — sujet réel = infin. : *il fait bon travailler avec des gens compétents.*

falloir [falwar] Unipersonnel III /**avoir**/ Base : FA-. **51**

C. SIMPLE DIRECTE

Il faut + sujet réel = substantif : *il faut de la chance.*
Il faut + sujet réel = infin. : *il faut en finir.*
Il faut + sujet réel = **que** + subj. : *il faut **que** vous partiez.*

CONSTRUCTION MULTIPLE

Il faut **à** + compl. — sujet réel nominal : *il faut **à** cet enfant une éducation solide.*
Il faut + proposition infinitive dont le sujet par rapport à *falloir* est traité comme complément indirect introduit par **à** : *il lui faudra réussir cette fois.*
Emploi pronominal : s'en falloir **de** + complément : ***s'en** falloir **d'**une longueur* (accord = I);
s'en falloir **que** + subj. : ***s'en** falloir **que** vous ayez raison* (accord = I);
s'en falloir **de** + adverbe de quantité ou d'intensité : ***s'en** falloir **de** peu* (accord = I);
s'en falloir **que** + subj. : ***s'en** falloir **que** vous réussissiez* (accord = I).

falsifier [falsifje] Régul. I /**avoir**/ Base : FALSIFI-. **3**

C. SIMPLE DIRECTE

V. + complément : *falsifier un document.*
Emploi pronominal : se falsifier (accord = P).

familiariser [familjarize] Régul. I /**avoir**/ Base : FAMILIARIS-. **3**

CONSTRUCTION MULTIPLE

V. + compl. — **avec** + compl. : *familiariser un nouvel employé **avec** les habitudes de la maison.*

Emploi pronominal : **se** familiariser (accord = P);
se familiariser **avec** + complément : ***se** familiariser **avec** un appareil* (accord = P).

fanatiser [fanatize] Régul. I /**avoir**/ Base : FANATIS-. **3**
C. SIMPLE DIRECTE
V. + complément : *fanatiser ses partisans.*
Emploi pronominal : **se** fanatiser (accord = P).

faner [fane] Régul. I /**avoir**/ Base : FAN-. **3**
C. SIMPLE DIRECTE
V. + complément : *faner les foins.*
Emploi pronominal : **se** faner (accord = P).

farcir [farsir] Régul. II /**avoir**/ Base : FARC-. **26**
C. SIMPLE DIRECTE
V. + complément : *farcir un pigeon.*
Emploi pronominal : **se** farcir (accord = P);
se farcir + complément (pop.) : ***se** farcir tout le boulot* (accord = OE).

farder [farde] Régul. I /**avoir**/ Base : FARD-. **3**
C. SIMPLE DIRECTE
V. + complément : *farder la vérité.*
Emploi pronominal : **se** farder (accord = P);
se farder + complément : ***se** farder la réalité* (accord = OE).

fasciner [fasine] Régul. I /**avoir**/ Base : FASCIN-. **3**
C. SIMPLE DIRECTE
V. + complément : *fasciner un oiseau.*

fatiguer [fatige] Régul. I /**avoir**/ Base : FATIGU-. **11**
C. ABSOLUE : *il fatigue.*
C. SIMPLE DIRECTE
V. + complément : *fatiguer la vue.*
Emploi pronominal : **se** fatiguer (accord = P);
se fatiguer + complément : ***se** fatiguer la vue* (accord = OE);
se fatiguer **de** + complément : ***se** fatiguer **de** la contradiction* (accord = P);
se fatiguer **de** + infin. : ***se** fatiguer **de** travailler* (accord = P).

faucher [foʃe] Régul. I /**avoir**/ Base : FAUCH-. **3**
C. ABSOLUE : *ils sont partis faucher.*
C. SIMPLE DIRECTE
V. + complément : *faucher le foin.*
Emploi pronominal : **se** faucher (accord = P).

fausser [fose] Régul. I /**avoir**/ Base : FAUSS-. **3**
C. SIMPLE DIRECTE
V. + complément : *fausser la réalité.*
Emploi pronominal : **se** fausser (accord = P).

Modèle

favoriser [favɔrize] Régul. I /**avoir**/ Base : FAVORIS-. **3**

C. SIMPLE DIRECTE

V. + complément : *favoriser un concurrent.*

CONSTRUCTION MULTIPLE

V. + compl. — **de** + compl. : *favoriser quelqu'un* ***d'****un sourire.*

feindre [fɛ̃dr] III /**avoir**/ Base : FEI-. **71**

C. ABSOLUE : *il feint légèrement.*

C. SIMPLE DIRECTE

V. + complément : *feindre l'étonnement.*
V. + **de** + infin. : *feindre* ***de*** *partir.*

fêler [fele] Régul. I /**avoir**/ Base : FÊL-. **3**

C. SIMPLE DIRECTE

V. + complément : *fêler un verre.*
Emploi pronominal : **se** fêler (accord = P);
se fêler + complément : ***se*** *fêler un os* (accord = OE).

féliciter [felisite] Régul. I /**avoir**/ Base : FÉLICIT-. **3**

C. SIMPLE DIRECTE

V. + complément : *féliciter le champion.*
Emploi pronominal : **se** féliciter (accord = P);
se féliciter **de** + complément : ***se*** *féliciter* ***de*** *son succès* (accord = P);
se féliciter **de** + infin. : ***se*** *féliciter* ***d'****avoir fini* (accord = P).

féminiser [feminize] Régul. I /**avoir**/ Base : FÉMINIS-. **3**

C. SIMPLE DIRECTE

V. + complément : *féminiser la mode.*
Emploi pronominal : **se** féminiser (accord = P).

fendre [fɑ̃dr] III /**avoir**/ Base : FEND-. **65**

C. SIMPLE DIRECTE

V. + complément : *fendre du bois.*
Emploi pronominal : **se** fendre (accord = P).

CONSTRUCTION MULTIPLE

V. + compl. — **à** + compl. : *fendre le cœur* ***à*** *un homme sensible.*
Emploi pronominal : **se** fendre + complément (pop.) : ***se*** *fendre la pêche* (accord = OE);
se fendre **de** + complément (pop.) : ***se*** *fendre* ***de*** *cinquante balles* (accord = P).

fermenter [fɛrmɑ̃te] Régul. I /**avoir**/ Base : FERMENT-. **3**

C. ABSOLUE : *le moût fermente.*

fermer [fɛrme] Régul. I /**avoir**/ Base : FERM-. **3**

C. ABSOLUE : *on ferme.*

C. SIMPLE DIRECTE

V. + complément : *fermer la porte.*
Emploi pronominal : **se** fermer (accord = P).

CONSTRUCTION MULTIPLE
V. + compl. — **à** + compl. : *fermer la porte **à** quelqu'un.*
Emploi pronominal : **se** fermer + complément : ***se** fermer une carrière* (accord = OE);
se fermer **à** + complément : ***se** fermer **à** la pitié* (accord = P).

fertiliser [fɛrtilize] Régul. I /**avoir**/ Base : FERTILIS-. **3**
C. SIMPLE DIRECTE
V. + complément : *fertiliser une terre agricole.*

festoyer [fɛstwaje] Particularité I /**avoir**/ Base : FESTO[Y]-. **8**
C. ABSOLUE : *ils festoient depuis deux heures.*
C. SIMPLE DIRECTE
V. + complément : *festoyer un ami étranger.*

fêter [fete] Régul. I /**avoir**/ Base : FÊT-. **3**
C. SIMPLE DIRECTE
V. + complément : *fêter un événement rare.*
Emploi pronominal : **se** fêter (accord = P).

feuilleter [fœj(ə)te] Particularité I /**avoir**/ Base : FEUILLE[T]-. **18**
C. SIMPLE DIRECTE
V. + complément : *feuilleter une revue.*
Emploi pronominal : **se** feuilleter (accord = P).

feutrer [føtre] Régul. I /**avoir**/ Base : FEUTR-. **3**
C. ABSOLUE : *ce cardigan feutre.*
C. SIMPLE DIRECTE
V. + complément : *feutrer de la laine.*
Emploi pronominal : **se** feutrer (accord = P).

fiancer [fjɑ̃se] Particularité I /**avoir**/ Base : FIAN[C]-. **10**
C. SIMPLE DIRECTE
V. + complément : *fiancer des jeunes gens.*
Emploi pronominal : **se** fiancer (accord = P).
CONSTRUCTION MULTIPLE
V. + compl. — **à** + compl. : *fiancer sa fille **à** un diplomate.*
Emploi pronominal : **se** fiancer **à** + complément : ***se** fiancer **à** un étudiant* (accord = P).
V. + compl. — **avec** + compl. : *fiancer une cousine **avec** un industriel.*
Emploi pronominal : **se** fiancer **avec** + complément : ***se** fiancer **avec** un aristocrate* (accord = P).

ficeler [fis(ə)le] Particularité I /**avoir**/ Base : FICE[L]-. **16**
C. SIMPLE DIRECTE
V. + complément : *ficeler un colis.*
Emploi pronominal (fam.) : **se** ficeler (accord = P).

1. ficher [fiʃe] Régul. I /**avoir**/ Base : FICH-. **3**
C. SIMPLE DIRECTE
V. + complément : *ficher un suspect.*

CONSTRUCTION ABSOLUE

V. + compl. — lieu : *ficher un clou* ***dans*** *une porte.*

2. ficher [fiʃe] (fam.) Irrégulier [euphémisme pour *foutre;* d'où part. passé *fichu* comme *foutu,* et infinitif *fiche* comme *foutre;* toutefois, l'infinitif *ficher* est courant] I /**avoir**/ Base : FICH-. **3**

C. SIMPLE DIRECTE

V. + complément : *ficher le camp.*

En ficher + complément : ***en*** *ficher son billet.*

Emploi pronominal : se ficher (accord = P).

CONSTRUCTION MULTIPLE

V. + compl. — lieu : *ficher quelqu'un* ***à*** *la porte.*

Emploi pronominal : se ficher + complément : ***se*** *ficher une trempe* (accord = OE); se ficher **de** + complément : ***se*** *ficher* ***de*** *son voisin* (accord = P).

fier (se) [s(ə)fje] Régul. I /**être**/ Base : FI- (SE). **5**

C. SIMPLE INDIRECTE

Se fier **à** + compl. : ***se*** *fier* ***à*** *sa bonne étoile* (accord = P).

figer [fiʒe] Particularité I /**avoir**/ Base : FI[G]-. **12**

C. ABSOLUE : *l'huile fige.*

C. SIMPLE DIRECTE

V. + complément : *figer son attitude.*

Emploi pronominal : se figer (accord = P).

fignoler [fiɲɔle] Régul. I /**avoir**/ Base : FIGNOL-. **3**

C. ABSOLUE : *il fignole.*

C. SIMPLE DIRECTE

V. + complément : *fignoler son travail.*

Emploi pronominal : se fignoler (accord = P).

figurer [figyre] Régul. I /**avoir**/ Base : FIGUR-. **3**

C. SIMPLE DIRECTE

V. + complément : *figurer un tigre.*

C. SIMPLE INDIRECTE

V. + lieu : *figurer dans un musée.*

Emploi pronominal : se figurer + infin. : ***se*** *figurer être compris* (accord = I); se figurer + discours indirect : ***se*** *figurer pourquoi on nous a éliminés* (accord = I); se figurer **que** + indic. : ***se*** *figurer* ***que*** *tout est parfait* (accord = I); se figurer **que** + subj. : ***se*** *figurer* ***que*** *tout soit idéal* (accord = I); se figurer + compl. — attribut du compl. : ***se*** *figurer quelqu'un un ami* (accord = P ou OE).

filer [file] Régul. I /**avoir**/ Base : FIL-. **3**

C. ABSOLUE : *elle file tout le jour.*

C. SIMPLE DIRECTE

V. + complément : *filer la laine.*

Emploi pronominal : **se** filer (accord = P);
se filer + complément (arg.) : ***se** filer un pain* (accord = OE).

filmer [filme] Régul. I /**avoir**/ Base : FILM-. **3**

C. SIMPLE DIRECTE

V. + complément : *filmer un documentaire.*
Emploi pronominal : **se** filmer (accord = P).

filtrer [filtre] Régul. I /**avoir**/ Base : FILTR-. **3**

C. ABSOLUE : *une nouvelle a filtré.*

C. SIMPLE DIRECTE

V. + complément : *filtrer du pineau.*
Emploi pronominal : **se** filtrer (accord = P).

financer [finɑ̃se] Particularité I /**avoir**/ Base : FINAN[C]-. **10**

C. ABSOLUE : *c'est lui qui finance.*

C. SIMPLE DIRECTE

V. + complément : *financer une entreprise.*

finir [finir] Régul. II /**avoir**/ Base : FIN-. **26**

C. ABSOLUE : *il a fini.*

C. SIMPLE DIRECTE

V. + attribut : *finir forçat.*
V. + complément : *finir son devoir.*
V. + **de** + infin. : *finir **de** recopier.*

C. SIMPLE INDIRECTE

V. + **par** + infin. : *finir **par** en avoir assez.*

CONSTRUCTION MULTIPLE

En finir **avec** + complément (fam.) : ***en** finir **avec** les imbéciles.*
En finir **de** + infin. (fam.) : *ne pas **en** finir **d'**ergoter.*

fixer [fikse] Régul. I /**avoir**/ Base : FIX-. **3**

C. SIMPLE DIRECTE

V. + complément : *fixer des limites.*
Emploi pronominal : **se** fixer (accord = P).

CONSTRUCTION MULTIPLE

V. + compl. — **à** + compl. : *fixer un rendez-vous **à** un visiteur.*
Emploi pronominal : **se** fixer + complément : ***se** fixer une date* (accord = OE).
V. + compl. — lieu : *fixer un balai **dans** une remise.*
Emploi pronominal : **se** fixer — lieu : ***se** fixer **à** Paris* (accord = P).

flageller [flaʒɛle] Régul. I /**avoir**/ Base : FLAGELL-. **3**

C. SIMPLE DIRECTE

V. + complément : *flageller son corps.*
Emploi pronominal : **se** flageller (accord = P);
se flageller + complément : ***se** flageller le dos* (accord = OE).

flairer [flere] Régul. I /**avoir**/ Base : FLAIR-. **3**

C. ABSOLUE : *le chien flaire.*

C. SIMPLE DIRECTE
V. + complément : *flairer un piège.*
Emploi pronominal : se flairer (accord = P).

flamber [flɑ̃be] Régul. I /**avoir**/ Base : FLAMB-. **3**
C. ABSOLUE : *le feu flambe.*
C. SIMPLE DIRECTE
V. + complément : *flamber un steak.*

flamboyer [flɑ̃bwaje] Particularité I /**avoir**/ Base : FLAMBO[Y]-. **8**
C. ABSOLUE : *les vitraux flamboient.*

flâner [flɑne] Régul. I /**avoir**/ Base : FLÂN-. **3**
C. ABSOLUE : *il aime flâner.*
C. SIMPLE INDIRECTE
V. + lieu : *flâner* ***sur*** *les quais.*

1. flanquer [flɑ̃ke] Régul. I /**avoir**/ Base : FLANQU-. **3**
C. SIMPLE DIRECTE
V. + complément : *flanquer un monument.*
CONSTRUCTION MULTIPLE
V. + compl. — **de** + compl. : *flanquer une muraille* ***de*** *tours.*
Emploi pronominal : se flanquer **de** + complément : ***se*** *flanquer* ***d'****un acolyte* (accord = P).

2. flanquer [flɑ̃ke] (fam.) Régul. I /**avoir**/ Base : FLANQU-. **3**
CONSTRUCTION MULTIPLE
V. + compl. — **à** + compl. : *flanquer une raclée* ***à*** *son rejeton.*
Emploi pronominal : se flanquer + complément : ***se*** *flanquer une tournée* (accord = OE).

flatter [flate] Régul. I /**avoir**/ Base : FLATT-. **3**
C. ABSOLUE : *il sait flatter.*
C. SIMPLE DIRECTE
V. + complément : *flatter la vanité.*
Emploi pronominal : se flatter (accord = P).
V. passif + **que** + subj. : *être flatté* ***que*** *l'on vous demande votre avis.*
CONSTRUCTION MULTIPLE
V. + compl. — **de** + compl. : *flatter quelqu'un* ***de*** *compliments exagérés.*
Emploi pronominal : se flatter **de** + complément : ***se*** *flatter* ***de*** *l'appui d'un ministre* (accord = P);
se flatter **de** + infin. : ***se*** *flatter* ***d'****y réussir* (accord = P);
se flatter **que** + subj. : ***se*** *flatter* ***qu'****elle vous écoute* (accord = P).

fléchir [fleʃir] Régul. II /**avoir**/ Base : FLÉCH-. **26**
C. ABSOLUE : *il va fléchir.*
C. SIMPLE DIRECTE
V. + complément : *fléchir la sévérité de quelqu'un.*

Modèle

flétrir [fletrir] Régul. II /**avoir**/ Base : FLÉTR-. **26**

C. SIMPLE DIRECTE

V. + complément : *flétrir les traits de quelqu'un.*
Emploi pronominal : **se** flétrir (accord = P).

fleurir [flœrir] Particularité II /**avoir**/ Base : FLEUR-. **27**

C. ABSOLUE : *les roses fleurissent.*

C. SIMPLE DIRECTE

V. + complément : *fleurir sa maison.*
Emploi pronominal : **se** fleurir (accord = P).

flirter [flœrte] Régul. I /**avoir**/ Base : FLIRT-. **3**

C. ABSOLUE : *les jeunes gens flirtent.*

C. SIMPLE INDIRECTE

V. + **avec** + complément : *flirter* ***avec*** *toutes les jeunes filles du village.*

flotter [flɔte] Régul. I /**avoir**/ Base : FLOTT-. **3**

C. ABSOLUE : *le bois flotte.*

C. SIMPLE DIRECTE

V. + complément : *flotter des billes de bois.*

C. SIMPLE INDIRECTE

V. + lieu : *flotter sur l'eau.*

foisonner [fwazɔne] Régul. I /**avoir**/ Base : FOISONN-. **3**

C. ABSOLUE : *les moustiques foisonnent.*

C. SIMPLE INDIRECTE

V. + **de** + complément : *foisonner* ***de*** *poissons.*
V. + **en** + complément : *foisonner* ***en*** *minerais.*

folâtrer [fɔlɑtre] Régul. I /**avoir**/ Base : FOLÂTR-. **3**

C. ABSOLUE : *il aime folâtrer.*

foncer [fɔ̃se] Particularité I /**avoir**/ Base : FON[C]-. **10**

C. ABSOLUE : *il fonce!*

C. SIMPLE DIRECTE

V. + complément : *foncer une pièce.*

C. SIMPLE INDIRECTE

V. + lieu : *foncer droit* ***devant*** *soi.*

fonctionnariser [fɔ̃ksjɔnarize] Régul. I /**avoir**/ Base : FONCTIONNARIS-. **3**

C. SIMPLE DIRECTE

V. + complément : *fonctionnariser la médecine.*

fonctionner [fɔ̃ksjɔne] Régul. I /**avoir**/ Base : FONCTIONN-. **3**

C. ABSOLUE : *cela fonctionne.*

fonder [fɔ̃de] Régul. I /**avoir**/ Base : FOND-. **3**

C. SIMPLE DIRECTE

V. + complément : *fonder une institution.*
Emploi pronominal : **se** fonder (accord = P).

C. SIMPLE INDIRECTE
V. passif + **à** + infin. : *être fondé **à** demander son dû.*
CONSTRUCTION MULTIPLE
V. + compl. — lieu propre ou figuré : *fonder une université **en** plein cœur de la ville.*
Emploi pronominal : se fonder **sur** + complément : ***se** fonder **sur** des arguments solides* (accord = P).

fondre [fɔ̃dr] III /**avoir**/ Base : FOND-. **65**
C. ABSOLUE : *la glace fond.*
C. SIMPLE DIRECTE
V. + complément : *fondre l'étain.*
Emploi pronominal : **se** fondre (accord = P).
C. SIMPLE INDIRECTE
V. + **en** + complément : *fondre **en** eau.*
V. + lieu : *fondre **sur** le marbre.*
CONSTRUCTION MULTIPLE
V. + compl. — **avec** + compl. : *fondre du cuivre **avec** de l'étain.*
Emploi pronominal : **se** fondre **avec** + complément : ***se** fondre **avec** le ciel* (accord = P).
V. + compl. — **dans** + compl. : *fondre du sucre **dans** du café.*
Emploi pronominal : **se** fondre **dans** + complément : ***se** fondre **dans** une population préexistante* (accord = P).
V. + compl. — **en** + compl. : *fondre deux chapitres **en** un.*
Emploi pronominal : **se** fondre **en** + complément : ***se** fondre **en** un ensemble* (accord = P).

forcer [fɔrse] Particularité I /**avoir**/ Base : FOR[C]-. **10**
C. ABSOLUE : *ce joueur a forcé.*
C. SIMPLE DIRECTE
V. + complément : *forcer un cerf.*
Emploi pronominal : **se** forcer (accord = P).
C. SIMPLE INDIRECTE
V. + **à** + complément : *forcer **à** un dédit.*
V. + **à** + infin. : *forcer **à** protester.*
V. + **de** + infin. : *forcer **de** renoncer.*
CONSTRUCTION MULTIPLE
V. + compl. — **à** + compl. : *forcer un interlocuteur **au** silence.*
Emploi pronominal : **se** forcer **à** + complément : ***se** forcer **à** la patience* (accord = P).
V. + compl. — **à** + infin. : *forcer un homme calme **à** se mettre en colère.*
Emploi pronominal : **se** forcer **à** + infin. : ***se** forcer **à** manger* (accord = P).
V. + compl. — **de** + infin. : *forcer son adversaire **de** se taire.*

forcir [fɔrsir] (fam.) Régul. II /**avoir**/ Base : FORC-. **26**
C. ABSOLUE : *cet enfant a forci.*

forger [fɔrʒe] Particularité I /**avoir**/ Base : FOR[G]-. **12**
C. ABSOLUE : *à force de forger, on devient forgeron.*

C. SIMPLE DIRECTE
V. + complément : *forger un vilebrequin.*
Emploi pronominal : **se** forger (accord = P);
se forger + complément : ***se*** *forger des excuses* (accord = OE).

formaliser [fɔrmalize] Régul. I /**avoir**/ Base : FORMALIS-. **3**
C. SIMPLE DIRECTE
V. + complément : *formaliser un jugement.*
Emploi pronominal : **se** formaliser (accord = P);
se formaliser **de** + complément : ***se*** *formaliser **d'**une remarque* (accord = P);
se formaliser **si** + indic. : ***se*** *formaliser **si** tout ne va pas au mieux* (accord = P).

former [fɔrme] Régul. I /**avoir**/ Base : FORM-. **3**
C. SIMPLE DIRECTE
V. + complément : *former un cercle.*
Emploi pronominal : **se** former (accord = P).
CONSTRUCTION MULTIPLE
V. + compl. — **à** + compl. : *former le jugement **à** un adolescent.*
Emploi pronominal : **se** former + complément : ***se*** *former le goût* (accord = OE).

formuler [fɔrmyle] Régul. I /**avoir**/ Base : FORMUL-. **3**
C. SIMPLE DIRECTE
V. + complément : *formuler sa pensée.*
Emploi pronominal : **se** formuler (accord = P);
se formuler + complément : ***se*** *formuler un problème* (accord = OE).

fortifier [fɔrtifje] Régul. I /**avoir**/ Base : FORTIFI-. **3**
C. ABSOLUE : *les épinards fortifient.*
C. SIMPLE DIRECTE
V. + complément : *fortifier une ville.*
Emploi pronominal : **se** fortifier (accord = P).

foudroyer [fudrwaje] Particularité I /**avoir**/ Base : FOUDRO[Y]-. **8**
C. ABSOLUE : *cette nouvelle foudroie.*
C. SIMPLE DIRECTE
V. + complément : *foudroyer l'ennemi.*

fouetter [fwete] Régul. I /**avoir**/ Base : FOUETT-. **3**
C. ABSOLUE : *Allons, fouette, cocher!*
C. SIMPLE DIRECTE
V. + complément : *fouetter ses bêtes.*
Emploi pronominal : **se** fouetter (accord = P).

fouiller [fuje] Régul. I /**avoir**/ Base : FOUILL-. **3**
C. ABSOLUE : *cherchez, fouillez.*
C. SIMPLE DIRECTE
V. + complément : *fouiller toute la ville.*
Emploi pronominal : **se** fouiller (accord = P).

fouler [fule] Régul. I /**avoir**/ Base : FOUL-. 3

C. SIMPLE DIRECTE

V. + complément : *fouler la terre natale.*
Emploi pronominal : **se** fouler (fam.) [accord = P];
se fouler + complément : ***se** fouler la cheville* (accord = OE).

fourbir [furbir] Régul. II /**avoir**/ Base : FOURB-. 26

C. SIMPLE DIRECTE

V. + complément : *fourbir ses arguments.*
Emploi pronominal : **se** fourbir (accord = P)

fourmiller [furmije] Régul. I /**avoir**/ Base : FOURMILL-. 3

C. ABSOLUE : *les moustiques fourmillent.*

C. SIMPLE INDIRECTE

V. + **de** + complément : *fourmiller **de** fautes.*

fournir [furnir] Régul. II /**avoir**/ Base : FOURN-. 26

C. ABSOLUE : *il ne peut plus fournir.*

C. SIMPLE DIRECTE

V. + complément : *fournir les armées.*
Emploi pronominal : **se** fournir (accord = P).

C. SIMPLE INDIRECTE

V. + **à** + complément : *fournir **aux** détaillants.*

CONSTRUCTION MULTIPLE

V. + compl. — **à** + compl. : *fournir des armes **à** son adversaire.*
Emploi pronominal : **se** fournir + complément : ***se** fournir des raisons de mécontentement* (accord = OE).
V. + compl. — **contre** + compl. : *fournir des arguments **contre** sa théorie.*
V. + compl. — **de** + compl. : *fournir le conducteur **de** cigarettes.*
V. + compl. — **en** + compl. : *fournir une garnison **en** vivres.*
Emploi pronominal : **se** fournir **en** + complément : ***se** fournir **en** pièces détachées* (accord = P).
V. + **à** + compl. — **ce dont** + indic. : *fournir **à** un maçon **ce dont** il a besoin.*
V. + **contre** + compl. — **ce qui** + indic. : *fournir **contre** une thèse **ce qui** peut la ruiner.*

fourrager [furaʒe] Particularité I /**avoir**/ Base : FOURRA[G]-. 12

C. ABSOLUE : *dans l'armée moderne, on ne fourrage plus.*

C. SIMPLE INDIRECTE

V. + lieu : *fourrager dans ses cheveux.*

fourrer [fure] Régul. I /**avoir**/ Base : FOURR-. 3

C. SIMPLE DIRECTE

V. + complément : *fourrer un vêtement.*
Emploi pronominal : **se** fourrer (accord = P).

CONSTRUCTION MULTIPLE

V. + compl. — **avec** + compl. : *fourrer un manteau **avec** de l'hermine.*
V. + compl. — **de** + compl. : *fourrer une veste **de** zibeline.*
V. + compl. — lieu (fam.) : *fourrer un vieux stylo **dans** un tiroir.*

Emploi pronominal : **se** fourrer + lieu (fam.) : ***se** fourrer **dans** un coin* (accord = P);
se fourrer + compl. — lieu (fam.) : ***se** fourrer le doigt **dans** l'œil* (accord = OE).

fourvoyer [furvwaje] Particularité I /**avoir**/ Base : FOURVO[Y]-. **8**

C. SIMPLE DIRECTE

V. + complément : *fourvoyer un touriste.*
Emploi pronominal : **se** fourvoyer (accord = P).

fracasser [frakase] Régul. I /**avoir**/ Base : FRACASS-. **3**

C. SIMPLE DIRECTE

V. + complément : *fracasser une assiette.*
Emploi pronominal : **se** fracasser (accord = P).

CONSTRUCTION MULTIPLE

V. + compl. — **à** + compl. : *fracasser l'échine **à** quelqu'un.*
Emploi pronominal : **se** fracasser + complément : ***se** fracasser la mâchoire* (accord = OE).

fractionner [fraksjɔne] Régul. I /**avoir**/ Base : FRACTIONN-. **3**

C. SIMPLE DIRECTE

V. + complément : *fractionner les difficultés.*
Emploi pronominal : **se** fractionner (accord = P).

CONSTRUCTION MULTIPLE

V. + compl. — **en** + compl. : *fractionner une galette **en** huit morceaux.*
Emploi pronominal : **se** fractionner **en** + complément : ***se** fractionner **en** huit* (accord = P).

fracturer [fraktyre] Régul. I /**avoir**/ Base : FRACTUR-. **3**

C. SIMPLE DIRECTE

V. + complément : *fracturer un coffre-fort.*
Emploi pronominal : **se** fracturer (accord = P);
se fracturer + complément : ***se** fracturer le bras* (accord = OE).

fragmenter [fragmɑ̃te] Régul. I /**avoir**/ Base : FRAGMENT-. **3**

C. SIMPLE DIRECTE

V. + complément : *fragmenter un envoi.*
Emploi pronominal : **se** fragmenter (accord = P).

franchir [frɑ̃ʃir] Régul. II /**avoir**/ Base : FRANCH-. **26**

C. SIMPLE DIRECTE

V. + complément : *franchir l'obstacle.*
Emploi pronominal : **se** franchir (accord = P).

frapper [frape] Régul. I /**avoir**/ Base : FRAPP-. **3**

C. ABSOLUE : *allez, frappe!*

C. SIMPLE DIRECTE

V. + complément : *frapper l'attention.*
Emploi pronominal : **se** frapper (accord = P).

C. SIMPLE INDIRECTE

V. + lieu : *frapper **à** la porte; frapper **sur** une dalle.*

CONSTRUCTION MULTIPLE
V. + compl. — **de** + compl. : *frapper son auditoire* ***de*** *stupeur.*
Emploi pronominal : **se** frapper + complément : ***se*** *frapper le front* (accord = OE).

frateriser [fratɛrnize] Régul. I /**avoir**/ Base : FRATERNIS-. **3**
C. ABSOLUE : *ils ont fraternisé.*
C. SIMPLE INDIRECTE
V. + **avec** + complément : *fraterniser* ***avec*** *l'adversaire.*

frauder [frode] Régul. I /**avoir**/ Base : FRAUD-. **3**
C. ABSOLUE : *pourquoi voulez-vous frauder?*
C. SIMPLE DIRECTE
V. + complément : *frauder le fisc.*

frayer [freje] Particularité I /**avoir**/ Base : FRA[Y]-. **9**
C. ABSOLUE : *le poisson fraie.*
C. SIMPLE DIRECTE
V. + complément : *frayer une voie nouvelle.*
C. SIMPLE INDIRECTE
V. + **avec** + complément : *frayer* ***avec*** *des gens de son milieu.*
CONSTRUCTION MULTIPLE
V. + compl. — **à** + compl. : *frayer son chemin* ***à*** *une idée.*
Emploi pronominal : **se** frayer + complément : ***se*** *frayer un chemin* (accord = OE).

fredonner [frədɔne] Régul. I /**avoir**/ Base : FREDONN-. **3**
C. ABSOLUE : *on l'entend fredonner.*
C. SIMPLE DIRECTE
V. + complément : *fredonner le grand air de « la Tosca ».*

freiner [frene] Régul. I /**avoir**/ Base : FREIN-. **3**
C. ABSOLUE : *il a oublié de freiner.*
C. SIMPLE DIRECTE
V. + complément : *freiner la vente d'un ouvrage.*
Emploi pronominal : **se** freiner (accord = P).

frémir [fremir] Régul. II /**avoir**/ Base : FRÉM-. **26**
C. ABSOLUE : *elle frémissait.*
C. SIMPLE INDIRECTE
V. + **de** + complément : *frémir* ***d'****horreur.*

fréquenter [frekɑ̃te] Régul. I /**avoir**/ Base : FRÉQUENT-. **3**
C. SIMPLE DIRECTE
V. + complément : *fréquenter les cafés.*
Emploi pronominal : **se** fréquenter (accord = P).

frétiller [fretije] Régul. I /**avoir**/ Base : FRÉTILL-. **3**
C. ABSOLUE : *le goujon frétille.*

frictionner [friksjɔne] Régul. I /**avoir**/ Base : FRICTIONN-. **3**
C. ABSOLUE : *voilà un masseur qui sait frictionner.*
C. SIMPLE DIRECTE
V. + complément : *frictionner un sportif.*

CONSTRUCTION MULTIPLE
V. + compl. — **à** + compl. : *frictionner la cheville **à** un blessé.*
Emploi pronominal : **se** frictionner + complément : ***se** frictionner le coude* (accord = OE).

frigorifier [frigɔrifje] Régul. I /**avoir**/ Base : FRIGORIFI-. **3**
C. SIMPLE DIRECTE
V. + complément : *frigorifier du beurre.*

friper [fripe] Régul. I /**avoir**/ Base : FRIP-. **3**
C. SIMPLE DIRECTE
V. + complément : *friper ses vêtements.*
Emploi pronominal : **se** friper (accord = P).

frire [frir] Défectif : usité à l'infin., au sing. de l'indic. présent, du part. passé et aux temps composés. III /**avoir**/ Base : FRI-. **82**
C. ABSOLUE : *la graisse frit.*
C. SIMPLE DIRECTE
V. + complément : *frire des pommes de terre.*

friser [frize] Régul. I /**avoir**/ Base : FRIS-. **3**
C. ABSOLUE : *vous frisez.*
C. SIMPLE DIRECTE
V. + complément : *friser ses cheveux.*
Emploi pronominal : **se** friser (accord = P) ;
se friser + complément : ***se** friser les cheveux* (accord = OE).

frissonner [frisɔne] Régul. I /**avoir**/ Base : FRISONN-. **3**
C. ABSOLUE : *sous l'action du vent, les arbres frissonnent.*

froisser [frwase] Régul. I /**avoir**/ Base : FROISS-. **3**
C. SIMPLE DIRECTE
V. + complément : *froisser une lettre.*
Emploi pronominal : **se** froisser (accord = P) ;
se froisser + complément : ***se** froisser un muscle* (accord = OE).

frôler [frole] Régul. I /**avoir**/ Base : FRÔL-. **3**
C. SIMPLE DIRECTE
V. + complément : *frôler quelqu'un.*
Emploi pronominal : **se** frôler (accord = P).

froncer [frɔ̃se] Particularité I /**avoir**/ Base : FRON[C]-. **10**
C. SIMPLE DIRECTE
V. + complément : *froncer un ourlet.*
Emploi pronominal : **se** froncer (accord = P).

fronder [frɔ̃de] Régul. I /**avoir**/ Base : FROND-. **3**
C. ABSOLUE : *systématiquement, il essaie de fronder.*
C. SIMPLE DIRECTE
V. + complément : *fronder les autorités.*

frotter [frɔte] Régul. I /**avoir**/ Base : FROTT-. 3

C. ABSOLUE : *pour nettoyer des mains pareilles, il devra frotter.*

C. SIMPLE DIRECTE

V. + complément : *frotter les cuivres.*
Emploi pronominal : **se** frotter (accord = P).

CONSTRUCTION MULTIPLE

V. + compl. — lieu : *frotter une allumette* **par** *terre.*
Emploi pronominal : **se** frotter + lieu : ***se*** *frotter* **contre** *le mur* (accord = P).

V. + compl. — **à** + compl. : *frotter son esprit* **à** *celui des autres.*
Emploi pronominal : **se** frotter + complément : ***se*** *frotter le bras* (accord = OE);
se frotter **à** + complément : ***se*** *frotter* **à** *une difficulté* (accord = P).

V. + compl. — **de** + compl. : *frotter un croûton* **d'***ail.*
Emploi pronominal : **se** frotter **de** + complément : ***se*** *frotter* **de** *grec et* **de** *latin* (accord = P).

fructifier [fryktifje] Régul. I /**avoir**/ Base : FRUCTIFI-. 3

C. ABSOLUE : *son capital fructifie.*

frustrer [frystre] Régul. I /**avoir**/ Base : FRUSTR-. 3

C. SIMPLE DIRECTE

V. + complément : *frustrer un orphelin.*
Emploi pronominal : **se** frustrer (accord = P).

CONSTRUCTION MULTIPLE

V. + compl. — **de** + compl. : *frustrer un héritier* **de** *sa part.*
Emploi pronominal : **se** frustrer **de** + complément : ***se*** *frustrer* **d'***un héritage* (accord = P).

fuir [fɥir] Particularité III /**avoir**/ Base : FU[I]-. 37

C. ABSOLUE : *il a fui.*

C. SIMPLE DIRECTE

V. + complément : *fuir ses créanciers.*
Emploi pronominal : **se** fuir (accord = P).

fulminer [fylmine] Régul. I /**avoir**/ Base : FULMIN-. 3

C. ABSOLUE : *il s'est mis à fulminer.*

C. SIMPLE DIRECTE

V. + complément : *fulminer l'excommunication.*

C. SIMPLE INDIRECTE

V. + **contre** + complément : *fulminer* **contre** *les imbéciles.*

CONSTRUCTION MULTIPLE

V. + compl. — **contre** + compl. : *fulminer des imprécations* **contre** *un inconscient.*

fumer [fyme] Régul. I /**avoir**/ Base : FUM-. 3

C. ABSOLUE : *défense de fumer.*

C. SIMPLE DIRECTE

V. + complément : *ne fumer que le cigare.*
Emploi pronominal : **se** fumer (accord = P).

Modèle

fuser [fyze] Régul. I /**avoir**/ Base : FUS-. **3**

C. ABSOLUE : *cinglant, le trait fusa.*

fusiller [fyzije] Régul. I /**avoir**/ Base : FUSILL-. **3**

C. ABSOLUE : *partout, les soldats fusillent.*

C. SIMPLE DIRECTE

V. + complément : *fusiller un traître.*
Emploi pronominal : se fusiller (accord = P).

CONSTRUCTION MULTIPLE

V. + compl. — **de** + compl. : *fusiller quelqu'un* **du** *regard.*
Emploi pronominal : se fusiller **de** + complément : ***se*** *fusiller* ***du*** *regard* (accord = P).

fusionner [fyzjɔne] Régul. I /**avoir**/ Base : FUSIONN-. **3**

C. ABSOLUE : *deux sociétés ont encore fusionné.*

C. SIMPLE DIRECTE

V. + complément : *fusionner deux entreprises.*

g

Modèle

gâcher [gɑʃe] Régul. I /**avoir**/ Base : GÂCH-. **3**

C. SIMPLE DIRECTE

V. + complément : *gâcher la joie de quelqu'un.*

gager [gaʒe] Particularité I /**avoir**/ Base : GA[G]-. **12**

C. SIMPLE DIRECTE

V. + complément : *gager sa voiture.*

V. + **que** + indic. : *gager **qu'**on aura fini pour mars.*

gagner [gaɲe] Régul. I /**avoir**/ Base : GAGN-. **3**

C. ABSOLUE : *j'ai gagné.*

C. SIMPLE DIRECTE

V. + complément : *gagner une médaille d'or.*

Emploi pronominal : se gagner (accord = P) ;
se gagner + complément : ***se** gagner des relations* (accord = OE).

C. SIMPLE INDIRECTE

V. + **à** + complément : *gagner **à** la roulette.*

V. + **à** + infin. : *gagner **à** être connu.*

V. + **à ce que** + subj. : *gagner **à ce que** tout soit préparé.*

V. + **en** + complément : *gagner **en** précision.*

V. + **sur** + complément : *gagner **sur** tous les plans.*

CONSTRUCTION MULTIPLE

V. + compl. — **à** + infin. : *gagner une fortune **à** éditer des disques.*

V. + compl. — **à ce que** + subj. : *gagner un temps précieux **à ce que** le travail soit préparé.*

Y gagner — **de** + infin. : ***y** gagner **de** travailler seul.*

galoper [galɔpe] Régul. I /**avoir**/ Base : GALOP-. **3**

C. ABSOLUE : *le cheval galope.*

C. SIMPLE DIRECTE

V. + complément : *galoper quelqu'un.*

C. SIMPLE INDIRECTE

V. + **après** + complément : *galoper **après** un fugitif.*

galvaniser [galvanize] Régul. I /**avoir**/ Base : GALVANIS-. **3**

C. SIMPLE DIRECTE

V. + complément : *galvaniser l'énergie.*

Modèle

galvauder [galvode] Régul. I /**avoir**/ Base : GALVAUD-. **3**

C. ABSOLUE : *il passe ses jours à galvauder.*

C. SIMPLE DIRECTE

V. + complément : *galvauder un air de musique.*

gangrener [gɑ̃grəne] Particularité I /**avoir**/ Base : GANGR[E]N-. **15**

C. SIMPLE DIRECTE

V. + complément : *gangrener le pied.*

Emploi pronominal : **se** gangrener (accord = P).

garantir [garɑ̃tir] Régul. II /**avoir**/ Base : GARANT-. **26**

C. SIMPLE DIRECTE

V. + complément : *garantir une montre.*

Emploi pronominal : **se** garantir (accord = P).

CONSTRUCTION MULTIPLE

V. + compl. — **à** + compl. : *garantir le succès* ***à*** *un auteur dramatique.*

Emploi pronominal : **se** garantir + complément : ***se*** *garantir les mains* (accord = OE).

V. + compl. — **contre** + compl. : *garantir ses oreilles* ***contre*** *le froid.*

Emploi pronominal : **se** garantir **contre** + complément : ***se*** *garantir* ***contre*** *la médisance* (accord = P).

V. + compl. — **de** + compl. : *garantir les dunes* ***de*** *l'avancée de la mer.*

Emploi pronominal : **se** garantir **de** + complément : ***se*** *garantir* ***du*** *vent* (accord = P).

V. + **à** + compl. — **que** + indic. : *garantir* ***à*** *un ami* ***qu'****il n'en a pas fini.*

V. + **à** + compl. — compl. — attribut du compl. : *garantir* ***à*** *un acquéreur cette voiture rapide et nerveuse.*

garder [garde] Régul. I /**avoir**/ Base : GARD-. **3**

C. SIMPLE DIRECTE

V. + complément : *garder son sang-froid.*

Emploi pronominal : **se** garder (accord = P).

V. + **de** + infin. : *garder* ***de*** *sombrer.*

V. + **que** + subj. : *garder* ***que*** *l'on soit trompé.*

CONSTRUCTION MULTIPLE

V. + compl. — **à** + compl. : *garder de la rancune* ***à*** *un être malveillant.*

Emploi pronominal : **se** garder + complément : ***se*** *garder une marge confortable* (accord = OE).

V. + compl. — **à** + infin. : *garder des haricots verts* ***à*** *éplucher le lendemain.*

V. + compl. — **contre** + compl. : *garder un livre* ***contre*** *la volonté du prêteur.*

V. + compl. — **de** + compl. : *garder un enfant* ***de*** *toute contagion.*

Emploi pronominal : **se** garder **de** + complément : ***se*** *garder* ***de*** *l'envie* (accord = P).

V. + compl. — **de** + infin. : *garder son associé* ***de*** *commettre une erreur grave.*

Emploi pronominal : **se** garder **de** + infin. : ***se*** *garder* ***d'****avouer ses faiblesses* (accord = P).
V. + compl. — **pour** + compl. : *garder de l'argent* **pour** *les années difficiles.*

garer [gare] Régul. I /**avoir**/ Base : GAR-. **3**
C. ABSOLUE : *gare !*
C. SIMPLE DIRECTE
V. + complément : *garer sa voiture.*
Emploi pronominal : **se** garer (accord = P).
CONSTRUCTION MULTIPLE
V. + complément — lieu : *garer sa voiture* **devant** *la gare.*
Emploi pronominal : **se** garer **de** + complément : ***se*** *garer* ***d'****un danger* (accord = P).

gargariser [gargarize] Régul. I /**avoir**/ Base : GARGARIS-. **3**
C. SIMPLE DIRECTE
V. + complément : *gargariser la gorge de son chat.*
Emploi pronominal : **se** gargariser (accord = P).
CONSTRUCTION MULTIPLE
V. + compl. — **de** + compl. : *gargariser un vaniteux* **de** *flatteries.*
Emploi pronominal : **se** gargariser **de** + complément : ***se*** *gargariser* **de** *ses mérites* (accord = P).

garnir [garnir] Régul. II /**avoir**/ Base : GARN-. **26**
C. SIMPLE DIRECTE
V. + complément : *garnir un coffret à cigarettes.*
Emploi pronominal : **se** garnir (accord = P).
CONSTRUCTION MULTIPLE
V. + compl. — **de** + compl. : *garnir une bonbonnière* **de** *pâtes de fruit.*
Emploi pronominal : **se** garnir + complément : ***se*** *garnir l'estomac* (accord = OE).

gaspiller [gaspije] Régul. I /**avoir**/ Base : GASPILL-. **3**
C. SIMPLE DIRECTE
V. + complément : *gaspiller ses forces.*
Emploi pronominal : **se** gaspiller (accord = P).
CONSTRUCTION MULTIPLE
V. + compl. — **en** + compl. : *gaspiller son argent* **en** *achats inutiles.*
Emploi pronominal : **se** gaspiller **en** + complément : ***se*** *gaspiller* ***en*** *fumée* (accord = P).

gâter [gɑte] Régul. I /**avoir**/ Base : GÂT-. **3**
C. SIMPLE DIRECTE
V. + complément : *gâter sa femme.*
Emploi pronominal : **se** gâter (accord = P).
CONSTRUCTION MULTIPLE
V. + compl. — **à** + compl. : *gâter son plaisir* ***à*** *un spectateur.*
Emploi pronominal : **se** gâter + complément : ***se*** *gâter le goût* (accord = OE).

gauchir [goʃir] Régul. II /**avoir**/ Base : GAUCH-. **26**

C. ABSOLUE : *cette planche gauchit.*

C. SIMPLE DIRECTE

V. + complément : *gauchir une pièce.*
Emploi pronominal : **se** gauchir (accord = P).

gaufrer [gofre] Régul. I /**avoir**/ Base : GAUFR-. **3**

C. SIMPLE DIRECTE

V. + complément : *gaufrer un bonnet.*
Emploi pronominal : **se** gaufrer (accord = P).

gaver [gave] Régul. I /**avoir**/ Base : GAV-. **3**

C. SIMPLE DIRECTE

V. + complément : *gaver les canards.*
Emploi pronominal : **se** gaver (accord = P).

CONSTRUCTION MULTIPLE

V. + compl. — **de** + compl. : *gaver un bambin* **de** *chocolats.*
Emploi pronominal : **se** gaver **de** + complément : ***se*** *gaver* ***de*** *petits fours* (accord = P).

geindre [ʒɛ̃dr] III /**avoir**/ Base : GEI-. **71**

C. ABSOLUE : *il ne cessera donc jamais de geindre!*

geler [ʒ(ə)le] Particularité I /**avoir**/ Base : G[E]L-. **17**

1. Emploi personnel.

C. ABSOLUE : *l'eau gèle.*

C. SIMPLE DIRECTE

V. + complément : *geler le mimosa.*
Emploi pronominal : **se** geler (accord = P);
se geler + complément : ***se*** *geler les pieds* (accord = OE).

2. Emploi unipersonnel.

C. ABSOLUE : *il gèle.*

gémir [ʒemir] Régul. II /**avoir**/ Base : GÉM-. **26**

C. ABSOLUE : *le malade gémit.*

C. SIMPLE DIRECTE

V. + complément : *gémir une plainte.*

gendarmer (se) [s(ə)ʒɑ̃darme] Régul. I /**être**/ Base : GENDARM- (SE). **5**

C. ABSOLUE : **se** gendarmer (accord = P).

C. SIMPLE INDIRECTE

Se gendarmer **contre** + complément : ***se*** *gendarmer* ***contre*** *les mauvaises habitudes.*

gêner [ʒene] Régul. I /**avoir**/ Base : GÊN-. **3**

C. ABSOLUE : *il gêne.*

C. SIMPLE DIRECTE

V. + complément : *gêner ses voisins.*
Emploi pronominal : **se** gêner (accord = P).

Modèle

généraliser [ʒeneralize] Régul. I /**avoir**/ Base : GÉNÉRALIS-. **3**
C. ABSOLUE : *il aime généraliser.*
C. SIMPLE DIRECTE
V. + complément : *généraliser une théorie.*
Emploi pronominal : se généraliser (accord = P).

gercer [ʒɛrse] Particularité I /**avoir**/ Base : GER[C]-. **10**
C. ABSOLUE : *le froid gerce.*
C. SIMPLE DIRECTE
V. + complément : *gercer les lèvres.*
Emploi pronominal : se gercer (accord = P);
se gercer + complément : *se gercer les lèvres* (accord = OE).

gérer [ʒere] Particularité I /**avoir**/ Base : G[É]R-. **14**
C. SIMPLE DIRECTE
V. + complément : *gérer une entreprise.*
Emploi pronominal : se gérer (accord = P);
se gérer + attribut : *se gérer créancier* (accord = P).

germer [ʒɛrme] Régul. I /**avoir**/ Base : GERM-. **3**
C. ABSOLUE : *le blé germe.*

gesticuler [ʒɛstikyle] Régul. I /**avoir**/ Base : GESTICUL-. **3**
C. ABSOLUE : *le camelot gesticule.*

gicler [ʒikle] Régul. I /**avoir**/ Base : GICL-. **3**
C. ABSOLUE : *le pétrole gicle.*

gifler [ʒifle] Régul. I /**avoir**/ Base : GIFL-. **3**
C. SIMPLE DIRECTE
V. + complément : *gifler son offenseur.*
Emploi pronominal : se gifler (accord = P).

givrer [ʒivre] Régul. I /**avoir**/ Base : GIVR-. **3**
C. SIMPLE DIRECTE
V. + complément : *givrer des oranges.*
Emploi pronominal : se givrer (accord = P).

glacer [glase] Particularité I /**avoir**/ Base : GLA[C]-. **10**
C. ABSOLUE : *ce vent glace.*
C. SIMPLE DIRECTE
V. + complément : *glacer un gâteau.*
Emploi pronominal : se glacer (accord = P).

glaner [glane] Régul. I /**avoir**/ Base : GLAN-. **3**
C. ABSOLUE : *elles vont glaner.*
C. SIMPLE DIRECTE
V. + complément : *glaner des épis.*

glapir [glapir] Régul. II /**avoir**/ Base : GLAP-. **26**
C. ABSOLUE : *le renard glapit.*
C. SIMPLE DIRECTE
V. + complément : *glapir une chanson.*

glisser [glise] Régul. I /**avoir**/ Base : GLISS-. **3**

1° **Emploi personnel.**

C. ABSOLUE : *la luge glisse.*

C. SIMPLE INDIRECTE

V. + lieu : *glisser* ***sur*** *un étang glacé.*

CONSTRUCTION MULTIPLE

V. + compl. — **à** + compl. : *glisser une enveloppe* ***à*** *un livreur.*
V. + compl. — lieu : *glisser une lettre* ***sous*** *la porte.*
V. + **de** + compl. — **à** + compl. : *glisser* ***de*** *la littérature* ***à*** *la stylistique.*
Emploi pronominal : **se** glisser (accord = P).

2° **Emploi unipersonnel pronominal.**

Il **se** glisse + sujet réel nominal : *il* ***s'****est glissé une erreur* (accord = I).

glorifier [glɔrifje] Régul. I /**avoir**/ Base : GLORIFI-. **3**

C. SIMPLE DIRECTE

V. + complément : *glorifier la patience d'un savant.*
Emploi pronominal : **se** glorifier (accord = P);
se glorifier **de** + complément : ***se*** *glorifier* ***de*** *son succès* (accord = P).

gober [gɔbe] Régul. I /**avoir**/ Base : GOB-. **3**

C. ABSOLUE : *il gobe.*

C. SIMPLE DIRECTE

V. + complément : *gober une mouche.*
Emploi pronominal : **se** gober (accord = P).

CONSTRUCTION MULTIPLE (fam.)

V. + compl. — **à** + compl. : *gober ses œufs* ***à*** *un fermier médusé.*

gommer [gɔme] Régul. I /**avoir**/ Base : GOMM-. **3**

C. ABSOLUE : *il passe son temps à gommer.*

C. SIMPLE DIRECTE

V. + complément : *gommer un dessin.*

gondoler [gɔ̃dɔle] Régul. I /**avoir**/ Base : GONDOL-. **3**

C. ABSOLUE : *le papier gondole.*

Emploi pronominal : **se** gondoler (accord = P).

gonfler [gɔ̃fle] Régul. I /**avoir**/ Base : GONFL-. **3**

C. ABSOLUE : *le soufflé gonfle.*

C. SIMPLE DIRECTE

V. + complément : *gonfler un pneu.*
Emploi pronominal : **se** gonfler (accord = P);
se gonfler **de** + complément : ***se*** *gonfler* ***d'****importance* (accord = P).

gorger [gɔrʒe] Particularité I /**avoir**/ Base : GOR[G]-. **12**

C. ABSOLUE : *il gorge.*

C. SIMPLE DIRECTE

V. + complément : *gorger son chat.*

CONSTRUCTION MULTIPLE

V. + compl. — **de** + compl. : *gorger son chien* **de** *viande.*
Emploi pronominal : **se** gorger **de** + complément : **se** *gorger* **de** *crème* (accord = P).

goudronner [gudrɔne] Régul. I /**avoir**/ Base : GOUDRONN-. **3**

C. SIMPLE DIRECTE

V. + complément : *goudronner les routes.*
Emploi pronominal : **se** goudronner (accord = P).

goûter [gute] Régul. I /**avoir**/ Base : GOÛT-. **3**

C. ABSOLUE : *les enfants goûtent.*

C. SIMPLE DIRECTE

V. + complément : *goûter la sauce.*
Emploi pronominal : **se** goûter (accord = P).

C. SIMPLE INDIRECTE

V. + **à** + complément : *goûter* ***aux*** *délices du repos.*
V. + **de** + complément : *goûter* ***des*** *étrivières.*

goutter [gute] Régul. I /**avoir**/ Base : GOUTT-. **3**

C. ABSOLUE : *le robinet goutte.*

gouverner [guvɛrne] Régul. I /**avoir**/ Base : GOUVERN-. **3**

C. ABSOLUE : *le président de la République gouverne.*

C. SIMPLE DIRECTE

V. + complément : *gouverner le peuple.*
Emploi pronominal : **se** gouverner (accord = P).

C. SIMPLE INDIRECTE

V. + **en** + attribut : *gouverner* ***en*** *maître.*

gracier [grasje] Régul. I /**avoir**/ Base : GRACI-. **3**

C. SIMPLE DIRECTE

V. + complément : *gracier un prisonnier.*

graduer [gradɥe] Régul. I /**avoir**/ Base : GRADU-. **3**

C. SIMPLE DIRECTE

V. + complément : *graduer un thermomètre.*

graisser [grese] Régul. I /**avoir**/ Base : GRAISS-. **3**

C. ABSOLUE : *l'huile graisse.*

C. SIMPLE DIRECTE

V. + complément : *graisser la poêle.*
Emploi pronominal : **se** graisser (accord = P).

CONSTRUCTION MULTIPLE

V. + compl. — **à** + compl. (fam.) : *graisser la patte* ***à*** *l'huissier.*
Emploi pronominal : **se** graisser + complément : **se** *graisser les mains* (accord = OE).

grandir [grɑ̃dir] Régul. II /**avoir** et **être**/ Base : GRAND-. **26**

C. ABSOLUE : *il a encore grandi.*

C. SIMPLE DIRECTE

V. + complément : *grandir sa taille.*

Modèle

gratifier [gratifje] Régul. I /**avoir**/ Base : GRATIFI-. **3**

C. SIMPLE DIRECTE

V. + complément : *gratifier un fidèle serviteur.*
Emploi pronominal : **se** gratifier (accord = P).

CONSTRUCTION MULTIPLE

V. + compl. — **de** + compl. : *gratifier quelqu'un* ***d'****une contravention.*
Emploi pronominal : **se** gratifier **de** + complément : ***se*** *gratifier* ***de*** *gifles mutuelles* (accord = P).

gratter [grate] Régul. I /**avoir**/ Base : GRATT-. **3**

C. ABSOLUE : *ce tissu rêche gratte.*

C. SIMPLE DIRECTE

V. + complément : *gratter la peau.*
Emploi pronominal : **se** gratter (accord = P);
se gratter + complément : ***se*** *gratter l'oreille* (accord = OE).

C. SIMPLE INDIRECTE

V. + **de** + complément : *gratter* ***de*** *la mandoline.*

graver [grave] Régul. I /**avoir**/ Base : GRAV-. **3**

C. ABSOLUE : *le burin sert à graver.*

C. SIMPLE DIRECTE

V. + complément : *graver son nom.*
Emploi pronominal : **se** graver (accord = P).

gravir [gravir] Régul. II /**avoir**/ Base : GRAV-. **26**

C. ABSOLUE : *gravir péniblement.*

C. SIMPLE DIRECTE

V. + complément : *gravir un coteau.*
Emploi pronominal : **se** gravir (accord = P).

C. SIMPLE INDIRECTE

V. + lieu : *gravir* ***jusqu'à*** *mi-pente.*

graviter [gravite] Régul. I /**avoir**/ Base : GRAVIT-. **3**

C. SIMPLE INDIRECTE

V. + lieu : *graviter* ***autour de*** *la Terre.*

greffer [grefe] Régul. I /**avoir**/ Base : GREFF-. **3**

C. ABSOLUE : *on ne greffe pas n'importe quand.*

C. SIMPLE DIRECTE

V. + complément : *greffer un sauvageon.*
Emploi pronominal : **se** greffer (accord = P).

CONSTRUCTION MULTIPLE

V. + compl. — **sur** + compl. : *greffer un abricotier* ***sur*** *un pêcher.*
Emploi pronominal : **se** greffer **sur** + complément : ***se*** *greffer* ***sur*** *un oranger* (accord = P).

grêler [grele] Régul. I /**avoir**/ Base : GRÊL-. **3**

1° Emploi unipersonnel.

C. ABSOLUE : *il grêle.*

2° Emploi personnel.
C. ABSOLUE : *les obus grêlent.*
C. SIMPLE DIRECTE
V. + complément : *grêler le visage.*

grelotter [grəlɔte] Régul. I /**avoir**/ Base : GRELOTT-. **3**
C. ABSOLUE : *quand il fait froid, on grelotte.*

grésiller [grezije] Régul. I /**avoir**/ Base : GRÉSILL-. **3**
C. ABSOLUE : *l'huile grésille.*

grever [grəve] Particularité I /**avoir**/ Base : GR[E]V-. **15**
C. SIMPLE DIRECTE
V. + complément : *grever son budget.*
CONSTRUCTION MULTIPLE
V. + compl. — **de** + compl. : *grever son traitement* **de** *traites importantes.*

gribouiller [gribuje] Régul. I /**avoir**/ Base : GRIBOUILL-. **3**
C. ABSOLUE : *il ne dessine pas, il gribouille.*
C. SIMPLE DIRECTE
V. + complément : *gribouiller des bonshommes schématiques.*

griffer [grife] Régul. I /**avoir**/ Base : GRIFF-. **3**
C. ABSOLUE : *le chat griffe.*
C. SIMPLE DIRECTE
V. + complément : *griffer un fauteuil de cuir.*
Emploi pronominal : **se** griffer (accord = P).
CONSTRUCTION MULTIPLE
V. + compl. — **à** + compl. : *griffer la main* **à** *quelqu'un.*
Emploi pronominal : **se** griffer + complément : ***se*** *griffer la jambe* (accord = OE).

griffonner [grifɔne] Régul. I /**avoir**/ Base : GRIFFONN-. **3**
C. ABSOLUE : *les jeunes enfants aiment griffonner.*
C. SIMPLE DIRECTE
V. + complément : *griffonner des ronds.*

grignoter [griɲɔte] Régul. I /**avoir**/ Base : GRIGNOT-. **3**
C. ABSOLUE : *les vieillards grignotent souvent.*
C. SIMPLE DIRECTE
V. + complément : *grignoter des noisettes.*
Emploi pronominal : **se** grignoter (accord = P).

griller [grije] Régul. I /**avoir**/ Base : GRILL-. **3**
C. ABSOLUE : *le pain grille.*
C. SIMPLE DIRECTE
V. + complément : *griller des côtelettes.*
Emploi pronominal : **se** griller (accord = P);
se griller + complément (fam.) : ***se*** *griller le dos* (accord = OE).
C. SIMPLE INDIRECTE
V. + **de** + complément : *griller* **de** *curiosité.*
V. + **de** + infin. : *griller* **de** *savoir qui a gagné.*

grimacer [grimase] Particularité I /**avoir**/ Base : GRIMA[C]-. **10**
C. ABSOLUE : *le soleil fait grimacer.*
C. SIMPLE DIRECTE
V. + complément : *grimacer un pauvre sourire.*

grimer [grime] Régul. I /**avoir**/ Base : GRIM-. **3**
C. SIMPLE DIRECTE
V. + complément : *grimer un acteur.*
Emploi pronominal : **se** grimer (accord = P);
se grimer + complément : ***se*** *grimer les yeux* (accord = OE).

grimper [grɛ̃pe] Régul. I /**avoir**/ Base : GRIMP-. **3**
C. ABSOLUE : *on aime grimper.*
C. SIMPLE DIRECTE
V. + complément : *grimper un colis.*
C. SIMPLE INDIRECTE
V. + lieu : *grimper* ***au*** *sixième étage.*
CONSTRUCTION MULTIPLE
V. + compl. — lieu : *grimper des livres* ***au*** *grenier.*

grincer [grɛ̃se] Particularité I /**avoir**/ Base : GRIN[C]-. **10**
C. ABSOLUE : *la porte grince.*

griser [grize] Régul. I /**avoir**/ Base : GRIS-. **3**
C. ABSOLUE : *le vin grise.*
C. SIMPLE DIRECTE
V. + complément : *griser une surface.*
Emploi pronominal : **se** griser (accord = P).
CONSTRUCTION MULTIPLE
V. + compl. — **de** + compl. : *griser quelqu'un* ***de*** *compliments.*
Emploi pronominal : **se** griser **de** + complément : ***se*** *griser* ***de*** *mots* (accord = P).

grogner [grɔɲe] Régul. I /**avoir**/ Base : GROGN-. **3**
C. ABSOLUE : *le porc grogne.*
C. SIMPLE DIRECTE
V. + complément : *grogner une méchanceté.*
C. SIMPLE INDIRECTE
V. + **après** + complément : *grogner* ***après*** *la pluie.*
V. + **contre** + complément : *grogner* ***contre*** *un visiteur.*

grommeler [grɔm(ə)le] Particularité I /**avoir**/ Base : GROMME[L]-. **16**
C. ABSOLUE : *pourquoi grommelle-t-il?*
C. SIMPLE DIRECTE
V. + complément : *grommeler des imprécations.*

gronder [grɔ̃de] Régul. I /**avoir**/ Base : GROND-. **3**
C. ABSOLUE : *le chien gronde.*
C. SIMPLE DIRECTE
V. + complément : *gronder un enfant.*
Emploi pronominal : **se** gronder (accord = P).

grossir [grosir] Régul. II /**avoir**/ Base : GROSS-. **26**

C. ABSOLUE : *la tumeur grossit.*

C. SIMPLE DIRECTE

V. + complément : *grossir un incident.*
Emploi pronominal : se grossir + complément : ***se** grossir les difficultés* (accord = OE) ;
se grossir **de** + complément : ***se** grossir **de** volontaires* (accord = P).

grouper [grupe] Régul. I /**avoir**/ Base : GROUP-. **3**

C. SIMPLE DIRECTE

V. + complément : *grouper des Etats.*
Emploi pronominal : se grouper (accord = P).

CONSTRUCTION MULTIPLE

V. + compl. — **autour de** + compl. : *grouper des soldats **autour de** leur chef.*
Emploi pronominal : se grouper **autour de** + complément : ***se** grouper **autour du** drapeau* (accord = P).
V. + compl. — **en** + compl. : *grouper des employés **en** un syndicat.*
Emploi pronominal : se grouper **en** + complément : ***se** grouper **en** association* (accord = P).

guérir [gerir] Régul. II /**avoir**/ Base : GUÉR-. **26**

C. ABSOLUE : *le mal commence à guérir.*

C. SIMPLE DIRECTE

V. + complément : *guérir une lépreuse.*
Emploi pronominal : se guérir (accord = P).

C. SIMPLE INDIRECTE

V. + **de** + complément : *guérir **de** la coqueluche.*

CONSTRUCTION MULTIPLE

V. + compl. — **de** + compl. : *guérir un enfant **de** la diphtérie.*
Emploi pronominal : se guérir **de** + complément : ***se** guérir **de** la typhoïde* (accord = P).
V. + compl. — **de** + infin. : *guérir quelqu'un **de** mentir.*
Emploi pronominal : se guérir **de** + infin. : ***se** guérir **d'**être trop bon* (accord = P).

guetter [gete] Régul. I /**avoir**/ Base : GUETT-. **3**

C. ABSOLUE : *le chat guette.*

C. SIMPLE DIRECTE

V. + complément : *guetter une souris.*
Emploi pronominal : se guetter (accord = P).

guider [gide] Régul. I /**avoir**/ Base : GUID-. **3**

C. SIMPLE DIRECTE

V. + complément : *guider une caravane.*
Emploi pronominal : se guider (accord = P) ;
se guider **sur** + complément : ***se** guider **sur** les étoiles* (accord = P).

guillotiner [gijɔtine] Régul. I /**avoir**/ Base : GUILLOTIN-. **3**

C. SIMPLE DIRECTE

V. + complément : *guillotiner un condamné à mort.*

h

> *Un astérisque précède les mots commençant par un* h *aspiré.*

Modèle

habiliter [abilite] Régul. I /**avoir**/ Base : HABILIT-. **3**

C. SIMPLE DIRECTE

V. + complément : *habiliter un mandataire.*

CONSTRUCTION MULTIPLE

V. + compl. — **à** + compl. : *habiliter un mineur **à** un acte juridique.*

V. + compl. — **à** + infin. : *habiliter un mandataire **à** prendre toute décision utile.*

habiller [abije] Régul. I /**avoir**/ Base : HABILL-. **3**

C. ABSOLUE : *ce tailleur habille bien.*

C. SIMPLE DIRECTE

V. + complément : *habiller son fils.*

Emploi pronominal : s'habiller (accord = P).

CONSTRUCTION MULTIPLE

V. + compl. — **de** + compl. : *habiller une femme **d'**une robe de satin.*

V. + compl. — **en** + compl. : *habiller un enfant **en** mousquetaire.*

Emploi pronominal : s'habiller **en** + complément : ***s'habiller en*** *marquise* (accord = P).

habiter [abite] Régul. I /**avoir**/ Base : HABIT-. **3**

C. SIMPLE DIRECTE

V. + complément : *habiter une villa.*

C. SIMPLE INDIRECTE

V. + lieu : *habiter **à** Paris.*

habituer [abitɥe] Régul. I /**avoir**/ Base : HABITU-. **3**

CONSTRUCTION MULTIPLE

V. + compl. — **à** + compl. : *habituer son chien **à** un hôte.*

Emploi pronominal : s'habituer (accord = P);
s'habituer **à** + compl. : ***s'****habituer* ***à*** *l'adversité* (accord = P).

V. + compl. — **à** + infin. : *habituer un enfant **à** travailler vite.*

Emploi pronominal : s'habituer **à** + infin. : ***s'****habituer* ***à*** *vivre seul* (accord = P).

* **hacher** [aʃe] Régul. I /**avoir**/ Base : HACH-. **3**

C. ABSOLUE : *ce couteau hache au lieu de couper.*

C. SIMPLE DIRECTE
V. + complément : *hacher des abats.*

* **haïr** [air] Particularité II /**avoir**/ Base : HA-. **28**

C. SIMPLE DIRECTE
V. + complément : *haïr les incapables.*
Emploi pronominal : **se** haïr (accord = P).
V. + **que** + subj. : *haïr* **que** *l'on soit tatillon.*

CONSTRUCTION MULTIPLE
V. + compl. — **de** + infin. : *haïr un maître* **d'***abuser de son autorité.*
Emploi pronominal : se haïr **de** + infinitif : ***se*** *haïr* **de** *ne pas y avoir pensé* (accord = P).
V. + compl. — **de ce que** + indic. : *haïr quelqu'un* **de ce qu'***il ne sait rien faire.*

* **haler** [ale] Régul. I /**avoir**/ Base : HAL-. **3**

C. ABSOLUE : *de nos jours, des tracteurs servent à haler.*

C. SIMPLE DIRECTE
V. + complément : *haler une péniche.*
Emploi pronominal : **se** haler (accord = P).

* **hâler** [ɑle] Régul. I /**avoir**/ Base : HÂL-. **3**

C. SIMPLE DIRECTE
V. + complément : *hâler le visage.*
Emploi pronominal : **se** hâler (accord = P);
se hâler + complément : ***se*** *hâler le teint* (accord = OE).

* **handicaper** [ɑ̃dikape] Régul. I /**avoir**/ Base : HANDICAP-. **3**

C. SIMPLE DIRECTE
V. + complément : *handicaper un cheval.*

* **happer** [ape] Régul. I /**avoir**/ Base : HAPP-. **3**

C. SIMPLE DIRECTE
V. + complément : *happer une mouche.*

C. SIMPLE INDIRECTE
V. + **à** + complément : *happer* ***aux*** *pieds.*

* **haranguer** [arɑ̃ge] Régul. I /**avoir**/ Base : HARANGU-. **11**

C. ABSOLUE : *il se plaît à haranguer.*

C. SIMPLE DIRECTE
V. + complément : *haranguer la foule.*

* **harceler** [arsəle] Particularité I /**avoir**/ Base : HARC[E]L-. **17**

C. SIMPLE DIRECTE
V. + complément : *harceler l'ennemi.*
Emploi pronominal : **se** harceler (accord = P).

harmoniser [armɔnize] Régul. I /**avoir**/ Base : HARMONIS-. **3**

C. ABSOLUE : *elle ne sait pas harmoniser.*

C. SIMPLE DIRECTE
V. + complément : *harmoniser deux activités.*
Emploi pronominal : s'harmoniser (accord = P).

CONSTRUCTION MULTIPLE

V. + compl. — **avec** + compl. : *harmoniser le travail* ***avec*** *le souci de se cultiver.*
Emploi pronominal : s'harmoniser **avec** + complément : ***s'harmoniser avec*** *une robe* (accord = P).

* **hasarder** [azarde] Régul. I /**avoir**/ Base : HASARD-. **3**

C. SIMPLE DIRECTE

V. + complément : *hasarder une forte somme.*
Emploi pronominal : **se** hasarder (accord = P).
V. + **de** + infin. : *hasarder* ***de*** *perdre.*
Emploi pronominal : **se** hasarder **à** + infin. : ***se*** *hasarder* ***à*** *demander une avance* (accord = P).

* **hâter** [ɑte] Régul. I /**avoir**/ Base : HÂT-. **3**

C. SIMPLE DIRECTE

V. + complément : *hâter un événement.*
Emploi pronominal : **se** hâter (accord = P).

CONSTRUCTION MULTIPLE

V. + compl. — **de** + infin. : *hâter un ami* ***de*** *faire une démarche.*
Emploi pronominal : **se** hâter **de** + infin. : ***se*** *hâter* ***d'****obéir* (accord = P).

héberger [ebɛrʒe] Particularité I /**avoir**/ Base : HÉBER[G]-. **12**

C. SIMPLE DIRECTE

V. + complément : *héberger un voyageur égaré.*

* **héler** [ele] Particularité I /**avoir**/ Base : H[É]L-. **14**

C. SIMPLE DIRECTE

V. + complément : *héler un camarade.*

* **hérisser** [erise] Régul. I /**avoir**/ Base : HÉRISS-. **3**

C. SIMPLE DIRECTE

V. + complément : *hérisser les poils.*
Emploi pronominal : **se** hérisser (accord = P).

CONSTRUCTION MULTIPLE

V. + compl. — **de** + compl. : *hérisser un terrain* ***de*** *taupinières.*
Emploi pronominal : **se** hérisser **de** + complément : ***se*** *hérisser* ***d'****effroi* (accord = P).

hériter [erite] Régul. I /**avoir**/ Base : HÉRIT-. **3**

C. ABSOLUE : *enfin, il hérite.*

C. SIMPLE DIRECTE

V. + complément : *hériter une grande fortune.*
Emploi pronominal : s'hériter (accord = P).

C. SIMPLE INDIRECTE

V. + **de** + complément : *hériter* ***d'****un nom prestigieux.*

CONSTRUCTION MULTIPLE

V. + compl. — **de** + compl. : *hériter un immeuble* ***d'****un oncle.*

hésiter [ezite] Régul. I /**avoir**/ Base : HÉSIT-. **3**

C. ABSOLUE : *j'hésite.*

C. SIMPLE INDIRECTE
V. + **à** + infin. : *hésiter* ***à*** *partir.*
V. + **entre** + complément : *hésiter* ***entre*** *deux solutions.*
V. + **sur** + complément : *hésiter* ***sur*** *un mot.*

* **heurter** [œrte] Régul. I /**avoir**/ Base : HEURT-. 3

C. SIMPLE DIRECTE
V. + complément : *heurter un poteau.*
Emploi pronominal : **se** heurter (accord = P).

C. SIMPLE INDIRECTE
V. + **à** + complément : *heurter* ***à*** *la porte.*
Emploi pronominal : **se** heurter **à** + complément : ***se*** *heurter* ***à*** *son chef de service* (accord = P).
V. + **contre** + complément : *heurter* ***contre*** *une butée.*
Emploi pronominal : **se** heurter **contre** + complément : ***se*** *heurter* ***contre*** *un bahut* (accord = P).

* **hiérarchiser** [jerarʃize] Régul. I /**avoir**/ Base : HIÉRARCHIS-. 3

C. SIMPLE DIRECTE
V. + complément : *hiérarchiser des valeurs.*
Emploi pronominal : **se** hiérarchiser (accord = P).

* **hisser** [ise] Régul. I /**avoir**/ Base : HISS-. 3

C. SIMPLE DIRECTE
V. + complément : *hisser les couleurs.*
Emploi pronominal : **se** hisser (accord = P).

CONSTRUCTION MULTIPLE
V. + compl. — lieu : *hisser une malle sur son épaule.*
Emploi pronominal : **se** hisser + lieu : ***se*** *hisser au sommet* (accord = P).

* **hocher** [ɔʃe] Régul. I /**avoir**/ Base : HOCH-. 3

C. SIMPLE DIRECTE
V. + complément : *hocher la tête.*

homologuer [ɔmɔlɔge] Régul. I /**avoir**/ Base : HOMOLOGU-. 11

C. SIMPLE DIRECTE
V. + complément : *homologuer un record.*

honorer [ɔnɔre] Régul. I /**avoir**/ Base : HONOR-. 3

C. SIMPLE DIRECTE
V. + complément : *honorer ses parents.*
Emploi pronominal : s'honorer (accord = P).

CONSTRUCTION MULTIPLE
V. + compl. — **de** + compl. : *honorer quelqu'un* ***d'****un regard.*
Emploi pronominal : s'honorer **de** + complément : ***s'****honorer* ***de*** *ses relations* (accord = P);
s'honorer **de** + infin. : ***s'****honorer* ***d'****être honnête* (accord = P).

horrifier [ɔrifje] Régul. I /**avoir**/ Base : HORRIFI-. 3

C. SIMPLE DIRECTE
V. + complément : *horrifier tout le monde.*

horripiler [ɔripile] Régul. I /**avoir**/ Base : HORRIPIL-. **3**
C. SIMPLE DIRECTE
V. + complément : *horripiler un homme patient.*

hospitaliser [ɔspitalize] Régul. I /**avoir**/ Base : HOSPITALIS-. **3**
C. SIMPLE DIRECTE
V. + complément : *hospitaliser un malade.*

* **huer** [ɥe] Régul. I /**avoir**/ Base : HU-. **3**
C. ABSOLUE : *ils se sont mis à huer.*
C. SIMPLE DIRECTE
V. + complément : *huer l'orateur.*

huiler [ɥile] Régul. I /**avoir**/ Base : HUIL-. **3**
C. SIMPLE DIRECTE
V. + complément : *huiler les gonds de la fenêtre.*
Emploi pronominal : s'huiler (accord = P).

humaniser [ymanize] Régul. I /**avoir**/ Base : HUMANIS-. **3**
C. SIMPLE DIRECTE
V. + complément : *humaniser les conditions de vie.*
Emploi pronominal : s'humaniser (accord = P).

humecter [ymɛkte] Régul. I /**avoir**/ Base : HUMECT-. **3**
C. SIMPLE DIRECTE
V. + complément : *humecter le linge.*
Emploi pronominal : s'humecter (accord = P);
s'humecter + complément : ***s'****humecter les lèvres* (accord = OE).

humidifier [ymidifje] Régul. I /**avoir**/ Base : HUMIDIFI-. **3**
C. SIMPLE DIRECTE
V. + complément : *humidifier l'atmosphère.*

humilier [ymilje] Régul. I /**avoir**/ Base : HUMILI-. **3**
C. SIMPLE DIRECTE
V. + complément : *humilier un collaborateur.*
Emploi pronominal : s'humilier (accord = P);
s'humilier **de** + infin. : ***s'****humilier* ***d'****être traité avec un mépris injustifié* (accord = P).

* **hurler** [yrle] Régul. I /**avoir**/ Base : HURL-. **3**
C. ABSOLUE : *il s'est mis à hurler.*
C. SIMPLE DIRECTE
V. + complément : *hurler un ordre.*
C. SIMPLE INDIRECTE
V. + **à** + complément : *hurler* ***à*** *la lune.*
CONSTRUCTION MULTIPLE
V. + compl. — **à** + compl. : *hurler des injures* ***à*** *un livreur.*
V. + **à** + compl. — **de** + infin. : *hurler* ***à*** *un couvreur* **de** *s'attacher.*
V. + **à** + compl. — **que** + indic. : *hurler* ***aux*** *mineurs* ***qu'****une charge va exploser.*

V. + **à** + compl. — **que** + subj. : *hurler **aux** spectateurs **qu'ils** veuillent bien se ranger.*

hypertrophier [ipɛrtrɔfje] Régul. I /**avoir**/ Base : HYPERTROPHI-. **3**

C. SIMPLE DIRECTE

V. + complément : *hypertrophier un muscle.*
Emploi pronominal : s'hypertrophier (accord = P).

hypnotiser [ipnɔtize] Régul. I /**avoir**/ Base : HYPNOTIS-. **3**

C. SIMPLE DIRECTE

V. + complément : *hypnotiser un volontaire.*
Emploi pronominal : s'hypnotiser (accord = P) ;
s'hypnotiser **sur** + complément : *s'hypnotiser **sur** des détails* (accord = P).

hypothéquer [ipɔteke] Particularité I /**avoir**/ Base : HYPOTH[É]QU-. **14**

C. ABSOLUE : *il devra hypothéquer.*

C. SIMPLE DIRECTE

V. + complément : *hypothéquer son appartement.*
Emploi pronominal : s'hypothéquer (accord = P).

i

Modèle

idéaliser [idealize] Régul. I /**avoir**/ Base : IDÉALIS-. **3**

C. SIMPLE DIRECTE

V. + complément : *idéaliser la personne aimée.*
Emploi pronominal : s'idéaliser (accord = P).

identifier [idɑ̃tifje] Régul. I /**avoir**/ Base : IDENTIFI-. **3**

C. SIMPLE DIRECTE

V. + complément : *identifier un suspect.*

CONSTRUCTION MULTIPLE

V. + compl. — **et** + compl. : *identifier une forme* **et** *un objet.*
V. + compl. — **à** + compl. : *identifier un concept* **à** *l'objet qu'il représente.*
Emploi pronominal : s'identifier **à** + complément : ***s'****identifier* ***à*** *un objet* (accord = P).
V. + compl. — **avec** + compl. : *identifier une personne* ***avec*** *l'auteur connu.*
Emploi pronominal : s'identifier **avec** + complément : ***s'****identifier* ***avec*** *un site repéré* (accord = P).

ignorer [iɲɔre] Régul. I /**avoir**/ Base : IGNOR-. **3**

C. ABSOLUE : *j'ignore.*

C. SIMPLE DIRECTE

V. + complément : *ignorer la présence de quelqu'un.*
Emploi pronominal : s'ignorer (accord = P).
V. + infin. : *ignorer avoir blessé son interlocuteur.*
V. + discours indirect : *ignorer* ***si*** *on a tort ou raison.*
V. + **que** + indic. : *ignorer* ***que*** *l'on s'est trompé.*
V. + **que** + subj. : *ignorer* ***que*** *l'on ait pu commettre telle erreur.*

illuminer [illymine] Régul. I /**avoir**/ Base : ILLUMIN-. **3**

C. ABSOLUE : *pour le 14-Juillet, on illumine.*

C. SIMPLE DIRECTE

V. + complément : *illuminer les monuments publics.*
Emploi pronominal : s'illuminer (accord = P).

CONSTRUCTION MULTIPLE

V. + compl. — **de** + compl. : *illuminer le visage de quelqu'un* ***d'****un sourire.*
Emploi pronominal : s'illuminer **de** + complément : ***s'****illuminer* ***d'****une inspiration* (accord = P).

illusionner [il(l)yzjɔne] Régul. I /**avoir**/ Base : ILLUSIONN-. 3

C. SIMPLE DIRECTE

V. + complément : *illusionner ses supérieurs.*
Emploi pronominal : s'illusionner (accord = P);
s'illusionner **sur** + complément : *s'illusionner **sur** quelqu'un* (accord = P).

illustrer [il(l)ystre] Régul. I /**avoir**/ Base : ILLUSTR-. 3

C. SIMPLE DIRECTE

V. + complément : *illustrer un conte de fées.*
Emploi pronominal : s'illustrer (accord = P).

imaginer [imaʒine] Régul. I /**avoir**/ Base : IMAGIN-. 3

C. ABSOLUE : *essayez d'imaginer.*

C. SIMPLE DIRECTE

V. + complément : *imaginer un paysage.*
Emploi pronominal : s'imaginer (accord = P).
V. + **de** + infin. : *imaginer **de** construire l'appareil nécessaire.*
Emploi pronominal : s'imaginer + infin. : *s'imaginer avoir compris* (accord = I).
V. + discours indirect : *imaginer **pourquoi** on a eu cette chance.*
Emploi pronominal : s'imaginer + discours indirect : *s'imaginer **comment** cela s'est passé* (accord = P).
V. + **que** + indic. : *imaginer **que** les choses sont simples.*
Emploi pronominal : s'imaginer **que** + indic. : *s'imaginer **qu'**on avait terminé* (accord = P).
V. + **que** + subj. : *imaginer **que** le problème soit résolu.*

CONSTRUCTION MULTIPLE

V. + compl. — attribut du compl. : *imaginer une grandeur incommensurable.*
Emploi pronominal : s'imaginer + complément : *s'imaginer la scène* (accord = OE);
s'imaginer + attribut : *s'imaginer homme de lettres* (accord = P);
s'imaginer + compl. — attribut du compl. : *s'imaginer ses enfants mariés* (accord = OE ou P).

imbiber [ɛ̃bibe] Régul. I /**avoir**/ Base : IMBIB-. 3

C. SIMPLE DIRECTE

V. + complément : *imbiber un tampon d'ouate.*
Emploi pronominal : s'imbiber (accord = P).

CONSTRUCTION MULTIPLE

V. + compl. — **de** + compl. : *imbiber un mouchoir **de** parfum.*
Emploi pronominal : s'imbiber **de** + complément : *s'imbiber **d'**alcool* (accord = P).

imiter [imite] Régul. I /**avoir**/ Base : IMIT-. 3

C. ABSOLUE : *il se contente d'imiter.*

C. SIMPLE DIRECTE

V. + complément : *imiter les cris d'animaux.*
Emploi pronominal : s'imiter (accord = P).

CONSTRUCTION MULTIPLE
V. + compl. — **de** + compl. : *imiter une comédie* ***de*** *l'espagnol.*

immatriculer [immatrikyle] Régul. I /**avoir**/ Base : IMMATRICUL-. **3**
C. SIMPLE DIRECTE
V. + complément : *immatriculer un brevet.*
Emploi pronominal : s'immatriculer (accord = P).
CONSTRUCTION MULTIPLE
V. + compl. — lieu : *immatriculer sa voiture* ***dans*** *la Marne.*

immerger [immɛrʒe] Particularité I /**avoir**/ Base : IMMER[G]-. **12**
C. SIMPLE DIRECTE
V. + complément : *immerger une sonde.*
Emploi pronominal : s'immerger (accord = P).
CONSTRUCTION MULTIPLE
V. + compl. — lieu : *immerger un solide* ***dans*** *de l'eau.*

immigrer [immigre] Régul. I /**avoir**/ Base : IMMIGR-. **3**
C. ABSOLUE : *il a immigré depuis peu.*
C. SIMPLE INDIRECTE
V. + lieu : *immigrer* ***en*** *France.*

immiscer [immise] Particularité I /**avoir**/ Base : IMMIS[C]-. **10**
CONSTRUCTION MULTIPLE
V. + compl. — **dans** + compl. : *immiscer un étranger* ***dans*** *une affaire de famille.*
Emploi pronominal : s'immiscer **dans** + complément : ***s'****immiscer* ***dans*** *une querelle* (accord = P).

immobiliser [immɔbilize] Régul. I /**avoir**/ Base : IMMOBILIS-. **3**
C. SIMPLE DIRECTE
V. + complément : *immobiliser un véhicule.*
Emploi pronominal : s'immobiliser (accord = P).

immoler [immɔle] Régul. I /**avoir**/ Base : IMMOL-. **3**
C. SIMPLE DIRECTE
V. + complément : *immoler sa colère.*
Emploi pronominal : s'immoler (accord = P).
CONSTRUCTION MULTIPLE
V. + compl. — **à** + compl. : *immoler un bœuf* ***à*** *Jupiter.*

immuniser [immynize] Régul. I /**avoir**/ Base : IMMUNIS-. **3**
C. SIMPLE DIRECTE
V. + complément : *immuniser le cheptel.*
CONSTRUCTION MULTIPLE
V. + compl. — **à** + compl. : *immuniser l'organisme* ***à*** *un microbe dangereux.*
V. + compl. — **contre** + compl. : *immuniser un enfant* ***contre*** *la coqueluche.*
Emploi pronominal : s'immuniser **contre** + compl. : ***s'****immuniser* ***contre*** *la fièvre jaune* (accord = P).

impatienter [ɛ̃pasjɑ̃te] Régul. I /**avoir**/ Base : IMPATIENT-. **3**

C. SIMPLE DIRECTE

V. + complément : *impatienter son auditoire.*
Emploi pronominal : s'impatienter (accord = P);
s'impatienter **de** + complément : ***s'impa-tienter* des** *lenteurs de l'Administration* (accord = P);
s'impatienter **de** + infin. : ***s'impatienter* de** *devoir attendre longtemps un autobus* (accord = P);
s'impatienter **contre** + complément : ***s'im-patienter* contre** *des encombrements quotidiens* (accord = P).

imperméabiliser [ɛ̃pɛrmeabilize] Régul. I /**avoir**/ Base : IMPERMÉABILIS-. **3**

C. SIMPLE DIRECTE

V. + complément : *imperméabiliser un chapeau.*
Emploi pronominal : s'imperméabiliser (accord = P).

implanter [ɛ̃plɑ̃te] Régul. I /**avoir**/ Base : IMPLANT-. **3**

C. SIMPLE DIRECTE

V. + complément : *implanter un usage.*
Emploi pronominal : s'implanter (accord = P).

CONSTRUCTION MULTIPLE

V. + complément — lieu : *implanter certaines coutumes* **dans** *un milieu.*
Emploi pronominal : s'implanter + lieu : *s'implanter* **dans** *un pays* (accord = P).

impliquer [ɛ̃plike] Régul. I /**avoir**/ Base : IMPLIQU-. **3**

C. SIMPLE DIRECTE

V. + complément : *impliquer la connaissance de deux langues étrangères.*
V. + **de** + infin. : *impliquer* **de** *faire table rase des idées reçues.*

CONSTRUCTION MULTIPLE

V. + complément — lieu : *impliquer un suspect* **dans** *une affaire criminelle.*

implorer [ɛ̃plɔre] Régul. I /**avoir**/ Base : IMPLOR-. **3**

C. SIMPLE DIRECTE

V. + complément : *implorer l'indulgence.*

CONSTRUCTION MULTIPLE

V. + compl. — **de** + compl. : *implorer la pitié* **de** *son adversaire.*

1. importer [ɛ̃pɔrte] Régul. I /**avoir**/ Base : IMPORT-. **3**

C. ABSOLUE : *nous importons, mais nous n'exportons pas assez.*

C. SIMPLE DIRECTE

V. + complément : *importer des matières premières.*
Emploi pronominal : s'importer (accord = P).

CONSTRUCTION MULTIPLE

V. + complément — lieu : *importer du vin* ***d'****Algérie.*

Emploi pronominal : s'importer + lieu : ***s'importer en*** *France* (accord = P).

2. importer [ɛ̃pɔrte] Régul. I /**avoir**/ Base : IMPORT-. **3**

1° Emploi personnel.

C. ABSOLUE : *cela importe.*

C. SIMPLE INDIRECTE

V. + **à** + complément : *importer* ***à*** *tous.*

2° Emploi unipersonnel.

C. SIMPLE DIRECTE

Il importe + sujet réel = **de** + infin. : *il importe* ***de*** *réfléchir avant de répondre.*

Il importe + sujet réel = discours indirect : *il importe* ***pourquoi*** *c'est arrivé.*

Il importe + sujet réel = **que** + subj. : *il importe* ***que*** *chacun prenne ses responsabilités.*

CONSTRUCTION MULTIPLE

Il importe **à** + compl. — sujet réel = **de** + infin. : *il importe* ***au*** *gouvernement* ***d'****avoir la faveur du public.*

Il importe **à** + compl. — sujet réel = discours indirect : *il importe* ***à*** *l'innocent pourquoi on l'incarcère de manière préventive.*

Il importe **à** + compl. — sujet réel = **que** + subj. : *il importe* ***à*** *tous* ***que*** *les affaires publiques soient bien gérées.*

importuner [ɛ̃pɔrtyne] Régul. I /**avoir**/ Base : IMPORTUN-. **3**

C. SIMPLE DIRECTE

V. + complément : *importuner ses voisines.*

CONSTRUCTION MULTIPLE

V. + compl. — **de** + compl. : *importuner un secrétaire d'Etat* ***de*** *ses demandes d'intervention.*

imposer [ɛ̃poze] Régul. I /**avoir**/ Base : IMPOS-. **3**

C. ABSOLUE : *cela impose.*

C. SIMPLE DIRECTE

V. + complément : *imposer ses vues.*

Emploi pronominal : s'imposer (accord = P).

C. SIMPLE INDIRECTE

V. + **à** + complément : *imposer* ***aux*** *gens influençables.*

En imposer : *voilà un monument qui* ***en*** *impose.*

CONSTRUCTION MULTIPLE

En imposer **à** + compl. : ***en*** *imposer* ***à*** *des gens qui ne sont pas d'ici.*

V. + compl. — **à** + compl. : *imposer des servitudes* ***à*** *quelqu'un.*

Emploi pronominal : s'imposer + complément : ***s'imposer*** *une contrainte* (accord = OE);
s'imposer **à** + complément : ***s'imposer à*** *moi* (accord = P).

V. + compl. — **comme** + attribut du compl. : *imposer une jeune personne* ***comme*** *chef de service.*

Emploi pronominal : s'imposer **comme** + attribut : ***s'imposer comme*** *négociateur* (accord = P).

V. + compl. — **pour** + attribut du compl. : *imposer des chiffres faussés* ***pour*** *base à des statistiques.*
Emploi pronominal : s'imposer **pour** + attribut : *s'imposer* ***pour*** *vrai* (accord = P).
V. + **à** + compl. — **de** + infin. : *imposer* ***à*** *un coureur* ***de*** *laisser gagner un coéquipier.*
V. + **à** + compl. — **que** + subj. : *imposer* ***aux*** *automobilistes* ***que*** *le stationnement soit payant.*

imprégner [ɛ̃preɲe] Particularité I /**avoir**/ Base : IMPR[É]GN-. **14**

C. SIMPLE DIRECTE
V. + complément : *imprégner un chiffon.*
Emploi pronominal : s'imprégner (accord = P).

CONSTRUCTION MULTIPLE
V. + compl. — **de** + compl. : *imprégner une éponge* ***d'****eau savonneuse.*
Emploi pronominal : s'imprégner **de** + complément : *s'imprégner* ***d'****une culture étrangère* (accord = P).

impressionner [ɛ̃presjɔne] Régul. I /**avoir**/ Base : IMPRESSIONN-. **3**

C. ABSOLUE : *ce spectacle impressionne.*

C. SIMPLE DIRECTE
V. + complément : *impressionner la pellicule.*
Emploi pronominal : s'impressionner (accord = P).

imprimer [ɛ̃prime] Régul. I /**avoir**/ Base : IMPRIM-. **3**

C. ABSOLUE : *là où l'on calligraphiait, on imprime maintenant.*

C. SIMPLE DIRECTE
V. + complément : *imprimer un mouvement.*
Emploi pronominal : s'imprimer (accord = P).

CONSTRUCTION MULTIPLE
V. + complément — lieu : *imprimer une marque* ***sur*** *un pneu.*
Emploi pronominal : s'imprimer **sur** + complément : *s'imprimer* ***sur*** *le bois* (accord = P).
V. + compl. — **à** + compl. : *imprimer un mouvement rotatif* ***à*** *un cylindre.*
Emploi pronominal : s'imprimer + complément : *s'imprimer une idée dans l'esprit* (accord = OE) ; s'imprimer **à** + complément : *s'imprimer* ***à*** *un corps en chute libre* (accord = P).

improviser [ɛ̃provize] Régul. I /**avoir**/ Base : IMPROVIS-. **3**

C. ABSOLUE : *le maître improvise.*

C. SIMPLE DIRECTE
V. + complément : *improviser sa conférence.*
Emploi pronominal : s'improviser (accord = P).

CONSTRUCTION MULTIPLE
V. + compl. — attribut du compl. : *improviser son fils maître de maison.*
Emploi pronominal : s'improviser + attribut : *s'improviser poète* (accord = P).

imputer [ɛ̃pyte] Régul. I /**avoir**/ Base : IMPUT-. **3**

CONSTRUCTION MULTIPLE

V. + compl. — **à** + compl. : *imputer quelque chose* ***à*** *quelqu'un.*
Emploi pronominal : ***s'****imputer un crime* (accord = OE).
V. + compl. — **sur** + compl. : *imputer l'achat d'une voiture* ***sur*** *les frais généraux.*

inaugurer [inogyre] Régul. I /**avoir**/ Base : INAUGUR-. **3**

C. SIMPLE DIRECTE

V. + complément : *inaugurer un monument.*

incarcérer [ɛ̃karsere] Particularité I /**avoir**/ Base : INCARC[É]R-. **14**

C. SIMPLE DIRECTE

V. + complément : *incarcérer un malfaiteur.*
Emploi pronominal : s'incarcérer (accord = P).

incarner [ɛ̃karne] Régul. I /**avoir**/ Base : INCARN-. **3**

C. SIMPLE DIRECTE

V. + complément : *incarner l'exactitude.*

CONSTRUCTION MULTIPLE

V. + compl. — **dans** + compl. : *incarner une idée* ***dans*** *un personnage.*
Emploi pronominal : s'incarner **dans** + compl. : ***s'****incarner* ***dans*** *une personne* (accord = P).

incendier [ɛ̃sɑ̃dje] Régul. I /**avoir**/ Base : INCENDI-. **3**

C. SIMPLE DIRECTE

V. + complément : *incendier une grange.*

inciter [ɛ̃site] Régul. I /**avoir**/ Base : INCIT-. **3**

C. SIMPLE DIRECTE

V. + complément : *inciter la passion.*

C. SIMPLE INDIRECTE

V. + **à** + complément : *inciter* ***à*** *la désobéissance.*
V. + **à** + infin. : *inciter* ***à*** *rester inactif.*

CONSTRUCTION MULTIPLE

V. + compl. — **à** + compl. : *inciter quelqu'un* ***au*** *crime.*
Emploi pronominal : s'inciter **à** + complément : ***s'****inciter* ***au*** *travail* (accord = P).
V. + compl. — **à** + infin. : *inciter un poète* ***à*** *entreprendre une épopée.*
Emploi pronominal : s'inciter **à** + infin. : ***s'****inciter* ***à*** *battre des records* (accord = P).

incliner [ɛ̃kline] Régul. I /**avoir**/ Base : INCLIN-. **3**

C. ABSOLUE : *de plus en plus, l'arbre incline.*

C. SIMPLE DIRECTE

V. + complément : *incliner le buste.*
Emploi pronominal : s'incliner (accord = P).

C. SIMPLE INDIRECTE

V. + **à** + complément : *incliner* ***à*** *la sévérité.*
V. + **à** + infin. : *incliner* ***à*** *croire quelque chose.*
V. + **vers** + complément : *incliner* ***vers*** *un compromis.*

CONSTRUCTION MULTIPLE

V. + compl. — **à** + compl. : *incliner un chef de service* ***à*** *plus de compréhension.*

V. + compl. — **à** + infin. : *incliner un père* ***à*** *se montrer plus compréhensif.*

Emploi pronominal : s'incliner **devant** + complément : ***s'****incliner* ***devant*** *son adversaire* (accord = P).

inclure [ɛ̃klyr] N. B. : Part. passé : *inclus(e)* III /**avoir**/ Base : INCLU-. **92**

C. SIMPLE DIRECTE

V. + complément : *inclure une autre condition.*

CONSTRUCTION MULTIPLE

V. + compl. — **dans** + compl. : *inclure une réserve* ***dans*** *un contrat.*

incomber [ɛ̃kɔ̃be] Régul. I /**avoir**/ Base : INCOMB-. **3**

1° Emploi personnel.

C. SIMPLE INDIRECTE

V. + **à** + complément : *incomber* ***au*** *chef de la publicité.*

2° Emploi unipersonnel.

CONSTRUCTION MULTIPLE

Il incombe **à** + compl. — sujet réel = **de** + infin. : *il incombe* ***au*** *demandeur* ***de*** *fournir les preuves.*

incommoder [ɛ̃kɔmɔde] Régul. I /**avoir**/ Base : INCOMMOD-. **3**

C. SIMPLE DIRECTE

V. + complément : *incommoder ses voisins.*

Emploi pronominal : s'incommoder (accord = P).

incorporer [ɛ̃kɔrpɔre] Régul. I /**avoir**/ Base : INCORPOR-. **3**

C. SIMPLE DIRECTE

V. + complément : *incorporer du lait.*

CONSTRUCTION MULTIPLE

V. + compl. — **à** + compl. : *incorporer de la margarine* ***à*** *une pâte.*

Emploi pronominal : s'incorporer **à** + complément : ***s'****incorporer* ***à*** *une préparation* (accord = P).

V. + compl. — **dans** + compl. : *incorporer quelqu'un* ***dans*** *un groupe.*

Emploi pronominal : s'incorporer **dans** + complément : ***s'****incorporer* ***dans*** *une unité* (accord = P).

incriminer [ɛ̃krimine] Régul. I /**avoir**/ Base : INCRIMIN-. **3**

C. SIMPLE DIRECTE

V. + complément : *incriminer le mauvais temps.*

incruster [ɛ̃kryste] Régul. I /**avoir**/ Base : INCRUST-. **3**

CONSTRUCTION MULTIPLE

V. + compl. — **de** + compl. : *incruster un coffret* ***de*** *nacre.*

Emploi pronominal : s'incruster **de** + complément : ***s'****incruster* ***de*** *pierreries* (accord = P).

V. + compl. — lieu : *incruster une dalle de marbre* ***dans*** *un revêtement.*

Emploi pronominal : s'incruster — lieu : ***s'****incruster* ***dans*** *le meilleur fauteuil* (accord = P).

Modèle

inculper [ɛ̃kylpe] Régul. I /**avoir**/ Base : INCULP-. 3

C. SIMPLE DIRECTE

V. + complément : *inculper un vagabond.*

CONSTRUCTION MULTIPLE

V. + compl. — **de** + compl. : *inculper quelqu'un* **de** *meurtre.*

inculquer [ɛ̃kylke] Régul. I /**avoir**/ Base : INCULQU-. 3

C. SIMPLE DIRECTE

V. + complément : *inculquer des connaissances.*
Emploi pronominal : s'inculquer (accord = P).

CONSTRUCTION MULTIPLE

V. + compl. — **à** + compl. : *inculquer la politesse* **à** *un enfant.*
Emploi pronominal : s'inculquer + complément : *s'inculquer de bons principes* (accord = OE).

indemniser [ɛ̃dɛmnize] Régul. I /**avoir**/ Base : INDEMNIS-. 3

C. SIMPLE DIRECTE

V. + complément : *indemniser la victime.*
Emploi pronominal : s'indemniser (accord = P).

indexer [ɛ̃dɛkse] Régul. I /**avoir**/ Base : INDEX-. 3

C. SIMPLE DIRECTE

V. + complément : *indexer un emprunt.*

CONSTRUCTION MULTIPLE

V. + compl. — **sur** + compl. : *indexer les salaires* **sur** *le coût de la vie.*
Emploi pronominal : s'indexer **sur** + complément : *s'indexer* **sur** *l'or* (accord = P).

indigner [ɛ̃diɲe] Régul. I /**avoir**/ Base : INDIGN-. 3

C. SIMPLE DIRECTE

V. + complément : *indigner un homme vertueux.*
Emploi pronominal : s'indigner (accord = P);
s'indigner **contre** + complément : *s'indigner* **contre** *l'injustice* (accord = P);
s'indigner **de** + infin. : *s'indigner* **de** *voir cela* (accord = P);
s'indigner **de ce que** + indic. : *s'indigner* **de ce qu'***on ne dit rien* (accord = P);
s'indigner **de ce que** + subj. : *s'indigner* **de ce qu'***on vous réponde* (accord = P);
s'indigner **que** + subj. : *s'indigner* **qu'***on émette des jugements malveillants* (accord = P).

indiquer [ɛ̃dike] Régul. I /**avoir**/ Base : INDIQU-. 3

C. SIMPLE DIRECTE

V. + complément : *indiquer la sortie.*
V. + discours indirect : *indiquer* **comment** *on est sorti.*
V. + **que** + indic. : *indiquer* **que** *l'on a compris.*

CONSTRUCTION MULTIPLE

V. + compl. — **à** + compl. : *indiquer son chemin* **à** *un voyageur.*

V. + **à** + compl. — discours indirect : *indiquer **à** un employé **pourquoi** l'on n'est pas satisfait.*
V. + **à** + compl. — **que** + indic. : *indiquer **à** un correspondant **qu'**on sera absent la semaine suivante.*

indisposer [ɛ̃dispoze] Régul. I /**avoir**/ Base : INDISPOS-. **3**
C. ABSOLUE : *une telle conduite indispose.*
C. SIMPLE DIRECTE
V. + complément : *indisposer l'agent de police.*

individualiser [ɛ̃dividɥalize] Régul. I /**avoir**/ Base : INDIVIDUALIS-. **3**
C. ABSOLUE : *voilà un détail qui individualise.*
C. SIMPLE DIRECTE
V. + complément : *individualiser un objet fabriqué en série.*
Emploi pronominal : s'individualiser (accord = P).

induire [ɛ̃dɥir] III /**avoir**/ Base : INDUI-. **82**
C. ABSOLUE : *déduire, induire, c'est toujours raisonner.*
C. SIMPLE INDIRECTE
V. + **à** + infin. : *induire **à** raisonner faux.*
V. + **en** + complément : *induire **en** erreur.*
CONSTRUCTION MULTIPLE
V. + compl. — **à** + infin. : *induire quelqu'un **à** se tromper.*
V. + compl. — **en** + compl. : *induire quelqu'un **en** erreur.*
V. + compl. — **de** + compl. : *induire une conséquence **d'**un fait.*

industrialiser [ɛ̃dystrijalize] Régul. I /**avoir**/ Base : INDUSTRIALIS-. **3**
C. SIMPLE DIRECTE
V. + complément : *industrialiser un pays.*
Emploi pronominal : s'industrialiser (accord = P).

infecter [ɛ̃fɛkte] Régul. I /**avoir**/ Base : INFECT-. **3**
C. SIMPLE DIRECTE
V. + complément : *infecter une plaie.*
Emploi pronominal : s'infecter (accord = P).

inféoder [ɛ̃feɔde] Régul. I /**avoir**/ Base : INFÉOD-. **3**
C. SIMPLE DIRECTE
V. + complément : *inféoder une terre.*
CONSTRUCTION MULTIPLE
V. + compl. — **à** + compl. : *inféoder un pays **à** un autre.*
Emploi pronominal : s'inféoder + complément : ***s'**inféoder un secteur de l'économie* (accord = OE) ; s'inféoder **à** + complément : ***s'**inféoder **à** un parti* (accord = P).

inférer [ɛ̃fere] Particularité I /**avoir**/ Base : INF[É]R-. **14**
C. SIMPLE DIRECTE
V. + complément : *inférer une constatation.*
V. + **que** + indic. : *inférer **que** l'on a tort.*
CONSTRUCTION MULTIPLE
V. + compl. — **de** + compl. : *inférer une conclusion **d'**un raisonnement.*

V. + **de** + compl. — **que** + indic. : *inférer **de** la question posée **que** l'on n'a pas été compris.*

infiltrer [ɛ̃filtre] Régul. I /**avoir**/ Base : INFILTR-. **3**

C. SIMPLE DIRECTE

V. + complément : *infiltrer les tissus.*
Emploi pronominal : s'infiltrer (accord = P).

CONSTRUCTION MULTIPLE

V. + compl. — lieu : *infiltrer des agents **dans** un pays adverse.*
Emploi pronominal : s'infiltrer + lieu : *s'infiltrer **chez** l'adversaire* (accord = P).

infliger [ɛ̃fliʒe] Particularité I /**avoir**/ Base : INFLI[G]-. **12**

CONSTRUCTION MULTIPLE

V. + compl. — **à** + compl. : *infliger une punition **au** coupable.*
Emploi pronominal : s'infliger + complément : *s'infliger une mortification* (accord = OE).

influencer [ɛ̃flyɑ̃se] Particularité I /**avoir**/ Base : INFLUEN[C]-. **10**

C. SIMPLE DIRECTE

V. + complément : *influencer les consommateurs.*

influer [ɛ̃flye] Régul. I /**avoir**/ Base : INFLU-. **3**

C. SIMPLE INDIRECTE

V. + **sur** + complément : *influer **sur** le marché.*

informer [ɛ̃fɔrme] Régul. I /**avoir**/ Base : INFORM-. **3**

C. ABSOLUE : *la presse a pour mission d'informer.*

C. SIMPLE DIRECTE

V. + complément : *informer quelque chose d'informulé encore.*

C. SIMPLE INDIRECTE

V. + **contre** + complément : *informer **contre** le gérant.*
V. + **sur** + complément : *informer **sur** une affaire.*

CONSTRUCTION MULTIPLE

V. + compl. — **de** + compl. : *informer sa clientèle **des** nouvelles heures d'ouverture.*
Emploi pronominal : s'informer **de** + complément : *s'informer **des** possibilités offertes* (accord = P).
V. + compl. — **sur** + compl. : *informer un touriste **sur** les ressources de la région.*
Emploi pronominal : s'informer **sur** + complément : *s'informer **sur** les horaires des trains* (accord = P).
V. + compl. — **que** + indic. : *informer le conseil d'administration **que** la situation est grave.*
Emploi pronominal : s'informer **si** + indic. : *s'informer **si** on a le droit de faire telle chose* (accord = P).

infuser [ɛ̃fyze] Régul. I /**avoir**/ Base : INFUS-. **3**

C. ABSOLUE (considérée comme « abusive » par le dict. de Robert) : *la tisane infuse.*

C. SIMPLE DIRECTE

V. + complément : *infuser du thé.*

CONSTRUCTION MULTIPLE

V. + compl. — **à** + compl. : *infuser un sang neuf **à** quelqu'un.*

ingénier (s') [sɛ̃ʒenje] Régul. I /**être**/ Base : INGÉNI- (S'). **5**
C. ABSOLUE : s'ingénier (accord = P).
C. SIMPLE INDIRECTE
S'ingénier **à** + complément : ***s'****ingénier* ***à*** *une tâche* (accord = P).
S'ingénier **à** + infin. : ***s'****ingénier* ***à*** *faire quelque chose d'impossible* (accord = P).

ingérer [ɛ̃ʒere] Particularité I /**avoir**/ Base : ING[É]R-. **14**
C. SIMPLE DIRECTE
V. + complément : *ingérer des pilules.*
Emploi pronominal : s'ingérer **dans** + complément : ***s'****ingérer* ***dans*** *une affaire* (accord = P).

ingurgiter [ɛ̃gyrʒite] Régul. I /**avoir**/ Base : INGURGIT-. **3**
C. SIMPLE DIRECTE
V. + complément : *ingurgiter un bol de tisane.*
Emploi pronominal : s'ingurgiter (accord = P).
CONSTRUCTION MULTIPLE
V. + compl. — **à** + compl. : *ingurgiter une potion* ***à*** *un enfant.*

initier [inisje] Régul. I /**avoir**/ Base : INITI-. **3**
C. SIMPLE DIRECTE
V. + complément : *initier un néophyte.*
Emploi pronominal : s'initier (accord = P).
CONSTRUCTION MULTIPLE
V. + compl. — **à** + compl. : *initier un ingénieur* ***à*** *une technique nouvelle.*
Emploi pronominal : s'initier **à** + complément : ***s'****initier* ***à*** *la mécanique* (accord = P).

injecter [ɛ̃ʒɛkte] Régul. I /**avoir**/ Base : INJECT-. **3**
C. SIMPLE DIRECTE
V. + complément : *injecter du sérum.*
Emploi pronominal : s'injecter (accord = P).
CONSTRUCTION MULTIPLE
V. + compl. — **à** + compl. : *injecter des antibiotiques* ***à*** *un malade.*
Emploi pronominal : s'injecter + complément : ***s'****injecter de l'héroïne* (accord = OE).

injurier [ɛ̃ʒyrje] Régul. I /**avoir**/ Base : INJURI-. **3**
C. SIMPLE DIRECTE
V. + complément : *injurier son adversaire.*
Emploi pronominal : s'injurier (accord = P).

innocenter [inɔsɑ̃te] Régul. I /**avoir**/ Base : INNOCENT-. **3**
C. SIMPLE DIRECTE
V. + complément : *innocenter le prévenu.*
Emploi pronominal : s'innocenter (accord = P).
CONSTRUCTION MULTIPLE
V. + compl. — **de** + compl. : *innocenter un vagabond* ***d'****une accusation de vol.*
Emploi pronominal : s'innocenter **de** + complément : ***s'****innocenter* ***d'****une accusation* (accord = P).

innover [inɔve] Régul. I /**avoir**/ Base : INNOV-. **3**

C. ABSOLUE : *au lieu de compiler, essayez d'innover.*

C. SIMPLE DIRECTE

V. + complément : *innover une technique.*

inoculer [inɔkyle] Régul. I /**avoir**/ Base : INOCUL-. **3**

C. SIMPLE DIRECTE

V. + complément : *inoculer une vaccine.*
Emploi pronominal : s'inoculer (accord = P).

CONSTRUCTION MULTIPLE

V. + compl. — **à** + compl. : *inoculer la tuberculine* **à** *un enfant.*
Emploi pronominal : s'inoculer + complément : ***s'inoculer*** *une ambition* (accord = OE); s'inoculer **à** + complément : ***s'inoculer à*** *un nouveau-né sans danger* (accord = P).

inonder [inɔ̃de] Régul. I /**avoir**/ Base : INOND-. **3**

C. SIMPLE DIRECTE

V. + complément : *inonder ses berges.*
Emploi pronominal : s'inonder (accord = P).

CONSTRUCTION MULTIPLE

V. + compl. — **de** + compl. : *inonder un romancier célèbre* **de** *lettres d'admiration.*
Emploi pronominal : s'inonder **de** + complément : ***s'inonder d'****eau de Cologne* (accord = P).

inquiéter [ɛ̃kjete] Particularité I /**avoir**/ Base : INQUI[É]T-. **14**

C. ABSOLUE : *la situation internationale inquiète.*

C. SIMPLE DIRECTE

V. + complément : *inquiéter ses parents.*
Emploi pronominal : s'inquiéter (accord = P); s'inquiéter **de** + complément : ***s'inquiéter des*** *progrès d'une théorie dangereuse* (accord = P); s'inquiéter **de** + infin. : ***s'inquiéter de*** *voir la situation s'aggraver* (accord = P); s'inquiéter **si** + indic. : ***s'inquiéter si*** *la banque est fermée le samedi* (accord = P); s'inquiéter **de ce que** + indic. : ***s'inquiéter de ce que*** *rien ne vous a réussi* (accord = P); s'inquiéter **de ce que** + subj. : ***s'inquiéter de ce qu'****on doive encore attendre un an* (accord = P); s'inquiéter **que** + subj. : ***s'inquiéter que*** *l'on puisse vous convoquer aussi inopinément* (accord = P).

inscrire [ɛ̃skrir] III /**avoir**/ Base : INSCRI-. **90**

C. SIMPLE DIRECTE

V. + complément : *inscrire un chiffre.*
Emploi pronominal : s'inscrire (accord = P).

CONSTRUCTION MULTIPLE

V. + compl. — lieu : *inscrire son fils **dans** une école de haute réputation.*

Emploi pronominal : s'inscrire + lieu : *s'inscrire **à** la Sorbonne* (accord = P).

insérer [ɛ̃sere] Particularité I /**avoir**/ Base : INS[É]R-. **14**

CONSTRUCTION MULTIPLE

V. + compl. — lieu : *insérer un document **dans** un dossier.*

Emploi pronominal : s'insérer + lieu : *s'insérer **dans** un ensemble* (accord = P).

insinuer [ɛ̃sinɥe] Régul. I /**avoir**/ Base : INSINU-. **3**

C. SIMPLE DIRECTE

V. + complément : *insinuer une calomnie.*

Emploi pronominal : s'insinuer (accord = P).

V. + **que** + indic. : *insinuer **que** la remarque est simpliste.*

CONSTRUCTION MULTIPLE

V. + complément — lieu : *insinuer le doute **dans** les bons esprits.*

Emploi pronominal : s'insinuer + lieu : *s'insinuer **chez** quelqu'un* (accord = P).

insister [ɛ̃siste] Régul. I /**avoir**/ Base : INSIST-. **3**

C. ABSOLUE : *il ferait mieux de ne pas insister.*

C. SIMPLE INDIRECTE

V. + **sur** + complément : *insister **sur** le point essentiel.*

inspecter [ɛ̃spɛkte] Régul. I /**avoir**/ Base : INSPECT-. **3**

C. SIMPLE DIRECTE

V. + complément : *inspecter une installation.*

inspirer [ɛ̃spire] Régul. I /**avoir**/ Base : INSPIR-. **3**

C. SIMPLE DIRECTE

V. + complément : *inspirer un poème.*

CONSTRUCTION MULTIPLE

V. + compl. — **à** + compl. : *inspirer une ode **à** un poète.*

V. + **à** + compl. — **de** + infin. : *inspirer **à** un publiciste **de** faire telle campagne.*

Emploi pronominal : s'inspirer **de** + complément : *s'inspirer **de** l'œuvre de Balzac* (accord = P).

installer [ɛ̃stale] Régul. I /**avoir**/ Base : INSTALL-. **3**

C. SIMPLE DIRECTE

V. + complément : *installer une machine à laver.*

Emploi pronominal : s'installer (accord = P).

CONSTRUCTION MULTIPLE

V. + compl. — lieu : *installer une usine **en** province.*

Emploi pronominal : s'installer + lieu : *s'installer **dans** un quartier pauvre* (accord = P).

instaurer [ɛ̃store] Régul. I /**avoir**/ Base : INSTAUR-. **3**

C. SIMPLE DIRECTE

V. + complément : *instaurer de nouvelles méthodes de travail.*

Emploi pronominal : s'instaurer (accord = P).

instituer [ɛ̃stitɥe] Régul. I /**avoir**/ Base : INSTITU-. **3**

C. SIMPLE DIRECTE

V. + complément : *instituer un ordre.*
Emploi pronominal : s'instituer (accord = P).

CONSTRUCTION MULTIPLE

V. + compl. — attribut du compl. : *instituer quelqu'un son héritier.*

instruire [ɛ̃strɥir] III /**avoir**/ Base : INSTRUI-. **82**

C. ABSOLUE : *les voyages instruisent.*

C. SIMPLE DIRECTE

V. + complément : *instruire des enfants.*
Emploi pronominal : s'instruire (accord = P).

CONSTRUCTION MULTIPLE

V. + compl. — **dans** + compl. : *instruire un jeune homme* ***dans*** *l'art de parler.*
Emploi pronominal : s'instruire **dans** + complément : ***s'****instruire* ***dans*** *les sciences* (accord = P).
V. + compl. — **de** + compl. : *instruire quelqu'un* ***de*** *ses défauts.*
Emploi pronominal : s'instruire **de** + complément : ***s'****instruire* ***des*** *modalités d'un prêt* (accord = P).

insulter [ɛ̃sylte] Régul. I /**avoir**/ Base : INSULT-. **3**

C. SIMPLE DIRECTE

V. + complément : *insulter un contractuel.*
Emploi pronominal : s'insulter (accord = P).

C. SIMPLE INDIRECTE

V. + **à** + complément : *insulter* ***à*** *la justice.*

insurger (s') [sɛ̃syrʒe] Particularité I /**être**/ Base : INSUR[G]- (S'). **12**

C. ABSOLUE : s'insurger (accord = P).

C. SIMPLE INDIRECTE

S'insurger **contre** + complément : ***s'****insurger* ***contre*** *l'injustice* (accord = P).

intégrer [ɛ̃tegre] Particularité I /**avoir**/ Base : INT[É]GR-. **14**

C. SIMPLE DIRECTE

V. + complément : *intégrer une fonction.*
Emploi pronominal : s'intégrer (accord = P).

C. SIMPLE INDIRECTE

V. + **à** + complément (argot) : *intégrer* ***à*** *l'X.*

CONSTRUCTION MULTIPLE

V. + compl. — lieu : *intégrer une remarque* ***dans*** *un développement.*
Emploi pronominal : s'intégrer + lieu : ***s'****intégrer* ***dans*** *un groupe* (accord = P).

intensifier [ɛ̃tɑ̃sifje] Régul. I /**avoir**/ Base : INTENSIFI-. **3**

C. SIMPLE DIRECTE

V. + complément : *intensifier son effort.*
Emploi pronominal : s'intensifier (accord = P).

intercaler [ɛ̃tɛrkale] Régul. I /**avoir**/ Base : INTERCAL-. **3**

C. SIMPLE DIRECTE

V. + complément : *intercaler une épreuve.*
Emploi pronominal : s'intercaler (accord = P).

CONSTRUCTION MULTIPLE

V. + compl. — **entre** + compl. : *intercaler sa voiture* ***entre*** *celles des deux leaders.*
Emploi pronominal : s'intercaler **entre** + complément : ***s'intercaler entre*** *deux courses* (accord = P).

intercéder [ɛ̃tɛrsede] Particularité I /**avoir**/ Base : INTERC[É]D-. **14**

C. SIMPLE INDIRECTE

V. + **auprès de** + complément : *intercéder* ***auprès de*** *la commission de contrôle.*
V. + **pour** + complément : *intercéder* ***pour*** *un suppliant.*

CONSTRUCTION MULTIPLE

V. + **auprès de** + compl. — **pour** + compl. : *intercéder* ***auprès du*** *directeur* ***pour*** *un employé.*
V. + **auprès de** + compl. — **pour** + infin. : *intercéder* ***auprès du*** *président de la République* ***pour*** *obtenir la grâce d'un condamné.*

intercepter [ɛ̃tɛrsɛpte] Régul. I /**avoir**/ Base : INTERCEPT-. **3**

C. SIMPLE DIRECTE

V. + complément : *intercepter un missile.*

interdire [ɛ̃tɛrdir] III /**avoir**/ Base : INTERDI-. **84**

C. SIMPLE DIRECTE

V. + complément : *interdire une manifestation.*
V. + **de** + infin. : *interdire* ***de*** *stationner.*
V. + **que** + subj. : *interdire* ***que*** *l'on vous contredise.*

CONSTRUCTION MULTIPLE

V. + compl. — **à** + compl. : *interdire les sorties* ***à*** *un malade.*
Emploi pronominal : s'interdire + complément : ***s'interdire*** *le tabac* (accord = OE).
V. + **à** + compl. — **de** + infin. : *interdire* ***aux*** *automobilistes* ***de*** *circuler au centre de la ville.*
Emploi pronominal : s'interdire + **de** + infin. : ***s'interdire de*** *marquer son mépris* (accord = I).

intéresser [ɛ̃terese] Régul. I /**avoir**/ Base : INTÉRESS-. **3**

C. ABSOLUE : *l'informatique intéresse.*

C. SIMPLE DIRECTE

V. + complément : *intéresser ses employés.*
Emploi pronominal : s'intéresser (accord = P).

CONSTRUCTION MULTIPLE

V. + compl. — **à** + compl. : *intéresser les enfants* ***à*** *la géographie.*
Emploi pronominal : s'intéresser **à** + complément : ***s'intéresser à*** *la géographie* (accord = P).
V. + compl. — **dans** + compl. : *intéresser le gérant* ***dans*** *un commerce.*
Emploi pronominal : s'intéresser **dans** + complément : ***s'intéresser dans*** *une affaire* (accord = P).

Modèle

internationaliser [ɛ̃tɛrnasjɔnalize] Régul. I /**avoir**/ Base : INTERNATIONALIS-. **3**

C. SIMPLE DIRECTE

V. + complément : *internationaliser un conflit.*
Emploi pronominal : ***s'****internationaliser* (accord = P).

interner [ɛ̃tɛrne] Régul. I /**avoir**/ Base : INTERN-. **3**

C. SIMPLE DIRECTE

V. + complément : *interner un suspect.*

CONSTRUCTION MULTIPLE

V. + compl. — lieu : *interner un criminel* ***à*** *la Santé.*

interpeller [ɛ̃tɛrpɛle] Régul. I /**avoir**/ Base : INTERPELL-. **3**

C. SIMPLE DIRECTE

V. + complément : *interpeller un piéton.*
Emploi pronominal : ***s'****interpeller* (accord = P).

CONSTRUCTION MULTIPLE

V. + compl. — **sur** + compl. : *interpeller le gouvernement* ***sur*** *sa politique routière.*

interposer [ɛ̃tɛrpoze] Régul. I /**avoir**/ Base : INTERPOS-. **3**

C. SIMPLE DIRECTE

V. + complément : *interposer un isolant phonique.*
Emploi pronominal : s'interposer (accord = P).

CONSTRUCTION MULTIPLE

Emploi pronominal : s'interposer **dans** + complément : ***s'****interposer* ***dans*** *une querelle* (accord = P).
V. + compl. — **entre** + compl. — **et** + compl. : *interposer du liège* ***entre*** *le béton* ***et*** *le plancher.*
Emploi pronominal : s'interposer **entre** + compl. — **et** + compl. : ***s'****interposer* ***entre*** *un meuble* ***et*** *un autre* (accord = P).

interpréter [ɛ̃tɛrprete] Particularité I /**avoir**/ Base : INTERPR[É]T-. **14**

C. SIMPLE DIRECTE

V. + complément : *interpréter un résultat.*
Emploi pronominal : s'interpréter (accord = P).

interroger [ɛ̃tɛroʒe] Particularité I /**avoir**/ Base : INTERRO[G]-. **12**

C. ABSOLUE : *c'est le commissaire qui interroge.*

C. SIMPLE DIRECTE

V. + complément : *interroger un élève.*
Emploi pronominal : s'interroger (accord = P).

interrompre [ɛ̃terɔ̃pr] III /**avoir**/ Base : INTERROMP-. **66**

C. SIMPLE DIRECTE

V. + complément : *interrompre une projection.*
Emploi pronominal : s'interrompre (accord = P) ;
s'interrompre **de** + infin. : ***s'****interrompre* ***de*** *parler* (accord = P).

intervenir [ɛ̃tɛrvənir] III /**être**/ Base : INTERV-. **36**

1° **Emploi personnel.**

C. ABSOLUE : *enfin, il est intervenu.*

2° **Emploi unipersonnel.**

C. SIMPLE DIRECTE

Il intervient + sujet réel nominal : *il est intervenu un fait nouveau.*

intervertir [ɛ̃tɛrvɛrtir] Régul. II /**avoir**/ Base : INTERVERT-. **26**

C. SIMPLE DIRECTE

V. + complément : *intervertir deux lettres.*

CONSTRUCTION MULTIPLE

V. + compl. — **avec** + compl. : *intervertir un pion* ***avec*** *un autre.*

interviewer [ɛ̃tɛrvjuve] Régul. I /**avoir**/ Base : INTERVIEW-. **3**

C. SIMPLE DIRECTE

V. + complément : *interviewer un diplomate.*

intimer [ɛ̃time] Régul. I /**avoir**/ Base : INTIM-. **3**

C. SIMPLE DIRECTE

V. + complément : *intimer un ordre.*

CONSTRUCTION MULTIPLE

V. + compl. — **à** + compl. : *intimer un ordre* ***à*** *quelqu'un.*
V. + **à** + compl. — **de** + infin. : *intimer* ***à*** *un locataire* ***de*** *vider les lieux.*

intimider [ɛ̃timide] Régul. I /**avoir**/ Base : INTIMID-. **3**

C. SIMPLE DIRECTE

V. + complément : *intimider une jeune fille.*

intituler [ɛ̃tityle] Régul. I /**avoir**/ Base : INTITUL-. **3**

C. SIMPLE DIRECTE

V. + complément : *intituler un compte.*

CONSTRUCTION MULTIPLE

V. + compl. — attribut du compl. : *intituler un roman « Ophidiennes ».*
Emploi pronominal : s'intituler + attribut : ***s'****intituler « la Peau de chagrin »* (accord = P).

intoxiquer [ɛ̃tɔksike] Régul. I /**avoir**/ Base : INTOXIQU-. **3**

C. SIMPLE DIRECTE

V. + complément : *intoxiquer quelqu'un.*
Emploi pronominal : s'intoxiquer (accord = P) ; s'intoxiquer **de** + complément : ***s'****intoxiquer* ***de*** *mauvaise littérature* (accord = P).

intriguer [ɛ̃trige] Régul. I /**avoir**/ Base : INTRIGU-. **11**

C. ABSOLUE : *il aime par-dessus tout intriguer.*

C. SIMPLE DIRECTE

V. + complément : *intriguer les badauds.*

C. SIMPLE INDIRECTE

V. + **contre** + complément : *intriguer* ***contre*** *le pouvoir.*
V. + **pour** + complément : *intriguer* ***pour*** *un premier rôle.*
V. + **pour** + infin. : *intriguer* ***pour*** *arriver à ses fins.*

introduire [ɛ̃trɔdɥir] III /**avoir**/ Base : INTRODUI-. **82**
C. SIMPLE DIRECTE
V. + complément : *introduire un fait nouveau.*
Emploi pronominal : s'introduire (accord = P).
CONSTRUCTION MULTIPLE
V. + compl. — lieu : *introduire un chiffre peu sûr* ***dans*** *un tableau statistique.*
Emploi pronominal : s'introduire + lieu : ***s'****introduire* ***dans*** *un appartement inoccupé* (accord = P).

invectiver [ɛ̃vɛktive] Régul. I /**avoir**/ Base : INVECTIV-. **3**
C. ABSOLUE : *ils passent leur temps à invectiver.*
C. SIMPLE DIRECTE
V. + complément : *invectiver des organisateurs irresponsables.*
Emploi pronominal : s'invectiver (accord = P).
C. SIMPLE INDIRECTE
V. + **contre** + complément : *invectiver* **contre** *l'incurie.*

inventer [ɛ̃vɑ̃te] Régul. I /**avoir**/ Base : INVENT-. **3**
C. ABSOLUE : *il préfère inventer.*
C. SIMPLE DIRECTE
V. + complément : *inventer un procédé industriel.*
V. + **de** + infin. : *inventer* **de** *présenter les faits de manière ingénieuse.*
Emploi pronominal : s'inventer + complément : ***s'****inventer des excuses* (accord = OE).

inverser [ɛ̃vɛrse] Régul. I /**avoir**/ Base : INVERS-. **3**
C. SIMPLE DIRECTE
V. + complément : *inverser deux chiffres.*
Emploi pronominal : s'inverser (accord = P).

investir [ɛ̃vɛstir] Régul. II /**avoir**/ Base : INVEST-. **26**
C. SIMPLE DIRECTE
V. + complément : *investir des capitaux.*
Emploi pronominal : s'investir (accord = P).
CONSTRUCTION MULTIPLE
V. + compl. — **dans** + compl. : *investir des millions* ***dans*** *une entreprise.*
Emploi pronominal : s'investir **dans** + complément : ***s'****investir* ***dans*** *une industrie de pointe* (accord = P).

inviter [ɛ̃vite] Régul. I /**avoir**/ Base : INVIT-. **3**
C. SIMPLE DIRECTE
V. + complément : *inviter ses amis.*
Emploi pronominal : s'inviter (accord = P).
C. SIMPLE INDIRECTE
V. + **à** + complément : *inviter* ***à*** *un lunch.*
V. + **à** + infin. : *inviter* ***à*** *dîner.*
CONSTRUCTION MULTIPLE
V. + compl. — **à** + compl. : *inviter un étranger* ***à*** *une visite de musée.*
V. + compl. — **à** + infin. : *inviter un inventeur* ***à*** *se faire connaître.*

Modèle

invoquer [ɛ̃vɔke] Régul. I /**avoir**/ Base : INVOQU-. **3**

C. SIMPLE DIRECTE

V. + complément : *invoquer sa bonne foi.*

ironiser [irɔnize] Régul. I /**avoir**/ Base : IRONIS-. **3**

C. ABSOLUE : *il ironise.*

C. SIMPLE DIRECTE

V. + complément : *ironiser une manière de s'exprimer.*

irriguer [irige] Régul. I /**avoir**/ Base : IRRIGU-. **11**

C. ABSOLUE : *dans une zone aride, il faut irriguer.*

C. SIMPLE DIRECTE

V. + complément : *irriguer le cerveau.*
Emploi pronominal : s'irriguer (accord = P).

irriter [irite] Régul. I /**avoir**/ Base : IRRIT-. **3**

C. ABSOLUE : *les critiques stériles irritent.*

C. SIMPLE DIRECTE

V. + complément : *irriter la peau.*
Emploi pronominal : s'irriter (accord = P).

CONSTRUCTION MULTIPLE

V. + compl. — **contre** + compl. : *irriter une personne* ***contre*** *soi.*
Emploi pronominal : s'irriter **contre** + complément : *s'irriter* ***contre*** *un obstacle* (accord = P);
s'irriter **de** + complément : *s'irriter* ***d'****un retard inadmissible* (accord = P);
s'irriter **de** + infin. : *s'irriter* ***d'****être en retard* (accord = P).

isoler [izɔle] Régul. I /**avoir**/ Base : ISOL-. **3**

C. SIMPLE DIRECTE

V. + complément : *isoler un corps chimique.*
Emploi pronominal : s'isoler (accord = P).

CONSTRUCTION MULTIPLE

V. + compl. — **de** + compl. : *isoler les chambres* ***des*** *pièces de réception.*
Emploi pronominal : s'isoler **de** + complément : *s'isoler* ***de*** *ses collègues* (accord = P).
V. + compl. — lieu : *isoler un pavillon* ***au fond d'****un parc.*
Emploi pronominal : s'isoler + lieu : *s'isoler* ***dans*** *son bureau* (accord = P).

j

Modèle

jaillir [ʒajir] Régul. II /**avoir**/ Base : JAILL-. **26**
C. ABSOLUE : *la source jaillit.*

jalouser [ʒaluze] Régul. I /**avoir**/ Base : JALOUS-. **3**
C. SIMPLE DIRECTE
V. + complément : *jalouser sa voisine.*
Emploi pronominal : **se** jalouser (accord = P).

jardiner [ʒardine] Régul. I /**avoir**/ Base : JARDIN-. **3**
C. ABSOLUE : *il aime jardiner.*
C. SIMPLE DIRECTE
V. + complément : *jardiner un bois.*

jaser [ʒɑze] Régul. I /**avoir**/ Base : JAS-. **3**
C. ABSOLUE : *les enfants jasent.*
C. SIMPLE INDIRECTE
V. + **de** + complément : *jaser **de** choses et d'autres.*

jaunir [ʒonir] Régul. II /**avoir**/ Base : JAUN-. **26**
C. ABSOLUE : *le blanc jaunit.*
C. SIMPLE DIRECTE
V. + complément : *jaunir une gravure.*
Emploi pronominal : **se** jaunir (accord = P).

jeter [ʒ(ə)te] Particularité I /**avoir**/ Base : JE[T]-. **18**
C. SIMPLE DIRECTE
V. + complément : *jeter une vieille bouteille.*
Emploi pronominal : **se** jeter (accord = P).
CONSTRUCTION MULTIPLE
V. + compl. — **à** + compl. : *jeter un os **à** son chien.*
Emploi pronominal : **se** jeter + complément : ***se** jeter des regards sinistres* (accord = OE).
V. + compl. — lieu : *jeter un brouillon **à** la corbeille.*
Emploi pronominal : **se** jeter + lieu : ***se** jeter **à** l'eau* (accord = P).

Modèle

joindre [ʒwɛ̃dr] III /**avoir**/ Base : JOI-. **71**

C. ABSOLUE : *ces planches joignent mal.*

C. SIMPLE DIRECTE

V. + complément : *joindre deux fils.*
Emploi pronominal : se joindre (accord = P).

CONSTRUCTION MULTIPLE

V. + compl. — **à** + compl. : *joindre la prudence **à** la force.*
Emploi pronominal : se joindre **à** + complément : *se joindre **à** un groupe* (accord = P).
V. + compl. — **en** + compl. : *joindre deux lopins **en** une propriété.*
V. + **à** + compl. — **que** + indic. : *joindre **à** son exposé **que** les exemples donnés sont authentiques.*
Emploi pronominal : se joindre **avec** + complément : *se joindre **avec** le signataire* (accord = P).

joncher [ʒɔ̃ʃe] Régul. I /**avoir**/ Base : JONCH-. **3**

C. SIMPLE DIRECTE

V. + complément : *joncher la rue.*

CONSTRUCTION MULTIPLE

V. + compl. — **de** + compl. : *joncher le perron **de** fleurs coupées.*

jongler [ʒɔ̃gle] Régul. I /**avoir**/ Base : JONGL-. **3**

C. ABSOLUE : *il ne fait que jongler.*

C. SIMPLE INDIRECTE

V. + **avec** + complément : *jongler **avec** les chiffres.*

jouer [ʒwe] Régul. I /**avoir**/ Base : JOU-. **3**

1° Emploi personnel.

C. ABSOLUE : *un jeune chien aime jouer.*

C. SIMPLE DIRECTE

V. + complément : *jouer la comédie.*
Emploi pronominal : se jouer (accord = P).

C. SIMPLE INDIRECTE

V. + **à** + complément : *jouer **à** la roulette.*
V. + **à** + infin. : *jouer **à** sauter les bordures.*
V. + **avec** + complément : *jouer **avec** ses doigts.*
V. + **de** + complément : *jouer **du** piano.*
Emploi pronominal : se jouer **de** + complément : *se jouer **d'**un naïf* (accord = P).
V. + **sur** + complément : *jouer **sur** les notes.*

2° Emploi unipersonnel pronominal.

Il se joue + sujet réel nominal : *il se joue un drame ici* (accord = I).

jouir [ʒwir] Régul. II /**avoir**/ Base : JOU-. **26**

C. ABSOLUE : *un épicurien aime jouir.*

C. SIMPLE INDIRECTE

V. + **de** + complément : *jouir **de** ses facultés.*

jucher [ʒyʃe] Régul. I /**avoir**/ Base : JUCH-. **3**

C. ABSOLUE : *le dindon juche.*

C. SIMPLE INDIRECTE

V. + lieu : *jucher **sur** un arbre.*

CONSTRUCTION MULTIPLE

V. + compl. — lieu : *jucher une girouette* ***sur*** *le toit.*

Emploi pronominal : **se** jucher (accord = P);

se jucher + lieu : ***se*** *jucher* ***sur*** *un tabouret de bar* (accord = P).

juger [ʒyʒe] Particularité I /**avoir**/ Base : JU[G]-. **12**

C. ABSOLUE : *il tranche avant de juger.*

C. SIMPLE DIRECTE

V. + complément : *juger un litige.*

Emploi pronominal : **se** juger (accord = P).

V. + infin. : *juger devoir lui répondre.*

V. + discours indirect : *juger* ***pourquoi*** *les gens se plaignent.*

V. + **si** + indic. : *juger* ***si*** *j'ai été heureux de l'apprendre.*

V. + **que** + indic. : *juger* ***que*** *tout est perdu.*

C. SIMPLE INDIRECTE

V. + **de** + complément : *juger* ***de*** *poésie.*

CONSTRUCTION MULTIPLE

V. + compl. — attribut du compl. : *juger une réponse parfaitement stupide.*

Emploi pronominal : **se** juger + attribut : ***se*** *juger brillant causeur* (accord = P).

V. + attribut du compl. — compl. = **de** + infin. : *juger utile* ***de*** *s'attendrir.*

jurer [ʒyre] Régul. I /**avoir**/ Base : JUR-. **3**

C. ABSOLUE : *vous jurez, maintenant?*

C. SIMPLE DIRECTE

V. + complément : *jurer ses grands dieux.*

Emploi pronominal : **se** jurer (accord = P).

V. + **de** + infin. : *jurer* ***de*** *ne rien compromettre.*

V. + **que** + indic. : *jurer* ***que*** *l'on fera tout ce qu'on pourra.*

C. SIMPLE INDIRECTE

V. + **après** + complément (fam.) : *jurer* ***après*** *les encombrements.*

V. + **avec** + complément : *jurer* ***avec*** *énergie.*

V. + **contre** + complément : *jurer* ***contre*** *les livreurs.*

V. + **par** + complément : *jurer* ***par*** *l'enfer.*

V. + **sur** + complément : *jurer* ***sur*** *son honneur.*

CONSTRUCTION MULTIPLE

V. + compl. — **à** + compl. : *jurer fidélité* ***à*** *sa femme.*

Emploi pronominal : **se** jurer + complément : ***se*** *jurer fidélité* (accord = OE).

V. + compl. — **que** + infin. : *jurer le ciel* ***que*** *l'on est sincère.*

Emploi pronominal : se jurer **que** + ind. : ***se*** *jurer* ***que*** *cette fois c'est bien fini* (accord = I).

V. + **à** + compl. — **de** + infin. : *jurer* ***à*** *une jeune fille* ***de*** *l'épouser.*

Emploi pronominal : **se** jurer **de** + infin. : ***se*** *jurer* ***de*** *ne plus recommencer* (accord = I).

V. + **à** + compl. — **que** + indic. : *jurer* ***à*** *son patron* ***qu'****on a fini le travail confié.*

Modèle

justifier [ʒystifje] Régul. I /**avoir**/ Base : JUSTIFI-. **3**

C. SIMPLE DIRECTE

V. + complément : *justifier son attitude.*
Emploi pronominal : **se** justifier (accord = P).
V. + **que** + subj. : *justifier* **que** *l'on ait dédaigné de répondre.*

CONSTRUCTION MULTIPLE

V. + compl. — **de** + compl. : *justifier un subordonné* **de** *sa faute.*
Emploi pronominal : **se** justifier + **de** + complément : ***se*** *justifier* ***d'****une accusation* (accord = P);
se justifier + **de** + infin. : ***se*** *justifier* **de** *n'avoir rien fait* (accord = P).

juxtaposer [ʒykstapoze] Régul. I /**avoir**/ Base : JUXTAPOS-. **3**

C. SIMPLE DIRECTE

V. + complément : *juxtaposer deux timbres.*
Emploi pronominal : **se** juxtaposer (accord = P).

CONSTRUCTION MULTIPLE

V. + compl. — **à** + compl. : *juxtaposer une remarque* **à** *une autre.*
V. + compl. — **et** + compl. : *juxtaposer du vert* **et** *du bleu.*

k

Modèle

kidnapper [kidnape] Régul. I /**avoir**/ Base : KIDNAPP-. **3**

C. SIMPLE DIRECTE

V. + complément : *kidnapper un enfant.*

klaxonner [klaksɔne] Régul. I /**avoir**/ Base : KLAXONN-. **3**

C. ABSOLUE : *il est interdit de klaxonner.*

l

Modèle

labourer [labure] Régul. I /**avoir**/ Base : LABOUR-. **3**

C. SIMPLE DIRECTE

V. + complément : *labourer la terre.*
Emploi pronominal : **se** labourer (accord = P).

lacérer [lasere] Particularité I /**avoir**/ Base : LACÉR-. **14**

C. SIMPLE DIRECTE

V. + complément : *lacérer un ouvrage.*

lâcher [lɑʃe] Régul. I /**avoir**/ Base : LÂCH-. **3**

C. ABSOLUE : *lâchez donc!*

C. SIMPLE DIRECTE

V. + complément : *lâcher du lest.*
Emploi pronominal : **se** lâcher (accord = P).

CONSTRUCTION MULTIPLE

V. + compl. — **à** + compl. (fam.) : *lâcher de l'argent* ***à*** *un tapeur.*

laisser [lese] Régul. I /**avoir**/ Base : LAISS-. **3**

C. ABSOLUE : *laisse donc.*

C. SIMPLE DIRECTE

V. + complément : *laisser sa place.*
Emploi pronominal : **se** laisser (accord = P).
V. + infinitif : *laisser courir* (accord du participe passé avec le complément d'objet direct suivant l'Académie).
V. + proposition infinitive : *laisser quelqu'un travailler tranquillement.*

C. SIMPLE INDIRECTE

V. + **à** + infin. : *laisser* ***à*** *désirer.*

CONSTRUCTION MULTIPLE

V. + compl. — attribut : *laisser une maison sale.*
V. + compl. — manière : *laisser une maison* ***dans*** *un état pitoyable.*
Emploi pronominal : **se** laisser — infin. 1° ***se*** *laisser prendre;*
2° ***se*** *laisser glisser au désespoir;*
3° ***se*** *laisser pousser les cheveux.*

(Accord du participe passé avec le sujet de l'infinitif s'il est exprimé : cas n° 2 sujet = *se;* cas n° 3 sujet = *les,* représentant les cheveux dans la transformation : elle se laisse pousser les cheveux = elle se les est laissés pousser.)

V. + **à** + compl. — **à** + infin. : *laisser **au** service commercial **à** faire le nécessaire.*

lamenter (se) [s(ə)lamɑ̃te] Régul. I /**être**/ Base : LAMENT- (SE). **5**

C. ABSOLUE : **se** lamenter (accord = P).

C. SIMPLE INDIRECTE

Se lamenter **sur** + complément : ***se** lamenter **sur** son sort* (accord = P).

Se lamenter **de** + infin. : ***se** lamenter **d'**être harassé* (accord = P).

lancer [lɑ̃se] Particularité I /**avoir**/ Base : LAN[C]-. **10**

C. SIMPLE DIRECTE

V. + complément : *lancer le javelot.*

Emploi pronominal : **se** lancer (accord = P).

CONSTRUCTION MULTIPLE

V. + compl. — **à** + compl. : *lancer le ballon **à** un partenaire.*

Emploi pronominal : **se** lancer + complément : ***se** lancer des injures* (accord = OE).

V. + compl. — **contre** + compl. : *lancer une balle **contre** un mur.*

V. + compl. — **sur** + compl. : *lancer un détective **sur** les traces d'un individu suspect.*

languir [lɑ̃gir] Régul. II /**avoir**/ Base : LANGU-. **26**

C. ABSOLUE : *elle languit.*

C. SIMPLE INDIRECTE

V. + **de** + complément : *languir **d'**amour.*

Emploi pronominal : **se** languir (accord = P);

se languir **de** + complément : ***se** languir **d'**amour* (accord = P).

V. + **pour** + compl. : *languir **pour** quelqu'un.*

Emploi pronominal (fam.) : **se** languir **pour** + complément : ***se** languir **pour** quelqu'un* (accord = P).

lanterner [lɑ̃tɛrne] (fam.) Régul. I /**avoir**/ Base : LANTERN-. **3**

C. ABSOLUE : *le vendeur lanterne.*

C. SIMPLE DIRECTE

V. + complément : *lanterner l'acquéreur.*

larder [larde] Régul. I /**avoir**/ Base : LARD-. **3**

C. ABSOLUE : *la navette larde.*

C. SIMPLE DIRECTE

V. + complément : *larder un rôti.*

Emploi pronominal : **se** larder (accord = P).

CONSTRUCTION MULTIPLE

V. + compl. — **de** + compl. : *larder un adversaire **de** traits lacérés.*

Emploi pronominal : **se** larder **de** + complément : ***se** larder **d'**épigrammes* (accord = P);

se larder + compl. — **de** + compl. : ***se** larder le pouce **de** coups d'aiguille* (accord = OE).

lasser [lɑse] Régul. I /**avoir**/ Base : LASS-. **3**

C. ABSOLUE : *tout lasse.*

C. SIMPLE DIRECTE
V. + complément : *lasser un sybarite.*
Emploi pronominal : se lasser **de** + complément : ***se** lasser **des** vacances* (accord = P) ;
se lasser **de** + infin. : ***se** lasser **de** vivre* (accord = P).

laver [lave] Régul. I /**avoir**/ Base : LAV-. **3**
C. ABSOLUE : *elle lave.*
C. SIMPLE DIRECTE
V. + complément : *laver des chemises.*
Emploi pronominal : se laver (accord = P).
CONSTRUCTION MULTIPLE
V. + compl. — **à** + compl. : *laver un cardigan **à** sa fille.*
Emploi pronominal : se laver + complément : ***se** laver les pieds* (accord = OE) ;
se laver **de** + complément : ***se** laver **d'**une accusation* (accord = P).

lécher [leʃe] Particularité I /**avoir**/ Base : L[É]CH-. **14**
C. SIMPLE DIRECTE
V. + complément : *lécher un morceau de sucre.*
Emploi pronominal : se lécher (accord = P).
CONSTRUCTION MULTIPLE (fam.)
V. + compl. — **à** + compl. : *lécher les bottes **à** quelqu'un.*
Emploi pronominal : se lécher + complément : ***se** lécher les mains* (accord = OE).

légaliser [legalize] Régul. I /**avoir**/ Base : LÉGALIS-. **3**
C. SIMPLE DIRECTE
V. + complément : *légaliser une situation.*
Emploi pronominal : se légaliser (accord = P).

légitimer [leʒitime] Régul. I /**avoir**/ Base : LÉGITIM-. **3**
C. SIMPLE DIRECTE
V. + complément : *légitimer un procédé.*

léguer [lege] Particularité I /**avoir**/ Base : LÉGU-. **22**
C. SIMPLE DIRECTE
V. + complément : *léguer ses biens.*
Emploi pronominal : se léguer (accord = P).
CONSTRUCTION MULTIPLE
V. + compl. — **à** + compl. : *léguer ses biens **à** la Bibliothèque nationale.*

léser [leze] Particularité I /**avoir**/ Base : L[É]S-. **14**
C. SIMPLE DIRECTE
V. + complément : *léser un héritier.*
Emploi pronominal : se léser (accord = P).

lésiner [lezine] Régul. I /**avoir**/ Base : LÉSIN-. **3**
C. ABSOLUE : *il lésine.*

C. SIMPLE INDIRECTE
V. + **sur** + complément : *lésiner* **sur** *la nourriture.*

lessiver [lesive] Régul. I /**avoir**/ Base : LESSIV-. **3**

C. SIMPLE DIRECTE
V. + complément : *lessiver un plafond.*
Emploi pronominal : **se** lessiver (accord = P).

lester [lɛste] Régul. I /**avoir**/ Base : LEST-. **3**

C. SIMPLE DIRECTE
V. + complément : *lester un vaurien.*
Emploi pronominal : **se** lester (accord = P);
se lester + complément : **se** *lester l'estomac* (accord = OE);
se lester **de** + complément : **se** *lester* **de** *nourritures riches* (accord = P);
se lester + compl. — **de** + compl. : **se** *lester la mémoire* **de** *citations* (accord = OE).

lever [ləve] Particularité I /**avoir**/ Base : L[E]V-. **15**

C. ABSOLUE : *les salades lèvent.*
C. SIMPLE DIRECTE
V. + complément : *lever un filet.*
Emploi pronominal : **se** lever (accord = P).

libeller [libɛlle] Régul. I /**avoir**/ Base : LIBELL-. **3**

C. SIMPLE DIRECTE
V. + complément : *libeller un article de loi.*
Emploi pronominal : **se** libeller (accord = P).

libéraliser [liberalize] Régul. I /**avoir**/ Base : LIBÉRALIS-. **3**

C. SIMPLE DIRECTE
V. + complément : *libéraliser un régime économique.*
Emploi pronominal : **se** libéraliser (accord = P).

libérer [libere] Particularité I /**avoir**/ Base : LIB[É]R-. **14**

C. SIMPLE DIRECTE
V. + complément : *libérer les échanges.*
Emploi pronominal : **se** libérer (accord = P).
CONSTRUCTION MULTIPLE
V. + compl. — **de** + compl. : *libérer un enfant* **d'***une tutelle.*
Emploi pronominal : **se** libérer **de** + complément : **se** *libérer* **de** *ses obligations* (accord = P).

licencier [lisɑ̃sje] Régul. I /**avoir**/ Base : LICENCI-. **3**

C. SIMPLE DIRECTE
V. + complément : *licencier un employé.*

lier [lje] Régul. I /**avoir**/ Base : LI-. **3**

C. SIMPLE DIRECTE
V. + complément : *lier une sauce.*
Emploi pronominal : **se** lier (accord = P).
V. + compl. — **à** + compl. : *lier son sort* **à** *celui d'une entreprise.*

Emploi pronominal : se lier **à** + complément : ***se** lier **à** une famille bourgeoise* (accord = P).
V. + compl. — **avec** + compl. : *lier des œillets **avec** du raphia.*
Emploi pronominal : se lier **avec** + complément : ***se** lier **avec** des inconnus* (accord = P);
se lier **de** + compl. — **avec** + compl. : ***se** lier **d'**amitié **avec** quelqu'un* (accord = P).

ligoter [ligɔte] Régul. I /**avoir**/ Base : LIGOT-. **3**
C. SIMPLE DIRECTE
V. + complément : *ligoter les initiatives.*

liguer [lige] Régul. I /**avoir**/ Base : LIGU-. **11**
C. SIMPLE DIRECTE
V. + complément : *liguer des adversaires d'hier.*
Emploi pronominal : se liguer (accord = P).
CONSTRUCTION MULTIPLE
V. + compl. — **contre** + compl. : *liguer les mécontents **contre** le pouvoir.*
Emploi pronominal : se liguer **contre** + complément : ***se** liguer **contre** le régime* (accord = P);
se liguer **avec** + complément : ***se** liguer **avec** le centre* (accord = P).

limer [lime] Régul. I /**avoir**/ Base : LIM-. **3**
C. SIMPLE DIRECTE
V. + complément : *limer une soudure.*
Emploi pronominal : se limer (accord = P);
se limer + complément : ***se** limer les ongles* (accord = OE).

limiter [limite] Régul. I /**avoir**/ Base : LIMIT-. **3**
C. SIMPLE DIRECTE
V. + complément : *limiter les dégâts.*
Emploi pronominal : se limiter (accord = P);
se limiter **à** + complément : ***se** limiter **à** l'essentiel* (accord = P).

liquéfier [likefje] Régul. I /**avoir**/ Base : LIQUÉFI-. **3**
C. SIMPLE DIRECTE
V. + complément : *liquéfier de l'azote.*
Emploi pronominal : se liquéfier (accord = P).

liquider [likide] Régul. I /**avoir**/ Base : LIQUID-. **3**
C. SIMPLE DIRECTE
V. + complément : *liquider son fonds de commerce.*
Emploi pronominal : se liquider (accord = P).

lire [lir] III /**avoir**/ Base : L-. **89**
C. ABSOLUE : *il sait lire.*
C. SIMPLE DIRECTE
V. + complément : *lire son journal.*
Emploi pronominal : se lire (accord = P).

CONSTRUCTION MULTIPLE
V. + compl. — **à** + compl. : *lire un conte* ***à*** *un enfant.*
V. + compl. — lieu : *lire un article intéressant* ***dans*** *une revue.*

livrer [livre] Régul. I /**avoir**/ Base : LIVR-. **3**
C. SIMPLE DIRECTE
V. + complément : *livrer de la bière.*
Emploi pronominal : **se** livrer (accord = P).
C. SIMPLE DIRECTE
V. + compl. — **à** + compl. : *livrer un criminel* ***à*** *la justice.*
Emploi pronominal : **se** livrer **à** + complément : ***se*** *livrer* ***à*** *une activité lucrative* (accord = P);
se livrer — attribut : ***se*** *livrer tel qu'on est* (accord = P);
se livrer — **en** + attribut : ***se*** *livrer* ***en*** *exemple* (accord = P);
se livrer — **à** + compl. — attribut : ***se*** *livrer* ***au*** *lecteur tel qu'on est* (accord = P);
se livrer — **en** + attribut — **à** + compl. : ***se*** *livrer* ***en*** *exemple* ***au*** *spectateur* (accord = P).

localiser [lɔkalize] Régul. I /**avoir**/ Base : LOCALIS-. **3**
C. SIMPLE DIRECTE
V. + complément : *localiser le mal.*
Emploi pronominal : **se** localiser (accord = P).
CONSTRUCTION MULTIPLE
V. + compl. — lieu : *localiser un ulcère* ***à*** *l'estomac.*

loger [lɔʒe] Particularité I /**avoir**/ Base : LO[G]-. **12**
C. SIMPLE DIRECTE
V. + complément : *loger une employée de maison.*
Emploi pronominal : **se** loger (accord = P).
C. SIMPLE INDIRECTE
V. + lieu : *loger* ***en*** *banlieue.*
CONSTRUCTION MULTIPLE
V. + compl. — lieu : *loger une balle* ***dans*** *le canon.*
Emploi pronominal : **se** loger + lieu : ***se*** *loger* ***près de*** *son lieu de travail* (accord = P).

longer [lɔ̃ʒe] Particularité I /**avoir**/ Base : LON[G]-. **12**
C. SIMPLE DIRECTE
V. + complément : *longer une palissade.*

loucher [luʃe] Régul. I /**avoir**/ Base : LOUCH-. **3**
C. ABSOLUE : *elle louche toujours.*
C. SIMPLE DIRECTE
V. + **sur** + complément : *loucher* ***sur*** *la copie de sa voisine.*

1. louer [lwe] Régul. I /**avoir**/ Base : LOU-. **3**
C. ABSOLUE : *villa à louer.*
C. SIMPLE DIRECTE
V. + complément : *louer une voiture.*
Emploi pronominal : **se** louer (accord = P).

CONSTRUCTION MULTIPLE

V. + compl. — **à** + compl. : *louer un appartement meublé* ***à*** *un diplomate.*

Emploi pronominal : **se** louer **à** + complément : ***se*** *louer* ***à*** *des gens fortunés* (accord = P).

2. louer [lwe] Régul. I /**avoir**/ Base : LOU-. **3**

C. ABSOLUE : *il critique, mais ne sait louer.*

C. SIMPLE DIRECTE

V. + complément : *louer le jeu d'un acteur.*

Emploi pronominal : **se** louer (accord = P).

CONSTRUCTION MULTIPLE

V. + compl. — **de** + compl. : *louer une femme* ***de*** *sa robe.*

Emploi pronominal : **se** louer **de** + complément : ***se*** *louer* ***du*** *succès d'une soirée* (accord = P).

V. + compl. — **de** + infin. : *louer un bavard* ***d'****être resté discret.*

Emploi pronominal : **se** louer **de** + infin. : ***se*** *louer* ***d'****être arrivé en retard* (accord = P).

V. + compl. — **pour** + compl. : *louer un cadeau* ***pour*** *le bon goût qu'il témoigne.*

V. + compl. — **pour** + infin. : *louer un enfant* ***pour*** *avoir été sage.*

louvoyer [luvwaje] Particularité I /**avoir**/ Base : LOUVO[Y]-. **8**

C. ABSOLUE : *ce vieux renard sait louvoyer.*

luire [lɥir] III /**avoir**/ Base : LUI-. **83**

C. ABSOLUE : *le soleil luit.*

lustrer [lystre] Régul. I /**avoir**/ Base : LUSTR-. **3**

C. SIMPLE DIRECTE

V. + complément : *lustrer un vêtement.*

Emploi pronominal : **se** lustrer (accord = P) ;
se lustrer + complément : ***se*** *lustrer le poil* (accord = OE).

lutter [lyte] Régul. I /**avoir**/ Base : LUTT-. **3**

C. ABSOLUE : « *Qui veut lutter?* »

C. SIMPLE INDIRECTE

V. + **avec** + complément : *lutter* ***avec*** *un adversaire plus fort que soi.*

V. + **contre** + complément : *lutter* ***contre*** *les abus.*

V. + **de** + complément : *lutter* ***de*** *politesse.*

V. + **pour** + complément : *lutter* ***pour*** *la liberté.*

CONSTRUCTION MULTIPLE

V. + **de** + compl. — **avec** + compl. : *lutter* ***de*** *générosité* ***avec*** *son frère.*

luxer [lykse] Régul. I /**avoir**/ Base : LUX-. **3**

C. SIMPLE DIRECTE

V. + complément : *luxer une articulation.*

Emploi pronominal : **se** luxer (accord = P) ;
se luxer + complément : ***se*** *luxer le coude* (accord = OE).

m

Modèle

macérer [masere] Particularité I /**avoir**/ Base : MAC[É]R-. **14**

C. ABSOLUE : *les cornichons macèrent.*

C. SIMPLE DIRECTE

V. + complément : *macérer des herbes.*
Emploi pronominal : **se** macérer (accord = P).

CONSTRUCTION MULTIPLE

V. + compl. — lieu : *macérer des oignons **dans** du vinaigre.*

mâcher [mɑʃe] Régul. I /**avoir**/ Base : MÂCH-. **3**

C. ABSOLUE : *il avale sans mâcher.*

C. SIMPLE DIRECTE

V. + complément : *mâcher de la gomme.*
Emploi pronominal : **se** mâcher (accord = P).

CONSTRUCTION MULTIPLE

V. + compl. — **à** + compl. : *mâcher le travail **à** un employé.*

machiner [maʃine] Régul. I /**avoir**/ Base : MACHIN-. **3**

1° Emploi personnel.

C. SIMPLE DIRECTE

V. + complément : *machiner une intrigue.*
Emploi pronominal : **se** machiner (accord = P).

CONSTRUCTION MULTIPLE

V. + compl. — **contre** + compl. : *machiner un complot **contre** le chef de l'Etat.*

2° Emploi unipersonnel pronominal

Il **se** machine + sujet réel nominal : *il **se** machine un renversement de ministère* (accord = I).

mâchonner [mɑʃɔne] Régul. I /**avoir**/ Base : MÂCHONN-. **3**

C. SIMPLE DIRECTE

V. + complément : *mâchonner du pain.*

maigrir [megrir] Régul. II /**avoir**/ Base : MAIGR-. **26**

C. ABSOLUE : *vous avez maigri.*

C. SIMPLE DIRECTE

V. + complément : *maigrir un socle.*

maintenir [mɛ̃t(ə)nir] III /**avoir**/ Base : MAINT-. **36**

C. SIMPLE DIRECTE

V. + complément : *maintenir ses conclusions.*
Emploi pronominal : **se** maintenir (accord = P).

CONSTRUCTION MULTIPLE

V. + compl. — attribut du compl. : *maintenir quelqu'un dépendant.*
Emploi pronominal : **se** maintenir + attribut : ***se*** *maintenir libre* (accord = P).
V. + compl. — **dans** + compl. : *maintenir un collaborateur* ***dans*** *la voie tracée.*
Emploi pronominal : **se** maintenir **dans** + complément : ***se*** *maintenir* ***dans*** *des limites raisonnables* (accord = P).
V. + compl. — **en** + compl. : *maintenir un athlète* ***en*** *bonne forme.*
Emploi pronominal : **se** maintenir **en** + complément : ***se*** *maintenir* ***en*** *bonne santé* (accord = P).

maîtriser [metrize] Régul. I /**avoir**/ Base : MAÎTRIS-. **3**

C. SIMPLE DIRECTE

V. + complément : *maîtriser une fureur pourtant justifiée.*
Emploi pronominal : **se** maîtriser (accord = P).

majorer [maʒɔre] Régul. I /**avoir**/ Base : MAJOR-. **3**

C. SIMPLE DIRECTE

V. + complément : *majorer le taux d'une taxe.*

malaxer [malakse] Régul. I /**avoir**/ Base : MALAX-. **3**

C. SIMPLE DIRECTE

V. + complément : *malaxer une pâte.*
Emploi pronominal : **se** malaxer (accord = P).

malmener [malməne] Particularité I /**avoir**/ Base : MALM[E]N-. **15**

C. SIMPLE DIRECTE

V. + complément : *malmener son adversaire.*
Emploi pronominal : **se** malmener (accord = P).

maltraiter [maltrete] Régul. I /**avoir**/ Base : MALTRAIT-. **3**

C. SIMPLE DIRECTE

V. + complément : *maltraiter son chien.*
Emploi pronominal : **se** maltraiter (accord = P).

mandater [mɑ̃date] Régul. I /**avoir**/ Base : MANDAT-. **3**

C. SIMPLE DIRECTE

V. + complément : *mandater un paiement.*

manger [mɑ̃ʒe] Particularité I /**avoir**/ Base : MAN[G]-. **12**

C. ABSOLUE : « *Mange donc !* »

C. SIMPLE DIRECTE

V. + complément : *manger un œuf.*
Emploi pronominal : **se** manger (accord = P).

C. SIMPLE INDIRECTE

V. + **de** + complément : *manger* ***de*** *chaque plat.*

manier [manje] Régul. I /**avoir**/ Base : MANI-. 3

C. SIMPLE DIRECTE

V. + complément : *manier une arme.*
Emploi pronominal : se manier (accord = P) ;
se manier + complément (pop.) : ***se** manier le train* (accord = OE).

manifester [manifɛste] Régul. I /**avoir**/ Base : MANIFEST-. 3

C. ABSOLUE : *les ouvriers manifestent.*

C. SIMPLE DIRECTE

V. + complément : *manifester sa joie.*
Emploi pronominal : se manifester (accord = P).

CONSTRUCTION MULTIPLE

V. + compl. — **à** + compl. : *manifester sa satisfaction **à** quelqu'un.*
Emploi pronominal : se manifester + complément : ***se** manifester une joie débordante* (accord = OE).

manipuler [manipyle] Régul. I /**avoir**/ Base : MANIPUL-. 3

C. ABSOLUE : *le chimiste manipule.*

C. SIMPLE DIRECTE

V. + complément : *manipuler des explosifs.*
Emploi pronominal : se manipuler (accord = P).

manœuvrer [manœvre] Régul. I /**avoir**/ Base : MANŒUVR-. 3

C. ABSOLUE : *le bateau manœuvre.*

C. SIMPLE DIRECTE

V. + complément : *manœuvrer des troupes.*
Emploi pronominal : se manœuvrer (accord = P).

manquer [mɑ̃ke] Régul. I /**avoir**/ Base : MANQU-. 3

1° Emploi personnel.

C. ABSOLUE : *une tasse manque.*

C. SIMPLE DIRECTE

V. + complément : *manquer son train.*
Emploi pronominal : se manquer (accord = P).
V. + infin. : *manquer faire un malheur.*

C. SIMPLE INDIRECTE

V. + **à** + complément : *manquer **à** un supérieur.*
V. + **de** + complément : *manquer **de** pain.*

CONSTRUCTION MULTIPLE

V. + **de** + compl. — **à** + compl. : *manquer **de** respect **à** son père.*

2° Emploi unipersonnel.

C. SIMPLE DIRECTE

Il manque + sujet réel nominal : *il manque une soucoupe.*

CONSTRUCTION MULTIPLE

Il manque + sujet réel nominal — **à** + complément : *il manque une fourchette **au** service en argenterie.*
Il manque + **à** + compl. — sujet réel = **de** + infin. : *il manque **à** ce garçon **d'**avoir l'occasion de s'extérioriser.*

maquiller [makije] Régul. I /**avoir**/ Base : MAQUILL-. **3**

C. SIMPLE DIRECTE

V. + complément : *maquiller une voiture.*
Emploi pronominal : se maquiller (accord = P); se maquiller + complément : ***se** maquiller les yeux* (accord = OE).

marchander [marʃɑ̃de] Régul. I /**avoir**/ Base : MARCHAND-. **3**

C. ABSOLUE : *il faut souvent marchander.*

C. SIMPLE DIRECTE

V. + complément : *marchander un vieux bahut.*
Emploi pronominal : se marchander (accord = P).

CONSTRUCTION MULTIPLE

V. + compl. — **à** + compl. : *marchander les encouragements **à** ses collaborateurs.*
Emploi pronominal : se marchander + complément : ***se** marchander les compliments* (accord = OE).

marcher [marʃe] Régul. I /**avoir**/ Base : MARCH-. **3**

C. ABSOLUE : *il n'aime guère marcher.*

C. SIMPLE DIRECTE

V. + complément : *marcher l'argile.*

marier [marje] Régul. I /**avoir**/ Base : MARI-. **3**

C. SIMPLE DIRECTE

V. + complément : *marier sa fille.*
Emploi pronominal : se marier (accord = P).

CONSTRUCTION MULTIPLE

V. + compl. — **à** + compl. : *marier son fils **à** une jeune avocate.*
V. + compl. — **avec** + compl. : *marier une cousine **avec** le fils du châtelain.*
Emploi pronominal : se marier **avec** + complément : ***se** marier **avec** une cantatrice* (accord = P).

mariner [marine] Régul. I /**avoir**/ Base : MARIN-. **3**

C. ABSOLUE : *le lièvre marine.*

C. SIMPLE DIRECTE

V. + complément : *mariner une pièce de venaison.*
Emploi pronominal : se mariner (accord = P).

marmonner [marmɔne] Régul. I /**avoir**/ Base : MARMONN-. **3**

C. ABSOLUE : *il marmonne sans cesse.*

C. SIMPLE DIRECTE

V. + complément : *marmonner des injures.*

marquer [marke] Régul. I /**avoir**/ Base : MARQU-. **3**

C. ABSOLUE : *une telle épreuve marque.*

C. SIMPLE DIRECTE

V. + complément : *marquer un point.*
Emploi pronominal : se marquer (accord = P).
V. + **que** + indic. : *marquer **que** l'on n'est pas d'accord.*

CONSTRUCTION MULTIPLE

V. + compl. — **à** + compl. : *marquer son indignation **à** son interlocuteur.*

Emploi pronominal : **se** marquer + complément : ***se** marquer un point* (accord = OE).

V. + compl. — **de** + compl. : *marquer un animal **d'**un signe distinctif.*

V. + compl. — **par** + compl. : *marquer son accord **par** un signe de tête.*

Emploi pronominal : **se** marquer + **par** + complément : ***se** marquer **par** une éruption* (accord = P).

martyriser [martirize] Régul. I /**avoir**/ Base : MARTYRIS-. **3**

C. SIMPLE DIRECTE

V. + complément : *martyriser les animaux.*

Emploi pronominal : **se** martyriser (accord = P).

masculiniser [maskylinize] Régul. I /**avoir**/ Base : MASCULINIS-. **3**

C. SIMPLE DIRECTE

V. + complément : *masculiniser sa silhouette.*

Emploi pronominal : **se** masculiniser (accord = P).

masquer [maske] Régul. I /**avoir**/ Base : MASQU-. **3**

C. SIMPLE DIRECTE

V. + complément : *masquer une erreur comptable.*

Emploi pronominal : **se** masquer (accord = P).

massacrer [masakre] Régul. I /**avoir**/ Base : MASSACR-. **3**

C. ABSOLUE : *il ne joue pas, il massacre.*

C. SIMPLE DIRECTE

V. + complément : *massacrer un rôle.*

Emploi pronominal : **se** massacrer (accord = P).

masser [mase] Régul. I /**avoir**/ Base : MASS-. **3**

C. SIMPLE DIRECTE

V. + complément : *masser un membre.*

Emploi pronominal : **se** masser (accord = P);
se masser + complément : ***se** masser le pouce* (accord = OE).

CONSTRUCTION MULTIPLE

V. + compl. — lieu : *masser les blindés **derrière** un bois.*

Emploi pronominal : **se** masser + lieu : ***se** masser **dans** un faubourg* (accord = P).

matelasser [mat(ə)lase] Régul. I /**avoir**/ Base : MATELASS-. **3**

C. SIMPLE DIRECTE

V. + complément : *matelasser un sac de couchage.*

matérialiser [materjalize] Régul. I /**avoir**/ Base : MATÉRIALIS-. **3**

C. SIMPLE DIRECTE

V. + complément : *matérialiser ses espoirs.*

Emploi pronominal : **se** matérialiser (accord = P).

Modèle

matraquer [matrake] Régul. I /**avoir**/ Base : MATRAQU-. **3**

C. SIMPLE DIRECTE

V. + complément : *matraquer des grévistes.*

maudire [modir] III /**avoir**/ Base : MAUDI-. **86**

C. SIMPLE DIRECTE

V. + complément : *maudire quelqu'un.*
Emploi pronominal : **se** maudire (accord = P).

maugréer [mogree] Régul. I /**avoir**/ Base : MAUGRÉ-. **13**

C. ABSOLUE : *il y a de quoi maugréer.*

C. SIMPLE INDIRECTE

V. + **contre** + complément : *maugréer* ***contre*** *le mauvais sort.*

mécaniser [mekanize] Régul. I /**avoir**/ Base : MÉCANIS-. **3**

C. SIMPLE DIRECTE

V. + complément : *mécaniser les moyens de production.*
Emploi pronominal : **se** mécaniser (accord = P).

méconnaître [mekɔnɛtr] III /**avoir**/ Base : MÉCONN-. **61**

C. SIMPLE DIRECTE

V. + complément : *méconnaître un service rendu.*
Emploi pronominal : **se** méconnaître (accord = P).
V. + **que** + indic. : *méconnaître* ***que*** *l'on vous a aidé.*
V. + **que** + subj. : *méconnaître* ***que*** *la situation soit critique.*

mécontenter [mekɔ̃tɑ̃te] Régul. I /**avoir**/ Base : MÉCONTENT-. **3**

C. SIMPLE DIRECTE

V. + complément : *mécontenter ses parents.*

médire [medir] III /**avoir**/ Base : MÉDI-. **84**

C. ABSOLUE : *elles ne font que médire.*

C. SIMPLE DIRECTE

V. + **de** + complément : *médire* ***de*** *ses voisins.*
V. + **sur** + complément : *médire* ***sur*** *chacun.*

méditer [medite] Régul. I /**avoir**/ Base : MÉDIT-. **3**

C. ABSOLUE : *il n'a jamais un moment pour méditer.*

C. SIMPLE DIRECTE

V. + complément : *méditer une vengeance terrible.*
V. + **de** + infin. : *méditer* ***de*** *lancer une opération lucrative.*

C. SIMPLE INDIRECTE

V. + **sur** + complément : *méditer* ***sur*** *l'inutilité de la vie.*

méfier (se) [s(ə)mefje] Régul. I /**être**/ Base : MÉFI- (SE). **5**

C. ABSOLUE : ***se*** *méfier* (accord = P).

C. SIMPLE DIRECTE

Se méfier + **de** + complément : ***se*** *méfier* ***d'****un projet peu précis* (accord = P).

mélanger [melɑ̃ʒe] Particularité I /**avoir**/ Base : MÉLAN[G]-. **12**

C. SIMPLE DIRECTE

V. + complément : *mélanger des couleurs.*
Emploi pronominal : **se** mélanger (accord = P).

CONSTRUCTION MULTIPLE

V. + compl. — **et** + compl. : *mélanger du jaune* **et** *du bleu.*
V. + compl. — **à** + compl. : *mélanger des fils blancs* **à** *un tissu noir.*
Emploi pronominal : **se** mélanger **à** + complément : **se** *mélanger* **à** *l'eau* (accord = P).
V. + compl. — **avec** + compl. : *mélanger de la farine* **avec** *du lait.*
Emploi pronominal : **se** mélanger **avec** + complément : **se** *mélanger* **avec** *la chaux* (accord = P).

mêler [mele] Régul. I /**avoir**/ Base : MÊL-. **3**

C. SIMPLE DIRECTE

V. + complément : *mêler deux liquides.*
Emploi pronominal : **se** mêler (accord = P).

CONSTRUCTION MULTIPLE

V. + complément — **et** + compl. : *mêler de l'eau* **et** *du vin.*
V. + compl. — **à** + compl. : *mêler un jaune d'œuf* **à** *du lait.*
Emploi pronominal : **se** mêler **à** + complément : **se** *mêler* **à** *la foule* (accord = P).
V. + compl. — **avec** + compl. : *mêler du cuivre* **avec** *de l'étain.*
Emploi pronominal : **se** mêler **avec** + complément : **se** *mêler* **avec** *l'argent* (accord = P).
V. + compl. — **dans** + compl. : *mêler deux aromates* **dans** *une sauce.*
V. + compl. — **de** + compl. : *mêler un devoir* **de** *citations controuvées.*
Emploi pronominal : **se** mêler **de** + complément : **se** *mêler* **des** *affaires d'autrui* (accord = P) ;
se mêler **de** + infin. : **se** *mêler* **de** *donner son opinion* (accord = P).
V. + compl. — **parmi** + compl. : *mêler des branches d'asparagus* **parmi** *les œillets.*

menacer [m(ə)nase] Particularité I /**avoir**/ Base : MENA[G]-. **10**

C. ABSOLUE : *se voyant en danger, il menace.*

C. SIMPLE DIRECTE

V. + complément : *menacer son adversaire.*
Emploi pronominal : **se** menacer (accord = P).

CONSTRUCTION MULTIPLE

V. + compl. — **de** + compl. : *menacer quelqu'un* **des** *foudres du ciel.*
Emploi pronominal : **se** menacer **de** + complément : **se** *menacer* **de** *la censure* (accord = P).
V. + compl. — **de** + infin. : *menacer un enfant* **de** *le punir.*
Emploi pronominal : **se** menacer **de** + infin. : **se** *menacer* **de** *tout révéler* (accord = P).
V. + compl. — **que** + indic. : *menacer quelqu'un* **que** *tout se saura.*

ménager [menaʒe] Particularité I /**avoir**/ Base : MÉNA[G]-. **12**

C. SIMPLE DIRECTE

V. + complément : *ménager ses efforts.*
Emploi pronominal : **se** ménager (accord = P).

CONSTRUCTION MULTIPLE

V. + compl. — **à** + compl. : *ménager une surprise **à** sa mère.*
Emploi pronominal : **se** ménager + complément : ***se** ménager des loisirs* (accord = OE).
V. + compl. — **pour** + compl. : *ménager un rendez-vous **pour** un ami.*

mendier [mɑ̃dje] Régul. I /**avoir**/ Base : MENDI-. **3**

C. ABSOLUE : *il mendie et pourrait travailler.*

C. SIMPLE DIRECTE

V. + complément : *mendier les flatteries.*

CONSTRUCTION MULTIPLE

V. + compl. — **à** + compl. : *mendier un sourire **à** sa mère.*

mener [məne] Particularité I /**avoir**/ Base : M[E]N-. **15**

C. SIMPLE DIRECTE

V. + complément : *mener sa barque.*
V. + proposition infinitive : *mener paître les vaches.*

C. SIMPLE INDIRECTE

V. + lieu : *mener **au** village.*

CONSTRUCTION MULTIPLE

V. + compl. — lieu : *mener un voyageur **à** la gare.*

mentionner [mɑ̃sjɔne] Régul. I /**avoir**/ Base : MENTIONN-. **3**

C. SIMPLE DIRECTE

V. + complément : *mentionner ses sources.*

mentir [mɑ̃tir] III /**avoir**/ Base : MEN-. **32**

C. ABSOLUE : *cet enfant ment.*

C. SIMPLE INDIRECTE

V. + **à** + complément : *mentir **à** sa mère.*
Emploi pronominal : **se** mentir (accord = I).

méprendre (se) [s(ə)meprɑ̃dr] III /**être**/ Base : MÉPR- (SE). **68**

C. ABSOLUE : **se** méprendre (accord = P).

C. SIMPLE INDIRECTE

Se méprendre + **à** + complément : ***se** méprendre **à** la vue de quelque chose* (accord = P).
Se méprendre + **sur** + complément : ***se** méprendre **sur** les intentions de quelqu'un* (accord = P).

mépriser [meprize] Régul. I /**avoir**/ Base : MÉPRIS-. **3**

C. ABSOLUE : *il a le tort de ne savoir mépriser.*

C. SIMPLE DIRECTE

V. + complément : *mépriser les attaques viles.*
Emploi pronominal : **se** mépriser (accord = P).

mériter [merite] Régul. I /**avoir**/ Base : MÉRIT-. **3**

C. SIMPLE DIRECTE

V. + complément : *mériter une récompense.*
Emploi pronominal : **se** mériter (accord = P).
V. + **de** + infin. : *mériter **d'**être connu.*
V. + **que** + subj. : *mériter **que** l'on soit félicité.*

mesurer [məzyre] Régul. I /**avoir**/ Base : MESUR-. **3**

C. ABSOLUE : *avant de couper, mesurez.*

C. SIMPLE DIRECTE

V. + complément : *mesurer ses forces.*
Emploi pronominal : **se** mesurer (accord = P).

CONSTRUCTION MULTIPLE

V. + **à** + compl. — compl. : *mesurer les éloges* **à** *quelqu'un.*
Emploi pronominal : **se** mesurer + complément : ***se*** *mesurer les compliments* (accord = OE) ;
se mesurer **à** + complément : ***se*** *mesurer* **à** *l'ennemi* (accord = P).

V. + compl. — **avec** + compl. : *mesurer ses forces* **avec** *son adversaire.*
Emploi pronominal : **se** mesurer **avec** + complément : ***se*** *mesurer* **avec** *un ennemi redoutable* (accord = P).

V. + compl. — **contre** + compl. : *mesurer ses armes* **contre** *quelqu'un.*
Emploi pronominal : **se** mesurer **contre** + complément : ***se*** *mesurer* **contre** *quelqu'un* (accord = P).

métamorphoser [metamɔrfoze] Régul. I /**avoir**/ Base : MÉTAMORPHOS-. **3**

C. SIMPLE DIRECTE

V. + complément : *métamorphoser un homme timide.*
Emploi pronominal : **se** métamorphoser (accord = P).

CONSTRUCTION MULTIPLE

V. + compl. — **en** + compl. : *métamorphoser une citrouille* **en** *carrosse.*
Emploi pronominal : **se** métamorphoser **en** + complément : ***se*** *métamorphoser* **en** *foudre de guerre* (accord = P).

mettre [mɛtr] III /**avoir**/ Base : M-. **60**

1° Emploi personnel.

C. SIMPLE DIRECTE

V. + complément : *mettre son manteau.*
Emploi pronominal : **se** mettre (accord = P).
V. + **que** + indic. : *mettons* **que** *je n'ai rien dit.*

CONSTRUCTION MULTIPLE

V. + compl. — attribut du compl. : *mettre quelqu'un assis.*
Emploi pronominal : **se** mettre + attribut : ***se*** *mettre nu* (accord = P).

V. + compl. — lieu propre ou figuré : *mettre le café* **sur** *le feu.*
Emploi pronominal : **se** mettre + lieu propre ou figuré : ***se*** *mettre* **dans** *un mauvais pas* (accord = P).

V. + compl. — manière : *mettre ses parents dans l'angoisse.*
Emploi pronominal : **se** mettre + manière : ***se*** *mettre* **en** *transpiration* (accord = P).

V. + compl. — **à** + compl. : *mettre son écharpe* **à** *un enfant.*
Emploi pronominal : **se** mettre + complément : ***se*** *mettre une ceinture* (accord = OE).

V. + compl. — **à** + infin. : *mettre du lait* **à** *bouillir.*

Emploi pronominal : se mettre à + infin. : ***se** mettre **à** travailler* (accord = P).
V. + compl. — **(à)** infin. : *mettre du linge **(à)** sécher.*

2° Emploi unipersonnel pronominal
Il se met à + infin. : *il **se** met **à** neiger* (accord = I).

meubler [mœble] Régul. I /**avoir**/ Base : MEUBL-. **3**

C. SIMPLE DIRECTE
V. + complément : *meubler une pièce.*
Emploi pronominal : se meubler (accord = P).

CONSTRUCTION MULTIPLE
V. + compl. — **avec** + compl. : *meubler une entrée **avec** un guéridon.*
Emploi pronominal : se meubler + manière : ***se** meubler **en** moderne* (accord = P).

meurtrir [mœrtrir] Régul. II /**avoir**/ Base : MEURTR-. **26**

C. SIMPLE DIRECTE
V. + complément : *meurtrir une pêche.*
Emploi pronominal : se meurtrir (accord = P); se meurtrir + complément : ***se** meurtrir le pied* (accord = OE).

militariser [militarize] Régul. I /**avoir**/ Base : MILITARIS-. **3**

C. SIMPLE DIRECTE
V. + complément : *militariser une région frontière.*

militer [milite] Régul. I /**avoir**/ Base : MILIT-. **3**

C. ABSOLUE : *il milite, lui.*

C. SIMPLE INDIRECTE
V. + **contre** + complément : *militer **contre** la faim dans le monde.*
V. + **en faveur de** + complément : *militer **en faveur des** pays insuffisamment développés.*
V. + **pour** + complément : *militer **pour** le développement de l'éducation.*

mimer [mime] Régul. I /**avoir**/ Base : MIM-. **3**

C. ABSOLUE : *il mime en parlant.*

C. SIMPLE DIRECTE
V. + complément : *mimer un homme très occupé.*

miner [mine] Régul. I /**avoir**/ Base : MIN-. **3**

C. SIMPLE DIRECTE
V. + complément : *miner un champ.*
Emploi pronominal : se miner (accord = P).

miniaturiser [minjatyrize] Régul. I /**avoir**/ Base : MINIATURIS-. **3**

C. SIMPLE DIRECTE
V. + complément : *miniaturiser un circuit.*

minimiser [minimize] Régul. I /**avoir**/ Base : MINIMIS-. **3**

C. SIMPLE DIRECTE
V. + complément : *minimiser un incident.*

miroiter [mirwate] Régul. I /**avoir**/ Base : MIROIT-. **3**

C. ABSOLUE : *un morceau de verre miroite.*

miser [mize] Régul. I /**avoir**/ Base : MIS-. **3**

C. ABSOLUE : *vous n'avez pas misé.*
C. SIMPLE DIRECTE
V. + complément : *miser deux francs.*
C. SIMPLE INDIRECTE
V. + **sur** + complément : *miser* ***sur*** *la chance.*
CONSTRUCTION MULTIPLE
V. + compl. — **sur** + compl. : *miser dix francs* ***sur*** *un cheval.*

mitrailler [mitraje] Régul. I /**avoir**/ Base : MITRAILL-. **3**

C. ABSOLUE : *l'examinateur mitraille.*
C. SIMPLE DIRECTE
V. + complément : *mitrailler un convoi.*
Emploi pronominal : **se** mitrailler (accord = P).
CONSTRUCTION MULTIPLE
V. + compl. — **de** + compl. : *mitrailler l'orateur* ***de*** *questions.*

mobiliser [mɔbilize] Régul. I /**avoir**/ Base : MOBILIS-. **3**

C. ABSOLUE : *dès la déclaration de guerre, on mobilisa.*
C. SIMPLE DIRECTE
V. + complément : *mobiliser toutes ses forces.*

modeler [mɔd(ə)le] Particularité I /**avoir**/ Base : MOD[E]L-. **17**

C. ABSOLUE : « *Savez-vous modeler?* »
C. SIMPLE DIRECTE
V. + complément : *modeler de l'argile.*
Emploi pronominal : **se** modeler (accord = P);
se modeler **sur** + complément : ***se*** *modeler* ***sur*** *son chef* (accord = P).

modérer [mɔdere] Particularité I /**avoir**/ Base : MOD[É]R-. **14**

C. SIMPLE DIRECTE
V. + complément : *modérer un homme en colère.*
Emploi pronominal : **se** modérer (accord = P).

moderniser [mɔdɛrnize] Régul. I /**avoir**/ Base : MODERNIS-. **3**

C. SIMPLE DIRECTE
V. + complément : *moderniser son matériel.*
Emploi pronominal : **se** moderniser (accord = P).

modifier [mɔdifje] Régul. I /**avoir**/ Base : MODIFI-. **3**

C. SIMPLE DIRECTE
V. + complément : *modifier la disposition des meubles.*
Emploi pronominal : **se** modifier (accord = P).

moisir [mwazir] Régul. II /**avoir**/ Base : MOIS-. **26**
C. ABSOLUE : *les yaourts ont moisi.*
C. SIMPLE DIRECTE
V. + complément : *moisir un citron.*
Emploi pronominal : **se** moisir (accord = P).

moissonner [mwasɔne] Régul. I /**avoir**/ Base : MOISSONN-. **3**
C. ABSOLUE : *on va moissonner tard.*
C. SIMPLE DIRECTE
V. + complément : *moissonner l'avoine.*
Emploi pronominal : **se** moissonner (accord = P).

molester [mɔlɛste] Régul. I /**avoir**/ Base : MOLEST-. **3**
C. SIMPLE DIRECTE
V. + complément : *molester le service d'ordre.*

mollir [mɔlir] Régul. II /**avoir**/ Base : MOLL-. **26**
C. ABSOLUE : *la brise mollit.*
V. + complément : *mollir un cordage.*

monnayer [mɔneje] Particularité I /**avoir**/ Base : MONNAY-. **9**
C. ABSOLUE : *l'ouvrier monnaye.*
C. SIMPLE DIRECTE
V. + complément : *monnayer son travail.*
Emploi pronominal : **se** monnayer (accord = P).

monopoliser [mɔnɔpɔlize] Régul. I /**avoir**/ Base : MONOPOLIS-. **3**
C. SIMPLE DIRECTE
V. + complément : *monopoliser le marché.*

monter [mɔ̃te] Régul. I /**avoir** et **être**/ Base : MONT-. **3**
1° Auxiliaire *avoir*.
C. ABSOLUE : *les prix ont encore monté.*
C. SIMPLE DIRECTE
V. + complément : *monter du charbon.*
Emploi pronominal : **se** monter (accord = P).
CONSTRUCTION MULTIPLE
V. + complément — lieu : *monter une vieille lampe* ***au*** *grenier.*
Emploi pronominal : **se** monter + lieu : ***se*** *monter* ***dans*** *la mansarde* (accord = P).
V. + compl. — **à** + compl. : *monter le courrier* ***à*** *la voisine.*
Emploi pronominal : **se** monter **à** + complément : ***se*** *monter* ***au*** *locataire du troisième étage* (accord = P); **se** monter + complément : ***se*** *monter du lait* (accord = OE).
2° Auxiliaire *être*.
C. ABSOLUE : *le facteur est monté.*
C. SIMPLE DIRECTE
V. + infin. : *monter bavarder avec son voisin.*

montrer [mɔ̃tre] Régul. I /**avoir**/ Base : MONTR-. **3**
C. SIMPLE DIRECTE
V. + complément : *montrer un bibelot.*

Emploi pronominal : se montrer (accord = P).
V. + discours indirect : *montrer* **pourquoi** *un mécanisme ne fonctionne pas.*
V. + **que** + indic. : *montrer* **que** *tout est rangé.*

CONSTRUCTION MULTIPLE

V. + compl. — **à** + compl. : *montrer son chemin* **à** *un voyageur.*
Emploi pronominal : se montrer + **à** + complément : **se** *montrer* **à** *la foule* (accord = P) ;
se montrer + complément : **se** *montrer des photos* (accord = OE).
V. + **à** + compl. — **que** + indic. : *montrer* **à** *tous* **que** *l'on est encore vigoureux.*
Emploi pronominal : se montrer **que** + indic. : *ils* **se** *sont montré* **qu'***ils étaient restés égaux* (accord = I) ;
se montrer + attribut : **se** *montrer réticent* (accord = P).

moquer (se) [s(ə)mɔke] Régul. I /**être**/ Base : MOQU- (SE). **5**

C. SIMPLE INDIRECTE

Se moquer **de** + complément : **se** *moquer* **d'***un ami* (accord = P) ;
Se moquer **de** + infin. : **se** *moquer* **de** *faire parler de soi* (accord = P).

moraliser [mɔralize] Régul. I /**avoir**/ Base : MORALIS-. **3**

C. ABSOLUE : *il ne cesse de moraliser.*

C. SIMPLE DIRECTE

V. + complément : *moraliser le théâtre.*
Emploi pronominal : se *moraliser* (accord = P).

C. SIMPLE INDIRECTE

V. + **sur** + complément : *moraliser* **sur** *des situations banales.*

morceler [mɔrsəle] Particularité I /**avoir**/ Base : MORCE[L]-. **16**

C. SIMPLE DIRECTE

V. + complément : *morceler une propriété.*
Emploi pronominal : se morceler (accord = P).
V. + compl. — **en** + compl. : *morceler un bois* **en** *plusieurs lots.*
Emploi pronominal : se morceler **en** + complément : **se** *morceler* **en** *petites unités* (accord = P).

mordre [mɔrdr] III /**avoir**/ Base : MORD-. **65**

C. ABSOLUE : *ce chien cherche constamment à mordre.*

C. SIMPLE DIRECTE

V. + complément : *mordre le facteur.*
Emploi pronominal : se mordre (accord = P) ;
se mordre + complément : **se** *mordre les lèvres* (accord = OE).

C. SIMPLE INDIRECTE

V. + lieu propre ou figuré : *mordre* **à** *l'hameçon.*

mortifier [mɔrtifje] Régul. I /**avoir**/ Base : MORTIFI-. **3**

C. SIMPLE DIRECTE

V. + complément : *mortifier un enfant.*
Emploi pronominal : se mortifier (accord = P).

motoriser [mɔtɔrize] Régul. I /**avoir**/ Base : MOTORIS-. **3**

C. SIMPLE DIRECTE

V. + complément : *motoriser les employés de la poste.*
Emploi pronominal : **se** motoriser (accord = P).

moucher [muʃe] Régul. I /**avoir**/ Base : MOUCH-. **3**

C. ABSOLUE : « *Est-ce qu'il mouche toujours?* »

C. SIMPLE DIRECTE

V. + complément : *moucher un enfant.*
Emploi pronominal : **se** moucher (accord = P).

moudre [mudr] III /**avoir**/ Base : MOU-. **70**

C. SIMPLE DIRECTE

V. + complément : *moudre du café.*
Emploi pronominal : **se** moudre (accord = P).

mouiller [muje] Régul. I /**avoir**/ Base : MOUILL-. **3**

C. SIMPLE DIRECTE

V. + complément : *mouiller une dalle.*
Emploi pronominal : **se** mouiller (accord = P);
se mouiller + complément : ***se** mouiller les cheveux* (accord = OE).

mouler [mule] Régul. I /**avoir**/ Base : MOUL-. **3**

C. SIMPLE DIRECTE

V. + complément : *mouler une pièce.*
Emploi pronominal : **se** mouler (accord = P).

CONSTRUCTION MULTIPLE

V. + complément — lieu propre ou figuré : *mouler son attitude* ***sur*** *celle de son collègue.*
Emploi pronominal : **se** mouler + lieu : ***se** mouler **sur** quelque chose* (accord = P).

mourir [murir] III /**être**/ Base : M-. **34**

1° Emploi personnel.

C. ABSOLUE : *le petit chat est mort.*

C. SIMPLE DIRECTE

V. + attribut : *mourir pauvre.*
Emploi pronominal : **se** mourir (usité au présent et à l'imparfait de l'indic. seulement);

C. SIMPLE INDIRECTE

V. + **à** + complément : *mourir* ***à*** *la vie mondaine.*
V. + **de** + complément : *mourir* ***de*** *faim.*
Emploi pronominal : se mourir **de** + complément : ***se** mourir **d'**amour* (usité au présent et à l'imparfait de l'indic. seulement).

2° Emploi unipersonnel.

Il meurt + sujet réel nominal : *il meurt trop d'automobilistes sur nos routes.*

mouvoir [muvwar] III /**avoir**/ Base : M-. **42**
C. SIMPLE DIRECTE
V. + complément : *mouvoir un poids.*
Emploi pronominal : **se** mouvoir (accord = P).

mugir [myʒir] Régul. II /**avoir**/ Base : MUG-. **26**
C. ABSOLUE : *le bœuf mugit.*

multiplier [myltiplije] Régul. I /**avoir**/ Base : MULTIPLI-. **3**
C. SIMPLE DIRECTE
V. + complément : *multiplier les objections.*
Emploi pronominal : **se** multiplier (accord = P).
CONSTRUCTION MULTIPLE
V. + compl. — **par** + compl. : *multiplier une quantité* ***par*** *dix.*
Emploi pronominal : **se** multiplier **par** + complément : ***se*** *multiplier* ***par*** *trois* (accord = P).

munir [mynir] Régul. II /**avoir**/ Base : MUN-. **26**
C. SIMPLE DIRECTE
V. + complément : *munir une ville.*
Emploi pronominal : **se** munir (accord = P).
CONSTRUCTION MULTIPLE
V. + compl. — **de** + compl. : *munir un voyageur* ***de*** *toutes les provisions nécessaires.*
Emploi pronominal : **se** munir **de** + complément : ***se*** *munir* ***de*** *pain* (accord = P);
se munir **contre** + complément : ***se*** *munir* ***contre*** *la soif* (accord = P).

murer [myre] Régul. I /**avoir**/ Base : MUR-. **3**
C. SIMPLE DIRECTE
V. + complément : *murer une fenêtre.*
Emploi pronominal : **se** murer (accord = P);
se murer **dans** + complément : ***se*** *murer* ***dans*** *le silence* (accord = P).

mûrir [myrir] Régul. II /**avoir**/ Base : MÛR-. **26**
C. ABSOLUE : *les poires mûrissent.*
C. SIMPLE DIRECTE
V. + complément : *mûrir un projet.*
Emploi pronominal : **se** mûrir (accord = P).

murmurer [myrmyre] Régul. I /**avoir**/ Base : MURMUR-. **3**
C. ABSOLUE : « *Qu'avez-vous à murmurer?* »
C. SIMPLE DIRECTE
V. + complément : *murmurer un secret.*
Emploi pronominal : **se** murmurer (accord = P).
CONSTRUCTION MULTIPLE
V. + compl. — **à** + compl. : *murmurer un mot* ***à*** *quelqu'un.*
Emploi pronominal : **se** murmurer + complément : ***se*** *murmurer des confidences* (accord = OE).

museler [myz(ə)le] Particularité I /**avoir**/ Base : MUSE[L]-. **16**
C. SIMPLE DIRECTE
V. + complément : *museler l'opposition.*

muter [myte] Régul. I /**avoir**/ Base : MUT-. **3**
C. SIMPLE DIRECTE
V. + complément : *muter un fonctionnaire pour raisons disciplinaires.*

mutiler [mytile] Régul. I /**avoir**/ Base : MUTIL-. **3**
C. SIMPLE DIRECTE
V. + complément : *mutiler un arbre.*
Emploi pronominal : se mutiler (accord = P).

mystifier [mistifje] Régul. I /**avoir**/ Base : MYSTIFI-. **3**
C. SIMPLE DIRECTE
V. + complément : *mystifier les naïfs.*
Emploi pronominal : se mystifier (accord = P).

n

Modèle

nager [naʒe] Particularité I /**avoir**/ Base : NA[G]-. **12**

C. ABSOLUE : *il apprend à nager.*

C. SIMPLE DIRECTE

V. + complément : *nager le crawl.*

naître [nɛtr] III /**être**/ Base : N-. **62**

1° Emploi personnel.

C. ABSOLUE : *il est né.*

C. SIMPLE DIRECTE

V. + attribut : *naître stupide.*

C. SIMPLE INDIRECTE

V. + **à** + complément : *naître **à** la critique.*
V. + **de** + complément : *naître **de** parents riches.*
V. + **pour** + complément : *être né **pour** la poésie.*
V. + **pour** + infin. : *naître **pour** travailler.*

2° Emploi unipersonnel.

C. SIMPLE DIRECTE

il est né + sujet réel nominal : *il est né un homme providentiel.*

CONSTRUCTION MULTIPLE

il est né + sujet réel nominal — **à** + compl. : *il est né un génie **à** la science française.*

nantir [nɑ̃tir] Régul. II /**avoir**/ Base : NANT-. **26**

C. SIMPLE DIRECTE

V. + complément : *nantir un fonds de commerce.*
Emploi pronominal : se nantir (accord = P).

CONSTRUCTION MULTIPLE

V. + compl. — **de** + compl. : *nantir un enfant **de** connaissances qui lui seront utiles.*

narrer [nare] Régul. I /**avoir**/ Base : NARR-. **3**

C. ABSOLUE : *il aime narrer.*

C. SIMPLE DIRECTE

V. + complément : *narrer ses infortunes.*
V. + **que** + indic. : *narrer **que** l'on a eu des ennuis.*

CONSTRUCTION MULTIPLE

V. + compl. — **à** + compl. : *narrer une histoire extraordinaire **à** un auditeur naïf.*

nationaliser [nasjɔnalize] Régul. I /**avoir**/ Base : NATIONALIS-. **3**

C. SIMPLE DIRECTE
V. + complément : *nationaliser les compagnies d'assurances.*
Emploi pronominal : **se** nationaliser (accord = P).

naturaliser [natyralize] Régul. I /**avoir**/ Base : NATURALIS-. **3**

C. SIMPLE DIRECTE
V. + complément : *naturaliser un étranger.*

naviguer [navige] Régul. I /**avoir**/ Base : NAVIGU-. **11**

C. ABSOLUE : *il sait naviguer.*
C. SIMPLE INDIRECTE
V. + lieu : *naviguer **sur** le Pacifique.*

nécessiter [nesesite] Régul. I /**avoir**/ Base : NÉCESSIT-. **3**

C. SIMPLE DIRECTE
V. + complément : *nécessiter une certaine énergie.*
V. + **que** + subj. : *nécessiter **que** l'on fasse des efforts.*

négliger [negliʒe] Particularité I /**avoir**/ Base : NÉGLI[G]-. **12**

C. SIMPLE DIRECTE
V. + complément : *négliger les décimales.*
Emploi pronominal : **se** négliger (accord = P).
V. + **de** + infin. : *négliger **de** s'informer.*

négocier [negɔsje] Régul. I /**avoir**/ Base : NÉGOCI-. **3**

C. ABSOLUE : *ils vont enfin négocier.*
C. SIMPLE DIRECTE
V. + complément : *négocier une traite.*
Emploi pronominal : **se** négocier (accord = P).
C. SIMPLE INDIRECTE
V. + **avec** + complément : *négocier **avec** son ennemi de la veille.*

neiger [neʒe] Unipersonnel. Particularité I /**avoir**/ Base : NEI[G]-. **12**

C. ABSOLUE : *il neige.*

nettoyer [netwaje] Particularité I /**avoir**/ Base : NETTO[Y]-. **8**

C. SIMPLE DIRECTE
V. + complément : *nettoyer les écuries.*
Emploi pronominal : **se** nettoyer (accord = P);
se nettoyer + complément : ***se** nettoyer les ongles* (accord = OE).

neutraliser [nøtralize] Régul. I /**avoir**/ Base : NEUTRALIS-. **3**

C. SIMPLE DIRECTE
V. + complément : *neutraliser une opposition.*
Emploi pronominal : **se** neutraliser (accord = P).

nicher [niʃe] Régul. I /**avoir**/ Base : NICH-. **3**

C. ABSOLUE : *les aigles nichent.*
C. SIMPLE DIRECTE
V. + complément : *nicher ses enfants.*
Emploi pronominal : **se** nicher (accord = P).

C. SIMPLE INDIRECTE
V. + lieu : *nicher **sur** un if.*
Emploi pronominal : **se** nicher + lieu : ***se** nicher **sur** un bouleau* (accord = P).

nier [nje] Régul. I /**avoir**/ Base : NI-. **3**
C. ABSOLUE : *il tente de nier.*
C. SIMPLE DIRECTE
V. + complément : *nier sa culpabilité.*
V. + **que** + indic. : *nier **que** Balzac est un grand romancier.*
V. + **que** + subj. : *nier **que** l'on ait tort.*
V. + infin. : *nier avoir dit cela.*
CONSTRUCTION MULTIPLE
V. + compl. — **à** + compl. : *nier une dette **à** son créancier.*

niveler [niv(ə)le] Particularité I /**avoir**/ Base : NIVE[L]-. **16**
C. SIMPLE DIRECTE
V. + complément : *niveler un sol.*
Emploi pronominal : **se** niveler (accord = P).

noircir [nwarsir] Régul. II /**avoir**/ Base : NOIRC-. **26**
C. ABSOLUE : *les typographes devront noircir.*
C. SIMPLE DIRECTE
V. + complément : *noircir la réputation de quelqu'un.*
Emploi pronominal : **se** noircir (accord = P);
se noircir + complément : ***se** noircir les mains* (accord = OE).

nommer [nɔme] Régul. I /**avoir**/ Base : NOMM-. **3**
C. SIMPLE DIRECTE
V. + complément : *nommer les lauréats.*
Emploi pronominal : **se** nommer (accord = P).
CONSTRUCTION MULTIPLE
V. + compl. — **à** + compl. : *nommer les champions **au** ministre des Sports.*
Emploi pronominal : **se** nommer + complément : ***se** nommer les grands auteurs latins* (accord = OE).
V. + compl. — attribut du compl. : *nommer César empereur.*
Emploi pronominal : **se** nommer + attribut : ***se** nommer Arsène* (accord = P).
V. + compl. — **par** + compl. : *nommer les élèves **par** leur prénom.*

normaliser [nɔrmalize] Régul. I /**avoir**/ Base : NORMALIS-. **3**
C. SIMPLE DIRECTE
V. + complément : *normaliser la hauteur des appareils ménagers.*
Emploi pronominal : **se** normaliser (accord = P).

noter [nɔte] Régul. I /**avoir**/ Base : NOT-. **3**
C. ABSOLUE : *je note.*
C. SIMPLE DIRECTE
V. + complément : *noter une commande.*
Emploi pronominal : **se** noter (accord = P).
V. + **que** + indic. : *noter **que** la conjoncture est difficile.*

notifier [nɔtifje] Régul. I /**avoir**/ Base : NOTIFI-. **3**

C. SIMPLE DIRECTE

V. + complément : *notifier une décision.*

CONSTRUCTION MULTIPLE

V. + compl. — **à** + compl. : *notifier un mémoire **à** l'administration.*

nouer [nwe] Régul. I /**avoir**/ Base : NOU-. **3**

C. ABSOLUE : *les fruits nouent.*

C. SIMPLE DIRECTE

V. + complément : *nouer ses sandales.*
Emploi pronominal : **se** nouer (accord = P).

CONSTRUCTION MULTIPLE

V. + compl. — **avec** + compl. : *nouer des relations commerciales **avec** le Japon.*
Emploi pronominal : **se** nouer + complément : ***se** nouer l'estomac* (accord = OE).

nourrir [nurir] Régul. II /**avoir**/ Base : NOURR-. **26**

C. ABSOLUE : *cela nourrit.*

C. SIMPLE DIRECTE

V. + complément : *nourrir les porcs.*
Emploi pronominal : **se** nourrir (accord = P).

CONSTRUCTION MULTIPLE

V. + compl. — **de** + compl. : *nourrir les poulets **de** maïs.*
Emploi pronominal : **se** nourrir **de** + complément : ***se** nourrir **de** brouet clair* (accord = P).

noyer [nwaje] Particularité I /**avoir**/ Base : NO[Y]-. **8**

C. SIMPLE DIRECTE

V. + complément : *noyer son chien.*
Emploi pronominal : **se** noyer (accord = P).

CONSTRUCTION MULTIPLE

V. + compl. — lieu : *noyer son chagrin **dans** le whisky.*

nuancer [nyɑ̃se] Particularité I /**avoir**/ Base : NUAN[C]-. **10**

C. SIMPLE DIRECTE

V. + complément : *nuancer sa position.*
Emploi pronominal : **se** nuancer (accord = P).

nuire [nɥir] III /**avoir**/ Base : NUI-. **83**

1° Emploi personnel.

C. ABSOLUE : *la médisance nuit.*

C. SIMPLE INDIRECTE

V. + **à** + complément : *nuire **à** son prochain.*
Emploi pronominal : **se** nuire (accord = I).

2° Emploi unipersonnel.

Il nuit **à** + compl. — sujet réel = **de** + infin. : *il nuit **à** un épicier **d'**être installé près d'un supermarché.*

numéroter [nymerɔte] Régul. I /**avoir**/ Base : NUMÉROT-. **3**

V. + complément : *numéroter les pages d'un manuscrit.*
Emploi pronominal : **se** numéroter (accord = P).

O

Modèle

obéir [ɔbeir] Régul. II /**avoir**/ Base : OBÉ-. **26**

C. SIMPLE INDIRECTE

V. + **à** + complément : *obéir **à** ses parents.*
Passif possible : *vous serez obéi aussitôt.*

CONSTRUCTION MULTIPLE

V. + à + complément — **en** + attribut : *obéir **à** ses chefs **en** aveugle.*

objecter [ɔbʒɛkte] Régul. I /**avoir**/ Base : OBJECT-. **3**

C. SIMPLE DIRECTE

V. + complément : *objecter un argument.*
V. + **que** + indic. : *objecter **que** l'on a tout dit.*

CONSTRUCTION MULTIPLE

V. + compl. — **à** + compl. : *objecter une bonne raison **à** un* contradicteur.
V. + compl. — **contre** + compl. : *objecter des raisons solides **contre** une insinuation malveillante.*
V. + **à** + compl. — **que** + indic. : *objecter **à** quelqu'un **qu'**on avait déjà répondu à sa critique.*

obliger [ɔbliʒe] Particularité I /**avoir**/ Base : OBLI[G]-. **12**

C. SIMPLE DIRECTE

V. + complément : *obliger un ingrat.*
Emploi pronominal : s'obliger (accord = P).

C. SIMPLE INDIRECTE

V. + **à** + complément : *obliger **à** un mensonge.*
V. + **à** + infin. : *obliger **à** travailler.*

CONSTRUCTION MULTIPLE

V. + compl. — **à** + compl. : *obliger un neveu **à** la gratitude.*
Emploi pronominal : s'obliger **à** + complément : ***s'****obliger* ***à*** *une discipline de fer* (accord = P).
V. + compl. — **à** + infin. : *obliger un écrivain **à** produire une œuvre dramatique.*
Emploi pronominal : s'obliger **à** + infin. : ***s'****obliger* ***à*** *travailler avec méthode* (accord = P).
V. + compl. — **de** + compl. : *obliger un critique **d'**avoir loué son roman.*

obscurcir [ɔpskyrsir] Régul. II /**avoir**/ Base : OBSCURC-. **26**

C. SIMPLE DIRECTE

V. + complément : *obscurcir le front du penseur.*
Emploi pronominal : s'obscurcir (accord = P).

obséder [ɔpsede] Particularité I /**avoir**/ Base : OBS[É]D-. **14**

C. ABSOLUE : *tout cela obsède.*

C. SIMPLE DIRECTE

V. + complément : *obséder un failli.*

observer [ɔpsɛrve] Régul. I /**avoir**/ Base : OBSERV-. **3**

C. ABSOLUE : *j'observe.*

C. SIMPLE DIRECTE

V. + complément : *observer le silence.*
Emploi pronominal : s'observer (accord = P).
V. + discours indirect : *observer* **comment** *les autres s'y prennent.*
V. + **que** + indic. : *observer* **que** *la conjoncture est loin de s'améliorer.*

obstiner (s') [sɔpstine] Régul. I /**être**/ Base : OBSTIN- (s'). **5**

C. ABSOLUE : s'obstiner (accord = P).

C. SIMPLE INDIRECTE

S'obstiner **à**+ complément : ***s'****obstiner* **à** *une tâche impossible* (accord = P);
S'obstiner **à** + infin. : ***s'****obstiner* **à** *réaliser des opérations peu rentables* (accord = P).

obtenir [ɔptənir] III /**avoir**/ Base : OBT-. **36**

C. SIMPLE DIRECTE

V. + complément : *obtenir un sursis.*
Emploi pronominal : s'obtenir (accord = P).
V. + **de** + infin. : *obtenir* **d'***avoir du personnel.*
V. + **que** + indic. : *obtenir* **que** *le nécessaire sera fait.*
V. + **que** + subj. : *obtenir* **que** *l'on puisse avoir du calme.*

CONSTRUCTION MULTIPLE

V. + compl. — **à** + compl. : *obtenir un poste d'ambassadeur* **à** *son neveu.*
V. + **à** + compl. — **de** + infin. : *obtenir* **à** *son fils* **d'***être admis dans un établissement convenable.*
V. + **à** + compl. — **que** + subj. : *obtenir* **à** *un auteur* **que** *ses droits soient réévalués.*
V. + compl. — **de** + compl. : *obtenir une faveur* **d'***un homme peu amène.*
V. + **de** + compl. — **de** + infin. : *obtenir* **de** *la justice* **d'***être innocenté.*
V. + **de** + compl. — **que** + subj. : *obtenir* **des** *hommes* **que** *justice soit rendue à cet écrivain.*
V. + compl. — **pour** + compl. : *obtenir un bureau de tabac* **pour** *son oncle.*

occasionner [ɔkɑzjɔne] Régul. I /**avoir**/ Base : OCCASIONN-. **3**

C. SIMPLE DIRECTE

V. + complément : *occasionner des déboires.*

CONSTRUCTION MULTIPLE

V. + compl. — **à** + compl. : *occasionner un accident* **à** *un skieur.*

occuper [ɔkype] Régul. I /**avoir**/ Base : OCCUP-. **3**

C. SIMPLE DIRECTE

V. + complément : *occuper une haute fonction.*
Emploi pronominal : s'occuper (accord = P).

C. SIMPLE INDIRECTE

V. + **pour** + complément : *occuper* **pour** *l'héritier.*

CONSTRUCTION MULTIPLE

V. + compl. — **à** + compl. : *occuper une personne* **à** *la recherche des documents.*
Emploi pronominal : s'occuper **à** + complément : ***s'****occuper* **à** *des travaux serviles* (accord = P).
V. + compl. — **à** + infin. : *occuper quelqu'un* **à** *interviewer des personnalités.*
Emploi pronominal : s'occuper **à** + infin. : ***s'****occuper* **à** *écosser des petits pois* (accord = P).
V. + compl. — **de** + compl. : *occuper un notaire* **de** *ses projets d'investissements fonciers.*
Emploi pronominal : s'occuper **de** + complément : ***s'****occuper* **de** *ses affaires* (accord = P) ;
s'occuper **de** + infin. : ***s'****occuper* **de** *faire rentrer les impôts* (accord = P).

octroyer [ɔktrwaje] Particularité I /**avoir**/ Base : OCTRO[Y]-. **8**

C. SIMPLE DIRECTE

V. + complément : *octroyer la charte.*
Emploi pronominal : s'octroyer (accord = P).

CONSTRUCTION MULTIPLE

V. + compl. — **à** + compl. : *octroyer un avantage* **à** *un actuaire.*
Emploi pronominal : s'octroyer + complément : ***s'****octroyer la première place* (accord = OE).

offenser [ɔfɑ̃se] Régul. I /**avoir**/ Base : OFFENS-. **3**

C. ABSOLUE : *une telle attitude offense.*

C. SIMPLE DIRECTE

V. + complément : *offenser quelqu'un qui n'en peut mais.*
Emploi pronominal : s'offenser (accord = P) ;
s'offenser **de** + complément : ***s'****offenser* ***d'****une injure peu justifiée* (accord = P).

offrir [ɔfrir] III /**avoir**/ Base : OFF-. **31**

C. SIMPLE DIRECTE

V. + complément : *offrir une particularité.*
Emploi pronominal : s'offrir (accord = P).

C. SIMPLE INDIRECTE

V. + **à** + infin. : *offrir* **à** *boire.*

CONSTRUCTION MULTIPLE

V. + **à** + compl. — compl. : *offrir* **à** *sa famille un logement décent.*
Emploi pronominal : s'offrir + complément : ***s'****offrir une voiture de luxe* (accord = OE) ;
s'offrir **à** + complément : ***s'****offrir* **aux** *regards* (accord = P).

V. + à + compl. — à + infin. : *offrir **à** manger **à** un pauvre hère.*
Emploi pronominal : s'offrir **à** + infin. : ***s'**offrir **à** jouer du violon* (accord = P).
V. + **à** + compl. — **de** + infin. : *offrir **à** la victime **de** réparer le préjudice.*
V. + compl. — **en** + attribut : *offrir son travail **en** réparation.*
Emploi pronominal : s'offrir **en** + attribut : ***s'**offrir **en** otage* (accord = P);
s'offrir **comme** + attribut : ***s'**offrir **comme** cuisinier* (accord = P).

offusquer [ɔfyske] Régul. I /**avoir**/ Base : OFFUSQU-. **3**

C. SIMPLE DIRECTE
V. + complément : *offusquer les bonnes gens.*
Emploi pronominal : s'offusquer (accord = P);
s'offusquer **de** + complément : ***s'**offusquer **de** sa conduite* (accord = P).

ombrager [ɔ̃braʒe] Particularité I /**avoir**/ Base : OMBRA[G]-. **12**

C. SIMPLE DIRECTE
V. + complément : *ombrager une tonnelle.*
Emploi pronominal : s'ombrager **de** + complément : ***s'**ombrager **de** grands chênes* (accord = P).

omettre [ɔmɛtr] III /**avoir**/ Base : OM-. **60**

C. SIMPLE DIRECTE
V. + complément : *omettre un détail.*
Emploi pronominal : s'omettre (accord = P).
V. + **de** + infin. : *omettre **de** préciser une condition.*
V. + **que** + indic. : *omettre **que** l'on est en public.*

onduler [ɔ̃dyle] Régul. I /**avoir**/ Base : ONDUL-. **3**

C. ABSOLUE : *les blés ondulent.*
C. SIMPLE DIRECTE
V. + complément : *onduler ses cheveux.*
Emploi pronominal : s'onduler + complément : ***s'**onduler les cheveux* (accord = OE).

opérer [ɔpere] Particularité I /**avoir**/ Base : OP[É]R-. **14**

1° Emploi personnel.
C. ABSOLUE : *le chirurgien opère.*
C. SIMPLE DIRECTE
V. + complément : *opérer une reconversion.*
Emploi pronominal : s'opérer (accord = P).
CONSTRUCTION MULTIPLE
V. + compl. — **de** + compl. : *opérer un vieillard **de** la prostate.*

2° Emploi unipersonnel pronominal.
Il s'opère + sujet réel nominal : *il **s'**opère de grands changements* (accord = I).

opposer [ɔpoze] Régul. I /**avoir**/ Base : OPPOS-. **3**

C. SIMPLE DIRECTE
V. + complément : *opposer deux triangles.*

Emploi pronominal : s'opposer (accord = P).

CONSTRUCTION MULTIPLE

V. + compl. — **à** + compl. : *opposer un argument* ***à*** *une affirmation.*

Emploi pronominal : s'opposer **à** + complément : ***s'****opposer* ***à*** *tout changement* (accord = P); s'opposer **à ce que** + subj. : ***s'****opposer* ***à ce que*** *l'on révèle la vérité* (accord = P).

V. + compl. — **et** + compl. : *opposer les êtres animés* ***et*** *les objets.*

oppresser [ɔprese] Régul. I /**avoir**/ Base : OPPRESS-. **3**

C. SIMPLE DIRECTE

V. + complément : *oppresser un malade.*

opprimer [ɔprime] Régul. I /**avoir**/ Base : OPPRIM-. **3**

C. SIMPLE DIRECTE

V. + complément : *opprimer les faibles.*

Emploi pronominal : s'opprimer (accord = P).

opter [ɔpte] Régul. I /**avoir**/ Base : OPT-. **3**

C. ABSOLUE : *ils ont opté.*

C. SIMPLE INDIRECTE

V. + **pour** + complément : *opter* ***pour*** *la liberté.*

orchestrer [ɔrkɛstre] Régul. I /**avoir**/ Base : ORCHESTR-. **3**

C. SIMPLE DIRECTE

V. + complément : *orchestrer les protestations.*

Emploi pronominal : s'orchestrer (accord = P).

ordonner [ɔrdɔne] Régul. I /**avoir**/ Base : ORDONN-. **3**

C. ABSOLUE : *le souverain ordonne.*

C. SIMPLE DIRECTE

V. + complément : *ordonner un ensemble.*

Emploi pronominal : s'ordonner (accord = P).

V. + **que** + indic. : *ordonner* ***que*** *le président ouvrira la séance.*

V. + **que** + subj. : *ordonner* ***que*** *tout le monde se taise.*

CONSTRUCTION MULTIPLE

V. + compl. — **à** + compl. : *ordonner du repos* ***à*** *un malade.*

V. + **à** + compl. — **de** + infin. : *ordonner* ***à*** *l'huissier* ***de*** *ne laisser entrer personne.*

V. + **à** + compl. — **que** + indic. : *ordonner* ***à*** *la société civile* ***qu'****elle se réunira en assemblée générale une fois par an.*

V. + **à** + compl. — **que** + subj. : *ordonner* ***à*** *sa secrétaire* ***que*** *tout soit prévu.*

organiser [ɔrganize] Régul. I /**avoir**/ Base : ORGANIS-. **3**

C. SIMPLE DIRECTE

V. + complément : *organiser un colloque.*

Emploi pronominal : s'organiser (accord = P).

orienter [ɔrjɑ̃te] Régul. I /**avoir**/ Base : ORIENT-. **3**

C. SIMPLE DIRECTE

V. + complément : *orienter les recherches.*

Emploi pronominal : s'orienter (accord = P).

CONSTRUCTION MULTIPLE

V. + compl. — lieu propre ou figuré : *orienter un élève* **vers** *la vie pratique.*

Emploi pronominal : s'orienter + lieu : ***s'****orienter* **vers** *des horizons nouveaux* (accord = P).

orner [ɔrne] Régul. I /**avoir**/ Base : ORN-. **3**

C. SIMPLE DIRECTE

V. + complément : *orner un chapeau.*

Emploi pronominal : s'orner (accord = P).

CONSTRUCTION MULTIPLE

V. + compl. — **de** + compl. : *orner son veston* **d'***une pochette à fleurs.*

Emploi pronominal : s'orner **de** + complément : ***s'****orner* **de** *moulures* (accord = P).

orthographier [ɔrtɔgrafje] Régul. I /**avoir**/ Base : ORTHOGRAPHI-. **3**

C. ABSOLUE : *il orthographie mal.*

C. SIMPLE DIRECTE

V. + complément : *orthographier un mot difficile.*

Emploi pronominal : s'orthographier (accord = P).

osciller [ɔsile] Régul. I /**avoir**/ Base : OSCILL-. **3**

C. ABSOLUE : *la suspension oscille.*

oser [oze] Régul. I /**avoir**/ Base : OS-. **3**

C. SIMPLE DIRECTE

V. + complément : *oser un geste.*

V. + infin. : *oser dire ce que l'on pense.*

ôter [ote] Régul. I /**avoir**/ Base : ÔT-. **3**

C. ABSOLUE : *il faut ôter.*

C. SIMPLE DIRECTE

V. + complément : *ôter sa veste.*

Emploi pronominal : s'ôter (accord = P).

CONSTRUCTION MULTIPLE

V. + compl. — **à** + compl. : *ôter son pardessus* **à** *un visiteur.*

Emploi pronominal : s'ôter + complément : ***s'****ôter un point* (accord = OE).

V. + complément — lieu : *ôter une chaise* **du** *salon.*

oublier [ublije] Régul. I /**avoir**/ Base : OUBLI-. **3**

C. ABSOLUE : *il faut savoir oublier.*

C. SIMPLE DIRECTE

V. + complément : *oublier son parapluie.*

Emploi pronominal : s'oublier (accord = P).

V. + discours indirect : *oublier* **pourquoi** *on était venu.*

V. + **de** + infin. : *oublier* **de** *dire au revoir.*

V. + **que** + indic. : *oublier* **que** *l'on est un homme.*

V. + **que** + conditionnel : *oublier* **qu'***il pourrait y avoir une difficulté.*

V. + **que** + subj. : *oublier* **qu'***on soit dans l'embarras.*

outrager [utraʒe] Particularité I /**avoir**/ Base : OUTRAG-. **12**

C. SIMPLE DIRECTE

V. + complément : *outrager la vieillesse.*
Emploi pronominal : s'outrager (accord = P).

outrepasser [utrəpɑse] Régul. I /**avoir**/ Base : OUTREPASS-. **3**

V. + complément : *outrepasser ses droits.*

outrer [utre] Régul. I /**avoir**/ Base : OUTR-. **3**

C. SIMPLE DIRECTE

V. + complément : *outrer le ton.*

C. SIMPLE DIRECTE

V. + compl. — **de** + compl. : *outrer un visiteur* **de** *l'accueil qu'on lui a fait.*
V. + compl. — **de** + infin. : *outrer le public* **de** *présenter un film excessivement censuré.*

ouvrir [uvrir] III /**avoir**/ Base : OUV-. **31**

C. ABSOLUE : « *Ouvrez donc!* »

C. SIMPLE DIRECTE

V. + complément : *ouvrir un abcès.*
Emploi pronominal : s'ouvrir (accord = P).

C. SIMPLE INDIRECTE

V. + **à** + complément : *ouvrir* **à** *n'importe qui.*
V. + **de** + complément : *ouvrir* **de** *deux piques.*
V. + **sur** + complément : *ouvrir* **sur** *la cour.*

CONSTRUCTION MULTIPLE

V. + compl. — **à** + compl. : *ouvrir son cœur* **à** *son confesseur.*
Emploi pronominal : s'ouvrir + complément : ***s'ouvrir** la main* (accord = OE);
s'ouvrir + **à** + complément : ***s'ouvrir à** une amie* (accord = P);
s'ouvrir **à** + compl. — **de** + compl. : ***s'ouvrir à** ses parents **de** ses difficultés sentimentales* (accord = P);
s'ouvrir + adj. attribut : ***s'ouvrir** grand* (accord = P);
s'ouvrir **par** + complément : ***s'ouvrir par** une mise en garde* (accord = P);
s'ouvrir **sur** + complément : ***s'ouvrir sur** ses projets* (accord = P).

oxyder [ɔkside] Régul. I /**avoir**/ Base : OXYD-. **3**

C. SIMPLE DIRECTE

V. + complément : *oxyder un fer de lance.*
Emploi pronominal : s'oxyder (accord = P).

oxygéner [ɔksiʒene] Particularité I /**avoir**/ Base : OXYG[É]N-. **14**

C. SIMPLE DIRECTE

V. + complément : *oxygéner ses cheveux.*
Emploi pronominal (fam.) : s'oxygéner (accord = P);
s'oxygéner + complément : ***s'oxygéner** les cheveux* (accord = OE).

p

Modèle

pacifier [pasifje] Régul. I /**avoir**/ Base : PACIFI-. **3**
C. SIMPLE DIRECTE
V. + complément : *pacifier une zone frontière.*
Emploi pronominal : **se** pacifier (accord = P).

paître [pɛtr] Défectif : le thème du passé défini et les temps composés sont généralement inusités. III /**avoir**/ Base : P-. **61**
C. SIMPLE DIRECTE
V. + complément : *paître un alpage.*

pâlir [pɑlir] Régul. II /**avoir**/ Base : PÂL-. **26**
C. ABSOLUE : *elle a pâli.*
C. SIMPLE DIRECTE
V. + complément : *pâlir le ciel.*
Emploi pronominal : **se** pâlir (accord = P).
C. SIMPLE INDIRECTE
V. + **de** + complément : *pâlir* **de** *rage.*

pallier [palje] Régul. I /**avoir**/ Base : PALLI-. **3**
C. SIMPLE DIRECTE
V. + complément : *pallier une difficulté.*

palper [palpe] Régul. I /**avoir**/ Base : PALP-. **3**
C. SIMPLE DIRECTE
V. + complément : *palper une étoffe moelleuse.*
Emploi pronominal : **se** palper (accord = P).

palpiter [palpite] Régul. I /**avoir**/ Base : PALPIT-. **3**
C. ABSOLUE : *le cœur palpite.*
C. SIMPLE INDIRECTE
V. + **de** + complément : *palpiter* **de** *joie.*

pâmer [pɑme] Régul. I /**avoir**/ Base : PÂM-. **3**
C. ABSOLUE : *elle pâme.*
V. + **de** + complément : *pâmer de douleur.*
Emploi pronominal : **se** pâmer (accord = P);
se pâmer **de** + complément : ***se** pâmer **d'**extase* (accord = P).

panacher [panaʃe] Régul. I /**avoir**/ Base : PANACH-. **3**
C. ABSOLUE : *les glaïeuls panachent.*

C. SIMPLE DIRECTE
V. + complément : *panacher deux parfums.*
Emploi pronominal : se panacher (accord = P).

panifier [panifje] Régul. I /**avoir**/ Base : PANIFI-. **3**
C. SIMPLE DIRECTE
V. + complément : *panifier une farine.*

panser [pɑ̃se] Régul. I /**avoir**/ Base : PANS-. **3**
C. SIMPLE DIRECTE
V. + complément : *panser une blessure.*

papoter [papɔte] (fam.) Régul. I /**avoir**/ Base : PAPOT-. **3**
C. ABSOLUE : *et elles papotent...*

parachuter [paraʃyte] Régul. I /**avoir**/ Base : PARACHUT-. **3**
C. SIMPLE DIRECTE
V. + complément : *parachuter une caisse de vivres.*
Emploi pronominal (fam.) : se parachuter (accord = P).

paraître [parɛtr] III /**avoir** et **être**/ Base : PAR-. **61**
1° **Emploi personnel.**
C. ABSOLUE : *il aime paraître.*
C. SIMPLE DIRECTE
V. + attribut : *paraître stupide.*
V. + infin. : *paraître travailler.*
CONSTRUCTION MULTIPLE
V. + attribut — **à** + compl. : *paraître intelligent* ***à*** *un ignorant.*
2° **Emploi unipersonnel.**
C. SIMPLE DIRECTE
Il paraît + sujet réel nominal : *il paraît un étrange individu au coin de la rue.*
Il paraît + sujet réel = **que** + indic. : *il paraît* ***que*** *vous étiez malade.*
Il paraît **à** + compl. — sujet réel = **que** + indic. : *il paraît* ***à*** *votre interlocuteur* ***que*** *vous être compétent.*
Il paraît — attribut du sujet réel — sujet réel = **de** + infin. : *il paraît stupide* ***de*** *dire cela.*
Il paraît — attribut du sujet réel — sujet réel = **que** + subj. : *il paraît imprudent* ***que*** *vous vous baigniez.*
Il paraît — attribut du sujet réel — **à** + compl. — sujet réel = **de** + infin. : *il paraît utile* ***à*** *vos auditeurs* ***d'****être mieux informés.*
Il paraît — attribut du sujet réel — **à** + compl. — sujet réel = **que** + subj. : *il paraît exceptionnel* ***aux*** *Français* ***qu'****il pleuve autant en août.*

paralyser [paralize] Régul. I /**avoir**/ Base : PARALYS-. **3**
C. ABSOLUE : *la peur paralyse.*
C. SIMPLE DIRECTE
V. + complément : *paralyser un candidat.*
Emploi pronominal : se paralyser (accord = P).

parcourir [parkurir] III /**avoir**/ Base : PARCOUR-. **33**
C. SIMPLE DIRECTE
V. + complément : *parcourir une revue.*
Emploi pronominal : se parcourir (accord = P).

pardonner [pardɔne] Régul. I /**avoir**/ Base : PARDONN-. **3**
C. ABSOLUE : *il ne pardonne jamais.*
C. SIMPLE DIRECTE
V. + complément : *pardonner une sottise.*
Emploi pronominal : se pardonner (accord = P).
C. SIMPLE INDIRECTE
V. + **à** + complément : *pardonner **à** un maladroit* (passif possible).
Emploi pronominal : se pardonner (accord = I).
CONSTRUCTION MULTIPLE
V. + compl. — **à** + compl. : *pardonner une erreur **à** un nouvel employé.*
Emploi pronominal : se pardonner + complément : ***se** pardonner les offenses faites* (accord = OE).

1. parer [pare] Régul. I /**avoir**/ Base : PAR-. **3**
C. SIMPLE DIRECTE
V. + complément : *parer une femme.*
Emploi pronominal : se parer (accord = P).
CONSTRUCTION MULTIPLE
V. + compl. — **de** + compl. : *parer un vêtement **de** broderies.*
Emploi pronominal : se parer **de** + complément : ***se** parer **de** bijoux* (accord = P).

2. parer [pare] Régul. I /**avoir**/ Base : PAR-. **3**
C. ABSOLUE : *parez!*
C. SIMPLE DIRECTE
V. + complément : *parer les canots.*
C. SIMPLE INDIRECTE
V. + **à** + complément : *parer **à** une attaque.*

parfaire [parfɛr] III /**avoir**/ Base : PARF-. **76**
C. ABSOLUE : *« Je ne suis pas venu abolir, mais parfaire »* (Evangile).
C. SIMPLE DIRECTE
V. + complément : *parfaire un travail.*
Emploi pronominal : se parfaire (accord = P).

parfumer [parfyme] Régul. I /**avoir**/ Base : PARFUM-. **3**
C. SIMPLE DIRECTE
V. + complément : *parfumer le linge.*
Emploi pronominal : se parfumer (accord = P);
se parfumer + complément : ***se** parfumer les cheveux* (accord = OE).

parier [parje] Régul. I /**avoir**/ Base : PARI-. **3**
C. ABSOLUE : *il faut parier.*
C. SIMPLE DIRECTE
V. + complément : *parier une bouteille de champagne.*

Emploi pronominal : se parier (accord = P).
V. + **de** + infin. : *parier* ***de*** *tout manger seul.*
V. + **que** + indic. : *parier* ***que*** *personne n'y arrivera.*

C. SIMPLE INDIRECTE
V. + **contre** + complément : *parier* ***contre*** *quelqu'un.*
V. + **pour** + complément : *parier* ***pour*** *un cheval.*
V. + **sur** + complément : *parier* ***sur*** *le mauvais cheval.*
V. + **à qui** + indicatif : *parier* ***à qui*** *parlera le premier.*

CONSTRUCTION MULTIPLE
V. + compl. — **avec** + compl. : *parier cent francs* ***avec*** *son voisin.*
V. + compl. — **contre** + compl. : *parier cent francs* ***contre*** *un candidat.*
V. + compl. — **pour** + compl. : *parier cent francs* ***pour*** *un candidat.*
V. + compl. — **de** + infin. : *parier cent francs* ***de*** *tout manger seul.*
V. + compl. — **que** + indic. : *parier cent francs* ***que*** *personne n'y arrivera.*
V. + compl. — **avec** + compl. — **de** + infin. : *parier cent francs* ***avec*** *son voisin* ***de*** *traverser Paris à pied.*
V. + compl. — **avec** + compl. — **que** + indic. : *parier cent francs* ***avec*** *son voisin* ***que*** *personne n'y arrivera.*

parlementer [parləmɑ̃te] Régul. I /**avoir**/ Base : PARLEMENT-. **3**

C. ABSOLUE : *il est sorti parlementer.*

C. SIMPLE INDIRECTE
V. + **avec** + complément : *parlementer* ***avec*** *les assiégeants.*

parler [parle] Régul. I /**avoir**/ Base : PARL-. **3**

1° Emploi personnel.

C. ABSOLUE : *il ne fait que parler.*

C. SIMPLE DIRECTE
V. + attribut : *parler seul.*
V. + complément : *parler l'anglais; parler affaires.*
Emploi pronominal : se parler (accord = P).

C. SIMPLE INDIRECTE
V. + **comme** + attribut : *parler* ***comme*** *délégué du personnel.*
V. + **en** + attribut : *parler* ***en*** *maître.*
V. + **en tant que** + attribut : *parler* ***en tant que*** *chef de parti.*
V. + **à** + complément : *parler* ***à*** *ses amis.*
Emploi pronominal : se parler (accord = I).
V. + **avec** + complément : *parler* ***avec*** *ses voisins.*
V. + **contre** + complément : *parler* ***contre*** *la tyrannie.*
V. + **de** + complément : 1° *parler* ***de*** *ses affaires;* 2° *parler* ***d'****amour.*
V. + **de** + infin. : *parler* ***de*** *tout casser.*
V. + **pour** + complément : *parler* ***pour*** *l'accusé.*
V. + manière : *parler* ***avec*** *autorité.*

CONSTRUCTION MULTIPLE
V. + compl. — **à** + compl. : *parler chiffres* ***à*** *un comptable; parler français* ***à*** *un étranger.*

V. + compl. — **avec** + compl. : *parler littérature* ***avec*** *un critique.*
V. + **de** + compl. — **à** + compl. : *parler* ***de*** *ses ennuis* ***à*** *un ami.*
V. + **de** + infin. — **à** + compl. : *parler* ***à*** *un médecin* ***d'****aider la nature.*
V. + **de** + compl. : — manière : *parler* ***de*** *quelqu'un* ***en*** *bien.*

2° **Emploi unipersonnel** (passif; plus rarement pronominal).
Il est parlé de + sujet réel nominal : *il est parlé* ***de*** *sa réussite.*
Il s'est parlé de + sujet réel nominal : *il* ***s'****est parlé* ***de*** *sa réussite* (accord = I).

parodier [parɔdje] Régul. I /**avoir**/ Base : PARODI-. **3**
C. SIMPLE DIRECTE
V. + complément : *parodier son professeur.*

parquer [parke] Régul. I /**avoir**/ Base : PARQU-. **3**
C. SIMPLE DIRECTE
V. + complément : *parquer des huîtres.*
C. SIMPLE INDIRECTE
V. + lieu : *parquer dans un enclos.*
CONSTRUCTION MULTIPLE
V. + compl. — lieu : *parquer des moutons* ***dans*** *un pré.*
Emploi pronominal (fam.) : **se** parquer — lieu : ***se*** *parquer* ***sur*** *l'esplanade* (accord = P).

parrainer [pɑrene] Régul. I /**avoir**/ Base : PARRAIN-. **3**
C. SIMPLE DIRECTE
V. + complément : *parrainer un bateau.*

parsemer [parsəme] Particularité I /**avoir**/ Base : PARS[E]M-. **15**
C. SIMPLE DIRECTE
V. + complément : *parsemer un ouvrage.*
CONSTRUCTION MULTIPLE
V. + compl. — **de** + compl. : *parsemer un récit* ***d'****anecdotes.*

partager [partaʒe] Particularité I /**avoir**/ Base : PARTA[G]-. **12**
C. ABSOLUE : *il n'aime pas partager.*
C. SIMPLE DIRECTE
V. + complément : *partager une succession.*
Emploi pronominal : **se** partager (accord = P).
CONSTRUCTION MULTIPLE
V. + compl. — **avec** + compl. : *partager les bénéfices* ***avec*** *les associés.*
Emploi pronominal : **se** partager + complément : ***se*** *partager les bénéfices* (accord = OE).
V. + compl. — **en** + compl. : *partager un gâteau* ***en*** *trois.*
Emploi pronominal : **se** partager **en** + complément : ***se*** *partager* ***en*** *trois parts* (accord = P).
V. + compl. — **entre** + compl. : *partager un gâteau* ***entre*** *quatre personnes.*
Emploi pronominal : **se** partager **entre** + complément : ***se*** *partager* ***entre*** *quatre personnes* (accord = P).
V. + compl. — **entre** + compl. — **et** + compl. : *partager son temps* ***entre*** *les loisirs* ***et*** *le travail.*

Emploi pronominal : se partager **entre** + complément — **et** + complément : ***se*** *partager* ***entre*** *les loisirs* ***et*** *le travail* (accord = P).

participer [partisipe] Régul. I /**avoir**/ Base : PARTICIP-. **3**

C. SIMPLE INDIRECTE

V. + **à** + complément : *participer* ***à*** *un congrès.*
V. + **de** + complément : *participer* ***d'****un sentiment d'humanité.*

partir [partir] III /**être**/ Base : PAR-. **32**

C. ABSOLUE : *il est parti.*

C. SIMPLE DIRECTE

V. + infin. : *partir se reposer.*

C. SIMPLE INDIRECTE

V. + **à** + complément : *partir* ***au*** *front.*
V. + **de** + complément : *partir* ***de*** *son pays.*
V. + **en** + complément : *partir* ***en*** *voyage.*
V. + **pour** + compl. : *partir* ***pour*** *Paris.*

parvenir [parvənir] III /**être**/ Base : PARV-. **36**

C. ABSOLUE : *le paquet est enfin parvenu.*

C. SIMPLE INDIRECTE

V. + **à** + complément : *parvenir* ***à*** *son destinataire.*
V. + **à** + infin. : *parvenir* ***à*** *se dégager.*
V. + **à ce qui** + indic. : *parvenir* ***à ce qu'****on voulait.*

passer [pɑse] Régul. I /**avoir** et **être**/ Base : PASS-. **3**

1° Emploi personnel.

C. ABSOLUE : *c'est passé.*

C. SIMPLE DIRECTE

V. + attribut : *passer chef du personnel.*
V. + complément : *passer le temps.*
Emploi pronominal : se passer (accord = P).
V. + infin. : *passer signer son courrier.*

C. SIMPLE INDIRECTE

V. + **pour** + attribut : *passer* ***pour*** *un ogre.*
V. + **pour** + infin. : *passer* ***pour*** *être peu sérieux.*

CONSTRUCTION MULTIPLE

V. + compl. — lieu propre ou figuré : *passer sa vie* ***dans*** *un lycée.*
V. + compl. — manière : *passer un an* ***en*** *congé.*
V. + compl. — **à** + compl. : *passer deux ans* ***au*** *service de quelqu'un.*
V. + compl. — **à** + infin. : *passer deux ans* ***à*** *voyager.*
V. + lieu d'origine — lieu d'aboutissement (lieux propres ou figurés) : *passer* ***de*** *Bordeaux* ***à*** *Marseille.*
V. + compl. — manière : *passer sa journée* ***d'****une manière odieuse.*
Emploi pronominal : se passer + complément : ***se*** *passer des renseignements* (accord = OE);
se passer **de** + complément : ***se*** *passer* ***de*** *vacances* (accord = P);
se passer **de** + infin. : ***se*** *passer* ***de*** *manger* (accord = P).

2° Emploi unipersonnel pronominal.
Il s'est passé + sujet réel nominal : *il* ***s'****est passé une heure* (accord = I).

passionner [pɑsjɔne] Régul. I /**avoir**/ Base : PASSIONN-. **3**
C. SIMPLE DIRECTE
V. + complément : *passionner des érudits.*
Emploi pronominal : **se** passionner (accord = P);
se passionner **pour** + complément : ***se*** *passionner* ***pour*** *la linguistique* (accord = P).

patauger [patoʒe] Particularité I /**avoir**/ Base : PATAU[G]-. **12**
C. ABSOLUE : *vous pataugez lamentablement.*
C. SIMPLE INDIRECTE
V. + lieu : *patauger* ***dans*** *la boue.*

patienter [pasjɑ̃te] Régul. I /**avoir**/ Base : PATIENT-. **3**
C. ABSOLUE : *les visiteurs patientent.*

1. patiner [patine] Régul. I /**avoir**/ Base : PATIN-. **3**
C. ABSOLUE : *le temps patine.*
C. SIMPLE DIRECTE
V. + complément : *patiner un meuble ancien.*
Emploi pronominal : **se** patiner (accord = P).

2. patiner [patine] Régul. I /**avoir**/ Base : PATIN-. **3**
C. ABSOLUE : *elle patine.*

pâtir [pɑtir] Régul. II /**avoir**/ Base : PÂT-. **26**
C. ABSOLUE : *vous pâtirez.*
C. SIMPLE INDIRECTE
V. + **de** + complément : *pâtir* ***de*** *sa bêtise.*
V. + **de** + infin. : *pâtir* ***d'****avoir fait cette erreur.*
V. + **pour** + complément : *pâtir* ***pour*** *une faute de goût.*
V. + **pour** + infin. : *pâtir* ***pour*** *avoir oublié ce détail.*

patronner [patrɔne] Régul. I /**avoir**/ Base : PATRONN-. **3**
C. SIMPLE DIRECTE
V. + complément : *patronner un jeune technicien.*

paver [pave] Régul. I /**avoir**/ Base : PAV-. **3**
C. ABSOLUE : « *Quand aura-t-on fini de paver?* »
C. SIMPLE DIRECTE
V. + complément : *paver une rue.*

pavoiser [pavwaze] Régul. I /**avoir**/ Base : PAVOIS-. **3**
C. ABSOLUE : *tout le monde pavoise.*
C. SIMPLE DIRECTE
V. + complément : *pavoiser une fenêtre.*
Emploi pronominal : **se** pavoiser (accord = P).

payer [peje] Particularité I /**avoir**/ Base : PA[Y]-. **9**
C. ABSOLUE : *il n'a qu'à payer.*

C. SIMPLE DIRECTE
V. + complément : *payer ses dettes.*
Emploi pronominal : se payer (accord = P).
C. SIMPLE INDIRECTE
V. + **de** + complément : *payer* **de** *sa personne.*
V. + **pour** + complément : *payer* **pour** *les autres.*
CONSTRUCTION MULTIPLE
V. + compl. — **à** + compl. : *payer ses achats* **au** *caissier.*
Emploi pronominal : se payer + complément : **se** *payer une boîte de cigares* (accord = OE).
V. + compl. — **de** + compl. : *payer une erreur* **de** *ses deniers.*
Emploi pronominal : se payer **de** + complément : **se** *payer* **de** *sa peine* (accord = P).

pécher [peʃe] Particularité I /**avoir**/ Base : P[É]CH-. **14**
C. ABSOLUE : *j'ai péché.*
C. SIMPLE DIRECTE
V. + **contre** + complément : *pécher* **contre** *le bon sens.*

pêcher [peʃe] Régul. I /**avoir**/ Base : PÊCH-. **3**
C. SIMPLE DIRECTE
V. + complément : *pêcher l'esturgeon.*
Emploi pronominal : se pêcher (accord = P).
C. SIMPLE INDIRECTE
V. + **à** + complément : *pêcher* **au** *harpon.*
CONSTRUCTION MULTIPLE
V. + compl. — **à** + compl. : *pêcher la truite* **au** *lancer.*
Emploi pronominal : se pêcher à + complément : **se** *pêcher* **à** *la mouche artificielle* (accord = P).

peigner [peɲe] Régul. I /**avoir**/ Base : PEIGN-. **3**
C. SIMPLE DIRECTE
V. + complément : *peigner une boucle.*
Emploi pronominal : se peigner (accord = P);
se peigner + complément : **se** *peigner les cheveux* (accord = OE).

peindre [pɛ̃dr] III /**avoir**/ Base : PEI-. **71**
C. SIMPLE DIRECTE
V. + complément : *peindre une nature morte.*
Emploi pronominal : se peindre (accord = P).
CONSTRUCTION MULTIPLE
V. + compl. — attribut du compl. : *peindre la société détestable.*
V. + compl. — **comme** + attribut du compl. : *peindre ces hommes* **comme** *des êtres pervers.*
V. + compl. — manière : *peindre le plumage d'un oiseau* **avec** *minutie.*
V. + compl. — moyen : *peindre un paysage* **à** *la gouache.*

peiner [pene] Régul. I /**avoir**/ Base : PEIN-. **3**
C. ABSOLUE : *vous peinez.*

C. SIMPLE DIRECTE
V. + complément : *peiner sa mère.*
Emploi pronominal : **se** peiner (accord = P).

peler [pəle] Particularité I /**avoir**/ Base : P[E]L-. **17**
C. ABSOLUE : *son nez pèle.*
C. SIMPLE DIRECTE
V. + complément : *peler une pomme.*
Emploi pronominal : **se** peler (accord = P).

pelleter [pɛl(ə)te] Particularité I /**avoir**/ Base : PELLE[T]-. **18**
C. SIMPLE DIRECTE
V. + complément : *pelleter du sable.*

pénaliser [penalize] Régul. I /**avoir**/ Base : PÉNALIS-. **3**
C. SIMPLE DIRECTE
V. + complément : *pénaliser un concurrent.*

pencher [pɑ̃ʃe] Régul. I /**avoir**/ Base : PENCH-. **3**
C. ABSOLUE : *la tour penche.*
C. SIMPLE DIRECTE
V. + complément : *pencher la cruche.*
Emploi pronominal : **se** pencher (accord = P).
C. SIMPLE INDIRECTE
V. + lieu propre ou figuré : *pencher* ***vers*** *le lac.*
Emploi pronominal : **se** pencher + lieu propre ou figuré : ***se*** *pencher* ***sur*** *les malheureux* (accord = P).

pendre [pɑ̃dr] III /**avoir**/ Base : PEND-. **65**
C. ABSOLUE : *le fil pend.*
C. SIMPLE DIRECTE
V. + complément : *pendre la crémaillère.*
Emploi pronominal : **se** pendre (accord = P).
C. SIMPLE INDIRECTE
V. + lieu : *pendre* ***dans*** *la cheminée.*

pénétrer [penetre] Particularité I /**avoir**/ Base : PÉN[É]TR-. **14**
C. ABSOLUE : *le froid pénètre.*
C. SIMPLE DIRECTE
V. + complément : *pénétrer la pensée de quelqu'un.*
Emploi pronominal : **se** pénétrer (accord = P).
C. SIMPLE INDIRECTE
V. + lieu : *pénétrer* ***dans*** *un musée.*
CONSTRUCTION MULTIPLE
V. + compl. — **de** + compl. : *pénétrer ses auditeurs* ***d'****une conviction absolue.*
Emploi pronominal : **se** pénétrer **de** + complément : ***se*** *pénétrer* ***d'****une certitude* (accord = P).

penser [pɑ̃se] Régul. I /**avoir**/ Base : PENS-. **3**
C. ABSOLUE : « *Croyez-vous qu'il pense?* »
C. SIMPLE DIRECTE
V. + complément : *penser sa politique.*

V. + infin. : *penser faire quelques changements.*
V. + discours indirect : *penser **à qui** on fera appel.*
V. + **que** + indic. : *penser **que** l'on est trop bon.*

C. SIMPLE INDIRECTE
V. + **à** + complément : *penser **à** ses amis.*
V. + **à** + infin. : *penser **à** revenir chez soi.*
V. + **sur** + complément : *penser **sur** la vie humaine.*

CONSTRUCTION MULTIPLE
V. + compl. — **de** + compl. : *penser du bien **de** quelqu'un.*
V. + compl. — **sur** + compl. : *penser des choses pertinentes **sur** un sujet ardu.*

percer [pɛrse] Particularité I /**avoir**/ Base : PER[C]-. **10**

C. ABSOLUE : *l'abcès va percer.*

C. SIMPLE DIRECTE
V. + complément : *percer une paroi.*
Emploi pronominal : **se** percer (accord = P).

CONSTRUCTION MULTIPLE
V. + compl. — **de** + compl. : *percer un être ridicule **d'**épigrammes.*
Emploi pronominal : **se** percer + complément : ***se** percer les oreilles* (accord = OE).

percevoir [pɛrsəvwar] Particularité III /**avoir**/ Base : PER[C]-. **41**

C. SIMPLE DIRECTE
V. + complément : *percevoir un péage.*

percher [pɛrʃe] Régul. I /**avoir**/ Base : PERCH-. **3**

C. ABSOLUE : *les poules perchent.*

C. SIMPLE DIRECTE
V. + complément : *percher son nid.*
Emploi pronominal : **se** percher (accord = P).

CONSTRUCTION MULTIPLE
V. + compl. — lieu : *percher des livres **sur** l'étagère la plus élevée.*

percuter [pɛrkyte] Régul. I /**avoir**/ Base : PERCUT-. **3**

C. SIMPLE DIRECTE
V. + complément : *percuter un arbre.*

C. SIMPLE INDIRECTE
V. + lieu : *percuter **contre** un mur.*

perdre [pɛrdr] III /**avoir**/ Base : PERD-. **65**

C. ABSOLUE : *j'ai perdu.*

C. SIMPLE DIRECTE
V. + complément : *perdre sa bonne humeur.*
Emploi pronominal : **se** perdre (accord = P).

C. SIMPLE INDIRECTE
V. + **à** + complément : *perdre **au** change.*
V. + **de** (partitif) + complément : *perdre **de** son humour.*
V. + **sur** + complément : *perdre **sur** la valeur d'un objet revendu.*

CONSTRUCTION MULTIPLE
V. + compl. — **à** + compl. : *perdre de l'argent **à** une opération.*

V. + compl. — **à** + infin. : *perdre son temps* ***à*** *écouter des propos insipides.*
V. + compl. — gérondif : *perdre la mémoire* ***en*** *ne l'exerçant pas.*

perfectionner [pɛrfɛksjɔne] Régul. I /**avoir**/ Base : PERFECTIONN-. **3**

C. SIMPLE DIRECTE
V. + complément : *perfectionner un mécanisme.*
Emploi pronominal : **se** perfectionner (accord = P).

perforer [pɛrfɔre] Régul. I /**avoir**/ Base : PERFOR-. **3**

C. SIMPLE DIRECTE
V. + complément : *perforer une feuille.*
Emploi pronominal : **se** perforer (accord = P);
se perforer + complément : ***se*** *perforer le tympan* (accord = OE).

péricliter [periklite] Régul. I /**avoir**/ Base : PÉRICLIT-. **3**

C. ABSOLUE : *son commerce périclite.*

périr [perir] Régul. II /**avoir**/ Base : PÉR-. **26**

C. ABSOLUE : *il a péri.*

perler [pɛrle] Régul. I /**avoir**/ Base : PERL-. **3**

C. ABSOLUE : *une larme perla.*
C. SIMPLE DIRECTE
V. + complément : *perler un travail.*

permettre [pɛrmɛtr] III /**avoir**/ Base : PERM-. **60**

1° Emploi personnel.
C. ABSOLUE : « *Vous permettez?* »
C. SIMPLE DIRECTE
V. + complément : *permettre les visites.*
Emploi pronominal : **se** permettre (accord = P).
V. + **de** + infin. : *permettre* ***de*** *fumer.*
V. + **que** + subj. : *permettre* ***que*** *l'on puisse hésiter.*
CONSTRUCTION MULTIPLE
V. + compl. — **à** + compl. : *permettre le sport* ***à*** *un malade.*
Emploi pronominal : **se** permettre + complément : ***se*** *permettre une fantaisie* (accord = OE).
V. + **à** + compl. — **de** + infin. : *permettre* ***à*** *un enfant* ***de*** *sortir seul.*
Emploi pronominal : **se** permettre **de** + infin. : ***se*** *permettre* ***de*** *prendre quelques jours de repos* (accord = I).

2° Emploi unipersonnel passif.
C. SIMPLE DIRECTE
Il est permis + sujet réel = **de** + infin. : *il est permis* ***de*** *se lever tard.*
CONSTRUCTION MULTIPLE
Il est permis **à** + compl. — sujet réel = **de** + infin. : *il est permis* ***à*** *tout le monde* ***de*** *se tromper.*

perpétuer [pɛrpetɥe] Régul. I /**avoir**/ Base : PERPÉTU-. **3**

C. SIMPLE DIRECTE

V. + complément : *perpétuer un souvenir.*

Emploi pronominal : se perpétuer (accord = P);
se perpétuer **dans** + complément : *se perpétuer* ***dans*** *sa descendance* (accord = P).

perquisitionner [pɛrkizisjɔne] Régul. I /**avoir**/ Base : PERQUISITIONN-. **3**

C. ABSOLUE : *la police perquisitionne.*

C. SIMPLE DIRECTE

V. + complément (néologisme) : *perquisitionner un appartement.*

persécuter [pɛrsekyte] Régul. I /**avoir**/ Base : PERSÉCUT-. **3**

C. SIMPLE DIRECTE

V. + complément : *persécuter les faibles.*

persévérer [pɛrsevere] Particularité I /**avoir**/ Base : PERSÉV[É]R-. **14**

C. ABSOLUE : *il faut persévérer.*

C. SIMPLE INDIRECTE

V. + **dans** + complément : *persévérer* ***dans*** *son effort.*

persister [pɛrsiste] Régul. I /**avoir**/ Base : PERSIST-. **3**

1° Emploi personnel.

C. ABSOLUE : *Vous persistez?*

C. SIMPLE INDIRECTE

V. + **dans** + complément : *persister* ***dans*** *son erreur.*

V. + **à** + infin. : *persister* ***à*** *croire quelque chose de faux.*

2° Emploi unipersonnel.

C. SIMPLE DIRECTE

Il persiste + sujet réel nominal : *il persiste un doute.*

personnaliser [pɛrsɔnalize] Régul. I /**avoir**/ Base : PERSONNALIS-. **3**

C. ABSOLUE : *cet accessoire personnalise.*

C. SIMPLE DIRECTE

V. + complément : *personnaliser sa voiture.*

persuader [pɛrsɥade] Régul. I /**avoir**/ Base : PERSUAD-. **3**

C. ABSOLUE : *Est-ce un argument capable de persuader?*

C. SIMPLE DIRECTE

V. + complément : *persuader un velléitaire.*

Emploi pronominal : se persuader (accord = P).

V. + **que** + indic. (ou subj.) : *persuader* ***qu'****il en est* (ou *soit*) *ainsi.*

CONSTRUCTION MULTIPLE

V. + compl. — **de** + compl. : *persuader ses parents* ***de*** *sa bonne foi.*

Emploi pronominal : se persuader **de** + complément : *se persuader* ***de*** *son erreur* (accord = P).

V. + compl. — **de** + infin. : *persuader son fils* ***de*** *travailler.*

Emploi pronominal : se persuader **de** + infin. : *se persuader* ***de*** *tout faire seul* (accord = P).

V. + compl. — **que** + indic. : *persuader le juge* ***qu'****on est innocent.*

V. + compl. — **que** + subj. : *persuader l'assemblée* ***que*** *la décision soit rapportée.*
Emploi pronominal : se persuader **que** + indic. : ***se*** *persuader* ***qu'****ils avaient raison* (accord = P) ;
se persuader + complément : ***se*** *persuader leur bonne foi* (accord = OE).

perturber [pɛrtyrbe] Régul. I /**avoir**/ Base : PERTURB-. **3**

C. SIMPLE DIRECTE
V. + complément : *perturber une réunion.*

peser [pəze] Particularité I /**avoir**/ Base : P[E]S-. **15**

1° Emploi personnel.

C. ABSOLUE : *cela pèse.*

C. SIMPLE DIRECTE
V. + complément : *peser des pommes.*
Emploi pronominal : **se** peser (accord = P).
V. + expression de quantité : *peser cinquante kilos.*

C. SIMPLE INDIRECTE
V. + **à** + complément : *peser* ***à*** *quelqu'un.*
V. + **contre** + complément : *peser* ***contre*** *une porte.*
V. + **sur** + complément : *peser* ***sur*** *une décision.*

2° Emploi unipersonnel.

CONSTRUCTION MULTIPLE
Il pèse + sujet réel nominal — **sur** + compl. : *il pèse un soupçon* ***sur*** *la manière dont cette affaire a été menée.*
Cela pèse **à** + compl. — **de** + infin. : *cela pèse* ***à*** *ce monsieur* ***de*** *faire cette démarche.*

pétiller [petije] Régul. I /**avoir**/ Base : PÉTILL-. **3**

C. ABSOLUE : *le feu pétille.*

C. SIMPLE INDIRECTE
V. + **de** + complément : *pétiller* ***de*** *malice.*

pétrir [petrir] Régul. II /**avoir**/ Base : PÉTR-. **26**

C. SIMPLE DIRECTE
V. + complément : *pétrir une pâte.*
Emploi pronominal : se pétrir (accord = P).

CONSTRUCTION MULTIPLE
V. + compl. — **de** + compl. : *pétrir son pain* ***d'****amertume.*

peupler [pœple] Régul. I /**avoir**/ Base : PEUPL-. **3**

C. ABSOLUE : *les hamsters peuplent vite.*

C. SIMPLE DIRECTE
V. + complément : *peupler un désert.*
Emploi pronominal : se peupler (accord = P).

CONSTRUCTION MULTIPLE
V. + compl. — **de** + compl. : *peupler une forêt* ***de*** *sapins.*
Emploi pronominal : se peupler **de** + complément : ***se*** *peupler* ***de*** *rats* (accord = P).

photocopier [fɔtɔkɔpje] Régul. I /**avoir**/ Base : PHOTOCOPI-. 3
C. SIMPLE DIRECTE
V. + complément : *photocopier un document.*
Emploi pronominal : se photocopier (accord = P).

photographier [fɔtɔgrafje] Régul. I /**avoir**/ Base : PHOTOGRAPHI-. 3
C. SIMPLE DIRECTE
V. + complément : *photographier une fleur.*
Emploi pronominal : se photographier (accord = P).

picorer [pikɔre] Régul. I /**avoir**/ Base : PICOR-. 3
C. ABSOLUE : *les poules picorent.*
C. SIMPLE DIRECTE
V. + complément : *picorer des grains.*

picoter [pikɔte] Régul. I /**avoir**/ Base : PICOT-. 3
C. SIMPLE DIRECTE
V. + complément : *picoter les yeux.*

piétiner [pjetine] Régul. I /**avoir**/ Base : PIÉTIN-. 3
C. ABSOLUE : *on piétine.*
C. SIMPLE DIRECTE
V. + complément : *piétiner quelqu'un.*

piler [pile] Régul. I /**avoir**/ Base : PIL-. 3
C. ABSOLUE (fam.) : *il a pilé net.*
C. SIMPLE DIRECTE
V. + complément : *piler des noisettes.*

piller [pije] Régul. I /**avoir**/ Base : PILL-. 3
C. ABSOLUE : *il ne crée pas, il pille.*
C. SIMPLE DIRECTE
V. + complément : *piller ses confrères.*
Emploi pronominal : se piller (accord = P).

pilonner [pilɔne] Régul. I /**avoir**/ Base : PILONN-. 3
C. SIMPLE DIRECTE
V. + complément : *pilonner un objectif.*

1. piloter [pilɔte] Régul. I /**avoir**/ Base : PILOT-. 3
C. ABSOLUE : *il faut piloter, car le terrain est mou.*
C. SIMPLE DIRECTE
V. + complément : *piloter le terrain.*

2. piloter [pilɔte] Régul. I /**avoir**/ Base : PILOT-. 3
C. ABSOLUE : *Savez-vous piloter?*
C. SIMPLE DIRECTE
V. + complément : *piloter un avion.*
Emploi pronominal : ***se** piloter* (accord = P).

pincer [pɛ̃se] Particularité I /**avoir**/ Base : PIN[C]-. 10
C. ABSOLUE : *les crabes pincent fort.*

C. SIMPLE DIRECTE
V. + complément : *pincer un pli.*
Emploi pronominal : se pincer (accord = P);
se pincer + complément : ***se** pincer le doigt* (accord = OE).
CONSTRUCTION MULTIPLE
En pincer **pour** + complément (pop.) : ***en** pincer **pour** une petite blonde.*

piocher [pjɔʃe] Régul. I /**avoir**/ Base : PIOCH-. **3**
C. ABSOLUE : *il pioche.*
C. SIMPLE DIRECTE
V. + complément : *piocher la rocaille.*

piquer [pike] Régul. I /**avoir**/ Base : PIQU-. **3**
C. ABSOLUE : *les frelons piquent.*
C. SIMPLE DIRECTE
V. + complément : *piquer un ourlet.*
Emploi pronominal : se piquer (accord = P).
CONSTRUCTION MULTIPLE
V. + compl. — **à** + compl. (pop.) : *piquer son fric **à** un zig.*
Emploi pronominal : se piquer + complément : ***se** piquer le doigt* (accord = OE);
se piquer **à** + complément : ***se** piquer **au** jeu* (accord = P);
se piquer **de** + complément : ***se** piquer **de** littérature* (accord = P);
se piquer **de** + infin. : ***se** piquer **d'**être à la mode* (accord = P).

pivoter [pivɔte] Régul. I /**avoir**/ Base : PIVOT-. **3**
C. ABSOLUE : *le pont pivote.*
C. SIMPLE DIRECTE
V. + complément : *pivoter un arbre.*

placarder [plakarde] Régul. I /**avoir**/ Base : PLACARD-. **3**
C. SIMPLE DIRECTE
V. + complément : *placarder une affiche.*
Emploi pronominal : se placarder (accord = P).

placer [plase] Particularité I /**avoir**/ Base : PLA[C]-. **10**
C. SIMPLE DIRECTE
V. + complément : *placer un pion.*
Emploi pronominal : se placer (accord = P).

plafonner [plafɔne] Régul. I /**avoir**/ Base : PLAFONN-. **3**
C. ABSOLUE : *nos ventes plafonnent.*
C. SIMPLE DIRECTE
V. + complément : *plafonner un appartement.*

plaider [plede] Régul. I /**avoir**/ Base : PLAID-. **3**
C. ABSOLUE : *il faudra plaider, si la conciliation échoue.*

C. SIMPLE DIRECTE
V. + complément : *plaider une affaire.*
Emploi pronominal : se plaider (accord = P).

C. SIMPLE INDIRECTE
V. + **contre** + complément : *plaider* ***contre*** *l'administration.*
V. + **en faveur de** + complément : *plaider* ***en faveur d'****une idée.*
V. + **pour** + complément : *plaider* ***pour*** *une jeune veuve.*

plaindre [plɛ̃dr] III /**avoir**/ Base : PLAI-. **71**

C. SIMPLE DIRECTE
V. + complément : *plaindre les malheureux.*
Emploi pronominal : se plaindre (accord = P).

CONSTRUCTION MULTIPLE
V. + compl. — **de** + compl. : *plaindre un homme* ***de*** *ses impostures.*
Emploi pronominal : se plaindre **de** + complément : ***se*** *plaindre* ***de*** *ses voisins* (accord = P).
V. + compl. — **de** + infin. : *plaindre un employé* ***d'****avoir été révoqué.*
Emploi pronominal : se plaindre **de** + infin. : ***se*** *plaindre* ***d'****être dérangé constamment* (accord = P);
se plaindre **de ce que** + indic. : ***se*** *plaindre* ***de ce qu'****on ne vous laisse pas de répit* (accord = P);
se plaindre **que** + subj. : ***se*** *plaindre* ***qu'****on ne puisse rien faire* (accord = P).

plaire [plɛr] III /**avoir**/ Base : PL-. **77**

1° Emploi personnel.

C. ABSOLUE : *elle aime plaire.*

C. SIMPLE INDIRECTE
V. + **à** + complément : *plaire* ***aux*** *hommes.*
Emploi pronominal : se plaire **à** + complément : ***se*** *plaire* ***aux*** *distractions champêtres* (accord = I);
se plaire **à** + infin. : ***se*** *plaire* ***à*** *taquiner autrui* (accord = I).

2° Emploi unipersonnel.

CONSTRUCTION MULTIPLE
Il plaît **à** + compl. — sujet réel = **de** + infin. : *Il plaît* ***aux*** *hommes* ***de*** *se croire séduisants.*
Il plaît **à** + compl. — sujet réel = **que** + subj. : *il plaît* ***à*** *son père* ***que*** *vous ayez besoin de lui.*

plaisanter [plezɑ̃te] Régul. I /**avoir**/ Base : PLAISANT-. **3**

C. ABSOLUE : *il plaisante volontiers.*

C. SIMPLE DIRECTE
V. + complément : *plaisanter un ami.*

planifier [planifje] Régul. I /**avoir**/ Base : PLANIFI-. **3**

C. SIMPLE DIRECTE
V. + complément : *planifier la production.*
Emploi pronominal : se planifier (accord = P).

planter [plɑ̃te] Régul. I /**avoir**/ Base : PLANT-. **3**
C. ABSOLUE : *on plante et on attend que cela pousse.*
C. SIMPLE DIRECTE
V. + complément : *planter des ifs.*
Emploi pronominal : **se** planter (accord = P).
CONSTRUCTION MULTIPLE
V. + compl. — **de** + compl. : *planter un champ* ***de*** *colza.*
V. + compl. — **en** + compl. : *planter tout un coteau* ***en*** *vignes.*

plaquer [plake] Régul. I /**avoir**/ Base : PLAQU-. **3**
C. SIMPLE DIRECTE
V. + complément : *plaquer des accords.*
Emploi pronominal : **se** plaquer (accord = P).

plastronner [plastrɔne] Régul. I /**avoir**/ Base : PLASTRONN-. **3**
C. ABSOLUE : *il a plastronné.*
C. SIMPLE DIRECTE
V. + complément : *plastronner une cheminée.*

plâtrer [plɑtre] Régul. I /**avoir**/ Base : PLÂTR-. **3**
C. SIMPLE DIRECTE
V. + complément : *plâtrer une fissure.*
Emploi pronominal : **se** plâtrer (accord = P).

plébisciter [plebisite] Régul. I /**avoir**/ Base : PLÉBISCIT-. **3**
C. SIMPLE DIRECTE
V. + complément : *plébisciter une constitution.*

pleurer [plœre] Régul. I /**avoir**/ Base : PLEUR-. **3**
C. ABSOLUE : *elle ne cesse de pleurer.*
C. SIMPLE DIRECTE
V. + complément : *pleurer son père.*
Emploi pronominal : **se** pleurer (accord = P).
C. SIMPLE INDIRECTE
V. + **sur** + complément : *pleurer* ***sur*** *son sort.*
V. + **après** + complément (pop.) : *pleurer* ***après*** *ses sous.*

pleuvoir [plœvwar] Unipersonnel III /**avoir**/ Base : PL-. **58**
C. ABSOLUE : *il pleut.*
C. SIMPLE DIRECTE
Il pleut + sujet réel nominal : *il pleut des cordes.*

plier [plije] Régul. I /**avoir**/ Base : PLI-. **3**
C. ABSOLUE : *la planche plie.*
C. SIMPLE DIRECTE
V. + complément : *plier son journal.*
Emploi pronominal : **se** plier (accord = P).
C. SIMPLE INDIRECTE
V. + **sous** + complément : *plier* ***sous*** *une charge.*
CONSTRUCTION MULTIPLE
V. + compl. — **à** + compl. : *plier quelque chose* ***à*** *sa volonté.*

Emploi pronominal : **se plier à** + complément : ***se** plier **à** une discipline* (accord = P).
V. + compl. — **à** + infin. : *plier quelqu'un **à** faire ce qu'on exige de lui.*
Emploi pronominal : **se plier à** + infin. : ***se** plier **à** aller vite* (accord = P).

plisser [plise] Régul. I /**avoir**/ Base : PLISS-. **3**
C. ABSOLUE : *son cou plisse.*
C. SIMPLE DIRECTE
V. + complément : *plisser une jupe.*
Emploi pronominal : **se** plisser (accord = P).

plomber [plɔ̃be] Régul. I /**avoir**/ Base : PLOMB-. **3**
C. ABSOLUE : *l'émail plombe.*
C. SIMPLE DIRECTE
V. + complément : *plomber une dent.*
Emploi pronominal : **se** plomber (accord = P).

plonger [plɔ̃ʒe] Particularité I /**avoir**/ Base : PLON[G]-. **12**
C. ABSOLUE : *il nage, mais ne sait pas plonger.*
CONSTRUCTION MULTIPLE
V. + compl. — lieu : *plonger un bouchon **dans** l'eau.*
Emploi pronominal : **se** plonger + lieu : ***se** plonger dans l'eau* (accord = P);
se plonger + compl. — lieu : ***se** plonger les mains **dans** l'eau* (accord = OE).

ployer [plwaje] Particularité I /**avoir**/ Base : PLO[Y]-. **8**
C. ABSOLUE : *la branche ploie.*
C. SIMPLE DIRECTE
V. + complément : *ployer une branche de saule.*

plumer [plyme] Régul. I /**avoir**/ Base : PLUM-. **3**
C. ABSOLUE : *le rameur plume.*
C. SIMPLE DIRECTE
V. + complément : *plumer des pigeons.*
Emploi pronominal : **se** plumer (accord = P).

pocher [pɔʃe] Régul. I /**avoir**/ Base : POCH-. **3**
C. ABSOLUE : *ce pantalon poche.*
C. SIMPLE DIRECTE
V. + complément : *pocher un morceau de raie.*
Emploi pronominal : **se** pocher (accord = P).
CONSTRUCTION MULTIPLE
V. + compl. — **à** + compl. : *pocher l'œil **à** son contradicteur.*
Emploi pronominal : **se** pocher + complément : ***se** pocher les yeux* (accord = OE).

poignarder [pwaɲarde] Régul. I /**avoir**/ Base : POIGNARD-. **3**
C. SIMPLE DIRECTE
V. + complément : *poignarder le duc.*
Emploi pronominal : **se** poignarder (accord = P).

Modèle

poinçonner [pwɛ̃sɔne] Régul. I /**avoir**/ Base : POINÇONN-. **3**

C. SIMPLE DIRECTE

V. + complément : *poinçonner des tickets de métro.*

pointer [pwɛ̃te] Régul. I /**avoir**/ Base : POINT-. **3**

C. ABSOLUE : *il faut arriver à l'heure quand on est astreint à pointer.*

C. SIMPLE DIRECTE

V. + complément : *pointer les élèves présents.*
Emploi pronominal : **se** pointer (accord = P).

poisser [pwase] Régul. I /**avoir**/ Base : POISS-. **3**

C. ABSOLUE : *avoir les mains qui poissent.*

C. SIMPLE DIRECTE

V. + complément : *le sucre poisse les doigts.*
Emploi pronominal : **se** poisser + complément : ***se** poisser les mains* (accord = OE).

polariser [pɔlarize] Régul. I /**avoir**/ Base : POLARIS-. **3**

C. SIMPLE DIRECTE

V. + complément : *polariser la lumière.*
Emploi pronominal : **se** polariser (accord = P).

polémiquer [pɔlemike] Régul. I /**avoir**/ Base : POLÉMIQU-. **3**

C. ABSOLUE : *il est las de polémiquer.*

polir [pɔlir] Régul. II /**avoir**/ Base : POL-. **26**

C. SIMPLE DIRECTE

V. + complément : *polir une surface.*
Emploi pronominal : **se** polir (accord = P).

politiser [pɔlitize] Régul. I /**avoir**/ Base : POLITIS-. **3**

C. SIMPLE DIRECTE

V. + complément : *politiser un débat.*
Emploi pronominal : **se** politiser (accord = P).

polluer [pɔlɥe] Régul. I /**avoir**/ Base : POLLU-. **3**

C. SIMPLE DIRECTE

V. + complément : *polluer l'atmosphère.*
Emploi pronominal : **se** polluer (accord = P).

polycopier [pɔlikɔpje] Régul. I /**avoir**/ Base : POLYCOPI-. **3**

C. SIMPLE DIRECTE

V. + complément : *polycopier ses cours.*

pomper [pɔ̃pe] Régul. I /**avoir**/ Base : POMP-. **3**

C. ABSOLUE : *Si l'essence n'arrive pas, pompez.*

C. SIMPLE DIRECTE

V. + complément : *pomper l'eau du puits.*

poncer [pɔ̃se] Particularité I /**avoir**/ Base : PON[C]-. **10**

C. SIMPLE DIRECTE

V. + complément : *poncer un plancher.*
Emploi pronominal : **se** poncer (accord = P).

ponctuer [pɔ̃ktɥe] Régul. I /**avoir**/ Base : PONCTU-. **3**

C. ABSOLUE : *Votre texte est illisible si vous ne ponctuez pas.*

C. SIMPLE DIRECTE

V. + complément : *ponctuer les phrases.*
Emploi pronominal : **se** ponctuer (accord = P).

CONSTRUCTION MULTIPLE

V. + compl. — **de** + compl. : *ponctuer son discours* ***de*** *gestes énergiques.*
Emploi pronominal : **se** ponctuer **de** + complément : ***se*** *ponctuer* ***de*** *silences* (accord = P).

pondre [pɔ̃dr] III /**avoir**/ Base : POND-. **65**

C. ABSOLUE : *les cygnes pondent.*

C. SIMPLE DIRECTE

V. + complément : *pondre un œuf.*

populariser [pɔpylarize] Régul. I /**avoir**/ Base : POPULARIS-. **3**

C. SIMPLE DIRECTE

V. + complément : *populariser une œuvre littéraire.*
Emploi pronominal : **se** populariser (accord = P).

porter [pɔrte] Régul. I /**avoir**/ Base : PORT-. **3**

C. ABSOLUE : *l'eau de mer porte.*

C. SIMPLE DIRECTE

V. + complément : *porter un panier.*
Emploi pronominal : **se** porter (accord = P);
se porter + attribut : ***se*** *porter long* (accord = P).
V. + **que** + indic. : *l'affiche porte* ***que*** *l'on doit se découvrir en entrant.*

C. SIMPLE INDIRECTE

V. + **à** + complément : *porter* ***au*** *dédain.*
V. + **sur** + complément : *porter* ***sur*** *les nerfs.*

CONSTRUCTION MULTIPLE

V. + compl. — **à** + compl. : *porter quelqu'un* ***à*** *la présidence du conseil d'administration.*
Emploi pronominal : **se** porter **à** + complément : ***se*** *porter* ***au*** *pouvoir* (accord = P);
se porter + attribut — **à** + compl. : ***se*** *porter candidat* ***aux*** *élections.*
V. + compl. — **à** + infin. : *porter quelqu'un* ***à*** *regretter de vous avoir aidé.*
Emploi pronominal : **se** porter **à** + infin. : ***se*** *porter* ***à*** *agir inconsidérément* (accord = P).

poser [poze] Régul. I /**avoir**/ Base : POS-. **3**

C. ABSOLUE : *le modèle pose.*

C. SIMPLE DIRECTE

V. + complément : *poser sa veste.*
Emploi pronominal : **se** poser (accord = P).
V. + **que** + indic. : *poser* ***que*** *deux droites sont parallèles.*
V. + **que** + subj. : *poser* ***que*** *A soit plus grand que B.*

C. SIMPLE INDIRECTE
V. + **à** + attribut (fam.) : *poser* ***à*** *l'homme blasé.*
CONSTRUCTION MULTIPLE
V. + compl. — attribut du compl. : *poser* x *égal à* y.
V. + compl. — **comme** + attribut du compl. : *poser une question* ***comme*** *fondamentale.*
Emploi pronominal : **se** poser **comme** + attribut : ***se*** *poser* ***comme*** *être pensant* (accord = P).
V. + compl. — **en tant que** + attribut du compl. : *poser une allégorie* ***en tant qu'****être animé.*
Emploi pronominal : **se** poser **en tant que** + attribut : ***se*** *poser* ***en tant qu'****individu autonome* (accord = P).
V. + compl. — **à** + compl. : *poser une question* ***à*** *quelqu'un.*
Emploi pronominal : **se** poser + complément : ***se*** *poser des problèmes insolubles* (accord = OE).

posséder [pɔsede] Particularité I /**avoir**/ Base : POSS[É]D-. **14**
C. ABSOLUE : *il a le goût de posséder.*
C. SIMPLE DIRECTE
V. + complément : *posséder une maison de campagne.*
Emploi pronominal : **se** posséder (accord = P).

poster [pɔste] Régul. I /**avoir**/ Base : POST-. **3**
C. SIMPLE DIRECTE
V. + complément : *poster des guetteurs.*
Emploi pronominal : **se** poster (accord = P).

postuler [pɔstyle] Régul. I /**avoir**/ Base : POSTUL-. **3**
C. ABSOLUE : *l'avoué postule.*
C. SIMPLE DIRECTE
V. + complément : *postuler un emploi.*
V. + **que** + indic. : *postuler* ***que*** *l'homme est misérable.*

poudrer [pudre] Régul. I /**avoir**/ Base : POUDR-. **3**
C. ABSOLUE : *ce tissu poudre.*
C. SIMPLE DIRECTE
V. + complément : *poudrer le sol.*
Emploi pronominal : **se** poudrer (accord = P);
se poudrer + complément : ***se*** *poudrer le nez* (accord = OE).

pourchasser [purʃase] Régul. I /**avoir**/ Base : POURCHASS-. **3**
C. SIMPLE DIRECTE
V. + complément : *pourchasser les coquilles.*
Emploi pronominal : **se** pourchasser (accord = P).

pourfendre [purfɑ̃dr] III /**avoir**/ Base : POURFEND-. **65**
C. ABSOLUE : *sa grande joie, c'est de pourfendre.*
C. SIMPLE DIRECTE
V. + complément : *pourfendre la bêtise prétentieuse.*

pourlécher [purleʃe] Particularité I /**avoir**/ Base : POURL[È]CH-. **14**

C. SIMPLE DIRECTE

V. + complément : *pourlécher ses petits.*
Emploi pronominal : **se** pourlécher (accord = P);
se pourlécher + complément : ***se*** *pourlécher les babines* (accord = OE).

pourrir [purir] Régul. II /**avoir**/ Base : POURR-. **26**

C. ABSOLUE : *les fruits pourrissent.*

C. SIMPLE DIRECTE

V. + complément : *pourrir une situation.*
Emploi pronominal : **se** pourrir (accord = P).

poursuivre [pursɥivr] III /**avoir**/ Base : POURSUI-. **79**

C. ABSOLUE : *en dépit de tout, poursuivez.*

C. SIMPLE DIRECTE

V. + complément : *poursuivre le coupable.*
Emploi pronominal : **se** poursuivre (accord = P).

CONSTRUCTION MULTIPLE

V. + compl. — **de** + compl. : *poursuivre quelqu'un* ***de*** *son mépris.*
V. + compl. — **pour** + compl. : *poursuivre quelqu'un* ***pour*** *abus de pouvoir.*

pourvoir [purvwar] III /**avoir**/ Base : POURV-. **53**

C. SIMPLE INDIRECTE

V. + **à** + complément : *pourvoir* ***à*** *l'approvisionnement d'une ville.*
V. + **à ce que** + subj. : *pourvoir* ***à ce que*** *tout se passe selon la bonne règle.*

CONSTRUCTION MULTIPLE

V. + compl. — **de** + compl. : *pourvoir un voyageur* ***des*** *renseignements utiles.*
Emploi pronominal : **se** pourvoir **de** + complément : ***se*** *pourvoir* ***du*** *nécessaire* (accord = P).

pousser [puse] Régul. I /**avoir**/ Base : POUSS-. **3**

C. ABSOLUE : *nos haricots poussent.*

C. SIMPLE DIRECTE

V. + complément : *pousser un soupir.*
Emploi pronominal : **se** pousser (accord = P).

C. SIMPLE INDIRECTE

V. + **à** + complément : *pousser* ***au*** *crime.*
V. + **à** + infin. : *pousser* ***à*** *résister.*
V. + **jusqu'à** + complément : *pousser* ***jusqu'à*** *la clairière.*
V. + **jusqu'à** + infin. : *pousser* ***jusqu'à*** *tomber soi-même.*

CONSTRUCTION MULTIPLE

V. + compl. — **à** + compl. : *pousser un homme* ***à*** *la révolte.*
Emploi pronominal : **se** pousser + complément : ***se*** *pousser le coude* (accord = OE).
V. + compl. — **à** + infin. : *pousser un enfant* ***à*** *désobéir.*

V. + compl. — **jusqu'à** + compl. : *pousser la plaisanterie* ***jusqu'à*** *la cruauté.*
V. + compl. — **jusqu'à** + infin. : *pousser le raffinement* ***jusqu'à*** *se dégoûter.*

pouvoir [puvwar] Défectif III /**avoir**/ Base : P-. **43**

1° Emploi personnel.

C. ABSOLUE : *quand on veut, on peut.*

C. SIMPLE DIRECTE
V. + complément : *pouvoir tout.*
Emploi pronominal : **se** pouvoir (accord = P).
V. + infin. : *pouvoir faire n'importe quoi.*

CONSTRUCTION MULTIPLE
V. + compl. — **sur** + compl. : *pouvoir tout* ***sur*** *l'esprit de quelqu'un.*

2° Emploi unipersonnel.

C. SIMPLE DIRECTE
Il peut + sujet réel = infin. : *il peut pleuvoir.*
Emploi pronominal : il **se** peut + sujet réel = que + subj. : *il* ***se*** *peut que tout finisse par s'arranger* (accord = I);
cela **se** peut (accord = I).

pratiquer [pratike] Régul. I /**avoir**/ Base : PRATIQU-. **3**

C. ABSOLUE : *c'est un catholique qui pratique.*

C. SIMPLE DIRECTE
V. + complément : *pratiquer la marche à pied.*
Emploi pronominal : **se** pratiquer (accord = P).

précéder [presede] Particularité I /**avoir**/ Base : PRÉC[É]D-. **14**

C. ABSOLUE : *Donnez-moi les tomes qui précèdent.*

C. SIMPLE DIRECTE
V. + complément : *précéder notre siècle.*
Emploi pronominal : **se** précéder (accord = P).

prêcher [preʃe] Régul. I /**avoir**/ Base : PRÊCH-. **3**

C. ABSOLUE : *il prêche bien.*

C. SIMPLE DIRECTE
V. + complément : *prêcher la patience.*
V. + **que** + indic. : *prêcher* ***que*** *la guerre est finie.*

CONSTRUCTION MULTIPLE
V. + compl. — **à** + compl. : *prêcher la résignation* ***à*** *ceux qui souffrent.*
Emploi pronominal : **se** prêcher + complément : ***se*** *prêcher l'indulgence* (accord = OE).

précipiter [presipite] Régul. I /**avoir**/ Base : PRÉCIPIT-. **3**

C. SIMPLE DIRECTE
V. + complément : *précipiter une affaire.*
Emploi pronominal : **se** précipiter (accord = P).

CONSTRUCTION MULTIPLE
V. + compl. — lieu propre ou figuré : *précipiter un pays* ***dans*** *la ruine.*

Emploi pronominal : **se** précipiter + lieu : ***se*** *précipiter* ***dans*** *la rue* (accord = P);
se précipiter **de** + infin. : ***se*** *précipiter* ***de*** *répondre* (accord = P).

préciser [presize] Régul. I /**avoir**/ Base : PRÉCIS-. **3**

C. ABSOLUE : *vous pourriez préciser.*

C. SIMPLE DIRECTE

V. + complément : *préciser sa position.*
Emploi pronominal : **se** préciser (accord = P).

préconiser [prekɔnize] Régul. I /**avoir**/ Base : PRÉCONIS-. **3**

C. SIMPLE DIRECTE

V. + complément : *préconiser un plan de financement.*
V. + **que** + subj. : *préconiser* ***que*** *l'on agisse vite.*

prédire [predir] III /**avoir**/ Base : PRÉDI-. **84**

C. SIMPLE DIRECTE

V. + complément : *prédire un malheur.*
V. + **que** + indic. : *prédire* ***que*** *l'on fera une rencontre.*

CONSTRUCTION MULTIPLE

V. + compl. — **à** + compl. : *prédire un événement* ***à*** *quelqu'un.*
V. + **à** + compl. — **que** + indic. : *prédire* ***à*** *un client* ***que*** *les marchandises commandées augmenteront.*

prédisposer [predispoze] Régul. I /**avoir**/ Base : PRÉDISPOS-. **3**

C. SIMPLE DIRECTE

V. + complément : *prédisposer son interlocuteur.*

C. SIMPLE INDIRECTE

V. + **à** + complément : *prédisposer* ***à*** *la mélancolie.*
V. + **à** + infin. : *prédisposer* ***à*** *se montrer aimable.*

CONSTRUCTION MULTIPLE

V. + compl. — **à** + compl. : *prédisposer son auditoire* ***à*** *l'indulgence.*
V. + compl. — **à** + infin. : *prédisposer quelqu'un* ***à*** *faire ce qu'on lui conseillera.*

préférer [prefere] Particularité I /**avoir**/ Base : PRÉF[É]R-. **14**

C. SIMPLE DIRECTE

V. + complément : *préférer une situation.*
V. + infin. : *préférer se reposer.*
V. + **que** + subj. : *préférer* ***que*** *l'on ne dise rien.*

CONSTRUCTION MULTIPLE

V. + compl. — **à** + compl. : *préférer les poires* ***aux*** *pommes.*
Emploi pronominal : **se** préférer **à** + complément : ***se*** *préférer* ***aux*** *autres* (accord = P).
V. + infin. — **plutôt que** + infin. : *préférer rester pauvre* ***plutôt que*** *devenir riche par la corruption.*
V. + infin. — **plutôt que de** + infin. : *préférer végéter* ***plutôt que d'****être malhonnête.*

Modèle

préjuger [preʒyʒe] Particularité I /**avoir**/ Base : PRÉJU[G]-. **12**

C. SIMPLE DIRECTE

V. + complément : *préjuger un problème.*

C. SIMPLE INDIRECTE

V. + **de** + complément : *préjuger* **de** *la situation.*

prélever [prel(ə)ve] Particularité I /**avoir**/ Base : PRÉL[E]V-. **15**

C. SIMPLE DIRECTE

V. + complément : *prélever une part.*

CONSTRUCTION MULTIPLE

V. + compl. — **sur** + compl. : *prélever sa commission* ***sur*** *la somme reçue.*

préluder [prelyde] Régul. I /**avoir**/ Base : PRÉLUD-. **3**

C. ABSOLUE : *le pianiste prélude.*

C. SIMPLE INDIRECTE

V. + **à** + complément : *préluder* ***à*** *une catastrophe.*

préméditer [premedite] Régul. I /**avoir**/ Base : PRÉMÉDIT-. **3**

C. SIMPLE DIRECTE

V. + complément : *préméditer un crime.*
V. + **de** + infin. : *préméditer* **de** *se venger.*

prémunir [premynir] Régul. II /**avoir**/ Base : PRÉMUN-. **26**

C. SIMPLE DIRECTE

V. + complément : *prémunir un enfant.*
Emploi pronominal : se prémunir (accord = P).

CONSTRUCTION MULTIPLE

V. + compl. — **contre** + compl. : *prémunir quelqu'un* ***contre*** *les embûches d'une situation nouvelle.*
Emploi pronominal : se prémunir **contre** + complément : ***se*** *prémunir* ***contre*** *le froid* (accord = P).

prendre [prɑ̃dr] III /**avoir**/ Base : PR-. **68**

1° Emploi personnel.

C. ABSOLUE : *le feu prend.*

C. SIMPLE DIRECTE

V. + complément : *prendre une décision.*
Emploi pronominal : se prendre (accord = P).

C. SIMPLE INDIRECTE

V. + **à** + complément : *prendre* ***au*** *fond d'un plat.*
V. + **sur** + complément : *prendre* ***sur*** *sa part.*

CONSTRUCTION MULTIPLE

V. + compl. — **à** + attribut du compl. : *prendre le ciel* ***à*** *témoin.*
V. + compl. — **comme** + attribut du compl. : *prendre son chien* ***comme*** *auditeur.*
V. + compl. — **en** + attribut du compl. : *prendre un ami* ***en*** *exemple.*
V. + compl. — **pour** + attribut du compl. : *prendre une vieille voisine* ***pour*** *gouvernante.*
Emploi pronominal : se prendre **pour** + attribut : ***se*** *prendre* ***pour*** *un génie* (accord = P).

V. + compl. — **à** + compl. : *prendre sa place* ***à*** *quelqu'un.*
Emploi pronominal : se prendre + complément : ***se*** *prendre une balle* (accord = OE);
se prendre **à** + complément : ***se*** *prendre* ***à*** *l'hameçon* (accord = P);
s'y prendre (accord = P);
s'y prendre + manière : ***s'y*** *prendre mal* (accord = P).
V. + compl. — **à** + infin. : *prendre un travail* ***à*** *faire chez soi.*
Emploi pronominal : se prendre **à** + infin. : ***se*** *prendre* ***à*** *regretter le temps passé* (accord = P).
V. + compl. — **en** + compl. : *prendre un érudit* ***en*** *défaut.*
Emploi pronominal : se prendre **en** + complément : ***se*** *prendre* ***en*** *glace* (accord = P).
V. + compl. — **pour** + compl. : *prendre un inconnu* ***pour*** *la personne qu'on attendait.*
V. + **sur** + pronom personnel réfléchi ou équivalent — compl. : *prendre* ***sur*** *soi la responsabilité d'accepter une offre.*
V. + **sur** + pronom personnel réfléchi ou équivalent — **de** + infin. : *prendre* ***sur*** *soi* ***de*** *suspendre les négociations en cours.*
V. + lieu — **que** + indic. : *prendre* ***chez*** *Platon* ***que*** *l'âme est immortelle.*
Emploi pronominal : s'en prendre **à** + compl. : ***s'en*** *prendre* ***au*** *gouvernement* (accord = P);
s'en prendre **à** + compl. — **de** + compl. : ***s'en*** *prendre* ***aux*** *autres* ***des*** *malheurs dont on est cause* (accord = P);
se prendre **de** + compl. — **pour** + compl. : ***se*** *prendre* ***d'amour pour*** *une jeune voisine* (accord = P).

2° Emploi unipersonnel.

CONSTRUCTION MULTIPLE

Il prend **à** + compl. — sujet réel nominal : *il prend* ***aux*** *hommes des envies parfois ridicules.*

prénommer [prenɔme] Régul. I /**avoir**/ Base : PRÉNOMM-. **3**

CONSTRUCTION MULTIPLE

V. + compl. — attribut du compl. : *prénommer son fils Eric.*
Emploi pronominal : se prénommer + attribut : ***se*** *prénommer Estelle* (accord = P).

préoccuper [preɔkype] Régul. I /**avoir**/ Base : PRÉOCCUP-. **3**

C. SIMPLE DIRECTE

V. + complément : *préoccuper l'esprit.*
Emploi pronominal : se préoccuper **de** + complément : ***se*** *préoccuper* ***du*** *bien-être d'autrui* (accord = P).

préparer [prepare] Régul. I /**avoir**/ Base : PRÉPAR-. **3**

1° Emploi personnel.

C. SIMPLE DIRECTE

V. + complément : *préparer le déjeuner.*
Emploi pronominal : se préparer (accord = P).

CONSTRUCTION MULTIPLE

V. + compl. — **à** + compl. : *préparer quelqu'un **à** une nouvelle pénible.*

Emploi pronominal : **se** préparer + complément : ***se** préparer des ennuis* (accord = OE);
se préparer **à** + complément : ***se** préparer **à** une épreuve* (accord = P).

V. + compl. — **à** + infin. : *préparer quelqu'un **à** accepter une difficulté.*

Emploi pronominal : **se** préparer **à** + infin. : ***se** préparer **à** partir* (accord = P).

2° Emploi unipersonnel pronominal.

Il **se** prépare + sujet réel nominal : *il **se** prépare un bel orage* (accord = I).

présager [prezaʒe] Particularité I /**avoir**/ Base : PRÉSA[G]-. **12**

C. SIMPLE DIRECTE

V. + complément : *présager un coup de théâtre.*

V. + **que** + indic. : *présager **que** tout ira mieux l'année suivante.*

C. SIMPLE INDIRECTE

V. + **de** + complément : *présager **de** la fin de la pièce.*

prescrire [prɛskrir] III /**avoir**/ Base : PRESCRI-. **90**

C. SIMPLE DIRECTE

V. + complément : *prescrire le repos.*

V. + **que** + subj. : *prescrire **que** la victime soit dédommagée.*

CONSTRUCTION MULTIPLE

V. + compl. — **à** + compl. : *prescrire un remède **à** un malade.*

Emploi pronominal : **se** prescrire + complément : ***se** prescrire deux jours de diète relative* (accord = OE);
se prescrire **à** + complément : ***se** prescrire **à** un hépatique* (accord = P).

V. + **à** + compl. — **de** + infin. : *prescrire **à** un élève **de** faire des dictées fréquemment.*

présenter [prezɑ̃te] Régul. I /**avoir**/ Base : PRÉSENT-. **3**

1° Emploi personnel.

C. ABSOLUE (fam.) : *cet homme présente bien.*

C. SIMPLE DIRECTE

V. + complément : *présenter une lacune.*

Emploi pronominal : **se** présenter (accord = P).

CONSTRUCTION MULTIPLE

V. + compl. — **à** + compl. : *présenter la note **à** un voyageur.*

Emploi pronominal : **se** présenter + complément : ***se** présenter des félicitations mutuelles* (accord = OE);
se présenter **à** + complément : ***se** présenter au chef du personnel* (accord = P);
se présenter **comme** + attribut : ***se** présenter **comme** ingénieur* (accord = P).

2° Emploi unipersonnel pronominal.
Il se présente + sujet réel nominal : *il **se** présente une difficulté* (accord = I).

préserver [prezɛrve] Régul. I /**avoir**/ Base : PRÉSERV-. **3**

C. SIMPLE DIRECTE
V. + complément : *préserver la récolte.*

C. SIMPLE INDIRECTE
V. + **de** + complément : *préserver **des** intempéries.*

CONSTRUCTION MULTIPLE
V. + compl. — **de** + compl. : *préserver quelqu'un **d'**une illusion.*
Emploi pronominal : se préserver **de** + complément : ***se** préserver **des** moustiques* (accord = P).
V. + compl. — **de** + infin. : *préserver un voyageur **d'**être incommodé par les courants d'air.*
Emploi pronominal : se préserver **de** + infin. : ***se** préserver **d'**être mal compris* (accord = P).

présider [prezide] Régul. I /**avoir**/ Base : PRÉSID-. **3**

C. ABSOLUE : *le doyen présidera.*

C. SIMPLE DIRECTE
V. + complément : *présider une commission.*

C. SIMPLE INDIRECTE
V. + **à** + complément : *présider **à** l'élaboration des statuts.*

pressentir [presɑ̃tir] III /**avoir**/ Base : PRESSEN-. **32**

C. SIMPLE DIRECTE
V. + complément : *pressentir un candidat.*

CONSTRUCTION MULTIPLE
V. + compl. — **comme** + attribut du compl. : *pressentir quelqu'un **comme** secrétaire d'État.*

presser [prɛse] Régul. I /**avoir**/ Base : PRESS-. **3**

C. ABSOLUE : *le temps presse.*

C. SIMPLE DIRECTE
V. + complément : *presser un citron.*
Emploi pronominal : ***se** presser* (accord = P).

CONSTRUCTION MULTIPLE
V. + compl. — **de** + infin. : *presser les comédiens **de** commencer les répétitions.*
Emploi pronominal : se presser **de** + infin. : ***se** presser **de** corriger des épreuves* (accord = P).

présumer [prezyme] Régul. I /**avoir**/ Base : PRÉSUM-. **3**

C. SIMPLE DIRECTE
V. + complément : *présumer la compétence d'un collaborateur.*
V. + infin. : *présumer avoir analysé correctement la situation.*
V. + **que** + indic. : *présumer **que** le nécessaire a été fait.*

C. SIMPLE INDIRECTE
V. + **de** + complément : *présumer **de** son talent.*

CONSTRUCTION MULTIPLE

V. + adverbe — **de** + compl. : *présumer trop* ***de*** *ses forces.*
V. + compl. — attribut du compl. : *présumer un accusé innocent.*

présupposer [presypoze] Régul. I /**avoir**/ Base : PRÉSUPPOS-. **3**

C. SIMPLE DIRECTE

V. + complément : *présupposer une condition.*

CONSTRUCTION MULTIPLE

V. + compl. — attribut du compl. : *présupposer une chose connue de tous.*

prétendre [pretɑ̃dr] III /**avoir**/ Base : PRÉTEND-. **65**

C. SIMPLE DIRECTE

V. + infin. : *prétendre avoir les moyens de travailler tranquillement.*
V. + **que** + indic. : *prétendre* ***que*** *tout est bien.*
V. + **que** + subj. : *prétendre* ***que*** *les autres fassent le travail.*

C. SIMPLE INDIRECTE

V. + **à** + complément : *prétendre* ***à*** *une situation de premier plan.*
V. + **à** + infin. : *prétendre* ***à*** *tout faire seul.*

CONSTRUCTION MULTIPLE

V. + compl. — attribut du compl. : *prétendre une méthode surannée.*
Emploi pronominal : **se** prétendre + attribut : ***se*** *prétendre compétent* (accord = P).

prêter [prɛte] Régul. I /**avoir**/ Base : PRÊT-. **3**

C. ABSOLUE : *il ne donne pas, il prête.*

C. SIMPLE DIRECTE

V. + complément : *prêter une forte somme.*
Emploi pronominal : **se** prêter (accord = P).

C. SIMPLE INDIRECTE

V. + **à** + complément : *prêter* ***à*** *sa famille.*
V. + **à** + infin. : *prêter* ***à*** *rire.*

CONSTRUCTION MULTIPLE

V. + compl. — **à** + compl. : *prêter son concours* ***à*** *une tâche délicate.*
Emploi pronominal : **se** prêter + complément : ***se*** *prêter de l'argent* (accord = OE);
se prêter **à** + complément : ***se*** *prêter* ***à*** *une expérience* (accord = P);
se prêter **à** + infin. : ***se*** *prêter* ***à*** *faire un essai* (accord = P).

prétexter [pretɛkste] Régul. I /**avoir**/ Base : PRÉTEXT-. **3**

C. SIMPLE DIRECTE

V. + complément : *prétexter la maladie.*
V. + **que** + indic. : *prétexter* ***que*** *l'on n'avait pas eu le temps de faire le travail.*

prévaloir [prevalwar] III /**avoir**/ Base : PRÉVA-. **50**

C. ABSOLUE : *son avis a prévalu.*

C. SIMPLE INDIRECTE
V. + **sur** + complément : *prévaloir* ***sur*** *les arguments contraires.*
Emploi pronominal : se prévaloir **de** + complément : ***se*** *prévaloir* ***de*** *son âge* (accord = P).

prévenir [prev(ə)nir] III /**avoir**/ Base : PRÉV-. **36**
C. ABSOLUE : *le malheur ne prévient pas.*
C. SIMPLE DIRECTE
V. + complément : *prévenir la police.*
V. + **que** + indic. : *prévenir* ***que*** *l'on ne viendra pas.*
C. SIMPLE INDIRECTE
V. + **de** + complément : *prévenir* ***de*** *son absence le lendemain.*
CONSTRUCTION MULTIPLE
V. + compl. — **de** + compl. : *prévenir quelqu'un* ***des*** *menaces qui pèsent sur lui.*
V. + compl. — **que** + indic. : *prévenir quelqu'un* ***qu'****il doit être prudent.*

prévoir [prevwar] III /**avoir**/ Base : PRÉV-. **54**
C. ABSOLUE : *il est incapable de prévoir.*
C. SIMPLE DIRECTE
V. + complément : *prévoir des difficultés.*
V. + **de** + infin. : *il a prévu* ***de*** *faire beaucoup de suppressions...*
V. + **que** + indic. : *prévoir* ***que*** *les choses risquent de s'envenimer.*

prier [prije] Régul. I /**avoir**/ Base : PRI-. **3**
C. ABSOLUE : *il se recueillit et pria.*
C. SIMPLE DIRECTE
V. + complément : *prier Dieu.*
C. SIMPLE INDIRECTE
V. + **pour** + complément : *prier* ***pour*** *la paix dans le monde.*
CONSTRUCTION MULTIPLE
V. + compl. — **de** + infin. : *prier un employé* ***de*** *se présenter à la caisse.*
V. + compl. — **que** + subj. : *prier quelqu'un* ***que*** *tout soit mis en œuvre pour la réussite d'une opération.*
V. + compl. — **à** + compl. : *prier un ami* ***à*** *un souper.*
V. + compl. — **à** + infin. : *prier dix personnes* ***à*** *déjeuner.*

primer [prime] Régul. I /**avoir**/ Base : PRIM-. **3**
C. ABSOLUE : *la compétence prime.*
C. SIMPLE DIRECTE
V. + complément : *primer toute autre considération.*
C. SIMPLE INDIRECTE
V. + **sur** + complément : *primer* ***sur*** *tout le reste.*

priver [prive] Régul. I /**avoir**/ Base : PRIV-. **3**
C. SIMPLE DIRECTE
V. + complément : *priver un enfant.*
Emploi pronominal : se priver (accord = P).

CONSTRUCTION MULTIPLE
V. + compl. — **de** + compl. : *priver quelqu'un* ***de*** *son meilleur collaborateur.*
Emploi pronominal : se priver **de** + complément : ***se*** *priver* ***de*** *sucre* (accord = P).

procéder [prɔsede] Particularité I /**avoir**/ Base : PROC[É]D-. **14**

C. SIMPLE INDIRECTE
V. + **à** + complément : *procéder* ***à*** *une opération délicate.*
V. + **de** + complément : *procéder* ***d'****un état d'esprit déplorable.*

CONSTRUCTION MULTIPLE
V. + **de** + compl. — **en** + compl. : *procéder* ***de*** *tâtonnements* ***en*** *tâtonnements.*

proclamer [prɔklame] Régul. I /**avoir**/ Base : PROCLAM-. **3**

C. SIMPLE DIRECTE
V. + complément : *proclamer les résultats.*
V. + **que** + indic. : *proclamer* ***que*** *tout différend est désormais impossible.*

CONSTRUCTION MULTIPLE
V. + compl. — attribut : *proclamer un candidat admis.*
Emploi pronominal : se proclamer + attribut : ***se*** *proclamer empereur* (accord = P).

procurer [prɔkyre] Régul. I /**avoir**/ Base : PROCUR-. **3**

C. SIMPLE DIRECTE
V. + complément : *procurer une édition commentée.*

CONSTRUCTION MULTIPLE
V. + compl. — **à** + compl. : *procurer un livre rare* ***à*** *un collectionneur.*
Emploi pronominal : se procurer + complément : ***se*** *procurer un ouvrage* (accord = OE).

prodiguer [prɔdige] Régul. I /**avoir**/ Base : PRODIGU-. **11**

C. SIMPLE DIRECTE
V. + complément : *prodiguer ses forces.*
Emploi pronominal : se prodiguer (accord = P).

CONSTRUCTION MULTIPLE
V. + compl. — **à** + compl. : *prodiguer des conseils* ***à*** *un débutant.*

produire [prɔdɥir] III /**avoir**/ Base : PRODUI-. **82**

1° Emploi personnel.

C. ABSOLUE : *le tout n'est pas de produire; il faut vendre.*

C. SIMPLE DIRECTE
V. + complément : *produire une fâcheuse impression.*
Emploi pronominal : se produire (accord = P).

2° Emploi unipersonnel pronominal.
Il se produit + sujet réel nominal : *il* ***s'****est produit un fait extraordinaire* (accord = I).

profiler [prɔfile] Régul. I /**avoir**/ Base : PROFIL-. **3**

C. ABSOLUE : *une moulure profile mal.*

C. SIMPLE DIRECTE
V. + complément : *profiler une silhouette.*
Emploi pronominal : **se** profiler (accord = P).

profiter [prɔfite] Régul. I /**avoir**/ Base : PROFIT-. **3**
C. ABSOLUE : *il ne cherche qu'à profiter.*
C. SIMPLE INDIRECTE
V. + **à** + complément : *profiter **à** une partie de la population.*
V. + **de** + complément : *profiter **de** la situation.*
V. + **de ce que** + indic. : *profiter **de ce qu**'on a toute liberté de créer ce qu'on veut.*

programmer [prɔgrame] Régul. I /**avoir**/ Base : PROGRAMM-. **3**
C. ABSOLUE : *on recherche quelqu'un qui sache programmer.*
C. SIMPLE DIRECTE
V. + complément : *programmer un problème.*

progresser [prɔgrɛse] Régul. I /**avoir**/ Base : PROGRESS-. **3**
C. ABSOLUE : *la science progresse.*

projeter [prɔʒ(ə)te] Particularité I /**avoir**/ Base : PROJ[E]T-. **18**
C. ABSOLUE : *certains projettent quand d'autres réalisent.*
C. SIMPLE DIRECTE
V. + complément : *projeter un voyage.*
Emploi pronominal : **se** projeter (accord = P).
V. + **de** + infin. : *projeter **de** partir.*

prolonger [prɔlɔ̃ʒe] Particularité I /**avoir**/ Base : PROLON[G]-. **12**
C. SIMPLE DIRECTE
V. + complément : *prolonger un mur.*
Emploi pronominal : **se** prolonger (accord = P).

promener [prɔm(ə)ne] Particularité I /**avoir**/ Base : PROM[E]N-. **15**
C. SIMPLE DIRECTE
V. + complément : *promener son chien.*
Emploi pronominal : **se** promener (accord = P).

promettre [prɔmɛtr] III /**avoir**/ Base : PROM-. **60**
C. ABSOLUE : *il promet, sans tenir.*
C. SIMPLE DIRECTE
V. + complément : *promettre une récompense.*
V. + **de** + infin. : *promettre **de** faire l'impossible.*
V. + **que** + indic. : *promettre **que** l'on aura fini à Pâques.*
CONSTRUCTION MULTIPLE
V. + compl. — **à** + compl. : *promettre un bonbon **à** un enfant.*
Emploi pronominal : **se** promettre + complément : ***se** promettre le succès* (accord = OE).
V. + **à** + compl. — **de** + infin. : *promettre **à** un ami **de** l'emmener au Louvre.*
Emploi pronominal : **se** promettre **de** + infin. : ***se** promettre **de** ne pas s'en laisser conter* (accord = I).
V. + **à** + compl. — **que** + indic. : *promettre **à** un collègue **qu**'on l'aidera.*

Emploi pronominal : se promettre **que** + indic. : ***se** promettre* ***que** rien ne saura faire obstacle à l'œuvre entreprise* (accord = I).

promouvoir [prɔmuvwar] III /**avoir**/ Base : PROM-. **42**

C. SIMPLE DIRECTE

V. + complément : *promouvoir un fonctionnaire.*

CONSTRUCTION MULTIPLE

V. + compl. — attribut du compl. : *promouvoir le lieutenant X capitaine.*

V. + compl. — **à** + compl. : *promouvoir un employé de valeur* ***à** de plus hautes responsabilités.*

promulguer [prɔmylge] Régul. I /**avoir**/ Base : PROMULGU-. **11**

C. SIMPLE DIRECTE

V. + complément : *promulguer une loi.*

prôner [prone] Régul. I /**avoir**/ Base : PRÔN-. **3**

C. SIMPLE DIRECTE

V. + complément : *prôner la soumission inconditionnelle.*
Emploi pronominal : **se** prôner (accord = P).

prononcer [prɔnɔ̃se] Particularité I /**avoir**/ Base : PRONON[C]-. **10**

C. ABSOLUE : *la cour a prononcé.*

C. SIMPLE DIRECTE

V. + complément : *prononcer une allocution.*
Emploi pronominal : **se** prononcer (accord = P).

CONSTRUCTION MULTIPLE

V. + compl. — attribut : *prononcer le souverain déchu.*
Emploi pronominal : **se** prononcer + attribut : ***se** prononcer « o »* (accord = P).

V. + compl. — **contre** + compl. : *prononcer une condamnation* ***contre** un accusé.*
Emploi pronominal : **se** prononcer **sur** + complément : ***se** prononcer* ***sur** une affaire* (accord = P).

pronostiquer [prɔnɔstike] Régul. I /**avoir**/ Base : PRONOSTIQU-. **3**

C. SIMPLE DIRECTE

V. + complément : *pronostiquer les résultats d'une course.*

CONSTRUCTION MULTIPLE

V. + compl. — **à** + compl. : *pronostiquer un éclatant succès* ***à** un auteur.*

propager [prɔpaʒe] Particularité I /**avoir**/ Base : PROPA[G]-. **12**

C. SIMPLE DIRECTE

V. + complément : *propager les germes d'une maladie.*
Emploi pronominal : **se** propager (accord = P).

prophétiser [prɔfetize] Régul. I /**avoir**/ Base : PROPHÉTIS-. **3**

C. ABSOLUE : *il aime à prophétiser.*

C. SIMPLE DIRECTE

V. + complément : *prophétiser une catastrophe.*

proportionner [prɔpɔrsjɔne] Régul. I /**avoir**/ Base : PROPORTIONN-. **3**

C. SIMPLE DIRECTE

V. + complément : *proportionner ses efforts.*

CONSTRUCTION MULTIPLE

V. + compl. — **à** + compl. : *proportionner la tâche* ***aux*** *capacités de celui qui en sera chargé.*

proposer [prɔpoze] Régul. I /**avoir**/ Base : PROPOS-. **3**

C. ABSOLUE : *Votre rôle se borne à proposer, sans prétendre imposer quoi que ce soit.*

C. SIMPLE DIRECTE

V. + complément : *proposer un amendement.*
Emploi pronominal : **se** proposer (accord = P).
V. + **de** + infin. : *proposer* ***de*** *se retirer.*
V. + **que** + subj. : *proposer* ***que*** *tout soit annulé.*

CONSTRUCTION MULTIPLE

V. + compl. — **à** + compl. : *proposer un contrat* ***à*** *un acteur.*
Emploi pronominal : se proposer + complément : ***se*** *proposer une aide mutuelle* (accord = OE).
V. + **à** + compl. — **de** + infin. : *proposer* ***à*** *quelqu'un* ***de*** *l'aider.*
Emploi pronominal : se proposer **de** + infin. : ***se*** *proposer de faire une croisière* (accord = I).
V. + **à** + compl. — **que** + subj. : *proposer* ***à*** *son correspondant* ***qu'****un de vos agents locaux vienne le voir.*
V. + compl. — **en** + attribut du compl. : *proposer son fils* ***en*** *otage.*
Emploi pronominal : se proposer **en** + attribut : ***se*** *proposer* ***en*** *garantie* (accord = P).
V. + compl. — **comme** + attribut du compl. : *proposer ses biens* ***comme*** *garantie.*
Emploi pronominal : se proposer **comme** + attribut : ***se*** *proposer* ***comme*** *guide* (accord = P).
V. + compl. — **en** + compl. : *proposer sa fille* ***en*** *mariage.*
V. + compl. — **pour** + compl. : *proposer un de ses amis* ***pour*** *une mission délicate.*
V. + **à** + compl. — compl. — **comme** + attribut du 2ᵉ compl. : *proposer* ***à*** *une entreprise un ancien étudiant* ***comme*** *ingénieur.*
Emploi pronominal : se proposer **à** + compl. — **comme** + attribut : ***se*** *proposer* ***à*** *un organisateur de voyages* ***comme*** *cicerone* (accord = P).

proscrire [prɔskrir] III /**avoir**/ Base : PROSCRI-. **90**

C. SIMPLE DIRECTE

V. + complément : *proscrire quelqu'un.*

CONSTRUCTION MULTIPLE

V. + compl. — **de** + compl. : *proscrire les expressions familières* ***de*** *sa causerie.*

prospecter [prɔspɛkte] Régul. I /**avoir**/ Base : PROSPECT-. **3**

C. SIMPLE DIRECTE

V. + complément : *prospecter une région pétrolifère.*

prospérer [prɔspere] Particularité I /**avoir**/ Base : PROSP[É]R-. **14**
C. ABSOLUE : *son affaire aurait dû prospérer.*

prostituer [prɔstitɥe] Régul. I /**avoir**/ Base : PROSTITU-. **3**
C. SIMPLE DIRECTE
V. + complément : *prostituer sa prose.*
Emploi pronominal : **se** prostituer (accord = P).
CONSTRUCTION MULTIPLE
V. + compl. — **à** + compl. : *prostituer ses talents littéraires **à** de basses besognes.*
V. + compl. — **à** + infin. : *prostituer sa plume **à** écrire des balivernes lucratives.*

protéger [prɔteʒe] 2 particularités I /**avoir**/ Base : PROT[ÉG]-. **23**
C. ABSOLUE : *cette pommade protège.*
C. SIMPLE DIRECTE
V. + complément : *protéger un enfant.*
Emploi pronominal : **se** protéger (accord = P).
CONSTRUCTION MULTIPLE
V. + compl. — **contre** + compl. : *protéger une plante **contre** le froid.*
Emploi pronominal : **se** protéger **contre** + complément : ***se** protéger **contre** la chaleur* (accord = P).
V. + compl. — **de** + compl. : *protéger un produit en poudre **de** l'humidité.*
Emploi pronominal : **se** protéger **de** + complément : ***se** protéger **du** froid* (accord = P); **se** protéger + complément : ***se** protéger le visage* (accord = OE).

protester [prɔtɛste] Régul. I /**avoir**/ Base : PROTEST-. **3**
C. ABSOLUE : *Pardon, je proteste.*
C. SIMPLE DIRECTE
V. + complément : *protester une traite.*
V. + **que** + indic. : *protester **que** la question a déjà été posée et résolue.*
C. SIMPLE INDIRECTE
V. + **contre** + complément : *protester **contre** une calomnie.*
V. + **de** + complément : *protester **de** son innocence.*

prouver [pruve] Régul. I /**avoir**/ Base : PROUV-. **3**
C. ABSOLUE : *quand on accuse, il faut prouver.*
C. SIMPLE DIRECTE
V. + complément : *prouver son efficacité.*
Emploi pronominal : **se** prouver (accord = P).
V. + **que** + indic. : *prouver **qu'**il y a faute professionnelle.*
CONSTRUCTION MULTIPLE
V. + compl. — **à** + compl. : *prouver son erreur **à** quelqu'un.*
Emploi pronominal : **se** prouver + complément : ***se** prouver sa bonne volonté* (accord = OE).
V. + **à** + compl. — **que** + compl. : *prouver **à** quelqu'un **qu'**il est incompétent.*

provenir [prɔv(ə)nir] III /**être**/ Base : PROV-. **36**

C. SIMPLE INDIRECTE

V. + **de** + complément : *provenir du Japon.*

provoquer [prɔvɔke] Régul. I /**avoir**/ Base : PROVOQU-. **3**

C. SIMPLE DIRECTE

V. + complément : *provoquer une catastrophe.*
Emploi pronominal : **se** provoquer (accord = P).

C. SIMPLE INDIRECTE

V. + **à** + complément : *provoquer **à** la désobéissance.*

CONSTRUCTION MULTIPLE

V. + compl. — **à** + compl. : *provoquer un équipage **à** la mutinerie.*

psychanalyser [psikanalize] Régul. I /**avoir**/ Base : PSYCHANALYS-. **3**

C. SIMPLE DIRECTE

V. + complément : *psychanalyser un homme déprimé.*

publier [pyblije] Régul. I /**avoir**/ Base : PUBLI-. **3**

C. ABSOLUE : *les professeurs publient, parfois.*

C. SIMPLE DIRECTE

V. + complément : *publier une comédie.*
Emploi pronominal : **se** publier (accord = P).
V. + **que** + indic. : *publier **que** l'on ne vous y prendra plus.*

puiser [pɥize] Régul. I /**avoir**/ Base : PUIS-. **3**

C. SIMPLE DIRECTE

V. + complément : *puiser de l'eau.*

C. SIMPLE INDIRECTE

V. + **à** + complément : *puiser **aux** meilleures sources.*

CONSTRUCTION MULTIPLE

V. + compl. — **à** + compl. : *puiser des citations **aux** sources les plus sûres.*

pulvériser [pylverize] Régul. I /**avoir**/ Base : PULVÉRIS-. **3**

C. SIMPLE DIRECTE

V. + complément : *pulvériser un parfum.*
Emploi pronominal : **se** pulvériser (accord = P).

punir [pynir] Régul. II /**avoir**/ Base : PUN-. **26**

C. ABSOLUE : *il déteste punir.*

C. SIMPLE DIRECTE

V. + complément : *punir le coupable.*
Emploi pronominal : **se** punir (accord = P).

CONSTRUCTION MULTIPLE

V. + compl. — **de** + compl. : *punir un enfant **d'**un mensonge.*
Emploi pronominal : **se** punir **de** + complément : ***se** punir **de** sa maladresse* (accord = P).
V. + compl. — **de** + infin. : *punir son fils **d'**être sorti sans prévenir.*
Emploi pronominal : **se** punir **de** + infin. : ***se** punir **d'**être si bête* (accord = P).

purger [pyrʒe] Particularité I /**avoir**/ Base : PUR[G]-. **12**
C. ABSOLUE : *l'huile de ricin purge.*
C. SIMPLE DIRECTE
V. + complément : *purger sa peine.*
Emploi pronominal : se purger (accord = P).
CONSTRUCTION MULTIPLE
V. + compl. — **de** + compl. : *purger un radiateur* **de** *l'air qu'il contient.*
Emploi pronominal : se purger **de** + complément : ***se*** *purger* **de** *sa fureur* (accord = P).

purifier [pyrifje] Régul. I /**avoir**/ Base : PURIFI-. **3**
C. ABSOLUE : *l'alcool purifie.*
C. SIMPLE DIRECTE
V. + complément : *purifier un gaz.*
Emploi pronominal : se purifier (accord = P).
CONSTRUCTION MULTIPLE
V. + compl. — **de** + compl. : *purifier quelqu'un* **de** *ses péchés.*
Emploi pronominal : se purifier **de** + complément : ***se*** *purifier* **de** *ses fautes* (accord = P).

q

Modèle

quadrupler [kwadryple] Régul. I /**avoir**/ Base : QUADRUPL-. **3**

C. ABSOLUE : *ils ont quadruplé.*

C. SIMPLE DIRECTE

V. + complément : *quadrupler son chiffre d'affaires.*
Emploi pronominal : **se** quadrupler (accord = P).

qualifier [kalifje] Régul. I /**avoir**/ Base : QUALIFI-. **3**

C. SIMPLE DIRECTE

V. + complément : *qualifier un concurrent.*
Emploi pronominal : **se** qualifier (accord = P).

CONSTRUCTION MULTIPLE

V. + compl. — **de** + attribut du compl. : *qualifier un travail* **de** *débilitant.*
Emploi pronominal : **se** qualifier **de** + attribut : ***se*** *qualifier* **de** *génial* (accord = P).

quereller [kərɛle] Régul. I /**avoir**/ Base : QUERELL-. **3**

C. ABSOLUE : *il aime quereller.*

C. SIMPLE DIRECTE

V. + complément : *quereller sa servante.*
Emploi pronominal : **se** quereller (accord = P);
se quereller **avec** + complément : ***se*** *quereller* ***avec*** *ses camarades* (accord = P).

questionner [kɛstjɔne] Régul. I /**avoir**/ Base : QUESTIONN-. **3**

C. ABSOLUE : *les enfants ne cessent de questionner.*

C. SIMPLE DIRECTE

V. + complément : *questionner son professeur.*
Emploi pronominal : se questionner (accord = P).

quêter [kete] Régul. I /**avoir**/ Base : QUÊT-. **3**

C. ABSOLUE : *la chaisière quête.*

C. SIMPLE DIRECTE

V. + complément : *quêter les compliments.*

C. SIMPLE INDIRECTE

V. + **pour** + complément : *quêter* ***pour*** *les vieux artistes.*

quintupler [kɛ̃typle] Régul. I /**avoir**/ Base : QUINTUPL-. **3**

C. ABSOLUE : *mes impôts ont quintuplé.*

C. SIMPLE DIRECTE

V. + complément : *quintupler les risques.*
Emploi pronominal : **se** quintupler (accord = P).

quitter [kite] Régul. I /**avoir**/ Base : QUITT-. **3**

C. ABSOLUE : *je quitte.*

C. SIMPLE DIRECTE

V. + complément : *quitter Paris.*
Emploi pronominal : **se** quitter (accord = P).

CONSTRUCTION MULTIPLE

V. + compl. — **à** + compl. : *quitter la monnaie* ***à*** *l'employée.*
V. + compl. — **de** + compl. : *quitter un débiteur* ***des*** *intérêts du mois en cours.*
V. + compl. — **pour** + compl. : *quitter l'université* ***pour*** *l'industrie.*
Emploi pronominal : **se** quitter + attribut : ***se*** *quitter contents* (accord = P).

r

Modèle

rabâcher [rabɑʃe] (fam.) Régul. I /**avoir**/ Base : RABÂCH-. **3**

C. ABSOLUE : *il rabâche sans cesse.*

C. SIMPLE DIRECTE

V. + complément : *rabâcher les mêmes choses.*

rabaisser [rabɛse] Régul. I /**avoir**/ Base : RABAISS-. **3**

C. SIMPLE DIRECTE

V. + complément : *rabaisser autrui.*
Emploi pronominal : **se** rabaisser (accord = P).

rabattre [rabatr] III /**avoir**/ Base : RABAT-. **59**

C. ABSOLUE (pop.) : *elle rabat.*

C. SIMPLE DIRECTE

V. + complément : *rabattre la lumière.*
Emploi pronominal : **se** rabattre (accord = P).

C. SIMPLE INDIRECTE

V. + **de** + complément : *rabattre* **de** *ses prétentions.*
V. + **sur** + complément : *rabattre* **sur** *un prix.*

CONSTRUCTION MULTIPLE

V. + compl. — **de** + compl. : *rabattre quelque chose* **de** *ses prétentions.*
V. + compl. — **sur** + compl. : *rabattre vingt centimes* **sur** *le prix.*
Emploi pronominal : **se** rabattre **sur** + complément : ***se*** *rabattre* **sur** *un article moins cher* (accord = P).

raboter [rabɔte] Régul. I /**avoir**/ Base : RABOT-. **3**

C. SIMPLE DIRECTE

V. + complément : *raboter une planche.*
Emploi pronominal : **se** raboter (accord = P); **se** raboter + complément : ***se*** *raboter le coude* (accord = OE).

rabougrir [rabugrir] Régul. II /**avoir**/ Base : RABOUGR-. **26**

C. ABSOLUE : *sur certains sols, les bouleaux rabougrissent.*

C. SIMPLE DIRECTE

V. + complément : *rabougrir la végétation.*

rabrouer [rabrue] Régul. I /**avoir**/ Base : RABROU-. **3**

C. ABSOLUE : *c'est un grondeur, il rabroue sans cesse.*

C. SIMPLE DIRECTE
V. + complément : *rabrouer toute sa famille.*

raccommoder [rakɔmɔde] Régul. I /**avoir**/ Base : RACCOMMOD-. **3**

C. ABSOLUE : *elle passe ses soirées à raccommoder.*

C. SIMPLE DIRECTE
V. + complément : *raccommoder de la porcelaine.*
Emploi pronominal : **se** raccommoder (accord = P).

CONSTRUCTION MULTIPLE
V. + compl. — **avec** + compl. : *raccommoder une personne **avec** une autre.*
Emploi pronominal : **se** raccommoder **avec** + complément : ***se** raccommoder **avec** sa femme* (accord = P).

raccompagner [rakɔ̃paɲe] Régul. I /**avoir**/ Base : RACCOMPAGN-. **3**

C. SIMPLE DIRECTE
V. + complément : *raccompagner un visiteur.*
Emploi pronominal : **se** raccompagner (accord = P).

raccorder [rakɔrde] Régul. I /**avoir**/ Base : RACCORD-. **3**

C. ABSOLUE : *cela raccorde mal.*

C. SIMPLE DIRECTE
V. + complément : *raccorder deux tuyaux.*
Emploi pronominal : **se** raccorder (accord = P).

raccourcir [rakursir] Régul. II /**avoir**/ Base : RACCOURC-. **26**

C. ABSOLUE : *la distance semble raccourcir.*

C. SIMPLE DIRECTE
V. + complément : *raccourcir une jupe.*
Emploi pronominal : **se** raccourcir (accord = P).

raccrocher [rakrɔʃe] Régul. I /**avoir**/ Base : RACCROCH-. **3**

C. ABSOLUE : *il a raccroché.*

C. SIMPLE DIRECTE
V. + complément : *raccrocher le téléphone.*
Emploi pronominal : **se** raccrocher (accord = P).

CONSTRUCTION MULTIPLE
V. + compl. — **à** + compl. : *raccrocher un jambon **au** croc.*
Emploi pronominal : **se** raccrocher **à** + complément : ***se** raccrocher **à** une idée* (accord = P).

racheter [raʃ(ə)te] Particularité I /**avoir**/ Base : RACH[E]T-. **19**

C. SIMPLE DIRECTE
V. + complément : *racheter une voiture.*
Emploi pronominal : **se** racheter (accord = P).

CONSTRUCTION MULTIPLE
V. + compl. — **à** + compl. : *racheter quelque chose **à** quelqu'un.*
Emploi pronominal : **se** racheter + complément : ***se** racheter des gants* (accord = OE);
se racheter **à** + complément : ***se** racheter **à** un particulier* (accord = P).

racler [rakle] Régul. I /**avoir**/ Base : RACL-. 3
C. ABSOLUE : *il ne joue pas du violon, il racle.*
C. SIMPLE DIRECTE
V. + complément : *racler de la peinture.*
Emploi pronominal : **se** racler (accord = P) ;
se racler + complément : ***se** racler la gorge* (accord = OE).

raconter [rakɔ̃te] Régul. I /**avoir**/ Base : RACONT-. 3
C. ABSOLUE : *il ne sait pas raconter.*
C. SIMPLE DIRECTE
V. + complément : *raconter une histoire.*
Emploi pronominal : **se** raconter (accord = P).
V. + discours indirect : *raconter **pourquoi** on est en retard.*
V. + **que** + indic. : *raconter **que** tout s'est bien passé...*
CONSTRUCTION MULTIPLE
V. + compl. — **à** + compl. : *raconter un mensonge **à** ses parents.*
Emploi pronominal : **se** raconter + complément : ***se** raconter des histoires* (accord = OE).
V. + **à** + compl. — discours indirect : *raconter **à** ses collègues **comment** on a passé la veillée de Noël.*
Emploi pronominal : **se** raconter + discours indirect : ***se** raconter par quel hasard on est réunis* (accord = I).
V. + **à** + compl. — **que** + indic. : *raconter **à** ses amis **qu'**on ne se souvenait plus de leur numéro de téléphone.*
Emploi pronominal : **se** raconter **que** + indic. : ***se** raconter **que** tout est fini* (accord = I).
V. + **de** + compl. — discours indirect : *raconter **de** son patron **comment** il a fait fortune.*
V. + **de** + compl. — **que** + indic. : *raconter **de** ses voisins **qu'**ils sont brouillés avec tout le quartier.*

radier [radje] Régul. I /**avoir**/ Base : RADI-. 3
C. SIMPLE DIRECTE
V. + complément : *radier une inscription.*
CONSTRUCTION MULTIPLE
V. + compl. — **de** + compl. : *radier un membre du club.*

radiodiffuser [radjɔdifyze] Régul. I /**avoir**/ Base : RADIODIFFUS-. 3
C. SIMPLE DIRECTE
V. + complément : *radiodiffuser une pièce de théâtre.*

radiographier [radjɔgrafje] Régul. I /**avoir**/ Base : RADIOGRAPHI-. 3
C. SIMPLE DIRECTE
V. + complément : *radiographier les artères.*

radoter [radɔte] Régul. I /**avoir**/ Base : RADOT-. 3
C. ABSOLUE : *vous radotez.*

radoucir [radusir] Régul. II /**avoir**/ Base : RADOUC-. 26
C. SIMPLE DIRECTE
V. + complément : *radoucir son humeur.*
Emploi pronominal : **se** radoucir (accord = P).

Modèle

raffermir [rafɛrmir] Régul. II /**avoir**/ Base : RAFFERM-. **26**

C. SIMPLE DIRECTE

V. + complément : *raffermir sa santé.*
Emploi pronominal : **se** raffermir (accord = P).

raffiner [rafine] Régul. I /**avoir**/ Base : RAFFIN-. **3**

C. ABSOLUE : *Vous raffinez.*

C. SIMPLE DIRECTE

V. + complément : *raffiner du sucre.*
Emploi pronominal : **se** raffiner (accord = P).

C. SIMPLE INDIRECTE

V. + **sur** + complément : *raffiner* **sur** *tout.*

raffoler [rafɔle] Régul. I /**avoir**/ Base : RAFFOL-. **3**

C. SIMPLE INDIRECTE

V. + **de** + complément : *raffoler* **des** *vaudevilles.*

rafraîchir [rafrɛʃir] Régul. II /**avoir**/ Base : RAFRAÎCH-. **26**

C. ABSOLUE : *boire rafraîchit.*

C. SIMPLE DIRECTE

V. + complément : *rafraîchir une boisson.*
Emploi pronominal : **se** rafraîchir (accord = P);
se rafraîchir + complément : ***se*** *rafraîchir le visage* (accord = OE).

raidir [rɛdir] Régul. II /**avoir**/ Base : RAID-. **26**

C. ABSOLUE : *Raidissez!*

C. SIMPLE DIRECTE

V. + complément : *raidir la jambe.*
Emploi pronominal : **se** raidir (accord = P).

railler [rɑje] Régul. I /**avoir**/ Base : RAILL-. **3**

C. ABSOLUE : *Vous raillez, j'espère?*

C. SIMPLE DIRECTE

V. + complément : *railler un sot.*
Emploi pronominal : **se** railler (accord = P);
se railler **de** + complément : ***se*** *railler* ***d'****un fat* (accord = P).

raisonner [rɛzɔne] Régul. I /**avoir**/ Base : RAISONN-. **3**

C. ABSOLUE : *il agit sans raisonner.*

C. SIMPLE DIRECTE

V. + complément : *raisonner un enfant.*
Emploi pronominal : **se** raisonner (accord = P).

C. SIMPLE INDIRECTE

V. + **sur** + complément : *raisonner* **sur** *les effets et les causes.*

rajeunir [raʒœnir] Régul. II /**avoir** et **être**/ Base : RAJEUN-. **26**

C. ABSOLUE : *Vous rajeunissez.*

C. SIMPLE DIRECTE

V. + complément : *rajeunir un ensemble.*
Emploi pronominal : **se** rajeunir (accord = P).

Modèle

rajouter [raʒute] Régul. I /**avoir**/ Base : RAJOUT-. **3**

C. SIMPLE DIRECTE

V. + complément : *rajouter une taxe.*

CONSTRUCTION MULTIPLE

V. + compl. — à + compl. : *rajouter une prime* ***à*** *une remise.*

rajuster [raʒyste] Régul. I /**avoir**/ Base : RAJUST-. **3**

C. SIMPLE DIRECTE

V. + complément : *rajuster sa cravate.*
Emploi pronominal : **se** rajuster (accord = P).

ralentir [ralɑ̃tir] Régul. II /**avoir**/ Base : RALENT-. **26**

C. ABSOLUE : *Du fait des travaux, il va encore falloir ralentir.*

C. SIMPLE DIRECTE

V. + complément : *ralentir toute une file de voitures.*
Emploi pronominal : **se** ralentir (accord = P).

rallier [ralje] Régul. I /**avoir**/ Base : RALLI-. **3**

C. ABSOLUE : *les chiens rallient.*

C. SIMPLE DIRECTE

V. + complément : *rallier un syndicat.*
Emploi pronominal : **se** rallier (accord = P).

CONSTRUCTION MULTIPLE

V. + compl. — à + compl. : *rallier des gens* ***à*** *sa cause.*
Emploi pronominal : **se** rallier **à** + complément : ***se*** *rallier* ***à*** *un groupe* (accord = P).

rallumer [ralyme] Régul. I /**avoir**/ Base : RALLUM-. **3**

C. ABSOLUE : *après la panne, on rallumera.*

C. SIMPLE DIRECTE

V. + complément : *rallumer le feu.*
Emploi pronominal : **se** rallumer (accord = P).

ramasser [ramase] Régul. I /**avoir**/ Base : RAMASS-. **3**

C. SIMPLE DIRECTE

V. + complément : *ramasser son stylo.*
Emploi pronominal : **se** ramasser (accord = P).
V. + **ce qui** + indic. : *ramasser* ***ce qui*** *tombe de l'arbre.*

CONSTRUCTION MULTIPLE

V. + compl. — attribut : *ramasser quelqu'un blessé à mort.*

ramener [ram(ə)ne] Particularité I /**avoir**/ Base : RAM[E]N-. **15**

C. ABSOLUE : *Ramenez!*

C. SIMPLE DIRECTE

V. + complément : *ramener un convive.*
Emploi pronominal (pop.) : **se** ramener (accord = P).

CONSTRUCTION MULTIPLE

V. + compl. — **à** + compl. : *ramener quelqu'un* ***à*** *son propos.*
V. + compl. — **à** + infin. : *ramener une théorie* ***à*** *ne plus rien représenter.*

Modèle

ramollir [ramɔlir] Régul. II /**avoir**/ Base : RAMOLL-. **26**

C. SIMPLE DIRECTE

V. + complément : *ramollir la margarine.*
Emploi pronominal : **se** ramollir (accord = P).

ramoner [ramɔne] Régul. I /**avoir**/ Base : RAMON-. **3**

C. SIMPLE DIRECTE

V. + complément : *ramoner une cheminée.*
Emploi pronominal : **se** ramoner (accord = P);
se ramoner + complément : ***se** ramoner l'estomac* (accord = OE).

ranger [rɑ̃ʒe] Particularité I /**avoir**/ Base : RAN[G]-. **12**

C. ABSOLUE : *il va falloir ranger.*

C. SIMPLE DIRECTE

V. + complément : *ranger ses livres.*
Emploi pronominal : **se** ranger (accord = P).

ranimer [ranime] Régul. I /**avoir**/ Base : RANIM-. **3**

C. SIMPLE DIRECTE

V. + complément : *ranimer une querelle.*
Emploi pronominal : **se** ranimer (accord = P).

rapatrier [rapatrije] Régul. I /**avoir**/ Base : RAPATRI-. **3**

C. SIMPLE DIRECTE

V. + complément : *rapatrier des capitaux.*
Emploi pronominal : **se** rapatrier (accord = P).

râper [rɑpe] Régul. I /**avoir**/ Base : RÂP-. **3**

C. SIMPLE DIRECTE

V. + complément : *râper du fromage.*

rapetisser [rap(ə)tise] Régul. I /**avoir**/ Base : RAPETISS-. **3**

C. ABSOLUE : *du fait de l'éloignement, les objets rapetissent.*

C. SIMPLE DIRECTE

V. + complément : *rapetisser les objets.*
Emploi pronominal : **se** rapetisser (accord = P).

rapiécer [rapjese] Deux particularités I /**avoir**/ Base : RAPI[ÉC]-. **20**

C. SIMPLE DIRECTE

V. + complément : *rapiécer des bleus de travail.*

rappeler [rap(ə)le] Particularité I /**avoir**/ Base : RAPPEL-. **16**

C. SIMPLE DIRECTE

V. + complément : *rappeler des réservistes.*

C. SIMPLE INDIRECTE

V. + **sur** + complément : *rappeler **sur** son ancre.*

CONSTRUCTION MULTIPLE

V. + compl. — **à** + compl. : *rappeler un rendez-vous **à** quelqu'un.*
Emploi pronominal : **se** rappeler + complément : ***se** rappeler un détail pittoresque* (accord = OE);
se rappeler **à** + complément : ***se** rappeler **au** souvenir de quelqu'un* (accord = P).

V. + **à** + compl. — **de** + infin. : *rappeler* ***à*** *quelqu'un* ***de*** *payer ses impôts.*
V. + **à** + compl. — discours indirect : *rappeler* ***à*** *un visiteur* ***pourquoi*** *il est interdit de fumer.*
Emploi pronominal : **se** rappeler + discours indirect : ***se*** *rappeler* ***pourquoi*** *on était venu* (accord = I).
V. + **à** + compl. — **que** + indic. : *rappeler* ***à*** *son patron* ***qu'****il a un rendez-vous à onze heures.*
Emploi pronominal : **se** rappeler **que** + indic. : ***se*** *rappeler* ***que*** *l'on voulait faire une course* (accord = I).

rapporter [rapɔrte] Régul. I /**avoir**/ Base : RAPPORT-. 3

C. ABSOLUE (fam.) : *faire un travail qui rapporte.*
C. SIMPLE DIRECTE
V. + complément : *rapporter des nouvelles.*
Emploi pronominal : **se** rapporter (accord = P).
V. + **que** + indic. : *rapporter* ***que*** *les faits se sont produits différemment.*
CONSTRUCTION MULTIPLE
V. + compl. — **à** + compl. : *rapporter la monnaie* ***à*** *sa mère.*
Emploi pronominal : **se** rapporter **à** + complément : ***se*** *rapporter* ***à*** *un fait précis* (accord = P);
se rapporter **à** + compl. — **de** + compl. : ***se*** *rapporter* ***à*** *un expert* ***d'****un problème délicat* (accord = P).

rapprocher [raprɔʃe] Régul. I /**avoir**/ Base : RAPPROCH-. 3

C. ABSOLUE : *les difficultés communes rapprochent.*
C. SIMPLE DIRECTE
V. + complément : *rapprocher sa chaise.*
Emploi pronominal : **se** rapprocher (accord = P).
CONSTRUCTION MULTIPLE
V. + compl. — **de** + compl. : *rapprocher son point de vue* ***de*** *celui de son interlocuteur.*
Emploi pronominal : **se** rapprocher **de** + complément : ***se*** *rapprocher* ***de*** *son but* (accord = P).

raréfier [rarefje] Régul. I /**avoir**/ Base : RARÉFI-. 3

C. SIMPLE DIRECTE
V. + complément : *raréfier un gaz.*
Emploi pronominal : **se** raréfier (accord = P).

raser [raze] Régul. I /**avoir**/ Base : RAS-. 3

C. ABSOLUE : *cette dent rase.*
C. SIMPLE DIRECTE
V. + complément : *raser le sol.*
Emploi pronominal : **se** raser (accord = P);
se raser + complément : ***se*** *raser les moustaches* (accord = OE).

rassasier [rasazje] Régul. I /**avoir**/ Base : RASSASI-. 3

C. ABSOLUE : *les haricots rassasient.*

C. SIMPLE DIRECTE
V. + complément : *rassasier des convives.*
Emploi pronominal : se rassasier (accord = P).

rassembler [rasɑ̃ble] Régul. I /**avoir**/ Base : RASSEMBL-. **3**
C. SIMPLE DIRECTE
V. + complément : *rassembler des preuves.*
Emploi pronominal : se rassembler (accord = P).

rasseoir [raswar] III /**avoir**/ Base : RASS-. **45**
C. SIMPLE DIRECTE
V. + complément : *rasseoir son esprit.*
Emploi pronominal : se rasseoir (accord = P).
CONSTRUCTION MULTIPLE
V. + compl. — lieu : *rasseoir un malade* ***sur*** *son lit.*
Emploi pronominal : se rasseoir + lieu : ***se*** *rasseoir* ***sur*** *le canapé* (accord = P).

rassurer [rasyre] Régul. I /**avoir**/ Base : RASSUR-. **3**
C. ABSOLUE : *cette nouvelle rassure.*
C. SIMPLE DIRECTE
V. + complément : *rassurer un anxieux.*
Emploi pronominal : se rassurer (accord = P).

rater [rate] Régul. I /**avoir**/ Base : RAT-. **3**
C. ABSOLUE : *l'affaire ratera sûrement.*
C. SIMPLE DIRECTE
V. + complément : *rater un faisan.*
Emploi pronominal : se rater (accord = P).

ratifier [ratifje] Régul. I /**avoir**/ Base : RATIFI-. **3**
C. SIMPLE DIRECTE
V. + complément : *ratifier une convention.*

rationaliser [rasjɔnalize] Régul. I /**avoir**/ Base : RATIONALIS-. **3**
C. SIMPLE DIRECTE
V. + complément : *rationaliser la production.*
Emploi pronominal : se rationaliser (accord = P).

rationner [rasjɔne] Régul. I /**avoir**/ Base : RATIONN-. **3**
C. SIMPLE DIRECTE
V. + complément : *rationner la population civile.*
Emploi pronominal : se rationner (accord = P).

ratisser [ratise] Régul. I /**avoir**/ Base : RATISS-. **3**
C. SIMPLE DIRECTE
V. + complément : *ratisser les allées du parc.*
Emploi pronominal : se ratisser (accord = P).

rattacher [rataʃe] Régul. I /**avoir**/ Base : RATTACH-. **3**
C. SIMPLE DIRECTE
V. + complément : *rattacher ses sandales.*
Emploi pronominal : se rattacher (accord = P).

CONSTRUCTION MULTIPLE

V. + compl. — **à** + compl. : *rattacher un fait **à** une cause fortuite.*

Emploi pronominal : **se** rattacher **à** + complément : ***se** rattacher **aux** prérogatives de quelqu'un* (accord = P).

rattraper [ratrape] Régul. I /**avoir**/ Base : RATTRAP-. **3**

C. SIMPLE DIRECTE

V. + complément : *rattraper une balle.*

Emploi pronominal : **se** rattraper (accord = P); **se** rattraper **à** + complément : ***se** rattraper **à** une touffe d'herbe* (accord = P).

raturer [ratyre] Régul. I /**avoir**/ Base : RATUR-. **3**

C. ABSOLUE : *il rature sans cesse.*

C. SIMPLE DIRECTE

V. + complément : *raturer un manuscrit.*

ravager [ravaʒe] Particularité I /**avoir**/ Base : RAVA[G]-. **12**

C. ABSOLUE : *l'ouragan ravage.*

C. SIMPLE DIRECTE

V. + complément : *les épreuves ont ravagé ses traits.*

ravaler [ravale] Régul. I /**avoir**/ Base : RAVAL-. **3**

C. ABSOLUE : *le saumon ravale.*

C. SIMPLE DIRECTE

V. + complément : *ravaler une façade.*

Emploi pronominal : **se** ravaler à + complément : ***se** ravaler **au** rang de la bête* (accord = P).

raviner [ravine] Régul. I /**avoir**/ Base : RAVIN-. **3**

C. ABSOLUE : *le torrent ravine.*

C. SIMPLE DIRECTE

V. + complément : *raviner une pente.*

ravir [ravir] Régul. II /**avoir**/ Base : RAV-. **26**

C. ABSOLUE : *cela vous va à ravir.*

C. SIMPLE DIRECTE

V. + complément : *ravir les spectateurs.*

CONSTRUCTION MULTIPLE

V. + compl. — **à** + compl. : *ravir la première place **au** favori.*

raviser (se) [s(ə)ravize] Régul. I /**être**/ Base : RAVIS- (SE). **5**

C. ABSOLUE : **se** raviser (accord = P).

ravitailler [ravitaje] Régul. I /**avoir**/ Base : RAVITAILL-. **3**

C. ABSOLUE : *l'avion ravitaille.*

C. SIMPLE DIRECTE

V. + complément : *ravitailler une ville assiégée.*

Emploi pronominal : **se** ravitailler (accord = P).

raviver [ravive] Régul. I /**avoir**/ Base : RAVIV-. **3**

C. SIMPLE DIRECTE

V. + complément : *raviver une couleur.*

Emploi pronominal : **se** raviver (accord = P).

Modèle

rayer [reje] Particularité I /**avoir**/ Base : RA[Y]-. **9**

C. SIMPLE DIRECTE

V. + complément : *rayer du verre.*

Emploi pronominal : se rayer (accord = P).

CONSTRUCTION MULTIPLE

V. + compl. — **de** + compl. : *rayer un dissident* ***des*** *cadres du parti.*

rayonner [rejɔne] Régul. I /**avoir**/ Base : RAYONN-. **3**

C. ABSOLUE : *le soleil rayonne.*

C. SIMPLE DIRECTE

V. + complément : *rayonner la joie et le bonheur.*

réabonner [reabɔne] Régul. I /**avoir**/ Base : RÉABONN-. **3**

C. SIMPLE DIRECTE

V. + complément : *à l'occasion de Noël, réabonner sa grand-mère.*

Emploi pronominal : se réabonner (accord = P).

CONSTRUCTION MULTIPLE

V. + compl. — **à** + compl. : *réabonner sa femme* ***à*** *un magazine féminin.*

Emploi pronominal : se réabonner **à** + complément : ***se*** *réabonner* ***à*** *une revue technique* (accord = P).

réaccoutumer [reakutyme] Régul. I /**avoir**/ Base : RÉACCOUTUM-. **3**

CONSTRUCTION MULTIPLE

V. + compl. — **à** + compl. : *réaccoutumer un colonial* ***au*** *climat de la France.*

Emploi pronominal : se réaccoutumer **à** + complément : ***se*** *réaccoutumer* ***au*** *froid* (accord = P).

V. + compl. — **à** + infin. : *réaccoutumer son chien* ***à*** *vivre en appartement.*

Emploi pronominal : se réaccoutumer **à** + infin. : ***se*** *réaccoutumer* ***à*** *marcher* (accord = P).

réadapter [readapte] Régul. I /**avoir**/ Base : RÉADAPT-. **3**

C. SIMPLE DIRECTE

V. + complément : *réadapter un membre déplâtré.*

Emploi pronominal : se réadapter (accord = P).

CONSTRUCTION MULTIPLE

V. + compl. — **à** + compl. : *réadapter un malade* ***à*** *la vie professionnelle.*

Emploi pronominal : se réadapter **à** + compl. : ***se*** *réadapter* ***à*** *la vie parisienne* (accord = P).

réagir [reaʒir] Régul. II /**avoir**/ Base : RÉAG-. **26**

C. ABSOLUE : *Il ne faut pas vous laisser abattre, réagissez!*

C. SIMPLE INDIRECTE

V. + **à** + complément : *réagir* ***aux*** *sollicitations.*

V. + **contre** + complément : *réagir* ***contre*** *le désespoir.*

V. + **sur** + complément : *réagir* ***sur*** *le calcaire.*

Modèle

réajuster [reaʒyste] Régul. I /**avoir**/ Base : RÉAJUST-. **3**

C. SIMPLE DIRECTE

V. + complément : *réajuster sa position.*
Emploi pronominal : se réajuster (accord = P).

réaliser [realize] Régul. I /**avoir**/ Base : RÉALIS-. **3**

C. SIMPLE DIRECTE

V. + complément : *réaliser une performance.*
Emploi pronominal : se réaliser (accord = P).
V. + **que** + indic. : *réaliser* ***que*** *c'est bien compliqué.*

réapprovisionner [reaprɔvizjɔne] Régul. I /**avoir**/ Base : RÉAPPROVISIONN-. **3**

C. SIMPLE DIRECTE

V. + complément : *réapprovisionner une arme automatique.*
Emploi pronominal : se réapprovisionner (accord = P).

réarmer [rearme] Régul. I /**avoir**/ Base : RÉARM-. **3**

C. ABSOLUE : *les grandes puissances réarment.*

C. SIMPLE DIRECTE

V. + complément : *réarmer un bâtiment.*
Emploi pronominal : se réarmer (accord = P).

réassortir [reasɔrtir] Régul. II /**avoir**/ Base : RÉASSORT-. **26**

C. SIMPLE DIRECTE

V. + complément : *réassortir une parure.*
Emploi pronominal : se réassortir (accord = P).

rebâtir [rəbɑtir] Régul. II /**avoir**/ Base : REBÂT-. **26**

C. ABSOLUE : *après la guerre, il a fallu rebâtir.*

C. SIMPLE DIRECTE

V. + complément : *rebâtir tout un quartier.*
Emploi pronominal : se rebâtir (accord = P).

rebattre [rəbatr] III /**avoir**/ Base : REBAT-. **59**

C. SIMPLE DIRECTE

V. + complément : *rebattre un jeu de cartes.*

rebeller (se) [s(ə)rəbɛlle] Régul. I /**être**/ Base : REBELL- (SE). **5**

C. ABSOLUE : se rebeller (accord = P).

C. SIMPLE INDIRECTE

Se rebeller **contre** + complément : *se rebeller* ***contre*** *une autorité tyrannique* (accord = P).

reboiser [rəbwaze] Régul. I /**avoir**/ Base : REBOIS-. **3**

C. ABSOLUE : *les Eaux et Forêts s'efforcent de reboiser.*

C. SIMPLE DIRECTE

V. + complément : *reboiser une pente.*
Emploi pronominal : se reboiser (accord = P).

rebondir [rəbɔ̃dir] Régul. II /**avoir**/ Base : REBOND-. **26**

C. ABSOLUE : *l'affaire a rebondi.*

C. SIMPLE INDIRECTE

V. + **contre** + complément : *rebondir* ***contre*** *un mur.*
V. + **sur** + complément : *rebondir* ***sur*** *une surface plane.*

rebouchér [rəbuʃe] Régul. I /**avoir**/ Base : REBOUCH-. **3**

C. SIMPLE DIRECTE

V. + complément : *reboucher la bouteille Thermos.*
Emploi pronominal : **se** reboucher (accord = P).

reboutonner [rəbutɔne] Régul. I /**avoir**/ Base : REBOUTONN-. **3**

C. SIMPLE DIRECTE

V. + complément : *reboutonner son gilet.*
Emploi pronominal : **se** reboutonner (accord = P).

rebrousser [rəbruse] Régul. I /**avoir**/ Base : REBROUSS-. **3**

C. ABSOLUE : *le couteau rebrousse.*

C. SIMPLE DIRECTE

V. + complément : *rebrousser le cours de l'Arc.*
Emploi pronominal : **se** rebrousser (accord = P).

rebuter [rəbyte] Régul. I /**avoir**/ Base : REBUT-. **3**

C. ABSOLUE : *c'est un livre dont la difficulté rebute.*

C. SIMPLE DIRECTE

V. + complément : *rebuter les plus acharnés lecteurs.*
Emploi pronominal : **se** rebuter (accord = P).

CONSTRUCTION MULTIPLE

V. + compl. — **de** + compl. : *rebuter un enfant* **de** *la lecture.*
Emploi pronominal : **se** rebuter **de** + complément : ***se** rebuter **du** travail* (accord = P).
V. + compl. — **de** + infin. : *rebuter quelqu'un* **de** *travailler.*

récapituler [rekapityle] Régul. I /**avoir**/ Base : RÉCAPITUL-. **3**

C. ABSOLUE : *après la discussion, on récapitula.*

C. SIMPLE DIRECTE

V. + complément : *récapituler les événements de la journée.*
Emploi pronominal : **se** récapituler (accord = P).

receler [rəs(ə)le] Particularité I /**avoir**/ Base : RECE[L]-. **17**

C. ABSOLUE : *la biche a recelé.*

C. SIMPLE DIRECTE

V. + complément : *receler des objets volés.*

recenser [rəsɑ̃se] Régul. I /**avoir**/ Base : RECENS-. **3**

C. SIMPLE DIRECTE

V. + complément : *recenser les hommes valides.*

recevoir [rəsəvwar] Particularité III /**avoir**/ Base : RE[C]-. **41**

C. ABSOLUE : *ils reçoivent très peu.*

C. SIMPLE DIRECTE

V. + complément : *recevoir des amis.*
Emploi pronominal : **se** recevoir (accord = P).

CONSTRUCTION MULTIPLE

V. + compl. — **pour** + attribut du compl. : *recevoir une idée* ***pour*** *vraie.*
V. + compl. — **comme** + attribut du compl. : *recevoir une critique* ***comme*** *une injure.*

V. + compl. — **de** + compl. : *recevoir une lettre **d'**un parent éloigné.*

réchapper [reʃape] Régul. I /**avoir** et **être**/ Base : RÉCHAPP-. **3**

C. ABSOLUE : *il est réchappé.*

C. SIMPLE INDIRECTE

V. + **à** + complément : *réchapper **à** un danger.*
V. + **de** + complément : *réchapper **d'**une grave maladie.*

réchauffer [reʃofe] Régul. I /**avoir**/ Base : RÉCHAUFF-. **3**

C. ABSOLUE : *le grand soleil réchauffe.*

C. SIMPLE DIRECTE

V. + complément : *réchauffer une maison humide.*
Emploi pronominal : se réchauffer (accord = P);
se réchauffer + complément : ***se** réchauffer les pieds* (accord = OE).

rechercher [rəʃɛrʃe] Régul. I /**avoir**/ Base : RECHERCH-. **3**

C. SIMPLE DIRECTE

V. + complément : *rechercher des grammaires du XVIIe siècle.*
Emploi pronominal : se rechercher (accord = P).
V. + discours indirect : *rechercher pourquoi une addition est fausse.*

rechigner [r(ə)ʃiɲe] Régul. I /**avoir**/ Base : RECHIGN-. **3**

C. ABSOLUE : *quoi qu'on lui demande, il rechigne.*

C. SIMPLE DIRECTE

V. + **à** + complément : *il rechigne **à** l'ouvrage.*
V. + **à** + infin. : *rechigner **à** faire son devoir.*

rechuter [r(ə)ʃyte] Régul. I /**avoir**/ Base : RECHUT-. **3**

C. ABSOLUE : *on le croyait guéri, mais il a rechuté.*

récidiver [residive] Régul. I /**avoir**/ Base : RÉCIDIV-. **3**

C. ABSOLUE : *ce voleur a récidivé.*

réciter [resite] Régul. I /**avoir**/ Base : RÉCIT-. **3**

C. ABSOLUE : *il n'improvise pas, il récite.*

C. SIMPLE DIRECTE

V. + complément : *réciter une fable.*
Emploi pronominal : se réciter (accord = P).

CONSTRUCTION MULTIPLE

V. + compl. — **à** + compl. : *réciter ses leçons **à** son père.*
Emploi pronominal : se réciter + complément : ***se** réciter une leçon* (accord = OE).

réclamer [reklame] Régul. I /**avoir**/ Base : RÉCLAM-. **3**

C. ABSOLUE : *Quand cesserez-vous de réclamer?*

C. SIMPLE DIRECTE

V. + complément : *réclamer son dû.*
Emploi pronominal : se réclamer (accord = P).

C. SIMPLE INDIRECTE

V. + **contre** + complément : *réclamer **contre** une décision injuste.*

V. + **en faveur de** + complément : *réclamer* ***en faveur du*** *personnel.*
Emploi pronominal : se réclamer **de** + complément : ***se*** *réclamer d'un devancier* (accord = P).

reclasser [rəklase] Régul. I /**avoir**/ Base : RECLASS-. **3**
C. SIMPLE DIRECTE
V. + complément : *reclasser des documents.*
Emploi pronominal : **se** reclasser (accord = P).

reclouer [rəklue] Régul. I /**avoir**/ Base : RECLOU-. **3**
C. SIMPLE DIRECTE
V. + complément : *reclouer un couvercle de caisse.*
Emploi pronominal : **se** reclouer (accord = P).

recoiffer [rəkwafe] Régul. I /**avoir**/ Base : RECOIFF-. **3**
C. SIMPLE DIRECTE
V. + complément : *recoiffer un enfant.*
Emploi pronominal : **se** recoiffer (accord = P).

récolter [rekɔlte] Régul. I /**avoir**/ Base : RÉCOLT-. **3**
C. SIMPLE DIRECTE
V. + complément : *récolter du colza.*
Emploi pronominal : **se** récolter (accord = P).

recommander [rəkɔmɑ̃de] Régul. I /**avoir**/ Base : RECOMMAND-. **3**
1° **Emploi personnel.**
C. SIMPLE DIRECTE
V. + complément : *recommander une lettre.*
CONSTRUCTION MULTIPLE
V. + compl. — **à** + compl. : *recommander la prudence* ***à*** *son fils.*
Emploi pronominal : **se** recommander **à** + complément : ***se*** *recommander* ***à*** *Dieu* (accord = P) ;
se recommander **de** + complément : ***se*** *recommander* ***d'un*** *ami commun* (accord = P).
2° **Passif unipersonnel.**
Il est recommandé **à** + compl. — sujet réel = **de** + infin. :
il est recommandé ***aux*** *candidats* ***de*** *relire leur copie.*

recommencer [rəkɔmɑ̃se] Particularité I /**avoir**/ Base : RECOMMEN[C]-. **10**
1° **Emploi personnel.**
C. ABSOLUE : *et tout a recommencé.*
C. SIMPLE DIRECTE
V. + complément : *recommencer un devoir.*
Emploi pronominal : **se** recommencer (accord = P).
C. SIMPLE INDIRECTE
V. + **à** + infin. : *recommencer* ***à*** *pleurer.*
2° **Emploi unipersonnel.**
Il recommence + sujet réel = **à** + infin. : *il recommence* ***à*** *neiger.*

récompenser [rekɔ̃pɑ̃se] Régul. I /**avoir**/ Base : RÉCOMPENS-. **3**
C. SIMPLE DIRECTE
V. + complément : *récompenser le vainqueur.*

Emploi pronominal : se récompenser (accord = P).

CONSTRUCTION MULTIPLE

V. + compl. — **de** + compl. : *récompenser un enfant* **de** *son application.*

V. + compl. — **de** + infin. : *récompenser quelqu'un* **de** *s'être dévoué.*

recomposer [rəkɔ̃poze] Régul. I /**avoir**/ Base : RECOMPOS-. **3**

C. SIMPLE DIRECTE

V. + complément : *recomposer un paragraphe.*
Emploi pronominal : se recomposer (accord = P).

recompter [rəkɔ̃te] Régul. I /**avoir**/ Base : RECOMPT-. **3**

C. ABSOLUE : *Si tu t'es trompé, recompte!*

C. SIMPLE DIRECTE

V. + complément : *recompter une multiplication.*
Emploi pronominal : se recompter (accord = P).

réconcilier [rekɔ̃silje] Régul. I /**avoir**/ Base : RÉCONCILI-. **3**

C. SIMPLE DIRECTE

V. + complément : *réconcilier deux anciens ennemis.*
Emploi pronominal : se réconcilier (accord = P).

CONSTRUCTION MULTIPLE

V. + compl. — **avec** + compl. : *réconcilier un fils* **avec** *son père.*
Emploi pronominal : se réconcilier **avec** + complément : ***se*** *réconcilier* **avec** *ses parents* (accord = P).

V. + compl. — **et** + compl. : *réconcilier une personne* **et** *une autre.*

reconduire [rəkɔ̃dɥir] III /**avoir**/ Base : RECONDUI-. **82**

C. SIMPLE DIRECTE

V. + complément : *reconduire un visiteur.*
Emploi pronominal : se reconduire (accord = P).

CONSTRUCTION MULTIPLE

V. + compl. — lieu : *reconduire un ami* **chez** *lui.*

réconforter [rekɔ̃fɔrte] Régul. I /**avoir**/ Base : RÉCONFORT-. **3**

C. ABSOLUE : *l'amitié réconforte.*

C. SIMPLE DIRECTE

V. + complément : *réconforter un homme affligé.*
Emploi pronominal : se réconforter (accord = P).

reconnaître [rəkɔnɛtr] III /**avoir**/ Base : RECONN-. **61**

C. ABSOLUE : *il ne reconnaît déjà plus.*

C. SIMPLE DIRECTE

V. + complément : *reconnaître son bien.*
Emploi pronominal : se reconnaître (accord = P).
V. + infin. : *reconnaître avoir eu tort.*
V. + **que** + indic. : *reconnaître* **que** *l'on s'était trompé.*

CONSTRUCTION MULTIPLE

V. + compl. — **comme** + attribut du compl. : *reconnaître un objet* ***comme*** *sien.*

V. + compl. — **pour** + attribut du compl. : *reconnaître quelqu'un* ***pour*** *son père.*
Emploi pronominal : se reconnaître + attribut : ***se*** *reconnaître coupable* (accord = P).
V. + compl. — **à** + compl. : *reconnaître une certaine valeur* ***à*** *quelqu'un.*
Emploi pronominal : se reconnaître + complément : ***se*** *reconnaître des torts* (accord = OE) ;
se reconnaître **à** + complément : ***se*** *reconnaître* ***à*** *certaines caractéristiques* (accord = P) ;
se reconnaître **dans** + complément : ***se*** *reconnaître* ***dans*** *un personnage de roman* (accord = P).

reconsidérer [rəkɔ̃sidere] Particularité I /**avoir**/ Base : RECONSID[É]R-. **14**
C. SIMPLE DIRECTE
V. + complément : *reconsidérer son attitude.*
Emploi pronominal : se reconsidérer (accord = P).

reconstituer [rəkɔ̃stitɥe] Régul. I /**avoir**/ Base : RECONSTITU-. **3**
C. SIMPLE DIRECTE
V. + complément : *reconstituer un crime.*
Emploi pronominal : se reconstituer (accord = P).

reconstruire [rəkɔ̃strɥir] III /**avoir**/ Base : RECONSTRUI-. **82**
C. ABSOLUE : *on a beaucoup reconstruit.*
C. SIMPLE DIRECTE
V. + complément : *reconstruire un monument détruit.*
Emploi pronominal : se reconstruire (accord = P).

reconvertir [rəkɔ̃vɛrtir] Régul. II /**avoir**/ Base : RECONVERT-. **26**
C. SIMPLE DIRECTE
V. + complément : *reconvertir ses activités.*
Emploi pronominal : se reconvertir (accord = P).

recopier [rəkɔpje] Régul. I /**avoir**/ Base : RECOPI-. **3**
C. SIMPLE DIRECTE
V. + complément : *recopier un brouillon.*
Emploi pronominal : se recopier (accord = P).

recoucher [rəkuʃe] Régul. I /**avoir**/ Base : RECOUCH-. **3**
C. SIMPLE DIRECTE
V. + complément : *recoucher un blessé.*
Emploi pronominal : se recoucher (accord = P).
C. SIMPLE INDIRECTE
V. + lieu : *recoucher dans le même hôtel.*

recoudre [rəkudr] III /**avoir**/ Base : RECOU-. **69**
C. ABSOLUE : *le chirurgien recoud.*
C. SIMPLE DIRECTE
V. + complément : *recoudre un bouton.*

Emploi pronominal : se recoudre (accord = P) ;
se recoudre + complément : ***se** recoudre une agrafe* (accord = OE).

recouper [rəkupe] Régul. I /**avoir**/ Base : RECOUP-. **3**

C. ABSOLUE : *le joueur recoupe.*

C. SIMPLE DIRECTE

V. + complément : *recouper un vêtement.*
Emploi pronominal : se recouper (accord = P).

recourber [rəkurbe] Régul. I /**avoir**/ Base : RECOURB-. **3**

C. SIMPLE DIRECTE

V. + complément : *recourber un jonc.*
Emploi pronominal : se recourber (accord = P).

CONSTRUCTION MULTIPLE

V. + compl. — **en** + compl. : *recourber une branche de rosier **en** arc.*
Emploi pronominal : se recourber **en** + complément : ***se** recourber **en** crosse* (accord = P).

recourir [rəkurir] III /**avoir**/ Base : RECOUR-. **33**

C. ABSOLUE : *après cinq ans d'interruption, il recourt.*

C. SIMPLE INDIRECTE

V. + **à** + complément : *recourir **aux** conseils d'un expert.*
V. + **contre** + complément : *recourir **contre** son adversaire.*

recouvrer [rəkuvre] Régul. I /**avoir**/ Base : RECOUVR-. **3**

C. SIMPLE DIRECTE

V. + complément : *recouvrer sa liberté.*
Emploi pronominal : se recouvrer (accord = P).

recouvrir [rəkuvrir] III /**avoir**/ Base : RECOUV-. **31**

C. SIMPLE DIRECTE

V. + complément : *recouvrir un livre.*
Emploi pronominal : se recouvrir (accord = P).

CONSTRUCTION MULTIPLE

V. + compl. — **de** + compl. : *recouvrir une dalle **de** mousse.*
Emploi pronominal : se recouvrir **de** + complément : ***se** recouvrir **de** neige* (accord = P) ;
se recouvrir + compl. — **de** — compl. : ***se** recouvrir la tête **de** cendre* (accord = OE).

recréer [rəkree] Régul. I /**avoir**/ Base : RECRÉ-. **13**

C. SIMPLE DIRECTE

V. + complément : *recréer les conditions nécessaires.*
Emploi pronominal : se recréer (accord = P).

récréer [rekree] Régul. I /**avoir**/ Base : RÉCRÉ-. **13**

C. SIMPLE DIRECTE

V. + complément : *récréer les enfants.*
Emploi pronominal : se récréer (accord = P).

récriminer [rekrimine] Régul. I /**avoir**/ Base : RÉCRIMIN-. **3**

C. ABSOLUE : *Cessez donc de récriminer.*

C. SIMPLE DIRECTE
V. + **contre** + complément : *récriminer* ***contre*** *le mauvais temps.*

recroqueviller (se) [s(ə)rəkrɔkvije] Régul. I /**être**/ Base : RECROQUEVILL- (SE). **5**
C. ABSOLUE : **se** recroqueviller (accord = P).

recruter [rəkryte] Régul. I /**avoir**/ Base : RECRUT-. **3**
C. ABSOLUE : *l'armée recrute sans cesse.*
C. SIMPLE DIRECTE
V. + complément : *recruter des analystes.*
Emploi pronominal : **se** recruter (accord = P).

rectifier [rɛktifje] Régul. I /**avoir**/ Base : RECTIFI-. **3**
C. ABSOLUE : *Si vous voyez une erreur, rectifiez.*
C. SIMPLE DIRECTE
V. + complément : *rectifier un tambour de frein.*
Emploi pronominal : **se** rectifier (accord = P).

recueillir [rəkœjir] III /**avoir**/ Base : RECUEILL-. **29**
C. SIMPLE DIRECTE
V. + complément : *recueillir l'eau de pluie.*
CONSTRUCTION MULTIPLE
V. + compl. — **de** + compl. : *recueillir un héritage* ***d'****un parent éloigné.*

recuire [rəkɥir] III /**avoir**/ Base : RECUI-. **82**
C. ABSOLUE : *la fournée a recuit.*
C. SIMPLE DIRECTE
V. + complément : *recuire un émail.*
Emploi pronominal : **se** recuire (accord = P).

reculer [rəkyle] Régul. I /**avoir**/ Base : RECUL-. **3**
C. ABSOLUE : *la falaise recule.*
C. SIMPLE DIRECTE
V. + complément : *reculer sa chaise.*
Emploi pronominal : **se** reculer (accord = P).
C. SIMPLE INDIRECTE
V. + **devant** + complément : *reculer* ***devant*** *l'ampleur du travail.*

récupérer [rekypere] Particularité I /**avoir**/ Base : RÉCUP[É]R-. **14**
C. ABSOLUE : *après les jeux Olympiques, les athlètes ont eu besoin de récupérer.*
C. SIMPLE DIRECTE
V. + complément : *récupérer un objet prêté.*

recycler [rəsikle] Régul. I /**avoir**/ Base : RECYCL-. **3**
C. SIMPLE DIRECTE
V. + complément : *recycler les méthodes d'enseignement.*
Emploi pronominal : **se** recycler (accord = P).

redescendre [rədesɑ̃dr] III /**avoir** et **être**/ Base : REDESCEND-. **65**
C. ABSOLUE : *il est redescendu ensuite.*

C. SIMPLE DIRECTE
V. + complément : *redescendre une bouteille vide.*
V. + infin. : *redescendre achever le rangement de la cave.*
CONSTRUCTION MULTIPLE
V. + compl. — à + compl. : *redescendre la quittance* ***au*** *concierge.*

rédiger [rediʒe] Particularité I /**avoir**/ Base : RÉDI[G]-. **12**
C. SIMPLE DIRECTE
V. + complément : *rédiger un article.*
Emploi pronominal : se rédiger (accord = P).

redire [rədir] III /**avoir**/ Base : REDI-. **85**
C. SIMPLE DIRECTE
V. + complément : *redire un sonnet.*
Emploi pronominal : se redire (accord = P).
V. + **que** + indic. : *redire* ***que*** *l'on est toujours d'accord.*
V. + **que** + subj. : *redire* ***que*** *l'on fasse tel travail par priorité.*
C. SIMPLE INDIRECTE
V. + **à** + complément : *redire* ***à*** *une proposition qui vous est faite.*
CONSTRUCTION MULTIPLE
V. + compl. — **à** + compl. : *redire une histoire* ***à*** *un enfant.*
Emploi pronominal : se redire + complément : ***se*** *redire un poème* (accord = OE).
V. + **à** + compl. — **de** + infin. : *redire* ***à*** *quelqu'un* ***d'****être vigilant.*
V. + **à** + compl. — **que** + indic. : *redire* ***à*** *son père* ***que*** *l'on a déjà fini son travail.*
Emploi pronominal : se redire **que** + indic. : ***se*** *redire* ***que*** *l'on est bien malheureux* (accord = P).

redistribuer [rədistribɥe] Régul. I /**avoir**/ Base : REDISTRIBU-. **3**
C. SIMPLE DIRECTE
V. + complément : *redistribuer le travail.*
Emploi pronominal : se redistribuer (accord = P).
CONSTRUCTION MULTIPLE
V. + compl. — **à** + compl. : *redistribuer les bénéfices* ***aux*** *actionnaires.*
Emploi pronominal : se redistribuer + complément : ***se*** *redistribuer les rôles* (accord = OE).

redonner [rədɔne] Régul. I /**avoir**/ Base : REDONN-. **3**
C. ABSOLUE : *les tomates redonnent.*
C. SIMPLE DIRECTE
V. + complément : *redonner des fruits.*
Emploi pronominal : se redonner (accord = P).
C. SIMPLE INDIRECTE
V. + **dans** + complément : *redonner* ***dans*** *les mêmes erreurs.*
CONSTRUCTION MULTIPLE
V. + compl. — **à** + compl. : *redonner son chien* ***à*** *un ami.*

redoubler [rəduble] Régul. I /**avoir**/ Base : REDOUBL-. **3**

C. ABSOLUE : *cet élève devra redoubler.*

C. SIMPLE DIRECTE

V. + complément : *redoubler le pas.*

C. SIMPLE INDIRECTE

V. + **de** + complément : *redoubler* ***de*** *prudence.*

redouter [rədute] Régul. I /**avoir**/ Base : REDOUT-. **3**

C. SIMPLE DIRECTE

V. + complément : *redouter un échec.*

V. + **de** + infin. : *redouter* ***d'****avoir commis une grave erreur.*

V. + **que** + subj. : *redouter* ***qu'****il soit trop tard.*

CONSTRUCTION MULTIPLE

V. + compl. — **de** + compl. : *redouter une malveillance* ***de*** *quelqu'un.*

V. + **de** + compl. — **que** + subj. : *redouter* ***d'****un confident* ***qu'****il vous trahisse.*

redresser [rədrese] Régul. I /**avoir**/ Base : REDRESS-. **3**

C. SIMPLE DIRECTE

V. + complément : *redresser une tige tordue.*

Emploi pronominal : **se** redresser (accord = P).

réduire [redɥir] III /**avoir**/ Base : RÉDUI-. **82**

C. ABSOLUE : *la sauce réduit.*

C. SIMPLE DIRECTE

V. + complément : *réduire ses marges bénéficiaires.*

Emploi pronominal : **se** réduire (accord = P).

CONSTRUCTION MULTIPLE

V. + compl. — **à** + compl. : *réduire quelqu'un* ***au*** *désespoir.*

Emploi pronominal : **se** réduire **à** + complément : ***se*** *réduire* ***à*** *sa plus simple expression* (accord = P).

V. + compl. — **à** + infin. : *réduire un débiteur* ***à*** *emprunter pour vous rembourser.*

Emploi pronominal : **se** réduire **à** + infin. : ***se*** *réduire* ***à*** *ne plus travailler qu'à mi-temps* (accord = P).

V. + compl. — **de** + indication de quantité : *réduire ses investissements* ***de*** *trente pour cent.*

Emploi pronominal : **se** réduire **de** + indication de quantité : ***se*** *réduire* ***de*** *moitié* (accord = P).

V. + compl. — **en** + compl. : *réduire une pêche* ***en*** *bouillie.*

Emploi pronominal : **se** réduire **en** + complément : ***se*** *réduire* ***en*** *poudre* (accord = P).

rééditer [reedite] Régul. I /**avoir**/ Base : RÉÉDIT-. **3**

C. SIMPLE DIRECTE

V. + complément : *rééditer un texte rare.*

Emploi pronominal : **se** rééditer (accord = P).

rééduquer [reedyke] Régul. I /**avoir**/ Base : RÉÉDUQU-. **3**

C. SIMPLE DIRECTE

V. + complément : *rééduquer un infirme.*

Emploi pronominal : **se** rééduquer (accord = P).

Modèle

réélire [reelir] III /**avoir**/ Base : RÉÉL-. **89**

C. SIMPLE DIRECTE

V. + complément : *réélire un député sortant.*

réévaluer [reevalɥe] Régul. I /**avoir**/ Base : RÉÉVALU-. **3**

C. SIMPLE DIRECTE

V. + complément : *réévaluer un taux.*
Emploi pronominal : **se** réévaluer (accord = P).

refaire [rəfɛr] III /**avoir**/ Base : REF-. **76**

C. ABSOLUE : *C'est à vous de refaire.*

C. SIMPLE DIRECTE

V. + complément : *refaire sa vie.*
Emploi pronominal : **se** refaire (accord = P);
se refaire + complément : ***se** refaire des relations* (accord = OE);
se refaire **à** + complément : ***se** refaire **à** une situation ancienne* (accord = P).

référer [refere] Particularité I /**avoir**/ Base : RÉF[É]R-. **14**

CONSTRUCTION MULTIPLE

En référer **à** + complément : ***en** référer **à** son chef.*
Emploi pronominal : **se** référer **à** + complément : ***se** référer **à** Aristote* (accord = P).

refermer [rəfɛrme] Régul. I /**avoir**/ Base : REFERM-. **3**

C. SIMPLE DIRECTE

V. + complément : *refermer la porte.*
Emploi pronominal : **se** refermer (accord = P).

réfléchir [refleʃir] Régul. II /**avoir**/ Base : RÉFLÉCH-. **26**

C. ABSOLUE : *il est bien incapable de réfléchir.*

C. SIMPLE DIRECTE

V. + complément : *réfléchir la lumière.*
Emploi pronominal : **se** réfléchir (accord = P).
V. + **que** + indic. : *réfléchir **qu'**il n'y a rien là de drôle.*

C. SIMPLE INDIRECTE

V. + **à** + complément : *réfléchir **à** sa situation.*
V. + **sur** + complément : *réfléchir **sur** un problème métaphysique.*
Emploi pronominal : **se** réfléchir + lieu : ***se** réfléchir **sur** un mur blanc* (accord = P).

refléter [rəflete] Particularité I /**avoir**/ Base : REFL[É]T-. **14**

C. SIMPLE DIRECTE

V. + complément : *refléter les arbres de la rive.*
Emploi pronominal : **se** refléter (accord = P).

réformer [refɔrme] Régul. I /**avoir**/ Base : RÉFORM-. **3**

C. SIMPLE DIRECTE

V. + complément : *réformer une idée.*
Emploi pronominal : **se** réformer (accord = P).

CONSTRUCTION MULTIPLE
V. + compl. — **comme** + attribut du compl. : *réformer quelqu'un* ***comme*** *inapte au service armé.*

refouler [rəfule] Régul. I /**avoir**/ Base : REFOUL-. **3**
C. ABSOLUE : *le conduit refoule.*
C. SIMPLE DIRECTE
V. + complément : *refouler des immigrants.*

refroidir [rəfrwadir] Régul. II /**avoir**/ Base : REFROID-. **26**
C. ABSOLUE : *la bouillie refroidit.*
C. SIMPLE DIRECTE
V. + complément : *refroidir l'enthousiasme de quelqu'un.*
Emploi pronominal : **se** refroidir (accord = P).

refuser [rəfyze] Régul. I /**avoir**/ Base : REFUS-. **3**
C. ABSOLUE : *J'ai préféré refuser.*
C. SIMPLE DIRECTE
V. + complément : *refuser un poste.*
Emploi pronominal : **se** refuser (accord = P).
V. + **de** + infin. : *refuser* ***de*** *prendre part au vote.*
CONSTRUCTION MULTIPLE
V. + compl. — **à** + compl. : *refuser une faveur* ***à*** *quelqu'un.*
Emploi pronominal : **se** refuser + complément : ***se*** *refuser un plaisir* (accord = OE);
se refuser **à** + complément : ***se*** *refuser* ***à*** *toute solution négociée* (accord = P).
V. + **à** + compl. — **de** + infin. : *refuser* ***à*** *ses enfants* ***de*** *sortir avec eux.*
Emploi pronominal : **se** refuser **à** + infin. : ***se*** *refuser* ***à*** *accepter un marché de dupes* (accord = P).

regagner [rəgaɲe] Régul. I /**avoir**/ Base : REGAGN-. **3**
C. ABSOLUE : *c'est trop long, il va falloir regagner.*
C. SIMPLE DIRECTE
V. + complément : *regagner le terrain perdu.*
Emploi pronominal : **se** regagner (accord = P).

régaler [regale] Régul. I /**avoir**/ Base : RÉGAL-. **3**
C. ABSOLUE : *Qui régale, aujourd'hui?*
C. SIMPLE DIRECTE
V. + complément : *régaler ses invités.*
Emploi pronominal : **se** régaler (accord = P).
CONSTRUCTION MULTIPLE
V. + compl. — **avec** + compl. : *régaler un connaisseur* ***avec*** *un repas tout en nuances.*
Emploi pronominal : **se** régaler **avec** + complément : ***se*** *régaler* ***avec*** *des mets simples, mais finement préparés* (accord = P).
V. + compl. — **de** + compl. : *régaler ses hôtes* ***d'****un vin prestigieux.*
Emploi pronominal : **se** régaler **de** + complément : ***se*** *régaler* ***d'****un soufflé aux liqueurs* (accord = P).

regarder [rəgarde] Régul. I /**avoir**/ Base : REGARD-. **3**

C. ABSOLUE : *il regarde, mais il ne voit pas, en fait.*

C. SIMPLE DIRECTE

V. + complément : *regarder son interlocuteur.*

Emploi pronominal : se regarder (accord = P); se regarder + complément : *se regarder les ongles* (accord = OE).

V. + infin. : *regarder travailler les autres.*

Emploi pronominal : se regarder + infin. : **1.** *se regarder faire des grimaces* (accord = P, car *se* est sujet de l'infinitif); **2.** *se regarder dépouiller sans réagir* (accord = I, car *se* est l'objet de l'infinitif).

C. SIMPLE INDIRECTE

V. + **à** + complément : *regarder* ***à*** *la dépense.*

CONSTRUCTION MULTIPLE

V. + compl. — **comme** + attribut du compl. : *regarder quelqu'un* ***comme*** *son frère.*

Emploi pronominal : se regarder **comme** + attribut : *se regarder* ***comme*** *perdu* (accord = P).

regarnir [rəgarnir] Régul. II /**avoir**/ Base : REGARN-. **26**

C. SIMPLE DIRECTE

V. + complément : *regarnir un fauteuil.*

Emploi pronominal : se regarnir (accord = P).

CONSTRUCTION MULTIPLE

V. + compl. — **de** + compl. : *regarnir des rayonnages* ***de*** *livres.*

Emploi pronominal : se regarnir **de** + complément : *se regarnir* ***de*** *feuilles* (accord = P).

régénérer [reʒenere] Particularité I /**avoir**/ Base : RÉGÉN[É]R-. **14**

C. SIMPLE DIRECTE

V. + complément : *régénérer un adoucisseur d'eau.*

Emploi pronominal : se régénérer (accord = P).

régler [regle] Particularité I /**avoir**/ Base : RÉGL-. **14**

C. SIMPLE DIRECTE

V. + complément : *régler un problème.*

Emploi pronominal : se régler (accord = P).

CONSTRUCTION MULTIPLE

V. + compl. — **à** + compl. : *régler son compte* ***à*** *quelqu'un.*

V. + compl. — **d'après** + compl. : *régler ses goûts* ***d'après*** *son budget.*

V. + compl. — **sur** + compl. : *régler son pas* ***sur*** *celui de sa compagne.*

Emploi pronominal : se régler **sur** + complément : *se régler* ***sur*** *des principes inflexibles* (accord = P).

régner [reɲe] Particularité I /**avoir**/ Base : R[É]GN-. **14**

1° Emploi personnel.

C. ABSOLUE : *le désordre règne.*

C. SIMPLE INDIRECTE

V. + **sur** + complément : *régner* ***sur*** *un pays.*

2° **Emploi unipersonnel.**
Il règne + sujet réel nominal : *il règne la plus grande confusion.*

regorger [rəgɔrʒe] Particularité I /**avoir**/ Base : REGOR[G]-. **12**
C. SIMPLE INDIRECTE
V. + **de** + complément : *regorger* **de** *fruits.*

regretter [rəgrete] Régul. I /**avoir**/ Base : REGRETT-. **3**
C. ABSOLUE : *il a beau regretter, le mal est fait.*
C. SIMPLE DIRECTE
V. + complément : *regretter le passé.*
Emploi pronominal : **se** regretter (accord = P).
V. + **de** + infin. : *regretter* ***d'****avoir voulu accepter.*
V. + **que** + subj. : *regretter* ***qu'****il soit trop tard.*

régulariser [regylarize] Régul. I /**avoir**/ Base : RÉGULARIS-. **3**
C. SIMPLE DIRECTE
V. + complément : *régulariser sa situation.*
Emploi pronominal : **se** régulariser (accord = P).

réhabiliter [reabilite] Régul. I /**avoir**/ Base : RÉHABILIT-. **3**
C. SIMPLE DIRECTE
V. + complément : *réhabiliter la mémoire de quelqu'un.*
Emploi pronominal : **se** réhabiliter (accord = P).

réhabituer [reabitɥe] Régul. I /**avoir**/ Base : RÉHABITU-. **3**
CONSTRUCTION MULTIPLE
V. + compl. — **à** + compl. : *réhabituer un convalescent* ***au*** *grand air.*
Emploi pronominal : **se** réhabituer **à** + complément : ***se*** *réhabituer* ***au*** *froid* (accord = P).
V. + compl. — **à** + infin. : *réhabituer un poliomyélitique* ***à*** *marcher.*
Emploi pronominal : **se** réhabituer **à** + infin. : ***se*** *réhabituer* ***à*** *vivre seul* (accord = P).

rehausser [rəose] Régul. I /**avoir**/ Base : REHAUSS-. **3**
C. SIMPLE DIRECTE
V. + complément : *rehausser l'élégance d'un vêtement.*
Emploi pronominal : **se** rehausser (accord = P);
se rehausser **de** + complément : ***se*** *rehausser* ***d'****or et* ***de*** *pierreries* (accord = P).

réintégrer [reɛ̃tegre] Particularité I /**avoir**/ Base : RÉINT[É]GR-. **14**
C. SIMPLE DIRECTE
V. + complément : *réintégrer sa place.*
Emploi pronominal : **se** réintégrer (accord = P).
CONSTRUCTION MULTIPLE
V. + compl. — lieu : *réintégrer quelqu'un* ***dans*** *ses droits.*
Emploi pronominal : **se** réintégrer + lieu : ***se*** *réintégrer* ***dans*** *les cadres actifs* (accord = P).

rejaillir [rəʒajir] Régul. II /**avoir**/ Base : REJAILL-. **26**
C. ABSOLUE : *l'eau rejaillit.*

C. SIMPLE INDIRECTE
V. + **sur** + complément : *rejaillir* ***sur*** *le rebord du balcon.*

rejeter [rəʒ(ə)te] Particularité I /**avoir**/ Base : REJE[T]-. **18**

C. ABSOLUE : *la vigne vierge rejette.*

C. SIMPLE DIRECTE
V. + complément : *rejeter toute idée de discussion.*
Emploi pronominal : **se** rejeter (accord = P).

CONSTRUCTION MULTIPLE
V. + compl. — **de** + compl. : *rejeter une idée* ***de*** *son esprit.*
V. + compl. — **sur** + compl. : *rejeter la responsabilité* ***sur*** *autrui.*

rejoindre [rəʒwɛ̃dr] III /**avoir**/ Base : REJOI-. **71**

C. SIMPLE DIRECTE
V. + complément : *rejoindre la troupe.*
Emploi pronominal : **se** rejoindre (accord = P).

réjouir [reʒwir] Régul. II /**avoir**/ Base : RÉJOU-. **26**

C. ABSOLUE : *Voilà qui réjouit!*

C. SIMPLE DIRECTE
V. + complément : *réjouir le cœur.*
Emploi pronominal : **se** réjouir (accord = P);
se réjouir **à** + complément : ***se*** *réjouir* ***à*** *la vue d'un spectacle pittoresque* (accord = P);
se réjouir **à** + infin. : ***se*** *réjouir* ***à*** *entendre des anas* (accord = P);
se réjouir **de** + complément : ***se*** *réjouir* ***de*** *la bonne mine de son fils* (accord = P);
se réjouir **de** + infin. : ***se*** *réjouir* ***de*** *voir tout le monde heureux* (accord = P);
se réjouir **de ce que** + indic. : ***se*** *réjouir* ***de ce que*** *toute sa famille est réunie* (accord = P);
se réjouir **que** + subj. : ***se*** *réjouir* ***que*** *le temps des épreuves soit enfin passé.*

relâcher [rəlɑʃe] Régul. I /**avoir**/ Base : RELÂCH-. **3**

C. ABSOLUE : *le croiseur relâche.*

C. SIMPLE DIRECTE
V. + complément : *relâcher, faute de preuves, un suspect.*
Emploi pronominal : **se** relâcher (accord = P);
se relâcher **de** + complément : ***se*** *relâcher* ***de*** *sa discipline accoutumée* (accord = P);
se relâcher **sur** + complément : ***se*** *relâcher* ***sur*** *un point de son régime* (accord = P).

relater [rəlate] Régul. I /**avoir**/ Base : RELAT-. **3**

C. SIMPLE DIRECTE
V. + complément : *relater un fait de peu d'importance.*
Emploi pronominal : **se** relater (accord = P).

CONSTRUCTION MULTIPLE

V. + compl. — **à** + compl. : *relater son voyage* ***à*** *un auditoire ébahi.*

Emploi pronominal : **se** relater + complément : ***se*** *relater ses expériences respectives* (accord = OE).

relaxer [rəlakse] Régul. I /**avoir**/ Base : RELAX-. **3**

C. SIMPLE DIRECTE

V. + complément : *relaxer le prévenu.*

Emploi pronominal : **se** relaxer (accord = P).

relayer [r(ə)leje] Particularité I /**avoir**/ Base : RELA[Y]-. **9**

C. SIMPLE DIRECTE

V. + complément : *relayer son coéquipier.*

Emploi pronominal : **se** relayer (accord = P).

reléguer [r(ə)lege] Particularité I /**avoir**/ Base : REL[É]GU-. **23**

C. SIMPLE DIRECTE

V. + complément : *reléguer ses rêves de jeunesse.*

CONSTRUCTION MULTIPLE

V. + compl. — lieu : *reléguer quelque chose* ***au*** *grenier.*

relever [rəlve] Particularité I /**avoir**/ Base : REL[E]V-. **15**

C. SIMPLE DIRECTE

V. + complément : *relever une erreur.*

Emploi pronominal : **se** relever (accord = P).

C. SIMPLE INDIRECTE

V. + **de** + complément : *relever* ***du*** *ministère de la Justice.*

CONSTRUCTION MULTIPLE

V. + compl. — **de** + compl. : *relever un préfet* ***de*** *ses fonctions.*

Emploi pronominal : **se** relever **de** + complément : ***se*** *relever* ***de*** *ses ruines* (accord = P).

relier [rəlje] Régul. I /**avoir**/ Base : RELI-. **3**

C. SIMPLE DIRECTE

V. + complément : *relier deux idées.*

Emploi pronominal : **se** relier (accord = P).

CONSTRUCTION MULTIPLE

V. + compl. — **à** + compl. : *relier un fait* ***à*** *sa cause.*

V. + compl. — **en** + compl. : *relier des articles* ***en*** *un volume.*

relire [rəlir] III /**avoir**/ Base : REL-. **89**

C. SIMPLE DIRECTE

V. + complément : *relire des épreuves d'imprimerie.*

Emploi pronominal : **se** relire (accord = P).

remanier [rəmanje] Régul. I /**avoir**/ Base : REMANI-. **3**

C. SIMPLE DIRECTE

V. + complément : *remanier un manuscrit.*

remarquer [rəmarke] Régul. I /**avoir**/ Base : REMARQU-. **3**

C. SIMPLE DIRECTE

V. + complément : *remarquer un détail insignifiant.*

Emploi pronominal : se remarquer (accord = P).
V. + discours indirect : *remarquer* **pourquoi** *un objet est cassé.*
V. + **que** + indic. : *remarquer* **que** *tout va de travers.*

rembarquer [rɑ̃barke] Régul. I /**avoir**/ Base : REMBARQU-. **3**

C. ABSOLUE : *ils ont tous rembarqué.*

C. SIMPLE DIRECTE
V. + complément : *rembarquer des marchandises.*
Emploi pronominal : se rembarquer (accord = P).

rembourser [rɑ̃burse] Régul. I /**avoir**/ Base : REMBOURS-. **3**

C. ABSOLUE : *il vous faudra rembourser plus tard.*

C. SIMPLE DIRECTE
V. + complément : *rembourser les frais.*
Emploi pronominal : se rembourser (accord = P).

CONSTRUCTION MULTIPLE
V. + compl. — **à** + compl. : *rembourser son voyage* **à** *quelqu'un.*
V. + compl. — **de** + compl. : *rembourser quelqu'un* **des** *dépenses qu'il a faites.*

remédier [rəmedje] Régul. I /**avoir**/ Base : REMÉDI-. **3**

C. SIMPLE INDIRECTE
V. + **à** + complément : *remédier* **à** *une difficulté.*

remémorer [rəmemɔre] Régul. I /**avoir**/ Base : REMÉMOR-. **3**

C. SIMPLE DIRECTE
V. + complément : *remémorer un événement.*
Emploi pronominal : se remémorer (accord = P).

CONSTRUCTION MULTIPLE
V. + compl. — **à** + compl. : *remémorer un fait* **à** *quelqu'un.*
Emploi pronominal : se remémorer + complément : ***se*** *remémorer un détail pittoresque* (accord = OE).

remercier [rəmɛrsje] Régul. I /**avoir**/ Base : REMERCI-. **3**

C. ABSOLUE : *il ne sait pas remercier.*

C. SIMPLE DIRECTE
V. + complément : *remercier son bienfaiteur.*
Emploi pronominal : se remercier (accord = P).

CONSTRUCTION MULTIPLE
V. + compl. — **de** + compl. : *remercier quelqu'un* **de** *son aide.*
V. + compl. — **pour** + compl. : *remercier quelqu'un* **pour** *ses bons vœux.*

remettre [rəmɛtr] III /**avoir**/ Base : REM-. **60**

C. SIMPLE DIRECTE
V. + complément : *remettre son manteau.*
Emploi pronominal : se remettre (accord = P).

CONSTRUCTION MULTIPLE
V. + compl. — **à** + compl. : *remettre une bague* **à** *une personne de confiance.*

Emploi pronominal : se remettre + complément : ***se** remettre des gages mutuels* (accord = OE);
se remettre **à** + complément : ***se** remettre **au** latin* (accord = P);
se remettre **à** + infin. : ***se** remettre **à** travailler* (accord = P).

V. + compl. — **avec** + compl. : *remettre quelqu'un **avec** son ennemi d'hier.*

Emploi pronominal : se remettre **avec** + complément : ***se** remettre **avec** quelqu'un* (accord = P);
se remettre **de** + complément : ***se** remettre **de** ses émotions* (accord = P);
s'**en** remettre **à** + complément : ***s'en** remettre **à** son homme d'affaires* (accord = P);
se remettre **à** + compl. — **de** + compl. : ***se** remettre **à** l'avocat **du** soin de sa défense* (accord = P);
se remettre **à** + compl. — **de** + infin. : ***se** remettre **à** un ami **de** faire la démarche* (accord = P).

remonter [rəmɔ̃te] Régul. I /**avoir** et **être**/ Base : REMONT-. **3**

C. ABSOLUE : *l'ascenseur remonte.*

C. SIMPLE DIRECTE

V. + complément : *remonter un moteur.*

Emploi pronominal : se remonter (accord = P).

C. SIMPLE INDIRECTE

V. + **à** + complément : *remonter **à** la préhistoire.*

CONSTRUCTION MULTIPLE

V. + compl. — **à** + compl. : *remonter le moral **à** quelqu'un.*

Emploi pronominal : se remonter + complément : ***se** remonter le moral* (accord = OE).

remontrer [rəmɔ̃tre] Régul. I /**avoir**/ Base : REMONTR-. **3**

C. SIMPLE DIRECTE

V. + complément : *remontrer des images frappantes.*

Emploi pronominal : se remontrer (accord = P).

CONSTRUCTION MULTIPLE

V. + compl. — **à** + compl. : *remontrer ses erreurs **à** quelqu'un.*

Emploi pronominal : se remontrer + complément : ***se** remontrer ses fautes* (accord = OE).

V. + **à** + compl. — **que** + indic. : *remontrer **à** son contradicteur **qu**'il ne connaît pas ce dont il parle.*

En remontrer **à** + compl. : ***en** remontrer **à** plus savant que soi.*

remorquer [rəmɔrke] Régul. I /**avoir**/ Base : REMORQU-. **3**

C. SIMPLE DIRECTE

V. + complément : *remorquer un paquebot.*

remplacer [rɑ̃plase] Particularité I /**avoir**/ Base : REMPLA[C]-. **10**

C. SIMPLE DIRECTE

V. + complément : *remplacer un fonctionnaire titulaire.*

Emploi pronominal : se remplacer (accord = P).

CONSTRUCTION MULTIPLE
V. + compl. — **par** + compl. : *remplacer une chose* ***par*** *une autre.*

remplir [rɑ̃plir] Régul. II /**avoir**/ Base : REMPL-. **26**

C. SIMPLE DIRECTE
V. + complément : *remplir son escarcelle.*
Emploi pronominal : **se** remplir (accord = P).

CONSTRUCTION MULTIPLE
V. + compl. — **de** + compl. : *remplir un broc* ***de*** *lait de chèvre.*
Emploi pronominal : **se** remplir + complément : ***se*** *remplir les poches* (accord = OE);
se remplir **de** + complément : ***se*** *remplir* ***de*** *vin* (accord = P).

remporter [rɑ̃pɔrte] Régul. I /**avoir**/ Base : REMPORT-. **3**

C. SIMPLE DIRECTE
V. + complément : *remporter des souvenirs.*

CONSTRUCTION MULTIPLE
V. + compl. — **sur** + compl. : *remporter une victoire* ***sur*** *l'ignorance.*

remuer [rəmɥe] Régul. I /**avoir**/ Base : REMU-. **3**

C. ABSOLUE : *il ne remue plus.*

C. SIMPLE DIRECTE
V. + complément : *remuer les oreilles.*
Emploi pronominal : **se** remuer (accord = P).

rémunérer [remynere] Particularité I /**avoir**/ Base : RÉMUN[É]R-. **14**

C. SIMPLE DIRECTE
V. + complément : *rémunérer un employé.*

CONSTRUCTION MULTIPLE
V. + compl. — **de** + compl. : *rémunérer quelqu'un* ***de*** *ses travaux.*

renâcler [rənakle] Régul. I /**avoir**/ Base : RENÂCL-. **3**

C. ABSOLUE : *l'âne renâcle.*

C. SIMPLE INDIRECTE
V. + **à** + complément : *renâcler* ***à*** *la tâche.*
V. + **sur** + complément : *renâcler* ***sur*** *la question des salaires.*

renaître [rənɛtr] Défectif (absence de participe passé, donc de temps composés) III / Base : REN-. **62**

C. SIMPLE INDIRECTE
V. + **à** + complément : *renaître* ***à*** *l'amour.*

renchérir [rɑ̃ʃerir] Régul. II /**avoir**/ Base : RENCHÉR-. **26**

C. ABSOLUE : *tout renchérit.*

C. SIMPLE DIRECTE
V. + complément : *renchérir le coût de la vie.*

C. SIMPLE INDIRECTE
V. + **sur** + complément : *renchérir* ***sur*** *des louanges hyperboliques.*

rencontrer [rɑ̃kɔ̃tre] Régul. I /**avoir**/ Base : RENCONTR-. **3**

1° **Emploi personnel.**

C. ABSOLUE : *le chien rencontre.*

C. SIMPLE DIRECTE

V. + complément : *rencontrer un obstacle.*
Emploi pronominal : **se** rencontrer (accord = P).
se rencontrer **avec** + complément : ***se*** *rencontrer* ***avec*** *un autre chercheur* (accord = P).

2° **Emploi unipersonnel pronominal.**

Il se rencontre + sujet réel nominal : *il s'est rencontré un homme providentiel* (accord = I).

rendre [rɑ̃dr] III /**avoir**/ Base : REND-. **65**

C. ABSOLUE : *il a envie de rendre.*

C. SIMPLE DIRECTE

V. + complément : *rendre la monnaie.*
Emploi pronominal : **se** rendre (accord = P).

CONSTRUCTION MULTIPLE

V. + compl. — attribut du compl. : *rendre une histoire plus intéressante.*
Emploi pronominal : **se** rendre + attribut : ***se*** *rendre utile* (accord = P).
V. + compl. — **à** + compl. : *rendre son argent* ***à*** *un prêteur.*
Emploi pronominal : **se** rendre + complément : ***se*** *rendre des saluts* (accord = OE);
se rendre **à** + complément : ***se*** *rendre* ***au*** *commandant de la place* (accord = P).
V. + compl. — **pour** + compl. : *rendre le bien* ***pour*** *le mal.*

renfermer [rɑ̃fɛrme] Régul. I /**avoir**/ Base : RENFERM-. **3**

C. SIMPLE DIRECTE

V. + complément : *renfermer son chien.*
Emploi pronominal : **se** renfermer (accord = P).

renforcer [rɑ̃fɔrse] Particularité I /**avoir**/ Base : RENFOR[C]-. **10**

C. SIMPLE DIRECTE

V. + complément : *renforcer l'effet d'un remède.*
Emploi pronominal : **se** renforcer (accord = P).

rengorger (se) [s(ə)rɑ̃gɔrʒe] Particularité I /**être**/ Base : RENGOR[G]- (SE). **12**

C. ABSOLUE : **se** rengorger (accord = P).

C. SIMPLE INDIRECTE

Se rengorger **de** + infin. : ***se*** *rengorger* ***d'****avoir été le seul à réussir* (accord = P).

renier [rənje] Régul. I /**avoir**/ Base : RENI-. **3**

C. ABSOLUE : *il a renié.*

C. SIMPLE DIRECTE
V. + complément : *renier ses amis.*
Emploi pronominal : se renier (accord = P).

renifler [r(ə)nifle] Régul. I /**avoir**/ Base : RENIFL-. **3**
C. ABSOLUE : *Mouche-toi, au lieu de renifler.*
C. SIMPLE DIRECTE
V. + complément : *renifler les odeurs venues de la cuisine.*
Emploi pronominal : se renifler (accord = P).

renoncer [rənɔ̃se] Particularité I /**avoir**/ Base : RENON[C]-. **10**
C. ABSOLUE : *il a dû renoncer.*
C. SIMPLE INDIRECTE
V. + **à** + complément : *renoncer* ***à*** *ce monde.*
V. + **à** + infin. : *renoncer* ***à*** *courir les mers.*
CONSTRUCTION MULTIPLE
V. + compl. — **pour** + attribut du compl. (VX).

renouer [rənwe] Régul. I /**avoir**/ Base : RENOU-. **3**
C. ABSOLUE : *Ils n'ont jamais renoué, je crois?*
C. SIMPLE DIRECTE
V. + complément : *renouer ses lacets.*
Emploi pronominal : se renouer (accord = P).
C. SIMPLE INDIRECTE
V. + **avec** + complément : *renouer* ***avec*** *de vieilles habitudes.*
CONSTRUCTION MULTIPLE
V. + compl. — **avec** + compl. : *renouer des relations* ***avec*** *d'anciennes connaissances.*

renouveler [rənuvle] Particularité I /**avoir**/ Base : RENOUVE[L]-. **16**
C. SIMPLE DIRECTE
V. + complément : *renouveler une demande de mise en congé.*
Emploi pronominal : se renouveler (accord = P).
CONSTRUCTION MULTIPLE
V. + compl. — **à** + compl. : *renouveler son contrat* ***au*** *syndic.*

rénover [renɔve] Régul. I /**avoir**/ Base : RÉNOV-. **3**
C. SIMPLE DIRECTE
V. + complément : *rénover une portière en tapisserie.*

renseigner [rɑ̃seɲe] Régul. I /**avoir**/ Base : RENSEIGN-. **3**
C. ABSOLUE : *voilà une indication qui renseigne peu.*
C. SIMPLE DIRECTE
V. + complément : *renseigner les touristes.*
Emploi pronominal : se renseigner (accord = P).

rentrer [rɑ̃tre] Régul. I /**avoir** et **être**/ Base : RENTR-. **3**
1° **Auxiliaire** ***être.***
C. ABSOLUE : *Quand rentrerez-vous?*
C. SIMPLE INDIRECTE
V. + lieu : *rentrer chez soi.*

2° **Auxiliaire *avoir*.**
C. SIMPLE DIRECTE
V. + complément : *rentrer les foins.*
Emploi pronominal : **se** rentrer (accord = P).
CONSTRUCTION MULTIPLE
V. + compl. — lieu : *rentrer la voiture* ***au*** *garage.*
Emploi pronominal : **se** rentrer + lieu : ***se*** *rentrer* ***dans*** *le cellier* (accord = P).

renverser [rɑ̃vɛrse] Régul. I /**avoir**/ Base : RENVERS-. **3**
C. ABSOLUE.
C. SIMPLE DIRECTE
V. + complément : *renverser du lait.*
Emploi pronominal : **se** renverser (accord = P).

renvoyer [rɑ̃vwaje] Particularité I /**avoir**/ Base : RENVO[Y]-. **8**
C. SIMPLE DIRECTE
V. + complément : *renvoyer des échantillons.*
Emploi pronominal : **se** renvoyer (accord = P).
CONSTRUCTION MULTIPLE
V. + compl. — **à** + compl. : *renvoyer une lettre* ***à*** *son expéditeur.*
Emploi pronominal : **se** renvoyer + complément : ***se*** *renvoyer la balle* (accord = OE).
V. + compl. — lieu : *renvoyer quelqu'un* ***aux*** *champs.*

repaître [rəpɛtr] III /**avoir**/ Base : REP-. **61**
CONSTRUCTION MULTIPLE
V. + complément — **de** + compl. (vx).
Emploi pronominal : **se** repaître (accord = P) ;
se repaître **de** + complément : ***se*** *repaître* ***d'****illusions* (accord = P).

répandre [repɑ̃dr] III /**avoir**/ Base : RÉPAND-. **65**
1° **Emploi personnel.**
C. SIMPLE DIRECTE
V. + complément : *répandre des calomnies.*
Emploi pronominal : **se** répandre (accord = P).
V. + **que** + indic. : *répandre* ***que*** *tout cela n'était qu'un début.*
CONSTRUCTION MULTIPLE
V. + compl. — lieu : *répandre un bruit inquiétant* ***dans*** *toute la ville.*
Emploi pronominal : **se** répandre **en** + complément : ***se*** *répandre* ***en*** *imprécations* (accord = P) ;
se répandre + lieu : ***se*** *répandre* ***sur*** *tout un continent* (accord = P) ;
sujet + **se** répandre + apposition au sujet = **que** + indic. : *la nouvelle* ***s'****est répandue* ***qu'****un tremblement de terre avait détruit la ville de X* (accord = P).

2° **Emploi unipersonnel pronominal.**
Il se répand + sujet réel nominal : *il se répand des rumeurs inquiétantes* (accord = I).

réparer [repare] Régul. I /**avoir**/ Base : RÉPAR-. **3**
C. ABSOLUE : *Je n'ai rien pour réparer.*
C. SIMPLE DIRECTE
V. + complément : *réparer une erreur.*
Emploi pronominal : se réparer (accord = P).

repartir [rəpartir] III /**être**/ Base : REPAR-. **32**
C. ABSOLUE : *il est déjà reparti.*
C. SIMPLE INDIRECTE
V. + lieu : *repartir* ***en*** *Asie.*

répartir [repartir] Régul. II /**avoir**/ Base : RÉPART-. **26**
C. SIMPLE DIRECTE
V. + complément : *répartir les frais.*
Emploi pronominal : se répartir (accord = P).
CONSTRUCTION MULTIPLE
V. + compl. — **entre** + compl. : *répartir les rôles* ***entre*** *les acteurs.*
Emploi pronominal : se répartir + complément : ***se*** *répartir les tâches* (accord = OE);
se répartir **entre** + complément : ***se*** *répartir* ***entre*** *tous les participants* (accord = P).
V. + compl. — **en** + compl. (unique ou multiples) — **et** — compl. : *répartir les animaux* ***en*** *quadrupèdes, oiseaux, reptiles* ***et*** *poissons.*
Emploi pronominal : se répartir **en** + compl. (unique ou multiples) — **et** + compl. : ***se*** *répartir* ***en*** *océans, mers, lacs* ***et*** *rivières* (accord = P).

repasser [rəpase] Régul. I /**avoir** et **être**/ Base : REPASS-. **3**
C. ABSOLUE : *Non, le facteur n'est pas repassé.*
C. SIMPLE DIRECTE
V. + complément : *repasser une chemise.*
Emploi pronominal : se repasser (accord = P).
C. SIMPLE INDIRECTE
V. + lieu : *repasser* ***par*** *Vienne; repasser* ***à*** *Londres.*
CONSTRUCTION MULTIPLE
V. + compl. — **à** + compl. : *repasser une jupe* ***à*** *sa fille.*
Emploi pronominal : se repasser + complément : ***se*** *repasser un corrigé* (accord = OE).

repêcher [rəpeʃe] Régul. I /**avoir**/ Base : REPÊCH-. **3**
C. SIMPLE DIRECTE
V. + complément : *repêcher un candidat.*
Emploi pronominal : se repêcher (accord = P).

repenser [r(ə)pɑ̃se] Régul. I /**avoir**/ Base : REPENS-. **3**
C. SIMPLE DIRECTE
V. + complément : *repenser toute sa stratégie commerciale.*
C. SIMPLE INDIRECTE
V. + à + complément : *repenser* ***à*** *un cas semblable.*

repentir (se) [s(ə)rəpɑ̃tir] III /**être**/ Base : REPEN- (SE). **32**
C. ABSOLUE : se repentir (accord = P).

C. SIMPLE INDIRECTE

Se repentir **de** + complément : ***se** repentir **de** son premier mouvement* (accord = P);
Se repentir **de** + infin. : ***se** repentir **d'**avoir parlé* (accord = P);
Se repentir **que** + subj. (rare) [accord = P].

répercuter [repɛrkyte] Régul. I /**avoir**/ Base : RÉPERCUT-. **3**

C. SIMPLE DIRECTE

V. + complément : *répercuter un bruit.*
Emploi pronominal : **se** répercuter (accord = P).

CONSTRUCTION MULTIPLE

V. + compl. — **sur** + compl. : *répercuter la responsabilité **sur** ses subordonnés.*
Emploi pronominal : **se** répercuter **sur** + complément : ***se** répercuter **sur** le chiffre d'affaires* (accord = P).

repérer [rəpere] Particularité I /**avoir**/ Base : REP[É]R-. **14**

C. SIMPLE DIRECTE

V. + complément : *repérer le terrain.*
Emploi pronominal : **se** repérer (accord = P).

répéter [repete] Particularité I /**avoir**/ Base : RÉP[É]T-. **14**

C. ABSOLUE : *Ne vous lassez pas de répéter.*

C. SIMPLE DIRECTE

V. + complément : *répéter une question.*
Emploi pronominal : **se** répéter (accord = P).
V. + discours indirect : *répéter **pourquoi** on était malade.*
V. + **que** + indic. : *répéter **que** tout est bien fini.*

CONSTRUCTION MULTIPLE

V. + compl. — **à** + compl. : *répéter un secret **à** quelqu'un.*
Emploi pronominal : **se** répéter + complément : ***se** répéter des phrases dépourvues de sens* (accord = OE).
V. + **à** + compl. — discours indirect : *répéter **à** un ami **pourquoi** on ne peut pas l'aider.*
Emploi pronominal : **se** répéter + discours indirect : ***se** répéter **comment** il aurait fallu faire* (accord = I).
V. + **à** + compl. — **que** + indic. : *répéter **à** un enfant **qu'**il doit commencer à faire son travail.*
Emploi pronominal : **se** répéter **que** + indic. : ***se** répéter **que** c'était mieux ainsi* (accord = I).

repeupler [rəpœple] Régul. I /**avoir**/ Base : REPEUPL-. **3**

C. SIMPLE DIRECTE

V. + complément : *repeupler la France.*
Emploi pronominal : **se** repeupler (accord = P).

CONSTRUCTION MULTIPLE

V. + compl. — **de** + compl. : *repeupler une forêt **d'**essences rares.*
Emploi pronominal : **se** repeupler **de** + complément : ***se** repeupler **de** gibier* (accord = P).

repiquer [rəpike] Régul. I /**avoir**/ Base : REPIQU-. **3**

C. ABSOLUE : *cela va être la saison de repiquer.*

C. SIMPLE DIRECTE
V. + complément : *repiquer des salades.*
Emploi pronominal : se repiquer (accord = P).
C. SIMPLE INDIRECTE (pop.)
V. + à + complément : *repiquer **au** truc.*

replacer [rəplase] Particularité I /**avoir**/ Base : REPLA[C]-. **10**
C. SIMPLE DIRECTE
V. + complément : *replacer un objet.*
Emploi pronominal : se replacer (accord = P).
CONSTRUCTION MULTIPLE
V. + compl. — lieu propre ou figuré : *replacer un livre **sur** un rayon.*
Emploi pronominal : se replacer + lieu propre ou figuré : ***se** replacer **dans** le secteur tertiaire* (accord = P).

replier [rəplije] Régul. I /**avoir**/ Base : REPLI-. **3**
C. SIMPLE DIRECTE
V. + complément : *replier son mouchoir.*
Emploi pronominal : se replier (accord = P).

répliquer [replike] Régul. I /**avoir**/ Base : RÉPLIQU-. **3**
C. ABSOLUE : *il ne répliqua pas.*
C. SIMPLE DIRECTE
V. + complément : *répliquer de mauvaises raisons.*
Emploi pronominal : se répliquer (accord = P).
C. SIMPLE INDIRECTE
V. + à + complément : *répliquer **à** un de ses supérieurs.*
CONSTRUCTION MULTIPLE
V. + compl. — à + compl. : *répliquer un argument de poids **à** son contradicteur.*
Emploi pronominal : se répliquer + complément : ***se** répliquer des injures* (accord = OE).

répondre [repɔ̃dr] III /**avoir**/ Base : RÉPOND-. **65**
C. ABSOLUE : *il n'a pas même répondu.*
C. SIMPLE DIRECTE
V. + complément : *répondre de mauvaises excuses.*
V. + **que** + indic. : *répondre **que** c'est impossible.*
V. + **que** + subj. : *répondre **que** l'on veuille bien accélérer le rythme des travaux.*
C. SIMPLE INDIRECTE
V. + à + complément : *répondre **à** une lettre.*
Emploi pronominal : se répondre (accord = I).
V. + **de** + complément : *répondre **de** son sang-froid.*
V. + **de** + infin. : *répondre **de** faire vite.*
CONSTRUCTION MULTIPLE
V. + compl. — à + compl. : *répondre de bonnes raisons **à** une demande de justification.*
V. + à + compl. — **de** + infin. : *répondre **à** quelqu'un **de** ne pas s'inquiéter.*
V. + **de** + compl. — à + compl. : *répondre **de** ses sentiments **à** quelqu'un.*

reporter [r(ə)pɔrte] Régul. I /**avoir**/ Base : REPORT-. **3**
C. ABSOLUE : *il reporte.*
C. SIMPLE DIRECTE
V. + complément : *reporter un chiffre.*
Emploi pronominal : se reporter (accord = P).
CONSTRUCTION MULTIPLE
V. + compl. — **à** + compl. : *reporter un livre* ***à*** *son prêteur.*
Emploi pronominal : se reporter **à** + complément : ***se*** *reporter* ***à*** *un dictionnaire* (accord = P).
V. + compl. — **sur** + compl. : *reporter la faute* ***sur*** *autrui.*
Emploi pronominal : se reporter **sur** + complément : ***se*** *reporter* ***sur*** *le compte de M. X* (accord = P).

1. reposer [rəpoze] Régul. I /**avoir**/ Base : REPOS-. **3**
C. ABSOLUE : *le silence repose.*
C. SIMPLE DIRECTE
V. + complément : *reposer les yeux.*
Emploi pronominal : se reposer (accord = P).
C. SIMPLE INDIRECTE
V. + **sur** + complément : *reposer* ***sur*** *de solides fondements.*
CONSTRUCTION MULTIPLE
V. + compl. — lieu : *reposer sa vue* ***dans*** *l'obscurité.*
Emploi pronominal : se reposer + lieu : ***se*** *reposer* ***à*** *la campagne* (accord = P);
se reposer **de** + compl. : ***se*** *reposer* ***de*** *ses fatigues* (accord = P);
se reposer **sur** + compl. — **de** + compl. : ***se*** *reposer* ***sur*** *les autres* ***du*** *soin de faire tout le travail* (accord = P).

2. reposer [rəpoze] Régul. I /**avoir**/ Base : REPOS-. **3**
C. SIMPLE DIRECTE
V. + complément : *reposer un objet.*
CONSTRUCTION MULTIPLE
V. + compl. — lieu : *reposer un livre* ***sur*** *une étagère.*

repousser [rəpuse] Régul. I /**avoir**/ Base : REPOUSS-. **3**
C. ABSOLUE : *les mimosas repoussent.*
C. SIMPLE DIRECTE
V. + complément : *repousser une proposition.*
Emploi pronominal : se repousser (accord = P).

reprendre [r(ə)prɑ̃dr] III /**avoir**/ Base : REPR-. **68**
C. ABSOLUE : *le froid reprend.*
C. SIMPLE DIRECTE
V. + complément : *reprendre son bien.*
Emploi pronominal : se reprendre (accord = P).
CONSTRUCTION MULTIPLE
V. + compl. — **à** + compl. : *reprendre sa parole* ***à*** *quelqu'un.*
Emploi pronominal : se reprendre **à** + complément : ***se*** *reprendre* ***à*** *l'amitié* (accord = P);
se reprendre **à** + infin. : ***se*** *reprendre* ***à*** *espérer* (accord = P).

représenter [r(ə)prezɑ̃te] Régul. I /**avoir**/ Base : REPRÉSENT-. **3**

C. ABSOLUE : *c'est un homme qui aime représenter.*

C. SIMPLE DIRECTE

V. + complément : *représenter les intérêts de quelqu'un.*
Emploi pronominal : **se** représenter (accord = P).

CONSTRUCTION MULTIPLE

V. + compl. — **comme** + attribut du compl. : *représenter une mauvaise copie* ***comme*** *un tableau de maître.*
Emploi pronominal : **se** représenter **comme** + attribut : ***se*** *représenter* ***comme*** *écrivain en renom* (accord = P).
V. + compl. — **à** + compl. : *représenter ses fautes* ***à*** *quelqu'un.*
Emploi pronominal : **se** représenter + complément : ***se*** *représenter la scène* (accord = OE);
se représenter **à** + complément : ***se*** *représenter* ***aux*** *élections* (accord = P).
V. + **à** + compl. — discours indirect : *représenter* ***à*** *son fils* ***pourquoi*** *il a mal agi.*
Emploi pronominal : **se** représenter + discours indirect : ***se*** *représenter* ***comment*** *on pourrait faire* (accord = I).
V. + **à** + compl. — **que** + indic. : *représenter* ***à*** *quelqu'un* ***qu'il*** *doit agir autrement.*
Emploi pronominal : **se** représenter **que** + indic. : ***se*** *représenter* ***que*** *la situation a évolué* (accord = I).

réprimander [reprimɑ̃de] Régul. I /**avoir**/ Base : RÉPRIMAND-. **3**

C. SIMPLE DIRECTE

V. + complément : *réprimander un élève.*
Emploi pronominal : **se** réprimander (accord = P).

réprimer [reprime] Régul. I /**avoir**/ Base : RÉPRIM-. **3**

C. SIMPLE DIRECTE

V. + complément : *réprimer un sourire.*
Emploi pronominal : **se** réprimer (accord = P).

reprocher [rəprɔʃe] Régul. I /**avoir**/ Base : REPROCH-. **3**

C. ABSOLUE : *il aime mieux reprocher qu'encourager.*

C. SIMPLE DIRECTE

V. + complément : *reprocher une attitude.*

CONSTRUCTION MULTIPLE

V. + compl. — **à** + compl. : *reprocher une faute* ***à*** *quelqu'un.*
Emploi pronominal : **se** reprocher + complément : ***se*** *reprocher sa dureté* (accord = OE).
V. + **à** + compl. — **de** + infin. : *reprocher* ***à*** *ses voisins* ***de*** *faire du bruit.*
V. + **à** + compl. — **que** + indic. : *reprocher* ***à*** *autrui* ***que*** *les choses vont mal chez soi.*

répudier [repydje] Régul. I /**avoir**/ Base : RÉPUDI-. **3**
C. SIMPLE DIRECTE
V. + complément : *répudier sa femme.*
Emploi pronominal : **se** répudier (accord = P).

répugner [repyɲe] Régul. I /**avoir**/ Base : RÉPUGN-. **3**
1° Emploi personnel.
C. ABSOLUE : *cela répugne.*
C. SIMPLE DIRECTE
V. + complément : *répugner les honnêtes gens.*
C. SIMPLE INDIRECTE
V. + **à** + complément : *répugner* **à** *la prévarication.*
V. + **à** + infin. : *répugner* **à** *révéler la vérité.*
2° Emploi unipersonnel.
CONSTRUCTION MULTIPLE
Il répugne **à** + compl. — sujet réel = **de** + infin. : *il répugne* **à** *un homme de bien* **de** *se conduire ainsi.*

réputer [repyte] Régul. I /**avoir**/ Base : RÉPUT-. **3**
CONSTRUCTION MULTIPLE
V. + attribut du compl. — compl. : *réputer usurpé le prestige de quelqu'un.*
V. + compl. — **comme** + attribut du compl. : *réputer quelqu'un* **comme** *goujat.*
V. + compl. — **pour** + attribut du compl. : *réputer un acte* **pour** *indélicat.*
V. + **comme** + attribut de la proposition « ce qui... » — **ce qui** + indic. : *réputer* **comme** *scandaleux* **ce qui** *vient d'être commis.*
V. + **pour** + attribut de la proposition « ce qui... » — **ce qui** + indic. : *réputer* **pour** *faux* **ce qu'***on a entendu dire.*
V. + attribut de « ce qui... » — **ce qui** + indic. : *réputer utile* **ce qui** *a été fait.*

requérir [rəkerir] III /**avoir**/ Base : REQU-. **35**
C. SIMPLE DIRECTE
V. + complément : *requérir la force publique.*
V. + **que** + subj. : *requérir* **que** *toute la lumière soit faite sur ce scandale.*
C. SIMPLE INDIRECTE
V. + **contre** + complément : *requérir* **contre** *X.*
CONSTRUCTION MULTIPLE
V. + compl. — **de** + infin. : *requérir un ami* **de** *vous accompagner.*

réquisitionner [rekizisjɔne] Régul. I /**avoir**/ Base : RÉQUISITIONN-. **3**
C. SIMPLE DIRECTE
V. + complément : *réquisitionner un logement.*
Emploi pronominal : **se** réquisitionner (accord = P).

réserver [rezɛrve] Régul. I /**avoir**/ Base : RÉSERV-. **3**
1° Emploi personnel.
C. SIMPLE DIRECTE
V. + complément : *réserver son jugement.*
Emploi pronominal : **se** réserver (accord = P).

CONSTRUCTION MULTIPLE
V. + compl. — **à** + compl. : *réserver le meilleur accueil* ***à*** *un invité.*
Emploi pronominal : se réserver + complément : ***se*** *réserver un peu de temps* (accord = OE);
se réserver + compl. — à + infin. : ***se*** *réserver du travail* ***à*** *faire le lendemain* (accord = OE).
V. + compl. — **pour** + compl. : *réserver des places* ***pour*** *des amis.*
Emploi pronominal : se réserver **pour** + complément : ***se*** *réserver* ***pour*** *le dessert* (accord = P).

2° **Emploi unipersonnel (passif).**
Il est réservé à + compl. — sujet réel = **de** + infin. : *il était réservé* ***à*** *cet homme politique* ***de*** *rétablir la situation grâce à son énergie.*

résider [rezide] Régul. I /**avoir**/ Base : RÉSID-. **3**
C. ABSOLUE : *il a l'obligation de résider.*
C. SIMPLE INDIRECTE
V. + lieu : *résider* ***en*** *province.*

résigner [reziɲe] Régul. I /**avoir**/ Base : RÉSIGN-. **3**
C. SIMPLE DIRECTE
V. + complément : *résigner ses fonctions.*
Emploi pronominal : se résigner (accord = P);
se résigner **à** + complément : ***se*** *résigner* ***à*** *la misère* (accord = P);
se résigner **à** + infin. : ***se*** *résigner* ***à*** *faire de la figuration* (accord = P);
se résigner **à ce que** + indic. : ***se*** *résigner* ***à ce que*** *tout marche mal* (accord = P).

résilier [rezilje] Régul. I /**avoir**/ Base : RÉSILI-. **3**
C. SIMPLE DIRECTE
V. + complément : *résilier une police d'assurance.*
Emploi pronominal : se résilier (accord = P).

résister [reziste] Régul. I /**avoir**/ Base : RÉSIST-. **3**
C. ABSOLUE : *la porte résiste.*
C. SIMPLE INDIRECTE
V. + **à** + complément : *résister aux passions politiques.*
Emploi pronominal : se résister (accord = I).
V. + **à** + infin. : *résister* ***à*** *s'arrêter pour regarder.*

résoudre [rezudr] III /**avoir**/ Base : RÉSO-. **73**
C. SIMPLE DIRECTE
V. + complément : *résoudre un problème.*
Emploi pronominal : se résoudre (accord = P).
V. + **de** + infin. : *résoudre* ***de*** *tout laisser tel quel.*
V. + **que** + indic. : *il a résolu* ***qu'****il fallait attendre.*
CONSTRUCTION MULTIPLE
V. + compl. — **à** + compl. : *résoudre quelqu'un* ***à*** *une solution désespérée.*

Emploi pronominal : se résoudre **à** + complément : ***se** résoudre **à** la catastrophe* (accord = P).
V. + compl. — **à** + infin. : *résoudre un commerçant **à** vendre son fonds.*
Emploi pronominal : se résoudre **à** + infin. : ***se** résoudre **à** quitter son pays* (accord = P);
se résoudre **en** + complément : ***se** résoudre **en** eau* (accord = P).

respecter [rɛspɛkte] Régul. I /**avoir**/ Base : RESPECT-. **3**
C. SIMPLE DIRECTE
V. + complément : *respecter le bien d'autrui.*
Emploi pronominal : se respecter (accord = P).

respirer [rɛspire] Régul. I /**avoir**/ Base : RESPIR-. **3**
C. ABSOLUE : *on ne peut respirer ici.*
C. SIMPLE DIRECTE
V. + complément : *respirer des parfums frais.*

resplendir [rɛsplɑ̃dir] Régul. II /**avoir**/ Base : RESPLEND-. **26**
C. ABSOLUE : *la Lune resplendit.*

ressaisir [rəsezir] Régul. II /**avoir**/ Base : RESSAIS-. **26**
C. SIMPLE DIRECTE
V. + complément : *ressaisir une occasion que l'on croyait perdue.*
Emploi pronominal : se ressaisir (accord = P);
se ressaisir **de** + complément : ***se** ressaisir **de** ses biens* (accord = P).

ressembler [rəsɑ̃ble] Régul. I /**avoir**/ Base : RESSEMBL-. **3**
C. SIMPLE INDIRECTE
V. + **à** + complément : *ressembler **à** son père.*
Emploi pronominal : se ressembler (accord = I).

ressentir [rəsɑ̃tir] III /**avoir**/ Base : RESSEN-. **32**
C. SIMPLE DIRECTE
V. + complément : *ressentir une douleur.*
Emploi pronominal : se ressentir (accord = P).
V. + **que** + indic. : *ressentir **que** l'on est méprisé.*
CONSTRUCTION MULTIPLE
V. + compl. — **comme** + attribut du compl. : *ressentir une réflexion **comme** une insulte.*
V. + compl. — **pour** + compl. : *ressentir une vive passion **pour** les sciences.*
Emploi pronominal : se ressentir **de** + complément : ***se** ressentir **d'**une chute* (accord = P);
s'**en** ressentir **pour** + complément (pop.) : ***s'en** ressentir **pour** un boulot pareil* (accord = P);
s'**en** ressentir **pour** + infin. (pop.) : ***s'en** ressentir **pour** faire l'andouille comme ça* (accord = P).

resserrer [rəsɛre] Régul. I /**avoir**/ Base : RESSERR-. **3**

C. SIMPLE DIRECTE

V. + complément : *resserrer des liens.*
Emploi pronominal : **se** resserrer (accord = P).

resservir [rəsɛrvir] III /**avoir**/ Base : RESSER-. **32**

C. ABSOLUE : *cette ligne désaffectée va resservir.*

C. SIMPLE DIRECTE

V. + complément : *resservir les hors-d'œuvre.*
Emploi pronominal : **se** resservir (accord = P);
se resservir **de** + complément : ***se** resservir **de** son vieux rasoir à lame* (accord = P).

C. SIMPLE INDIRECTE

V. + **à** + complément : *resservir **au** public.*

1. ressortir [rəsɔrtir] III /**être**/ Base : RESSOR-. **32**

1° Emploi personnel.

C. ABSOLUE : *il est rentré, puis ressorti.*

C. SIMPLE INDIRECTE

V. + **de** + complément : *ressortir **de** sa niche.*

2° Emploi unipersonnel.

CONSTRUCTION MULTIPLE

Il ressort **de** + compl. — sujet réel = **que** + indic. : *il ressort **de** votre exposé **que** le problème est insoluble.*

2. ressortir [rəsɔrtir] Régul. II /**avoir**/ Base : RESSORT-. **26**

C. SIMPLE INDIRECTE

V. + **à** + complément : *ressortir **à** la linguistique.*

ressusciter [resysite] Régul. I /**avoir** et **être**/ Base : RESSUSCIT-. **3**

1° Auxiliaire *avoir*.

C. ABSOLUE : *il a ressuscité.*

C. SIMPLE DIRECTE

V. + complément : *ressusciter une coutume qui s'était perdue.*

2° Auxiliaire *être*.

C. ABSOLUE : *il est ressuscité.*

restaurer [rɛstɔre] Régul. I /**avoir**/ Base : RESTAUR-. **3**

C. SIMPLE DIRECTE

V. + complément : *restaurer une fresque.*
Emploi pronominal : **se** restaurer (accord = P).

rester [rɛste] Régul. I /**être**/ Base : REST-. **6**

1° Emploi personnel.

C. ABSOLUE : *Tant pis, je reste.*

C. SIMPLE DIRECTE

V. + attribut : *rester le maître.*
V. + infin. : *rester travailler.*

C. SIMPLE INDIRECTE

V. + lieu : *rester **en** France.*
V. + **à** + infin. : *rester **à** ne rien faire.*
V. + **sur** + complément : *rester **sur** une déception.*

CONSTRUCTION MULTIPLE

En rester à + complément : ***en** rester **à** des considérations élémentaires.*

2° **Emploi unipersonnel.**

C. SIMPLE DIRECTE

Il reste + sujet réel nominal : *il reste un pain entier.*
Il reste + sujet réel = **que** + indic. : *il reste **que** nous sommes en désaccord sur la forme.*
Reste + sujet = **que** + indic. : *reste **que** vous avez oublié l'essentiel.*

C. SIMPLE INDIRECTE

Reste + sujet réel = **à** + infin. : *reste **à** dire que le hasard vous a servi.*

CONSTRUCTION MULTIPLE

Il reste + attribut — sujet réel = **que** + indic. : *il reste entendu **que** vous arrivez mardi.*
Il reste + sujet réel nominal — **à** + compl. : *il reste une prérogative **à** ce directeur technique.*
Il reste + sujet réel nominal — **à** + infin. : *il reste une mission délicate **à** accomplir.*
Il reste **à** + compl. — sujet réel = **à** + infin. : *il reste **à** M. X **à** se presser un peu.*

restituer [rɛstitɥe] Régul. I /**avoir**/ Base : RESTITU-. **3**

C. ABSOLUE : *il faudrait songer à restituer.*

C. SIMPLE DIRECTE

V. + complément : *restituer un texte.*

CONSTRUCTION MULTIPLE

V. + compl. — **à** + compl. : *restituer un objet **à** son possesseur.*

restreindre [rɛstrɛ̃dr] III /**avoir**/ Base : RESTREI-. **71**

C. SIMPLE DIRECTE

V. + complément : *restreindre la liberté de quelqu'un.*
Emploi pronominal : **se** restreindre (accord = P).

CONSTRUCTION MULTIPLE

V. + compl. — **à** + compl. : *restreindre un employé **à** son travail matériel.*
Emploi pronominal : **se** restreindre **à** + complément : ***se** restreindre **à** des critiques de détail* (accord = P).
V. + compl. — **à** + infin. : *restreindre son pouvoir **à** empêcher que des erreurs se produisent.*
Emploi pronominal : **se** restreindre **à** + infin. : ***se** restreindre **à** ne voir qu'une chose à la fois* (accord = P).

résulter [rezylte] Régul. I /**avoir**/ Base : RÉSULT-. **3**

1° **Emploi personnel.**

C. SIMPLE INDIRECTE

V. + **de** + complément : *résulter **d'**une analyse.*

2° **Emploi unipersonnel.**

CONSTRUCTION MULTIPLE

Il résulte **de** + compl. — sujet réel nominal : *il résulte* ***de*** *cela une seule méthode possible.*

Il résulte **de** + compl. — sujet réel = **que** + indic. : *il résulte* ***de*** *cette analyse* ***que*** *la catastrophe est inévitable.*

résumer [rezyme] Régul. I /**avoir**/ Base : RÉSUM-. **3**

C. SIMPLE DIRECTE

V. + complément : *résumer son exposé.*

Emploi pronominal : **se** résumer (accord = P).

rétablir [retablir] Régul. II /**avoir**/ Base : RÉTABL-. **26**

C. SIMPLE DIRECTE

V. + complément : *rétablir sa situation.*

Emploi pronominal : **se** rétablir (accord = P).

CONSTRUCTION MULTIPLE

V. + compl. — lieu : *rétablir la monarchie* ***dans*** *son pays.*

retarder [rətarde] Régul. I /**avoir**/ Base : RETARD-. **3**

C. ABSOLUE : *Votre montre retarde.*

C. SIMPLE DIRECTE

V. + complément : *retarder son départ.*

Emploi pronominal : **se** retarder (accord = P).

C. SIMPLE INDIRECTE

V. + **sur** + complément : *retarder* ***sur*** *son temps.*

retenir [rət(ə)nir] III /**avoir**/ Base : RET-. **36**

C. ABSOLUE : *il a beau apprendre, il ne retient pas.*

C. SIMPLE DIRECTE

V. + complément : *retenir quelqu'un.*

Emploi pronominal : **se** retenir (accord = P).

V. + **que** + indic. : *retenir* ***que*** *la banque ferme à 16 h.*

CONSTRUCTION MULTIPLE

V. + compl. — attribut du compl. : *retenir quelqu'un prisonnier.*

V. + compl. — **comme** + attribut du compl. : *retenir une certaine somme* ***comme*** *garantie.*

V. + compl. — lieu : *retenir un passant* ***au*** *coin de la rue.*

Emploi pronominal : **se** retenir **à** + complément : ***se*** *retenir* ***à*** *une branche* (accord = P);
se retenir **après** + complément : ***se*** *retenir* ***après*** *la rampe* (accord = P).

V. + compl. — **de** + infin. : *retenir quelqu'un* ***de*** *tomber.*

Emploi pronominal : **se** retenir **de** + infin. : ***se*** *retenir* ***de*** *rire* (accord = P).

retirer [rətire] Régul. I /**avoir**/ Base : RETIR-. **3**

C. ABSOLUE : *les derniers exemplaires s'épuisent; il va falloir retirer.*

C. SIMPLE DIRECTE

V. + complément : *retirer son pied.*

Emploi pronominal : **se** retirer (accord = P).

C. SIMPLE INDIRECTE

V. + **à** + complément : *retirer* ***à*** *la carabine.*

CONSTRUCTION MULTIPLE
V. + compl. — **à** + compl. : *retirer sa procuration **à** quelqu'un.*
Emploi pronominal : **se** retirer + complément : *ils **se** sont retiré leur confiance* (accord = OE).
V. + compl. — **de** + compl. : *retirer son argent **de** la banque.*
Emploi pronominal : **se** retirer **de** + complément : ***se** retirer **d'**une association* (accord = P).
V. + **de** + compl. — **que** + indic. : *retirer **de** l'esprit de quelqu'un **que** l'on s'y était mal pris.*

retomber [rətɔ̃be] Régul. /**être**/ Base : RETOMB-. **6**
C. ABSOLUE : *la poussière est retombée.*
C. SIMPLE DIRECTE
V. + attribut : *retomber malade.*

rétorquer [retɔrke] Régul. I /**avoir**/ Base : RÉTORQU-. **3**
C. ABSOLUE : *il rétorqua vertement.*
C. SIMPLE DIRECTE
V. + complément : *rétorquer une raison.*
V. + **que** + indic. : *rétorquer **que** c'est exactement le contraire.*
CONSTRUCTION MULTIPLE
V. + compl. — **à** + compl. : *rétorquer ses arguments **à** quelqu'un.*
V. + **à** + compl. — **que** + indic. : *rétorquer **à** son contradicteur **que** c'est lui qui se trompe.*

retoucher [rətuʃe] Régul. I /**avoir**/ Base : RETOUCH-. **3**
C. SIMPLE DIRECTE
V. + complément : *retoucher un costume.*

retourner [rəturne] Régul. I /**avoir** et **être**/ Base : RETOURN-. **3**
1° Auxiliaire *avoir*.
C. SIMPLE DIRECTE
V. + complément : *retourner un vêtement.*
Emploi pronominal : **se** retourner (accord = P).
CONSTRUCTION MULTIPLE
V. + compl. — **à** + compl. : *retourner son chèque **à** quelqu'un.*
V. + compl. — **contre** + compl. : *retourner un argument **contre** celui qui l'a employé.*
Emploi pronominal : **se** retourner **contre** + complément : ***se** retourner **contre** l'assuré* (accord = P).
2° Auxiliaire *être*.
a) **Emploi personnel.**
C. SIMPLE DIRECTE
V. + infin. : *retourner se coucher.*
C. SIMPLE INDIRECTE
V. + lieu : *retourner **chez** soi.*
Emploi pronominal : **s'en** retourner (accord = P).
CONSTRUCTION MULTIPLE
V. + lieu — infin. : *retourner **dans** son pays cultiver son jardin.*
Emploi pronominal : **s'en** retourner + attribut : ***s'en** retourner content* (accord = P);
s'en retourner + lieu : ***s'en** retourner **à** la campagne* (accord = P).

b) **Emploi unipersonnel.**
C. SIMPLE DIRECTE
Il retourne + sujet réel nominal : *il retourne pique.*

retracer [rətrase] Particularité I /**avoir**/ Base : RETRA[C]-. **10**
C. SIMPLE DIRECTE
V. + complément : *retracer une scène.*
Emploi pronominal : se retracer (accord = P).
CONSTRUCTION MULTIPLE
V. + compl. — **à** + compl. : *retracer sa propre histoire* ***à*** *un auditeur complaisant.*
Emploi pronominal : se retracer + complément : ***se*** *retracer une journée mémorable* (accord = OE); se retracer **à** + complément : ***se*** *retracer* ***à*** *l'esprit* (accord = P).

rétracter [retrakte] Régul. I /**avoir**/ Base : RÉTRACT-. **3**
C. SIMPLE DIRECTE
V. + complément : *rétracter sa déposition.*
Emploi pronominal : se rétracter (accord = P).
Emploi pronominal : se rétracter **de** + compl. : ***se*** *rétracter* ***de*** *ses affirmations antérieures* (accord = P).

retrancher [rətrɑ̃ʃe] Régul. I /**avoir**/ Base : RETRANCH-. **3**
C. SIMPLE DIRECTE
V. + complément : *retrancher un camp.*
Emploi pronominal : se retrancher (accord = P).
CONSTRUCTION MULTIPLE
V. + compl. — **à** + compl. : *retrancher une somme* ***à*** *un total.*
Emploi pronominal : se retrancher + lieu : ***se*** *retrancher* ***derrière*** *son ignorance* (accord = P).
V. + compl. — **de** + compl. : *retrancher un franc* ***des*** *quinze que coûte l'objet.*

retransmettre [rətrɑ̃smɛtr] III /**avoir**/ Base : RETRANSM-. **60**
C. SIMPLE DIRECTE
V. + complément : *retransmettre une émission.*
Emploi pronominal : se retransmettre (accord = P).

rétrécir [retresir] Régul. II /**avoir**/ Base : RÉTRÉC-. **26**
C. ABSOLUE : *les chaussettes ont rétréci.*
C. SIMPLE DIRECTE
V. + complément : *rétrécir son champ de vision.*
Emploi pronominal : se rétrécir (accord = P).

retremper [rətrɑ̃pe] Régul. I /**avoir**/ Base : RETREMP-. **3**
C. SIMPLE DIRECTE
V. + complément : *retremper un acier.*
Emploi pronominal : se retremper (accord = P).
CONSTRUCTION MULTIPLE
V. + compl. — **à** + compl. : *retremper sa culture* ***aux*** *sources.*
Emploi pronominal : se retremper **à** + complément : ***se*** *retremper* ***à*** *ses origines* (accord = P); se retremper **dans** + compl. : ***se*** *retremper* ***dans*** *la vie parisienne* (accord = P).

Modèle

rétribuer [retribɥe] Régul. I /**avoir**/ Base : RÉTRIBU-. **3**

C. SIMPLE DIRECTE

V. + complément : *rétribuer un service.*

retrouver [rətruve] Régul. I /**avoir**/ Base : RETROUV-. **3**

C. SIMPLE DIRECTE

V. + complément : *retrouver ses lunettes.*
Emploi pronominal : **se** retrouver (accord = P).

CONSTRUCTION MULTIPLE

V. + compl. — attribut du compl. : *retrouver sa voiture endommagée.*
Emploi pronominal : **se** retrouver + attribut : ***se** retrouver berné* (accord = P);
se retrouver + lieu : ***se** retrouver **dans** les faubourgs* (accord = P).

réunir [reynir] Régul. II /**avoir**/ Base : RÉUN-. **26**

C. SIMPLE DIRECTE

V. + complément : *réunir l'assemblée générale.*
Emploi pronominal : **se** réunir (accord = P).

CONSTRUCTION MULTIPLE

V. + compl. — **à** + compl. : *réunir l'adresse **à** la force.*
V. + compl. — **avec** + compl. : *réunir des chaises **avec** des fauteuils.*
V. + compl. — **et** + compl. : *réunir des ouvriers **et** des employés.*

réussir [reysir] Régul. II /**avoir**/ Base : RÉUSS-. **26**

C. ABSOLUE : *il voulait réussir.*

C. SIMPLE DIRECTE

V. + complément : *réussir son entrée dans le monde.*
Emploi pronominal : **se** réussir (accord = P).

C. SIMPLE INDIRECTE

V. + **à** + complément : *réussir **aux** gens compétents.*
V. + **à** + infin. : *réussir **à** se redresser.*

revaloriser [rəvalɔrize] Régul. I /**avoir**/ Base : REVALORIS-. **3**

C. SIMPLE DIRECTE

V. + complément : *revaloriser une monnaie.*
Emploi pronominal : **se** revaloriser (accord = P).

réveiller [reveje] Régul. I /**avoir**/ Base : RÉVEILL-. **3**

C. SIMPLE DIRECTE

V. + complément : *réveiller un bébé.*
Emploi pronominal : se réveiller (accord = P);
se réveiller + attribut : ***se** réveiller courbatu* (accord = P);
se réveiller **de** + complément : ***se** réveiller **d'un** songe* (accord = P).

révéler [revele] Particularité I /**avoir**/ Base : RÉV[É]L-. **14**

C. SIMPLE DIRECTE

V. + complément : *révéler son secret.*
Emploi pronominal : **se** révéler (accord = P).
V. + **que** + indic. : *révéler **que** le scandale était imminent.*

CONSTRUCTION MULTIPLE

V. + compl. — **à** + compl. : *révéler son âge* ***à*** *une amie.*
Emploi pronominal : se révéler + complément : ***se*** *révéler ses petits trucs de maquillage* (accord = OE); se révéler + attribut : ***se*** *révéler fier d'avoir été choisi* (accord = P).

V. + **à** + compl. — **que** + indic. : *révéler* ***à*** *quelqu'un* ***qu'****on ne pourra plus le recevoir.*

revendiquer [rəvɑ̃dike] Régul. I /**avoir**/ Base : REVENDIQU-. **3**

C. SIMPLE DIRECTE

V. + complément : *revendiquer la semaine de quarante heures.*

revenir [rəvənir] III /**être**/ Base : REV-. **36**

1° Emploi personnel.

C. ABSOLUE : *je vais revenir.*

C. SIMPLE DIRECTE

V. + attribut : *revenir déçu.*

C. SIMPLE INDIRECTE

V. + **à** + complément : *revenir* ***à*** *ses activités premières.*
V. + **de** + complément : *revenir* ***de*** *l'épicerie voisine.*
Emploi pronominal : **s'en** revenir (accord = P).
V. + **de** + infin. : *revenir* ***de*** *faire son cours.*

CONSTRUCTION MULTIPLE

V. + **de** + compl. — **à** + infin. : *revenir* ***d'****une digression* ***à*** *développer une idée nouvelle.*
En revenir **à** + compl. : ***en*** *revenir* ***à*** *un sujet d'actualité.*
En revenir **à** + infin. : ***en*** *revenir* ***à*** *donner son opinion.*

2° Emploi unipersonnel.

C. SIMPLE INDIRECTE

Cela revient **à** + complément : *cela revient* ***à*** *une escroquerie.*
Cela revient **à** + infin. : *cela revient* ***à*** *dire exactement le contraire.*

CONSTRUCTION MULTIPLE

Il revient **à** + compl. — sujet réel = **de** + infin. : *il revient* ***à*** *l'avocat* ***de*** *choisir le meilleur système de défense.*
Il revient **à** + compl. — sujet réel = **que** + indic. : *il est revenu* ***à*** *mon frère* ***que*** *vous faisiez un documentaire sur ce sujet.*
Il revient **à** + compl. — sujet réel = expression de quantité — **sur** + compl. : *il revient* ***au*** *transporteur cinquante centimes* ***sur*** *chaque caisse emportée.*

rêver [rɛve] Régul. I /**avoir**/ Base : RÊV-. **3**

C. ABSOLUE : *je crois que vous rêvez.*

C. SIMPLE DIRECTE

V. + **que** + indic. : *rêver* ***que*** *tout est fini.*

C. SIMPLE INDIRECTE

V. + **à** + complément : *rêver* ***à*** *une pièce de théâtre.*
V. + **de** + complément : *rêver* ***de*** *gâteaux à la crème.*
V. + **de** + infin. : *rêver* ***de*** *faire un jour ce qu'on a toujours souhaité réaliser.*
V. + **sur** + complément : *rêver* ***sur*** *les bizarreries de la destinée.*

Modèle

reverdir [rəvɛrdir] Régul. II /**avoir**/ Base : REVERD-. **26**
C. ABSOLUE : *les huîtres reverdissent.*
C. SIMPLE DIRECTE
V. + complément : *reverdir les peaux.*

reverser [rəvɛrse] Régul. I /**avoir**/ Base : REVERS-. **3**
C. ABSOLUE : *la marée reverse.*
C. SIMPLE DIRECTE
V. + complément : *reverser une partie de la somme totale.*
Emploi pronominal : **se** reverser + complément : ***se** reverser du vin* (accord = OE).

revêtir [rəvɛtir] III /**avoir**/ Base : REVÊT-. **67**
C. SIMPLE DIRECTE
V. + complément : *revêtir un gilet.*
CONSTRUCTION MULTIPLE
V. + compl. — **de** + compl. : *revêtir quelqu'un* ***de*** *l'autorité suprême.*
Emploi pronominal : **se** revêtir **de** + complément : ***se** revêtir* ***de*** *mousse* (accord = P).

réviser [revize] Régul. I /**avoir**/ Base : RÉVIS-. **3**
C. ABSOLUE : *avant l'examen, les étudiants révisent.*
C. SIMPLE DIRECTE
V. + complément : *réviser une entente.*
Emploi pronominal : **se** réviser (accord = P).

revivre [rəvivr] III /**avoir**/ Base : REV-. **80**
C. ABSOLUE : *enfin, je revis.*
C. SIMPLE DIRECTE
V. + complément : *revivre un moment douloureux.*
Emploi pronominal : **se** revivre (accord = P).

revoir [rəvwar] III /**avoir**/ Base : REV-. **52**
C. SIMPLE DIRECTE
V. + complément : *revoir un paysage familier.*
Emploi pronominal : **se** revoir (accord = P).
V. + proposition infinitive : *revoir les fleurs s'épanouir.*
V. + proposition participiale : *revoir sa mère cousant sous la lampe.*
Emploi pronominal : **se** revoir + attribut : ***se** revoir enfant* (accord = P).

révolter [revɔlte] Régul. I /**avoir**/ Base : RÉVOLT-. **3**
C. ABSOLUE : *un tel acte révolte.*
C. SIMPLE DIRECTE
V. + complément : *révolter les jurés.*
Emploi pronominal : **se** révolter (accord = P);
se révolter **contre** + complément : ***se** révolter* ***contre*** *l'injustice* (accord = P).

révoquer [revɔke] Régul. I /**avoir**/ Base : RÉVOQU-. **3**
C. SIMPLE DIRECTE
V. + complément : *révoquer un administrateur.*

Modèle

ricaner [rikane] Régul. I. /**avoir**/ Base : RICAN-. **3**
C. ABSOLUE : *Cessez donc de ricaner.*

ricocher [rikɔʃe] Régul. I /**avoir**/ Base : RICOCH-. **3**
C. ABSOLUE : *la pluie ricoche.*
C. SIMPLE DIRECTE
V. + complément : *ricocher un mur.*

ridiculiser [ridikylize] Régul. I /**avoir**/ Base : RIDICULIS-. **3**
C. SIMPLE DIRECTE
V. + complément : *ridiculiser quelqu'un.*
Emploi pronominal : **se** ridiculiser (accord = P).

rincer [rɛ̃se] Particularité I /**avoir**/ Base : RIN[C]-. **10**
C. ABSOLUE (pop.) : *C'est toi qui rinces aujourd'hui.*
C. SIMPLE DIRECTE
V. + complément : *rincer du linge.*
Emploi pronominal : **se** rincer (accord = P);
se rincer + complément : ***se** rincer la bouche* (accord = OE).

riposter [ripɔste] Régul. I /**avoir**/ Base : RIPOST-. **3**
C. ABSOLUE : *il est capable de riposter sèchement.*
C. SIMPLE DIRECTE
V. + complément : *riposter une remarque cinglante.*
CONSTRUCTION MULTIPLE
V. + compl. — **à** + compl. : *riposter une injure **à** son contradicteur.*
V. + **à** + compl. — **que** + indic. : *riposter **à** un critique **que** son argument est dicté par des considérations de personne.*

rire [rir] III /**avoir**/ Base : RI-. **91**
C. ABSOLUE : *Vous riez et vous avez raison.*
C. SIMPLE INDIRECTE
V. + **à** + complément : *rire **à** l'annonce d'une nouvelle.*
Emploi pronominal : **se** rire (accord = I).
V. + **de** + complément : *rire **d'**un lapsus.*
Emploi pronominal : **se** rire **de** + complément : ***se** rire **des** menaces* (accord = I).
V. + **de** + infin. : *rire **de** voir un sot s'exprimer d'un ton doctoral.*

risquer [riske] Régul. I /**avoir**/ Base : RISQU-. **3**
C. ABSOLUE : *il n'obtiendra jamais rien s'il ne sait risquer.*
C. SIMPLE DIRECTE
V. + complément : *risquer sa vie.*
Emploi pronominal : **se** risquer (accord = P).
V. + **de** + infin. : *risquer **de** détériorer sa santé.*
V. + **que** + subj. : *risquer **que** l'entreprise ne puisse aboutir.*
CONSTRUCTION MULTIPLE
Emploi pronominal : **se** risquer **à** + infin. : ***se** risquer **à** faire une objection* (accord = P);
se risquer **dans** + complément : ***se** risquer **dans** une spéculation hasardeuse* (accord = P).

rivaliser [rivalize] Régul. I /**avoir**/ Base : RIVALIS-. **3**

C. ABSOLUE : *il ne pourra jamais rivaliser.*

C. SIMPLE INDIRECTE

V. + **avec** + complément : *rivaliser* ***avec*** *un concurrent mieux armé.*
V. + **de** + complément : *rivaliser* ***d'****ingéniosité.*

CONSTRUCTION MULTIPLE

V. + **de** + complément — **avec** + complément : *rivaliser* ***d'****adresse* ***avec*** *ses camarades.*

roder [rɔde] Régul. I /**avoir**/ Base : ROD-. **3**

C. SIMPLE DIRECTE

V. + complément : *roder les soupapes.*
Emploi pronominal : **se** roder (accord = P).

rôder [rode] Régul. I /**avoir**/ Base : RÔD-. **3**

C. ABSOLUE : *il y a un chien perdu qui rôde.*

C. SIMPLE INDIRECTE

V. + lieu : *rôder* ***sur*** *les berges de la Seine.*

rogner [rɔɲe] Régul. I /**avoir**/ Base : ROGN-. **3**

C. ABSOLUE : *cet outil sert à rogner.*

C. SIMPLE DIRECTE

V. + complément : *rogner un exemplaire.*
Emploi pronominal : **se** rogner (accord = P).

C. SIMPLE INDIRECTE

V. + **sur** + complément : *rogner* ***sur*** *les dépenses peu productives.*

CONSTRUCTION MULTIPLE

V. + compl. — **à** + compl. : *rogner les ongles* ***à*** *quelqu'un.*
Emploi pronominal : **se** rogner + complément : ***se*** *rogner les griffes* (accord = OE).

rompre [rɔ̃pr] III /**avoir**/ Base : ROMP-. **66**

C. ABSOLUE : *ils ont enfin rompu.*

C. SIMPLE DIRECTE

V. + complément : *rompre une entente.*
Emploi pronominal : **se** rompre (accord = P).

C. SIMPLE INDIRECTE

V. + **avec** + complément : *rompre* ***avec*** *le passé.*

CONSTRUCTION MULTIPLE

V. + compl. — **à** + compl. : *rompre les os* ***à*** *quelqu'un.*
Emploi pronominal : **se** rompre + complément : ***se*** *rompre les membres* (accord = OE).
V. + compl. — **avec** + compl. : *rompre tout commerce* ***avec*** *d'anciennes relations.*
Emploi pronominal : **se** rompre **avec** + complément : ***se*** *rompre* ***avec*** *la France* (accord = P).

ronger [rɔ̃ʒe] Particularité I /**avoir**/ Base : RON[G]-. **12**
C. SIMPLE DIRECTE
V. + complément : *ronger un os.*
Emploi pronominal : se ronger (accord = P);
se ronger + complément : ***se** ronger les ongles* (accord = OE).

rosser [rɔse] Régul. I /**avoir**/ Base : ROSS-. **3**
C. SIMPLE DIRECTE
V. + complément : *rosser quelqu'un.*
Emploi pronominal : se rosser (accord = P).

rôtir [rotir] Régul. II /**avoir**/ Base : RÔT-. **26**
C. ABSOLUE : *le poulet rôtit.*
C. SIMPLE DIRECTE
V. + complément : *rôtir un bœuf entier.*
Emploi pronominal : se rôtir (accord = P);
se rôtir + complément (fam.) : ***se** rôtir le dos au soleil* (accord = OE).

rougir [ruʒir] Régul. II /**avoir**/ Base : ROUG-. **26**
C. ABSOLUE : *Vous devriez rougir.*
C. SIMPLE DIRECTE
V. + complément : *rougir de l'eau.*
Emploi pronominal : se rougir (accord = P);
se rougir + complément : ***se** rougir les lèvres* (accord = OE).
C. SIMPLE INDIRECTE
V. + **de** + complément : *rougir* ***de*** *plaisir.*

rouiller [ruje] Régul. I /**avoir**/ Base : ROUILL-. **3**
C. ABSOLUE : *le fer rouille.*
C. SIMPLE DIRECTE
V. + complément : *rouiller l'imagination.*
Emploi pronominal : se rouiller (accord = P);
se rouiller + complément : ***se** rouiller les jambes* (accord = OE).

rouler [rule] Régul. I /**avoir**/ Base : ROUL-. **3**
C. ABSOLUE : *nous roulerons de nuit.*
C. SIMPLE DIRECTE
V. + complément : *rouler une meule de gruyère.*
Emploi pronominal : se rouler (accord = P).
C. SIMPLE INDIRECTE
V. + **sur** + complément : *rouler* ***sur*** *des routes dangereuses.*
CONSTRUCTION MULTIPLE
V. + compl. — lieu : *rouler des endives* ***dans*** *du jambon.*
Emploi pronominal : se rouler + lieu : ***se** rouler* ***dans*** *la fange* (accord = P);
se rouler + complément : ***se** rouler une crêpe* (accord = OE).

roussir [rusir] Régul. II /**avoir**/ Base : ROUSS-. **26**

C. ABSOLUE : *les feuilles roussissent.*

C. SIMPLE DIRECTE

V. + complément : *roussir une chemise en la repassant.*
Emploi pronominal : **se** roussir (accord = P);
se roussir + complément : ***se** roussir les sourcils* (accord = OE).

rouvrir [ruvrir] III /**avoir**/ Base : ROUV-. **31**

C. ABSOLUE : *après les travaux, le magasin a rouvert.*

C. SIMPLE DIRECTE

V. + complément : *rouvrir une boîte.*
Emploi pronominal : **se** rouvrir (accord = P).

CONSTRUCTION MULTIPLE

V. + compl. — **à** + compl. : *rouvrir un pays* ***aux*** *produits étrangers.*
Emploi pronominal : **se** rouvrir **à** + complément : ***se** rouvrir* ***à*** *une influence* (accord = P).

ruer [rɥe] Régul. I /**avoir**/ Base : RU-. **3**

C. ABSOLUE : *le cheval rue.*

Emploi pronominal : **se** ruer + lieu : ***se** ruer* ***sur*** *les soldes* (accord = P).

rugir [ryʒir] Régul. II /**avoir**/ Base : RUG-. **26**

C. ABSOLUE : *le lion rugit.*

C. SIMPLE DIRECTE

V. + complément : *rugir un ordre.*

ruiner [rɥine] Régul. I /**avoir**/ Base : RUIN-. **3**

C. SIMPLE DIRECTE

V. + complément : *ruiner une vieille masure.*
Emploi pronominal : **se** ruiner (accord = P).

ruisseler [rɥis(ə)le] Particularité I /**avoir**/ Base : RUISSE[L]-. **16**

C. ABSOLUE : *sa sueur ruisselle.*

C. SIMPLE INDIRECTE

V. + **de** + complément : *ruisseler* ***de*** *larmes.*

ruminer [rymine] Régul. I /**avoir**/ Base : RUMIN-. **3**

C. ABSOLUE : *le chameau rumine.*

C. SIMPLE DIRECTE

V. + complément : *ruminer un projet.*

ruser [ryze] Régul. I /**avoir**/ Base : RUS-. **3**

C. ABSOLUE : *il s'efforce de ruser.*

C. SIMPLE INDIRECTE

V. + **avec** + complément : *ruser* ***avec*** *les difficultés.*

rythmer [ritme] Régul. I /**avoir**/ Base : RYTHM-. **3**

C. SIMPLE DIRECTE

V. + complément : *rythmer le pas.*

S

Modèle

sabler [sable] Régul. I /**avoir**/ Base : SABL-. **3**
C. SIMPLE DIRECTE
V. + complément : *sabler une allée.*

saborder [sabɔrde] Régul. I /**avoir**/ Base : SABORD-. **3**
C. SIMPLE DIRECTE
V. + complément : *saborder un sous-marin.*
Emploi pronominal : **se** saborder (accord = P).

saboter [sabɔte] Régul. I /**avoir**/ Base : SABOT-. **3**
C. SIMPLE DIRECTE
V. + complément : *saboter une usine.*

sabrer [sɑbre] Régul. I /**avoir**/ Base : SABR-. **3**
C. ABSOLUE : *les hussards sabrent.*
C. SIMPLE DIRECTE
V. + complément : *sabrer un texte.*
Emploi pronominal : **se** sabrer (accord = P).

saccager [sakaʒe] Particularité I /**avoir**/ Base : SACCA[G]-. **12**
C. SIMPLE DIRECTE
V. + complément : *saccager les plates-bandes.*

sacrer [sakre] Régul. I /**avoir**/ Base : SACR-. **3**
C. ABSOLUE (fam.) : *à la première occasion, il se met à sacrer.*
C. SIMPLE DIRECTE
V. + complément : *sacrer un évêque.*
CONSTRUCTION MULTIPLE
V. + compl. — attribut du compl. : *sacrer Charles VII roi de France.*

sacrifier [sakrifje] Régul. I /**avoir**/ Base : SACRIFI-. **3**
C. SIMPLE DIRECTE
V. + complément : *sacrifier ses vacances.*
Emploi pronominal : **se** sacrifier (accord = P).
C. SIMPLE INDIRECTE
V. + **à** + compl. : *sacrifier* **à** *l'usage.*

CONSTRUCTION MULTIPLE
V. + compl. — **à** + compl. : *sacrifier ses soirées **à** des réunions d'informations.*
Emploi pronominal : **se** sacrifier **à** + complément : ***se** sacrifier **à** l'honneur* (accord = P);
se sacrifier **pour** + complément : ***se** sacrifier **pour** autrui* (accord = P).

saigner [seɲe] Régul. I /**avoir**/ Base : SAIGN-. **3**
C. ABSOLUE : *sa jambe saigne.*
C. SIMPLE DIRECTE
V. + complément : *saigner un porc.*
Emploi pronominal : **se** saigner (accord = P).
C. SIMPLE INDIRECTE
V. + **de** + complément : *saigner **du** doigt.*

saisir [sezir] Régul. II /**avoir**/ Base : SAIS-. **26**
C. ABSOLUE : *Quand on vous explique, vous saisissez?* (fam.); *l'huissier peut saisir.*
C. SIMPLE DIRECTE
V. + complément : *saisir la poignée.*
Emploi pronominal : **se** saisir (accord = P).
CONSTRUCTION MULTIPLE
V. + compl. — **à** + compl. : *saisir un voleur **au** collet.*
V. + compl. — **de** + compl. : *saisir le juge d'instance **d'**une affaire.*
Emploi pronominal : **se** saisir **de** + complément : ***se** saisir **d'**un garnement* (accord = P).

saler [sale] Régul. I /**avoir**/ Base : SAL-. **3**
C. SIMPLE DIRECTE
V. + complément : *saler les petits pois.*

salir [salir] Régul. II /**avoir**/ Base : SAL-. **26**
C. SIMPLE DIRECTE
V. + complément : *salir la réputation de quelqu'un.*
Emploi pronominal : **se** salir (accord = P);
se salir + complément : ***se** salir les mains* (accord = OE).

saluer [salɥe] Régul. I /**avoir**/ Base : SALU-. **3**
C. ABSOLUE : *un soldat doit savoir saluer.*
C. SIMPLE DIRECTE
V. + complément : *saluer ses collègues.*
Emploi pronominal : **se** saluer (accord = P).
C. SIMPLE INDIRECTE
V. + **de** + complément : *saluer **de** l'épée.*

sanctionner [sɑ̃ksjɔne] Régul. I /**avoir**/ Base : SANCTIONN-. **3**
C. SIMPLE DIRECTE
V. + complément : *sanctionner une faute grave.*
Emploi pronominal : **se** sanctionner (accord = P).

Modèle

sangloter [sɑ̃glɔte] Régul. I /**avoir**/ Base : SANGLOT-. **3**
C. ABSOLUE : *elle sanglote depuis ce matin.*

saouler [sule] Régul. I /**avoir**/ Base : SAOUL-. **3**
C. SIMPLE DIRECTE
V. + complément : *saouler un enfant.*
Emploi pronominal : se saouler (accord = P).
CONSTRUCTION MULTIPLE
V. + compl. — **de** + compl. : *saouler son interlocuteur* ***de*** *paroles.*
Emploi pronominal : se saouler **de** + complément : ***se*** *saouler* ***de*** *paroles* (accord = P).

saper [sape] Régul. I /**avoir**/ Base : SAP-. **3**
C. SIMPLE DIRECTE
V. + complément : *saper un édifice.*
CONSTRUCTION MULTIPLE
V. + compl. — **à** + compl. : *saper le moral* ***à*** *quelqu'un.*

sarcler [sarkle] Régul. I /**avoir**/ Base : SARCL-. **3**
C. ABSOLUE : *le jardinier sarcle.*
C. SIMPLE DIRECTE
V. + complément : *sarcler les carottes.*
Emploi pronominal : se sarcler (accord = P).

satelliser [satɛl(l)ize] Régul. I /**avoir**/ Base : SATELLIS-. **3**
C. SIMPLE DIRECTE
V. + complément : *satelliser une fusée.*

satiriser [satirize] Régul. I /**avoir**/ Base : SATIRIS-. **3**
C. SIMPLE DIRECTE
V. + complément : *satiriser son patron.*

satisfaire [satisfɛr] III /**avoir**/ Base : SATISF-. **76**
C. SIMPLE DIRECTE
V. + complément : *satisfaire ses lecteurs.*
Emploi pronominal : se satisfaire (accord = P).
C. SIMPLE INDIRECTE
V. + **à** + complément : *satisfaire* ***à*** *une condition difficile.*
Emploi pronominal : se satisfaire **avec** + complément : ***se*** *satisfaire* ***avec*** *peu de choses* (accord = P); se satisfaire **de** + complément : ***se*** *satisfaire* ***de*** *ses revenus* (accord = P).

saucer [sose] Particularité I /**avoir**/ Base : SAU[C]-. **10**
C. SIMPLE DIRECTE
V. + complément : *saucer son pain.*
C. SIMPLE INDIRECTE
V. + **dans** + complément : *saucer* ***dans*** *l'assiette.*
CONSTRUCTION MULTIPLE
V. + compl. — **dans** + compl. : *saucer des peaux* ***dans*** *le bain.*

saupoudrer [sopudre] Régul. I /**avoir**/ Base : SAUPOUDR-. 3

C. SIMPLE DIRECTE
V. + complément : *saupoudrer un gâteau.*

CONSTRUCTION MULTIPLE
V. + compl. — **de** + compl. : *saupoudrer une brioche* **d'***amandes pilées.*

sauter [sote] Régul. I /**avoir**/ Base : SAUT-. 3

C. ABSOLUE : *le kangourou saute.*

C. SIMPLE DIRECTE
V. + complément : *sauter un fossé.*
Emploi pronominal : **se** sauter (accord = P).

C. SIMPLE INDIRECTE
V. + **à** + complément : *sauter* **à** *la perche.*
V. + **sur** + complément : *sauter* **sur** *l'occasion.*

CONSTRUCTION MULTIPLE
V. + **de** + compl. — **à** + compl. : *sauter* **de** *la littérature* **aux** *mathématiques.*

sauvegarder [sovgarde] Régul. I /**avoir**/ Base : SAUVEGARD-. 3

C. SIMPLE DIRECTE
V. + complément : *sauvegarder sa liberté.*

sauver [sove] Régul. I /**avoir**/ Base : SAUV-. 3

C. SIMPLE DIRECTE
V. + complément : *sauver son pays.*
Emploi pronominal : **se** sauver (accord = P).

CONSTRUCTION MULTIPLE
V. + compl. — **à** + compl. : *sauver la vie* **à** *quelqu'un.*
V. + compl. — **de** + compl. : *sauver un enfant* **de** *la noyade.*
Emploi pronominal : **se** sauver **de** + complément : ***se*** *sauver d'un incendie* (accord = P).

savoir [savwar] III /**avoir**/ Base : S-. 48

C. ABSOLUE : *il parle sans savoir.*

C. SIMPLE DIRECTE
V. + complément : *savoir le grec.*
Emploi pronominal : **se** savoir (accord = P).
V. + infinitif : *savoir s'arrêter.*
V. + discours indirect : **1.** indicatif : *savoir* **pourquoi** *on s'acharne contre vous;*
2. infinitif : *savoir* **comment** *s'y prendre.*
V. + **que** + indic. : *savoir* **que** *c'est inutile.*

CONSTRUCTION MULTIPLE
V. + compl. — attribut du compl. : *savoir ses explications inutiles.*
Emploi pronominal : **se** savoir + attribut : ***se*** *savoir condamné* (accord = P).
se savoir + complément : ***se*** *savoir du talent* (accord = OE).

savonner [savɔne] Régul. I /**avoir**/ Base : SAVONN-. 3

C. ABSOLUE : *la laveuse savonne.*

C. SIMPLE DIRECTE
V. + complément : *savonner un col.*
Emploi pronominal : **se** savonner (accord = P);
se savonner + complément : ***se** savonner les oreilles* (accord = OE).

savourer [savure] Régul. I /**avoir**/ Base : SAVOUR-. **3**
C. ABSOLUE : *il ne sait pas savourer.*
C. SIMPLE DIRECTE
V. + complément : *savourer sa vengeance.*
Emploi pronominal : **se** savourer (accord = P).

scandaliser [skɑ̃dalize] Régul. I /**avoir**/ Base : SCANDALIS-. **3**
C. ABSOLUE : *voilà qui scandalise!*
C. SIMPLE DIRECTE
V. + complément : *scandaliser ses voisins.*
Emploi pronominal : **se** scandaliser (accord = P);
se scandaliser **de** + complément : ***se** scandaliser **d'**un spectacle immoral* (accord = P);
se scandaliser **de** + infin. : ***se** scandaliser **d'**entendre jurer à longueur de temps* (accord = P);
se scandaliser **que** + subj. : ***se** scandaliser **que** les autres ne soient pas de votre avis* (accord = P).

scander [skɑ̃de] Régul. I /**avoir**/ Base : SCAND-. **3**
C. SIMPLE DIRECTE
V. + complément : *scander un alexandrin.*
Emploi pronominal : **se** scander (accord = P).

sceller [sɛle] Régul. I /**avoir**/ Base : SCELL-. **3**
C. SIMPLE DIRECTE
V. + complément : *sceller un envoi.*
Emploi pronominal (rare) : **se** sceller (accord = P).

schématiser [ʃematize] Régul. I /**avoir**/ Base : SCHÉMATIS-. **3**
C. SIMPLE DIRECTE
V. + complément : *schématiser une situation.*
Emploi pronominal : **se** schématiser (accord = P).

scier [sje] Régul. I /**avoir**/ Base : SCI-. **3**
C. SIMPLE DIRECTE
V. + complément : *scier des bûches.*
Emploi pronominal : **se** scier (accord = P).

scinder [sɛ̃de] Régul. I /**avoir**/ Base : SCIND-. **3**
C. SIMPLE DIRECTE
V. + complément : *scinder la question.*
Emploi pronominal : **se** scinder (accord = P).
CONSTRUCTION MULTIPLE
V. + compl. — **en** + compl. : *scinder la majorité **en** deux clans.*
Emploi pronominal : **se** scinder **en** + complément : ***se** scinder **en** deux nouveaux partis* (accord = P).

Modèle

scintiller [sɛ̃tije] Régul. I /**avoir**/ Base : SCINTILL-. **3**
C. ABSOLUE : *les étoiles scintillent.*

scléroser [skleroze] Régul. I /**avoir**/ Base : SCLÉROS-. **3**
C. SIMPLE DIRECTE
V. + complément : *scléroser son enseignement.*
Emploi pronominal : **se** scléroser (accord = P).

scolariser [skɔlarize] Régul. I /**avoir**/ Base : SCOLARIS-. **3**
C. SIMPLE DIRECTE
V. + complément : *scolariser les adolescents.*

scruter [skryte] Régul. I /**avoir**/ Base : SCRUT-. **3**
C. SIMPLE DIRECTE
V. + complément : *scruter l'horizon.*

sculpter [skylte] Régul. I /**avoir**/ Base : SCULPT-. **3**
C. ABSOLUE : *il apprend à sculpter.*
C. SIMPLE DIRECTE
V. + complément : *sculpter sa table.*
Emploi pronominal : **se** sculpter (accord = P).

sécher [seʃe] Particularité I /**avoir**/ Base : S[É]CH-. **14**
C. ABSOLUE : *la morue sèche.*
C. SIMPLE DIRECTE
V. + complément : *sécher du linge.*
Emploi pronominal : **se** sécher (accord = P);
se sécher + complément : ***se** sécher les mains* (accord = OE).

seconder [səgɔ̃de] Régul. I /**avoir**/ Base : SECOND-. **3**
C. SIMPLE DIRECTE
V. + complément : *seconder son collaborateur.*

secouer [səkwe] Régul. I /**avoir**/ Base : SECOU-. **3**
C. SIMPLE DIRECTE
V. + complément : *secouer un tapis.*
Emploi pronominal : **se** secouer (accord = P).

secourir [səkurir] III /**avoir**/ Base : SECOUR-. **33**
C. SIMPLE DIRECTE
V. + complément : *secourir les malheureux.*
Emploi pronominal : **se** secourir (accord = P).

séculariser [sekylarize] Régul. I /**avoir**/ Base : SÉCULARIS-. **3**
C. SIMPLE DIRECTE
V. + complément : *séculariser les biens du clergé.*
Emploi pronominal : **se** séculariser (accord = P).

séduire [sedɥir] III /**avoir**/ Base : SÉDUI-. **82**
C. ABSOLUE : *cela peut séduire.*
C. SIMPLE DIRECTE
V. + complément : *séduire son auditoire.*

Modèle

séjourner [seʒurne] Régul. I /**avoir**/ Base : SÉJOURN-. **3**

C. SIMPLE INDIRECTE

V. + lieu : *séjourner* ***à*** *la montagne.*

sélectionner [selɛksjɔne] Régul. I /**avoir**/ Base : SÉLECTIONN-. **3**

C. SIMPLE DIRECTE

V. + complément : *sélectionner des extraits d'auteurs classiques.*
Emploi pronominal : **se** sélectionner (accord = P).

sembler [sɑ̃ble] Régul. I /**avoir**/ Base : SEMBL-. **3**

1° **Emploi personnel.**

C. SIMPLE DIRECTE

V. + attribut : *sembler exact.*
V. + infin. : *sembler faire son devoir.*

2° **Emploi unipersonnel.**

C. SIMPLE DIRECTE

Il semble + sujet réel = **que** + indic. : *il semble* ***que*** *vous essayez de me tromper.*
Il semble + sujet réel = **que** + subj. : *il semble* ***que*** *vous soyez un peu las.*

CONSTRUCTION MULTIPLE

Il + pronom personnel (sujet de l'infinitif) — semble + infin. : *il lui semble entendre son père.*
Il semble **à** + compl. — **que** + indic. : *il semble* ***à*** *chacun* ***que*** *le moment est proche.*
Il semble **à** + compl. — **que** + subj. : *il semble* ***à*** *beaucoup* ***que*** *ce soit impossible.*
Il semble **à** + compl. — attribut du sujet réel — sujet réel = **de** + infin. : *il semble* ***à*** *un profane délicat* ***de*** *réaliser cet équilibre.*

semer [səme] Particularité I /**avoir**/ Base : S[E]M-. **15**

C. SIMPLE DIRECTE

V. + complément : *semer la discorde.*
Emploi pronominal : **se** semer (accord = P).

sensibiliser [sɑ̃sibilize] Régul. I /**avoir**/ Base : SENSIBILIS-. **3**

C. SIMPLE DIRECTE

V. + complément : *sensibiliser de la gélatine.*

CONSTRUCTION MULTIPLE

V. + compl. — **à** + compl. : *sensibiliser une personne* ***à*** *un parfum.*

sentir [sɑ̃tir] III /**avoir**/ Base : SEN-. **32**

C. ABSOLUE : *cela sent.*

C. SIMPLE DIRECTE

V. + complément : *sentir une odeur.*
Emploi pronominal : **se** sentir (accord = P).
V. + discours indirect : *sentir* ***quel*** *est le moment opportun.*
V. + proposition infinitive : *sentir les sanglots vous envahir.*
V. + proposition participiale : *sentir le moment venu.*
V. + **que** + indic. : *sentir* ***que*** *l'on s'endort.*

CONSTRUCTION MULTIPLE

V. + compl. — attribut du compl. : *sentir quelqu'un supérieur à soi.*

Emploi pronominal : **se** sentir + attribut : ***se*** *sentir vieux* (accord = P) ;
se sentir + compl. — attribut du compl. : ***se*** *sentir l'âme triste* (accord = P).

V. + compl. — proposition relative : *sentir une odeur âcre qui vous prend à la gorge.*

Emploi pronominal : **se** sentir + complément : ***se*** *sentir peu de goût pour le travail* (accord = OE) ;
se sentir + infin. : **1. se** + infin. : = proposition infinitive : ***se*** *sentir vivre* (accord = P) ;
2. infinitif à valeur passive : *se sentir prendre par l'épaule* (accord = I).

séparer [separe] Régul. I /**avoir**/ Base : SÉPAR-. **3**

C. SIMPLE DIRECTE

V. + complément : *séparer deux interlocuteurs.*

Emploi pronominal : **se** séparer (accord = P).

CONSTRUCTION MULTIPLE

V. + compl. — **de** + compl. : *séparer un enfant* ***de*** *son frère jumeau.*

Emploi pronominal : **se** séparer **de** + complément : ***se*** *séparer* ***de*** *son chien* (accord = P).

V. + compl. — **d'avec** + compl. : *séparer les bons* ***d'avec*** *les mauvais.*

V. + compl. — **en** + compl. : *séparer un faisceau de rayons* ***en*** *ses composants.*

séquestrer [sekɛstre] Régul. I /**avoir**/ Base : SÉQUESTR-. **3**

C. SIMPLE DIRECTE

V. + complément : *séquestrer une jeune fille.*

Emploi pronominal : **se** séquestrer (accord = P).

sermonner [sɛrmɔne] Régul. I /**avoir**/ Base : SERMONN-. **3**

C. SIMPLE DIRECTE

V. + complément : *sermonner ses ouailles.*

serrer [sɛre] Régul. I /**avoir**/ Base : SERR-. **3**

C. ABSOLUE : *serrez pour tout mettre sur la même ligne.*

C. SIMPLE DIRECTE

V. + complément : *serrer les dents.*

Emploi pronominal : **se** serrer (accord = P).

CONSTRUCTION MULTIPLE

V. + compl. — **à** + compl. : *serrer la main* ***à*** *son sauveteur.*

Emploi pronominal : **se** serrer + complément : ***se*** *serrer la main* (accord = OE).

V. + compl. — lieu : *serrer des voyageurs* ***dans*** *un wagon de métro.*

Emploi pronominal : **se** serrer **contre** + complément : ***se*** *serrer* ***contre*** *la paroi* (accord = P).

Modèle

sertir [sɛrtir] Régul. II /**avoir**/ Base : SERT-. **26**

C. SIMPLE DIRECTE

V. + complément : *sertir une émeraude.*
Emploi pronominal : se sertir (accord = P).

servir [sɛrvir] III /**avoir**/ Base : SER-. **32**

C. ABSOLUE : *cela peut encore servir.*

C. SIMPLE DIRECTE

V. + complément : *servir ses intérêts.*
Emploi pronominal : se servir (accord = P).

C. SIMPLE INDIRECTE

V. + **à** + complément : *servir **à** un technicien.*
V. + **à** + infin. : *servir **à** clore un paquet.*
V. + **de** + complément : *servir **de** parapluie.*

CONSTRUCTION MULTIPLE

V. + compl. — **comme** + attribut du compl. : *servir des œufs de lumps **comme** caviar.*
V. + compl. — **en tant que** + attribut du compl. : *servir un maître **en tant que** chauffeur.*
V. + compl. — **à** + compl. : *servir un repas **à** quarante convives.*
Emploi pronominal : se servir + complément : ***se** servir de la salade* (accord = OE).
V. + **à** + compl. — **à** + compl. : *ne servir **à** rien **à** personne.*
V. + **à** + compl. — **à** + infin. : *servir **aux** paysans **à** faucher leurs prés.*
V. + **à** + compl. — **de** + compl. : *servir **à** un enfant **de** coffre à jouets.*
Emploi pronominal : se servir **de** + complément : ***se** servir **d'**un stylo* (accord = P).

sévir [sevir] Régul. II /**avoir**/ Base : SÉV-. **26**

C. ABSOLUE : *il ne pense qu'à sévir.*

C. SIMPLE INDIRECTE

V. + **contre** + complément : *sévir **contre** les maraudeurs.*
V. + **sur** + complément : *sévir **sur** toute la région.*

sevrer [səvre] Particularité I /**avoir**/ Base : S[E]VR-. **15**

C. SIMPLE DIRECTE

V. + complément : *sevrer un enfant.*

CONSTRUCTION MULTIPLE

V. + compl. — **de** + compl. : *sevrer son fils **de** lectures distractives.*
Emploi pronominal : se sevrer **de** + complément : ***se** sevrer **de** tout exercice physique* (accord = P).

siéger [sjeʒe] Deux particularités I /**avoir**/ Base : SI[ÉG]-. **23**

C. ABSOLUE : *l'Assemblée siège.*

siffler [sifle] Régul. I /**avoir**/ Base : SIFFL-. **3**

C. ABSOLUE : *le train siffle.*

C. SIMPLE DIRECTE
V. + complément : *siffler son chien.*
Emploi pronominal : **se** siffler (accord = P).
CONSTRUCTION MULTIPLE
V. + compl. — **à** + compl. : *siffler une ariette **à** quelqu'un.*

signaler [siɲale] Régul. I /**avoir**/ Base : SIGNAL-. 3

C. SIMPLE DIRECTE
V. + complément : *signaler un danger.*
Emploi pronominal : **se** signaler (accord = P).
CONSTRUCTION MULTIPLE
V. + compl. — **à** + compl. : *signaler les travaux **aux** usagers de la route.*
V. + **à** + compl. — **que** + indic. : *signaler **à** sa secrétaire **qu'**on doit partir à 11 h 30.*

signer [siɲe] Régul. I /**avoir**/ Base : SIGN-. 3

C. ABSOLUE : *il faut signer.*
C. SIMPLE DIRECTE
V. + complément : *signer un contrat.*
Emploi pronominal : **se** signer (accord = P).

signifier [siɲifje] Régul. I /**avoir**/ Base : SIGNIFI-. 3

C. SIMPLE DIRECTE
V. + complément : *ce mot signifie « travailler ».*
V. + **que** + indic. : *signifier **que** l'on vous donne votre congé.*
CONSTRUCTION MULTIPLE
V. + compl. — **à** + compl. : *signifier sa décision **à** un exécutant.*
V. + **à** + compl. — **de** + infin. : *signifier **à** un employé **d'**arriver à l'heure.*
V. + **à** + compl. — **que** + subj. : *signifier **au** planton **que** les visiteurs soient filtrés.*

sillonner [sijɔne] Régul. I /**avoir**/ Base : SILLONN-. 3

C. SIMPLE DIRECTE
V. + complément : *sillonner les routes.*

simplifier [sɛ̃plifje] Régul. I /**avoir**/ Base : SIMPLIFI-. 3

C. ABSOLUE : *il aime simplifier.*
C. SIMPLE DIRECTE
V. + complément : *simplifier les données du problème.*
Emploi pronominal : **se** simplifier (accord = P).

simuler [simyle] Régul. I /**avoir**/ Base : SIMUL-. 3

C. SIMPLE DIRECTE
V. + complément : *simuler un attentat.*
Emploi pronominal : **se** simuler (accord = P).
V. + infin. : *simuler avoir perdu la mémoire.*
V. + **de** + infin. : *simuler **d'**avoir un interlocuteur.*

singer [sɛ̃ʒe] Particularité I /**avoir**/ Base : SIN[G]-. **12**
C. SIMPLE DIRECTE
V. + complément : *singer un homme connu.*
Emploi pronominal : se singer (accord = P).

singulariser [sɛ̃gylarize] Régul. I /**avoir**/ Base : SINGULARIS-. **3**
C. SIMPLE DIRECTE
V. + complément : *singulariser ses manières.*
Emploi pronominal : se singulariser (accord = P).

situer [sitɥe] Régul. I /**avoir**/ Base : SITU-. **3**
CONSTRUCTION MULTIPLE
V. + compl. — lieu : *situer l'action dans un pays imaginaire.*
Emploi pronominal : se situer (accord = P);
se situer + lieu : *se situer* ***dans*** *la région parisienne* (accord = P).

skier [skje] Régul. I /**avoir**/ Base : SKI-. **3**
C. ABSOLUE : *il faut apprendre à skier.*

soigner [swaɲe] Régul. I /**avoir**/ Base : SOIGN-. **3**
C. SIMPLE DIRECTE
V. + complément : *soigner ses blessures.*
Emploi pronominal : se soigner (accord = P).

solder [sɔlde] Régul. I /**avoir**/ Base : SOLD-. **3**
C. ABSOLUE : *en ce moment, les magasins soldent.*
C. SIMPLE DIRECTE
V. + complément : *solder des articles défraîchis.*
Emploi pronominal : se solder (accord = P).
CONSTRUCTION MULTIPLE
V. + compl. — **à** + compl. : *solder un lot de marchandises* ***à*** *un détaillant.*
Emploi pronominal : se solder **en** + complément : ***se*** *solder* ***en*** *un débit* (accord = P);
se solder **par** + complément : ***se*** *solder* ***par*** *un échec* (accord = P).

solidariser [sɔlidarize] Régul. I /**avoir**/ Base : SOLIDARIS-. **3**
C. SIMPLE DIRECTE
V. + complément : *solidariser deux causes.*
Emploi pronominal : se solidariser (accord = P);
se solidariser **avec** + complément : ***se*** *solidariser* ***avec*** *ses collègues* (accord = P).

solliciter [sɔl(l)isite] Régul. I /**avoir**/ Base : SOLLICIT-. **3**
C. SIMPLE DIRECTE
V. + complément : *solliciter une entrevue.*
V. + **de** + complément : *solliciter* ***d'****être reçu.*
C. SIMPLE INDIRECTE
V. + **à** + complément : *solliciter* ***à*** *la rébellion.*
V. + **de** + infin. : *solliciter* ***d'****être entendu.*

CONSTRUCTION MULTIPLE
V. + compl. — **de** + compl. : *solliciter quelqu'un* **de** *son appui.*
V. + compl. — **de** + infin. : *solliciter un homme influent* **d'***intervenir.*

sombrer [sɔ̃bre] Régul. I /**avoir**/ Base : SOMBR-. **3**
C. ABSOLUE : *le bateau sombra.*
C. SIMPLE INDIRECTE
V. + **dans** + complément : *sombrer* **dans** *la mélancolie.*

sommeiller [sɔmeje] Régul. I /**avoir**/ Base : SOMMEILL-. **3**
C. ABSOLUE : *après le repas, il sommeille.*

sommer [sɔme] Régul. I /**avoir**/ Base : SOMM-. **3**
CONSTRUCTION MULTIPLE
V. + compl. — **à** + infin. : *sommer quelqu'un* **à** *comparaître.*
V. + compl. — **de** + infin. : *sommer quelqu'un* **de** *répondre par retour du courrier.*

somnoler [sɔmnɔle] Régul. I /**avoir**/ Base : SOMNOL-. **3**
C. ABSOLUE : *il se laisse aller à somnoler.*

sonder [sɔ̃de] Régul. I /**avoir**/ Base : SOND-. **3**
C. ABSOLUE : *on va essayer de sonder.*
C. SIMPLE DIRECTE
V. + complément : *sonder les intentions de quelqu'un.*
Emploi pronominal : **se** sonder (accord = P).

songer [sɔ̃ʒe] Particularité I /**avoir**/ Base : SON[G]-. **12**
C. ABSOLUE : *il songe...*
C. SIMPLE DIRECTE
V. + **que** + indic. : *songer* **que** *demain il sera trop tard.*
V. + discours indirect : *songer* **combien** *tout cela est compliqué.*
C. SIMPLE INDIRECTE
V. + **à** + complément : *songer* **à** *son repos.*
V. + **à** + infin. : *songer* **à** *faire retraite.*

sonner [sɔne] Régul. I /**avoir**/ Base : SONN-. **3**
C. ABSOLUE : *ça sonne!*
C. SIMPLE DIRECTE
V. + complément : *sonner l'angélus.*
C. SIMPLE INDIRECTE
V. + **de** + complément : *sonner* **de** *la trompe.*

sonoriser [sɔnɔrize] Régul. I /**avoir**/ Base : SONORIS-. **3**
C. SIMPLE DIRECTE
V. + complément : *sonoriser un documentaire.*

sortir [sɔrtir] III /**avoir** et **être**/ Base : SOR-. **32**
1° Auxiliaire *avoir*.
C. SIMPLE DIRECTE
V. + complément : *sortir les meubles de jardin.*

CONSTRUCTION MULTIPLE
V. + compl. — **de** + compl. : *sortir sa voiture* ***du*** *garage.*

2° Auxiliaire *être*.

C. ABSOLUE : *Madame est sortie.*

C. SIMPLE INDIRECTE
V. + lieu : *sortir* ***en*** *ville.*
V. + **de** + complément : *sortir* ***de*** *prison.*
V. + **de** + infin. : *sortir* ***d'en*** *discuter.*

CONSTRUCTION MULTIPLE
V. + attribut — **de** + complément : *sortir indemne* ***d'un*** *accident grave.*
Emploi pronominal : se sortir **de** + complément : ***se*** *sortir* ***d'une*** *situation délicate* (accord = P).

soucier (se) [səsusje] Régul. I /**être**/ Base : SOUCI- (SE). **5**

C. ABSOLUE : **se** soucier (accord = P).

C. SIMPLE INDIRECTE
Se soucier **de** + complément : ***se*** *soucier* ***de*** *l'opinion publique* (accord = P);
Se soucier **de** + infin. : ***se*** *soucier* ***de*** *ne blesser personne* (accord = P);
Se soucier **que** + subj. : ***se*** *soucier* ***que*** *tous les invités soient contents* (accord = P).

souder [sude] Régul. I /**avoir**/ Base : SOUD-. **3**

C. SIMPLE DIRECTE
V. + complément : *souder un manchon.*
Emploi pronominal : **se** souder (accord = P).

CONSTRUCTION MULTIPLE
V. + compl. — **à** + compl. : *souder une patte* ***à*** *une plaque.*

soudoyer [sudwaje] Particularité I /**avoir**/ Base : SOUDO[Y]-. **8**

C. SIMPLE DIRECTE
V. + complément : *soudoyer le gardien.*

souffler [sufle] Régul. I /**avoir**/ Base : SOUFFL-. **3**

C. ABSOLUE : *le vent souffle.*

C. SIMPLE DIRECTE
V. + complément : *souffler la chandelle.*

C. SIMPLE INDIRECTE
V. + lieu : *souffler* ***sur*** *le plateau.*

CONSTRUCTION MULTIPLE
V. + compl. — **à** + compl. : *souffler une dame* ***à*** *son adversaire.*

souffrir [sufrir] III /**avoir**/ Base : SOUFF-. **31**

C. ABSOLUE : *elle souffre.*

C. SIMPLE DIRECTE
V. + complément : *souffrir le martyre.*
Emploi pronominal : **se** souffrir (accord = P).
V. + **de** + infin. : *souffrir* ***de*** *n'avoir rien à faire.*

V. + **de ce que** + indic. : *souffrir* **de ce que** *l'on est en butte à la médisance.*
V. + **que** + subj. : *souffrir* **que** *l'on vous fasse des critiques.*

C. SIMPLE INDIRECTE
V. + **de** + complément : *souffrir* **d'***un lumbago.*

CONSTRUCTION MULTIPLE
V. + compl. — **à** + compl. : *souffrir quelques écarts* **à** *un jeune homme.*
V. + **à** + compl. — **de** + infin. : *souffrir* **à** *ses proches* **de** *faire parfois du bruit.*

souhaiter [swete] Régul. I /**avoir**/ Base : SOUHAIT-. **3**

C. SIMPLE DIRECTE
V. + complément : *souhaiter un changement.*
Emploi pronominal : **se** souhaiter (accord = P).
V. + infinitif : *souhaiter terminer au plus vite.*
V. + **de** + infin. : *souhaiter* **d'***en finir aussitôt.*
V. + **que** + subj. : *souhaiter* **que** *votre santé soit meilleure.*

CONSTRUCTION MULTIPLE
V. + compl. — attribut du compl. : *souhaiter sa famille heureuse.*
V. + compl. — **à** + compl. : *souhaiter sa fête* **à** *son beau-père.*
Emploi pronominal : **se** souhaiter + complément : ***se*** *souhaiter longue vie* (accord = OE).
V. + compl. — **de** + compl. : *souhaiter une aide efficace* **de** *ses collaborateurs.*
V. + **à** + compl. — compl. — attribut de ce dernier compl. : *souhaiter* **à** *ses parents une vieillesse heureuse.*
Emploi pronominal : **se** souhaiter + compl. — attribut du compl. : ***se*** *souhaiter des jours meilleurs* (accord = OE).

souiller [suje] Régul. I /**avoir**/ Base : SOUILL-. **3**

C. SIMPLE DIRECTE
V. + complément : *souiller la réputation de quelqu'un.*
Emploi pronominal : **se** souiller (accord = P).

CONSTRUCTION MULTIPLE
V. + compl. — **de** + compl. : *souiller ses bottes* **de** *boue.*
Emploi pronominal : **se** souiller + complément : ***se*** *souiller les mains* (accord = OE).

soulager [sulaʒe] Particularité I /**avoir**/ Base : SOULA[G]-. **12**

C. SIMPLE DIRECTE
V. + complément : *soulager son cœur.*
Emploi pronominal : **se** soulager (accord = P).

CONSTRUCTION MULTIPLE
V. + compl. — **de** + compl. : *soulager un malheureux* **de** *son fardeau.*

soûler [sule] Régul. I /**avoir**/ Base : SOÛL.- **3**

V. SAOULER.

soulever [sul(ə)ve] Particularité I /**avoir**/ Base : SOUL[E]V-. **15**

C. SIMPLE DIRECTE

V. + complément : *soulever une valise.*
Emploi pronominal : **se** soulever (accord = P).

CONSTRUCTION MULTIPLE (pop.)

V. + compl. — **à** + compl. : *soulever sa montre* **à** *quelqu'un.*

souligner [suliɲe] Régul. I /**avoir**/ Base : SOULIGN-. **3**

C. SIMPLE DIRECTE

V. + complément : *souligner un mot.*
Emploi pronominal : **se** souligner (accord = P).
V. + **que** + indic. : *souligner* **que** *cela passe pour une fois.*

soumettre [sumɛtr] III /**avoir**/ Base : SOUM-. **60**

C. SIMPLE DIRECTE

V. + complément : *soumettre une région.*
Emploi pronominal : se soumettre (accord = P).

CONSTRUCTION MULTIPLE

V. + compl. — **à** + compl. : *soumettre son projet* **à** *un bureau d'études.*
Emploi pronominal : se soumettre + complément : **se** *soumettre l'esprit de quelqu'un* (accord = OE); se soumettre **à** + complément : **se** *soumettre* **aux** *circonstances* (accord = P).

soupçonner [supsɔne] Régul. I /**avoir**/ Base : SOUPÇONN-. **3**

C. SIMPLE DIRECTE

V. + complément : *soupçonner son personnel.*
Emploi pronominal : **se** soupçonner (accord = P).
V. + **que** + indic. : *soupçonner* **que** *l'on est arrivé trop tard.*

CONSTRUCTION MULTIPLE

V. + compl. — attribut du compl. : *soupçonner ce pays aussi riche.*
V. + compl. — **de** + compl. : *soupçonner un homme d'affaires* **de** *malhonnêteté.*
Emploi pronominal : se soupçonner **de** + complément : **se** *soupçonner mutuellement* **de** *trahison* (accord = P).
V. + compl. — **de** + infin. : *soupçonner son partenaire* **d'***avoir triché.*
Emploi pronominal : se soupçonner **de** + infin. : **se** *soupçonner mutuellement* **d'***avoir saboté l'entente* (accord = P).

souper [supe] Régul. I /**avoir**/ Base : SOUP-. **3**

C. ABSOLUE : *Vous avez déjà soupé?*

C. SIMPLE INDIRECTE

V. + **de** + complément : *souper* **d'***un potage léger.*

soupirer [supire] Régul. I /**avoir**/ Base : SOUPIR-. **3**

C. ABSOLUE : *il aura assez soupiré!*

C. SIMPLE INDIRECTE

V. + **après** + complément : *soupirer* **après** *un peu de repos.*
V. + **pour** + complément : *soupirer* **pour** *sa voisine.*

sourire [surir] III /**avoir**/ Base : SOURI-. **91**
C. ABSOLUE : *il commence à sourire.*
C. SIMPLE INDIRECTE
V. + **à** + complément : *sourire* ***à*** *un enfant.*
V. + **de** + complément : *sourire* ***d'un*** *bon mot.*
Emploi pronominal : **se** sourire (accord = I).

sous-alimenter [suzalimɑ̃te] Régul. I /**avoir**/ Base : SOUS-ALIMENT-. **3**
C. SIMPLE DIRECTE
V. + complément : *sous-alimenter une fraction de la population.*
Emploi pronominal : **se** sous-alimenter (accord = P).

souscrire [suskrir] III /**avoir**/ Base : SOUSCRI-. **90**
C. ABSOLUE : *Souscrivez!*
C. SIMPLE DIRECTE
V. + complément : *souscrire un contrat.*
Emploi pronominal : **se** souscrire (accord = P).
C. SIMPLE INDIRECTE
V. + **à** + complément : *souscrire* ***à*** *un emprunt.*

sous-entendre [suzɑ̃tɑ̃dr] III /**avoir**/ Base : SOUS-ENTEND-. **65**
C. SIMPLE DIRECTE
V. + complément : *sous-entendre des choses malveillantes.*

sous-estimer [suzɛstime] Régul. I /**avoir**/ Base : SOUS-ESTIM-. **3**
C. SIMPLE DIRECTE
V. + complément : *sous-estimer ses forces.*

sous-évaluer [suzevalɥe] Régul. I /**avoir**/ Base : SOUS-ÉVALU-. **3**
C. SIMPLE DIRECTE
V. + complément : *sous-évaluer son adversaire.*

sous-louer [sulwe] Régul. I /**avoir**/ Base : SOUS-LOU-. **3**
C. SIMPLE DIRECTE
V. + complément : *sous-louer un pied-à-terre.*

soustraire [sustrɛr] Particularité défectif III /**avoir**/ Base : SOUSTRA[I]-. **38**
C. ABSOLUE : *il apprend à soustraire.*
C. SIMPLE DIRECTE
V. + complément : *soustraire ses frais professionnels.*
CONSTRUCTION MULTIPLE
V. + compl. — **à** + compl. : *soustraire une cotisation* ***à*** *un salarié.*
Emploi pronominal : **se** soustraire **à** + complément : ***se*** *soustraire* ***à*** *ses obligations* (accord = P).
V. + compl. — **de** + compl. : *soustraire les frais de réparation* ***de*** *la valeur vénale.*

soutenir [sut(ə)nir] III /**avoir**/ Base : SOUT-. **36**
C. ABSOLUE : *une collation, même légère, soutient.*
C. SIMPLE DIRECTE
V. + complément : *soutenir un siège.*

Emploi pronominal : **se** soutenir (accord = P).
V. + **que** + indic. : *soutenir* ***que*** *l'on ne s'est pas trompé.*

soutirer [sutire] Régul. I /**avoir**/ Base : SOUTIR-. **3**

C. SIMPLE DIRECTE
V. + complément : *soutirer de la piquette.*

CONSTRUCTION MULTIPLE
V. + compl. — **à** + compl. : *soutirer son approbation* ***à*** *un interlocuteur réticent.*

souvenir (se) [səsuv(ə)nir] III /**être**/ Base : SOUV- (SE). **36**

C. ABSOLUE : se souvenir (accord = P).

C. SIMPLE INDIRECTE
Se souvenir **de** + complément : ***se*** *souvenir* ***de*** *son enfance* (accord = P);
Se souvenir **de** + infin. : ***se*** *souvenir* ***d'****avoir déjà vu cette personne* (accord = P);
Se souvenir + discours indirect : ***se*** *souvenir* ***pourquoi*** *on en est là* (accord = P);
Se souvenir **que** + indic. : ***se*** *souvenir* ***que*** *l'on vous avait averti* (accord = P).

spécialiser [spesjalize] Régul. I /**avoir**/ Base : SPÉCIALIS-. **3**

C. SIMPLE DIRECTE
V. + complément : *spécialiser quelqu'un.*
Emploi pronominal : **se** spécialiser (accord = P);
se spécialiser **dans** + complément : ***se*** *spécialiser* ***dans*** *la linguistique française* (accord = P);
se spécialiser **en** + complément : ***se*** *spécialiser* ***en*** *géomorphologie* (accord = P).

spécifier [spesifje] Régul. I /**avoir**/ Base : SPÉCIFI-. **3**

C. SIMPLE DIRECTE
V. + complément : *spécifier une condition.*
Emploi pronominal : **se** spécifier (accord = P).
V. + **que** + indic. : *spécifier* ***que*** *l'on ne s'y laissera pas prendre deux fois.*

spéculer [spekyle] Régul. I /**avoir**/ Base : SPÉCUL-. **3**

C. ABSOLUE : *il a réussi à force de spéculer.*

C. SIMPLE INDIRECTE
V. + **à** + complément : *spéculer* ***à*** *la hausse.*
V. + **sur** + complément : *spéculer* ***sur*** *l'or.*

spolier [spɔlje] Régul. I /**avoir**/ Base : SPOLI-. **3**

C. SIMPLE DIRECTE
V. + complément : *spolier un mineur.*

CONSTRUCTION MULTIPLE
V. + compl. — **de** + compl. : *spolier un héritier* ***de*** *sa part.*

Modèle

stabiliser [stabilize] Régul. I /**avoir**/ Base : STABILIS-. **3**
C. SIMPLE DIRECTE
V. + complément : *stabiliser la nitroglycérine.*
Emploi pronominal : **se** stabiliser (accord = P).

stationner [stasjɔne] Régul. I /**avoir**/ Base : STATIONN-. **3**
C. ABSOLUE : *il est devenu impossible de stationner.*

statuer [statɥe] Régul. I /**avoir**/ Base : STATU-. **3**
C. ABSOLUE : *la Cour statuera.*
C. SIMPLE DIRECTE
V. + complément : *statuer une enquête.*
C. SIMPLE INDIRECTE
V. + **sur** + complément : *statuer* ***sur*** *un différend.*

stériliser [sterilize] Régul. I /**avoir**/ Base : STÉRILIS-. **3**
C. SIMPLE DIRECTE
V. + complément : *stériliser un biberon.*
Emploi pronominal : **se** stériliser (accord = P).

stigmatiser [stigmatize] Régul. I /**avoir**/ Base : STIGMATIS-. **3**
C. SIMPLE DIRECTE
V. + complément : *stigmatiser le vice.*
Emploi pronominal : **se** stigmatiser (accord = P).

stimuler [stimyle] Régul. I /**avoir**/ Base : STIMUL-. **3**
C. ABSOLUE : *le grand air stimule.*
C. SIMPLE DIRECTE
V. + complément : *stimuler un apathique.*
Emploi pronominal : **se** stimuler (accord = P).

stipuler [stipyle] Régul. I /**avoir**/ Base : STIPUL-. **3**
C. SIMPLE DIRECTE
V. + complément : *stipuler une clause.*
Emploi pronominal : **se** stipuler (accord = P).
V. + **que** + indic. : *stipuler* ***que*** *l'emprunteur s'engage à rembourser...*
C. SIMPLE INDIRECTE
V. + **pour** + complément : *stipuler* ***pour*** *soi-même.*

stocker [stɔke] Régul. I /**avoir**/ Base : STOCK-. **3**
C. SIMPLE DIRECTE
V. + complément : *stocker du beurre.*
Emploi pronominal : **se** stocker (accord = P).

stopper [stɔpe] Régul. I /**avoir**/ Base : STOPP-. **3**
C. ABSOLUE : *il va falloir stopper.*
C. SIMPLE DIRECTE
V. + complément : *stopper les voitures de tourisme.*

stupéfier [stypefje] Régul. I /**avoir**/ Base : STUPÉFI-. **3**
C. SIMPLE DIRECTE
V. + complément : *stupéfier le public.*

subdiviser [sybdivize] Régul. I /**avoir**/ Base : SUBDIVIS-. **3**

C. SIMPLE DIRECTE

V. + complément : *subdiviser un chapitre.*
Emploi pronominal : se subdiviser (accord = P).

CONSTRUCTION MULTIPLE

V. + compl. — **en** + compl. : *subdiviser un poème* ***en*** *strophes.*
Emploi pronominal : se subdiviser **en** + complément : ***se*** *subdiviser* ***en*** *tomes* (accord = P).

subir [sybir] Régul. II /**avoir**/ Base : SUB-. **26**

C. SIMPLE DIRECTE

V. + complément : *subir les contrecoups d'une dévaluation.*

submerger [sybmɛrʒe] Particularité I /**avoir**/ Base : SUBMER[G]-. **12**

C. SIMPLE DIRECTE

V. + complément : *submerger la route.*

CONSTRUCTION MULTIPLE

V. + compl. — **de** + compl. : *submerger ses collaborateurs* ***de*** *travail.*

subordonner [sybɔrdɔne] Régul. I /**avoir**/ Base : SUBORDONN-. **3**

CONSTRUCTION MULTIPLE

V. + compl. — **à** + compl. : *subordonner son accord* ***à*** *une condition.*
Emploi pronominal : se subordonner (accord = P);
se subordonner **à** + complément : ***se*** *subordonner* ***aux*** *fluctuations du marché* (accord = P).

subsister [subziste] Régul. I /**avoir**/ Base : SUBSIST-. **3**

1° Emploi personnel.

C. ABSOLUE : *il tente de subsister.*

C. SIMPLE INDIRECTE

V. + **de** + complément : *subsister* ***de*** *quelques travaux mal rétribués.*

2° Emploi unipersonnel.

Il subsiste + sujet réel nominal : *il subsiste quelques difficultés.*

substituer [sypstitɥe] Régul. I /**avoir**/ Base : SUBSTITU-. **3**

CONSTRUCTION MULTIPLE

V. + compl. — **à** + compl. : *substituer la saccharine* ***au*** *sucre.*
Emploi pronominal : se substituer **à** + complément : ***se*** *substituer* ***à*** *l'auteur* (accord = P).

subtiliser [syptilize] Régul. I /**avoir**/ Base : SUBTILIS-. **3**

C. ABSOLUE : *vous subtilisez.*

C. SIMPLE DIRECTE

V. + complément : *subtiliser un objet.*
Emploi pronominal : se subtiliser (accord = P).

CONSTRUCTION MULTIPLE (fam.)

V. + compl. — **à** + compl. : *subtiliser son portefeuille* ***à*** *quelqu'un.*

subvenir [sybvənir] III /**avoir**/ Base : SUBV-. 36

C. SIMPLE INDIRECTE

V. + **à** + complément : *subvenir **à** ses besoins.*

subventionner [sybvɑ̃sjɔne] Régul. I /**avoir**/ Base : SUBVENTIONN-. 3

C. SIMPLE DIRECTE

V. + complément : *subventionner la recherche.*

succéder [syksede] Particularité I /**avoir**/ Base : SUCC[É]D-. 14

C. SIMPLE INDIRECTE

V. + **à** + complément : *succéder **à** son père.*
Emploi pronominal : **se** succéder (accord = I).

succomber [sykɔ̃be] Régul. I /**avoir**/ Base : SUCCOMB-. 3

C. ABSOLUE : *il a succombé.*

C. SIMPLE INDIRECTE

V. + **à** + complément : *succomber **à** la tentation.*
V. + **sous** + complément : *succomber **sous** le nombre.*

sucer [syse] Particularité I /**avoir**/ Base : SU[C]-. 10

C. ABSOLUE : *le quartier suce.*

C. SIMPLE DIRECTE

V. + complément : *sucer son pouce.*
Emploi pronominal : **se** sucer (accord = P);
se sucer + complément : ***se** sucer les doigts* (accord = OE).

sucrer [sykre] Régul. I /**avoir**/ Base : SUCR-. 3

C. SIMPLE DIRECTE

V. + complément : *sucrer des framboises.*
Emploi pronominal : **se** sucrer (accord = P).

suer [sɥe] Régul. I /**avoir**/ Base : SU-. 3

C. ABSOLUE : *Comme il sue!*

C. SIMPLE DIRECTE

V. + complément : *suer l'ennui.*

suffire [syfir] III /**avoir**/ Base : SUFFI-. 87

1° Emploi personnel.

C. ABSOLUE : *cette dose suffit.*

C. SIMPLE INDIRECTE

V. + **à** + complément : *suffire **à** un adulte.*
V. + **à** + infin. : *suffire **à** faire une tâche peu considérable.*
V. + **pour** + complément : *suffire **pour** un achat modeste.*
V. + **pour** + infin. : *suffire **pour** vivre.*

CONSTRUCTION MULTIPLE

V. + **à** + compl. — **pour** + infin. : *suffire **à** un enfant **pour** s'occuper pendant une heure.*
Emploi pronominal : **se** suffire (accord = I).

2° Emploi unipersonnel.

C. SIMPLE DIRECTE

Il suffit + sujet réel = **que** + subj. : *il suffit **que** vous arriviez à trois heures.*

C. SIMPLE INDIRECTE

Il suffit **de** + sujet réel nominal : *il suffit **d'**un peu de bon sens.*
Il suffit + sujet réel = **de** + infin. : *il suffit **de** faire attention.*

CONSTRUCTION MULTIPLE

Il suffit **à** + compl. — **de** + sujet réel nominal : *il suffit **au** postulant **d'**un minimum de culture.*
Il suffit **à** + compl. — sujet réel = **de** + infin. : *il suffit **à** un individu moyen **d'**y consacrer quelques heures.*
Il suffit **à** + compl. — sujet réel = **que** + subj. : *il suffit **à** votre employeur **que** vous soyez consciencieux et exact.*
Il suffit **de** + sujet réel nominal — **pour** + infin. : *il suffit **d'**un peu de chance **pour** y parvenir.*
Il suffit + sujet réel = **de** + infin. — **pour** + infin. : *il suffit **de** travailler une heure **pour** comprendre.*
Il suffit + sujet réel = **que** + subj. — **pour** + infin. : *il suffit **que** vous ayez du bon sens **pour** réagir sainement.*
Il suffit **de** + sujet réel nominal — **pour que** + subj. : *il suffit **d'**un peu de chance **pour que** vous y parveniez.*
Il suffit + sujet réel = **de** + infin. — **pour que** + subj. : *il suffit **de** travailler une heure **pour que** vous compreniez.*
Il suffit + sujet réel = **que** + subj. — **pour que** + subj. : *il suffit **que** vous ayez du bon sens **pour que** vous réagissiez sainement.*
Il suffit **à** + compl. — **de** + sujet réel nominal — **pour** + infin. : *il suffit **à** un employé moyen **d'**un peu d'habitude **pour** résoudre ce problème.*
Il suffit **à** + compl. — **de** + sujet réel nominal — **pour que** + subj. : *il suffit **au** conférencier **d'**un minimum de simplicité **pour que** ses auditeurs puissent le suivre.*
Il suffit **à** + compl. — sujet réel = **de** + infin. — **pour** + infin. : *il suffit **à** l'élève moyen **de** travailler une heure **pour** comprendre cette démonstration.*
Il suffit **à** + compl. — sujet réel = **de** + infin. — **pour que** + subj. : *il suffit **à** un architecte **de** prévoir une insonorisation minimale des appartements **pour que** les habitants d'un grand ensemble puissent y vivre décemment.*

suffoquer [syfɔke] Régul. I /**avoir**/ Base : SUFFOQU-. **3**

C. ABSOLUE : *on suffoque ici.*

C. SIMPLE DIRECTE

V. + complément : *suffoquer son auditoire.*

C. SIMPLE INDIRECTE

V. + **de** + complément : *suffoquer **de** chaleur.*

suggérer [sygʒere] Particularité I /**avoir**/ Base : SUGG[É]R-. **14**

C. ABSOLUE : *Au lieu d'ordonner, suggérez.*

C. SIMPLE DIRECTE

V. + complément : *suggérer une légère modification.*
Emploi pronominal : **se suggérer** (accord = P).
V. + **que** + subj. : *suggérer **que** vous refondiez l'ensemble.*

CONSTRUCTION MULTIPLE

V. + compl. — **à** + compl. : *suggérer un moyen **à** quelqu'un d'embarrassé.*

V. + **à** + compl. — **de** + infin. : *suggérer* ***à*** *son fils* ***de*** *faire moins de bruit.*
V. + **à** + compl. — **que** + subj. : *suggérer* ***à*** *quelqu'un* ***qu'****il soit plus attentif.*

suicider (se) [sesɥiside] Régul. I /**être**/ Base : SUICID- (SE). **5**
C. ABSOLUE : **se** suicider (accord = P).

suivre [sɥivr] III /**avoir**/ Base : SUI-. **79**
1° Emploi personnel.
C. ABSOLUE : *tout le monde suit.*
C. SIMPLE DIRECTE
V. + complément : *suivre le guide.*
Emploi pronominal : **se** suivre (accord = P).
2° Emploi unipersonnel.
CONSTRUCTION MULTIPLE
Il suit **de** + lieu propre ou figuré — sujet réel = **que** + indic. : *il suit* ***de là que*** *vous ne devez pas vous plaindre.*

superposer [sypɛrpoze] Régul. I /**avoir**/ Base : SUPERPOS-. **3**
C. SIMPLE DIRECTE
V. + complément : *superposer des cubes.*
Emploi pronominal : **se** superposer (accord = P).
CONSTRUCTION MULTIPLE
V. + compl. — **à** + compl. : *superposer une figure* ***à*** *une autre.*
Emploi pronominal : **se** superposer **à** + complément : ***se*** *superposer* ***à*** *un losange* (accord = P).

superviser [sypɛrvize] Régul. I /**avoir**/ Base : SUPERVIS-. **3**
C. SIMPLE DIRECTE
V. + complément : *superviser le travail d'autrui.*

suppléer [syplee] Régul. I /**avoir**/ Base : SUPPLÉ-. **13**
C. SIMPLE DIRECTE
V. + complément : *suppléer la différence.*
Emploi pronominal : **se** suppléer (accord = P).
C. SIMPLE INDIRECTE
V. + **à** + complément : *suppléer* ***à*** *un manque de place.*
CONSTRUCTION MULTIPLE
V. + **à** + compl. — **par** + compl. : *suppléer* ***à*** *ses ignorances* ***par*** *un peu de bon sens.*

supplier [syplije] Régul. I /**avoir**/ Base : SUPPLI-. **3**
C. SIMPLE DIRECTE
V. + complément : *supplier les instances supérieures.*
V. + **que** + subj. : *supplier* ***que*** *l'on ait une ligne de conduite définie.*
CONSTRUCTION MULTIPLE
V. + compl. — **de** + infin. : *supplier le conducteur* ***de*** *se presser un peu.*

supporter [sypɔrte] Régul. I /**avoir**/ Base : SUPPORT-. **3**
C. ABSOLUE : *il faut savoir supporter.*

C. SIMPLE DIRECTE
V. + complément : *supporter une chaleur humide.*
Emploi pronominal : **se** supporter (accord = P).
V. + **que** + subj. : *supporter* **que** *rien ne soit jamais acquis.*

supposer [sypoze] Régul. I /**avoir**/ Base : SUPPOS-. **3**

C. SIMPLE DIRECTE
V. + complément : *supposer une condition préalable.*
V. + **que** + indic. : *supposer* **que** *tout s'est bien passé.*
V. + **que** + subj. : *supposer* **que** *l'on soit devenu ministre.*
V. + proposition participiale : *supposer le problème résolu.*
V. + discours indirect : *supposer* **comment** *il a fini par se faire entendre.*

CONSTRUCTION MULTIPLE
V. + compl. — attribut du compl. : *supposer deux figures identiques.*
V. + compl. — **à** + compl. : *supposer du talent* **à** *l'auteur.*
V. + compl. — **chez** + compl. : *supposer un peu d'esprit* **chez** *son lecteur.*

supprimer [syprime] Régul. I /**avoir**/ Base : SUPPRIM-. **3**

C. SIMPLE DIRECTE
V. + complément : *supprimer une ligne.*
Emploi pronominal : **se** supprimer (accord = P).

CONSTRUCTION MULTIPLE
V. + compl. — **à** + compl. : *supprimer sa pension* **à** *une veuve remariée.*
V. + compl. — **de** + compl. : *supprimer deux pages* **d'***un chapitre.*

surcharger [syrʃarʒe] Particularité I /**avoir**/ Base : SURCHAR[G]-. **12**

C. SIMPLE DIRECTE
V. + complément : *surcharger ses collaborateurs.*
Emploi pronominal : **se** surcharger (accord = P).

CONSTRUCTION MULTIPLE
V. + compl. — **de** + compl. : *surcharger un bateau* **de** *fret.*
Emploi pronominal : **se** surcharger + complément : ***se*** *surcharger l'estomac* (accord = OE) ;
se surcharger **de** + complément : ***se*** *surcharger* **de** *travail* (accord = P).

surélever [syreləve] Particularité I /**avoir**/ Base : SURÉL[E]V-. **15**

C. SIMPLE DIRECTE
V. + complément : *surélever un immeuble.*

surestimer [syrɛstime] Régul. I /**avoir**/ Base : SURESTIM-. **3**

C. SIMPLE DIRECTE
V. + complément : *surestimer un fonds de commerce.*
Emploi pronominal : **se** surestimer (accord = P).

surexciter [syrɛksite] Régul. I /**avoir**/ Base : SUREXCIT-. **3**

C. SIMPLE DIRECTE
V. + complément : *surexciter un chien.*

Modèle

surgir [syrʒir] Régul. II /**avoir**/ Base : SURG-. **26**

1° **Emploi personnel.**

C. ABSOLUE : *l'avion surgit.*

C. SIMPLE INDIRECTE

V. + **de** + complément : *surgir* **de** *la discussion.*
V. + lieu : *surgir* **à** *un endroit inattendu.*

2° **Emploi unipersonnel.**

C. SIMPLE DIRECTE

Il surgit + sujet réel nominal : *il surgit une difficulté.*

surmener [syrməne] Particularité I /**avoir**/ Base : SURM[E]N-. **15**

C. SIMPLE DIRECTE

V. + complément : *surmener les autres.*
Emploi pronominal : **se** surmener (accord = P).

surmonter [syrmɔ̃te] Régul. I /**avoir**/ Base : SURMONT-. **3**

C. SIMPLE DIRECTE

V. + complément : *surmonter une difficulté.*
Emploi pronominal : **se** surmonter (accord = P).

surnommer [syrnɔme] Régul. I /**avoir**/ Base : SURNOMM-. **3**

C. SIMPLE DIRECTE

V. + compl. — attribut du compl. : *surnommer son fils Toto.*
Emploi pronominal : **se** surnommer + attribut : ***se*** *surnommer le Tigre* (accord = P).

surpasser [syrpɑse] Régul. I /**avoir**/ Base : SURPASS-. **3**

C. SIMPLE DIRECTE

V. + complément : *surpasser tout le monde.*
Emploi pronominal : **se** surpasser (accord = P).

CONSTRUCTION MULTIPLE

V. + compl. — **en** + compl. : *surpasser ses devanciers* **en** *audace.*

surprendre [syrprɑ̃dr] III /**avoir**/ Base : SURPR-. **68**

1° **Emploi actif.**

C. SIMPLE DIRECTE

V. + complément : *surprendre l'imagination.*
Emploi pronominal : **se** surprendre (accord = P).

CONSTRUCTION MULTIPLE

V. + compl. — **à** + infin. : *surprendre un enfant* **à** *faire des grimaces.*
Emploi pronominal : **se** surprendre **à** + infin. : ***se*** *surprendre* ***à*** *radoter* (accord = P).
V. + compl. — **en train de** + infin. : *surprendre un individu* ***en train d'****inventorier le contenu de votre voiture.*
V. + compl. — participe présent : *surprendre sa fille se maquillant en cachette.*

2° **Emploi passif.**

C. SIMPLE DIRECTE

Être surpris **de** + infin. : *être surpris* ***d'****entendre de telles choses.*
Être surpris **que** + subj. : *être surpris* ***que*** *l'on vous reproche votre zèle.*

Modèle

sursauter [syrsote] Régul. I /**avoir**/ Base : SURSAUT-. **3**
C. ABSOLUE : *elle a sursauté.*

surveiller [syrveje] Régul. I /**avoir**/ Base : SURVEILL-. **3**
C. ABSOLUE : *son rôle consiste à surveiller.*
C. SIMPLE DIRECTE
V. + complément : *surveiller l'exécution des travaux.*
Emploi pronominal : **se** surveiller (accord = P).

survenir [syrvənir] III /**avoir**/ Base : SURV-. **36**
1° Emploi personnel.
C. ABSOLUE : *un agent survint.*
2° Emploi unipersonnel.
C. SIMPLE DIRECTE
Il survient + sujet réel nominal : *il survient un fâcheux.*

survivre [syrvivr] III /**avoir**/ Base : SURV-. **80**
1° Emploi personnel.
C. ABSOLUE : *nous essayons de survivre.*
C. SIMPLE DIRECTE
Emploi pronominal : **se** survivre (accord = I).
C. SIMPLE INDIRECTE
V. + **à** + complément : *survivre* ***à*** *un cataclysme.*
2° Emploi unipersonnel.
Il survit + sujet réel nominal : *il survit des usages désuets.*

survoler [syrvɔle] Régul. I /**avoir**/ Base : SURVOL-. **3**
C. SIMPLE DIRECTE
V. + complément : *survoler une question.*

susciter [sysite] Régul. I /**avoir**/ Base : SUSCIT-. **3**
C. SIMPLE DIRECTE
V. + complément : *susciter des obstacles.*
CONSTRUCTION MULTIPLE
V. + compl. — **à** + compl. : *susciter des ennemis* ***à*** *quelqu'un.*
Emploi pronominal : **se** susciter + complément : ***se*** *susciter des ennemis* (accord = OE).

suspecter [syspɛkte] Régul. I /**avoir**/ Base : SUSPECT-. **3**
C. SIMPLE DIRECTE
V. + complément : *suspecter un rôdeur.*

suspendre [syspɑ̃dr] III /**avoir**/ Base : SUSPEND-. **65**
C. SIMPLE DIRECTE
V. + complément : *suspendre une séance.*
CONSTRUCTION MULTIPLE
V. + compl. — lieu propre ou figuré : *suspendre du linge* ***au*** *balcon.*
Emploi pronominal : **se** suspendre **à** + complément : ***se*** *suspendre* ***à*** *une liane* (accord = P).

sympathiser [sɛ̃patize] Régul. I /**avoir**/ Base : SYMPATHIS-. **3**
C. ABSOLUE : *ils ont sympathisé tout de suite.*
C. SIMPLE INDIRECTE
V. + **avec** + complément : *sympathiser* **avec** *un inconnu.*

synchroniser [sɛ̃krɔnize] Régul. I /**avoir**/ Base : SYNCHRONIS-. **3**
C. SIMPLE DIRECTE
V. + complément : *synchroniser ses mouvements.*

syndiquer [sɛ̃dike] Régul. I /**avoir**/ Base : SYNDIQU-. **3**
C. SIMPLE DIRECTE
V. + complément : *syndiquer une profession.*
Emploi pronominal : **se** syndiquer (accord = P).

systématiser [sistematize] Régul. I /**avoir**/ Base : SYSTÉMATIS-. **3**
C. ABSOLUE : *il ne comprend qu'en systématisant.*
C. SIMPLE DIRECTE
V. + complément : *systématiser la grammaire.*

t

Modèle

tacher [taʃe] Régul. I /**avoir**/ Base : TACH-. **3**
C. ABSOLUE : *les fruits tachent.*
C. SIMPLE DIRECTE
V. + complément : *tacher son revers.*
Emploi pronominal : **se** tacher (accord = P).
CONSTRUCTION MULTIPLE
V. + compl. — **de** + compl. : *tacher sa cravate* **de** *vin.*

tâcher [tɑʃe] Régul. I /**avoir**/ Base : TÂCH-. **3**
C. SIMPLE DIRECTE
V. + **de** + infin. : *tâcher* **de** *réussir.*
V. + **que** + subj. : *tâcher* **que** *tous soient à l'heure.*

tailler [taje] Régul. I /**avoir**/ Base : TAILL-. **3**
C. SIMPLE DIRECTE
V. + complément : *tailler les rosiers.*
Emploi pronominal : **se** tailler (accord = P).
CONSTRUCTION MULTIPLE
V. + compl. — **à** + compl. : *tailler un costume* **à** *quelqu'un.*
Emploi pronominal : **se** tailler + complément : ***se*** *tailler une tartine* (accord = OE).

taire [tɛr] III /**avoir**/ Base : T-. **78**
C. SIMPLE DIRECTE
V. + complément : *taire ses erreurs.*
Emploi pronominal : **se** taire (accord = P).

tamponner [tɑ̃pɔne] Régul. I /**avoir**/ Base : TAMPONN-. **3**
C. SIMPLE DIRECTE
V. + complément : *tamponner une machine haut le pied.*
Emploi pronominal : **se** tamponner (accord = P).

taper [tape] Régul. I /**avoir**/ Base : TAP-. **3**
C. ABSOLUE : *il tape dur.*
C. SIMPLE DIRECTE
V. + complément : *taper un texte.*
Emploi pronominal : **se** taper (accord = P).

C. SIMPLE INDIRECTE

V. + **sur** + complément : *taper* ***sur*** *la table.*
Emploi pronominal : se taper + complément : ***se*** *taper les doigts* (accord = OE).

tapisser [tapise] Régul. I /**avoir**/ Base : TAPISS-. **3**

C. SIMPLE DIRECTE

V. + complément : *tapisser le salon.*
Emploi pronominal : **se** tapisser (accord = P).

CONSTRUCTION MULTIPLE

V. + compl. — **de** + compl. : *tapisser le mur* ***de*** *photographies d'artistes.*

taquiner [takine] Régul. I /**avoir**/ Base : TAQUIN-. **3**

C. ABSOLUE : *il aime taquiner.*

C. SIMPLE DIRECTE

V. + complément : *taquiner un enfant.*
Emploi pronominal : **se** taquiner (accord = P).

tarder [tarde] Régul. I /**avoir**/ Base : TARD-. **3**

1° Emploi personnel.

C. ABSOLUE : *il tarde.*

C. SIMPLE INDIRECTE

V. + **à** + infin. : *tarder* ***à*** *faire son travail.*

2° Emploi unipersonnel.

CONSTRUCTION MULTIPLE

Il tarde **à** + compl. — sujet réel = **de** + infin. : *il tarde* ***à*** *l'auteur* ***de*** *remettre son manuscrit.*
Il tarde **à** + compl. — sujet réel = **que** + subj. : *il tarde* ***au*** *spectateur* ***que*** *le rideau soit tombé.*

targuer (se) [sətarge] Régul. I /**être**/ Base : TARGU- (SE). **11**

C. SIMPLE INDIRECTE

Se targuer **de** + complément : ***se*** *targuer* ***de*** *ses connaissances* (accord = P).
Se targuer **de** + infin. : ***se*** *targuer* ***de*** *tout faire seul* (accord = P).
Se targuer **de ce que** + subj. : ***se*** *targuer* ***de ce que*** *les autres ne sachent pas votre âge* (accord = P).

tarir [tarir] Régul. II /**avoir**/ Base : TAR-. **26**

C. ABSOLUE : *il ne tarit point.*

C. SIMPLE DIRECTE

V. + complément : *tarir un puits.*
Emploi pronominal : **se** tarir (accord = P).

tasser [tɑse] Régul. I /**avoir**/ Base : TASS-. **3**

C. ABSOLUE : *il faut tasser.*

C. SIMPLE DIRECTE

V. + complément : *tasser des harengs.*
Emploi pronominal : **se** tasser (accord = P);
se tasser + complément (pop.) : ***se*** *tasser un pastis* (accord = OE).

Modèle

tâter [tɑte] Régul. I /**avoir**/ Base : TÂT-. **3**

C. ABSOLUE : *C'est chaud, tâtez.*

C. SIMPLE DIRECTE

V. + complément : *tâter une étoffe moelleuse.*
Emploi personnel : **se** tâter (accord = P).

tâtonner [tɑtɔne] Régul. I /**avoir**/ Base : TÂTONN-. **3**

C. ABSOLUE : *les aveugles tâtonnent.*

tatouer [tatwe] Régul. I /**avoir**/ Base : TATOU-. **3**

C. SIMPLE DIRECTE

V. + complément : *tatouer une ancre.*
Emploi pronominal : **se** tatouer (accord = P); **se** tatouer + complément : ***se** tatouer le bras* (accord = OE).

taxer [takse] Régul. I /**avoir**/ Base : TAX-. **3**

C. SIMPLE DIRECTE

V. + complément : *taxer l'essence.*
Emploi pronominal : **se** taxer (accord = P).

CONSTRUCTION MULTIPLE

V. + compl. — **de** + compl. : *taxer quelqu'un **de** légèreté.*
V. + compl. — **de** + attribut du compl. : *taxer une affirmation **de** mensonge.*

teindre [tɛ̃dr] III /**avoir**/ Base : TEI-. **71**

C. SIMPLE DIRECTE

V. + complément : *teindre une étoffe.*
Emploi pronominal : **se** teindre (accord = P).

CONSTRUCTION MULTIPLE

V. + compl. — **de** + compl. : *teindre une toge **de** pourpre.*
Emploi pronominal : **se** teindre **de** + complément : ***se** teindre **de** safran* (accord = P).
V. + compl. — **en** + compl. : *teindre une veste **en** rouge.*
Emploi pronominal : **se** teindre **en** + complément : ***se** teindre **en** noir* (accord = P); **se** teindre + complément : ***se** teindre une robe* (accord = OE).

teinter [tɛ̃te] Régul. I /**avoir**/ Base : TEINT-. **3**

C. SIMPLE DIRECTE

V. + complément : *teinter de l'eau.*
Emploi pronominal : **se** teinter (accord = P); **se** teinter **de** + complément : ***se** teinter **de** faiblesse* (accord = P).

télégraphier [telegrafje] Régul. I /**avoir**/ Base : TÉLÉGRAPHI-. **3**

C. ABSOLUE : *pour aller plus vite, on télégraphie.*

C. SIMPLE DIRECTE

V. + complément : *télégraphier une nouvelle.*

téléguider [telegide] Régul. I /**avoir**/ Base : TÉLÉGUID-. **3**

C. SIMPLE DIRECTE

V. + complément : *téléguider un jouet.*

téléphoner [telefɔne] Régul. I /**avoir**/ Base : TÉLÉPHON-. **3**
C. ABSOLUE : *elle passe sa journée à téléphoner.*
C. SIMPLE DIRECTE
V. + complément : *téléphoner un renseignement.*
Emploi pronominal : **se** téléphoner (accord = P).
C. SIMPLE INDIRECTE
V. + **à** + complément : *téléphoner **à** un fournisseur.*
Emploi pronominal : **se** téléphoner (accord = I).
CONSTRUCTION MULTIPLE
V. + compl. — **à** + compl. : *téléphoner une nouvelle **à** un ami.*
Emploi pronominal : **se** téléphoner + complément : ***se** téléphoner les résultats* (accord = OE).
V. + **à** + compl. — **de** + infin. : *téléphoner **à** son fils **de** rentrer en taxi.*

téléviser [televize] Régul. I /**avoir**/ Base : TÉLÉVIS-. **3**
C. SIMPLE DIRECTE
V. + complément : *téléviser une comédie.*

témoigner [temwaɲe] Régul. I /**avoir**/ Base : TÉMOIGN-. **3**
C. ABSOLUE : *il doit témoigner.*
C. SIMPLE DIRECTE
V. + complément : *témoigner sa fureur.*
Emploi pronominal : **se** témoigner (accord = P).
V. + infin. : *témoigner vouloir s'en aller.*
V. + discours indirect : *témoigner **combien** on est content.*
V. + **que** + indic. : *témoigner **que** toutes les précautions ont été prises.*
C. SIMPLE INDIRECTE
V. + **de** + complément : *témoigner **de** dons très brillants.*
CONSTRUCTION MULTIPLE
V. + compl. — **à** + compl. : *témoigner sa gratitude **à** son bienfaiteur.*
Emploi pronominal : **se** témoigner + complément : ***se** témoigner une estime réciproque* (accord = OE).

tendre [tɑ̃dr] III /**avoir**/ Base : TEND-. **65**
C. SIMPLE DIRECTE
V. + complément : *tendre un piège.*
Emploi pronominal : **se** tendre (accord = P).
C. SIMPLE INDIRECTE
V. + **à** + complément : *tendre **au** mal.*
V. + **à** + infin. : *tendre **à** s'accentuer.*
V. + **vers** + complément : *tendre **vers** l'infini.*
CONSTRUCTION MULTIPLE
V. + compl. — **à** + compl. : *tendre la moutarde **à** son voisin.*

tenir [tənir] III /**avoir**/ Base : T-. **36**
1° Emploi personnel.
C. ABSOLUE : *je tiens.*

C. SIMPLE DIRECTE
V. + complément : *tenir ses comptes.*
Emploi pronominal : **se** tenir (accord = P).
V. + **que** + indic. : *tenir* ***que*** *tout a été dit.*
C. SIMPLE INDIRECTE
V. + **à** + complément : *tenir* ***à*** *ses opinions.*
V. + **à** + infin. : *tenir* ***à*** *se faire remarquer.*
V. + **de** + complément : *tenir* ***de*** *son père.*
V. + **pour** + complément : *tenir* ***pour*** *une idée.*
V. + **à ce que** + subj. : *tenir* ***à ce que*** *cela soit mentionné.*
CONSTRUCTION MULTIPLE
V. + compl. — **en** + compl. : *tenir quelqu'un* ***en*** *respect,* ***en*** *grande estime.*
V. + compl. — **comme** + attribut du compl. : *tenir cet homme* ***comme*** *génial.*
V. + compl. — **pour** + attribut du compl. : *tenir un résultat* ***pour*** *acquis.*
Emploi pronominal : **se** tenir **pour** + attribut : ***se*** *tenir* ***pour*** *satisfait* (accord = P).
V. + compl. — **à** + compl. : *tenir l'étrier* ***à*** *un cavalier.*
Emploi pronominal : **se** tenir + complément : ***se*** *tenir des propos injurieux* (accord = OE).
V. + compl. — **de** + compl. : *tenir un renseignement* ***de*** *quelqu'un de bien informé.*
Emploi pronominal : **se** tenir + complément — **pour dit** : ***se*** *tenir quelque chose* ***pour dit*** (accord = OE) ; **s'en** tenir **à** + complément : ***s'en*** *tenir* ***à*** *un travail superficiel* (accord = P).

2° Emploi unipersonnel.
CONSTRUCTION MULTIPLE
Il tient **à** + compl. — sujet réel = **que** + subj. : *il tient* ***à*** *vous* ***que*** *cela devienne un succès.*
Il tient **à** + compl. — sujet réel = **si** + indic. : *il tient* ***à*** *peu de chose* ***si*** *cela ne réussit pas.*

tenter [tɑ̃te] Régul. I /**avoir**/ Base : TENT-. **3**
C. ABSOLUE : *il faut tenter.*
C. SIMPLE DIRECTE
V. + complément : *tenter sa chance.*
Emploi pronominal : **se** tenter (accord = P).
V. + **de** + infin. : *tenter* ***de*** *s'enfuir.*

terminer [tɛrmine] Régul. I /**avoir**/ Base : TERMIN-. **3**
C. ABSOLUE : *il a terminé.*
C. SIMPLE DIRECTE
V. + complément : *terminer son service militaire.*
Emploi pronominal : **se** terminer (accord = P).
CONSTRUCTION MULTIPLE
V. + compl. — **par** + compl. : *terminer un film* ***par*** *la première séquence.*
Emploi pronominal : **se** terminer **par** + complément : ***se*** *terminer* ***par*** *un mariage* (accord = P).

En terminer **avec** + compl. : ***en** terminer **avec** la vie.*
Emploi pronominal : **se terminer en** + complément : ***se** terminer **en** queue de poisson* (accord = P).

ternir [tɛrnir] Régul. II /**avoir**/ Base : TERN-. **26**
C. ABSOLUE : *l'argent ternit.*
C. SIMPLE DIRECTE
V. + complément : *ternir une réputation.*
Emploi pronominal : **se ternir** (accord = P).

terrifier [tɛrifje] Régul. I /**avoir**/ Base : TERRIFI-. **3**
C. SIMPLE DIRECTE
V. + complément : *terrifier les petits enfants.*

terroriser [tɛrɔrize] Régul. I /**avoir**/ Base : TERRORIS-. **3**
C. ABSOLUE : *de tels séismes terrorisent.*
C. SIMPLE DIRECTE
V. + complément : *terroriser les populations.*

tester [tɛste] Régul. I /**avoir**/ Base : TEST-. **3**
C. SIMPLE DIRECTE
V. + complément : *tester un appareil.*
Emploi pronominal : **se tester** (accord = P).

téter [tete] Particularité I /**avoir**/ Base : T[É]T-. **14**
C. ABSOLUE : *le bébé tète.*
C. SIMPLE DIRECTE
V. + complément : *téter le biberon.*

thésauriser [tezɔrize] Régul. I /**avoir**/ Base : THÉSAURIS-. **3**
C. ABSOLUE : *l'avare thésaurise.*
C. SIMPLE DIRECTE
V. + complément : *thésauriser des espèces.*

tiédir [tjedir] Régul. II /**avoir**/ Base : TIÉD-. **26**
C. ABSOLUE : *l'eau tiédit.*
C. SIMPLE DIRECTE
V. + complément : *tiédir un biberon.*

tinter [tɛ̃te] Régul. I /**avoir**/ Base : TINT-. **3**
C. ABSOLUE : *la cloche tinte.*
C. SIMPLE DIRECTE
V. + complément : *tinter une cloche.*

tirer [tire] Régul. I /**avoir**/ Base : TIR-. **3**
C. ABSOLUE : *ils ont tiré trop vite.*
C. SIMPLE DIRECTE
V. + complément : *tirer une cartouche.*
Emploi pronominal : **se tirer** (accord = P).
C. SIMPLE INDIRECTE
V. + **à** + complément : *tirer **à** balles.*
V. + **sur** + complément : *tirer **sur** un lièvre.*

CONSTRUCTION MULTIPLE

V. + compl. — **à** + compl. : *tirer les oreilles* ***à*** *un garnement.*

Emploi pronominal : **se** tirer + complément : ***se*** *tirer les cheveux* (accord = OE).

V. + compl. — **de** + compl. : *tirer ses renseignements* ***d'un*** *ouvrage sérieux.*

Emploi pronominal : **se** tirer **de** + complément : ***se*** *tirer* ***d'un*** *mauvais pas* (accord = P).

tisser [tise] Régul. I /**avoir**/ Base : TISS-. **3**

C. SIMPLE DIRECTE

V. + complément : *tisser la soie.*

Emploi pronominal : **se** tisser (accord = P).

tolérer [tɔlere] Particularité I /**avoir**/ Base : TOL[É]R-. **14**

C. SIMPLE DIRECTE

V. + complément : *tolérer l'alcool.*

Emploi pronominal : **se** tolérer (accord = P).

V. + **que** + subj. : *tolérer* ***que*** *l'on vous prenne pour un domestique.*

CONSTRUCTION MULTIPLE

V. + compl. — **à** + compl. : *tolérer ses erreurs* ***à*** *quelqu'un.*

Emploi pronominal : **se** tolérer + complément : ***se*** *tolérer quelques petites faiblesses* (accord = OE).

tomber [tɔ̃be] Régul. I /**être**/ Base : TOMB-. **6**

1° Emploi personnel.

C. SIMPLE DIRECTE

V. + attribut : *tomber mort.*

V. + complément (fam. ou technique) : *tomber son adversaire.*

C. SIMPLE INDIRECTE

V. + **à** + complément : *tomber* ***à*** *l'eau.*

V. + **en** + complément : *tomber* ***en*** *pâmoison.*

V. + **sur** + complément : *tomber* ***sur*** *une difficulté imprévue.*

2° Emploi unipersonnel.

C. SIMPLE DIRECTE

Il tombe + sujet réel nominal : *il tombe une forte averse.*

tondre [tɔ̃dr] III /**avoir**/ Base : TOND-. **65**

C. SIMPLE DIRECTE

V. + complément : *tondre la pelouse.*

Emploi pronominal : **se** tondre (accord = P).

tonner [tɔne] Régul. I /**avoir**/ Base : TONN-. **3**

1° Emploi personnel.

C. ABSOLUE : *le prédicateur tonne.*

C. SIMPLE INDIRECTE

V. + **contre** + complément : *tonner* ***contre*** *son siècle.*

2° Emploi unipersonnel.

C. ABSOLUE : *il tonne.*

toquer (se) [sətɔke] Régul. I /**être**/ Base : TOQU- (SE). **5**

C. SIMPLE INDIRECTE

Se toquer **de** + complément : ***se*** *toquer* **de** *quelqu'un* (accord = P).
Passif possible : être toqué **de** + complément : *être toqué* ***d'****une petite danseuse.*

tordre [tɔrdr] III /**avoir**/ Base : TORD-. **65**

C. SIMPLE DIRECTE

V. + complément : *tordre ses cheveux.*
Emploi pronominal : **se** tordre (accord = P).

CONSTRUCTION MULTIPLE

V. + compl. — **à** + compl. : *tordre le bras* ***à*** *quelqu'un.*
Emploi pronominal : **se** tordre + complément : ***se*** *tordre la cheville* (accord = OE);
se tordre **de** + complément : ***se*** *tordre* ***de*** *douleur* (accord = P).

torturer [tɔrtyre] Régul. I /**avoir**/ Base : TORTUR-. **3**

C. SIMPLE DIRECTE

V. + complément : *torturer un otage.*
Emploi pronominal : **se** torturer (accord = P);
se torturer + complément : ***se*** *torturer l'esprit* (accord = OE).

totaliser [tɔtalize] Régul. I /**avoir**/ Base : TOTALIS-. **3**

C. SIMPLE DIRECTE

V. + complément : *totaliser des souscriptions.*
Emploi pronominal : **se** totaliser (accord = P).

toucher [tuʃe] Régul. I /**avoir**/ Base : TOUCH-. **3**

C. ABSOLUE : *cela touche.*

C. SIMPLE DIRECTE

V. + complément : *toucher les spectateurs.*
Emploi pronominal : **se** toucher (accord = P).

C. SIMPLE INDIRECTE

V. + **à** + complément : *toucher* ***à*** *ses économies.*
V. + **de** + complément : *toucher* ***du*** *clavecin.*

tourbillonner [turbijɔne] Régul. I /**avoir**/ Base : TOURBILLONN-. **3**

C. ABSOLUE : *les feuilles tourbillonnent.*

tourmenter [turmɑ̃te] Régul. I /**avoir**/ Base : TOURMENT- **3**

C. ABSOLUE : *le vent tourmente.*

C. SIMPLE DIRECTE

V. + complément : *tourmenter les animaux.*
Emploi pronominal : **se** tourmenter (accord = P).

CONSTRUCTION MULTIPLE

V. + compl. — **de** + compl. : *tourmenter son père* ***de*** *ses frasques.*
Emploi pronominal : **se** tourmenter **de** + complément : ***se*** *tourmenter* ***de*** *scrupules inutiles* (accord = P).

tourner [turne] Régul. I /**avoir**/ Base : TOURN-. **3**

C. ABSOLUE : *la Terre tourne.*

C. SIMPLE DIRECTE

V. + complément : *tourner la tête.*
Emploi pronominal : **se** tourner (accord = P).

C. SIMPLE INDIRECTE

V. + **à** + complément : *tourner **au** drame.*
V. + **autour** + complément : *tourner **autour** de son axe.*
V. + **en** + complément : *tourner **en** vinaigre.*

CONSTRUCTION MULTIPLE

V. + compl. — **à** + compl. : *tourner un incident **à** la plaisanterie.*
Emploi pronominal : **se** tourner + complément : ***se** tourner les pouces* (accord = OE).
V. + compl. — **en** + compl. : *tourner quelqu'un **en** ridicule.*
Emploi pronominal : **se** tourner **en** + complément : ***se** tourner **en** commisérations* (accord = P).

tousser [tuse] Régul. I /**avoir**/ Base : TOUSS-. **3**

C. ABSOLUE : *cet enfant tousse.*

tracasser [trakase] Régul. I /**avoir**/ Base : TRACASS-. **3**

C. SIMPLE DIRECTE

V. + complément : *tracasser un contribuable.*
Emploi pronominal : **se** tracasser (accord = P).

tracer [trase] Particularité I /**avoir**/ Base : TRA[C]-. **10**

C. ABSOLUE (pop.) : *Ce qu'il trace!*

C. SIMPLE DIRECTE

V. + complément : *tracer un trait.*
Emploi pronominal : **se** tracer (accord = P).

CONSTRUCTION MULTIPLE

V. + compl. — **à** + compl. : *tracer son travail **à** quelqu'un.*
Emploi pronominal : **se** tracer + complément : ***se** tracer une ligne de conduite* (accord = OE).

traduire [tradɥir] III /**avoir**/ Base : TRADUI-. **82**

C. SIMPLE DIRECTE

V. + complément : *traduire une nouvelle.*
Emploi pronominal : **se** traduire (accord = P).

CONSTRUCTION MULTIPLE

V. + compl. — **à** + compl. : *traduire un article **à** un ingénieur.*
V. + compl. — **dans** + compl. : *traduire un texte **dans** une langue étrangère.*
V. + compl. — **en** + compl. : *traduire un roman **en** français.*
Emploi pronominal : **se** traduire **par** + complément : ***se** traduire **par** « arriver »* (accord = P).

trafiquer [trafike] Régul. I /**avoir**/ Base : TRAFIQU-. **3**

C. ABSOLUE : *il trafique.*

C. SIMPLE DIRECTE

V. + complément : *trafiquer sa voiture.*

C. SIMPLE INDIRECTE
V. + **avec** + complément : *trafiquer* ***avec*** *l'étranger.*
V. + **de** + complément : *trafiquer* ***de*** *son influence.*
V. + **sur** + complément : *trafiquer* ***sur*** *la qualité de sa marchandise.*

trahir [trair] Régul. II /**avoir**/ Base : TRAH-. **26**

C. ABSOLUE : *il a trahi.*
C. SIMPLE DIRECTE
V. + complément : *trahir sa pensée.*
Emploi pronominal : **se** trahir (accord = P).

traîner [trɛne] Régul. I /**avoir**/ Base : TRAÎN-. **3**

1° Emploi personnel.
C. ABSOLUE : *et ça traîne...*
C. SIMPLE DIRECTE
V. + complément : *traîner les pieds.*
Emploi pronominal : **se** traîner (accord = P).
CONSTRUCTION MULTIPLE
V. + compl. — lieu propre ou figuré : *traîner un automobiliste* ***en*** *justice.*
Emploi pronominal : **se** traîner + lieu propre ou figuré : ***se*** *traîner* ***jusqu'à*** *son lit* (accord = P).

2° Emploi unipersonnel.
Il traîne + sujet réel nominal : *il traîne une odeur de poisson dans toute la maison.*

traire [trɛr] Particularité, défectif III /**avoir**/ Base : TRA[I]-. **38**

C. SIMPLE DIRECTE
V. + complément : *traire une chèvre.*

traiter [trete] Régul. I /**avoir**/ Base : TRAIT-. **3**

C. SIMPLE DIRECTE
V. + complément : *traiter une affaire.*
Emploi pronominal : **se** traiter (accord = P).
C. SIMPLE INDIRECTE
V. + **avec** + complément : *traiter* ***avec*** *le courtier.*
V. + **de** + complément : *traiter* ***de*** *linguistique.*
CONSTRUCTION MULTIPLE
V. + compl. — manière : *traiter quelqu'un* ***d'****une manière civile.*
V. + compl. — **comme** + attribut : *traiter un étranger* ***comme*** *son père.*
V. + compl. — **de** + attribut : *traiter un homme* ***de*** *malotru.*
Emploi pronominal : **se** traiter **de** + attribut : ***se*** *traiter de mufle* (accord = P).
V. + compl. — **en** + attribut : *traiter un enfant* ***en*** *homme.*
V. + compl. — **pour** + compl. : *traiter un marché* ***pour*** *le compte de son mandant.*
V. + compl. — **avec** + compl. : *traiter une affaire* ***avec*** *une entreprise française.*

trancher [trɑ̃ʃe] Régul. I /**avoir**/ Base : TRANCH-. **3**

C. ABSOLUE : *C'est vous qui trancherez.*

C. SIMPLE DIRECTE

V. + complément : *trancher le débat.*
Emploi pronominal : se trancher (accord = P).
V. + **que** + indic. : *trancher* ***que*** *Monsieur X a raison.*

C. SIMPLE INDIRECTE

V. + **avec** + complément : *trancher* ***avec*** *autorité.*
V. + **de** + complément : *trancher* ***d'****une question d'entomologie.*

tranquilliser [trɑ̃kilize] Régul. I /**avoir**/ Base : TRANQUILLIS-. **3**

C. SIMPLE DIRECTE

V. + complément : *tranquilliser l'esprit.*
Emploi pronominal : se tranquilliser (accord = P).

transcrire [trɑ̃skrir] III /**avoir**/ Base : TRANSCRI-. **90**

C. SIMPLE DIRECTE

V. + complément : *transcrire un texte.*
Emploi pronominal : se transcrire (accord = P).

CONSTRUCTION MULTIPLE

V. + compl. — **en** + compl. : *transcrire un texte runique* ***en*** *caractères latins.*
V. + compl. — **pour** + compl. : *transcrire un concerto d'orgue* ***pour*** *le clavecin.*

transférer [trɑ̃sfere] Particularité I /**avoir**/ Base : TRANSF[É]R-. **14**

C. SIMPLE DIRECTE

V. + complément : *transférer son siège social.*
Emploi pronominal : se transférer (accord = P).

CONSTRUCTION MULTIPLE

V. + compl. — lieu : *transférer l'entreprise* ***en*** *province.*
Emploi pronominal : se transférer + lieu : ***se*** *transférer à l'étranger* (accord = P).

transfigurer [trɑ̃sfigyre] Régul. I /**avoir**/ Base : TRANSFIGUR-. **3**

C. SIMPLE DIRECTE

V. + complément : *transfigurer son appartement.*
Emploi pronominal : se transfigurer (accord = P).

transformer [trɑ̃sfɔrme] Régul. I /**avoir**/ Base : TRANSFORM-. **3**

C. SIMPLE DIRECTE

V. + complément : *transformer un manteau.*
Emploi pronominal : se transformer (accord = P).

CONSTRUCTION MULTIPLE

V. + compl. — **en** + compl. : *transformer une robe* ***en*** *jupe.*
Emploi pronominal : se transformer **en** + complément : ***se*** *transformer* ***en*** *alcool* (accord = P).

transmettre [trɑ̃smɛtr] III /**avoir**/ Base : TRANSM-. **60**

C. SIMPLE DIRECTE

V. + complément : *transmettre un message.*
Emploi pronominal : se transmettre (accord = P).

CONSTRUCTION MULTIPLE
V. + compl. — **à** + compl. : *transmettre son bon souvenir **à** un collègue.*
Emploi pronominal : **se** transmettre + complément : ***se** transmettre des renseignements* (accord = OE).

transparaître [trɑ̃sparɛtr] III /**avoir**/ Base : TRANSPAR-. **61**
C. ABSOLUE : *le filigrane transparaît.*

transpercer [trɑ̃spɛrse] Particularité I /**avoir**/ Base : TRANSPER[C]-. **10**
C. SIMPLE DIRECTE
V. + complément : *transpercer une montagne.*
Emploi pronominal : **se** transpercer (accord = P).

transpirer [trɑ̃spire] Régul. I /**avoir**/ Base : TRANSPIR-. **3**
C. ABSOLUE : *Comme il transpire !*

transplanter [trɑ̃splɑ̃te] Régul. I /**avoir**/ Base : TRANSPLANT-. **3**
C. SIMPLE DIRECTE
V. + complément : *transplanter un bouleau.*
Emploi pronominal : **se** transplanter (accord = P).

transporter [trɑ̃spɔrte] Régul. I /**avoir**/ Base : TRANSPORT-. **3**
C. ABSOLUE : *ce spectacle transporte.*
C. SIMPLE DIRECTE
V. + complément : *transporter des légumes.*
Emploi pronominal : **se** transporter (accord = P).

transposer [trɑ̃spoze] Régul. I /**avoir**/ Base : TRANSPOS-. **3**
C. SIMPLE DIRECTE
V. + complément : *transposer une partition.*
CONSTRUCTION MULTIPLE
V. + compl. — **en** + compl. : *transposer des sensations **en** poèmes.*

travailler [travaje] Régul. I /**avoir**/ Base : TRAVAILL-. **3**
C. ABSOLUE : *tout le monde travaille.*
C. SIMPLE DIRECTE
V. + complément : *travailler sa diction.*
Emploi pronominal : **se** travailler (accord = P).
C. SIMPLE INDIRECTE
V. + **à** + complément : *travailler **à** un roman.*
V. + **à** + infin. : *travailler **à** se rendre meilleur.*
Emploi pronominal : **se** travailler **à** + infin. : ***se** travailler **à** avoir de l'esprit* (accord = P).

traverser [travɛrse] Régul. I /**avoir**/ Base : TRAVERS-. **3**
C. SIMPLE DIRECTE
V. + complément : *traverser la rue.*
Emploi pronominal : **se** traverser (accord = P).

travestir [travɛstir] Régul. II /**avoir**/ Base : TRAVEST-. **26**
C. SIMPLE DIRECTE
V. + complément : *travestir sa pensée.*
Emploi pronominal : **se** travestir (accord =P).

CONSTRUCTION MULTIPLE

V. + compl. — **en** + compl. : *travestir une petite fille **en** colombine.*
Emploi pronominal : se travestir **en** + complément : ***se** travestir **en** Pierrot* (accord = P).

trébucher [trebyʃe] Régul. I /**avoir**/ Base : TRÉBUCH-. **3**

C. ABSOLUE : *il a trébuché.*

C. SIMPLE DIRECTE

V. + complément : *trébucher des monnaies.*

C. SIMPLE INDIRECTE

V. + lieu : *trébucher **sur** une souche.*

trembler [trɑ̃ble] Régul. I /**avoir**/ Base : TREMBL-. **3**

C. ABSOLUE : *la terre tremble.*

C. SIMPLE DIRECTE

V. + **de** + infin. : *trembler **d'**être grondé.*
V. + **que** + subj. : *trembler **qu'**on apprenne la vérité.*

C. SIMPLE INDIRECTE

V. + **à** + complément : *trembler **à** cette seule idée.*

tremper [trɑ̃pe] Régul. I /**avoir**/ Base : TREMP-. **3**

C. ABSOLUE : *le linge trempe.*

C. SIMPLE DIRECTE

V. + complément : *tremper un verre.*
Emploi pronominal : **se** tremper (accord = P).

C. SIMPLE INDIRECTE

V. + lieu propre ou figuré : *tremper **dans** l'huile.*

CONSTRUCTION MULTIPLE

V. + compl. — lieu : *tremper de l'acier **dans** de l'eau.*
Emploi pronominal : **se** tremper + lieu : ***se** tremper **dans** l'eau* (accord = P);
se tremper + complément : ***se** tremper les pieds* (accord = OE);
se tremper + compl. — lieu : ***se** tremper les mains **dans** de l'eau savonneuse* (accord = OE).

tressaillir [tresajir] III /**avoir**/ Base : TRESSAILL-. **30**

C. ABSOLUE : *nerveux, il tressaillit.*

tresser [trese] Régul. I /**avoir**/ Base : TRESS-. **3**

C. SIMPLE DIRECTE

V. + complément : *tresser de la soie.*
Emploi pronominal : **se** tresser (accord = P).

CONSTRUCTION MULTIPLE

V. + compl. — **à** + compl. : *tresser une couronne **à** une idole.*
Emploi pronominal : **se** tresser + complément : ***se** tresser les cheveux* (accord = OE).

tricher [triʃe] Régul. I /**avoir**/ Base : TRICH-. **3**

C. ABSOLUE : *Il triche!*

C. SIMPLE INDIRECTE

V. + **en** + complément : *tricher **en** affaires.*
V. + **sur** + complément : *tricher **sur** le poids.*

tricoter [trikɔte] Régul. I /**avoir**/ Base : TRICOT-. 3

C. ABSOLUE : *elle aime tricoter.*

C. SIMPLE DIRECTE

V. + complément : *tricoter des chaussettes.*
Emploi pronominal : **se** tricoter (accord = P).

CONSTRUCTION MULTIPLE

V. + compl. — **à** + compl. (pop.) : *tricoter les côtes **à** un gars.*
Emploi pronominal : **se** tricoter + complément : ***se** tricoter une veste de laine* (accord = OE).

trier [trije] Régul. I /**avoir**/ Base : TRI-. 3

C. SIMPLE DIRECTE

V. + complément : *trier des huîtres.*

triompher [trijɔ̃fe] Régul. I /**avoir**/ Base : TRIOMPH-. 3

C. ABSOLUE : *son adversaire triomphe.*

C. SIMPLE INDIRECTE

V. + **de** + complément : *triompher **de** tous les obstacles.*

tripler [triple] Régul. I /**avoir**/ Base : TRIPL-. 3

C. ABSOLUE : *il a triplé.*

C. SIMPLE DIRECTE

V. + complément : *tripler ses gains.*
Emploi pronominal : **se** tripler (accord = P).

triturer [trityre] Régul. I /**avoir**/ Base : TRITUR-. 3

C. SIMPLE DIRECTE

V. + complément : *triturer la pâte.*
Emploi pronominal : **se** triturer (accord = P);
se triturer + complément : ***se** triturer les moustaches* (accord = OE).

tromper [trɔ̃pe] Régul. I /**avoir**/ Base : TROMP-. 3

C. ABSOLUE : *les apparences trompent.*

C. SIMPLE DIRECTE

V. + complément : *tromper un client.*
Emploi pronominal : **se** tromper (accord = P).

CONSTRUCTION MULTIPLE

V. + compl. — **sur** + compl. : *tromper quelqu'un **sur** la qualité.*
Emploi pronominal : **se** tromper **à** + complément : ***se** tromper **à** la couleur de quelque chose* (accord = P);
se tromper **de** + complément : ***se** tromper **de** chemise* (accord = P);
se tromper **sur** + complément : ***se** tromper **sur** les capacités de quelqu'un* (accord = P).

trôner [trone] Régul. I /**avoir**/ Base : TRÔN-. 3

C. ABSOLUE : *Regardez-le trôner.*

C. SIMPLE INDIRECTE
V. + lieu : *trôner* ***sur*** *la fourche d'un arbre.*

troquer [trɔke] Régul. I /**avoir**/ Base : TROQU-. **3**

C. SIMPLE DIRECTE
V. + complément : *troquer des marchandises.*

CONSTRUCTION MULTIPLE
V. + compl. — **contre** + compl. : *troquer un fruit* ***contre*** *une sucette.*

trotter [trɔte] Régul. I /**avoir**/ Base : TROTT-. **3**

C. ABSOLUE : *ce cheval trotte bien.*
Emploi pronominal (fam.) : **se** trotter (accord = P).

troubler [truble] Régul. I /**avoir**/ Base : TROUBL-. **3**

C. SIMPLE DIRECTE
V. + complément : *troubler l'eau.*
Emploi pronominal : **se** troubler (accord = P).

trouer [true] Régul. I /**avoir**/ Base : TROU-. **3**

C. SIMPLE DIRECTE
V. + complément : *trouer les nuages.*
Emploi pronominal : **se** trouer (accord = P).

trouver [truve] Régul. I /**avoir**/ Base : TROUV-. **3**

1° Emploi personnel.

C. ABSOLUE : *J'ai trouvé !*

C. SIMPLE DIRECTE
V. + complément : *trouver ses clés.*
Emploi pronominal : **se** trouver (accord = P).
V. + **que** + complément : *trouver* ***que*** *la vie est dure.*

C. SIMPLE INDIRECTE
V. + **à** + infin. : *trouver* ***à*** *manger.*

CONSTRUCTION MULTIPLE
V. + compl. — attribut du compl. : *trouver son travail difficile.*
Emploi pronominal : **se** trouver + attribut : ***se*** *trouver drôle* (accord = P).
V. + compl. — **à** + compl. : *trouver du charme* ***à*** *une jeune personne.*
Emploi pronominal : **se** trouver + complément : ***se*** *trouver une occupation* (accord = OE) ;
se trouver **à** + complément : ***se*** *trouver* ***à*** *la campagne* (accord = P).
V. + compl. — **dans** + compl. : *trouver la joie* ***dans*** *le travail.*
V. + compl. — **en** + compl. : *trouver les ressources nécessaires* ***en*** *soi-même.*

2° Emploi unipersonnel pronominal.
Il **se** trouve + sujet réel = **que** + indic. : *il* ***se*** *trouve* ***que*** *tout a été vendu* (accord = I).

truquer [tryke] Régul. I /**avoir**/ Base : TRUQU-. **3**

C. ABSOLUE : *ce joueur truque.*

C. SIMPLE DIRECTE
V. + complément : *truquer un texte.*

tuer [tɥe] Régul. I /**avoir**/ Base : TU-. **3**
C. ABSOLUE : *il serait capable de tuer.*
C. SIMPLE DIRECTE
V. + complément : *tuer l'enthousiasme.*
Emploi pronominal : **se** tuer (accord = P) ;
se tuer **à** + infin. : ***se*** *tuer* ***à*** *travailler* (accord = P).

tuméfier [tymefje] Régul. I /**avoir**/ Base : TUMÉFI-. **3**
C. SIMPLE DIRECTE
V. + complément : *tuméfier le visage de quelqu'un.*
Emploi pronominal : **se** tuméfier (accord = P) ;
se tuméfier + complément : ***se*** *tuméfier le genou* (accord = OE).

tutoyer [tytwaje] Particularité I /**avoir**/ Base : TUTO[Y]-. **8**
C. SIMPLE DIRECTE
V. + complément : *tutoyer ses camarades.*
Emploi pronominal : **se** tutoyer (accord = P).

tyranniser [tiranize] Régul. I /**avoir**/ Base : TYRANNIS-. **3**
C. SIMPLE DIRECTE
V. + complément : *tyranniser les animaux.*
Emploi pronominal : **se** tyranniser (accord = P).

U

Modèle

ulcérer [ylsere] Particularité I /**avoir**/ Base : ULC[É]R-. **14**

C. SIMPLE DIRECTE

V. + complément : *ulcérer le cœur.*
Emploi pronominal : s'ulcérer (accord = P) ;
s'ulcérer + complément : ***s'****ulcérer l'estomac* (accord = OE).

unifier [ynifje] Régul. I /**avoir**/ Base : UNIFI-. **3**

C. SIMPLE DIRECTE

V. + complément : *unifier l'Europe.*
Emploi pronominal : s'unifier (accord = P).

uniformiser [ynifɔrmize] Régul. I /**avoir**/ Base : UNIFORMIS-. **3**

C. SIMPLE DIRECTE

V. + complément : *uniformiser les droits de douane.*
Emploi pronominal : s'uniformiser (accord = P).

unir [ynir] Régul. I /**avoir**/ Base : UN-. **26**

C. SIMPLE DIRECTE

V. + complément : *unir ses forces.*
Emploi pronominal : s'unir (accord = P).

CONSTRUCTION MULTIPLE

V. + compl. — **à** + compl. : *unir une île* ***au*** *continent.*
Emploi pronominal : s'unir **à** + complément : ***s'****unir* ***aux*** *peines de quelqu'un* (accord = P) ;
s'unir **avec** + complément : ***s'****unir* ***avec*** *ses frères* (accord = P).
V. + compl. — **et** + compl. : *unir la force* ***et*** *la sagesse.*

user [yze] Régul. I /**avoir**/ Base : US-. **3**

C. ABSOLUE : *le travail use.*

C. SIMPLE DIRECTE

V. + complément : *user sa santé.*
Emploi pronominal : s'user (accord = P).

C. SIMPLE INDIRECTE

V. + **de** + complément : *user* **de** *tout son pouvoir.*

CONSTRUCTION MULTIPLE

V. + compl. — **à** + compl. : *user son esprit* ***à*** *un travail titanesque.*
Emploi pronominal : s'user + complément : ***s'****user la voix* (accord = OE).

V. + compl. — **à** + infin. : *user ses yeux* ***à*** *déchiffrer des parchemins.*
Emploi pronominal : s'user **à** + infin. : ***s'user à*** *travailler* (accord = P).

usurper [yzyrpe] Régul. I /**avoir**/ Base : USURP-. **3**
C. ABSOLUE : *Napoléon usurpa.*
C. SIMPLE DIRECTE
V. + complément : *usurper le pouvoir.*
C. SIMPLE INDIRECTE
V. + **sur** + complément : *usurper* ***sur*** *les prérogatives de ses collègues.*

utiliser [ytilize] Régul. I /**avoir**/ Base : UTILIS-. **3**
C. SIMPLE DIRECTE
V. + complément : *utiliser des verres de contact.*
Emploi pronominal : s'utiliser (accord = P).
CONSTRUCTION MULTIPLE
V. + compl. — **comme** + attribut du compl. : *utiliser un pot à moutarde* ***comme*** *vase.*
Emploi pronominal : s'utiliser **comme** + attribut : ***s'utiliser comme*** *remède* (accord = P).

V

Modèle

vacciner [vaksine] Régul. I /**avoir**/ Base : VACCIN-. **3**

C. SIMPLE DIRECTE

V. + complément : *vacciner une brebis.*
Emploi pronominal : **se** vacciner (accord = P).

C. SIMPLE INDIRECTE

V. + **contre** + complément : *vacciner* ***contre*** *la variole.*

CONSTRUCTION MULTIPLE

V. + compl. — **contre** + compl. : *vacciner un enfant* ***contre*** *la coqueluche.*

vaincre [vɛ̃kr] III /**avoir**/ Base : VAIN-. **81**

C. ABSOLUE : *nous avons vaincu.*

C. SIMPLE DIRECTE

V. + complément : *vaincre tous ses concurrents.*
Emploi pronominal : **se** vaincre (accord = P).

valider [valide] Régul. I /**avoir**/ Base : VALID-. **3**

C. SIMPLE DIRECTE

V. + complément : *valider un député.*
Emploi pronominal : **se** valider (accord = P).

valoir [valwar] III /**avoir**/ Base : VA-. **49**

C. SIMPLE DIRECTE

V. + complément : *valoir la peine.*
Emploi pronominal : **se** valoir (accord = P).
V. + **de** + infin. : *valoir* ***de*** *se déplacer.*
V. + prix : *valoir* ***cinquante*** *francs.*
V. + **que** + subj. : *valoir* ***que*** *l'on aille le voir.*

C. SIMPLE INDIRECTE

V. + manière : *valoir* ***par*** *la mise en œuvre.*

CONSTRUCTION MULTIPLE

V. + compl. — **à** + compl. : *valoir le prix* ***à*** *son créateur.*

valoriser [valɔrize] Régul. I /**avoir**/ Base : VALORIS-.

C. SIMPLE DIRECTE

V. + complément : *valoriser ses efforts.*
Emploi pronominal : **se** valoriser (accord = P).

Modèle

vanter [vɑ̃te] Régul. I /**avoir**/ Base : VANT-. **3**

C. SIMPLE DIRECTE

V. + complément : *vanter le musée du Louvre.*
Emploi pronominal : **se** vanter (accord = P).

CONSTRUCTION MULTIPLE

V. + compl. — **à** + compl. : *vanter un site **à** un touriste.*
V. + compl. — **auprès de** + compl. : *vanter sa voiture **auprès d'**un acheteur éventuel.*
Emploi pronominal : **se** vanter **de** + complément : ***se** vanter **de** ses performances* (accord = P);
se vanter **de** + infin. : ***se** vanter **de** conserver sa suprématie* (accord = P).

vaporiser [vapɔrize] Régul. I /**avoir**/ Base : VAPORIS-. **3**

C. SIMPLE DIRECTE

V. + complément : *vaporiser un insecticide.*
Emploi pronominal : **se** vaporiser (accord = P);
se vaporiser + complément : ***se** vaporiser du parfum* (accord = OE).

varier [varje] Régul. I /**avoir**/ Base : VARI-. **3**

C. ABSOLUE : *les conditions varient.*

C. SIMPLE DIRECTE

V. + complément : *varier les plaisirs.*
Emploi pronominal : **se** varier (accord = P).

veiller [veje] Régul. I /**avoir**/ Base : VEILL-. **3**

C. ABSOLUE : *il veille trop souvent.*

C. SIMPLE DIRECTE

V. + complément : *veiller un mort.*

C. SIMPLE INDIRECTE

V. + **à** + complément : *veiller **à** l'exécution de ses projets.*
V. + **à** + infin. : *veiller **à** ne rien oublier.*
V. + **sur** + complément : *veiller **sur** ses intérêts.*
V. + **à ce que** + subj. : *veiller **à ce que** tout soit clair.*

vendanger [vɑ̃dɑ̃ʒe] Particularité I /**avoir**/ Base : VENDAN[G]-. **12**

C. ABSOLUE : *on vendange en octobre.*

C. SIMPLE DIRECTE

V. + complément : *vendanger les chasselas.*
Emploi pronominal : **se** vendanger (accord = P).

vendre [vɑ̃dr] III /**avoir**/ Base : VEND-. **65**

1° Emploi personnel.

C. ABSOLUE : *le problème, c'est de vendre.*

C. SIMPLE DIRECTE

V. + complément : *vendre des primeurs.*
Emploi pronominal : **se** vendre (accord = P).

CONSTRUCTION MULTIPLE

V. + compl. — **à** + compl. : *vendre des huîtres **aux** mareyeurs.*

Emploi pronominal : se vendre **à** + complément : ***se*** *vendre* ***au*** *plus offrant* (accord = P);
se vendre + prix : ***se*** *vendre* **cent** *francs* (accord = P).

2° Emploi unipersonnel pronominal.

Il se vend + sujet réel nominal : *il* ***se*** *vend des choses incroyables* (accord = I).

vénérer [venere] Particularité I /**avoir**/ Base : VÉN[É]R-. **14**

C. SIMPLE DIRECTE

V. + complément : *vénérer des idoles.*
Emploi pronominal : se vénérer (accord = P).

venger [vɑ̃ʒe] Particularité I /**avoir**/ Base : VEN[G]-. **12**

C. SIMPLE DIRECTE

V. + complément : *venger son père.*
Emploi pronominal : se venger (accord = P).

CONSTRUCTION MULTIPLE

V. + compl. — **de** + compl. : *venger sa sœur* ***d'****un outrage.*
Emploi pronominal : se venger **de** + complément : ***se*** *venger* ***de*** *ses ennemis* (accord = P).
V. + compl. — **sur** + compl. : *venger sa fureur* ***sur*** *un innocent.*
Emploi pronominal : se venger **sur** + complément : ***se*** *venger* ***sur*** *son chien* (accord = P).

venir [vənir] III /**être**/ Base : V-. **36**

1° Emploi personnel significatif.

C. ABSOLUE : *Hâtez-vous, il vient.*

C. SIMPLE INDIRECTE

V. + lieu propre ou figuré : *venir* ***à*** *une réunion.*

2° Emploi personnel semi-auxiliaire.

C. SIMPLE DIRECTE

V. + infin. : *venir travailler dès 6 heures.*

C. SIMPLE INDIRECTE

V. + **à** + infin. (vx).
V. + **de** + infin. : *venir* ***de*** *terminer son travail.*

CONSTRUCTION MULTIPLE

En venir **à** + compl. : ***en*** *venir* ***à*** *toute extrémité.*
En venir **à** + infin. : ***en*** *venir* ***à*** *refuser.*

3° Emploi unipersonnel.

C. SIMPLE DIRECTE

Il vient + sujet réel nominal : *il vient des visiteurs.*

CONSTRUCTION MULTIPLE

Il vient + origine — sujet réel = **que** + indic. : *il vient* ***de*** *là* ***que*** *vous êtes totalement désemparé.*

verdir [vɛrdir] Régul. II /**avoir**/ Base : VERD-. **26**

C. ABSOLUE : *les huîtres verdissent.*

C. SIMPLE DIRECTE

V. + complément : *verdir le tronc des arbres.*
Emploi pronominal : se verdir (accord = P).

verglacer [vɛrglase] Unipersonnel, particularité I /**avoir**/ Base : VERGLA[C]-. **10**
C. ABSOLUE : *il verglace.*

vérifier [verifje] Régul. I /**avoir**/ Base : VÉRIFI-. **3**
C. ABSOLUE : *il vaudrait mieux vérifier.*
C. SIMPLE DIRECTE
V. + complément : *vérifier des voitures sorties de chaîne.*
Emploi pronominal : **se** vérifier (accord = P).
V. + discours indirect : *vérifier* **pourquoi** *la porte ferme mal.*
V. + **que** + indic. : *vérifier* **que** *tel produit est commercialisable.*

verser [vɛrse] Régul. I /**avoir**/ Base : VERS-. **3**
C. ABSOLUE : *le carrosse versa.*
C. SIMPLE DIRECTE
V. + complément : *verser du champagne.*
C. SIMPLE INDIRECTE
V. + **à** + boire.
CONSTRUCTION MULTIPLE
V. + compl. — lieu : *verser du lait* **sur** *la table.*
Emploi pronominal : **se** verser + complément : ***se*** *verser un verre de vin* (accord = OE).

vêtir [vɛtir] III /**avoir**/ Base : VÊT-. **67**
C. SIMPLE DIRECTE
V. + complément : *vêtir les déshérités.*
Emploi pronominal : **se** vêtir (accord = P) ;
se vêtir **de** + complément : ***se*** *vêtir* **de** *linge blanc* (accord = P).

vexer [vɛkse] Régul. I /**avoir**/ Base : VEX-. **3**
1° **Emploi personnel.**
C. SIMPLE DIRECTE
V. + complément : *vexer un parvenu.*
Emploi pronominal : **se** vexer (accord = P).
2° **Emploi unipersonnel.**
CONSTRUCTION MULTIPLE
Il vexe + sujet réel nominal — **de** + infin. : *il vexe un fonctionnaire* ***d'****être appelé « budgétivore ».*
Il vexe + sujet réel nominal — **que** + subj. : *il vexe un cadre* ***qu'****on se plaigne de ses services.*

vibrer [vibre] Régul. I /**avoir**/ Base : VIBR-. **3**
C. ABSOLUE : *la corde vibre.*
C. SIMPLE DIRECTE
V. + complément : *vibrer du béton.*

vider [vide] Régul. I /**avoir**/ Base : VID-. **3**
C. SIMPLE DIRECTE
V. + complément : *vider un sac.*
Emploi pronominal : **se** vider (accord = P).

CONSTRUCTION MULTIPLE
V. + compl. — **de** + compl. : *vider un panier* **de** *son contenu.*

vieillir [vjejir] Régul. II /**avoir**/ Base : VIEILL-. **26**
C. ABSOLUE : *Comme il vieillit.*
C. SIMPLE DIRECTE
V. + complément : *vieillir les traits.*
Emploi pronominal : **se** vieillir (accord = P).

violer [vjɔle] Régul. I /**avoir**/ Base : VIOL-. **3**
C. SIMPLE DIRECTE
V. + complément : *violer les conventions de Genève.*

virer [vire] Régul. I /**avoir**/ Base : VIR-. **3**
C. ABSOLUE : *le réactif a viré.*
C. SIMPLE DIRECTE
V. + complément : *virer sa cuti-réaction.*
C. SIMPLE INDIRECTE
V. + **à** + complément : *virer* **au** *rouge.*
V. + lieu : *virer* **à** *droite.*
CONSTRUCTION MULTIPLE
V. + compl. — **à** + compl. : *virer une somme* **à** *un compte en banque.*

viser [vize] Régul. I /**avoir**/ Base : VIS-. **3**
C. ABSOLUE : *je vise.*
C. SIMPLE DIRECTE
V. + complément : *viser un chamois.*
C. SIMPLE INDIRECTE
V. + **à** + complément : *viser* **à** *l'efficacité.*
V. + **à** + infin. : *viser* **à** *réussir un coup exceptionnel.*

visiter [vizite] Régul. I /**avoir**/ Base : VISIT-. **3**
V. + complément : *visiter les monuments historiques.*
Emploi pronominal : **se** visiter (accord = P).

visser [vise] Régul. I /**avoir**/ Base : VISS-. **3**
C. SIMPLE DIRECTE
V. + complément : *visser une plaque.*
Emploi pronominal : **se** visser (accord = P).

vitrer [vitre] Régul. I /**avoir**/ Base : VITR-. **3**
C. SIMPLE DIRECTE
V. + complément : *vitrer une cloison.*

vivifier [vivifje] Régul. I /**avoir**/ Base : VIVIFI-. **3**
C. ABSOLUE : *l'esprit vivifie.*
C. SIMPLE DIRECTE
V. + complément : *vivifier l'imagination.*
Emploi pronominal : **se** vivifier (accord = P).
se vivifier + complément : **se** *vivifier l'esprit* (accord = OE).

vivre [vivr] III /**avoir**/ Base : V-. **80**

C. ABSOLUE : *il a du mal de vivre.*

C. SIMPLE DIRECTE

V. + complément : *vivre des épreuves douloureuses.*
V. + attribut : *vivre heureux.*
V. + temps : *vivre vingt-cinq ans.*

C. SIMPLE INDIRECTE

V. + **de** + complément : *vivre **d'**expédients.*
V. + **en** + attribut : *vivre **en** esthète.*
V. + temps : *vivre **pendant** cinquante ans.*

1. voiler [vwale] Régul. I /**avoir**/ Base : VOIL-. **3**

C. SIMPLE DIRECTE

V. + complément : *voiler une plaque.*
Emploi pronominal : **se** voiler (accord = P);
se voiler + complément : ***se** voiler le visage* (accord = OE).

2. voiler [vwale] Régul. I /**avoir**/ Base : VOIL-. **3**

C. SIMPLE DIRECTE

V. + complément : *voiler un yacht.*
Emploi pronominal : **se** voiler (accord = P).

voir [vwar] III /**avoir**/ Base : V-. **52**

1° Emploi personnel.

C. ABSOLUE : *il demande à voir.*

C. SIMPLE DIRECTE

V. + complément : *voir un spectacle.*
Emploi pronominal : **se** voir (accord = P).
V. + infin. : *voir abattre un arbre.*
V. + proposition infinitive : *voir travailler autrui.*
Emploi pronominal : **se** voir + infin. :
a) ***se** voir participer à un rallye* (accord = OE, car *se* est sujet de l'infinitif);
b) ***se** voir surclasser par tous ses concurrents* (accord = I, car *se* est l'objet de l'infinitif).
V. + discours indirect : *voir **s'**il accepte.*
V. + **que** + indic. : *voir **que** rien ne va plus.*

C. SIMPLE INDIRECTE

V. + **à** + complément : *voir **à** tel endroit.*
V. + **à** + infin. : *voir **à** bien traiter ses invités.*
V. + **à ce que** + subj. : *voir **à ce que** le service soit parfait.*

CONSTRUCTION MULTIPLE

V. + compl. — attribut du compl. : *voir quelqu'un furieux.*
Emploi pronominal : **se** voir + attribut : ***se** voir perdu sans ressources* (accord = P).
V. + compl. — **à** + compl. : *voir de l'imagination **à** un romancier.*
Emploi pronominal : **se** voir + complément : ***se** voir une fortune colossale* (accord = OE).
V. + compl. — **dans** + compl. : *voir un certain talent **dans** l'intrigue d'un roman.*

V. + **à** + compl. — compl. — attribut de ce dernier compl. : *voir* ***à*** *quelqu'un les yeux cernés.*
Emploi pronominal : se voir + compl. — attribut du compl. : ***se*** *voir une mine cadavérique* (accord = OE).

2° **Emploi unipersonnel pronominal.**
Il se voit + sujet réel nominal : *il* ***se*** *voit des choses plus extraordinaires* (accord = I).

voisiner [vwazine] Régul. I /**avoir**/ Base : VOISIN-. **3**
C. ABSOLUE : *par prudence, ils ne voisinent plus guère.*

1. voler [vɔle] Régul. I /**avoir**/ Base : VOL-. **3**
C. ABSOLUE : *l'aigle vole.*
C. SIMPLE DIRECTE
V. + complément : *voler des alouettes.*

2. voler [vɔle] Régul. I /**avoir**/ Base : VOL-. **3**
C. ABSOLUE : *il vole.*
C. SIMPLE DIRECTE
V. + complément : *voler un œuf.*
Emploi pronominal : se voler (accord = P) ;
se voler + complément : ***se*** *voler mutuellement ses idées* (accord = OE).

vomir [vomir] Régul. II /**avoir**/ Base : VOM-. **26**
C. ABSOLUE : *un intoxiqué vomit.*
C. SIMPLE DIRECTE
V. + complément : *vomir des flammes.*

voter [vɔte] Régul. I /**avoir**/ Base : VOT-. **3**
C. ABSOLUE : *demain nous voterons.*
C. SIMPLE DIRECTE
V. + complément : *voter une motion.*
Emploi pronominal : se voter (accord = P) ;
se voter + complément : ***se*** *voter des bons points* (accord = OE).

vouer [vwe] Régul. I /**avoir**/ Base : VOU-. **3**
CONSTRUCTION MULTIPLE
V. + compl. — **à** + compl. : *vouer son esprit* ***à*** *une entreprise surhumaine.*
Emploi pronominal : se vouer + complément : ***se*** *vouer un amour réciproque* (accord = OE) ;
se vouer **à** + complément : ***se*** *vouer* ***à*** *tous les saints du paradis* (accord = P).
V. + compl. — **à** + infin. : *vouer ses efforts* ***à*** *réaliser l'impossible.*

vouloir [vulwar] III /**avoir**/ Base : V-. **44**
C. ABSOLUE : *il ne suffit pas de vouloir.*
C. SIMPLE DIRECTE
V. + complément : *vouloir une réponse.*
V. + infin. : *vouloir être entendu.*
V. + **que** + subj. : *vouloir* ***que*** *l'on vous écoute.*

CONSTRUCTION MULTIPLE

V. + compl. — attribut du compl. : *vouloir le succès éclatant.*

Emploi pronominal : **se** vouloir + attribut : ***se** vouloir compétent* (accord = P).

V. + **de** + compl. — **comme** + attribut du compl. : *vouloir* **de** *quelqu'un* **comme** *collaborateur.*

V. + **de** + compl. — **pour** + attribut du compl. : *vouloir* **de** *Mlle X* **pour** *épouse.*

V. + compl. — **à** + compl. : *vouloir du bien* **à** *ses amis.*

Emploi pronominal : **se** vouloir + complément : ***se** vouloir du mal* (accord = OE).

V. + compl. — **de** + compl. : *vouloir une aide efficace* **de** *son bureau d'étude.*

Emploi pronominal : **s'en** vouloir (accord = I);
s'en vouloir **de** + complément : ***s'en** vouloir* ***d'****un échec* (accord = I);
s'**en** vouloir **de** + infin. : ***s'en** vouloir* **de** *n'y avoir pas pensé* (accord = I).

voyager [vwajaʒe] Particularité I /**avoir**/ Base : VOYA[G]-. **12**

C. ABSOLUE : *il passera donc sa vie à voyager.*

vulgariser [vylgarize] Régul. I /**avoir**/ Base : VULGARIS-. **3**

C. SIMPLE DIRECTE

V. + complément : *vulgariser les connaissances techniques.*

Z

zébrer [zebre] Particularité I /**avoir**/ Base : Z[É]BR-. **14**

C. SIMPLE DIRECTE

V. + complément : *zébrer le ciel.*

Emploi pronominal : **se** zébrer (accord = P).

zézayer [zezeje] Particularité I /**avoir**/ Base : ZÉZA[Y]-. **9**

C. ABSOLUE : *malheureusement, il zézaye.*

C. SIMPLE DIRECTE

V. + complément : *zézayer un discours.*

zigzaguer [zigzage] Régul. I /**avoir**/ Base : ZIGZAGU-. **11**

C. ABSOLUE : *la Seine zigzague.*

zozoter [zɔzɔte] (fam.) Régul. I /**avoir**/ Base : ZOZOT-. **3**

C. ABSOLUE : *Quand il parle, il zozote.*

Tableaux
de
CONJUGAISON

I	AVOIR		aucune base
	INDICATIF		SUBJONCTIF
A	PRÉSENT J' ai Tu as Il a N. avons V. avez Ils ont	PASSÉ INDÉFINI J' ai eu Tu as eu Il a eu N. avons eu V. avez eu Ils ont eu	PRÉSENT *Que* j' aie *Que* tu aies *Qu'* il ait *Que* n. ayons *Que* v. ayez *Qu'* ils aient
B	IMPARFAIT J' avais Tu avais Il avait N. avions V. aviez Ils avaient	PLUS-QUE-PARFAIT J' avais eu Tu avais eu Il avait eu N. avions eu V. aviez eu Ils avaient eu	
C	PASSÉ DÉFINI J' eus Tu eus Il eut N. eûmes V. eûtes Ils eurent	PASSÉ ANTÉRIEUR J' eus eu Tu eus eu Il eut eu N. eûmes eu V. eûtes eu Ils eurent eu	IMPARFAIT *Que* j' eusse *Que* tu eusses *Qu'* il eût *Que* n. eussions *Que* v. eussiez *Qu'* ils eussent
			CONDITIONNEL
D	FUTUR SIMPLE J' aurai Tu auras Il aura N. aurons V. aurez Ils auront	FUTUR ANTÉRIEUR J' aurai eu Tu auras eu Il aura eu N. aurons eu V. aurez eu Ils auront eu	PRÉSENT J' aurais Tu aurais Il aurait N. aurions V. auriez Ils auraient

SUBJONCTIF	IMPÉRATIF	
PARFAIT *Que* j' aie eu *Que* tu aies eu *Qu'* il ait eu *Que* n. ayons eu *Que* v. ayez eu *Qu'* ils aient eu	PRÉSENT Aie Ayons Ayez	PASSÉ Aie eu Ayons eu Ayez eu

SUBJONCTIF	PARTICIPE	
PLUS-QUE-PARFAIT *Que* j' eusse eu *Que* tu eusses eu *Qu'* il eût eu *Que* n. eussions eu *Que* v. eussiez eu *Qu'* ils eussent eu	PRÉSENT Ayant	PASSÉ Ayant eu

CONDITIONNEL	INFINITIF	
PASSÉ J' aurais eu Tu aurais eu Il aurait eu N. aurions eu V. auriez eu Ils auraient eu	PRÉSENT Avoir	PASSÉ Avoir eu

2	ÊTRE		aucune base
	INDICATIF		SUBJONCTIF
A	PRÉSENT Je suis Tu es Il est N. sommes V. êtes Ils sont	PASSÉ INDÉFINI J' ai été Tu as été Il a été N. avons été V. avez été Ils ont été	PRÉSENT *Que* je sois *Que* tu sois *Qu'* il soit *Que* n. soyons *Que* v. soyez *Qu'* ils soient
B	IMPARFAIT J' étais Tu étais Il était N. étions V. étiez Ils étaient	PLUS-QUE-PARFAIT J' avais été Tu avais été Il avait été N. avions été V. aviez été Ils avaient été	
C	PASSÉ DÉFINI Je fus Tu fus Il fut N. fûmes V. fûtes Ils furent	PASSÉ ANTÉRIEUR J' eus été Tu eus été Il eut été N. eûmes été V. eûtes été Ils eurent été	IMPARFAIT *Que* je fusse *Que* tu fusses *Qu'* il fût *Que* n. fussions *Que* v. fussiez *Qu'* ils fussent
			CONDITIONNEL
D	FUTUR SIMPLE Je serai Tu seras Il sera N. serons V. serez Ils seront	FUTUR ANTÉRIEUR J' aurai été Tu auras été Il aura été N. aurons été V. aurez été Ils auront été	PRÉSENT Je serais Tu serais Il serait N. serions V. seriez Ils seraient

SUBJONCTIF	IMPÉRATIF	
PARFAIT	**PRÉSENT**	**PASSÉ**
Que j' aie été *Que* tu aies été *Qu'* il ait été *Que* n. ayons été *Que* v. ayez été *Qu'* ils aient été	Sois Soyons Soyez	Aie été Ayons été Ayez été

PARTICIPE	
PRÉSENT	**PASSÉ**
Étant	Ayant été

PLUS-QUE-PARFAIT

Que j' eusse été
Que tu eusses été
Qu' il eût été

Que n. eussions été
Que v. eussiez été
Qu' ils eussent été

CONDITIONNEL	INFINITIF	
PASSÉ	**PRÉSENT**	**PASSÉ**
J' aurais été Tu aurais été Il aurait été N. aurions été V. auriez été Ils auraient été	Être	Avoir été

3 LAVER voix active — base : LAV- — 1er groupe

A

INDICATIF — PRÉSENT	INDICATIF — PASSÉ INDÉFINI	SUBJONCTIF — PRÉSENT	SUBJONCTIF — PARFAIT	IMPÉRATIF — PRÉSENT	IMPÉRATIF — PASSÉ
Je lave	J' *ai* lavé	*Que* je lave	*Que* j' *aie* lavé		
Tu lav*es*	Tu *as* lavé	*Que* tu lav*es*	*Que* tu *aies* lavé	Lave	*Aie* lavé
Il lave	Il *a* lavé	*Qu'* il lave	*Qu'* il *ait* lavé		
N. lav*ons*	N. *avons* lavé	*Que* n. lav*ions*	*Que* n. *ayons* lavé	Lav*ons*	*Ayons* lavé
V. lav*ez*	V. *avez* lavé	*Que* v. lav*iez*	*Que* v. *ayez* lavé	Lav*ez*	*Ayez* lavé
Ils lav*ent*	Ils *ont* lavé	*Qu'* ils lav*ent*	*Qu'* ils *aient* lavé		

INDICATIF — PASSÉ SURCOMPOSÉ	SUBJONCTIF — PARFAIT SURCOMPOSÉ
J' *ai* *eu* lavé	*Que* j' *aie* *eu* lavé
Tu *as* *eu* lavé	*Que* tu *aies* *eu* lavé
Il *a* *eu* lavé	*Qu'* il *ait* *eu* lavé
N. *avons* *eu* lavé	*Que* n. *ayons* *eu* lavé
V. *avez* *eu* lavé	*Que* v. *ayez* *eu* lavé
Ils *ont* *eu* lavé	*Qu'* ils *aient* *eu* lavé

B

IMPARFAIT	PLUS-QUE-PARFAIT
Je lav*ais*	J' *avais* lavé
Tu lav*ais*	Tu *avais* lavé
Il lav*ait*	Il *avait* lavé
N. lav*ions*	N. *avions* lavé
V. lav*iez*	V. *aviez* lavé
Ils lav*aient*	Ils *avaient* lavé

PLUS-QUE-PARFAIT SURCOMPOSÉ
J' *avais* *eu* lavé
Tu *avais* *eu* lavé
Il *avait* *eu* lavé
N. *avions* *eu* lavé
V. *aviez* *eu* lavé
Ils *avaient* *eu* lavé

PARTICIPE

PRÉSENT	PASSÉ
Lav*ant*	Lav*é*

PASSÉ COMPOSÉ	PASSÉ SURCOMPOSÉ
Ayant lavé	*Ayant eu* lavé

C

PASSÉ DÉFINI	PASSÉ ANTÉRIEUR	IMPARFAIT	PLUS-QUE-PARFAIT
Je lav*ai* Tu lav*as* Il lav*a* N. lav*âmes* V. lav*âtes* Ils lav*èrent*	J' *eus* lavé Tu *eus* lavé Il *eut* lavé N. *eûmes* lavé V. *eûtes* lavé Ils *eurent* lavé	*Que* je lav*asse* *Que* tu lav*asses* *Qu'* il lav*ât* *Que* n. lav*assions* *Que* v. lav*assiez* *Qu'* ils lav*assent*	*Que* j' *eusse* lavé *Que* tu *eusses* lavé *Qu'* il *eût* lavé *Que* n. *eussions* lavé *Que* v. *eussiez* lavé *Qu'* ils *eussent* lavé
PASSÉ ANTÉRIEUR SURCOMPOSÉ J' *eus* *eu* lavé Tu *eus* *eu* lavé Il *eut* *eu* lavé N. *eûmes* *eu* lavé V. *eûtes* *eu* lavé Ils *eurent* *eu* lavé		PLUS-QUE-PARFAIT SURCOMPOSÉ [inusité]	

D

		CONDITIONNEL		INFINITIF	
FUTUR SIMPLE	FUTUR ANTÉRIEUR	PRÉSENT	PASSÉ	PRÉSENT	PASSÉ
Je lav*erai* Tu lav*eras* Il lav*era* N. lav*erons* V. lav*erez* Ils lav*eront*	J' *aurai* lavé Tu *auras* lavé Il *aura* lavé N. *aurons* lavé V. *aurez* lavé Ils *auront* lavé	Je lav*erais* Tu lav*erais* Il lav*erait* N. lav*erions* V. lav*eriez* Ils lav*eraient*	J' *aurais* lavé Tu *aurais* lavé Il *aurait* lavé N. *aurions* lavé V. *auriez* lavé Ils *auraient* lavé	Laver	*Avoir* lavé
				PASSÉ SURCOMPOSÉ *Avoir eu* lavé	
FUTUR ANTÉRIEUR SURCOMPOSÉ J' *aurai* *eu* lavé Tu *auras* *eu* lavé Il *aura* *eu* lavé N. *aurons* *eu* lavé V. *aurez* *eu* lavé Ils *auront* *eu* lavé		PASSÉ SURCOMPOSÉ J' *aurais* *eu* lavé Tu *aurais* *eu* lavé Il *aurait* *eu* lavé N. *aurions* *eu* lavé V. *auriez* *eu* lavé Ils *auraient* *eu* lavé			

4 LAVER : voix passive base

	INDICATIF		SUBJONCTIF
	PRÉSENT	**PASSÉ INDÉFINI**	**PRÉSENT**
A	Je *suis* lavé Tu *es* lavé Il *est* lavé N. *sommes* lavés V. *êtes* lavés Ils *sont* lavés	J' *ai* *été* lavé Tu *as* *été* lavé Il *a* *été* lavé N. *avons* *été* lavés V. *avez* *été* lavés Ils *ont* *été* lavés	*Que* je *sois* lavé *Que* tu *sois* lavé *Qu'* il *soit* lavé *Que* n. *soyons* lavés *Que* v. *soyez* lavés *Qu'* ils *soient* lavés
	IMPARFAIT	**PLUS-QUE-PARFAIT**	
B	J' *étais* lavé Tu *étais* lavé Il *était* lavé N. *étions* lavés V. *étiez* lavés Ils *étaient* lavés	J' *avais* *été* lavé Tu *avais* *été* lavé Il *avait* *été* lavé N. *avions* *été* lavés V. *aviez* *été* lavés Ils *avaient* *été* lavés	
	PASSÉ DÉFINI	**PASSÉ ANTÉRIEUR**	**IMPARFAIT**
C	Je *fus* lavé Tu *fus* lavé Il *fut* lavé N. *fûmes* lavés V. *fûtes* lavés Ils *furent* lavés	J' *eus* *été* lavé Tu *eus* *été* lavé Il *eut* *été* lavé N. *eûmes* *été* lavés V. *eûtes* *été* lavés Ils *eurent* *été* lavés	*Que* je *fusse* lavé *Que* tu *fusses* lavé *Qu'* il *fût* lavé *Que* n. *fussions* lavés *Que* v. *fussiez* lavés *Qu'* ils *fussent* lavés
			CONDITIONNEL
	FUTUR SIMPLE	**FUTUR ANTÉRIEUR**	**PRÉSENT**
D	Je *serai* lavé Tu *seras* lavé Il *sera* lavé N. *serons* lavés V. *serez* lavés Ils *seront* lavés	J' *aurai* *été* lavé Tu *auras* *été* lavé Il *aura* *été* lavé N. *aurons* *été* lavés V. *aurez* *été* lavés Ils *auront* *été* lavés	Je *serais* lavé Tu *serais* lavé Il *serait* lavé N. *serions* lavés V. *seriez* lavés Ils *seraient* lavés

SUBJONCTIF	IMPÉRATIF	
PARFAIT	PRÉSENT	PASSÉ
Que j' *aie* *été* lavé *Que* tu *aies* *été* lavé *Qu'* il *ait* *été* lavé *Que* n. *ayons* *été* lavés *Que* v. *ayez* *été* lavés *Qu'* ils *aient* *été* lavés	*Sois* lavé *Soyons* lavés *Soyez* lavés	*Aie* *été* lavé *Ayons* *été* lavés *Ayez* *été* lavés
PLUS-QUE-PARFAIT		
Que j' *eusse* *été* lavé *Que* tu *eusses* *été* lavé *Qu'* il *eût* *été* lavé *Que* n. *eussions* *été* lavés *Que* v. *eussiez* *été* lavés *Qu'* ils *eussent* *été* lavés		

PARTICIPE	
PRÉSENT	PASSÉ
Étant lavé	*Ayant* *été* lavé

CONDITIONNEL	INFINITIF	
PASSÉ	PRÉSENT	PASSÉ
J' *aurais* *été* lavé Tu *aurais* *été* lavé Il *aurait* *été* lavé N. *aurions* *été* lavés V. *auriez* *été* lavés Ils *auraient* *été* lavés	*Être* lavé	*Avoir* *été* lavé

5 SE LAVER : voix pronominale base

	INDICATIF		SUBJONCTIF
A	PRÉSENT Je me lav*e* Tu te lav*es* Il se lav*e* N. n. lav*ons* V. v. lav*ez* Ils se lav*ent*	PASSÉ INDÉFINI Je me *suis* lavé Tu t' *es* lavé Il s' *est* lavé N. n. *sommes* lavé*s* V. v. *êtes* lavé*s* Ils se *sont* lavé*s*	PRÉSENT *Que* je me lav*e* *Que* tu te lav*es* *Qu'* il se lav*e* *Que* n. n. lav*ions* *Que* v. v. lav*iez* *Qu'* ils se lav*ent*
B	IMPARFAIT Je me lav*ais* Tu te lav*ais* Il se lav*ait* N. n. lav*ions* V. v. lav*iez* Ils se lav*aient*	PLUS-QUE-PARFAIT Je m' *étais* lavé Tu t' *étais* lavé Il s' *était* lavé N. n. *étions* lavés V. v. *étiez* lavés Ils s' *étaient* lavés	
C	PASSÉ DÉFINI Je me lav*ai* Tu te lav*as* Il se lav*a* N. n. lav*âmes* V. v. lav*âtes* Ils se lav*èrent*	PASSÉ ANTÉRIEUR Je me *fus* lavé Tu te *fus* lavé Il se *fut* lavé N. n. *fûmes* lavés V. v. *fûtes* lavés Ils se *furent* lavés	IMPARFAIT *Que* je me lav*asse* *Que* tu te lav*asses* *Qu'* il se lav*ât* *Que* n. n. lav*assions* *Que* v. v. lav*assiez* *Qu'* ils se lav*assent*
D	FUTUR SIMPLE Je me lav*erai* Tu te lav*eras* Il se lav*era* N. n. lav*erons* V. v. lav*erez* Ils se lav*eront*	FUTUR ANTÉRIEUR Je me *serai* lavé Tu te *seras* lavé Il se *sera* lavé N. n. *serons* lavés V. v. *serez* lavés Ils se *seront* lavés	CONDITIONNEL PRÉSENT Je me lav*erais* Tu te lav*erais* Il se lav*erait* N. n. lav*erions* V. v. lav*eriez* Ils se lav*eraient*

SUBJONCTIF	IMPÉRATIF
PARFAIT *Que* je me *sois* lav*é* *Que* tu te *sois* lav*é* *Qu'* il se *soit* lav*é* *Que* n. n. *soyons* lav*és* *Que* v. v. *soyez* lav*és* *Qu'* ils se *soient* lav*és*	PRÉSENT Lav*e*-toi Lav*ons*-nous Lav*ez*-vous
PLUS-QUE-PARFAIT *Que* je me *fusse* lav*é* *Que* tu te *fusses* lav*é* *Qu'* il se *fût* lav*é* *Que* n. n. *fussions* lav*és* *Que* v. v. *fussiez* lav*és* *Qu'* ils se *fussent* lav*és*	PARTICIPE PRÉSENT: Se lav*ant* PASSÉ: S'*étant* lavé

CONDITIONNEL	INFINITIF	
PASSÉ	PRÉSENT	PASSÉ
Je me *serais* lav*é* Tu te *serais* lav*é* Il se *serait* lav*é* N. n. *serions* lav*és* V. v. *seriez* lav*és* Ils se *seraient* lav*és*	Se lav*er*	S'*être* lavé

6 TOMBER **bas**

	INDICATIF		SUBJONCTIF
A	PRÉSENT	PASSÉ INDÉFINI	PRÉSENT
	Je tomb*e*	Je *suis* tomb*é*	*Que* je tomb*e*
	Tu tomb*es*	Tu *es* tomb*é*	*Que* tu tomb*es*
	Il tomb*e*	Il *est* tomb*é*	*Qu'* il tomb*e*
	N. tomb*ons*	N. *sommes* tomb*és*	*Que* n. tomb*ions*
	V. tomb*ez*	V. *êtes* tomb*és*	*Que* v. tomb*iez*
	Ils tomb*ent*	Ils *sont* tomb*és*	*Qu'* ils tomb*ent*
B	IMPARFAIT	PLUS-QUE-PARFAIT	
	Je tomb*ais*	J' *étais* tomb*é*	
	Tu tomb*ais*	Tu *étais* tomb*é*	
	Il tomb*ait*	Il *était* tomb*é*	
	N. tomb*ions*	N. *étions* tomb*és*	
	V. tomb*iez*	V. *étiez* tomb*és*	
	Ils tomb*aient*	Ils *étaient* tomb*és*	
C	PASSÉ DÉFINI	PASSÉ ANTÉRIEUR	IMPARFAIT
	Je tomb*ai*	Je *fus* tombé	*Que* je tomb*asse*
	Tu tomb*as*	Tu *fus* tombé	*Que* tu tomb*asses*
	Il tomb*a*	Il *fut* tombé	*Qu'* il tomb*ât*
	N. tomb*âmes*	N. *fûmes* tombés	*Que* n. tomb*assions*
	V. tomb*âtes*	V. *fûtes* tombés	*Que* v. tomb*assiez*
	Ils tomb*èrent*	Ils *furent* tombés	*Qu'* ils tomb*assent*
D			CONDITIONNEL
	FUTUR SIMPLE	FUTUR ANTÉRIEUR	PRÉSENT
	Je tomb*erai*	Je *serai* tombé	Je tomb*erais*
	Tu tomb*eras*	Tu *serais* tombé	Tu tomb*erais*
	Il tomb*era*	Il *sera* tombé	Il tomb*erait*
	N. tomb*erons*	N. *serons* tomb*és*	N. tomb*erions*
	V. tomb*erez*	V. *serez* tomb*és*	V. tomb*eriez*
	Ils tomb*eront*	Ils *seront* tomb*és*	Ils tomb*eraient*

SUBJONCTIF	IMPÉRATIF	
PARFAIT	PRÉSENT	PASSÉ
Que je *sois* tombé *Que* tu *sois* tombé *Qu'* il *soit* tombé *Que* n. *soyons* tombé*s* *Que* v. *soyez* tombé*s* *Qu'* ils *soient* tombé*s*	Tomb*e* Tomb*ons* Tomb*ez*	*Sois* tombé *Soyons* tombé*s* *Soyez* tombé*s*
PLUS-QUE-PARFAIT		
Que je *fusse* tombé *Que* tu *fusses* tombé *Qu'* il *fût* tombé *Que* n. *fussions* tombé*s* *Que* v. *fussiez* tombé*s* *Qu'* ils *fussent* tombé*s*		

PARTICIPE	
PRÉSENT	PASSÉ
Tomb*ant*	Tomb*é*
PASSÉ COMPOSÉ	
Étant tombé	

CONDITIONNEL	INFINITIF	
PASSÉ	PRÉSENT	PASSÉ
Je *serais* tombé Tu *serais* tombé Il *serait* tombé N. *serions* tombé*s* V. *seriez* tombé*s* Ils *seraient* tombé*s*	Tomb*er*	*Être* tombé

7 GRASSEYER base

	INDICATIF		SUBJONCTIF
A	PRÉSENT Je grasseye*e* Tu grassey*es* Il grassey*e* N. grassey*ons* V. grassey*ez* Ils grassey*ent*	PASSÉ INDÉFINI J' *ai* grassey*é* N. *avons* grassey*é* PASSÉ SURCOMPOSÉ J' *ai* *eu* grasseyé N. *avons eu* grasseyé	PRÉSENT *Que* je grassey*e* *Que* tu grassey*es* *Qu'* il grassey*e* *Que* n. grassey*ions* *Que* v. grassey*iez* *Qu'* ils grassey*ent*
B	IMPARFAIT Je grassey*ais* Tu grassey*ais* Il grassey*ait* N. grassey*ions* V. grassey*iez* Ils grassey*aient*	PLUS-QUE-PARFAIT J' *avais* grasseyé N. *avions* grasseyé PLUS-QUE-PARFAIT SURCOMPOSÉ J' *avais eu* grasseyé N. *avions eu* grasseyé	
C	PASSÉ DÉFINI Je grassey*ai* Tu grassey*as* Il grassey*a* N. grassey*âmes* V. grassey*âtes* Ils grassey*èrent*	PASSÉ ANTÉRIEUR J' *eus* grasseyé N. *eûmes* grasseyé PASSÉ ANTÉRIEUR SURCOMPOSÉ J' *eus eu* grasseyé N. *eûmes eu* grasseyé	IMPARFAIT *Que* je grassey*asse* *Que* tu grassey*asses* *Qu'* il grassey*ât* *Que* n. grassey*assions* *Que* v. grassey*assiez* *Qu'* ils grassey*assent*
D	FUTUR SIMPLE Je grassey*erai* Tu grassey*eras* Il grassey*era* N. grassey*erons* V. grassey*erez* Ils grassey*eront*	FUTUR ANTÉRIEUR J' *aurai* grasseyé N. *aurons* grasseyé FUTUR ANTÉRIEUR SURCOMPOSÉ J' *aurai eu* grasseyé N. *aurons eu* grasseyé	CONDITIONNEL PRÉSENT Je grassey*erais* Tu grassey*erais* Il grassey*erait* N. grassey*erions* V. grassey*eriez* Ils grassey*eraient*

SUBJONCTIF	IMPÉRATIF	
PARFAIT	**PRÉSENT**	**PASSÉ**
Que j' *aie* grasseyé *Que* n. *ayons* grasseyé	Grasseye	*Aie* grasseyé
PASSÉ SURCOMPOSÉ		
Que j' *aie eu* grasseyé *Que* n. *ayons eu* grasseyé	Grasseyons Grasseyez	*Ayons* grasseyé *Ayez* grasseyé
PLUS-QUE-PARFAIT		
Que j' *eusse* grasseyé *Que* n. *eussions* grasseyé		
PLUS-QUE-PARFAIT SURCOMPOSÉ		
[inusité]		

PARTICIPE	
PRÉSENT	**PASSÉ**
Grassey*ant*	Grassey*é*
PASSÉ COMPOSÉ	**PASSÉ SURCOMPOSÉ**
Ayant grasseyé	*Ayant eu* grasseyé

CONDITIONNEL	INFINITIF	
PASSÉ	**PRÉSENT**	**PASSÉ**
J' *aurais* grasseyé N. *aurions* grasseyé	Grassey*er*	*Avoir* grasseyé
PASSÉ SURCOMPOSÉ	**PASSÉ SURCOMPOSÉ**	
J' *aurais eu* grasseyé N. *aurions eu* grasseyé	*Avoir eu* grasseyé	

8 ESSUYER

base

	INDICATIF		SUBJONCTIF
A	PRÉSENT J' essui*e* Tu essui*es* Il essui*e* N. essuy*ons* V. essuy*ez* Ils essui*ent*	PASSÉ INDÉFINI J' *ai* essuyé N. *avons* essuyé PASSÉ SURCOMPOSÉ J' *ai eu* essuyé N. *avons eu* essuyé	PRÉSENT *Que* j' essui*e* *Que* tu essui*es* *Qu'* il essui*e* *Que* n. essuy*ions* *Que* v. essuy*iez* *Qu'* ils essui*ent*
B	IMPARFAIT J' essuy*ais* Tu essuy*ais* Il essuy*ait* N. essuy*ions* V. essuy*iez* Ils essuy*aient*	PLUS-QUE-PARFAIT J' *avais* essuyé N. *avions* essuyé PLUS-QUE-PARFAIT SURCOMPOSÉ J' *avais eu* essuyé N. *avions eu* essuyé	
C	PASSÉ DÉFINI J' essuy*ai* Tu essuy*as* Il essuy*a* N. essuy*âmes* V. essuy*âtes* Ils essuy*èrent*	PASSÉ ANTÉRIEUR J' *eus* essuyé N. *eûmes* essuyé PASSÉ ANTÉRIEUR SURCOMPOSÉ J' *eus eu* essuyé N. *eûmes eu* essuyé	IMPARFAIT *Que* j' essuy*asse* *Que* tu essuy*asses* *Qu'* il essuy*ât* *Que* n. essuy*assions* Que v. essuy*assiez* *Qu'* ils essuy*assent*
D	FUTUR SIMPLE J' essui*erai* Tu essui*eras* Il essui*era* N. essui*erons* V. essui*erez* Ils essui*eront*	FUTUR ANTÉRIEUR J' *aurai* essuyé N. *aurons* essuyé FUTUR ANTÉRIEUR SURCOMPOSÉ J' *aurai eu* essuyé N. *aurons eu* essuyé	CONDITIONNEL PRÉSENT J' essui*erais* Tu essui*erais* Il essui*erait* N. essui*erions* V. essui*eriez* Ils essui*eraient*

SUBJONCTIF	IMPÉRATIF	
PARFAIT *Que* j' *aie* essuy*é* *Que* n. *ayons* essuy*é*	**PRÉSENT** Essui*e*	**PASSÉ** *Aie* essuy*é*
PASSÉ SURCOMPOSÉ *Que* j' *aie* *eu* essuy*é* *Que* n. *ayons eu* essuy*é*	Essuy*ons* Essuy*ez*	*Ayons* essuy*é* *Ayez* essuy*é*

	PARTICIPE	
PLUS-QUE-PARFAIT *Que* j' *eusse* essuy*é* *Que* n. *eussions* essuy*é*	**PRÉSENT** Essuy*ant*	**PASSÉ** Essuy*é*
PLUS-QUE-PARFAIT SURCOMPOSÉ [inusité]	**PASSÉ COMPOSÉ** *Ayant* essuy*é*	**PASSÉ SURCOMPOSÉ** *Ayant eu* essuy*é*

CONDITIONNEL	INFINITIF	
PASSÉ J' *aurais* essuy*é* N. *aurions* essuy*é*	**PRÉSENT** Essuy*er*	**PASSÉ** *Avoir* essuy*é*
PASSÉ SURCOMPOSÉ J' *aurais eu* essuy*é* N. *aurions eu* essuy*é*	**PASSÉ SURCOMPOSÉ** *Avoir eu* essuy*é*	

9	**BALAYER**		**base**
	INDICATIF		SUBJONCTIF
A	Type 1 PRÉSENT Je balay*e* Tu balay*es* Il balay*e* N. balay*ons* V. balay*ez* Ils balay*ent* PASSÉ INDÉFINI J' *ai* balayé N. *avons* balayé	Type 2 PRÉSENT Je balai*e* Tu balai*es* Il balai*e* N. balay*ons* V. balay*ez* Ils balai*ent* PASSÉ SURCOMPOSÉ J' *ai eu* balayé N. *avons eu* balayé	Type 1 PRÉSENT *Que* je balay*e* *Que* tu balay*es* *Qu'* il balay*e* *Que* n. balay*ions* *Que* v. balay*iez* *Qu'* ils balay*ent* PARFAIT *Que* j' *aie* balayé *Que* n. *ayons* balayé
B	IMPARFAIT Je balay*ais* Tu balay*ais* Il balay*ait* N. balay*ions* V. balay*iez* Ils balay*aient*	PLUS-QUE-PARFAIT J' *avais* balayé N. *avions* balayé PLUS-QUE-PARFAIT SURCOMPOSÉ J' *avais eu* balayé N. *avions eu* balayé	*REMARQUE.* La particularité de ce verbe tient à la coexistence, au thème du **présent** (**A**) et à celui de l'**infinitif** ([**D**] sauf à ce mode), de deux séries de formes simples : 1° une série conservant l'**y** à toutes les formes (type 1) ; 2° une série ne conservant l'**y** qu'aux 1re et 2e personnes du pluriel (thème du présent [type 2]).
C	PASSÉ DÉFINI Je balay*ai* Tu balay*as* Il balay*a* N. balay*âmes* V. balay*âtes* Ils balay*èrent*	PASSÉ ANTÉRIEUR J' *eus* balayé N. *eûmes* balayé PASSÉ ANTÉRIEUR SURCOMPOSÉ J' *eus eu* balayé N. *eûmes eu* balayé	IMPARFAIT *Que* je balay*asse* *Que* tu balay*asses* *Qu'* il balay*ât* *Que* n. balay*assions* *Que* v. balay*assiez* *Qu'* ils balay*assent*
			CONDITIONNEL
D	Type 1 FUTUR SIMPLE Je balay*erai* Tu balay*eras* Il balay*era* N. balay*erons* V. balay*erez* Ils balay*eront* FUTUR ANTÉRIEUR J' *aurai* balayé N. *aurons* balayé	Type 2 FUTUR SIMPLE Je balai*erai* Tu balai*eras* Il balai*era* N. balai*erons* V. balai*erez* Ils balai*eront* FUTUR ANTÉRIEUR SURCOMPOSÉ J' *aurai eu* balayé N. *aurons eu* balayé	Type 1 PRÉSENT Je balay*erais* Tu balay*erais* Il balay*erait* N. balay*erions* V. balay*eriez* Ils balay*eraient* PASSÉ J' *aurais* balayé N. *aurions* balayé

BALAY- — 1er groupe

SUBJONCTIF

Type 2 — PRÉSENT

Que je balaie
Que tu balai*es*
Qu' il balai*e*
Que n. balay*ions*
Que v. balay*iez*
Qu' ils balai*ent*

PASSÉ SURCOMPOSÉ

Que j' *aie eu* balayé
Que n. *ayons eu* balayé

La prononciation reflète cette dualité :

1. Je bala**y**e [ʒəbalɛj]. Je bala**i**e [ʒəbalɛ].
2. Je bala**y**erai [ʒəbalɛjre]. Je bala**i**erai [ʒəbalɛre].

Nous indiquons donc en caractères gras le point sur lequel ces deux séries de formes s'opposent : l'emploi du **i** à la place du **y** devant un **e** muet (ə).

PLUS-QUE-PARFAIT

Que j' *eusse* balayé
Que n. *eussions* balayé

PLUS-QUE-PARFAIT SURCOMPOSÉ

[inusité]

IMPÉRATIF

Type 1 PRÉSENT	Type 2 PRÉSENT
Balay*e*	Balai*e*
Balay*ons*	Balay*ons*
Balay*ez*	Balay*ez*

PASSÉ

Aie balayé
Ayons balayé
Ayez balayé

PARTICIPE

PRÉSENT	PASSÉ
Balay*ant*	Balay*é*
PASSÉ COMPOSÉ	**PASSÉ SURCOMPOSÉ**
Ayant balayé	*Ayant eu* balayé

CONDITIONNEL

Type 2 — PRÉSENT

Je balai*erais*
Tu balai*erais*
Il balai*erait*
N. balai*erions*
V. balai*eriez*
Ils balai*eraient*

PASSÉ SURCOMPOSÉ

J' *aurais eu* balayé
N. *aurions eu* balayé

INFINITIF

PRÉSENT	PASSÉ
Balay*er*	*Avoir* balayé

PASSÉ SURCOMPOSÉ

Avoir eu balayé

10	LANCER		base :
	INDICATIF		**SUBJONCTIF**
A	PRÉSENT Je lanc*e* Tu lanc*es* Il lanc*e* N. lanç*ons* V. lanc*ez* Ils lanc*ent*	PASSÉ INDÉFINI J' *ai* lancé N. *avons* lancé PASSÉ SURCOMPOSÉ J' *ai* *eu* lancé N. *avons eu* lancé	PRÉSENT *Que* je lanc*e* *Que* tu lanc*es* *Qu'* il lanc*e* *Que* n. lanc*ions* *Que* v. lanc*iez* *Qu'* ils lanc*ent*
B	IMPARFAIT Je lanç*ais* Tu lanç*ais* Il lanç*ait* N. lanc*ions* V. lanc*iez* Ils lanç*aient*	PLUS-QUE-PARFAIT J' *avais* lancé N. *avions* lancé PLUS-QUE-PARFAIT SURCOMPOSÉ J' *avais eu* lancé N. *avions eu* lancé	
C	PASSÉ DÉFINI Je lanç*ai* Tu lanç*as* Il lanç*a* N. lanç*âmes* V. lanç*âtes* Ils lanc*èrent*	PASSÉ ANTÉRIEUR J' *eus* lancé N. *eûmes* lancé PASSÉ ANTÉRIEUR SURCOMPOSÉ J' *eus eu* lancé N. *eûmes eu* lancé	IMPARFAIT *Que* je lanç*asse* *Que* tu lanç*asses* *Qu'* il lanç*ât* *Que* n. lanç*assions* *Que* v. lanç*assiez* *Qu'* ils lanç*assent*
D	FUTUR SIMPLE Je lanc*erai* Tu lanc*eras* Il lanc*era* N. lanc*erons* V. lanc*erez* Ils lanc*eront*	FUTUR ANTÉRIEUR J' *aurai* lancé N. *aurons* lancé FUTUR ANTÉRIEUR SURCOMPOSÉ J' *aurai eu* lancé N. *aurons eu* lancé	**CONDITIONNEL** PRÉSENT Je lanc*erais* Tu lanc*erais* Il lanc*erait* N. lanc*erions* V. lanc*eriez* Ils lanc*eraient*

.ANC- **1er groupe**

SUBJONCTIF	
PARFAIT	
Que j' *aie* lancé	
Que n. *ayons* lancé	
PASSÉ SURCOMPOSÉ	
Que j' *aie* *eu* lancé	
Que n. *ayons* *eu* lancé	
PLUS-QUE-PARFAIT	
Que j' *eusse* lancé	
Que n. *eussions* lancé	
PLUS-QUE-PARFAIT SURCOMPOSÉ	
[inusité]	

IMPÉRATIF	
PRÉSENT	**PASSÉ**
Lanc*e*	*Aie* lancé
Lanç*ons*	*Ayons* lancé
Lanc*ez*	*Ayez* lancé

PARTICIPE	
PRÉSENT	**PASSÉ**
Lanç*ant*	Lanc*é*
PASSÉ COMPOSÉ	**PASSÉ SURCOMPOSÉ**
Ayant lancé	*Ayant eu* lancé

CONDITIONNEL
PASSÉ
J' *aurais* lancé
N. *aurions* lancé
PASSÉ SURCOMPOSÉ
J' *aurais* *eu* lancé
N. *aurions* *eu* lancé

INFINITIF	
PRÉSENT	**PASSÉ**
Lanc*er*	*Avoir* lancé
PASSÉ SURCOMPOSÉ	
Avoir eu lancé	

II	DISTINGUER		base
	INDICATIF		**SUBJONCTIF**

A	PRÉSENT Je distingu*e* Tu distingu*es* Il distingu*e* N. distingu*ons* V. distingu*ez* Ils distingu*ent*	PASSÉ INDÉFINI J' *ai* distingué N. *avons* distingué PASSÉ SURCOMPOSÉ J' *ai* *eu* distingué N. *avons eu* distingué	PRÉSENT *Que* je distingu*e* *Que* tu distingu*es* *Qu'* il distingu*e* *Que* n. distingu*ions* *Que* v. distingu*iez* *Qu'* ils distingu*ent*
B	IMPARFAIT Je distingu*ais* Tu distingu*ais* Il distingu*ait* N. distingu*ions* V. distingu*iez* Ils distingu*aient*	PLUS-QUE-PARFAIT J' *avais* distingué N. *avions* distingué PLUS-QUE-PARFAIT SURCOMPOSÉ J' *avais* *eu* distingué N. *avions eu* distingué	
C	PASSÉ DÉFINI Je distingu*ai* Tu distingu*as* Il distingu*a* N. distingu*âmes* V. distingu*âtes* Ils distingu*èrent*	PASSÉ ANTÉRIEUR J' *eus* distingué N. *eûmes* distingué PASSÉ ANTÉRIEUR SURCOMPOSÉ J' *eus* *eu* distingué N. *eûmes eu* distingué	IMPARFAIT *Que* je distingu*asse* *Que* tu distingu*asses* *Qu'* il distingu*ât* *Que* n. distingu*assions* *Que* v. distingu*assiez* *Qu'* ils distingu*assent*

			CONDITIONNEL
D	FUTUR SIMPLE Je distingu*erai* Tu distingu*eras* Il distingu*era* N. distingu*erons* V. distingu*erez* Ils distingu*eront*	FUTUR ANTÉRIEUR J' *aurai* distingué N. *aurons* distingué FUTUR ANTÉRIEUR SURCOMPOSÉ J' *aurai* *eu* distingué N. *aurons eu* distingué	PRÉSENT Je distingu*erais* Tu distingu*erais* Il distingu*erait* N. distingu*erions* V. distingu*eriez* Ils distingu*eraient*

SUBJONCTIF	IMPÉRATIF	
PARFAIT *Que* j' *aie* distingu*é* *Que* n. *ayons* distingu*é*	PRÉSENT Distingu*e*	PASSÉ *Aie* distingué
PASSÉ SURCOMPOSÉ *Que* j' *aie* *eu* distingu*é* *Que* n. *ayons* *eu* distingu*é*	Distingu*ons* Distingu*ez*	*Ayons* distingué *Ayez* distingué

PLUS-QUE-PARFAIT *Que* j' *eusse* distingu*é* *Que* n. *eussions* distingu*é*	PARTICIPE	
	PRÉSENT Distingu*ant*	PASSÉ Distingu*é*
PLUS-QUE-PARFAIT SURCOMPOSÉ [inusité]	PASSÉ COMPOSÉ *Ayant* distingu*é*	PASSÉ SURCOMPOSÉ *Ayant* *eu* distingu*é*

CONDITIONNEL	INFINITIF	
PASSÉ J' *aurais* distingu*é* N. *aurions* distingu*é*	PRÉSENT Distingu*er*	PASSÉ *Avoir* distingu*é*
PASSÉ SURCOMPOSÉ J' *aurais* *eu* distingu*é* N. *aurions* *eu* distingu*é*	PASSÉ SURCOMPOSÉ *Avoir* *eu* distingu*é*	

12 NAGER base

	INDICATIF		SUBJONCTIF
A	PRÉSENT Je nag*e* Tu nag*es* Il nag*e* N. nage*ons* V. nag*ez* Ils nag*ent*	PASSÉ INDÉFINI J' *ai* nagé N. *avons* nagé PASSÉ SURCOMPOSÉ J' *ai* *eu* nagé N. *avons eu* nagé	PRÉSENT *Que* je nag*e* *Que* tu nag*es* *Qu'* il nag*e* *Que* n. nag*ions* *Que* v. nag*iez* *Qu'* ils nag*ent*
B	IMPARFAIT Je nage*ais* Tu nage*ais* Il nage*ait* N. nag*ions* V. nag*iez* Ils nage*aient*	PLUS-QUE-PARFAIT J' *avais* nagé N. *avions* nagé PLUS-QUE-PARFAIT SURCOMPOSÉ J' *avais* *eu* nagé N. *avions eu* nagé	
C	PASSÉ DÉFINI Je nage*ai* Tu nage*as* Il nage*a* N. nage*âmes* V. nage*âtes* Ils nag*èrent*	PASSÉ ANTÉRIEUR J' *eus* nagé N. *eûmes* nagé PASSÉ ANTÉRIEUR SURCOMPOSÉ J' *eus* *eu* nagé N. *eûmes eu* nagé	IMPARFAIT *Que* je nage*asse* *Que* tu nage*asses* *Qu'* il nage*ât* *Que* n. nage*assions* *Que* v. nage*assiez* *Qu'* ils nage*assent*
D	FUTUR SIMPLE Je nag*erai* Tu nag*eras* Il nag*era* N. nag*erons* V. nag*erez* Ils nag*eront*	FUTUR ANTÉRIEUR J' *aurai* nagé N. *aurons* nagé FUTUR ANTÉRIEUR SURCOMPOSÉ J' *aurai* *eu* nagé N. *aurons eu* nagé	CONDITIONNEL PRÉSENT Je nag*erais* Tu nag*erais* Il nag*erait* N. nag*erions* V. nag*eriez* Ils nag*eraient*

SUBJONCTIF	IMPÉRATIF	
PARFAIT *Que* j' *aie* nagé *Que* n. *ayons* nagé	PRÉSENT Nag*e*	PASSÉ *Aie* nagé
PASSÉ SURCOMPOSÉ *Que* j' *aie eu* nagé *Que* n. *ayons eu* nagé	Nage*ons* Nag*ez*	*Ayons* nagé *Ayez* nagé

PARTICIPE	
PRÉSENT Nage*ant*	PASSÉ Nag*é*
PASSÉ COMPOSÉ *Ayant* nagé	PASSÉ SURCOMPOSÉ *Ayant eu* nagé

SUBJONCTIF (suite)
PLUS-QUE-PARFAIT *Que* j' *eusse* nagé *Que* n. *eussions* nagé
PLUS-QUE-PARFAIT SURCOMPOSÉ [inusité]

CONDITIONNEL	INFINITIF	
PASSÉ J' *aurais* nagé N. *aurions* nagé	PRÉSENT Nag*er*	PASSÉ *Avoir* nagé
PASSÉ SURCOMPOSÉ J' *aurais eu* nagé N. *aurions eu* nagé	PASSÉ SURCOMPOSÉ *Avoir eu* nagé	

13 CRÉER base

	INDICATIF		SUBJONCTIF
A	**PRÉSENT** Je cré*e* Tu cré*es* Il cré*e* N. cré*ons* V. cré*ez* Ils cré*ent*	**PASSÉ INDÉFINI** J' *ai* créé N. *avons* créé **PASSÉ SURCOMPOSÉ** J' *ai eu* créé N. *avons eu* créé	**PRÉSENT** *Que* je cré*e* *Que* tu cré*es* *Qu'* il cré*e* *Que* n. cré*ions* *Que* v. cré*iez* *Qu'* ils cré*ent*
B	**IMPARFAIT** Je cré*ais* Tu cré*ais* Il cré*ait* N. cré*ions* V. cré*iez* Ils cré*aient*	**PLUS-QUE-PARFAIT** J' *avais* créé N. *avions* créé **PLUS-QUE-PARFAIT SURCOMPOSÉ** J' *avais eu* créé N. *avions eu* créé	
C	**PASSÉ DÉFINI** Je cré*ai* Tu cré*as* Il cré*a* N. cré*âmes* V. cré*âtes* Ils cré*èrent*	**PASSÉ ANTÉRIEUR** J' *eus* créé N. *eûmes* créé **PASSÉ ANTÉRIEUR SURCOMPOSÉ** J' *eus eu* créé N. *eûmes eu* créé	**IMPARFAIT** *Que* je cré*asse* *Que* tu cré*asses* *Qu'* il cré*ât* *Que* n. cré*assions* *Que* v. cré*assiez* *Qu'* ils cré*assent*
			CONDITIONNEL
D	**FUTUR SIMPLE** Je cré*erai* Tu cré*eras* Il cré*era* N. cré*erons* V. cré*erez* Ils cré*eront*	**FUTUR ANTÉRIEUR** J' *aurai* créé N. *aurons* créé **FUTUR ANTÉRIEUR SURCOMPOSÉ** J' *aurai eu* créé N. *aurons eu* créé	**PRÉSENT** Je cré*erais* Tu cré*erais* Il cré*erait* N. cré*erions* V. cré*eriez* Ils cré*eraient*

SUBJONCTIF	IMPÉRATIF	
PARFAIT *Que* j' *aie* créé *Que* n. *ayons* créé	PRÉSENT Cré*e*	PASSÉ *Aie* créé
PASSÉ SURCOMPOSÉ *Que* j' *aie eu* créé *Que* n. *ayons eu* créé	Cré*ons* Cré*ez*	*Ayons* créé *Ayez* créé

PARTICIPE	
PRÉSENT Cré*ant*	PASSÉ Créé
PASSÉ COMPOSÉ *Ayant* créé	PASSÉ SURCOMPOSÉ *Ayant eu* créé

SUBJONCTIF
PLUS-QUE-PARFAIT *Que* j' *eusse* créé *Que* n. *eussions* créé
PLUS-QUE-PARFAIT SURCOMPOSÉ [inusité]

CONDITIONNEL	INFINITIF	
PASSÉ J' *aurais* créé N. *aurions* créé	PRÉSENT Cré*er*	PASSÉ *Avoir* créé
PASSÉ SURCOMPOSÉ J' *aurais eu* créé N. *aurions eu* créé	PASSÉ SURCOMPOSÉ *Avoir eu* créé	

14 ESPÉRER base

	INDICATIF		SUBJONCTIF
A	PRÉSENT J' espèr*e* Tu espèr*es* Il espèr*e* N. espér*ons* V. espér*ez* Ils espèr*ent*	PASSÉ INDÉFINI J' *ai* espéré N. *avons* espéré PASSÉ SURCOMPOSÉ J' *ai* *eu* espéré N. *avons eu* espéré	PRÉSENT *Que* j' espèr*e* *Que* tu espèr*es* *Qu'* il espèr*e* *Que* n. espér*ions* *Que* v. espér*iez* *Qu'* ils espèr*ent*
B	IMPARFAIT J' espér*ais* Tu espér*ais* Il espér*ait* N. espér*ions* V. espér*iez* Ils espér*aient*	PLUS-QUE-PARFAIT J' *avais* espéré N. *avions* espéré PLUS-QUE-PARFAIT SURCOMPOSÉ J' *avais* *eu* espéré N. *avions eu* espéré	
C	PASSÉ DÉFINI J' espér*ai* Tu espér*as* Il espér*a* N. espér*âmes* V. espér*âtes* Ils espér*èrent*	PASSÉ ANTÉRIEUR J' *eus* espéré N. *eûmes* espéré PASSÉ ANTÉRIEUR SURCOMPOSÉ J' *eus* *eu* espéré N. *eûmes eu* espéré	IMPARFAIT *Que* j' espér*asse* *Que* tu espér*asses* *Qu'* il espér*ât* *Que* n. espér*assions* *Que* v. espér*assiez* *Qu'* ils espér*assent*
			CONDITIONNEL
D	FUTUR SIMPLE J' espér*erai* Tu espér*eras* Il espér*era* N. espér*erons* V. espér*erez* Ils espér*eront*	FUTUR ANTÉRIEUR J' *aurai* espéré N. *aurons* espéré FUTUR ANTÉRIEUR SURCOMPOSÉ J' *aurai* *eu* espéré N. *aurons eu* espéré	PRÉSENT J' espér*erais* Tu espér*erais* Il espér*erait* N. espér*erions* V. espér*eriez* Ils espér*eraient*

ESPÉR-

Ier groupe

SUBJONCTIF

PARFAIT

Que j' *aie* espér*é*
Que n. *ayons* espér*é*

PASSÉ SURCOMPOSÉ

Que j' *aie eu* espér*é*
Que n. *ayons eu* espér*é*

PLUS-QUE-PARFAIT

Que j' *eusse* espér*é*
Que n. *eussions* espér*é*

PLUS-QUE-PARFAIT SURCOMPOSÉ

[inusité]

IMPÉRATIF

PRÉSENT	PASSÉ
Espèr*e*	*Aie* espér*é*
Espér*ons*	*Ayons* espér*é*
Espér*ez*	*Ayez* espér*é*

PARTICIPE

PRÉSENT	PASSÉ
Espér*ant*	Espér*é*

PASSÉ COMPOSÉ	PASSÉ SURCOMPOSÉ
Ayant espér*é*	*Ayant eu* espér*é*

CONDITIONNEL

PASSÉ

J' *aurais* espér*é*
N. *aurions* espér*é*

PASSÉ SURCOMPOSÉ

J' *aurais eu* espér*é*
N. *aurions eu* espér*é*

INFINITIF

PRÉSENT	PASSÉ
Espér*er*	*Avoir* espér*é*

PASSÉ SURCOMPOSÉ

Avoir eu espér*é*

15 **SEMER** **base :**

	INDICATIF		SUBJONCTIF
A	PRÉSENT Je sèm*e* Tu sèm*es* Il sèm*e* N. sem*ons* V. sem*ez* Ils sèm*ent*	PASSÉ INDÉFINI J' *ai* semé N. *avons* semé PASSÉ SURCOMPOSÉ J' *ai* *eu* semé N. *avons eu* semé	PRÉSENT *Que* je sèm*e* *Que* tu sèm*es* *Qu'* il sèm*e* *Que* n. sem*ions* *Que* v. sem*iez* *Qu'* ils sèm*ent*
B	IMPARFAIT Je sem*ais* Tu sem*ais* Il sem*ait* N. sem*ions* V. sem*iez* Ils sem*aient*	PLUS-QUE-PARFAIT J' *avais* semé N. *avions* semé PLUS-QUE-PARFAIT SURCOMPOSÉ J' *avais* *eu* semé N. *avions eu* semé	
C	PASSÉ DÉFINI Je sem*ai* Tu sem*as* Il sem*a* N. sem*âmes* V. sem*âtes* Ils sem*èrent*	PASSÉ ANTÉRIEUR J' *eus* semé N. *eûmes* semé PASSÉ ANTÉRIEUR SURCOMPOSÉ J' *eus* *eu* semé N. *eûmes eu* semé	IMPARFAIT *Que* je sem*asse* *Que* tu sem*asses* *Qu'* il sem*ât* *Que* n. sem*assions* *Que* v. sem*assiez* *Qu'* ils sem*assent*
			CONDITIONNEL
D	FUTUR SIMPLE Je sèm*erai* Tu sèm*eras* Il sèm*era* N. sèm*erons* V. sèm*erez* Ils sèm*eront*	FUTUR ANTÉRIEUR J' *aurai* semé N. *aurons* semé FUTUR ANTÉRIEUR SURCOMPOSÉ J' *aurai* *eu* semé N. *aurons eu* semé	PRÉSENT Je sèm*erais* Tu sèm*erais* Il sèm*erait* N. sèm*erions* V. sèm*eriez* Ils sèm*eraient*

SUBJONCTIF	IMPÉRATIF	
	PRÉSENT	**PASSÉ**
PARFAIT *Que* j' *aie* semé *Que* n. *ayons* semé	Sème	*Aie* semé
PASSÉ SURCOMPOSÉ *Que* j' *aie* *eu* semé *Que* n. *ayons eu* semé	Semons Semez	*Ayons* semé *Ayez* semé
PLUS-QUE-PARFAIT *Que* j' *eusse* semé *Que* n. *eussions* semé		
PLUS-QUE-PARFAIT SURCOMPOSÉ [inusité]		

PARTICIPE	
PRÉSENT Semant	**PASSÉ** Semé
PASSÉ COMPOSÉ *Ayant* semé	**PASSÉ SURCOMPOSÉ** *Ayant eu* semé

CONDITIONNEL	INFINITIF	
	PRÉSENT	**PASSÉ**
PASSÉ J' *aurais* semé N. *aurions* semé	Semer	*Avoir* semé
PASSÉ SURCOMPOSÉ J' *aurais eu* semé N. *aurions eu* semé	**PASSÉ SURCOMPOSÉ** *Avoir eu* semé	

16	APPELER		base :
	INDICATIF		SUBJONCTIF
A	PRÉSENT J' appell*e* Tu appell*es* Il appell*e* N. appel*ons* V. appel*ez* Ils appell*ent*	PASSÉ INDÉFINI J' *ai* appelé N. *avons* appelé PASSÉ SURCOMPOSÉ J' *ai* *eu* appelé N. *avons eu* appelé	PRÉSENT *Que* j' appell*e* *Que* tu appell*es* *Qu'* il appell*e* *Que* n. appel*ions* *Que* v. appel*iez* *Qu'* ils appell*ent*
B	IMPARFAIT J' appel*ais* Tu appel*ais* Il appel*ait* N. appel*ions* V. appel*iez* Ils appel*aient*	PLUS-QUE-PARFAIT J' *avais* appelé N. *avions* appelé PLUS-QUE-PARFAIT SURCOMPOSÉ J' *avais* *eu* appelé N. *avions eu* appelé	
C	PASSÉ DÉFINI J' appel*ai* Tu appel*as* Il appel*a* N. appel*âmes* V. appel*âtes* Ils appel*èrent*	PASSÉ ANTÉRIEUR J' *eus* appelé N. *eûmes* appelé PASSÉ ANTÉRIEUR SURCOMPOSÉ J' *eus* *eu* appelé N. *eûmes eu* appelé	IMPARFAIT *Que* j' appel*asse* *Que* tu appel*asses* *Qu'* il appel*ât* *Que* n. appel*assions* *Que* v. appel*assiez* *Qu'* ils appel*assent*
D	FUTUR SIMPLE J' appell*erai* Tu appell*eras* Il appell*era* N. appell*erons* V. appell*erez* Ils appell*eront*	FUTUR ANTÉRIEUR J' *aurai* appelé N. *aurons* appelé FUTUR ANTÉRIEUR SURCOMPOSÉ J' *aurai* *eu* appelé N. *aurons eu* appelé	CONDITIONNEL PRÉSENT J' appell*erais* Tu appell*erais* Il appell*erait* N. appell*erions* V. appell*eriez* Ils appell*eraient*

APPEL- **1er groupe**

SUBJONCTIF	IMPÉRATIF	
PARFAIT *Que* j' *aie* appel*é* *Que* n. *ayons* appel*é*	PRÉSENT Appell*e*	PASSÉ *Aie* appel*é*
PASSÉ SURCOMPOSÉ *Que* j' *aie eu* appel*é* *Que* n. *ayons eu* appel*é*	Appel*ons* Appel*ez*	*Ayons* appel*é* *Ayez* appel*é*
PLUS-QUE-PARFAIT *Que* j' *eusse* appel*é* *Que* n. *eussions* appel*é*		
PLUS-QUE-PARFAIT SURCOMPOSÉ [inusité]		

PARTICIPE	
PRÉSENT Appel*ant*	PASSÉ Appel*é*
PASSÉ COMPOSÉ *Ayant* appel*é*	PASSÉ SURCOMPOSÉ *Ayant eu* appel*é*

CONDITIONNEL	INFINITIF	
PASSÉ J' *aurais* appel*é* N. *aurions* appel*é*	PRÉSENT Appel*er*	PASSÉ *Avoir* appel*é*
PASSÉ SURCOMPOSÉ J' *aurais eu* appel*é* N. *aurions eu* appel*é*	PASSÉ SURCOMPOSÉ *Avoir eu* appel*é*	

17	**PELER**		base :
	INDICATIF		**SUBJONCTIF**
A	PRÉSENT Je pèl*e* Tu pèl*es* Il pèl*e* N. pel*ons* V. pel*ez* Ils pèl*ent*	PASSÉ INDÉFINI J' *ai* pelé N. *avons* pelé PASSÉ SURCOMPOSÉ J' *ai* *eu* pelé N. *avons eu* pelé	PRÉSENT *Que* je pèl*e* *Que* tu pèl*es* *Qu'* il pèl*e* *Que* n. pel*ions* *Que* v. pel*iez* *Qu'* ils pèl*ent*
B	IMPARFAIT Je pel*ais* Tu pel*ais* Il pel*ait* N. pel*ions* V. pel*iez* Ils pel*aient*	PLUS-QUE-PARFAIT J' *avais* pelé N. *avions* pelé PLUS-QUE-PARFAIT SURCOMPOSÉ J' *avais* *eu* pelé N. *avions eu* pelé	
C	PASSÉ DÉFINI Je pel*ai* Tu pel*as* Il pel*a* N. pel*âmes* V. pel*âtes* Ils pel*èrent*	PASSÉ ANTÉRIEUR J' *eus* pelé N. *eûmes* pelé PASSÉ ANTÉRIEUR SURCOMPOSÉ J' *eus* *eu* pelé N. *eûmes eu* pelé	IMPARFAIT *Que* je pel*asse* *Que* tu pel*asses* *Qu'* il pel*ât* *Que* n. pel*assions* *Que* v. pel*assiez* *Qu'* ils pel*assent*
D	FUTUR SIMPLE Je pèl*erai* Tu pèl*eras* Il pèl*era* N. pèl*erons* V. pèl*erez* Ils pèl*eront*	FUTUR ANTÉRIEUR J' *aurai* pelé N. *aurons* pelé FUTUR ANTÉRIEUR SURCOMPOSÉ J' *aurai* *eu* pelé N. *aurons eu* pelé	**CONDITIONNEL** PRÉSENT Je pèl*erais* Tu pèl*erais* Il pèl*erait* N. pèl*erions* V. pèl*eriez* Ils pèl*eraient*

SUBJONCTIF

PARFAIT

Que j' *aie* pelé
Que n. *ayons* pelé

PASSÉ SURCOMPOSÉ

Que j' *aie* *eu* pelé
Que n. *ayons* *eu* pelé

PLUS-QUE-PARFAIT

Que j' *eusse* pelé
Que n. *eussions* pelé

PLUS-QUE-PARFAIT SURCOMPOSÉ

[inusité]

IMPÉRATIF

PRÉSENT	PASSÉ
Pèl*e*	*Aie* pelé
Pel*ons*	*Ayons* pelé
Pel*ez*	*Ayez* pelé

PARTICIPE

PRÉSENT	PASSÉ
Pel*ant*	Pelé
PASSÉ COMPOSÉ	**PASSÉ SURCOMPOSÉ**
Ayant pelé	*Ayant eu* pelé

CONDITIONNEL

PASSÉ

J' *aurais* pelé
N. *aurions* pelé

PASSÉ SURCOMPOSÉ

J' *aurais* *eu* pelé
N. *aurions* *eu* pelé

INFINITIF

PRÉSENT	PASSÉ
Pel*er*	*Avoir* pelé

PASSÉ SURCOMPOSÉ

Avoir eu pelé

18 JETER base

	INDICATIF		SUBJONCTIF
A	PRÉSENT Je jett*e* Tu jett*es* Il jett*e* N. jet*ons* V. jet*ez* Ils jett*ent*	PASSÉ INDÉFINI J' *ai* jeté N. *avons* jeté PASSÉ SURCOMPOSÉ J' *ai* *eu* jeté N. *avons eu* jeté	PRÉSENT *Que* je jett*e* *Que* tu jett*es* *Qu'* il jett*e* *Que* n. jet*ions* *Que* v. jet*iez* *Qu'* ils jett*ent*
B	IMPARFAIT Je jet*ais* Tu jet*ais* Il jet*ait* N. jet*ions* V. jet*iez* Ils jet*aient*	PLUS-QUE-PARFAIT J' *avais* jeté N. *avions* jeté PLUS-QUE-PARFAIT SURCOMPOSÉ J' *avais* *eu* jeté N. *avions eu* jeté	
C	PASSÉ DÉFINI Je jet*ai* Tu jet*as* Il jet*a* N. jet*âmes* V. jet*âtes* Ils jet*èrent*	PASSÉ ANTÉRIEUR J' *eus* jeté N. *eûmes* jeté PASSÉ ANTÉRIEUR SURCOMPOSÉ J' *eus* *eu* jeté N. *eûmes eu* jeté	IMPARFAIT *Que* je jet*asse* *Que* tu jet*asses* *Qu'* il jet*ât* *Que* n. jet*assions* *Que* v. jet*assiez* *Qu'* ils jet*assent*
			CONDITIONNEL
D	FUTUR SIMPLE Je jett*erai* Tu jett*eras* Il jett*era* N. jett*erons* V. jett*erez* Ils jett*eront*	FUTUR ANTÉRIEUR J' *aurai* jeté N. *aurons* jeté FUTUR ANTÉRIEUR SURCOMPOSÉ J' *aurai* *eu* jeté N. *aurons eu* jeté	PRÉSENT Je jett*erais* Tu jett*erais* Il jett*erait* N. jett*erions* V. jett*eriez* Ils jett*eraient*

SUBJONCTIF

PARFAIT

Que j' *aie* jeté
Que n. *ayons* jeté

PASSÉ SURCOMPOSÉ

Que j' *aie eu* jeté
Que n. *ayons eu* jeté

PLUS-QUE-PARFAIT

Que j' *eusse* jeté
Que n. *eussions* jeté

PLUS-QUE-PARFAIT SURCOMPOSÉ

[inusité]

IMPÉRATIF

PRÉSENT	PASSÉ
Jett*e*	*Aie* jeté
Jet*ons*	*Ayons* jeté
Jet*ez*	*Ayez* jeté

PARTICIPE

PRÉSENT	PASSÉ
Jet*ant*	Jeté

PASSÉ COMPOSÉ	PASSÉ SURCOMPOSÉ
Ayant jeté	*Ayant eu* jeté

CONDITIONNEL

PASSÉ

J' *aurais* jeté
N. *aurions* jeté

PASSÉ SURCOMPOSÉ

J' *aurais eu* jeté
N. *aurions eu* jeté

INFINITIF

PRÉSENT	PASSÉ
Jet*er*	*Avoir* jeté

PASSÉ SURCOMPOSÉ

Avoir eu jeté

19 ACHETER

base :

	INDICATIF		SUBJONCTIF
A	PRÉSENT J' achèt*e* Tu achèt*es* Il achèt*e* N. achet*ons* V. achet*ez* Ils achèt*ent*	PASSÉ INDÉFINI J' *ai* acheté N. *avons* acheté PASSÉ SURCOMPOSÉ J' *ai* *eu* acheté N. *avons eu* acheté	PRÉSENT *Que* j' achèt*e* *Que* tu achèt*es* *Qu'* il achèt*e* *Que* n. achet*ions* *Que* v. achet*iez* *Qu'* ils achèt*ent*
B	IMPARFAIT J' achet*ais* Tu achet*ais* Il achet*ait* N. achet*ions* V. achet*iez* Ils achet*aient*	PLUS-QUE-PARFAIT J' *avais* acheté N. *avions* acheté PLUS-QUE-PARFAIT SURCOMPOSÉ J' *avais* *eu* acheté N. *avions eu* acheté	
C	PASSÉ DÉFINI J' achet*ai* Tu achet*as* Il achet*a* N. achet*âmes* V. achet*âtes* Ils achet*èrent*	PASSÉ ANTÉRIEUR J' *eus* acheté N. *eûmes* acheté PASSÉ ANTÉRIEUR SURCOMPOSÉ J' *eus* *eu* acheté N. *eûmes eu* acheté	IMPARFAIT *Que* j' achet*asse* *Que* tu achet*asses* *Qu'* il achet*ât* *Que* n. achet*assions* *Que* v. achet*assiez* *Qu'* ils achet*assent*
			CONDITIONNEL
D	FUTUR SIMPLE J' achèt*erai* Tu achèt*eras* Il achèt*era* N. achèt*erons* V. achèt*erez* Ils achèt*eront*	FUTUR ANTÉRIEUR J' *aurai* acheté N. *aurons* acheté FUTUR ANTÉRIEUR SURCOMPOSÉ J' *aurai* *eu* acheté N. *aurons eu* acheté	PRÉSENT J' achèt*erais* Tu achèt*erais* Il achèt*erait* N. achèt*erions* V. achèt*eriez* Ils achèt*eraient*

ACHET- 1er groupe

SUBJONCTIF

PARFAIT

Que j' *aie* acheté
Que n. *ayons* acheté

PASSÉ SURCOMPOSÉ

Que j' *aie* *eu* acheté
Que n. *ayons* *eu* acheté

PLUS-QUE-PARFAIT

Que j' *eusse* acheté
Que n. *eussions* acheté

PLUS-QUE-PARFAIT SURCOMPOSÉ

[inusité]

IMPÉRATIF

PRÉSENT	PASSÉ
Achèt*e*	*Aie* acheté
Achet*ons*	*Ayons* acheté
Achet*ez*	*Ayez* acheté

PARTICIPE

PRÉSENT	PASSÉ
Achet*ant*	Achet*é*

PASSÉ COMPOSÉ	PASSÉ SURCOMPOSÉ
Ayant acheté	*Ayant eu* acheté

CONDITIONNEL

PASSÉ

J' *aurais* acheté
N. *aurions* acheté

PASSÉ SURCOMPOSÉ

J' *aurais* *eu* acheté
N. *aurions* *eu* acheté

INFINITIF

PRÉSENT	PASSÉ
Achet*er*	*Avoir* acheté

PASSÉ SURCOMPOSÉ

Avoir eu acheté

20 RAPIÉCER base :

	INDICATIF		SUBJONCTIF
A	PRÉSENT Je rapièc*e* Tu rapièc*es* Il rapièc*e* N. rapiéç*ons* V. rapiéc*ez* Ils rapièc*ent*	PASSÉ INDÉFINI J' *ai* rapiécé N. *avons* rapiécé PASSÉ SURCOMPOSÉ J' *ai* *eu* rapiécé N. *avons eu* rapiécé	PRÉSENT *Que* je rapièc*e* *Que* tu rapièc*es* *Qu'* il rapièc*e* *Que* n. rapiéc*ions* *Que* v. rapiéc*iez* *Qu'* ils rapièc*ent*
B	IMPARFAIT Je rapiéç*ais* Tu rapiéç*ais* Il rapiéç*ait* N. rapiéc*ions* V. rapiéc*iez* Ils rapiéç*aient*	PLUS-QUE-PARFAIT J' *avais* rapiécé N. *avions* rapiécé PLUS-QUE-PARFAIT SURCOMPOSÉ J' *avais* *eu* rapiécé N. *avions eu* rapiécé	
C	PASSÉ DÉFINI Je rapiéç*ai* Tu rapiéç*as* Il rapiéç*a* N. rapiéç*âmes* V. rapiéç*âtes* Ils rapiéc*èrent*	PASSÉ ANTÉRIEUR J' *eus* rapiécé N. *eûmes* rapiécé PASSÉ ANTÉRIEUR SURCOMPOSÉ J' *eus* *eu* rapiécé N. *eûmes eu* rapiécé	IMPARFAIT *Que* je rapiéç*asse* *Que* tu rapiéç*asses* *Qu'* il rapiéç*ât* *Que* n. rapiéç*assions* *Que* v. rapiéç*assiez* *Qu'* ils rapiéç*assent*
D	FUTUR SIMPLE Je rapiéc*erai* Tu rapiéc*eras* Il rapiéc*era* N. rapiéc*erons* V. rapiéc*erez* Ils rapiéc*eront*	FUTUR ANTÉRIEUR J' *aurai* rapiécé N. *aurons* rapiécé FUTUR ANTÉRIEUR SURCOMPOSÉ J' *aurai* *eu* rapiécé N. *aurons eu* rapiécé	CONDITIONNEL PRÉSENT Je rapiéc*erais* Tu rapiéc*erais* Il rapiéc*erait* N. rapiéc*erions* V. rapiéc*eriez* Ils rapiéc*eraient*

SUBJONCTIF

PARFAIT

Que j' *aie* rapiéc*é*
Que n. *ayons* rapiéc*é*

PASSÉ SURCOMPOSÉ

Que j' *aie* *eu* rapiéc*é*
Que n. *ayons* *eu* rapiéc*é*

PLUS-QUE-PARFAIT

Que j' *eusse* rapiéc*é*
Que n. *eussions* rapiéc*é*

PLUS-QUE-PARFAIT SURCOMPOSÉ

[inusité]

IMPÉRATIF

PRÉSENT	PASSÉ
Rapièc*e*	*Aie* rapiéc*é*
Rapiéç*ons*	*Ayons* rapiéc*é*
Rapiéc*ez*	*Ayez* rapiéc*é*

PARTICIPE

PRÉSENT	PASSÉ
Rapiéç*ant*	Rapiéc*é*

PASSÉ COMPOSÉ	PASSÉ SURCOMPOSÉ
Ayant rapiéc*é*	*Ayant eu* rapiéc*é*

CONDITIONNEL

PASSÉ

J' *aurais* rapiéc*é*
N. *aurions* rapiéc*é*

PASSÉ SURCOMPOSÉ

J' *aurais* *eu* rapiéc*é*
N. *aurions* *eu* rapiéc*é*

INFINITIF

PRÉSENT	PASSÉ
Rapiéc*er*	*Avoir* rapiéc*é*

PASSÉ SURCOMPOSÉ

Avoir eu rapiéc*é*

21 DÉPECER

base :

	INDICATIF		SUBJONCTIF
A	PRÉSENT Je dépèc*e* Tu dépèc*es* Il dépèc*e* N. dépeç*ons* V. dépec*ez* Ils dépèc*ent*	PASSÉ INDÉFINI J' *ai* dépec*é* N. *avons* dépec*é* PASSÉ SURCOMPOSÉ J' *ai* *eu* dépecé N. *avons eu* dépecé	PRÉSENT *Que* je dépèc*e* *Que* tu dépèc*es* *Qu'* il dépèc*e* *Que* n. dépec*ions* *Que* v. dépec*iez* *Qu'* ils dépèc*ent*
B	IMPARFAIT Je dépeç*ais* Tu dépeç*ais* Il dépeç*ait* N. dépec*ions* V. dépec*iez* Ils dépeç*aient*	PLUS-QUE-PARFAIT J' *avais* dépecé N. *avions* dépecé PLUS-QUE-PARFAIT SURCOMPOSÉ J' *avais eu* dépecé N. *avions eu* dépecé	
C	PASSÉ DÉFINI Je dépeç*ai* Tu dépeç*as* Il dépeç*a* N. dépeç*âmes* V. dépeç*âtes* Ils dépec*èrent*	PASSÉ ANTÉRIEUR J' *eus* dépecé N. *eûmes* dépecé PASSÉ ANTÉRIEUR SURCOMPOSÉ J' *eus eu* dépecé N. *eûmes eu* dépecé	IMPARFAIT *Que* je dépeç*asse* *Que* tu dépeç*asses* *Qu'* il dépeç*ât* *Que* n. dépeç*assions* *Que* v. dépeç*assiez* *Qu'* ils dépeç*assent*
D	FUTUR SIMPLE Je dépèc*erai* Tu dépèc*eras* Il dépèc*era* N. dépèc*erons* V. dépèc*erez* Ils dépèc*eront*	FUTUR ANTÉRIEUR J' *aurai* dépecé N. *aurons* dépecé FUTUR ANTÉRIEUR SURCOMPOSÉ J' *aurai eu* dépecé N. *aurons eu* dépecé	CONDITIONNEL PRÉSENT Je dépèc*erais* Tu dépèc*erais* Il dépèc*erait* N. dépèc*erions* V. dépèc*eriez* Ils dépèc*eraient*

DÉPE**C**-

1er groupe

SUBJONCTIF

PARFAIT

Que j' *aie* dépec*é*
Que n. *ayons* dépec*é*

PASSÉ SURCOMPOSÉ

Que j' *aie* *eu* dépec*é*
Que n. *ayons* *eu* dépec*é*

PLUS-QUE-PARFAIT

Que j' *eusse* dépec*é*
Que n. *eussions* dépec*é*

PLUS-QUE-PARFAIT SURCOMPOSÉ

[inusité]

IMPÉRATIF

PRÉSENT	PASSÉ
Dépèc*e*	*Aie* dépec*é*
Dépeç*ons*	*Ayons* dépec*é*
Dépec*ez*	*Ayez* dépec*é*

PARTICIPE

PRÉSENT	PASSÉ
Dépeç*ant*	Dépec*é*

PASSÉ COMPOSÉ	PASSÉ SURCOMPOSÉ
Ayant dépec*é*	*Ayant eu* dépec*é*

CONDITIONNEL

PASSÉ

J' *aurais* dépec*é*
N. *aurions* dépec*é*

PASSÉ SURCOMPOSÉ

J' *aurais* *eu* dépec*é*
N. *aurions* *eu* dépec*é*

INFINITIF

PRÉSENT	PASSÉ
Dépec*er*	*Avoir* dépec*é*

PASSÉ SURCOMPOSÉ

Avoir eu dépec*é*

22 ALLÉGUER

base :

	INDICATIF		SUBJONCTIF
A	PRÉSENT J' allègu*e* Tu allègu*es* Il allègu*e* N. allégu*ons* V. allégu*ez* Ils allègu*ent*	PASSÉ INDÉFINI J' *ai* allégu*é* N. *avons* allégu*é* PASSÉ SURCOMPOSÉ J' *ai* *eu* allégu*é* N. *avons eu* allégu*é*	PRÉSENT *Que* j' allègu*e* *Que* tu allègu*es* *Qu'* il allègu*e* *Que* n. allégu*ions* *Que* v. allégu*iez* *Qu'* ils allègu*ent*
B	IMPARFAIT J' allégu*ais* Tu allégu*ais* Il allégu*ait* N. allégu*ions* V. allégu*iez* Ils allégu*aient*	PLUS-QUE-PARFAIT J' *avais* allégu*é* N. *avions* allégu*é* PLUS-QUE-PARFAIT SURCOMPOSÉ J' *avais* *eu* allégu*é* N. *avions eu* allégu*é*	
C	PASSÉ DÉFINI J' allégu*ai* Tu allégu*as* Il allégu*a* N. allégu*âmes* V. allégu*âtes* Ils allégu*èrent*	PASSÉ ANTÉRIEUR J' *eus* allégu*é* N. *eûmes* allégu*é* PASSÉ ANTÉRIEUR SURCOMPOSÉ J' *eus* *eu* allégu*é* N. *eûmes eu* allégu*é*	IMPARFAIT *Que* j' allégu*asse* *Que* tu allégu*asses* *Qu'* il allégu*ât* *Que* n. allégu*assions* *Que* v. allégu*assiez* *Qu'* ils allégu*assent*
D	FUTUR SIMPLE J' allégu*erai* Tu allégu*eras* Il allégu*era* N. allégu*erons* V. allégu*erez* Ils allégu*eront*	FUTUR ANTÉRIEUR J' *aurai* allégu*é* N. *aurons* allégu*é* FUTUR ANTÉRIEUR SURCOMPOSÉ J' *aurai* *eu* allégu*é* N. *aurons eu* allégu*é*	CONDITIONNEL PRÉSENT J' allégu*erais* Tu allégu*erais* Il allégu*erait* N. allégu*erions* V. allégu*eriez* Ils allégu*eraient*

SUBJONCTIF

PARFAIT

Que j' *aie* allégu*é*
Que n. *ayons* allégu*é*

PASSÉ SURCOMPOSÉ

Que j' *aie eu* allégu*é*
Que n. *ayons eu* allégu*é*

PLUS-QUE-PARFAIT

Que j' *eusse* allégu*é*
Que n. *eussions* allégu*é*

PLUS-QUE-PARFAIT SURCOMPOSÉ

[inusité]

IMPÉRATIF

PRÉSENT	PASSÉ
Allègu*e*	*Aie* allégu*é*
Allégu*ons*	*Ayons* allégu*é*
Allégu*ez*	*Ayez* allégu*é*

PARTICIPE

PRÉSENT	PASSÉ
Allégu*ant*	Allégu*é*

PASSÉ COMPOSÉ	PASSÉ SURCOMPOSÉ
Ayant allégu*é*	*Ayant eu* allégu*é*

CONDITIONNEL

PASSÉ

J' *aurais* allégu*é*
N. *aurions* allégu*é*

PASSÉ SURCOMPOSÉ

J' *aurais eu* allégu*é*
N. *aurions eu* allégu*é*

INFINITIF

PRÉSENT	PASSÉ
Allégu*er*	*Avoir* allégu*é*

PASSÉ SURCOMPOSÉ

Avoir eu allégu*é*

23 ABRÉGER base

	INDICATIF		SUBJONCTIF
A	PRÉSENT J' abrèg*e* Tu abrèg*es* Il abrèg*e* N. abrége*ons* V. abrég*ez* Ils abrèg*ent*	PASSÉ INDÉFINI J' *ai* abrég*é* N. *avons* abrégé PASSÉ SURCOMPOSÉ J' *ai* *eu* abrégé N. *avons eu* abrégé	PRÉSENT *Que* j' abrèg*e* *Que* tu abrèg*es* *Qu'* il abrèg*e* *Que* n. abrég*ions* *Que* v. abrég*iez* *Qu'* ils abrèg*ent*
B	IMPARFAIT J' abrége*ais* Tu abrége*ais* Il abrége*ait* N. abrég*ions* V. abrég*iez* Ils abrége*aient*	PLUS-QUE-PARFAIT J' *avais* abrég*é* N. *avions* abrégé PLUS-QUE-PARFAIT SURCOMPOSÉ J' *avais* *eu* abrégé N. *avions eu* abrégé	
C	PASSÉ DÉFINI J' abrége*ai* Tu abrége*as* Il abrége*a* N. abrége*âmes* V. abrége*âtes* Ils abrég*èrent*	PASSÉ ANTÉRIEUR J' *eus* abrégé N. *eûmes* abrégé PASSÉ ANTÉRIEUR SURCOMPOSÉ J' *eus* *eu* abrégé N. *eûmes eu* abrégé	IMPARFAIT *Que* j' abrége*asse* *Que* tu abrége*asses* *Qu'* il abrége*ât* *Que* n. abrége*assions* *Que* v. abrége*assiez* *Qu'* ils abrége*assent*
D	FUTUR SIMPLE J' abrég*erai* Tu abrég*eras* Il abrég*era* N. abrég*erons* V. abrég*erez* Ils abrég*eront*	FUTUR ANTÉRIEUR J' *aurai* abrégé N. *aurons* abrégé FUTUR ANTÉRIEUR SURCOMPOSÉ J' *aurai* *eu* abrégé N. *aurons eu* abrégé	CONDITIONNEL PRÉSENT J' abrég*erais* Tu abrég*erais* Il abrég*erait* N. abrég*erions* V. abrég*eriez* Ils abrég*eraient*

SUBJONCTIF	IMPÉRATIF	
	PRÉSENT	**PASSÉ**
PARFAIT *Que* j' *aie* abrégé *Que* n. *ayons* abrégé	Abrèg*e*	*Aie* abrégé
PASSÉ SURCOMPOSÉ *Que* j' *aie eu* abrégé *Que* n. *ayons eu* abrégé	Abrég*eons* Abrég*ez*	*Ayons* abrégé *Ayez* abrégé
PLUS-QUE-PARFAIT *Que* j' *eusse* abrégé *Que* n. *eussions* abrégé		
PLUS-QUE-PARFAIT SURCOMPOSÉ [inusité]		

PARTICIPE	
PRÉSENT Abrég*eant*	**PASSÉ** Abrég*é*
PASSÉ COMPOSÉ *Ayant* abrégé	**PASSÉ SURCOMPOSÉ** *Ayant eu* abrégé

CONDITIONNEL	INFINITIF	
	PRÉSENT	**PASSÉ**
PASSÉ J' *aurais* abrégé N. *aurions* abrégé	Abrég*er*	*Avoir* abrégé
PASSÉ SURCOMPOSÉ J' *aurais eu* abrégé N. *aurions eu* abrégé	**PASSÉ SURCOMPOSÉ** *Avoir eu* abrégé	

24 ENVOYER base

	INDICATIF		SUBJONCTIF
A	PRÉSENT J' envoi*e* Tu envoi*es* Il envoi*e* N. envoy*ons* V. envoy*ez* Ils envoi*ent*	PASSÉ INDÉFINI J' *ai* envoyé N. *avons* envoyé PASSÉ SURCOMPOSÉ J' *ai* *eu* envoyé N. *avons eu* envoyé	PRÉSENT *Que* j' envoi*e* *Que* tu envoi*es* *Qu'* il envoi*e* *Que* n. envoy*ions* *Que* v. envoy*iez* *Qu'* ils envoi*ent*
B	IMPARFAIT J' envoy*ais* Tu envoy*ais* Il envoy*ait* N. envoy*ions* V. envoy*iez* Ils envoy*aient*	PLUS-QUE-PARFAIT J' *avais* envoyé N. *avions* envoyé PLUS-QUE-PARFAIT SURCOMPOSÉ J' *avais eu* envoyé N. *avions eu* envoyé	
C	PASSÉ DÉFINI J' envoy*ai* Tu envoy*as* Il envoy*a* N. envoy*âmes* V. envoy*âtes* Ils envoy*èrent*	PASSÉ ANTÉRIEUR J' *eus* envoyé N. *eûmes* envoyé PASSÉ ANTÉRIEUR SURCOMPOSÉ J' *eus eu* envoyé N. *eûmes eu* envoyé	IMPARFAIT *Que* j' envoy*asse* *Que* tu envoy*asses* *Qu'* il envoy*ât* *Que* n. envoy*assions* *Que* v. envoy*assiez* *Qu'* ils envoy*assent*
			CONDITIONNEL
D	FUTUR SIMPLE J' enver*rai* Tu enver*ras* Il enver*ra* N. enver*rons* V. enver*rez* Ils enver*ront*	FUTUR ANTÉRIEUR J' *aurai* envoyé N. *aurons* envoyé FUTUR ANTÉRIEUR SURCOMPOSÉ J' *aurai eu* envoyé N. *aurons eu* envoyé	PRÉSENT J' enver*rais* Tu enver*rais* Il enver*rait* N. enver*rions* V. enver*riez* Ils enver*raient*

SUBJONCTIF	IMPÉRATIF	
PARFAIT *Que* j' *aie* envoyé *Que* n. *ayons* envoyé	PRÉSENT Envoi*e*	PASSÉ *Aie* envoyé
PASSÉ SURCOMPOSÉ *Que* j' *aie* *eu* envoyé *Que* n. *ayons eu* envoyé	Envoy*ons* Envoy*ez*	*Ayons* envoyé *Ayez* envoyé
PLUS-QUE-PARFAIT *Que* j' *eusse* envoyé *Que* n. *eussions* envoyé		
PLUS-QUE-PARFAIT SURCOMPOSÉ [inusité]		

PARTICIPE	
PRÉSENT Envoy*ant*	PASSÉ Envoy*é*
PASSÉ COMPOSÉ *Ayant* envoyé	PASSÉ SURCOMPOSÉ *Ayant eu* envoyé

CONDITIONNEL	INFINITIF	
PASSÉ J' *aurais* envoyé N. *aurions* envoyé	PRÉSENT Envoy*er*	PASSÉ *Avoir* envoyé
PASSÉ SURCOMPOSÉ J' *aurais eu* envoyé N. *aurions eu* envoyé	PASSÉ SURCOMPOSÉ *Avoir eu* envoyé	

25 ALLER

bases :

	INDICATIF		SUBJONCTIF
A	PRÉSENT Je v*ais* Tu v*as* Il v*a* N. all*ons* V. all*ez* Ils v*ont*	PASSÉ INDÉFINI Je *suis* all*é* Tu *es* all*é* Il *est* all*é* N. *sommes* all*és* V. *êtes* all*és* Ils *sont* all*és*	PRÉSENT *Que* j' aill*e* *Que* tu aill*es* *Qu'* il aill*e* *Que* n. all*ions* *Que* v. all*iez* *Qu'* ils aill*ent*
B	IMPARFAIT J' all*ais* Tu all*ais* Il all*ait* N. all*ions* V. all*iez* Ils all*aient*	PLUS-QUE-PARFAIT J' *étais* all*é* Tu *étais* all*é* Il *était* all*é* N. *étions* all*és* V. *étiez* all*és* Ils *étaient* all*és*	
C	PASSÉ DÉFINI J' all*ai* Tu all*as* Il all*a* N. all*âmes* V. all*âtes* Ils all*èrent*	PASSÉ ANTÉRIEUR Je *fus* all*é* Tu *fus* all*é* Il *fut* all*é* N. *fûmes* all*és* V. *fûtes* all*és* Ils *furent* all*és*	IMPARFAIT *Que* j' all*asse* *Que* tu all*asses* *Qu'* il all*ât* *Que* n. all*assions* *Que* v. all*assiez* *Qu'* ils all*assent*
			CONDITIONNEL
D	FUTUR SIMPLE J' i*rai* Tu i*ras* Il i*ra* N. i*rons* V. i*rez* Ils i*ront*	FUTUR ANTÉRIEUR Je *serai* all*é* Tu *seras* all*é* Il *sera* all*é* N. *serons* all*és* V. *serez* all*és* Ils *seront* all*és*	PRÉSENT J' i*rais* Tu i*rais* Il i*rait* N. i*rions* V. i*riez* Ils i*raient*

SUBJONCTIF

PARFAIT

Que je *sois* allé
Que tu *sois* allé
Qu' il *soit* allé

Que n. *soyons* allés
Que v. *soyez* allés
Qu' ils *soient* allés

PLUS-QUE-PARFAIT

Que je *fusse* allé
Que tu *fusses* allé
Qu' il *fût* allé

Que n. *fussions* allés
Que v. *fussiez* allés
Qu' ils *fussent* allés

IMPÉRATIF

PRÉSENT	PASSÉ
V*a*	*Sois* allé
All*ons*	*Soyons* allés
All*ez*	*Soyez* allés

PARTICIPE

PRÉSENT	PASSÉ
All*ant*	All*é*

PASSÉ COMPOSÉ

Étant allé

CONDITIONNEL

PASSÉ

Je *serais* allé
Tu *serais* allé
Il *serait* allé

N. *serions* allés
V. *seriez* allés
Ils *seraient* allés

INFINITIF

PRÉSENT	PASSÉ
All*er*	*Être* allé

26 SALIR — base : SAL- — 2e groupe

A

INDICATIF		SUBJONCTIF		IMPÉRATIF	
PRÉSENT	PASSÉ INDÉFINI	PRÉSENT	PARFAIT	PRÉSENT	PASSÉ
Je sal*is*	J' *ai* sal*i*	*Que* je sal*isse*	*Que* j' *aie* sal*i*		
Tu sal*is*	Tu *as* sal*i*	*Que* tu sal*isses*	*Que* tu *aies* sal*i*	Sal*is*	*Aie* sal*i*
Il sal*it*	Il *a* sal*i*	*Qu'* il sal*isse*	*Qu'* il *ait* sal*i*		
N. sal*issons*	N. *avons* sal*i*	*Que* n. sal*issions*	*Que* n. *ayons* sal*i*	Sal*issons*	*Ayons* sal*i*
V. sal*issez*	V. *avez* sal*i*	*Que* v. sal*issiez*	*Que* v. *ayez* sal*i*	Sal*issez*	*Ayez* sal*i*
Ils sal*issent*	Ils *ont* sal*i*	*Qu'* ils sal*issent*	*Qu'* ils *aient* sal*i*		

PASSÉ SURCOMPOSÉ	PARFAIT SURCOMPOSÉ
J' *ai* *eu* sal*i*	*Que* j' *aie* *eu* sal*i*
Tu *as* *eu* sal*i*	*Que* tu *aies* *eu* sal*i*
Il *a* *eu* sal*i*	*Qu'* il *ait* *eu* sal*i*
N. *avons* *eu* sal*i*	*Que* n. *ayons* *eu* sal*i*
V. *avez* *eu* sal*i*	*Que* v. *ayez* *eu* sal*i*
Ils *ont* *eu* sal*i*	*Qu'* ils *aient* *eu* sal*i*

B

IMPARFAIT	PLUS-QUE-PARFAIT
Je sal*issais*	J' *avais* sal*i*
Tu sal*issais*	Tu *avais* sal*i*
Il sal*issait*	Il *avait* sal*i*
N. sal*issions*	N. *avions* sal*i*
V. sal*issiez*	V. *aviez* sal*i*
Ils sal*issaient*	Ils *avaient* sal*i*

PLUS-QUE-PARFAIT SURCOMPOSÉ

J' *avais* *eu* sal*i*
Tu *avais* *eu* sal*i*
Il *avait* *eu* sal*i*
N. *avions* *eu* sal*i*
V. *aviez* *eu* sal*i*
Ils *avaient* *eu* sal*i*

PARTICIPE

PRÉSENT	PASSÉ
Sal*issant*	*Ayant* sal*i*
PASSÉ COMPOSÉ	PASSÉ SURCOMPOSÉ
Ayant sal*i*	*Ayant eu* sal*i*

C

PASSÉ DÉFINI	PASSÉ ANTÉRIEUR	IMPARFAIT	PLUS-QUE-PARFAIT
Je sal*is*	J' *eus* sal*i*	*Que* je sal*isse*	*Que* j' *eusse* sal*i*
Tu sal*is*	Tu *eus* sal*i*	*Que* tu sal*isses*	*Que* tu *eusses* sal*i*
Il sal*it*	Il *eut* sal*i*	*Qu'* il sal*ît*	*Qu'* il *eût* sal*i*
N. sal*îmes*	N. *eûmes* sal*i*	*Que* n. sal*issions*	*Que* n. *eussions* sal*i*
V. sal*îtes*	V. *eûtes* sal*i*	*Que* v. sal*issiez*	*Que* v. *eussiez* sal*i*
Ils sal*irent*	Ils *eurent* sal*i*	*Qu'* ils sal*issent*	*Qu'* ils *eussent* sal*i*

PASSÉ ANTÉRIEUR SURCOMPOSÉ	PLUS-QUE-PARFAIT SURCOMPOSÉ
J' *eus* *eu* sal*i*	[inusité]
Tu *eus* *eu* sal*i*	
Il *eut* *eu* sal*i*	
N. *eûmes* *eu* sal*i*	
V. *eûtes* *eu* sal*i*	
Ils *eurent* *eu* sal*i*	

D

FUTUR SIMPLE	FUTUR ANTÉRIEUR
Je sal*irai*	J' *aurai* sal*i*
Tu sal*iras*	Tu *auras* sal*i*
Il sal*ira*	Il *aura* sal*i*
N. sal*irons*	N. *aurons* sal*i*
V. sal*irez*	V. *aurez* sal*i*
Ils sal*iront*	Ils *auront* sal*i*

FUTUR ANTÉRIEUR SURCOMPOSÉ

J' *aurai* *eu* sal*i*
Tu *auras* *eu* sal*i*
Il *aura* *eu* sal*i*
N. *aurons* *eu* sal*i*
V. *aurez* *eu* sal*i*
Ils *auront* *eu* sal*i*

CONDITIONNEL

PRÉSENT	PASSÉ
Je sal*irais*	J' *aurais* sal*i*
Tu sal*irais*	Tu *aurais* sal*i*
Il sal*irait*	Il *aurait* sal*i*
N. sal*irions*	N. *aurions* sal*i*
V. sal*iriez*	V. *auriez* sal*i*
Ils sal*iraient*	Ils *auraient* sal*i*

PASSÉ SURCOMPOSÉ

J' *aurais* *eu* sal*i*
Tu *aurais* *eu* sal*i*
Il *aurait* *eu* sal*i*
N. *aurions* *eu* sal*i*
V. *auriez* *eu* sal*i*
Ils *auraient* *eu* sal*i*

INFINITIF

PRÉSENT	PASSÉ
Sal*ir*	*Avoir* sal*i*

PASSÉ SURCOMPOSÉ

Avoir eu sal*i*

27 FLEURIR : conjugaison parfaitement régulière. Mais au sens figuré de « prospérer », le participe présent et l'imparfait reprennent le radical étymologique *flor-* : « Raoul pouvait citer tel parlementaire de sa famille, florissant sous la Régence. » (J. Green, *le Malfaiteur*, cité par M. Grevisse : *le Bon Usage*.)

28 HAÏR

base :

	INDICATIF		SUBJONCTIF
A	PRÉSENT Je ha*is* Tu ha*is* Il ha*it* N. ha*ïssons* V. ha*ïssez* Ils ha*ïssent*	PASSÉ INDÉFINI J' *ai* haï N. *avons* haï PASSÉ SURCOMPOSÉ J' *ai* *eu* haï N. *avons eu* haï	PRÉSENT *Que* je ha*ïsse* *Que* tu ha*ïsses* *Qu'* il ha*ïsse* *Que* n. ha*ïssions* *Que* v. ha*ïssiez* *Qu'* ils ha*ïssent*
B	IMPARFAIT Je ha*ïssais* Tu ha*ïssais* Il ha*ïssait* N. ha*ïssions* V. ha*ïssiez* Ils ha*ïssaient*	PLUS-QUE-PARFAIT J' *avais* haï N. *avions* haï PLUS-QUE-PARFAIT SURCOMPOSÉ J' *avais* *eu* haï N. *avions eu* haï	
C	PASSÉ DÉFINI Je ha*ïs* Tu ha*ïs* Il ha*ït* N. ha*ïmes* V. ha*ïtes* Ils ha*ïrent*	PASSÉ ANTÉRIEUR J' *eus* haï N. *eûmes* haï PASSÉ ANTÉRIEUR SURCOMPOSÉ J' *eus* *eu* haï N. *eûmes eu* haï	IMPARFAIT *Que* je ha*ïsse* *Que* tu ha*ïsses* *Qu'* il ha*ït* *Que* n. ha*ïssions* *Que* v. ha*ïssiez* *Qu'* ils ha*ïssent*
			CONDITIONNEL
D	FUTUR SIMPLE Je ha*ïrai* Tu ha*ïras* Il ha*ïra* N. ha*ïrons* V. ha*ïrez* Ils ha*ïront*	FUTUR ANTÉRIEUR J' *aurai* haï N. *aurons* haï FUTUR ANTÉRIEUR SURCOMPOSÉ J' *aurai* *eu* haï N. *aurons eu* haï	PRÉSENT Je ha*ïrais* Tu ha*ïrais* Il ha*ïrait* N. ha*ïrions* V. ha*ïriez* Ils ha*ïraient*

SUBJONCTIF

PARFAIT

Que j' *aie* haï
Que n. *ayons* haï

PASSÉ SURCOMPOSÉ

Que j' *aie eu* haï
Que n. *ayons eu* haï

PLUS-QUE-PARFAIT

Que j' *eusse* haï
Que n. *eussions* haï

PLUS-QUE-PARFAIT SURCOMPOSÉ

[inusité]

IMPÉRATIF

PRÉSENT	PASSÉ
Ha*is*	*Aie* haï
Ha*ïssons* Ha*ïssez*	*Ayons* haï *Ayez* haï

PARTICIPE

PRÉSENT	PASSÉ
Ha*ïssant*	Haï
PASSÉ COMPOSÉ	PASSÉ SURCOMPOSÉ
Ayant haï	*Ayant eu* haï

CONDITIONNEL

PASSÉ

J' *aurais* haï
N. *aurions* haï

PASSÉ SURCOMPOSÉ

J' *aurais eu* haï
N. *aurions eu* haï

INFINITIF

PRÉSENT	PASSÉ
Ha*ïr*	*Avoir* haï

PASSÉ SURCOMPOSÉ

Avoir eu haï

29 CUEILLIR — base :

	INDICATIF		SUBJONCTIF
A	PRÉSENT Je cueill*e* Tu cueill*es* Il cueill*e* N. cueill*ons* V. cueill*ez* Ils cueill*ent*	PASSÉ INDÉFINI J' *ai* cueill*i* N. *avons* cueill*i* PASSÉ SURCOMPOSÉ J' *ai* *eu* cueill*i* N. *avons eu* cueill*i*	PRÉSENT *Que* je cueill*e* *Que* tu cueill*es* *Qu'* il cueill*e* *Que* n. cueill*ions* *Que* v. cueill*iez* *Qu'* ils cueill*ent*
B	IMPARFAIT Je cueill*ais* Tu cueill*ais* Il cueill*ait* N. cueill*ions* V. cueill*iez* Ils cueill*aient*	PLUS-QUE-PARFAIT J' *avais* cueill*i* N. *avions* cueill*i* PLUS-QUE-PARFAIT SURCOMPOSÉ J' *avais* *eu* cueill*i* N. *avions eu* cueill*i*	
C	PASSÉ DÉFINI Je cueill*is* Tu cueill*is* Il cueill*it* N. cueill*îmes* V. cueill*îtes* Ils cueill*irent*	PASSÉ ANTÉRIEUR J' *eus* cueill*i* N. *eûmes* cueill*i* PASSÉ ANTÉRIEUR SURCOMPOSÉ J' *eus* *eu* cueill*i* N. *eûmes eu* cueill*i*	IMPARFAIT *Que* je cueill*isse* *Que* tu cueill*isses* *Qu'* il cueill*ît* *Que* n. cueill*issions* *Que* v. cueill*issiez* *Qu'* ils cueill*issent*
			CONDITIONNEL
D	FUTUR SIMPLE Je cueille*rai* Tu cueille*ras* Il cueille*ra* N. cueille*rons* V. cueille*rez* Ils cueille*ront*	FUTUR ANTÉRIEUR J' *aurai* cueill*i* N. *aurons* cueill*i* FUTUR ANTÉRIEUR SURCOMPOSÉ J' *aurai* *eu* cueill*i* N. *aurons eu* cueill*i*	PRÉSENT Je cueille*rais* Tu cueille*rais* Il cueille*rait* N. cueille*rions* V. cueille*riez* Ils cueille*raient*

30 TRESSAILLIR — base :

Se conjugue sur *cueillir*, à l'exception du thème du futur ci-dessous.

	INDICATIF		CONDITIONNEL
D	FUTUR SIMPLE Je tressaill*irai* Tu tressaill*iras* Il tressaill*ira* N. tressaill*irons* V. tressaill*irez* Ils tressaill*iront*	FUTUR ANTÉRIEUR J' *aurai* tressaill*i* N. *aurons* tressaill*i* FUTUR ANTÉRIEUR SURCOMPOSÉ J' *aurai* *eu* tressaill*i* N. *aurons eu* tressaill*i*	PRÉSENT Je tressaill*irais* Tu tressaill*irais* Il tressaill*irait* N. tressaill*irions* V. tressaill*iriez* Ils tressaill*iraient*

Défaillir. Conjugué sur *tressaillir*, il présente également les formes archaïques : *je*,

CUEILL- **3ᵉ groupe**

SUBJONCTIF	IMPÉRATIF	
	PRÉSENT	**PASSÉ**
PARFAIT *Que* j' *aie* cueilli*i* *Que* n. *ayons* cueill*i*	Cueill*e*	*Aie* cueill*i*
PASSÉ SURCOMPOSÉ *Que* j' *aie* *eu* cueill*i* *Que* n. *ayons* *eu* cueill*i*	Cueill*ons* Cueill*ez*	*Ayons* cueill*i* *Ayez* cueill*i*

SUBJONCTIF	PARTICIPE	
	PRÉSENT Cueill*ant*	**PASSÉ** Cueill*i*
PLUS-QUE-PARFAIT *Que* j' *eusse* cueill*i* *Que* n. *eussions* cueill*i*	**PASSÉ COMPOSÉ** *Ayant* cueill*i*	**PASSÉ SURCOMPOSÉ** *Ayant eu* cueill*i*
PLUS-QUE-PARFAIT SURCOMPOSÉ [inusité]		

CONDITIONNEL	INFINITIF	
	PRÉSENT	**PASSÉ**
PASSÉ J' *aurais* cueill*i* N. *aurions* cueill*i*	Cueill*ir*	*Avoir* cueill*i*
PASSÉ SURCOMPOSÉ J' *aurais* *eu* cueill*i* N. *aurions* *eu* cueill*i*	**PASSÉ SURCOMPOSÉ** *Avoir eu* cueill*i*	

TRESSAILL- **3ᵉ groupe**

CONDITIONNEL	INFINITIF	
	PRÉSENT	**PASSÉ**
PASSÉ J' *aurais* tressaill*i* N. *aurions* tressaill*i*	Tressaill*ir*	*Avoir* tressaill*i*
PASSÉ SURCOMPOSÉ J' *aurais* *eu* tressaill*i* N. *aurions* *eu* tressaill*i*	**PASSÉ SURCOMPOSÉ** *Avoir eu* tressaill*i*	

ıus, il défaut (présent); *je défaudrai*, etc. (futur).

31 OFFRIR

base :

	INDICATIF		SUBJONCTIF
A	PRÉSENT J' offr*e* Tu offr*es* Il offr*e* N. offr*ons* V. offr*ez* Ils offr*ent*	PASSÉ INDÉFINI J' *ai* offer*t* N. *avons* offer*t* PASSÉ SURCOMPOSÉ J' *ai* *eu* offer*t* N. *avons eu* offer*t*	PRÉSENT *Que* j' offr*e* *Que* tu offr*es* *Qu'* il offr*e* *Que* n. offr*ions* *Que* v. offr*iez* *Qu'* ils offr*ent*
B	IMPARFAIT J' offr*ais* Tu offr*ais* Il offr*ait* N. offr*ions* V. offr*iez* Ils offr*aient*	PLUS-QUE-PARFAIT J' *avais* offer*t* N. *avions* offer*t* PLUS-QUE-PARFAIT SURCOMPOSÉ J' *avais* *eu* offer*t* N. *avions eu* offer*t*	
C	PASSÉ DÉFINI J' offr*is* Tu offr*is* Il offr*it* N. offr*îmes* V. offr*îtes* Ils offr*irent*	PASSÉ ANTÉRIEUR J' *eus* offer*t* N. *eûmes* offer*t* PASSÉ ANTÉRIEUR SURCOMPOSÉ J' *eus* *eu* offer*t* N. *eûmes eu* offer*t*	IMPARFAIT *Que* j' offr*isse* *Que* tu offr*isses* *Qu'* il offr*ît* *Que* n. offr*issions* *Que* v. offr*issiez* *Qu'* ils offr*issent*
D	FUTUR SIMPLE J' offrir*ai* Tu offrir*as* Il offrir*a* N. offrir*ons* V. offrir*ez* Ils offrir*ont*	FUTUR ANTÉRIEUR J' *aurai* offer*t* N. *aurons* offer*t* FUTUR ANTÉRIEUR SURCOMPOSÉ J' *aurai* *eu* offer*t* N. *aurons eu* offer*t*	CONDITIONNEL PRÉSENT J' offrir*ais* Tu offrir*ais* Il offrir*ait* N. offrir*ions* V. offrir*iez* Ils offrir*aient*

SUBJONCTIF

PARFAIT

Que j' *aie* offer*t*
Que n. *ayons* offer*t*

PASSÉ SURCOMPOSÉ

Que j' *aie eu* offer*t*
Que n. *ayons eu* offer*t*

PLUS-QUE-PARFAIT

Que j' *eusse* offer*t*
Que n. *eussions* offer*t*

PLUS-QUE-PARFAIT SURCOMPOSÉ

[inusité]

IMPÉRATIF

PRÉSENT	PASSÉ
Offr*e*	*Aie* offer*t*
Offr*ons*	*Ayons* offer*t*
Offr*ez*	*Ayez* offer*t*

PARTICIPE

PRÉSENT	PASSÉ
Offr*ant*	Offer*t*

PASSÉ COMPOSÉ	PASSÉ SURCOMPOSÉ
Ayant offer*t*	*Ayant eu* offer*t*

CONDITIONNEL

PASSÉ

J' *aurais* offer*t*
N. *aurions* offer*t*

PASSÉ SURCOMPOSÉ

J' *aurais eu* offer*t*
N. *aurions eu* offer*t*

INFINITIF

PRÉSENT	PASSÉ
Offr*ir*	*Avoir* offer*t*

PASSÉ SURCOMPOSÉ

Avoir eu offer*t*

32 PARTIR

base :

	INDICATIF		SUBJONCTIF
A	PRÉSENT Je par*s* Tu par*s* Il par*t* N. part*ons* V. part*ez* Ils part*ent*	PASSÉ INDÉFINI Je *suis* part*i* Tu *es* part*i* Il *est* part*i* N. *sommes* part*is* V. *êtes* part*is* Ils *sont* part*is*	PRÉSENT *Que* je part*e* *Que* tu part*es* *Qu'* il part*e* *Que* n. part*ions* *Que* v. part*iez* *Qu'* ils part*ent*
B	IMPARFAIT Je part*ais* Tu part*ais* Il part*ait* N. part*ions* V. part*iez* Ils part*aient*	PLUS-QUE-PARFAIT J' *étais* part*i* Tu *étais* part*i* Il *était* part*i* N. *étions* part*is* V. *étiez* part*is* Ils *étaient* part*is*	
C	PASSÉ DÉFINI Je part*is* Tu part*is* Il part*it* N. part*îmes* V. part*îtes* Ils part*irent*	PASSÉ ANTÉRIEUR Je *fus* part*i* Tu *fus* part*i* Il *fut* part*i* N. *fûmes* part*is* V. *fûtes* part*is* Ils *furent* part*is*	IMPARFAIT *Que* je part*isse* *Que* tu part*isses* *Qu'* il part*ît* *Que* n. part*issions* *Que* v. part*issiez* *Qu'* ils part*issent*
			CONDITIONNEL
D	FUTUR SIMPLE Je parti*rai* Tu parti*ras* Il parti*ra* N. parti*rons* V. parti*rez* Ils parti*ront*	FUTUR ANTÉRIEUR Je *serai* part*i* Tu *seras* part*i* Il *sera* part*i* N. *serons* part*is* V. *serez* part*is* Ils *seront* part*is*	PRÉSENT Je parti*rais* Tu parti*rais* Il parti*rait* N. parti*rions* V. parti*riez* Ils parti*raient*

Note importante : Se conjuguent sur ce modèle un certain nombre de verbes termi
que, dans le modèle ci-dessus, le *t* de *partir* est présent, la consonne *(t, v, m)* ou la ser

EXEMPLES : *je pars* = *je sors* = *je sers*
je partais = *je sortais* = *je serv*

SUBJONCTIF	IMPÉRATIF	
PARFAIT	PRÉSENT	PASSÉ
Que je *sois* parti*i* *Que* tu *sois* part*i* *Qu'* il *soit* part*i* *Que* n. *soyons* part*is* *Que* v. *soyez* part*is* *Qu'* ils *soient* part*is*	Par*s* Part*ons* Part*ez*	*Sois* part*i* *Soyons* part*is* *Soyez* part*is*

SUBJONCTIF
PLUS-QUE-PARFAIT
Que je *fusse* part*i* *Que* tu *fusses* part*i* *Qu'* il *fût* part*i* *Que* n. *fussions* part*is* *Que* v. *fussiez* part*is* *Qu'* ils *fussent* part*is*

PARTICIPE	
PRÉSENT	PASSÉ
Part*ant*	Part*i*
PASSÉ COMPOSÉ	
Étant part*i*	

CONDITIONNEL
PASSÉ
Je *serais* part*i* Tu *serais* part*i* Il *serait* part*i* N. *serions* part*is* V. *seriez* part*is* Ils *seraient* part*is*

INFINITIF	
PRÉSENT	PASSÉ
Part*ir*	*Être* part*i*

l'infinitif par ***-tir** (sortir)*, ***-vir** (servir)*, ***-mir** (dormir)*, ***-illir** (bouillir)*. Toutes les fois
onsonne *(ill)* des verbes considérés est également attestée.
= *je dors* = *je bous.*
= *je dormais* = *je bouillais.*

33 COURIR

base :

	INDICATIF		SUBJONCTIF
A	PRÉSENT Je cour*s* Tu cour*s* Il cour*t* N. cour*ons* V. cour*ez* Ils cour*ent*	PASSÉ INDÉFINI J' *ai* cour*u* N. *avons* cour*u* PASSÉ SURCOMPOSÉ J' *ai eu* couru N. *avons eu* couru	PRÉSENT *Que* je cour*e* *Que* tu cour*es* *Qu'* il cour*e* *Que* n. cour*ions* *Que* v. cour*iez* *Qu'* ils cour*ent*
B	IMPARFAIT Je cour*ais* Tu cour*ais* Il cour*ait* N. cour*ions* V. cour*iez* Ils cour*aient*	PLUS-QUE-PARFAIT J' *avais* cour*u* N. *avions* cour*u* PLUS-QUE-PARFAIT SURCOMPOSÉ J' *avais eu* couru N. *avions eu* couru	
C	PASSÉ DÉFINI Je cour*us* Tu cour*us* Il cour*ut* N. cour*ûmes* V. cour*ûtes* Ils cour*urent*	PASSÉ ANTÉRIEUR J' *eus* cour*u* N. *eûmes* cour*u* PASSÉ ANTÉRIEUR SURCOMPOSÉ J' *eus eu* couru N. *eûmes eu* couru	IMPARFAIT *Que* je cour*usse* *Que* tu cour*usses* *Qu'* il cour*ût* *Que* n. cour*ussions* *Que* v. cour*ussiez* *Qu'* ils cour*ussent*
D	FUTUR SIMPLE Je cour*rai* Tu cour*ras* Il cour*ra* N. cour*rons* V. cour*rez* Ils cour*ront*	FUTUR ANTÉRIEUR J' *aurai* cour*u* N. *aurons* cour*u* FUTUR ANTÉRIEUR SURCOMPOSÉ J' *aurai eu* couru N. *aurons eu* couru	CONDITIONNEL PRÉSENT Je cour*rais* Tu cour*rais* Il cour*rait* N. cour*rions* V. cour*riez* Ils cour*raient*

34 MOURIR

base :

Se conjugue sur le modèle de *courir ;* mais : 1° Le thème du présent offre dans le radica
du pluriel sont en *ou* [u] (ex. : *nous mourons*); les autres personnes sont en *eu* [œ] (ex. :

	INDICATIF		SUBJONCTIF
A	PRÉSENT Je meur*s* Tu meur*s* Il meur*t* N. mour*ons* V. mour*ez* Ils meur*ent*	PASSÉ COMPOSÉ Je *suis* mor*t* Tu *es* mor*t* Il *es* mor*t* N. *sommes* mor*ts* V. *êtes* mor*ts* Ils *sont* mor*ts*	PRÉSENT *Que* je meur*e* *Que* tu meur*es* *Qu'* il meur*e* *Que* n. mour*ions* *Que* v. mour*iez* *Qu'* ils meur*ent*

COUR-

3e groupe

SUBJONCTIF	IMPÉRATIF	
PARFAIT *Que* j' *aie* couru *Que* n. *ayons* couru	PRÉSENT Cours Courons Courez	PASSÉ *Aie* couru *Ayons* couru *Ayez* couru
PASSÉ SURCOMPOSÉ *Que* j' *aie* *eu* couru *Que* n. *ayons* *eu* couru		

SUBJONCTIF	
PLUS-QUE-PARFAIT *Que* j' *eusse* couru *Que* n. *eussions* couru	
PLUS-QUE-PARFAIT SURCOMPOSÉ [inusité]	

PARTICIPE	
PRÉSENT Courant	PASSÉ Couru
PASSÉ COMPOSÉ *Ayant* couru	PASSÉ SURCOMPOSÉ *Ayant eu* couru

CONDITIONNEL	INFINITIF	
PASSÉ J' *aurais* couru N. *aurions* couru	PRÉSENT Courir	PASSÉ *Avoir* couru
PASSÉ SURCOMPOSÉ J' *aurais* *eu* couru N. *aurions* *eu* couru	PASSÉ SURCOMPOSÉ *Avoir eu* couru	

M-

3e groupe

ne alternance vocalique [œ]/[u] : seules, en effet, les première et deuxième personnes
eurt); 2o Le participe passé est : *mort*.

SUBJONCTIF	IMPÉRATIF	
PASSÉ *Que* je *sois* mort *Que* tu *sois* mort *Qu'* il *soit* mort *Que* n. *soyons* morts *Que* v. *soyez* morts *Qu'* ils *soient* morts	PRÉSENT Meurs Mourons Mourez	PASSÉ *Sois* mort *Soyons* morts *Soyez* morts

35 CONQUÉRIR

base :

	INDICATIF		SUBJONCTIF
A	PRÉSENT Je conquier*s* Tu conquier*s* Il conquier*t* N. conquér*ons* V. conquér*ez* Ils conquièr*ent*	PASSÉ INDÉFINI J' *ai* conqu*is* N. *avons* conqu*is* PASSÉ SURCOMPOSÉ J' *ai* *eu* conqu*is* N. *avons* *eu* conqu*is*	PRÉSENT *Que* je conquièr*e* *Que* tu conquièr*es* *Qu'* il conquièr*e* *Que* n. conquér*ions* *Que* v. conquér*iez* *Qu'* ils conquièr*ent*
B	IMPARFAIT Je conquér*ais* Tu conquér*ais* Il conquér*ait* N. conquér*ions* V. conquér*iez* Ils conquér*aient*	PLUS-QUE-PARFAIT J' *avais* conqu*is* N. *avions* conqu*is* PLUS-QUE-PARFAIT SURCOMPOSÉ J' *avais* *eu* conqu*is* N. *avions* *eu* conqu*is*	
C	PASSÉ DÉFINI Je conqu*is* Tu conqu*is* Il conqu*it* N. conqu*îmes* V. conqu*îtes* Ils conqu*irent*	PASSÉ ANTÉRIEUR J' *eus* conqu*is* N. *eûmes* conqu*is* PASSÉ ANTÉRIEUR SURCOMPOSÉ J' *eus* *eu* conqu*is* N. *eûmes* *eu* conqu*is*	IMPARFAIT *Que* je conqu*isse* *Que* tu conqu*isses* *Qu'* il conqu*ît* *Que* n. conqu*issions* *Que* v. conqu*issiez* *Qu'* ils conqu*issent*
D	FUTUR SIMPLE Je conquer*rai* Tu conquer*ras* Il conquer*ra* N. conquer*rons* V. conquer*rez* Ils conquer*ront*	FUTUR ANTÉRIEUR J' *aurai* conqu*is* N. *aurons* conqu*is* FUTUR ANTÉRIEUR SURCOMPOSÉ J' *aurai* *eu* conqu*is* N. *aurons* *eu* conqu*is*	CONDITIONNEL PRÉSENT Je conquer*rais* Tu conquer*rais* Il conquer*rait* N. conquer*rions* V. conquer*riez* Ils conquer*raient*

CONQU-

3e groupe

SUBJONCTIF

PARFAIT

Que j' *aie* conqu*is*
Que n. *ayons* conqu*is*

PASSÉ SURCOMPOSÉ

Que j' *aie eu* conqu*is*
Que n. *ayons eu* conqu*is*

PLUS-QUE-PARFAIT

Que j' *eusse* conqu*is*
Que n. *eussions* conqu*is*

PLUS-QUE-PARFAIT SURCOMPOSÉ

[inusité]

IMPÉRATIF

PRÉSENT	PASSÉ
Conquier*s*	*Aie* conqu*is*
Conquér*ons*	*Ayons* conqu*is*
Conquér*ez*	*Ayez* conqu*is*

PARTICIPE

PRÉSENT	PASSÉ
Conquér*ant*	Conqu*is*
PASSÉ COMPOSÉ	**PASSÉ SURCOMPOSÉ**
Ayant conqu*is*	*Ayant eu* conqu*is*

CONDITIONNEL

PASSÉ

J' *aurais* conqu*is*
N. *aurions* conqu*is*

PASSÉ SURCOMPOSÉ

J' *aurais eu* conqu*is*
N. *aurions eu* conqu*is*

INFINITIF

PRÉSENT	PASSÉ
Conquér*ir*	*Avoir* conqu*is*

PASSÉ SURCOMPOSÉ

Avoir eu conqu*is*

36 TENIR

base :

	INDICATIF		SUBJONCTIF
A	PRÉSENT Je tien*s* Tu tien*s* Il tien*t* N. ten*ons* V. ten*ez* Ils tienn*ent*	PASSÉ INDÉFINI J' *ai* ten*u* N. *avons* ten*u* PASSÉ SURCOMPOSÉ J' *ai* *eu* tenu N. *avons eu* tenu	PRÉSENT *Que* je tienn*e* *Que* tu tienn*es* *Qu'* il tienn*e* *Que* n. ten*ions* *Que* v. ten*iez* *Qu'* ils tienn*ent*
B	IMPARFAIT Je ten*ais* Tu ten*ais* Il ten*ait* N. ten*ions* V. ten*iez* Ils ten*aient*	PLUS-QUE-PARFAIT J' *avais* ten*u* N. *avions* ten*u* PLUS-QUE-PARFAIT SURCOMPOSÉ J' *avais* *eu* tenu N. *avions eu* tenu	
C	PASSÉ DÉFINI Je tin*s* Tu tin*s* Il tin*t* N. tîn*mes* V. tîn*tes* Ils tin*rent*	PASSÉ ANTÉRIEUR J' *eus* ten*u* N. *eûmes* ten*u* PASSÉ ANTÉRIEUR SURCOMPOSÉ J' *eus* *eu* tenu N. *eûmes eu* tenu	IMPARFAIT *Que* je tin*sse* *Que* tu tin*sses* *Qu'* il tîn*t* *Que* n. tin*ssions* *Que* v. tin*ssiez* *Qu'* ils tin*ssent*
D	FUTUR SIMPLE Je tiend*rai* Tu tiend*ras* Il tiend*ra* N. tiend*rons* V. tiend*rez* Ils tiend*ront*	FUTUR ANTÉRIEUR J' *aurai* ten*u* N. *aurons* ten*u* FUTUR ANTÉRIEUR SURCOMPOSÉ J' *aurai* *eu* tenu N. *aurons eu* tenu	CONDITIONNEL PRÉSENT Je tiend*rais* Tu tiend*rais* Il tiend*rait* N. tiend*rions* V. tiend*riez* Ils tiend*raient*

SUBJONCTIF	IMPÉRATIF	
PARFAIT *Que* j' *aie* ten*u* *Que* n. *ayons* ten*u*	PRÉSENT Tien*s*	PASSÉ *Aie* ten*u*
PASSÉ SURCOMPOSÉ *Que* j' *aie eu* ten*u* *Que* n. *ayons eu* ten*u*	Ten*ons* Ten*ez*	*Ayons* ten*u* *Ayez* ten*u*
PLUS-QUE-PARFAIT *Que* j' *eusse* ten*u* *Que* n. *eussions* ten*u*		
PLUS-QUE-PARFAIT SURCOMPOSÉ [inusité]		

PARTICIPE	
PRÉSENT Ten*ant*	PASSÉ Ten*u*
PASSÉ COMPOSÉ *Ayant* ten*u*	PASSÉ SURCOMPOSÉ *Ayant eu* ten*u*

CONDITIONNEL	INFINITIF	
PASSÉ J' *aurais* ten*u* N. *aurions* ten*u*	PRÉSENT Ten*ir*	PASSÉ *Avoir* ten*u*
PASSÉ SURCOMPOSÉ J' *aurais eu* ten*u* N. *aurions eu* ten*u*	PASSÉ SURCOMPOSÉ *Avoir eu* ten*u*	

37 FUIR base :

	INDICATIF		SUBJONCTIF
A	PRÉSENT Je fui*s* Tu fui*s* Il fui*t* N. fuy*ons* V. fuy*ez* Ils fui*ent*	PASSÉ INDÉFINI J' *ai* fu*i* N. *avons* fu*i* PASSÉ SURCOMPOSÉ J' *ai eu* fu*i* N. *avons eu* fu*i*	PRÉSENT *Que* je fui*e* *Que* tu fui*es* *Qu'* il fui*e* *Que* n. fuy*ions* *Que* v. fuy*iez* *Qu'* ils fui*ent*
B	IMPARFAIT Je fuy*ais* Tu fuy*ais* Il fuy*ait* N. fuy*ions* V. fuy*iez* Ils fuy*aient*	PLUS-QUE-PARFAIT J' *avais* fu*i* N. *avions* fu*i* PLUS-QUE-PARFAIT SURCOMPOSÉ J' *avais eu* fu*i* N. *avions eu* fu*i*	
C	PASSÉ DÉFINI Je fui*s* Tu fui*s* Il fui*t* N. fu*îmes* V. fu*îtes* Ils fu*irent*	PASSÉ ANTÉRIEUR J' *eus* fu*i* N. *eûmes* fu*i* PASSÉ ANTÉRIEUR SURCOMPOSÉ J' *eus eu* fu*i* N. *eûmes eu* fu*i*	IMPARFAIT *Que* je fu*isse* *Que* tu fu*isses* *Qu'* il fu*ît* *Que* n. fu*issions* *Que* v. fu*issiez* *Qu'* ils fu*issent*
D	FUTUR SIMPLE Je fui*rai* Tu fui*ras* Il fui*ra* N. fui*rons* V. fui*rez* Ils fui*ront*	FUTUR ANTÉRIEUR J' *aurai* fu*i* N. *aurons* fu*i* FUTUR ANTÉRIEUR SURCOMPOSÉ J' *aurai eu* fu*i* N. *aurons eu* fu*i*	CONDITIONNEL PRÉSENT Je fui*rais* Tu fui*rais* Il fui*rait* N. fui*rions* V. fui*riez* Ils fui*raient*

SUBJONCTIF

PARFAIT

Que j' *aie* fu*i*
Que n. *ayons* fu*i*

PASSÉ SURCOMPOSÉ

Que j' *aie eu* fu*i*
Que n. *ayons eu* fu*i*

PLUS-QUE-PARFAIT

Que j' *eusse* fu*i*
Que n. *eussions* fu*i*

PLUS-QUE-PARFAIT SURCOMPOSÉ

[inusité]

IMPÉRATIF

PRÉSENT	PASSÉ
Fui*s*	*Aie* fu*i*
Fuy*ons*	*Ayons* fu*i*
Fuy*ez*	*Ayez* fu*i*

PARTICIPE

PRÉSENT	PASSÉ
Fuy*ant*	Fu*i*

PASSÉ COMPOSÉ	PASSÉ SURCOMPOSÉ
Ayant fu*i*	*Ayant eu* fu*i*

CONDITIONNEL

PASSÉ

J' *aurais* fu*i*
N. *aurions* fu*i*

PASSÉ SURCOMPOSÉ

J' *aurais eu* fu*i*
N. *aurions eu* fu*i*

INFINITIF

PRÉSENT	PASSÉ
Fu*ir*	*Avoir* fu*i*

PASSÉ SURCOMPOSÉ

Avoir eu fu*i*

38 TRAIRE base :

	INDICATIF		SUBJONCTIF
A	PRÉSENT Je trai*s* Tu trai*s* Il trai*t* N. tray*ons* V. tray*ez* Ils trai*ent*	PASSÉ INDÉFINI J' *ai* trai*t* N. *avons* trai*t* PASSÉ SURCOMPOSÉ J' *ai* *eu* trai*t* N. *avons* *eu* trai*t*	PRÉSENT *Que* je trai*e* *Que* tu trai*es* *Qu'* il trai*e* *Que* n. tray*ions* *Que* v. tray*iez* *Qu'* ils trai*ent*
B	IMPARFAIT Je tray*ais* Tu tray*ais* Il tray*ait* N. tray*ions* V. tray*iez* Ils tray*aient*	PLUS-QUE-PARFAIT J' *avais* trai*t* N. *avions* trai*t* PLUS-QUE-PARFAIT SURCOMPOSÉ J' *avais* *eu* trai*t* N. *avions* *eu* trai*t*	
C	PASSÉ DÉFINI [n'existe pas]	PASSÉ ANTÉRIEUR J' *eus* trai*t* N. *eûmes* trai*t* PASSÉ ANTÉRIEUR SURCOMPOSÉ J' *eus* *eu* trai*t* N. *eûmes* *eu* trai*t*	IMPARFAIT [n'existe pas]
			CONDITIONNEL
D	FUTUR SIMPLE Je trai*rai* Tu trai*ras* Il trai*ra* N. trai*rons* V. trai*rez* Ils trai*ront*	FUTUR ANTÉRIEUR J' *aurai* trai*t* N. *aurons* trai*t* FUTUR ANTÉRIEUR SURCOMPOSÉ J' *aurai* *eu* trai*t* N. *aurons* *eu* trai*t*	PRÉSENT Je trai*rais* Tu trai*rais* Il trai*rait* N. trai*rions* V. trai*riez* Ils trai*raient*

39 GÉSIR base :

Ce verbe ne se conjugue qu'aux formes suivantes :

INDICATIF

PRÉSENT		IMPARFAIT	
Je gi*s*	N. gis*ons*	Je gis*ais*	N. gis*ions*
Tu gi*s*	V. gis*ez*	Tu gis*ais*	V. gis*iez*
Il gî*t*	Ils gis*ent*	Il gis*ait*	Ils gis*aient*

TRAI- — 3ᵉ groupe

SUBJONCTIF	IMPÉRATIF	
PARFAIT *Que* j' *aie* trai*t* *Que* n. *ayons* trai*t*	**PRÉSENT** Trai*s*	**PASSÉ** *Aie* trai*t*
PASSÉ SURCOMPOSÉ *Que* j' *aie eu* trai*t* *Que* n. *ayons eu* trai*t*	Tray*ons* Tray*ez*	*Ayons* trai*t* *Ayez* trai*t*
PLUS-QUE-PARFAIT *Que* j' *eusse* trai*t* *Que* n. *eussions* trai*t*		
PLUS-QUE-PARFAIT SURCOMPOSÉ [inusité]		

PARTICIPE	
PRÉSENT Tray*ant*	**PASSÉ** Trai*t*
PASSÉ COMPOSÉ *Ayant* trait	**PASSÉ SURCOMPOSÉ** *Ayant eu* trai*t*

CONDITIONNEL	INFINITIF	
PASSÉ J' *aurais* trai*t* N. *aurions* trai*t*	**PRÉSENT** Trai*re*	**PASSÉ** *Avoir* trai*t*
PASSÉ SURCOMPOSÉ J' *aurais eu* trai*t* N. *aurions eu* trai*t*	**PASSÉ SURCOMPOSÉ** *Avoir eu* trai*t*	

G- — 3ᵉ groupe

PARTICIPE
PRÉSENT Gis*ant*

40 DEVOIR

base :

	INDICATIF		SUBJONCTIF
A	PRÉSENT Je dois Tu dois Il doit N. devons V. devez Ils doivent	PASSÉ INDÉFINI J' *ai* dû N. *avons* dû PASSÉ SURCOMPOSÉ J' *ai eu* dû N. *avons eu* dû	PRÉSENT *Que* je doive *Que* tu doives *Qu'* il doive *Que* n. devions *Que* v. deviez *Qu'* ils doivent
B	IMPARFAIT Je devais Tu devais Il devait N. devions V. deviez Ils devaient	PLUS-QUE-PARFAIT J' *avais* dû N. *avions* dû PLUS-QUE-PARFAIT SURCOMPOSÉ J' *avais eu* dû N. *avions eu* dû	
C	PASSÉ DÉFINI Je dus Tu dus Il dut N. dûmes V. dûtes Ils durent	PASSÉ ANTÉRIEUR J' *eus* dû N. *eûmes* dû PASSÉ ANTÉRIEUR SURCOMPOSÉ J' *eus eu* dû N. *eûmes eu* dû	IMPARFAIT *Que* je dusse *Que* tu dusses *Qu'* il dût *Que* n. dussions *Que* v. dussiez *Qu'* ils dussent
D	FUTUR SIMPLE Je devrai Tu devras Il devra N. devrons V. devrez Ils devront	FUTUR ANTÉRIEUR J' *aurai* dû N. *aurons* dû FUTUR ANTÉRIEUR SURCOMPOSÉ J' *aurai eu* dû N. *aurons eu* dû	CONDITIONNEL PRÉSENT Je devrais Tu devrais Il devrait N. devrions V. devriez Ils devraient

41 RECEVOIR

base :

Se conjugue sur le modèle de *devoir ;* mais : 1° Étant donné que la base est *rec-*, le *c* pre
masculin) ne prend pas d'accent circonflexe : *il a dû, il a reçu.*

SUBJONCTIF	IMPÉRATIF	
PARFAIT *Que* j' *aie* dû *Que* n. *ayons* dû	PRÉSENT Doi*s*	PASSÉ *Aie* dû
PASSÉ SURCOMPOSÉ *Que* j' *aie* *eu* dû *Que* n. *ayons* *eu* dû	Dev*ons* Dev*ez*	*Ayons* dû *Ayez* dû

PARTICIPE	
PRÉSENT Dev*ant*	PASSÉ Dû[1] D*ue*
PASSÉ COMPOSÉ *Ayant* dû	PASSÉ SURCOMPOSÉ *Ayant eu* dû

SUBJONCTIF
PLUS-QUE-PARFAIT *Que* j' *eusse* dû *Que* n. *eussions* dû
PLUS-QUE-PARFAIT SURCOMPOSÉ [inusité]

CONDITIONNEL	INFINITIF	
PASSÉ J' *aurais* dû N. *aurions* dû	PRÉSENT Dev*oir*	PASSÉ *Avoir* dû
PASSÉ SURCOMPOSÉ J' *aurais eu* dû N. *aurions eu* dû	PASSÉ SURCOMPOSÉ *Avoir eu* dû	

. L'accent circonflexe n'existe qu'au masculin *singulier*.

REC-

3e groupe

cédille devant *o* et *u*. Ex. : *je recevais, je reçois, je reçus.* — **2**o Le participe passé (au

42 **MOUVOIR** **base :**

	INDICATIF		SUBJONCTIF
A	PRÉSENT Je meu*s* Tu meu*s* Il meu*t* N. mouv*ons* V. mouv*ez* Ils meuv*ent*	PASSÉ INDÉFINI J' *ai* mû N. *avons* mû PASSÉ SURCOMPOSÉ J' *ai* *eu* mû N. *avons eu* mû	PRÉSENT *Que* je meuv*e* *Que* tu meuv*es* *Qu'* il meuv*e* *Que* n. mouv*ions* *Que* v. mouv*iez* *Qu'* ils meuv*ent*
B	IMPARFAIT Je mouv*ais* Tu mouv*ais* Il mouv*ait* N. mouv*ions* V. mouv*iez* Ils mouv*aient*	PLUS-QUE-PARFAIT J' *avais* mû N. *avions* mû PLUS-QUE-PARFAIT SURCOMPOSÉ J' *avais* *eu* mû N. *avions eu* mû	
C	PASSÉ DÉFINI Je m*us* Tu m*us* Il m*ut* N. m*ûmes* V. m*ûtes* Ils m*urent*	PASSÉ ANTÉRIEUR J' *eus* mû N. *eûmes* mû PASSÉ ANTÉRIEUR SURCOMPOSÉ J' *eus* *eu* mû N. *eûmes eu* mû	IMPARFAIT *Que* je m*usse* *Que* tu m*usses* *Qu'* il m*ût* *Que* n. m*ussions* *Que* v. m*ussiez* *Qu'* ils m*ussent*
D	FUTUR SIMPLE Je mouv*rai* Tu mouv*ras* Il mouv*ra* N. mouv*rons* V. mouv*rez* Ils mouv*ront*	FUTUR ANTÉRIEUR J' *aurai* mû N. *aurons* mû FUTUR ANTÉRIEUR SURCOMPOSÉ J' *aurai* *eu* mû N. *aurons eu* mû	CONDITIONNEL PRÉSENT Je mouv*rais* Tu mouv*rais* Il mouv*rait* N. mouv*rions* V. mouv*riez* Ils mouv*raient*

-

3e groupe

SUBJONCTIF

PARFAIT

Que j' *aie* mû
Que n. *ayons* mû

PASSÉ SURCOMPOSÉ

Que j' *aie eu* mû
Que n. *ayons eu* mû

PLUS-QUE-PARFAIT

Que j' *eusse* mû
Que n. *eussions* mû

PLUS-QUE-PARFAIT SURCOMPOSÉ

[inusité]

IMPÉRATIF

PRÉSENT	PASSÉ
Meu*s*	*Aie* mû
Mouv*ons* Mouv*ez*	*Ayons* mû *Ayez* mû

PARTICIPE

PRÉSENT	PASSÉ
Mouv*ant*	M*û*[1] M*ue*
PASSÉ COMPOSÉ	PASSÉ SURCOMPOSÉ
Ayant mû	*Ayant eu* mû

CONDITIONNEL

PASSÉ

J' *aurais* mû
N. *aurions* mû

PASSÉ SURCOMPOSÉ

J' *aurais eu* mû
N. *aurions eu* mû

INFINITIF

PRÉSENT	PASSÉ
Mouv*oir*	*Avoir* mû

PASSÉ SURCOMPOSÉ

Avoir eu mû

[1] L'accent circonflexe n'existe qu'au masculin singulier.

43 POUVOIR

base

	INDICATIF		SUBJONCTIF
A	PRÉSENT Je peu*x*[1] Tu peu*x* Il peu*t* N. pouv*ons* V. pouv*ez* Ils peuv*ent*	PASSÉ COMPOSÉ J' *ai* pu N. *avons* pu PASSÉ SURCOMPOSÉ J' *ai* *eu* pu N. *avons* *eu* pu	PRÉSENT *Que* je puisse *Que* tu puiss*es* *Qu'* il puisse *Que* n. puiss*ions* *Que* v. puiss*iez* *Qu'* ils puiss*ent*
B	IMPARFAIT Je pouv*ais* Tu pouv*ais* Il pouv*ait* N. pouv*ions* V. pouv*iez* Ils pouv*aient*	PLUS-QUE-PARFAIT J' *avais* pu N. *avions* pu PLUS-QUE-PARFAIT SURCOMPOSÉ J' *avais* *eu* pu N. *avions* *eu* pu	
C	PASSÉ DÉFINI Je p*us* Tu p*us* Il p*ut* N. p*ûmes* V. p*ûtes* Ils p*urent*	PASSÉ ANTÉRIEUR J' *eus* pu N. *eûmes* pu PASSÉ ANTÉRIEUR SURCOMPOSÉ J' *eus* *eu* pu N. *eûmes* *eu* pu	IMPARFAIT *Que* je p*usse* *Que* tu p*usses* *Qu'* il p*ût* *Que* n. p*ussions* *Que* v. p*ussiez* *Qu'* ils p*ussent*
D	FUTUR SIMPLE Je pour*rai* Tu pour*ras* Il pour*ra* N. pour*rons* V. pour*rez* Ils pour*ront*	FUTUR ANTÉRIEUR J' *aurai* pu N. *aurons* pu FUTUR ANTÉRIEUR SURCOMPOSÉ J' *aurai* *eu* pu N. *aurons* *eu* pu	CONDITIONNEL PRÉSENT Je pour*rais* Tu pour*rais* Il pour*rait* N. pour*rions* V. pour*riez* Ils pour*raient*

1. A la forme interrogative l'usage de l'inversion oblige à remplacer la form

3ᵉ groupe

SUBJONCTIF	IMPÉRATIF
PASSÉ *Que* j' *aie* pu *Que* n. *ayons* pu	[n'existe pas]
PASSÉ SURCOMPOSÉ *Que* j' *aie* *eu* pu *Que* n. *ayons eu* pu	

PLUS-QUE-PARFAIT	
Que j' *eusse* pu *Que* n. *eussions* pu	
PLUS-QUE-PARFAIT SURCOMPOSÉ [inusité]	

PARTICIPE	
PRÉSENT Pouv*ant*	PASSÉ P*u*
PASSÉ COMPOSÉ *Ayant* pu	PASSÉ SURCOMPOSÉ *Ayant eu* pu

CONDITIONNEL	INFINITIF	
PASSÉ J' *aurais* pu N. *aurions* pu	PRÉSENT Pouv*oir*	PASSÉ *Avoir* pu
PASSÉ SURCOMPOSÉ J' *aurais eu* pu N. *aurions eu* pu	PASSÉ SURCOMPOSÉ *Avoir eu* pu	

elle, rare et littéraire par ailleurs, de *puis : je peux/puis-je?*

44 VOULOIR base

	INDICATIF		SUBJONCTIF
A	PRÉSENT Je veu*x* Tu veu*x* Il veu*t* N. voul*ons* V. voul*ez* Ils veul*ent*	PASSÉ INDÉFINI J' *ai* voul*u* N. *avons* voul*u* PASSÉ SURCOMPOSÉ J' *ai eu* voul*u* N. *avons eu* voul*u*	PRÉSENT *Que* je veuill*e* *Que* tu veuill*es* *Qu'* il veuill*e* *Que* n. voul*ions* *Que* v. voul*iez* *Qu'* ils veuill*ent*
B	IMPARFAIT Je voul*ais* Tu voul*ais* Il voul*ait* N. voul*ions* V. voul*iez* Ils voul*aient*	PLUS-QUE-PARFAIT J' *avais* voul*u* N. *avions* voul*u* PLUS-QUE-PARFAIT SURCOMPOSÉ J' *avais eu* voul*u* N. *avions eu* voul*u*	
C	PASSÉ DÉFINI Je voul*us* Tu voul*us* Il voul*ut* N. voul*ûmes* V. voul*ûtes* Ils voul*urent*	PASSÉ ANTÉRIEUR J' *eus* voul*u* N. *eûmes* voul*u* PASSÉ ANTÉRIEUR SURCOMPOSÉ J' *eus eu* voul*u* N. *eûmes eu* voul*u*	IMPARFAIT *Que* je voul*usse* *Que* tu voul*usses* *Qu'* il voul*ût* *Que* n. voul*ussions* *Que* v. voul*ussiez* *Qu'* ils voul*ussent*
D	FUTUR SIMPLE Je voud*rai* Tu voud*ras* Il voud*ra* N. voud*rons* V. voud*rez* Ils voud*ront*	FUTUR ANTÉRIEUR J' *aurai* voul*u* N. *aurons* voul*u* FUTUR ANTÉRIEUR SURCOMPOSÉ J' *aurai eu* voul*u* N. *aurons eu* voul*u*	CONDITIONNEL PRÉSENT Je voud*rais* Tu voud*rais* Il voud*rait* N. voud*rions* V. voud*riez* Ils voud*raient*

SUBJONCTIF	IMPÉRATIF	
PARFAIT *Que* j' *aie* voul*u* *Que* n. *ayons* voul*u*	PRÉSENT Type 1 — Type 2 Veu*x* — Veuill*e* Voul*ons* — Veuill*ons* Voul*ez* — Veuill*ez*	PASSÉ *Aie* voul*u* *Ayons* voul*u* *Ayez* voul*u*
PASSÉ SURCOMPOSÉ *Que* j' *aie eu* voul*u* *Que* n. *ayons eu* voul*u*		

PARTICIPE	
PRÉSENT Voul*ant*	PASSÉ Voul*u*
PASSÉ COMPOSÉ *Ayant* voul*u*	PASSÉ SURCOMPOSÉ *Ayant eu* voul*u*

SUBJONCTIF (suite)
PLUS-QUE-PARFAIT *Que* j' *eusse* voul*u* *Que* n. *eussions* voul*u*
PLUS-QUE-PARFAIT SURCOMPOSÉ [inusité]

CONDITIONNEL	INFINITIF	
PASSÉ J' *aurais* voul*u* N. *aurions* voul*u*	PRÉSENT Voul*oir*	PASSÉ *Avoir* voul*u*
PASSÉ SURCOMPOSÉ J' *aurais eu* voul*u* N. *aurions eu* voul*u*	PASSÉ SURCOMPOSÉ *Avoir eu* voul*u*	

45 ASSEOIR

base :

	INDICATIF		SUBJONCTIF
A	PRÉSENT Type 1 J' assois Tu assois Il assoit N. assoyons V. assoyez Ils assoient	PRÉSENT Type 2 J' assieds Tu assieds Il assied N. asseyons V. asseyez Ils asseyent	PRÉSENT Type 1 *Que* j' assoie *Que* tu assoies *Qu'* il assoie *Que* n. assoyions *Que* v. assoyiez *Qu'* ils assoient
	PASSÉ INDÉFINI J' *ai* assis N. *avons* assis	PASSÉ SURCOMPOSÉ J' *ai* *eu* assis N. *avons eu* assis	PASSÉ *Que* j' *aie* assis *Que* n. *ayons* assis
B	IMPARFAIT Type 1 J' assoyais Tu assoyais Il assoyait N. assoyions V. assoyiez Ils assoyaient	IMPARFAIT Type 2 J' asseyais Tu asseyais Il asseyait N. asseyions V. asseyiez Ils asseyaient	
	PLUS-QUE-PARFAIT J' *avais* assis N. *avions* assis	PLUS-QUE-PARFAIT SURCOMPOSÉ J' *avais* *eu* assis N. *avions eu* assis	
C	PASSÉ DÉFINI J' assis Tu assis Il assit N. assîmes V. assîtes Ils assirent	PASSÉ ANTÉRIEUR J' *eus* assis N. *eûmes* assis PASSÉ ANTÉRIEUR SURCOMPOSÉ J' *eus* *eu* assis N. *eûmes eu* assis	IMPARFAIT *Que* j' assisse *Que* tu assisses *Qu'* il assît *Que* n. assissions *Que* v. assissiez *Qu'* ils assissent
D			CONDITIONNEL
	FUTUR SIMPLE Type 1 J' assoirai Tu assoiras Il assoira N. assoirons V. assoirez Ils assoiront	FUTUR SIMPLE Type 2 J' assiérai Tu assiéras Il assiéra N. assiérons V. assiérez Ils assiéront	PRÉSENT Type 1 J' assoirais Tu assoirais Il assoirait N. assoirions V. assoiriez Ils assoiraient
	FUTUR ANTÉRIEUR J' *aurai* assis N. *aurons* assis	FUTUR ANTÉRIEUR SURCOMPOSÉ J' *aurai* *eu* assis N. *aurons eu* assis	PASSÉ J' *aurais* assis N. *aurions* assis

SUBJONCTIF

PRÉSENT Type 2
Que j' asseye
Que tu assey*es*
Qu' il asseye
Que n. assey*ions*
Que v. assey*iez*
Qu' ils assey*ent*

PASSÉ SURCOMPOSÉ
Que j' *aie* *eu* assis
Que n. *ayons* *eu* assis

PLUS-QUE-PARFAIT
Que j' *eusse* assis
Que n. *eussions* assis

PLUS-QUE-PARFAIT SURCOMPOSÉ

[inusité]

IMPÉRATIF

PRÉSENT Type 1	PRÉSENT Type 2
Assoi*s*	Assied*s*
Assoy*ons*	Assey*ons*
Assoy*ez*	Assey*ez*

PASSÉ
Aie assis
Ayons assis
Ayez assis

PARTICIPE

PRÉSENT	PASSÉ
Type 1 Assoy*ant* Type 2 Assey*ant*	Ass*is*
PASSÉ COMPOSÉ	**PASSÉ SURCOMPOSÉ**
Ayant assis	*Ayant eu* assis

CONDITIONNEL

PRÉSENT Type 2
J' assié*rais*
Tu assié*rais*
Il assié*rait*
N. assié*rions*
V. assié*riez*
Ils assié*raient*

PASSÉ SURCOMPOSÉ
J' *aurais* *eu* assis
N. *aurions* *eu* assis

INFINITIF

PRÉSENT	PASSÉ
Asse*oir*	*Avoir* assis

PASSÉ SURCOMPOSÉ
Avoir eu assis

46 SURSEOIR

base :

Se conjugue sur le modèle d'*asseoir* (type 1 exclusivement), à l'exception du thème du futur (voir ci-dessous).

	INDICATIF		CONDITIONNEL
D	FUTUR SIMPLE Je surseoi*rai* Tu surseoi*ras* Il surseoi*ra* N. surseoi*rons* V. surseoi*rez* Ils surseoi*ront*	FUTUR ANTÉRIEUR J' *aurai* surs*is* N. *aurons* surs*is* FUTUR ANTÉRIEUR SURCOMPOSÉ J' *aurai eu* surs*is* N. *aurons eu* surs*is*	PRÉSENT Je surseoi*rais* Tu surseoi*rais* Il surseoi*rait* N. surseoi*rions* V. surseoi*riez* Ils surseoi*raient*

47 SEOIR

base :

	INDICATIF		SUBJONCTIF
A	PRÉSENT Il sie*d* Ils sié*ent*		PRÉSENT *Qu*'il sié*e* *Qu*'ils sié*ent*
B	IMPARFAIT Il sey*ait* Ils sey*aient*		
			CONDITIONNEL
D	FUTUR SIMPLE Il sié*ra* Ils sié*ront*		PRÉSENT Il sié*rait* Ils sié*raient*

N. B. **1.** Ce verbe n'a pas de temps composés.
2. *Messeoir* se conjugue comme *seoir*, mais n'a que le participe présent *messéant*.

SURS- 3ᵉ groupe

CONDITIONNEL	INFINITIF	
PASSÉ J' *aurais* surs*is* N. *aurions* surs*is*	PRÉSENT Surse*oir*	PASSÉ *Avoir* surs*is*
PASSÉ SURCOMPOSÉ J' *aurais eu* surs*is* N. *aurions eu* surs*is*	PASSÉ SURCOMPOSÉ *Avoir eu* surs*is*	

S- 3ᵉ groupe

PARTICIPE	
PRÉSENT Sé*ant*, sey*ant*	PASSÉ S*is*

INFINITIF	
PRÉSENT Se*oir*	

48 SAVOIR

base :

	INDICATIF		SUBJONCTIF
A	PRÉSENT Je sai*s* Tu sai*s* Il sai*t* N. sav*ons* V. sav*ez* Ils sav*ent*	PASSÉ INDÉFINI J' *ai* su N. *avons* su PASSÉ SURCOMPOSÉ J' *ai* *eu* su N. *avons eu* su	PRÉSENT *Que* je sach*e* *Que* tu sach*es* *Qu'* il sach*e* *Que* n. sach*ions* *Que* v. sach*iez* *Qu'* ils sach*ent*
B	IMPARFAIT Je sav*ais* Tu sav*ais* Il sav*ait* N. sav*ions* V. sav*iez* Ils sav*aient*	PLUS-QUE-PARFAIT J' *avais* su N. *avions* su PLUS-QUE-PARFAIT SURCOMPOSÉ J' *avais* *eu* su N. *avions eu* su	
C	PASSÉ DÉFINI Je *sus* Tu *sus* Il *sut* N. *sûmes* V. *sûtes* Ils *surent*	PASSÉ ANTÉRIEUR J' *eus* su N. *eûmes* su PASSÉ ANTÉRIEUR SURCOMPOSÉ J' *eus* *eu* su N. *eûmes eu* su	IMPARFAIT *Que* je *susse* *Que* tu *susses* *Qu'* il *sût* *Que* n. *sussions* *Que* v. *sussiez* *Qu'* ils *sussent*
D	FUTUR SIMPLE Je sau*rai* Tu sau*ras* Il sau*ra* N. sau*rons* V. sau*rez* Ils sau*ront*	FUTUR ANTÉRIEUR J' *aurai* su N. *aurons* su FUTUR ANTÉRIEUR SURCOMPOSÉ J' *aurai* *eu* su N. *aurons eu* su	CONDITIONNEL PRÉSENT Je sau*rais* Tu sau*rais* Il sau*rait* N. sau*rions* V. sau*riez* Ils sau*raient*

SUBJONCTIF

PARFAIT
Que j' *aie* su
Que n. *ayons* su

PASSÉ SURCOMPOSÉ
Que j' *aie eu* su
Que n. *ayons eu* su

PLUS-QUE-PARFAIT
Que j' *eusse* su
Que n. *eussions* su

PLUS-QUE-PARFAIT SURCOMPOSÉ
[inusité]

IMPÉRATIF

PRÉSENT	PASSÉ
Sach*e*	*Aie* su
Sach*ons*	*Ayons* su
Sach*ez*	*Ayez* su

PARTICIPE

PRÉSENT	PASSÉ
Sach*ant*	S*u*

PASSÉ COMPOSÉ	PASSÉ SURCOMPOSÉ
Ayant su	*Ayant eu* su

CONDITIONNEL

PASSÉ
J' *aurais* su
N. *aurions* su

PASSÉ SURCOMPOSÉ
J' *aurais eu* su
N. *aurions eu* su

INFINITIF

PRÉSENT	PASSÉ
Sav*oir*	*Avoir* su

PASSÉ SURCOMPOSÉ
Avoir eu su

49 VALOIR

base :

	INDICATIF		SUBJONCTIF
A	PRÉSENT Je vau*x* Tu vau*x* Il vau*t* N. val*ons* V. val*ez* Ils val*ent*	PASSÉ INDÉFINI J' *ai* val*u* N. *avons* valu PASSÉ SURCOMPOSÉ J' *ai* *eu* valu N. *avons eu* valu	PRÉSENT *Que* je vaill*e* *Que* tu vaill*es* *Qu'* il vaill*e* *Que* n. val*ions* *Que* v. val*iez* *Qu'* ils vaill*ent*
B	IMPARFAIT Je val*ais* Tu val*ais* Il val*ait* N. val*ions* V. val*iez* Ils val*aient*	PLUS-QUE-PARFAIT J' *avais* val*u* N. *avions* valu PLUS-QUE-PARFAIT SURCOMPOSÉ J' *avais* *eu* valu N. *avions eu* valu	
C	PASSÉ DÉFINI Je val*us* Tu val*us* Il val*ut* N. val*ûmes* V. val*ûtes* Ils val*urent*	PASSÉ ANTÉRIEUR J' *eus* valu N. *eûmes* valu PASSÉ ANTÉRIEUR SURCOMPOSÉ J' *eus* *eu* valu N. *eûmes eu* valu	IMPARFAIT *Que* je val*usse* *Que* tu val*usses* *Qu'* il val*ût* *Que* n. val*ussions* *Que* v. val*ussiez* *Qu'* ils val*ussent*
			CONDITIONNEL
D	FUTUR SIMPLE Je vaud*rai* Tu vaud*ras* Il vaud*ra* N. vaud*rons* V. vaud*rez* Ils vaud*ront*	FUTUR ANTÉRIEUR J' *aurai* val*u* N. *aurons* valu FUTUR ANTÉRIEUR SURCOMPOSÉ J' *aurai* *eu* valu N. *aurons eu* valu	PRÉSENT Je vaud*rais* Tu vaud*rais* Il vaud*rait* N. vaud*rions* V. vaud*riez* Ils vaud*raient*

50 PRÉVALOIR

base : PRÉVA- 3ᵉ groupe

Se conjugue sur le modèle de *valoir ;*
cependant, le subjonctif présent est le suivant :

Que je préval*e* *Que* n. préval*ions*
Que tu préval*es* *Que* v. préval*iez*
Qu' il préval*e* *Qu'* ils préval*ent*

SUBJONCTIF	IMPÉRATIF	
PARFAIT *Que* j' *aie* val*u* *Que* n. *ayons* val*u*	**PRÉSENT** Vau*x* Val*ons* Val*ez*	**PASSÉ** *Aie* val*u* *Ayons* val*u* *Ayez* val*u*
PASSÉ SURCOMPOSÉ *Que* j' *aie eu* val*u* *Que* n. *ayons eu* val*u*		
PLUS-QUE-PARFAIT *Que* j' *eusse* val*u* *Que* n. *eussions* val*u*		
PLUS-QUE-PARFAIT SURCOMPOSÉ [inusité]		

PARTICIPE	
PRÉSENT Val*ant*	**PASSÉ** Val*u*
PASSÉ COMPOSÉ *Ayant* val*u*	**PASSÉ SURCOMPOSÉ** *Ayant eu* val*u*

CONDITIONNEL	INFINITIF	
PASSÉ J' *aurais* val*u* N. *aurions* val*u*	**PRÉSENT** Val*oir*	**PASSÉ** *Avoir* val*u*
PASSÉ SURCOMPOSÉ J' *aurais eu* val*u* N. *aurions eu* val*u*	**PASSÉ SURCOMPOSÉ** *Avoir eu* val*u*	

51 FALLOIR base : FA- 3e groupe

Ce verbe impersonnel se conjugue sur *valoir*. Toutefois, il n'a pas d'impératif, et partout où *valoir* présente à la 3e personne du singulier un *l*, *falloir* en présente deux. *Ex. : il valait ; il fallait*.

52 VOIR

base :

	INDICATIF		SUBJONCTIF
A	PRÉSENT Je voi*s* Tu voi*s* Il voi*t* N. voy*ons* V. voy*ez* Ils voi*ent*	PASSÉ INDÉFINI J' *ai* vu N. *avons* vu PASSÉ SURCOMPOSÉ J' *ai* *eu* vu N. *avons eu* vu	PRÉSENT *Que* je voi*e* *Que* tu voi*es* *Qu'* il voi*e* *Que* n. voy*ions* *Que* v. voy*iez* *Qu'* ils voi*ent*
B	IMPARFAIT Je voy*ais* Tu voy*ais* Il voy*ait* N. voy*ions* V. voy*iez* Ils voy*aient*	PLUS-QUE-PARFAIT J' *avais* vu N. *avions* vu PLUS-QUE-PARFAIT SURCOMPOSÉ J' *avais* *eu* vu N. *avions eu* vu	REMARQUE : *a*) Au thème du passé défini (C), l'élément permanent est ***v-***, tandis qu'aux thèmes du présent (A) et de l'imparfait (B) il était ***voi-*** [vwa]; *b*) Au thème de l'infinitif (D), l'élément permanent des formes personnelles est ***ver-*** [vɛr] et non ***voir-*** [vwar].
C	PASSÉ DÉFINI Je v*is* Tu v*is* Il v*it* N. v*îmes* V. v*îtes* Ils v*irent*	PASSÉ ANTÉRIEUR J' *eus* vu N. *eûmes* vu PASSÉ ANTÉRIEUR SURCOMPOSÉ J' *eus* *eu* vu N. *eûmes eu* vu	IMPARFAIT *Que* je v*isse* *Que* tu v*isses* *Qu'* il v*ît* *Que* n. v*issions* *Que* v. v*issiez* *Qu'* ils v*issent*
D	FUTUR SIMPLE Je ver*rai* Tu ver*ras* Il ver*ra* N. ver*rons* V. ver*rez* Ils ver*ront*	FUTUR ANTÉRIEUR J' *aurai* vu N. *aurons* vu FUTUR ANTÉRIEUR SURCOMPOSÉ J' *aurai* *eu* vu N. *aurons eu* vu	CONDITIONNEL PRÉSENT Je ver*rais* Tu ver*rais* Il ver*rait* N. ver*rions* V. ver*riez* Ils ver*raient*

SUBJONCTIF	IMPÉRATIF	
PARFAIT *Que* j' *aie* vu *Que* n. *ayons* vu	PRÉSENT Vois	PASSÉ *Aie* vu
PASSÉ SURCOMPOSÉ *Que* j' *aie* *eu* vu *Que* n. *ayons* *eu* vu	Vo*yons* Vo*yez*	*Ayons* vu *Ayez* vu

PARTICIPE	
PRÉSENT Vo*yant*	PASSÉ V*u*
PASSÉ COMPOSÉ *Ayant* vu	PASSÉ SURCOMPOSÉ *Ayant eu* vu

PLUS-QUE-PARFAIT *Que* j' *eusse* vu *Que* n. *eussions* vu	
PLUS-QUE-PARFAIT SURCOMPOSÉ [inusité]	

CONDITIONNEL	INFINITIF	
PASSÉ J' *aurais* vu N. *aurions* vu	PRÉSENT V*oir*	PASSÉ *Avoir* vu
PASSÉ SURCOMPOSÉ J' *aurais* *eu* vu N. *aurions* *eu* vu	PASSÉ SURCOMPOSÉ *Avoir eu* vu	

53 POURVOIR

base :

INDICATIF				SUBJONCTIF
	PASSÉ DÉFINI	PASSÉ ANTÉRIEUR		IMPARFAIT
C	Je pourv*us* Tu pourv*us* Il pourv*ut* N. pourv*ûmes* V. pourv*ûtes* Ils pourv*urent*	J' *eus* pourv*u* N. *eûmes* pourv*u* PASSÉ ANTÉRIEUR SURCOMPOSÉ J' *eus* *eu* pourv*u* N. *eûmes* *eu* pourv*u*		*Que* je pourv*usse* *Que* tu pourv*usses* *Qu'* il pourv*ût* *Que* n. pourv*ussions* *Que* v. pourv*ussiez* *Qu'* ils pourv*ussent*
				CONDITIONNEL
	FUTUR SIMPLE	FUTUR ANTÉRIEUR		PRÉSENT
D	Je pourvoir*ai* Tu pourvoir*as* Il pourvoir*a* N. pourvoir*ons* V. pourvoir*ez* Ils pourvoir*ont*	J' *aurai* pourv*u* N. *aurons* pourv*u* FUTUR ANTÉRIEUR SURCOMPOSÉ J' *aurai* *eu* pourv*u* N. *aurons* *eu* pourv*u*		Je pourvoir*ais* Tu pourvoir*ais* Il pourvoir*ait* N. pourvoir*ions* V. pourvoir*iez* Ils pourvoir*aient*

54 PRÉVOIR

base :

Ce verbe se conjugue sur POURVOIR au thème de l'infinitif, sur VOIR partout ailleurs.

INDICATIF			CONDITIONNEL
	FUTUR SIMPLE	FUTUR ANTÉRIEUR	PRÉSENT
D	Je prévoir*ai* Tu prévoir*as* Il prévoir*a* N. prévoir*ons* V. prévoir*ez* Ils prévoir*ont*	J' *aurai* prév*u* N. *aurons* prév*u* FUTUR ANTÉRIEUR SURCOMPOSÉ J' *aurai* *eu* prév*u* N. *aurons* *eu* prév*u*	Je prévoir*ais* Tu prévoir*ais* Il prévoir*ait* N. prévoir*ions* V. prévoir*iez* Ils prévoir*aient*

POURV- 3e groupe

SUBJONCTIF	
PLUS-QUE-PARFAIT *Que* j' *eusse* pourv*u* *Que* n. *eussions* pourv*u*	REMARQUE : *a*) Le thème du passé défini est en *-u-* [y] et non en *-i-* [i]; *b*) Le thème de l'infinitif est parfaitement régulier et se distingue en cela de *voir*. Nous donnons donc la conjugaison de ces deux thèmes seuls.
PLUS-QUE-PARFAIT SURCOMPOSÉ [inusité]	

CONDITIONNEL	INFINITIF	
PASSÉ J' *aurais* pourv*u* N. *aurions* pourv*u*	PRÉSENT Pourv*oir*	PASSÉ *Avoir* pourv*u*
PASSÉ SURCOMPOSÉ J' *aurais eu* pourv*u* N. *aurions eu* pourv*u*	PASSÉ COMPOSÉ *Avoir eu* pourv*u*	

PRÉV- 3e groupe

CONDITIONNEL	INFINITIF	
PASSÉ J' *aurais* prév*u* N. *aurions* prév*u*	PRÉSENT Prév*oir*	PASSÉ *Avoir* prév*u*
PASSÉ SURCOMPOSÉ J' *aurais eu* prév*u* N. *aurions eu* prév*u*	PASSÉ SURCOMPOSÉ *Avoir eu* prév*u*	

55 CHOIR[1]

base :

	INDICATIF		SUBJONCTIF
	PRÉSENT	PASSÉ INDÉFINI	PRÉSENT
A	Je chois*s* Tu chois*s* Il choi*t* Ils choi*ent*	J' *ai* chu N. *avons* chu Je *suis* chu N. *sommes* chus	[n'existe pas]
	IMPARFAIT	PLUS-QUE-PARFAIT	
B	[n'existe pas]	J' *avais* chu N. *avons* chu J' *étais* chu N. *étions* chus	
	PASSÉ DÉFINI	PASSÉ ANTÉRIEUR	IMPARFAIT
C	Je ch*us* Tu ch*us* Il ch*ut* N. ch*ûmes* V. ch*ûtes* Ils ch*urent*	J' *eus* chu N. *eûmes* chu Je *fus* chu N. *fûmes* chus	*Qu*'il ch*ût*
			CONDITIONNEL
	FUTUR SIMPLE	FUTUR ANTÉRIEUR	PRÉSENT
D	Type 1: Je choi*rai* / Tu choi*ras* / Il choi*ra* / N. choi*rons* / V. choi*rez* / Ils choi*ront* Type 2: Je cher*rai* / Tu cher*ras* / Il cher*ra* / N. cher*rons* / V. cher*rez* / Ils cher*ront*	J' *aurai* chu N. *aurons* chu Je *serai* chu N. *serons* chus	Type 1: Je choi*rais* / Tu choi*rais* / Il choi*rait* / N. choi*rions* / V. choi*riez* / Ils choi*raient* Type 2: Je cher*rais* / Tu cher*rais* / Il cher*rait* / N. cher*rions* / V. cher*riez* / Ils cher*rèrent*

1. Le verbe se conjugue avec les deux auxiliaires; l'emploi d'*avoir* exprime l'action,

SUBJONCTIF	IMPÉRATIF
PARFAIT *Que* j' *aie* chu *Que* n. *ayons* chu *Que* je *sois* chu *Que* n. *soyons* chus	[n'existe pas]
PLUS-QUE-PARFAIT *Que* j' *eusse* chu *Que* n. *eussions* chu *Que* je *fusse* chu *Que* n. *fussions* chus	**PARTICIPE** PASSÉ Ch*u*

CONDITIONNEL	INFINITIF	
PASSÉ	PRÉSENT	PASSÉ
J' *aurais* chu N. *aurions* chu Je *serais* chu N. *serions* chus	Cho*ir*	*Avoir* chu *Être* chu
	PASSÉ SURCOMPOSÉ	
	Avoir eu chu	*Avoir été* chu

tandis que celui d'*être* exprime l'état.

56 ÉCHOIR[1] base :

	INDICATIF		SUBJONCTIF
A	PRÉSENT Type 1 — Type 2 Il échoi*t* — Il éche*t* Ils échoi*ent* — Ils éché*ent*	PASSÉ INDÉFINI Il *a* éch*u* Il *est* éch*u*	PRÉSENT Type 1 — Type 2 *Qu*'il échoi*e* — *Qu*'il éché*e*
B	IMPARFAIT Il échoy*ait*	PLUS-QUE-PARFAIT Il *avait* éch*u* Il *était* éch*u*	
C	PASSÉ DÉFINI Il échu*t* Ils échur*ent*	PASSÉ ANTÉRIEUR Il *eut* éch*u* Il *fut* éch*u*	IMPARFAIT *Qu*'il éch*ût*
			CONDITIONNEL
D	FUTUR SIMPLE Type 1 — Type 2 Il échoir*a* — Il écher*ra* Ils échoi*ront* — Ils écher*ront*	FUTUR ANTÉRIEUR Il *aura* éch*u* Ils *auront* éch*u* Il *sera* éch*u* Ils *seront* éch*us*	PRÉSENT Type 1 — Type 2 Il échoi*rait* — Il écher*rait* Ils échoi*raient* — Ils écher*raient*

1. Le verbe se conjugue avec les deux auxiliaires; l'emploi d'*avoir* exprime l'action, tandis

SUBJONCTIF	IMPÉRATIF
PARFAIT *Qu*'il *ait* éch*u* *Qu*'il *soit* éch*u*	[n'existe pas]
PLUS-QUE-PARFAIT *Qu*'il *eût* éch*u* *Qu*'il *fût* éch*u*	

PARTICIPE	
PRÉSENT Éch*éant*	PASSÉ Éch*u*
PASSÉ COMPOSÉ *Ayant* échu	PASSÉ SURCOMPOSÉ *Ayant eu* échu
PASSÉ *Étant* échu	

CONDITIONNEL	INFINITIF	
PASSÉ	PRÉSENT	PASSÉ
Il *aurait* échu Il *serait* échu	Éch*oir*	*Avoir* échu *Être* échu
Ils *auraient* échu Ils *seraient* échus	PASSÉ SURCOMPOSÉ *Avoir eu* échu *Avoir été* échu	

que celui d'*être* exprime l'état.

57 DÉCHOIR[1] base :

	INDICATIF		SUBJONCTIF
A	PRÉSENT Type 1: Je déchoi*s* Tu déchoi*s* Il déchoi*t* N. déchoy*ons* V. déchoy*ez* Ils déchoi*ent* Type 2: Il déche*t*	PASSÉ INDÉFINI J' *ai* déch*u* N. *avons* déch*u* Je *suis* déch*u* N. *sommes* déch*us*	PRÉSENT *Que* je déchoi*e* *Que* tu déchoi*es* *Qu'* il déchoi*e* *Que* n. déchoy*ions* *Que* v. déchoy*iez* *Qu'* ils déchoi*ent*
B	IMPARFAIT [n'existe pas]	PLUS-QUE-PARFAIT J' *avais* déch*u* N. *avions* déch*u* J' *étais* déch*u* N. *étions* déch*us*	
C	PASSÉ DÉFINI Je déch*us* Tu déch*us* Il déch*ut* N. déch*ûmes* V. déch*ûtes* Ils déch*urent*	PASSÉ ANTÉRIEUR J' *eus* déch*u* N. *eûmes* déch*u* Je *fus* déch*u* N. *fûmes* déch*us*	IMPARFAIT *Que* je déch*usse* *Que* tu déch*usses* *Qu'* il déch*ût* *Que* n. déch*ussions* *Que* v. déch*ussiez* *Qu'* ils déch*ussent*
D	FUTUR SIMPLE Type 1: Je déchoi*rai* Tu déchoi*ras* Il déchoi*ra* N. déchoi*rons* V. déchoi*rez* Ils déchoi*ront* Type 2: Je décher*rai* Tu décher*ras* Il décher*ra* N. décher*rons* V. décher*rez* Ils décher*ront*	FUTUR ANTÉRIEUR J' *aurai* déch*u* N. *aurons* déch*u* Je *serai* déch*u* N. *serons* déch*us*	CONDITIONNEL PRÉSENT Type 1: Je déchoi*rais* Tu déchoi*rais* Il déchoi*rait* N. déchoi*rions* V. déchoi*riez* Ils déchoi*raient* Type 2: Je décher*rais* Tu décher*rais* Il décher*rait* N. décher*rions* V. décher*riez* Ils décher*raient*

1. Le verbe se conjugue avec les deux auxiliaires; l'emploi d'*avoir* exprime l'action

SUBJONCTIF	IMPÉRATIF
PARFAIT *Que* j' *aie* déch*u* *Que* n. *ayons* déch*u* *Que* je *sois* déch*u* *Que* n. *soyons* déch*us*	[n'existe pas]
PLUS-QUE-PARFAIT *Que* j' *eusse* déch*u* *Que* n. *eussions* déch*u* *Que* je *fusse* déch*u* *Que* n. *fussions* déch*us*	PARTICIPE PASSÉ Déch*u*

CONDITIONNEL	INFINITIF	
PASSÉ J' *aurais* déch*u* N. *aurions* déch*u* Je *serais* déch*u* N. *serions* déch*us*	PRÉSENT Déch*oir*	PASSÉ *Avoir* déch*u* *Être* déch*u*
	PASSÉ SURCOMPOSÉ *Avoir eu* déch*u* *Avoir été* déch*u*	

ndis que celui d'*être* exprime l'état.

58 PLEUVOIR

base :

	INDICATIF		SUBJONCTIF
A	PRÉSENT Il pleu*t* Ils pleuv*ent*	PASSÉ INDÉFINI Il *a* pl*u* Ils *ont* pl*u*	PRÉSENT *Qu*'il pleuv*e* *Qu*'ils pleuv*ent*
B	IMPARFAIT Il pleuv*ait* Ils pleuv*aient*	PLUS-QUE-PARFAIT Il *avait* pl*u* Ils *avaient* pl*u*	
C	PASSÉ DÉFINI Il pl*ut* Ils pl*urent*	PASSÉ ANTÉRIEUR Il *eut* pl*u* Ils *eurent* pl*u*	IMPARFAIT *Qu*'il pl*ût* *Qu*'ils pl*ussent*
			CONDITIONNEL
D	FUTUR SIMPLE Il pleuv*ra* Ils pleuv*ront*	FUTUR ANTÉRIEUR Il *aura* pl*u* Ils *auront* pl*u*	PRÉSENT Il pleuv*rait* Ils pleuv*raient*

SUBJONCTIF	IMPÉRATIF
PARFAIT *Qu*'il *ait* pl*u* *Qu*'ils *aient* pl*u*	[n'existe pas]
PLUS-QUE-PARFAIT *Qu*'il *eût* pl*u* *Qu*'ils *eussent* pl*u*	

PARTICIPE	
PRÉSENT Pleuv*ant*	PASSÉ Pl*u*
PASSÉ COMPOSÉ *Ayant* pl*u*	

CONDITIONNEL
PASSÉ Il *aurait* pl*u* Ils *auraient* pl*u*

INFINITIF	
PRÉSENT Pleuv*oir*	PASSÉ *Avoir* pl*u*

59 BATTRE

base :

	INDICATIF		SUBJONCTIF
A	PRÉSENT Je bat*s* Tu bat*s* Il bat N. batt*ons* V. batt*ez* Ils batt*ent*	PASSÉ INDÉFINI J' *ai* batt*u* N. *avons* batt*u* PASSÉ SURCOMPOSÉ J' *ai* *eu* batt*u* N. *avons eu* batt*u*	PRÉSENT *Que* je batt*e* *Que* tu batt*es* *Qu'* il batt*e* *Que* n. batt*ions* *Que* v. batt*iez* *Qu'* ils batt*ent*
B	IMPARFAIT Je batt*ais* Tu batt*ais* Il batt*ait* N. batt*ions* V. batt*iez* Ils batt*aient*	PLUS-QUE-PARFAIT J' *avais* batt*u* N. *avions* batt*u* PLUS-QUE-PARFAIT SURCOMPOSÉ J' *avais* *eu* batt*u* N. *avions eu* batt*u*	
C	PASSÉ DÉFINI Je batt*is* Tu batt*is* Il batt*it* N. batt*îmes* V. batt*îtes* Ils batt*irent*	PASSÉ ANTÉRIEUR J' *eus* batt*u* N. *eûmes* batt*u* PASSÉ ANTÉRIEUR SURCOMPOSÉ J' *eus* *eu* batt*u* N. *eûmes eu* batt*u*	IMPARFAIT *Que* je batt*isse* *Que* tu batt*isses* *Qu'* il batt*ît* *Que* n. batt*issions* *Que* v. batt*issiez* *Qu'* ils batt*issent*

			CONDITIONNEL
D	FUTUR SIMPLE Je batt*rai* Tu batt*ras* Il batt*ra* N. batt*rons* V. batt*rez* Ils batt*ront*	FUTUR ANTÉRIEUR J' *aurai* batt*u* N. *aurons* batt*u* FUTUR ANTÉRIEUR SURCOMPOSÉ J' *aurai* *eu* batt*u* N. *aurons eu* batt*u*	PRÉSENT Je batt*rais* Tu batt*rais* Il batt*rait* N. batt*rions* V. batt*riez* Ils batt*raient*

60 METTRE

base :

Se conjugue comme *battre*, sauf au passé défini et aux participes passés, où la base

	INDICATIF		SUBJONCTIF
C	PASSÉ DÉFINI Je mi*s* Tu mi*s* Il mi*t* N. m*îmes* V. m*îtes* Ils m*irent*	PASSÉ ANTÉRIEUR J' *eus* mis N. *eûmes* mis PASSÉ ANTÉRIEUR SURCOMPOSÉ J' *eus* *eu* mis N. *eûmes eu* mis	IMPARFAIT *Que* je mi*sse* *Que* tu mi*sses* *Qu'* il m*ît* *Que* n. mi*ssions* *Que* v. mi*ssiez* *Qu'* ils mi*ssent*

BAT-

3e groupe

SUBJONCTIF	IMPÉRATIF	
PARFAIT *Que* j' *aie* batt*u* *Que* n. *ayons* batt*u*	PRÉSENT Bat*s*	PASSÉ *Aie* batt*u*
PASSÉ SURCOMPOSÉ *Que* j' *aie eu* batt*u* *Que* n. *ayons eu* batt*u*	Batt*ons* Batt*ez*	*Ayons* batt*u* *Ayez* batt*u*

	PARTICIPE	
	PRÉSENT Batt*ant*	PASSÉ Batt*u*
PLUS-QUE-PARFAIT *Que* j' *eusse* batt*u* *Que* n. *eussions* batt*u*	PASSÉ COMPOSÉ *Ayant* batt*u*	PASSÉ SURCOMPOSÉ *Ayant eu* batt*u*
PLUS-QUE-PARFAIT SURCOMPOSÉ [inusité]		

CONDITIONNEL	INFINITIF	
PASSÉ J' *aurais* batt*u* N. *aurions* batt*u*	PRÉSENT Batt*re*	PASSÉ *Avoir* batt*u*
PASSÉ SURCOMPOSÉ J' *aurais eu* batt*u* N. *aurions eu* batt*u*	PASSÉ SURCOMPOSÉ *Avoir eu* battu	

M-

3e groupe

uit à *m-* (voir ci-dessous); à la base *bat-* de *battre* correspond la base *met-* de *mettre*.

SUBJONCTIF	PARTICIPE	
PLUS-QUE-PARFAIT *Que* j' *eusse* m*is* *Que* n. *eussions* m*is*	PRÉSENT Mett*ant*	PASSÉ M*is*
PLUS-QUE-PARFAIT SURCOMPOSÉ [inusité]	PASSÉ COMPOSÉ *Ayant* m*is*	PASSÉ SURCOMPOSÉ *Ayant eu* m*is*

61	**PARAÎTRE**		**base :**
	INDICATIF		SUBJONCTIF
A	PRÉSENT Je parai*s* Tu parai*s* Il paraî*t* N. paraiss*ons* V. paraiss*ez* Ils paraiss*ent*	PASSÉ INDÉFINI J' *ai* par*u* N. *avons* par*u* PASSÉ SURCOMPOSÉ J' *ai* *eu* paru N. *avons eu* paru	PRÉSENT *Que* je paraiss*e* *Que* tu paraiss*es* *Qu'* il paraiss*e* *Que* n. paraiss*ions* *Que* v. paraiss*iez* *Qu'* ils paraiss*ent*
B	IMPARFAIT Je paraiss*ais* Tu paraiss*ais* Il paraiss*ait* N. paraiss*ions* V. paraiss*iez* Ils paraiss*aient*	PLUS-QUE-PARFAIT J' *avais* par*u* N. *avions* par*u* PLUS-QUE-PARFAIT SURCOMPOSÉ J' *avais* *eu* paru N. *avions eu* paru	
C	PASSÉ DÉFINI Je par*us* Tu par*us* Il par*ut* N. par*ûmes* V. par*ûtes* Ils par*urent*	PASSÉ ANTÉRIEUR J' *eu* par*u* N. *eûmes* par*u* PASSÉ ANTÉRIEUR SURCOMPOSÉ J' *eus* *eu* paru N. *eûmes eu* paru	IMPARFAIT *Que* je par*usse* *Que* tu par*usses* *Qu'* il par*ût* *Que* n. par*ussions* *Que* v. par*ussiez* *Qu'* ils par*ussent*
D	FUTUR SIMPLE Je paraît*rai* Tu paraît*ras* Il paraît*ra* N. paraît*rons* V. paraît*rez* Ils paraît*ront*	FUTUR ANTÉRIEUR J' *aurai* par*u* N. *aurons* par*u* FUTUR ANTÉRIEUR SURCOMPOSÉ J' *aurai* *eu* paru N. *aurons eu* paru	CONDITIONNEL PRÉSENT Je paraît*rais* Tu paraît*rais* Il paraît*rait* N. paraît*rions* V. paraît*riez* Ils paraît*raient*

62	**NAÎTRE**		**base :**

Se conjugue comme *paraître* (à la base *par-* de *paraître* correspond la base *n-* de *naîtr*

	INDICATIF		SUBJONCTIF
C	PASSÉ DÉFINI Je naqu*is* Tu naqu*is* Il naqu*it* N. naqu*îmes* V. naqu*îtes* Ils naqu*irent*	PASSÉ ANTÉRIEUR Je *fus* né Tu *fus* né Il *fut* né N. *fûmes* nés V. *fûtes* nés Ils *furent* nés	IMPARFAIT *Que* je naqu*isse* *Que* tu naqu*isses* *Qu'* il naqu*ît* *Que* n. naqu*issions* *Que* v. naqu*issiez* *Qu'* ils naqu*issent*

PAR- 3e groupe

SUBJONCTIF	IMPÉRATIF	
PARFAIT	**PRÉSENT**	**PASSÉ**
Que j' *aie* par*u* *Que* n. *ayons* par*u*	Parai*s*	*Aie* par*u*
PASSÉ SURCOMPOSÉ		
Que j' *aie* *eu* paru *Que* n. *ayons* *eu* paru	Paraiss*ons* Paraiss*ez*	*Ayons* par*u* *Ayez* par*u*

	PARTICIPE	
	PRÉSENT	**PASSÉ**
	Paraiss*ant*	Par*u*
	PASSÉ COMPOSÉ	**PASSÉ SURCOMPOSÉ**
	Ayant paru	*Ayant eu* paru

SUBJONCTIF
PLUS-QUE-PARFAIT
Que j' *eusse* par*u* *Que* n. *eussions* par*u*
PLUS-QUE-PARFAIT SURCOMPOSÉ
[inusité]

CONDITIONNEL	INFINITIF	
PASSÉ	**PRÉSENT**	**PASSÉ**
J' *aurais* par*u* N. *aurions* par*u*	Paraît*re*	*Avoir* par*u*
PASSÉ SURCOMPOSÉ	**PASSÉ SURCOMPOSÉ**	
J' *aurais* *eu* paru N. *aurions* *eu* paru	*Avoir eu* paru	

N- 3e groupe

f aux formes ci-dessous :

SUBJONCTIF	PARTICIPE	
PLUS-QUE-PARFAIT	**PRÉSENT**	**PASSÉ**
Que je *fusse* né *Que* tu *fusses* né *Qu'* il *fût* né *Que* n. *fussions* nés *Que* v. *fussiez* nés *Qu'* ils *fussent* nés	Naiss*ant*	N*é*
	PASSÉ COMPOSÉ	
	Étant né	

63 CROÎTRE base

	INDICATIF		SUBJONCTIF
A	PRÉSENT Je croî*s* Tu croî*s* Il croî*t* N. croiss*ons* V. croiss*ez* Ils croiss*ent*	PASSÉ INDÉFINI J' *ai* crû N. *avons* crû PASSÉ SURCOMPOSÉ J' *ai* *eu* crû N. *avons eu* crû	PRÉSENT *Que* je croiss*e* *Que* tu croiss*es* *Qu'* il croiss*e* *Que* n. croiss*ions* *Que* v. croiss*iez* *Qu'* ils croiss*ent*
B	IMPARFAIT Je croiss*ais* Tu croiss*ais* Il croiss*ait* N. croiss*ions* V. croiss*iez* Ils croiss*aient*	PLUS-QUE-PARFAIT J' *avais* crû N. *avions* crû PLUS-QUE-PARFAIT SURCOMPOSÉ J' *avais eu* crû N. *avions eu* crû	
C	PASSÉ DÉFINI Je cr*ûs* Tu cr*ûs* Il cr*ût* N. cr*ûmes* V. cr*ûtes* Ils cr*ûrent*	PASSÉ ANTÉRIEUR J' *eus* crû N. *eûmes* crû PASSÉ ANTÉRIEUR SURCOMPOSÉ J' *eus* *eu* crû N. *eûmes eu* crû	IMPARFAIT *Que* je cr*ûsse* *Que* tu cr*ûsses* *Qu'* il cr*ût* *Que* n. cr*ûssions* *Que* v. cr*ûssiez* *Qu'* ils cr*ûssent*
D	FUTUR SIMPLE Je croît*rai* Tu croît*ras* Il croît*ra* N. croît*rons* V. croît*rez* Ils croît*ront*	FUTUR ANTÉRIEUR J' *aurai* crû N. *aurons* crû FUTUR ANTÉRIEUR SURCOMPOSÉ J' *aurai* *eu* crû N. *aurons eu* crû	CONDITIONNEL PRÉSENT Je croît*rais* Tu croît*rais* Il croît*rait* N. croît*rions* V. croît*riez* Ils croît*raient*

64 ACCROÎTRE, DÉCROÎTRE base

Les formes suivantes ne prennent pas d'accent circonflexe : *j'*, *tu accrois; j'*, *tu acc*

SUBJONCTIF	IMPÉRATIF	
	PRÉSENT	PASSÉ
PARFAIT *Que* j' *aie* crû *Que* n. *ayons* crû	Croî*s*	*Aie* crû
PASSÉ SURCOMPOSÉ *Que* j' *aie eu* crû *Que* n. *ayons eu* crû	Croiss*ons* Croiss*ez*	*Ayons* crû *Ayez* crû

PARTICIPE	
PRÉSENT	PASSÉ
Croiss*ant*	Crû[1] *ue*
PASSÉ COMPOSÉ	PASSÉ SURCOMPOSÉ
Ayant crû	*Ayant eu* crû

SUBJONCTIF (suite)
PLUS-QUE-PARFAIT *Que* j' *eusse* crû *Que* n. *eussions* crû
PLUS-QUE-PARFAIT SURCOMPOSÉ [inusité]

CONDITIONNEL	INFINITIF	
	PRÉSENT	PASSÉ
PASSÉ J' *aurais* crû N. *aurions* crû	Croît*re*	*Avoir* crû
PASSÉ SURCOMPOSÉ J' *aurais eu* crû N. *aurions eu* crû	PASSÉ SURCOMPOSÉ *Avoir eu* crû	

1. L'accent circonflexe n'existe qu'au masculin *singulier*.

ACCR-, DÉCR- 3e groupe

accrut, ils accrurent ; accru. — je, tu décrois ; je, tu décrus, il décrut, ils décrurent ; décru.

65 RENDRE — base :

	INDICATIF		SUBJONCTIF
A	PRÉSENT Je rend*s* Tu rend*s* Il rend N. rend*ons* V. rend*ez* Ils rend*ent*	PASSÉ INDÉFINI J' *ai* rend*u* N. *avons* rend*u* PASSÉ SURCOMPOSÉ J' *ai eu* rend*u* N. *avons eu* rend*u*	PRÉSENT *Que* je rend*e* *Que* tu rend*es* *Qu'* il rend*e* *Que* n. rend*ions* *Que* v. rend*iez* *Qu'* ils rend*ent*
B	IMPARFAIT Je rend*ais* Tu rend*ais* Il rend*ait* N. rend*ions* V. rend*iez* Ils rend*aient*	PLUS-QUE-PARFAIT J' *avais* rend*u* N. *avions* rend*u* PLUS-QUE-PARFAIT SURCOMPOSÉ J' *avais eu* rend*u* N. *avions eu* rend*u*	
C	PASSÉ DÉFINI Je rend*is* Tu rend*is* Il rend*it* N. rend*îmes* V. rend*îtes* Ils rend*irent*	PASSÉ ANTÉRIEUR J' *eus* rend*u* N. *eûmes* rend*u* PASSÉ ANTÉRIEUR SURCOMPOSÉ J' *eus eu* rend*u* N. *eûmes eu* rend*u*	IMPARFAIT *Que* je rend*isse* *Que* tu rend*isses* *Qu'* il rend*ît* *Que* n. rend*issions* *Que* v. rend*issiez* *Qu'* ils rend*issent*
			CONDITIONNEL
D	FUTUR SIMPLE Je rend*rai* Tu rend*ras* Il rend*ra* N. rend*rons* V. rend*rez* Ils rend*ront*	FUTUR ANTÉRIEUR J' *aurai* rend*u* N. *aurons* rend*u* FUTUR ANTÉRIEUR SURCOMPOSÉ J' *aurai eu* rend*u* N. *aurons eu* rend*u*	PRÉSENT Je rend*rais* Tu rend*rais* Il rend*rait* N. rend*rions* V. rend*riez* Ils rend*raient*

66 ROMPRE — base :

Se conjugue comme *rendre* (à la base *rend-* de *rendre* correspond la base *romp-* de *rompr*

67 VÊTIR — base :

Se conjugue comme *rendre* (à la base *rend-* de *rendre* correspond la base *vêt-* de *vêt*

			CONDITIONNEL
D	FUTUR SIMPLE Je vêt*irai* Tu vêt*iras* Il vêt*ira* N. vêt*irons* V. vêt*irez* Ils vêt*iront*	FUTUR ANTÉRIEUR J' *aurai* vêt*u* N. *aurons* vêt*u* FUTUR ANTÉRIEUR SURCOMPOSÉ J' *aurai eu* vêt*u* N. *aurons eu* vêt*u*	PRÉSENT Je vêt*irais* Tu vêt*irais* Il vêt*irait* N. vêt*irions* V. vêt*iriez* Ils vêt*iraient*

REND- — 3e groupe

SUBJONCTIF	IMPÉRATIF	
PARFAIT	PRÉSENT	PASSÉ
Que j' *aie* rend*u* *Que* n. *ayons* rend*u*	Rend*s*	*Aie* rend*u*
PASSÉ SURCOMPOSÉ *Que* j' *aie* *eu* rend*u* *Que* n. *ayons* *eu* rend*u*	Rend*ons* Rend*ez*	*Ayons* rend*u* *Ayez* rend*u*

SUBJONCTIF (suite)
PLUS-QUE-PARFAIT
Que j' *eusse* rend*u* *Que* n. *eussions* rend*u*
PLUS-QUE-PARFAIT SURCOMPOSÉ
[inusité]

PARTICIPE	
PRÉSENT	PASSÉ
Rend*ant*	Rend*u*
PASSÉ COMPOSÉ	PASSÉ SURCOMPOSÉ
Ayant rend*u*	*Ayant eu* rend*u*

CONDITIONNEL	INFINITIF	
PASSÉ	PRÉSENT	PASSÉ
J' *aurais* rend*u* N. *aurions* rend*u*	Rend*re*	*Avoir* rend*u*
PASSÉ SURCOMPOSÉ	PASSÉ SURCOMPOSÉ	
J' *aurais eu* rend*u* N. *aurions eu* rend*u*	*Avoir eu* rend*u*	

ROMP- — 3e groupe

is la 3e personne du singulier du présent de l'indicatif est : *il rompt*.

VÊT- — 3e groupe

uf au thème de l'infinitif, qui est le suivant :

CONDITIONNEL	INFINITIF	
PASSÉ	PRÉSENT	PASSÉ
J' *aurais* vêt*u* N. *aurions* vêt*u*	Vêt*ir*	*Avoir* vêt*u*
PASSÉ SURCOMPOSÉ	PASSÉ SURCOMPOSÉ	
J' *aurais eu* vêt*u* N. *aurions eu* vêt*u*	*Avoir eu* vêt*u*	

68 PRENDRE base

	INDICATIF		SUBJONCTIF
A	PRÉSENT Je prend*s* Tu prend*s* Il prend N. pren*ons* V. pren*ez* Ils prenn*ent*	PASSÉ INDÉFINI J' *ai* pr*is* N. *avons* pr*is* PASSÉ SURCOMPOSÉ J' *ai* *eu* pr*is* N. *avons eu* pr*is*	PRÉSENT *Que* je prenn*e* *Que* tu prenn*es* *Qu'* il prenn*e* *Que* n. pren*ions* *Que* v. pren*iez* *Qu'* ils prenn*ent*
B	IMPARFAIT Je pren*ais* Tu pren*ais* Il pren*ait* N. pren*ions* V. pren*iez* Ils pren*aient*	PLUS-QUE-PARFAIT J' *avais* pr*is* N. *avions* pr*is* PLUS-QUE-PARFAIT SURCOMPOSÉ J' *avais* *eu* pr*is* N. *avions eu* pr*is*	
C	PASSÉ DÉFINI Je pr*is* Tu pr*is* Il pr*it* N. pr*îmes* V. pr*îtes* Ils pr*irent*	PASSÉ ANTÉRIEUR J' *eus* pr*is* N. *eûmes* pr*is* PASSÉ ANTÉRIEUR SURCOMPOSÉ J' *eus* *eu* pr*is* N. *eûmes eu* pr*is*	IMPARFAIT *Que* je pr*isse* *Que* tu pr*isses* *Qu'* il pr*ît* *Que* n. pr*issions* *Que* v. pr*issiez* *Qu'* ils pr*issent*
D	FUTUR SIMPLE Je prend*rai* Tu prend*ras* Il prend*ra* N. prend*rons* V. prend*rez* Ils prend*ront*	FUTUR ANTÉRIEUR J' *aurai* pr*is* N. *aurons* pr*is* FUTUR ANTÉRIEUR SURCOMPOSÉ J' *aurai* *eu* pr*is* N. *aurons eu* pr*is*	CONDITIONNEL PRÉSENT Je prend*rais* Tu prend*rais* Il prend*rait* N. prend*rions* V. prend*riez* Ils prend*raient*

SUBJONCTIF	IMPÉRATIF	
	PRÉSENT	PASSÉ
PARFAIT *Que* j' *aie* pr*is* *Que* n. *ayons* pr*is*	Pren*ds*	*Aie* pr*is*
PASSÉ SURCOMPOSÉ *Que* j' *aie eu* pris *Que* n. *ayons eu* pris	Pren*ons* Pren*ez*	*Ayons* pr*is* *Ayez* pr*is*

PARTICIPE	
PRÉSENT Pren*ant*	PASSÉ Pr*is*
PASSÉ COMPOSÉ *Ayant* pris	PASSÉ SURCOMPOSÉ *Ayant eu* pris

SUBJONCTIF
PLUS-QUE-PARFAIT *Que* j' *eusse* pr*is* *Que* n. *eussions* pr*is*
PLUS-QUE-PARFAIT SURCOMPOSÉ [inusité]

CONDITIONNEL	INFINITIF	
PASSÉ J' *aurais* pr*is* N. *aurions* pr*is*	PRÉSENT Prend*re*	PASSÉ *Avoir* pr*is*
PASSÉ SURCOMPOSÉ J' *aurais eu* pris N. *aurions eu* pris	PASSÉ SURCOMPOSÉ *Avoir eu* pris	

69	COUDRE		base :
	INDICATIF		**SUBJONCTIF**
A	PRÉSENT Je coud*s* Tu coud*s* Il coud N. cous*ons* V. cous*ez* Ils cous*ent*	PASSÉ INDÉFINI J' *ai* cous*u* N. *avons* cous*u* PASSÉ SURCOMPOSÉ J' *ai* *eu* cousu N. *avons eu* cousu	PRÉSENT *Que* je cous*e* *Que* tu cous*es* *Qu'* il cous*e* *Que* n. cous*ions* *Que* v. cous*iez* *Qu'* ils cous*ent*
B	IMPARFAIT Je cous*ais* Tu cous*ais* Il cous*ait* N. cous*ions* V. cous*iez* Ils cous*aient*	PLUS-QUE-PARFAIT J' *avais* cous*u* N. *avions* cous*u* PLUS-QUE-PARFAIT SURCOMPOSÉ J' *avais eu* cousu N. *avions eu* cousu	
C	PASSÉ DÉFINI Je cous*is* Tu cous*is* Il cous*it* N. cous*îmes* V. cous*îtes* Ils cous*irent*	PASSÉ ANTÉRIEUR J'*eus* cous*u* N. *eûmes* cous*u* PASSÉ ANTÉRIEUR SURCOMPOSÉ J' *eus* *eu* cousu N. *eûmes eu* cousu	IMPARFAIT *Que* je cous*isse* *Que* tu cous*isses* *Qu'* il cous*ît* *Que* n. cous*issions* *Que* v. cous*issiez* *Qu'* ils cous*issent*
D	FUTUR SIMPLE Je coud*rai* Tu coud*ras* Il coud*ra* N. coud*rons* V. coud*rez* Ils coud*ront*	FUTUR ANTÉRIEUR J' *aurai* cous*u* N. *aurons* cous*u* FUTUR ANTÉRIEUR SURCOMPOSÉ J' *aurai* *eu* cousu N. *aurons eu* cousu	**CONDITIONNEL** PRÉSENT Je coud*rais* Tu coud*rais* Il coud*rait* N. coud*rions* V. coud*riez* Ils coud*raient*

SUBJONCTIF	IMPÉRATIF	
PARFAIT *Que* j' *aie* cous*u* *Que* n. *ayons* cous*u*	PRÉSENT Coud*s* Cous*ons* Cous*ez*	PASSÉ *Aie* cous*u* *Ayons* cous*u* *Ayez* cous*u*
PASSÉ SURCOMPOSÉ *Que* j' *aie* *eu* cous*u* *Que* n. *ayons* *eu* cous*u*		

PARTICIPE	
PRÉSENT Cous*ant*	PASSÉ Cous*u*
PASSÉ COMPOSÉ *Ayant* cous*u*	PASSÉ SURCOMPOSÉ *Ayant* *eu* cous*u*

SUBJONCTIF (suite)
PLUS-QUE-PARFAIT *Que* j' *eusse* cous*u* *Que* n. *eussions* cous*u*
PLUS-QUE-PARFAIT SURCOMPOSÉ [inusité]

CONDITIONNEL	INFINITIF	
PASSÉ J' *aurais* cous*u* N. *aurions* cous*u*	PRÉSENT Coud*re*	PASSÉ *Avoir* cous*u*
PASSÉ SURCOMPOSÉ J' *aurais* *eu* cous*u* N. *aurions* *eu* cous*u*	PASSÉ SURCOMPOSÉ *Avoir* *eu* cous*u*	

70 MOUDRE

base :

	INDICATIF		SUBJONCTIF
A	PRÉSENT Je mouds Tu mouds Il moud N. moulons V. moulez Ils moulent	PASSÉ INDÉFINI J' *ai* moulu N. *avons* moulu PASSÉ SURCOMPOSÉ J' *ai* *eu* moulu N. *avons* *eu* moulu	PRÉSENT *Que* je moule *Que* tu moules *Qu'* il moule *Que* n. moulions *Que* v. mouliez *Qu'* ils moulent
B	IMPARFAIT Je moulais Tu moulais Il moulait N. moulions V. mouliez Ils moulaient	PLUS-QUE-PARFAIT J' *avais* moulu N. *avions* moulu PLUS-QUE-PARFAIT SURCOMPOSÉ J' *avais* *eu* moulu N. *avions* *eu* moulu	
C	PASSÉ DÉFINI Je moulus Tu moulus Il moulut N. moulûmes V. moulûtes Ils moulurent	PASSÉ ANTÉRIEUR J' *eus* moulu N. *eûmes* moulu PASSÉ ANTÉRIEUR SURCOMPOSÉ J' *eus* *eu* moulu N. *eûmes* *eu* moulu	IMPARFAIT *Que* je moulusse *Que* tu moulusses *Qu'* il moulût *Que* n. moulussions *Que* v. moulussiez *Qu'* ils moulussent
D	FUTUR SIMPLE Je moudrai Tu moudras Il moudra N. moudrons V. moudrez Ils moudront	FUTUR ANTÉRIEUR J' *aurai* moulu N. *aurons* moulu FUTUR ANTÉRIEUR SURCOMPOSÉ J' *aurai* *eu* moulu N. *aurons* *eu* moulu	CONDITIONNEL PRÉSENT Je moudrais Tu moudrais Il moudrait N. moudrions V. moudriez Ils moudraient

SUBJONCTIF	IMPÉRATIF	
PARFAIT *Que* j' *aie* moul*u* *Que* n. *ayons* moul*u*	**PRÉSENT** Moud*s* Moul*ons* Moul*ez*	**PASSÉ** *Aie* moul*u* *Ayons* moul*u* *Ayez* moul*u*
PASSÉ SURCOMPOSÉ *Que* j' *aie eu* moul*u* *Que* n. *ayons eu* moul*u*		
PLUS-QUE-PARFAIT *Que* j' *eusse* moul*u* *Que* n. *eussions* moul*u*		
PLUS-QUE-PARFAIT SURCOMPOSÉ [inusité]		

PARTICIPE	
PRÉSENT Moul*ant*	**PASSÉ** Moul*u*
PASSÉ COMPOSÉ *Ayant* moul*u*	**PASSÉ SURCOMPOSÉ** *Ayant eu* moul*u*

CONDITIONNEL	INFINITIF	
PASSÉ J' *aurais* moul*u* N. *aurions* moul*u*	**PRÉSENT** Moud*re*	**PASSÉ** *Avoir* moul*u*
PASSÉ SURCOMPOSÉ J' *aurais eu* moul*u* N. *aurions eu* moul*u*	**PASSÉ SURCOMPOSÉ** *Avoir eu* moul*u*	

71 CRAINDRE

base :

	INDICATIF		SUBJONCTIF
A	PRÉSENT Je crain*s* Tu crain*s* Il crain*t* N. craign*ons* V. craign*ez* Ils craign*ent*	PASSÉ INDÉFINI J' *ai* crain*t* N. *avons* crain*t* PASSÉ SURCOMPOSÉ J' *ai eu* crain*t* N. *avons eu* crain*t*	PRÉSENT *Que* je craign*e* *Que* tu craign*es* *Qu'* il craign*e* *Que* n. craign*ions* *Que* v. craign*iez* *Qu'* ils craign*ent*
B	IMPARFAIT Je craign*ais* Tu craign*ais* Il craign*ait* N. craign*ions* V. craign*iez* Ils craign*aient*	PLUS-QUE-PARFAIT J' *avais* crain*t* N. *avions* crain*t* PLUS-QUE-PARFAIT SURCOMPOSÉ J' *avais eu* crain*t* N. *avions eu* crain*t*	
C	PASSÉ DÉFINI Je craign*is* Tu craign*is* Il craign*it* N. craign*îmes* V. craign*îtes* Ils craign*irent*	PASSÉ ANTÉRIEUR J' *eus* crain*t* N. *eûmes* crain*t* PASSÉ ANTÉRIEUR SURCOMPOSÉ J' *eus eu* crain*t* N. *eûmes eu* crain*t*	IMPARFAIT *Que* je craign*isse* *Que* tu craign*isses* *Qu'* il craign*ît* *Que* n. craign*issions* *Que* v. craign*issiez* *Qu'* ils craign*issent*
			CONDITIONNEL
D	FUTUR SIMPLE Je craind*rai* Tu craind*ras* Il craind*ra* N. craind*rons* V. craind*rez* Ils craind*ront*	FUTUR ANTÉRIEUR J' *aurai* crain*t* N. *aurons* crain*t* FUTUR ANTÉRIEUR SURCOMPOSÉ J' *aurai eu* crain*t* N. *aurons eu* crain*t*	PRÉSENT Je craind*rais* Tu craind*rais* Il craind*rait* N. craind*rions* V. craind*riez* Ils craind*raient*

SUBJONCTIF

PARFAIT

Que j' *aie* craint
Que n. *ayons* craint

PASSÉ SURCOMPOSÉ

Que j' *aie eu* craint
Que n. *ayons eu* craint

PLUS-QUE-PARFAIT

Que j' *eusse* craint
Que n. *eussions* craint

PLUS-QUE-PARFAIT SURCOMPOSÉ

[inusité]

IMPÉRATIF

PRÉSENT	PASSÉ
Crains	*Aie* craint
Craignons	*Ayons* craint
Craignez	*Ayez* craint

PARTICIPE

PRÉSENT	PASSÉ
Craignant	Craint

PASSÉ COMPOSÉ	PASSÉ SURCOMPOSÉ
Ayant craint	*Ayant eu* craint

CONDITIONNEL

PASSÉ

J' *aurais* craint
N. *aurions* craint

PASSÉ SURCOMPOSÉ

J' *aurais eu* craint
N. *aurions eu* craint

INFINITIF

PRÉSENT	PASSÉ
Craindre	*Avoir* craint

PASSÉ SURCOMPOSÉ

Avoir eu craint

72 DISSOUDRE base :

	INDICATIF		SUBJONCTIF
A	PRÉSENT Je dissou*s* Tu dissou*s* Il dissou*t* N. dissolv*ons* V. dissolv*ez* Ils dissolv*ent*	PASSÉ INDÉFINI J' *ai* dissou*s* N. *avons* dissou*s* PASSÉ SURCOMPOSÉ J' *ai eu* dissou*s* N. *avons eu* dissou*s*	PRÉSENT *Que* je dissolv*e* *Que* tu dissolv*es* *Qu'* il dissolv*e* *Que* n. dissolv*ions* *Que* v. dissolv*iez* *Qu'* ils dissolv*ent*
B	IMPARFAIT Je dissolv*ais* Tu dissolv*ais* Il dissolv*ait* N. dissolv*ions* V. dissolv*iez* Ils dissolv*aient*	PLUS-QUE-PARFAIT J' *avais* dissou*s* N. *avions* dissou*s* PLUS-QUE-PARFAIT SURCOMPOSÉ J' *avais eu* dissou*s* N. *avions eu* dissou*s*	
C	PASSÉ DÉFINI Je dissol*us* Tu dissol*us* Il dissol*ut* N. dissol*ûmes* V. dissol*ûtes* Ils dissol*urent*	PASSÉ ANTÉRIEUR J' *eus* dissou*s* N. *eûmes* dissou*s* PASSÉ ANTÉRIEUR SURCOMPOSÉ J' *eus eu* dissou*s* N. *eûmes eu* dissou*s*	IMPARFAIT *Que* je dissol*usse* *Que* tu dissol*usses* *Qu'* il dissol*ût* *Que* n. dissol*ussions* *Que* v. dissol*ussiez* *Qu'* ils dissol*ussent*
			CONDITIONNEL
D	FUTUR SIMPLE Je dissoud*rai* Tu dissoud*ras* Il dissoud*ra* N. dissoud*rons* V. dissoud*rez* Ils dissoud*ront*	FUTUR ANTÉRIEUR J' *aurai* dissou*s* N. *aurons* dissou*s* FUTUR ANTÉRIEUR SURCOMPOSÉ J' *aurai eu* dissou*s* N. *aurons eu* dissou*s*	PRÉSENT Je dissoud*rais* Tu dissoud*rais* Il dissoud*rait* N. dissoud*rions* V. dissoud*riez* Ils dissoud*raient*

73 RÉSOUDRE base :

Se conjugue comme *dissoudre* (à la base *disso-* de *dissoudre* correspond la base *réso-* du participe présent (*résolu, e*), quand on parle des choses changées en d'autres. (Vo

DISSO- **3e groupe**

SUBJONCTIF

PARFAIT

Que j' *aie* dissou*s*
Que n. *ayons* dissou*s*

PASSÉ SURCOMPOSÉ

Que j' *aie eu* dissou*s*
Que n. *ayons eu* dissou*s*

PLUS-QUE-PARFAIT

Que j' *eusse* dissou*s*
Que n. *eussions* dissou*s*

PLUS-QUE-PARFAIT SURCOMPOSÉ

[inusité]

IMPÉRATIF

PRÉSENT	PASSÉ
Dissou*s*	*Aie* dissou*s*
Dissol*vons*	*Ayons* dissou*s*
Dissol*vez*	*Ayez* dissou*s*

PARTICIPE

PRÉSENT	PASSÉ
Dissol*vant*	Dissou*s* Dissou*te*

PASSÉ COMPOSÉ	PASSÉ SURCOMPOSÉ
Ayant dissou*s*	*Ayant eu* dissou*s*

CONDITIONNEL

PASSÉ

J' *aurais* dissou*s*
N. *aurions* dissou*s*

PASSÉ SURCOMPOSÉ

J' *aurais eu* dissou*s*
N. *aurions eu* dissou*s*

INFINITIF

PRÉSENT	PASSÉ
Dissou*dre*	*Avoir* dissou*s*

PASSÉ SURCOMPOSÉ

Avoir eu dissou*s*

RÉSO- **3e groupe**

résoudre), à l'exception de la forme rare *résous*, *résoute* qui remplace la forme régulière les dictionnaires.)

74 BOIRE

base :

	INDICATIF		SUBJONCTIF
A	PRÉSENT Je boi*s* Tu boi*s* Il boi*t* N. buv*ons* V. buv*ez* Ils boiv*ent*	PASSÉ INDÉFINI J' *ai* b*u* N. *avons* b*u* PASSÉ SURCOMPOSÉ J' *ai* *eu* bu N. *avons* *eu* bu	PRÉSENT *Que* je boiv*e* *Que* tu boiv*es* *Qu'* il boiv*e* *Que* n. buv*ions* *Que* v. buv*iez* *Qu'* ils boiv*ent*
B	IMPARFAIT Je buv*ais* Tu buv*ais* Il buv*ait* N. buv*ions* V. buv*iez* Ils buv*aient*	PLUS-QUE-PARFAIT J' *avais* b*u* N. *avions* b*u* PLUS-QUE-PARFAIT SURCOMPOSÉ J' *avais* *eu* bu N. *avions* *eu* bu	
C	PASSÉ DÉFINI Je b*us* Tu b*us* Il b*ut* N. b*ûmes* V. b*ûtes* Ils b*urent*	PASSÉ ANTÉRIEUR J' *eus* b*u* N. *eûmes* b*u* PASSÉ ANTÉRIEUR SURCOMPOSÉ J' *eus* *eu* bu N. *eûmes* *eu* bu	IMPARFAIT *Que* je b*usse* *Que* tu b*usses* *Qu'* il b*ût* *Que* n. b*ussions* *Que* v. b*ussiez* *Qu'* ils b*ussent*
			CONDITIONNEL
D	FUTUR SIMPLE Je boir*ai* Tu boir*as* Il boir*a* N. boir*ons* V. boir*ez* Ils boir*ont*	FUTUR ANTÉRIEUR J' *aurai* bu N. *aurons* bu FUTUR ANTÉRIEUR SURCOMPOSÉ J' *aurai* *eu* bu N. *aurons* *eu* bu	PRÉSENT Je boir*ais* Tu boir*ais* Il boir*ait* N. boir*ions* V. boir*iez* Ils boir*aient*

B- **3ᵉ groupe**

SUBJONCTIF	IMPÉRATIF	
PARFAIT *Que* j' *aie* bu *Que* n. *ayons* bu	PRÉSENT Bois Buvons Buvez	PASSÉ *Aie* bu *Ayons* bu *Ayez* bu
PASSÉ SURCOMPOSÉ *Que* j' *aie eu* bu *Que* n. *ayons eu* bu		
PLUS-QUE-PARFAIT *Que* j' *eusse* bu *Que* n. *eussions* bu		
PLUS-QUE-PARFAIT SURCOMPOSÉ [inusité]		

PARTICIPE	
PRÉSENT Buvant	PASSÉ Bu
PASSÉ COMPOSÉ *Ayant* bu	PASSÉ SURCOMPOSÉ *Ayant eu* bu

CONDITIONNEL	INFINITIF	
PASSÉ J' *aurais* bu N. *aurions* bu	PRÉSENT Boire	PASSÉ *Avoir* bu
PASSÉ SURCOMPOSÉ J' *aurais eu* bu N. *aurions eu* bu	PASSÉ SURCOMPOSÉ *Avoir eu* bu	

75	CROIRE		base :
	INDICATIF		**SUBJONCTIF**
A	PRÉSENT Je crois Tu crois Il croi*t* N. croy*ons* V. croy*ez* Ils croi*ent*	PASSÉ INDÉFINI J' *ai* cru N. *avons* cru PASSÉ SURCOMPOSÉ J' *ai* *eu* cru N. *avons eu* cru	PRÉSENT *Que* je croi*e* *Que* tu croi*es* *Qu'* il croi*e* *Que* n. croy*ions* *Que* v. croy*iez* *Qu'* ils croi*ent*
B	IMPARFAIT Je croy*ais* Tu croy*ais* Il croy*ait* N. croy*ions* V. croy*iez* Ils croy*aient*	PLUS-QUE-PARFAIT J' *avais* cru N. *avions* cru PLUS-QUE-PARFAIT SURCOMPOSÉ J' *avais* *eu* cru N. *avions eu* cru	
C	PASSÉ DÉFINI Je cr*us* Tu cr*us* Il cr*ut* N. cr*ûmes* V. cr*ûtes* Ils cr*urent*	PASSÉ ANTÉRIEUR J' *eus* cru N. *eûmes* cru PASSÉ ANTÉRIEUR SURCOMPOSÉ J' *eus* *eu* cru N. *eûmes eu* cru	IMPARFAIT *Que* je cr*usse* *Que* tu cr*usses* *Qu'* il cr*ût* *Que* n. cr*ussions* *Que* v. cr*ussiez* *Qu'* ils cr*ussent*
			CONDITIONNEL
D	FUTUR SIMPLE Je croi*rai* Tu croi*ras* Il croi*ra* N. croi*rons* V. croi*rez* Ils croi*ront*	FUTUR ANTÉRIEUR J' *aurai* cru N. *aurons* cru FUTUR ANTÉRIEUR SURCOMPOSÉ J' *aurai* *eu* cru N. *aurons eu* cru	PRÉSENT Je croi*rais* Tu croi*rais* Il croi*rait* N. croi*rions* V. croi*riez* Ils croi*raient*

SUBJONCTIF

PARFAIT

Que j' *aie* cr*u*
Que n. *ayons* cr*u*

PASSÉ SURCOMPOSÉ

Que j' *aie* *eu* cr*u*
Que n. *ayons* *eu* cr*u*

PLUS-QUE-PARFAIT

Que j' *eusse* cr*u*
Que n. *eussions* cr*u*

PLUS-QUE-PARFAIT SURCOMPOSÉ

[inusité]

IMPÉRATIF

PRÉSENT	PASSÉ
Croi*s*	*Aie* cr*u*
Croy*ons*	*Ayons* cr*u*
Croy*ez*	*Ayez* cr*u*

PARTICIPE

PRÉSENT	PASSÉ
Croy*ant*	Cr*u*

PASSÉ COMPOSÉ	PASSÉ SURCOMPOSÉ
Ayant cr*u*	*Ayant eu* cr*u*

CONDITIONNEL

PASSÉ

J' *aurais* cr*u*
N. *aurions* cr*u*

PASSÉ SURCOMPOSÉ

J' *aurais* *eu* cr*u*
N. *aurions* *eu* cr*u*

INFINITIF

PRÉSENT	PASSÉ
Croir*e*	*Avoir* cr*u*

PASSÉ SURCOMPOSÉ

Avoir eu cr*u*

76 FAIRE

base :

	INDICATIF		SUBJONCTIF
A	PRÉSENT Je fai*s* Tu fai*s* Il fai*t* N. fais*ons* V. fait*es* Ils fo*nt*	PASSÉ INDÉFINI J' *ai* fai*t* N. *avons* fai*t* PASSÉ SURCOMPOSÉ J' *ai* *eu* fai*t* N. *avons eu* fai*t*	PRÉSENT *Que* je fass*e* *Que* tu fass*es* *Qu'* il fass*e* *Que* n. fass*ions* *Que* v. fass*iez* *Qu'* ils fass*ent*
B	IMPARFAIT Je fais*ais* Tu fais*ais* Il fais*ait* N. fais*ions* V. fais*iez* Ils fais*aient*	PLUS-QUE-PARFAIT J' *avais* fai*t* N. *avions* fai*t* PLUS-QUE-PARFAIT SURCOMPOSÉ J' *avais* *eu* fai*t* N. *avions eu* fai*t*	
C	PASSÉ DÉFINI Je f*is* Tu f*is* Il f*it* N. f*îmes* V. f*îtes* Ils f*irent*	PASSÉ ANTÉRIEUR J' *eus* fai*t* N. *eûmes* fai*t* PASSÉ ANTÉRIEUR SURCOMPOSÉ J' *eus* *eu* fai*t* N. *eûmes eu* fai*t*	IMPARFAIT *Que* je f*isse* *Que* tu f*isses* *Qu'* il f*ît* *Que* n. f*issions* *Que* v. f*issiez* *Qu'* ils f*issent*
D	FUTUR SIMPLE Je fer*ai* Tu fer*as* Il fer*a* N. fer*ons* V. fer*ez* Ils fer*ont*	FUTUR ANTÉRIEUR J' *aurai* fai*t* N. *aurons* fai*t* FUTUR ANTÉRIEUR SURCOMPOSÉ J' *aurai* *eu* fai*t* N. *aurons eu* fai*t*	CONDITIONNEL PRÉSENT Je fer*ais* Tu fer*ais* Il fer*ait* N. fer*ions* V. fer*iez* Ils fer*aient*

SUBJONCTIF

PARFAIT

Que j' *aie* fai*t*
Que n. *ayons* fai*t*

PASSÉ SURCOMPOSÉ

Que j' *aie* *eu* fai*t*
Que n. *ayons eu* fai*t*

PLUS-QUE-PARFAIT

Que j' *eusse* fai*t*
Que n. *eussions* fai*t*

PLUS-QUE-PARFAIT SURCOMPOSÉ

[inusité]

IMPÉRATIF

PRÉSENT	PASSÉ
Fai*s*	*Aie* fai*t*
Fais*ons*	*Ayons* fai*t*
Fait*es*	*Ayez* fai*t*

PARTICIPE

PRÉSENT	PASSÉ
Fais*ant*	*Avoir* fai*t*

PASSÉ COMPOSÉ	PASSÉ SURCOMPOSÉ
Ayant fai*t*	*Ayant eu* fai*t*

CONDITIONNEL

PASSÉ

J' *aurais* fai*t*
N. *aurions* fai*t*

PASSÉ SURCOMPOSÉ

J' *aurais* *eu* fai*t*
N. *aurions eu* fai*t*

INFINITIF

PRÉSENT	PASSÉ
Fai*re*	*Avoir* fai*t*

PASSÉ SURCOMPOSÉ

Avoir eu fai*t*

77 PLAIRE base :

	INDICATIF		SUBJONCTIF
A	PRÉSENT Je plai*s* Tu plai*s* Il plaî*t* N. plais*ons* V. plais*ez* Ils plais*ent*	PASSÉ INDÉFINI J' *ai* pl*u* N. *avons* pl*u* PASSÉ SURCOMPOSÉ J' *ai eu* plu N. *avons eu* plu	PRÉSENT *Que* je plais*e* *Que* tu plais*es* *Qu'* il plais*e* *Que* n. plais*ions* *Que* v. plais*iez* *Qu'* ils plais*ent*
B	IMPARFAIT Je plais*ais* Tu plais*ais* Il plais*ait* N. plais*ions* V. plais*iez* Ils plais*aient*	PLUS-QUE-PARFAIT J' *avais* pl*u* N. *avions* pl*u* PLUS-QUE-PARFAIT SURCOMPOSÉ J' *avais eu* plu N. *avions eu* plu	
C	PASSÉ DÉFINI Je pl*us* Tu pl*us* Il pl*ut* N. pl*ûmes* V. pl*ûtes* Ils pl*urent*	PASSÉ ANTÉRIEUR J' *eus* pl*u* N. *eûmes* pl*u* PASSÉ ANTÉRIEUR SURCOMPOSÉ J' *eus eu* plu N. *eûmes eu* plu	IMPARFAIT *Que* je pl*usse* *Que* tu pl*usses* *Qu'* il pl*ût* *Que* n. pl*ussions* *Que* v. pl*ussiez* *Qu'* ils pl*ussent*
D	FUTUR SIMPLE Je plai*rai* Tu plai*ras* Il plai*ra* N. plai*rons* V. plai*rez* Ils plai*ront*	FUTUR ANTÉRIEUR J' *aurai* plu N. *aurons* plu FUTUR ANTÉRIEUR SURCOMPOSÉ J' *aurai eu* plu N. *aurons eu* plu	CONDITIONNEL PRÉSENT Je plai*rais* Tu plai*rais* Il plai*rait* N. plai*rions* V. plai*riez* Ils plai*raient*

78 TAIRE base :

Ce verbe se conjugue comme *plaire*, sauf à la 3e personne du singulier de l'indicatif présent

PL- 3e groupe

SUBJONCTIF	IMPÉRATIF	
	PRÉSENT	PASSÉ
PARFAIT *Que* j' *aie* pl*u* *Que* n. *ayons* pl*u*	Plai*s*	*Aie* pl*u*
PASSÉ SURCOMPOSÉ *Que* j' *aie eu* pl*u* *Que* n. *ayons eu* pl*u*	Plais*ons* Plais*ez*	*Ayons* pl*u* *Ayez* pl*u*

SUBJONCTIF (suite)
PLUS-QUE-PARFAIT *Que* j' *eusse* pl*u* *Que* n. *eussions* pl*u*
PLUS-QUE-PARFAIT SURCOMPOSÉ [inusité]

PARTICIPE	
PRÉSENT	PASSÉ
Plais*ant*	Pl*u*
PASSÉ COMPOSÉ	PASSÉ SURCOMPOSÉ
Ayant pl*u*	*Ayant eu* pl*u*

CONDITIONNEL	INFINITIF	
	PRÉSENT	PASSÉ
PASSÉ J' *aurais* pl*u* N. *aurions* pl*u*	Pla*ire*	*Avoir* pl*u*
PASSÉ SURCOMPOSÉ J' *aurais eu* pl*u* N. *aurions eu* pl*u*	PASSÉ SURCOMPOSÉ *Avoir eu* pl*u*	

T- 3e groupe

où il fait : *il tait.*

79 SUIVRE

base :

	INDICATIF		SUBJONCTIF
A	PRÉSENT Je sui*s* Tu sui*s* Il sui*t* N. suiv*ons* V. suiv*ez* Ils suiv*ent*	PASSÉ INDÉFINI J' *ai* suiv*i* N. *avons* suiv*i* PASSÉ SURCOMPOSÉ J' *ai* *eu* suivi N. *avons eu* suivi	PRÉSENT *Que* je suiv*e* *Que* tu suiv*es* *Qu'* il suiv*e* *Que* n. suiv*ions* *Que* v. suiv*iez* *Qu'* ils suiv*ent*
B	IMPARFAIT Je suiv*ais* Tu suiv*ais* Il suiv*ait* N. suiv*ions* V. suiv*iez* Ils suiv*aient*	PLUS-QUE-PARFAIT J' *avais* suiv*i* N. *avions* suiv*i* PLUS-QUE-PARFAIT SURCOMPOSÉ J' *avais* *eu* suivi N. *avions eu* suivi	
C	PASSÉ DÉFINI Je suiv*is* Tu suiv*is* Il suiv*it* N. suiv*îmes* V. suiv*îtes* Ils suiv*irent*	PASSÉ ANTÉRIEUR J' *eus* suiv*i* N. *eûmes* suiv*i* PASSÉ ANTÉRIEUR SURCOMPOSÉ J' *eus* *eu* suivi N. *eûmes eu* suivi	IMPARFAIT *Que* je suiv*isse* *Que* tu suiv*isses* *Qu'* il suiv*ît* *Que* n. suiv*issions* *Que* v. suiv*issiez* *Qu'* ils suiv*issent*
D	FUTUR SIMPLE Je suiv*rai* Tu suiv*ras* Il suiv*ra* N. suiv*rons* V. suiv*rez* Ils suiv*ront*	FUTUR ANTÉRIEUR J' *aurai* suiv*i* N. *aurons* suiv*i* FUTUR ANTÉRIEUR SURCOMPOSÉ J' *aurai* *eu* suivi N. *aurons eu* suivi	CONDITIONNEL PRÉSENT Je suiv*rais* Tu suiv*rais* Il suiv*rait* N. suiv*rions* V. suiv*riez* Ils suiv*raient*

80 VIVRE

base :

Se conjugue comme *suivre* (à la base *sui-* de *suivre* correspond la base *v-* de *vivre*).

	INDICATIF		SUBJONCTIF
C	PASSÉ DÉFINI Je véc*us* Tu véc*us* Il véc*ut* N. véc*ûmes* V. véc*ûtes* Ils véc*urent*	PASSÉ ANTÉRIEUR J' *eus* vécu N. *eûmes* vécu PASSÉ ANTÉRIEUR SURCOMPOSÉ J' *eus* *eu* vécu N. *eûmes eu* vécu	IMPARFAIT *Que* je véc*usse* *Que* tu véc*usses* *Qu'* il véc*ût* *Que* n. véc*ussions* *Que* v. véc*ussiez* *Qu'* ils véc*ussent*

SUI- 3e groupe

SUBJONCTIF	IMPÉRATIF	
PARFAIT	**PRÉSENT**	**PASSÉ**
Que j' *aie* suiv*i*	Sui*s*	*Aie* suiv*i*
Que n. *ayons* suiv*i*	Suiv*ons*	*Ayons* suiv*i*
	Suiv*ez*	*Ayez* suiv*i*
PASSÉ SURCOMPOSÉ		
Que j' *aie eu* suiv*i*		
Que n. *ayons eu* suiv*i*		

SUBJONCTIF	
PLUS-QUE-PARFAIT	
Que j' *eusse* suiv*i*	
Que n. *eussions* suiv*i*	
PLUS-QUE-PARFAIT SURCOMPOSÉ	
[inusité]	

PARTICIPE	
PRÉSENT	**PASSÉ**
Sui*vant*	Suiv*i*
PASSÉ COMPOSÉ	**PASSÉ SURCOMPOSÉ**
Ayant suiv*i*	*Ayant eu* suiv*i*

CONDITIONNEL	INFINITIF	
PASSÉ	**PRÉSENT**	**PASSÉ**
J' *aurais* suiv*i*	Suiv*re*	*Avoir* suiv*i*
N. *aurions* suiv*i*		
PASSÉ SURCOMPOSÉ	**PASSÉ SURCOMPOSÉ**	
J' *aurais eu* suiv*i*	*Avoir eu* suiv*i*	
N. *aurions eu* suiv*i*		

V- 3e groupe

Toutefois, aux participes et au thème du passé défini, on a les formes suivantes :

SUBJONCTIF	
PLUS-QUE-PARFAIT	
Que j' *eusse* vécu	
Que n. *eussions* vécu	
PLUS-QUE-PARFAIT SURCOMPOSÉ	
[inusité]	

PARTICIPE	
PRÉSENT	**PASSÉ**
V*ivant*	Véc*u*
PASSÉ COMPOSÉ	**PASSÉ SURCOMPOSÉ**
Ayant vécu	*Ayant eu* vécu

81 VAINCRE

base :

	INDICATIF		SUBJONCTIF
A	PRÉSENT Je vaincs Tu vaincs Il vainc N. vainquons V. vainquez Ils vainquent	PASSÉ INDÉFINI J' ai vaincu N. avons vaincu PASSÉ SURCOMPOSÉ J' ai eu vaincu N. avons eu vaincu	PRÉSENT Que je vainque Que tu vainques Qu' il vainque Que n. vainquions Que v. vainquiez Qu' ils vainquent
B	IMPARFAIT Je vainquais Tu vainquais Il vainquait N. vainquions V. vainquiez Ils vainquaient	PLUS-QUE-PARFAIT J' avais vaincu N. avions vaincu PLUS-QUE-PARFAIT SURCOMPOSÉ J' avais eu vaincu N. avions eu vaincu	
C	PASSÉ DÉFINI Je vainquis Tu vainquis Il vainquit N. vainquîmes V. vainquîtes Ils vainquirent	PASSÉ ANTÉRIEUR J' eus vaincu N. eûmes vaincu PASSÉ ANTÉRIEUR SURCOMPOSÉ J' eus eu vaincu N. eûmes eu vaincu	IMPARFAIT Que je vainquisse Que tu vainquisses Qu' il vainquît Que n. vainquissions Que v. vainquissiez Qu' ils vainquissent
D	FUTUR SIMPLE Je vaincrai Tu craincras Il vaincra N. vaincrons V. vaincrez Ils vaincront	FUTUR ANTÉRIEUR J' aurai vaincu N. aurons vaincu FUTUR ANTÉRIEUR SURCOMPOSÉ J' aurai eu vaincu N. aurons eu vaincu	CONDITIONNEL PRÉSENT Je vaincrais Tu vraincrais Il vaincrait N. vaincrions V. vaincriez Ils vaincraient

SUBJONCTIF	IMPÉRATIF	
PARFAIT *Que* j' *aie* vainc*u* *Que* n. *ayons* vainc*u*	PRÉSENT Vainc*s* Vain**qu***ons* Vain**qu***ez*	PASSÉ *Aie* vainc*u* *Ayons* vainc*u* *Ayez* vainc*u*
PASSÉ SURCOMPOSÉ *Que* j' *aie eu* vainc*u* *Que* n. *ayons eu* vainc*u*		

PARTICIPE	
PRÉSENT Vain**qu***ant*	PASSÉ Vainc*u*
PASSÉ COMPOSÉ *Ayant* vainc*u*	PASSÉ SURCOMPOSÉ *Ayant eu* vainc*u*

SUBJONCTIF
PLUS-QUE-PARFAIT *Que* j' *eusse* vainc*u* *Que* n. *eussions* vainc*u*
PLUS-QUE-PARFAIT SURCOMPOSÉ [inusité]

CONDITIONNEL	INFINITIF	
PASSÉ J' *aurais* vainc*u* N. *aurions* vainc*u*	PRÉSENT Vainc*re*	PASSÉ *Avoir* vainc*u*
PASSÉ SURCOMPOSÉ J' *aurais eu* vainc*u* N. *aurions eu* vainc*u*	PASSÉ SURCOMPOSÉ *Avoir eu* vainc*u*	

82 TRADUIRE

base :

	INDICATIF		SUBJONCTIF
A	PRÉSENT Je tradui*s* Tu tradui*s* Il tradui*t* N. traduis*ons* V. traduis*ez* Ils traduis*ent*	PASSÉ INDÉFINI J' *ai* tradui*t* N. *avons* tradui*t* PASSÉ SURCOMPOSÉ J' *avais eu* tradui*t* N. *avons eu* tradui*t*	PRÉSENT *Que* je tradui*se* *Que* tu tradui*ses* *Qu'* il tradui*se* *Que* n. traduis*ions* *Que* v. traduis*iez* *Qu'* ils traduis*ent*
B	IMPARFAIT Je traduis*ais* Tu traduis*ais* Il traduis*ait* N. traduis*ions* V. traduis*iez* Ils traduis*aient*	PLUS-QUE-PARFAIT J' *avais* tradui*t* N. *avions* tradui*t* PLUS-QUE-PARFAIT SURCOMPOSÉ J' *avais eu* tradui*t* N. *avions eu* tradui*t*	
C	PASSÉ DÉFINI Je traduis*is* Tu traduis*is* Il traduis*it* N. traduis*îmes* V. traduis*îtes* Ils traduis*irent*	PASSÉ ANTÉRIEUR J' *eus* tradui*t* N. *eûmes* tradui*t* PASSÉ ANTÉRIEUR SURCOMPOSÉ J' *eus eu* tradui*t* N. *eûmes eu* tradui*t*	IMPARFAIT *Que* je traduis*isse* *Que* tu traduis*isses* *Qu'* il traduis*ît* *Que* n. traduis*issions* *Que* v. traduis*issiez* *Qu'* ils traduis*issent*
D	FUTUR SIMPLE Je tradui*rai* Tu tradui*ras* Il tradui*ra* N. tradui*rons* V. tradui*rez* Ils tradui*ront*	FUTUR ANTÉRIEUR J' *aurai* tradui*t* N. *aurons* tradui*t* FUTUR ANTÉRIEUR SURCOMPOSÉ J' *aurai eu* tradui*t* N. *aurons eu* tradui*t*	CONDITIONNEL PRÉSENT Je tradui*rais* Tu tradui*rais* Il tradui*rait* N. tradui*rions* V. tradui*riez* Ils tradui*raient*

83 LUIRE

base :

Se conjugue, de même que *reluire* et *nuire*, sur le modèle de *traduire*. Cependant : 1° *Luire* à la base seule). 2° Pour les mêmes verbes, on rencontre un passé défini différent qu

TRADUI- 3e groupe

SUBJONCTIF

PARFAIT

Que j' *aie* traduit
Que n. *ayons* traduit

PASSÉ SURCOMPOSÉ

Que j' *aie eu* traduit
Que n. *ayons eu* traduit

PLUS-QUE-PARFAIT

Que j' *eusse* traduit
Que n. *eussions* traduit

PLUS-QUE-PARFAIT SURCOMPOSÉ

[inusité]

IMPÉRATIF

PRÉSENT	PASSÉ
Traduis	*Aie* traduit
Traduis*ons*	*Ayons* traduit
Traduis*ez*	*Ayez* traduit

PARTICIPE

PRÉSENT	PASSÉ
Traduis*ant*	Tradui*t*
PASSÉ COMPOSÉ	**PASSÉ SURCOMPOSÉ**
Ayant traduit	*Ayant eu* traduit

CONDITIONNEL

PASSÉ

J' *aurais* traduit
N. *aurions* traduit

PASSÉ SURCOMPOSÉ

J' *aurais eu* traduit
N. *aurions eu* traduit

INFINITIF

PRÉSENT	PASSÉ
Tradui*re*	*Avoir* traduit

PASSÉ SURCOMPOSÉ

Avoir eu traduit

LUI- 3e groupe

eluire et *nuire* ne prennent pas de *t* final au participe passé (celui-ci, en effet, est réduit
résente les formes suivantes : *je, tu luis, il luit, ils luirent.*

84 CONFIRE base :

	INDICATIF		SUBJONCTIF
A	PRÉSENT Je confi*s* Tu confi*s* Il confi*t* N. confis*ons* V. confis*ez* Ils confis*ent*	PASSÉ INDÉFINI J' *ai* confi*t* N. *avons* confi*t* PASSÉ SURCOMPOSÉ J' *ai eu* confi*t* N. *avons eu* confi*t*	PRÉSENT *Que* je confis*e* *Que* tu confis*es* *Qu'* il confis*e* *Que* n. confis*ions* *Que* v. confis*iez* *Qu'* ils confis*ent*
B	IMPARFAIT Je confis*ais* Tu confis*ais* Il confis*ait* N. confis*ions* V. confis*iez* Ils confis*aient*	PLUS-QUE-PARFAIT J' *avais* confi*t* N. *avions* confi*t* PLUS-QUE-PARFAIT SURCOMPOSÉ J' *avais eu* confi*t* N. *avions eu* confi*t*	
C	PASSÉ DÉFINI Je confi*s* Tu confi*s* Il confi*t* N. conf*îmes* V. conf*îtes* Ils conf*irent*	PASSÉ ANTÉRIEUR J' *eus* confi*t* N. *eûmes* confi*t* PASSÉ ANTÉRIEUR SURCOMPOSÉ J' *eus eu* confi*t* N. *eûmes eu* confi*t*	IMPARFAIT *Que* je conf*isse* *Que* tu conf*isses* *Qu'* il conf*ît* *Que* n. conf*issions* *Que* v. conf*issiez* *Qu'* ils conf*issent*
			CONDITIONNEL
D	FUTUR SIMPLE Je confir*ai* Tu confir*as* Il confir*a* N. confir*ons* V. confir*ez* Ils confir*ont*	FUTUR ANTÉRIEUR J' *aurai* confi*t* N. *aurons* confi*t* FUTUR ANTÉRIEUR SURCOMPOSÉ J' *aurai eu* confi*t* N. *aurons eu* confi*t*	PRÉSENT Je confir*ais* Tu confir*ais* Il confir*ait* N. confir*ions* V. confir*iez* Ils confir*aient*

85 DIRE base : DI- 3e groupe

Se conjugue comme *confire*, à l'exception de la 2e personne du pluriel de l'indicatif et de l'impératif présents : *vous dites*, *dites*.

86 MAUDIRE base : MAUDI- 3e groupe

Se conjugue sur le 2e groupe (*salir*, no 26), à l'exception de l'infinitif *(maudire)* et du participe passé *maudit*.

CONF- **3e groupe**

SUBJONCTIF	IMPÉRATIF	
PARFAIT *Que* j' *aie* confi*t* *Que* n. *ayons* confi*t*	**PRÉSENT**	**PASSÉ**
PASSÉ SURCOMPOSÉ *Que* j' *aie* *eu* confi*t* *Que* n. *ayons* *eu* confi*t*	Confi*s* Confis*ons* Confis*ez*	*Aie* confi*t* *Ayons* confi*t* *Ayez* confi*t*
PLUS-QUE-PARFAIT *Que* j' *eusse* confi*t* *Que* n. *eussions* confi*t*		
PLUS-QUE-PARFAIT SURCOMPOSÉ [inusité]		

PARTICIPE	
PRÉSENT Confis*ant*	**PASSÉ** Confi*t*
PASSÉ COMPOSÉ *Ayant* confi*t*	**PASSÉ SURCOMPOSÉ** *Ayant eu* confi*t*

CONDITIONNEL	INFINITIF	
PASSÉ J' *aurais* confi*t* N. *aurions* confi*t*	**PRÉSENT** Confir*e*	**PASSÉ** *Avoir* confi*t*
PASSÉ SURCOMPOSÉ J' *aurais* *eu* confi*t* N. *aurions* *eu* confit	**PASSÉ SURCOMPOSÉ** *Avoir eu* confi*t*	

87 SUFFIRE base : SUFFI- 3e groupe

Se conjugue comme *confire*, mais le participe passé ne prend pas de *t (suffi)* et se réduit donc à la base seule.

88 CIRCONCIRE base : CIRCONCI- 3e groupe

Se conjugue comme *confire*, à l'exception du participe passé *circoncis*.

89 LIRE

base :

	INDICATIF		SUBJONCTIF
A	PRÉSENT Je lis Tu lis Il lit N. lisons V. lisez Ils lisent	PASSÉ INDÉFINI J' *ai* lu N. *avons* lu PASSÉ SURCOMPOSÉ J' *ai eu* lu N. *avons eu* lu	PRÉSENT *Que* je lise *Que* tu lises *Qu'* il lise *Que* n. lisions *Que* v. lisiez *Qu'* ils lisent
B	IMPARFAIT Je lisais Tu lisais Il lisait N. lisions V. lisiez Ils lisaient	PLUS-QUE-PARFAIT J' *avais* lu N. *avions* lu PLUS-QUE-PARFAIT SURCOMPOSÉ J' *avais eu* lu N. *avions eu* lu	
C	PASSÉ DÉFINI Je lus Tu lus Il lut N. lûmes V. lûtes Ils lurent	PASSÉ ANTÉRIEUR J' *eus* lu N. *eûmes* lu PASSÉ ANTÉRIEUR SURCOMPOSÉ J' *eus eu* lu N. *eûmes eu* lu	IMPARFAIT *Que* je lusse *Que* tu lusses *Qu'* il lût *Que* n. lussions *Que* v. lussiez *Qu'* ils lussent
D	FUTUR SIMPLE Je lirai Tu liras Il lira N. lirons V. lirez Ils liront	FUTUR ANTÉRIEUR J' *aurai* lu N. *aurons* lu FUTUR ANTÉRIEUR SURCOMPOSÉ J' *aurai eu* lu N. *aurons eu* lu	CONDITIONNEL PRÉSENT Je lirais Tu lirais Il lirait N. lirions V. liriez Ils liraient

SUBJONCTIF	IMPÉRATIF	
PARFAIT *Que* j' *aie* l*u* *Que* n. *ayons* l*u*	PRÉSENT Li*s* Lis*ons* Lis*ez*	PASSÉ *Aie* l*u* *Ayons* l*u* *Ayez* l*u*
PASSÉ SURCOMPOSÉ *Que* j' *aie* *eu* l*u* *Que* n. *ayons* *eu* l*u*		

	PARTICIPE	
PLUS-QUE-PARFAIT *Que* j' *eusse* l*u* *Que* n. *eussions* l*u*	PRÉSENT Lis*ant*	PASSÉ L*u*
PLUS-QUE-PARFAIT SURCOMPOSÉ [inusité]	PASSÉ COMPOSÉ *Ayant* l*u*	PASSÉ SURCOMPOSÉ *Ayant eu* l*u*

CONDITIONNEL	INFINITIF	
PASSÉ J' *aurais* l*u* N. *aurions* l*u*	PRÉSENT Li*re*	PASSÉ *Avoir* l*u*
PASSÉ SURCOMPOSÉ J' *aurais* *eu* l*u* N. *aurions* *eu* l*u*	PASSÉ SURCOMPOSÉ *Avoir eu* l*u*	

90	ÉCRIRE		base :
	INDICATIF		**SUBJONCTIF**
A	PRÉSENT J' écri*s* Tu écri*s* Il écri*t* N. écriv*ons* V. écriv*ez* Ils écriv*ent*	PASSÉ INDÉFINI J' *ai* écri*t* N. *avons* écri*t* PASSÉ SURCOMPOSÉ J' *ai* *eu* écri*t* N. *avons eu* écri*t*	PRÉSENT *Que* j' écriv*e* *Que* tu écriv*es* *Qu'* il écriv*e* *Que* n. écriv*ions* *Que* v. écriv*iez* *Qu'* ils écriv*ent*
B	IMPARFAIT J' écriv*ais* Tu écriv*ais* Il écriv*ait* N. écriv*ions* V. écriv*iez* Ils écriv*aient*	PLUS-QUE-PARFAIT J' *avais* écri*t* N. *avions* écri*t* PLUS-QUE-PARFAIT SURCOMPOSÉ J' *avais* *eu* écri*t* N. *avions eu* écri*t*	
C	PASSÉ DÉFINI J' écriv*is* Tu écriv*is* Il écriv*it* N. écriv*îmes* V. écriv*îtes* Ils écriv*irent*	PASSÉ ANTÉRIEUR J' *eus* écri*t* N. *eûmes* écri*t* PASSÉ ANTÉRIEUR SURCOMPOSÉ J' *eus* *eu* écri*t* N. *eûmes eu* écri*t*	IMPARFAIT *Que* j' écriv*isse* *Que* tu écriv*isses* *Qu'* il écriv*ît* *Que* n. écriv*issions* *Que* v. écriv*issiez* *Qu'* ils écriv*issent*
			CONDITIONNEL
D	FUTUR SIMPLE J' écrir*ai* Tu écrir*as* Il écrir*a* N. écrir*ons* V. écrir*ez* Ils écrir*ont*	FUTUR ANTÉRIEUR J' *aurai* écri*t* N. *aurons* écri*t* FUTUR ANTÉRIEUR SURCOMPOSÉ J' *aurai* *eu* écri*t* N. *aurons eu* écri*t*	PRÉSENT J' écrir*ais* Tu écrir*ais* Il écrir*ait* N. écrir*ions* V. écrir*iez* Ils écrir*aient*

ÉCRI-

3e groupe

SUBJONCTIF

PARFAIT

Que j' *aie* écri*t*
Que n. *ayons* écri*t*

PASSÉ SURCOMPOSÉ

Que j' *aie eu* écri*t*
Que n. *ayons eu* écri*t*

PLUS-QUE-PARFAIT

Que j' *eusse* écri*t*
Que n. *eussions* écri*t*

PLUS-QUE-PARFAIT SURCOMPOSÉ

[inusité]

IMPÉRATIF

PRÉSENT	PASSÉ
Écri*s*	*Aie* écri*t*
Écriv*ons*	*Ayons* écri*t*
Écriv*ez*	*Ayez* écri*t*

PARTICIPE

PRÉSENT	PASSÉ
Écriv*ant*	Écri*t*
PASSÉ COMPOSÉ	**PASSÉ SURCOMPOSÉ**
Ayant écri*t*	*Ayant eu* écri*t*

CONDITIONNEL

PASSÉ

J' *aurais* écri*t*
N. *aurions* écri*t*

PASSÉ SURCOMPOSÉ

J' *aurais eu* écri*t*
N. *aurions eu* écri*t*

INFINITIF

PRÉSENT	PASSÉ
Écri*re*	*Avoir* écri*t*

PASSÉ SURCOMPOSÉ

Avoir eu écri*t*

91 RIRE base :

	INDICATIF		SUBJONCTIF
A	PRÉSENT Je ri*s* Tu ri*s* Il ri*t* N. ri*ons* V. ri*ez* Ils ri*ent*	PASSÉ INDÉFINI J' *ai* ri N. *avons* ri PASSÉ SURCOMPOSÉ J' *ai eu* ri N. *avons eu* ri	PRÉSENT *Que* je ri*e* *Que* tu ri*es* *Qu'* il ri*e* *Que* n. ri*ions* *Que* v. ri*iez* *Qu'* ils ri*ent*
B	IMPARFAIT Je ri*ais* Tu ri*ais* Il ri*ait* N. ri*ions* V. ri*iez* Ils ri*aient*	PLUS-QUE-PARFAIT J' *avais* ri N. *avions* ri PLUS-QUE-PARFAIT SURCOMPOSÉ J' *avais eu* ri N. *avions eu* ri	
C	PASSÉ DÉFINI Je r*is* Tu r*is* Il r*it* N. r*îmes* V. r*îtes* Ils r*irent*	PASSÉ ANTÉRIEUR J' *eus* ri N. *eûmes* ri PASSÉ ANTÉRIEUR SURCOMPOSÉ J' *eus eu* ri N. *eûmes eu* ri	IMPARFAIT *Que* je r*isse* *Que* tu r*isses* *Qu'* il r*ît* *Que* n. r*issions* *Que* v. r*issiez* *Qu'* ils r*issent*
			CONDITIONNEL
D	FUTUR SIMPLE Je ri*rai* Tu ri*ras* Il ri*ra* N. ri*rons* V. ri*rez* Ils ri*ront*	FUTUR ANTÉRIEUR J' *aurai* ri N. *aurons* ri FUTUR ANTÉRIEUR SURCOMPOSÉ J' *aurai eu* ri N. *aurons eu* ri	PRÉSENT Je ri*rais* Tu ri*rais* Il ri*rait* N. ri*rions* V. ri*riez* Ils ri*raient*

92 CONCLURE base : CONCLU- 3e groupe

Se conjugue sur le modèle de *rire* (à la base *ri-* de *rire* correspond la base *conclu-* de *conclure*). Il est bien évident qu'au passé défini les 1re et 2e personnes du pluriel prennent l'accent circonflexe sur le *u*.

SUBJONCTIF	IMPÉRATIF	
PARFAIT *Que* j' *aie* ri *Que* n. *ayons* ri	PRÉSENT Ri*s*	PASSÉ *Aie* ri
PASSÉ SURCOMPOSÉ *Que* j' *aie* *eu* ri *Que* n. *ayons* *eu* ri	Ri*ons* Ri*ez*	*Ayons* ri *Ayez* ri
PLUS-QUE-PARFAIT *Que* j' *eusse* ri *Que* n. *eussions* ri		
PLUS-QUE-PARFAIT SURCOMPOSÉ [inusité]		

PARTICIPE	
PRÉSENT Ri*ant*	PASSÉ R*i*
PASSÉ COMPOSÉ *Ayant* ri	PASSÉ SURCOMPOSÉ *Ayant eu* ri

CONDITIONNEL	INFINITIF	
PASSÉ J' *aurais* ri N. *aurions* ri	PRÉSENT Ri*re*	PASSÉ *Avoir* ri
PASSÉ SURCOMPOSÉ J' *aurais* *eu* ri N. *aurions* *eu* ri	PASSÉ SURCOMPOSÉ *Avoir eu* ri	

93 OCCLURE base : OCCLU- 3e groupe

Ce verbe se conjugue comme *conclure* et donc comme *rire*, à l'exception du participe passé, qui est *occlus*.

94	**CLORE**		**base :**
	INDICATIF		**SUBJONCTIF**
A	PRÉSENT Je clo*s* Tu clo*s* Il clô*t* Ils clos*ent*	PASSÉ INDÉFINI J' *ai* clo*s* N. *avons* clo*s* PASSÉ SURCOMPOSÉ J' *ai* *eu* clo*s* N. *avons eu* clo*s*	PRÉSENT *Que* je clos*e* *Que* tu clos*es* *Qu'* il clos*e* *Que* n. clos*ions* *Que* v. clos*iez* *Qu'* ils clos*ent*
B	IMPARFAIT [n'existe pas]	PLUS-QUE-PARFAIT J' *avais* clo*s* N. *avions* clo*s* PLUS-QUE-PARFAIT SURCOMPOSÉ J' *avais* *eu* clo*s* N. *avions eu* clo*s*	
C	PASSÉ DÉFINI [n'existe pas]	PASSÉ ANTÉRIEUR J' *eus* clo*s* N. *eûmes* clo*s* PASSÉ ANTÉRIEUR SURCOMPOSÉ J' *eus* *eu* clo*s* N. *eûmes eu* clo*s*	IMPARFAIT [n'existe pas]
D	FUTUR SIMPLE Je clo*rai* Tu clo*ras* Il clo*ra* N. clo*rons* V. clo*rez* Ils clo*ront*	FUTUR ANTÉRIEUR J' *aurai* clo*s* N. *aurons* clo*s* FUTUR ANTÉRIEUR SURCOMPOSÉ J' *aurai* *eu* clo*s* N. *aurons eu* clo*s*	**CONDITIONNEL** PRÉSENT Je clo*rais* Tu clo*rais* Il clo*rait* N. clo*rions* V. clo*riez* Ils clo*raient*

95 DÉCLORE base : DÉCLO- 3ᵉ groupe

Se conjugue sur le modèle de *clore*, mais au présent de l'indicatif la 3ᵉ personne du pluriel n'existe pas.

SUBJONCTIF	IMPÉRATIF	
PARFAIT *Que* j' *aie* clos *Que* n. *ayons* clos	**PRÉSENT**	**PASSÉ**
PASSÉ SURCOMPOSÉ *Que* j' *aie eu* clos *Que* n. *ayons eu* clos	Clos	*Aie* clos *Ayons* clos *Ayez* clos
PLUS-QUE-PARFAIT *Que* j' *eusse* clos *Que* n. *eussions* clos		
PLUS-QUE-PARFAIT SURCOMPOSÉ [inusité]		

PARTICIPE	
PRÉSENT Clos*ant*	**PASSÉ** Clos
PASSÉ COMPOSÉ *Ayant* clos	**PASSÉ SURCOMPOSÉ** *Ayant eu* clos

CONDITIONNEL	INFINITIF	
PASSÉ J' *aurais* clos N. *aurions* clos	**PRÉSENT** Clore	**PASSÉ** *Avoir* clos
PASSÉ SURCOMPOSÉ J' *aurais eu* clos N. *aurions eu* clos	**PASSÉ SURCOMPOSÉ** *Avoir eu* clos	

96 ÉCLORE base : ÉCLO- 3e groupe

Se conjugue comme *clore*, mais : 1° n'existe qu'aux 3es personnes; 2° forme ses temps composés avec l'auxiliaire *être*.

COLLECTION DICTIONNAIRES DU LANGAGE

Des ouvrages qui permettent de maîtriser toutes les nuances de la langue française, éclairant ses différents aspects particuliers, pour en utiliser judicieusement toutes les ressources.

- **NOUVEAUX DICTIONNAIRES ANALOGIQUES***
G. Niobey
- **ANCIEN FRANÇAIS***
A.J. Greimas
- **ANGLICISMES**
M. Höfler
- **CITATIONS* FRANÇAISES ET ÉTRANGÈRES**
- **DIFFICULTÉS DE LA LANGUE FRANÇAISE***
(couronné par l'Académie française)
Adolphe V. Thomas
- **NOUVEAU DICTIONNAIRE ÉTYMOLOGIQUE***
A. Dauzat, J. Dubois et H. Mitterand
- **LINGUISTIQUE**
J. Dubois, M. Giacomo, L. Guespin, Ch. et J.-B. Marcellesi et J.-P. Mével
- **LOCUTIONS FRANÇAISES**
Maurice Rat
- **MOTS CROISÉS**
- **NOMS DE FAMILLE ET PRÉNOMS DE FRANCE***
Albert Dauzat
- **PRONONCIATION**
Alain Lerond
- **PROVERBES, SENTENCES ET MAXIMES***
(couronné par l'Académie française)
Maurice Maloux
- **RIMES ORALES ET ÉCRITES**
- **SCRABBLE*, DICTIONNAIRE DES JEUX DE LETTRES**
Michel Pialat
- **NOUVEAU DICTIONNAIRE DES SYNONYMES***
E. Genouvrier, Cl. Désirat et T. Hordé
- **VERBES FRANÇAIS**
Jean-Pol et Josette Caput

Chaque volume relié (13,5 × 20 cm).

*Existe également en format de "poche" dans la collection Références Larousse, Série LANGAGE.

dictionnaire des difficultés de la langue française

ouvrage couronné par l'Académie française.

par Adolphe V. Thomas, Chef correcteur des Dictionnaires Larousse.

Ce dictionnaire a été conçu suivant un plan essentiellement pratique.

Il s'agit avant tout d'un manuel de consultation, au style direct et concis ; c'est aussi un ouvrage d'étude, qui se lira avec fruit et permettra de se familiariser avec les difficultés d'une langue qui apparaît, à côté d'irrégularités et d'exceptions dont elle n'a pas l'apanage, pleine de finesses insoupçonnées.

Le Dictionnaire des difficultés de la langue française répond aux questions les plus variées que se posent quotidiennement tous ceux qui, à un titre quelconque, sont en contact avec notre langue : écoliers, étudiants, secrétaires, journalistes, écrivains, etc., et toutes personnes qui tiennent à honneur de bien parler et de bien écrire.

On trouvera traitées dans ce dictionnaire les difficultés portant sur les matières les plus diverses : orthographe, prononciation, genre et nombre, grammaire, ponctuation, barbarismes, synonymes, paronymes, pléonasmes, difficultés d'ordre général.

En couronnant cet ouvrage, l'Académie française a été la première à en reconnaître les mérites. 448 pages.

— **Si j'étais de vous.** V. VOUS.

— **C'est à moi à** ou **de.** Voir À.

— **Etre après à.** V. APRÈS.

— **Participe passé conjugué avec « être ».** V. PARTICIPE PASSÉ.

êtres, « différentes parties d'une habitation », est l'orthographe de l'Académie : *Il sait tous les êtres de cette maison* (Acad.).

Cette orthographe est plus conforme à l'étymologie (lat. *extera*) que *aîtres,* parfois employé.

étude. — On écrit : *un maître d'étude, une salle d'étude* (sans *s*).

eu. — L'accord de *eu* dans **eu à** plus l'infinitif est le plus souvent facultatif (v. p. 301, 2e col.) : *Les affronts qu'il a eu à subir* (ou *qu'il a eus...*). *Quelque course que précisément il avait eu à faire* (A. Gide, *les Faux-Monnayeurs,* 100).

— **Eu égard à** (et non *en égard à*) signifie « en considération de » : *Eu égard à la nature de l'affaire* (Acad.).

eut - eût. V. AVOIR.

eux. — **Eux autres,** expression archaïque, est aujourd'hui du langage populaire.

— **Eux deux, eux trois,** etc. V. DEUX.

éveiller - réveiller. — **Eveiller,** c'est tirer normalement du sommeil : *Je l'éveille chaque matin à 7 heures.* Et pronominalement : *Elle s'éveille lentement, s'étirant avec paresse.*

Réveiller, c'est aussi *éveiller,* mais en faisant quelque effort inhabituel pour faire cesser le sommeil : *Il le réveilla en frappant dans ses mains.*

Réveiller suppose toujours quelque chose d'inattendu, d'anormal : *Alors ils se réveillaient au plus profond du silence avec une angoisse étrange* (G. Duhamel, *Civilisation,* 23).

événement s'écrit avec deux accents aigus, à l'encontre d'*avènement,* dont l'accent est grave. (Ce dernier mot fut corrigé par l'Académie à la suite d'une remarque de Littré, remarque qui était tout aussi valable pour *événement.*)

éventaire - inventaire. — Un **éventaire** est un plateau que portent, suspendu à leur cou, les marchands de fleurs, les colporteurs, etc. C'est aussi l'étalage extérieur d'une boutique : *Il y*

— Édition 1988 —
Imprimerie Aubin — 86000 Poitiers
Dépôt légal : novembre 1969.
N° de série Éditeur 14409.
Imprimé en France *(Printed in France).*
340313 M février 1988